2025年度
受験用

千葉県 公立高等学校

5年間
スーパー過去問

年度	収録	別冊
2024	英語・数学・	説・解答用紙
	思考力	解説・解答用紙
2023	英語・数学・社会・理科・国語	解説・解答用紙
	思考力を問う問題	解説・解答用紙
2022	英語・数学・社会・理科・国語	解説・解答用紙
	思考力を問う問題	解答・解答用紙
2021	英語・数学・社会・理科・国語	解説・解答用紙
2020 前期	英語・数学・社会・理科・国語	解説・解答用紙

受検者平均点

年度	英語	数学	社会	理科	国語	合計
2024						
2023	47.6	47.0	54.5	60.7	47.9	257.7
2022	58.7	51.5	56.3	52.7	47.7	266.7
2021	61.7	59.3	57.7	54.6	52.8	286.2
2020 前期	54.6	51.4	60.7	48.8	46.0	261.6

※各教科100点満点　最新年度は発行時点では未公表です。後日ホームページに掲載します。

★当問題集のバックナンバーは在庫がございません。あらかじめご了承ください。

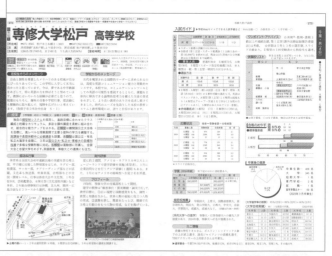

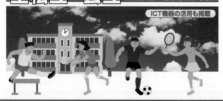

提供：進学研究会（Vもぎ）

2025年度入試　千葉県公立高校合格

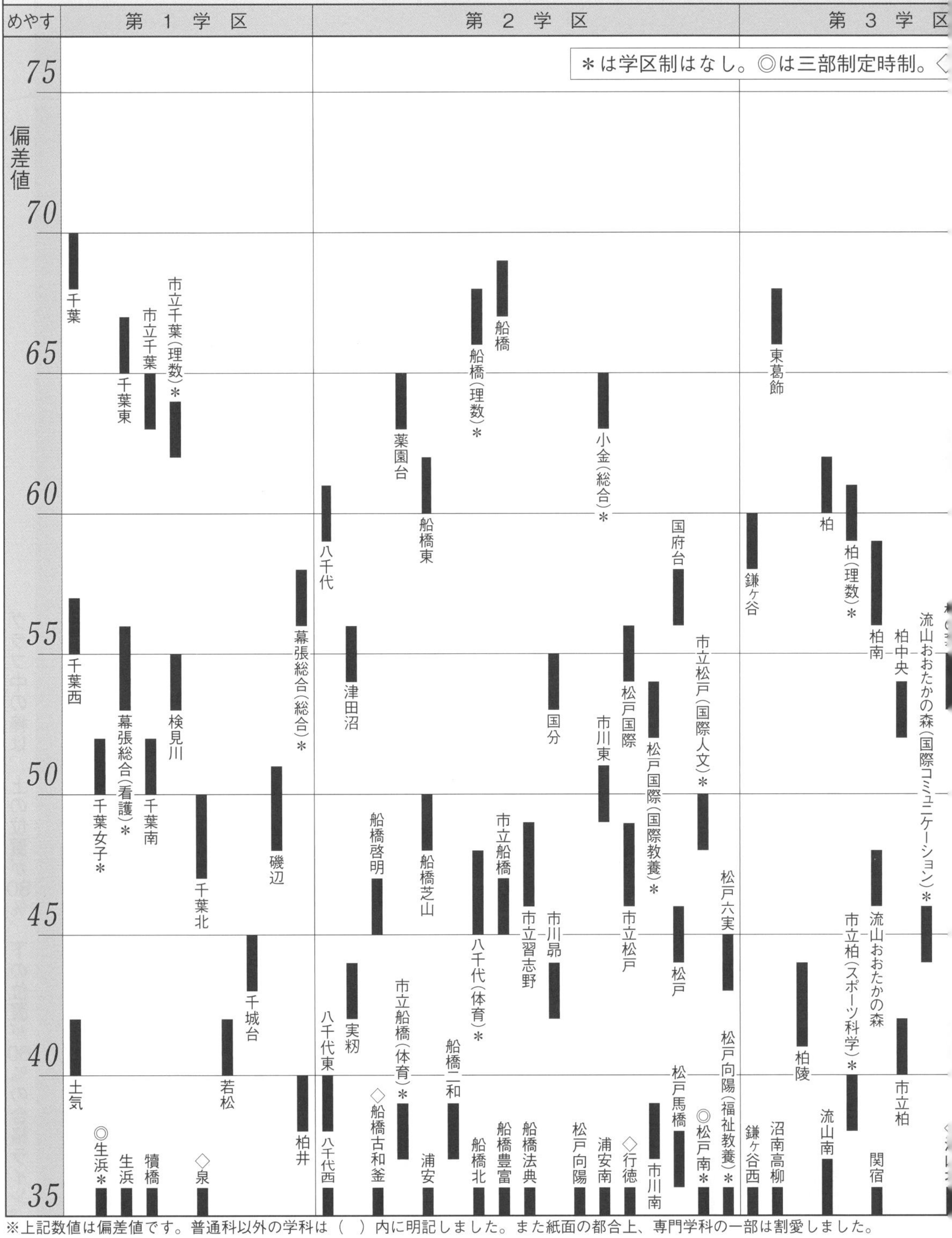

※上記数値は偏差値です。普通科以外の学科は（　）内に明記しました。また紙面の都合上、専門学科の一部は割愛しました。

路のめやす　普通科ほか

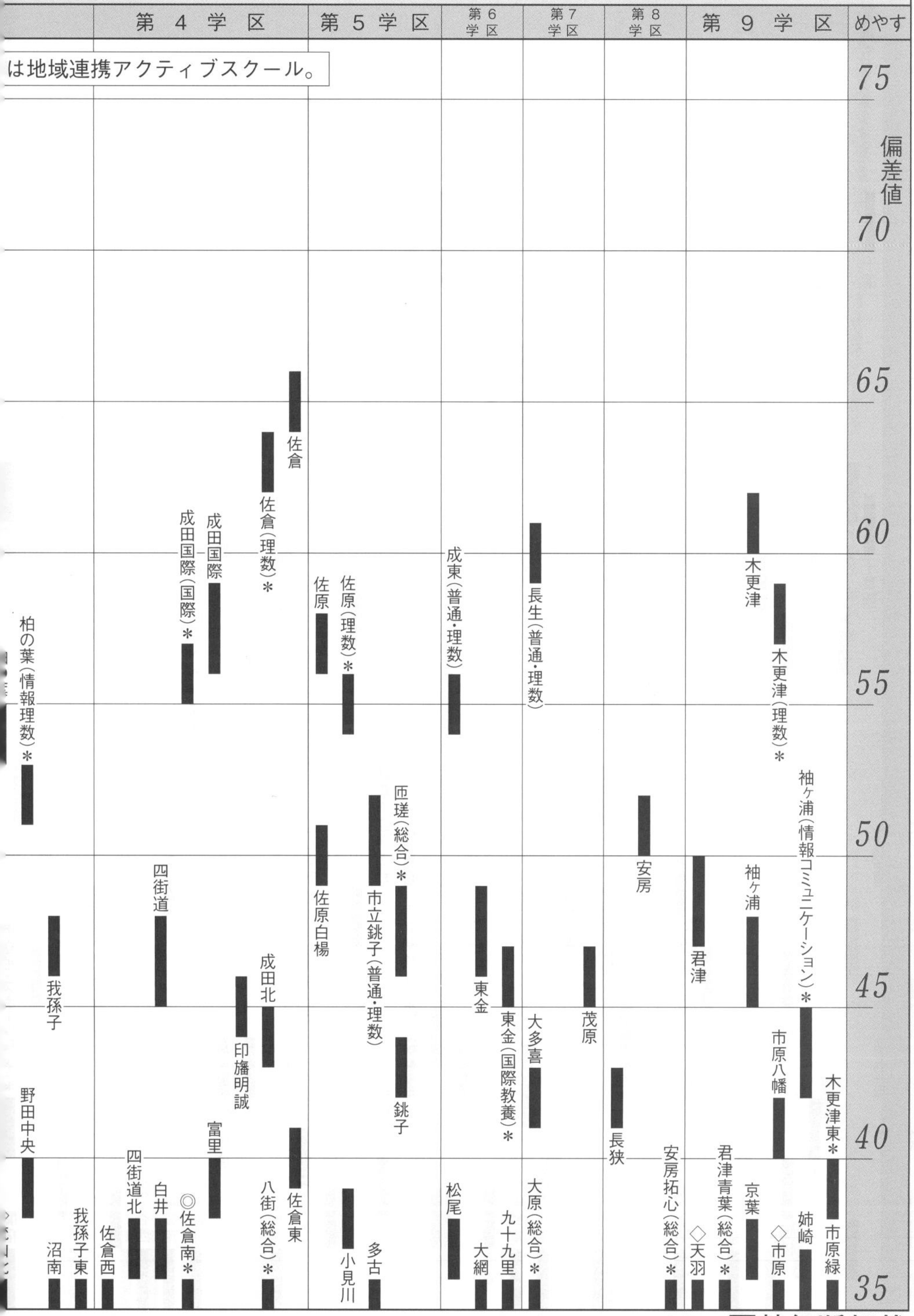

グラフ中の棒は、上の位置が80％、下の位置が60％の合格ライン。

2024. 3. 31. 現在

合格のための
入試レーダー
千葉県

2024年度入試はどう行われたか（参考）

●入学者選抜（本検査）

1 応募資格

⑴中学校もしくはこれに準ずる学校を卒業した者または2024年３月に卒業する見込みの者など。

⑵学校教育法施行規則第95条各号のいずれかに該当する者など。

2 募集人員

併設型高等学校および三部制の定時制課程を除き，募集定員の全部とする。

3 出願

出願に当たっては，県立高等学校通学区域に関する規則に基づいて志願する高等学校を選ばなければならない（市立高等学校は別に定められている）。また，県の内外を問わず他の公立高等学校を併願してはならない。

志願者は，出願書類等を在籍（出身）中学校の校長の確認を経て志願する高等学校に提出する。

出願書類等の提出期間および受付時間

2024年２月６日（火），７日（水）　９：00～16：30

2024年２月８日（木）　９：00～正午

※送付の場合も２月８日（木）正午までに必着。

インターネット出願対象校については別に定める

英語リスニングテスト・国語聞き取り検査の音声について

※コードの使用期限以降は音声が予告なく削除される場合がございます。あらかじめご了承ください。

リスニングテストの音声は、下記アクセスコード（ユーザー名／パスワード）により当社ホームページ（https://www.koenokyoikusha.co.jp/pages/cddata/listening）で聞くことができます。（当社による録音です）

〈アクセスコード〉ユーザー名：koe　パスワード：17104　使用期限：2025年3月末日

変更は１回のみ

④ 志願変更・希望変更

志願者は，次の期間内に１回にかぎり志願変更(志願した高等学校の変更)・希望変更(志願した高等学校の学科などの変更)ができる。

受付期間および受付時間

2024年２月14日(水)　９：00〜16：30

2024年２月15日(木)　９：00〜16：00

※送付の場合も２月15日(木) 16：00までに必着。

⑤ 学力検査等

国語は聞き取り検査あり

解答用紙は，マークシート式と記述式の併用

2024年度は，千葉，東葛飾，千葉東で「思考力を問う問題」が実施された

⑴期日，場所　2024年２月20日(火)，21日(水)　　志願した高等学校

⑵内容

第１日 20日(火)	９：30〜 10：05	10：20〜 11：10	11：40〜 12：30	13：25〜 14：25	14：40〜
	諸注意	国語	数学	英語	学校設定検査
第２日 21日(水)	９：30〜 10：05	10：20〜 11：10	11：40〜 12：30	13：25〜	
	諸注意	理科	社会	学校設定検査	

国語は放送による聞き取り検査を含む。また，英語は放送によるリスニングテストを含む。

学力検査を５教科で実施する学校は，学校設定検査を第２日に行う。学校設定検査は面接，集団討論，自己表現，作文，小論文，適性検査，学校独自問題による検査およびその他の検査のうちからいずれか一つ以上を実施する。

⑥ 選抜方法

次の⑴〜⑶の合計点に基づいて総合的に判定する。

⑴調査書…㋐９教科の評定の全学年合計値(最高135)に，各高等学校の定めるK値(0.5以上２以下)をかける。

㋑記載事項について，50点を上限として㋐点に加点する。

⑵学力検査…学力検査を実施した教科の得点の合計。理数や国際に関する学科は傾斜配点を実施することもある(定時制は例外あり)。

⑶学校設定検査…各校の特色に応じて10点以上100点以下で定める。２つ以上実施する場合は150点を上限とする(専門学科は例外あり)。

２段階の選抜を行う場合，人数は募集人員の20％以下とし，上記⑴〜⑶に各高等学校の定めたｋ値(１以上)をかけて判定する。

●追検査

感染症罹患《りかん》等によるやむを得ない理由により本検査を全部または一部受検することができなかった者は，追検査を受けることができる。

追検査受検願等の提出期間

2024年２月26日(月)，２月27日(火)

追検査期日

2024年２月29日(木)

⑦ 入学許可候補者の発表

2024年３月４日(月)　９：00〜　各高等学校における掲示，ウェブ掲載

千葉県公立高校　2025年度入試全日程(予定)

	入学願書提出	志願先変更	学力検査等	入学許可 候補者発表
本検査	2月4日(火) 5日(水) 6日(木)	2月12日(水) 13日(木)	2月18日(火)※ 19日(水)	3月4日(火)

※ 学力検査を3教科で実施する一部の高等学校の検査は18日(火)のみ。

●追検査は2月27日(木)に行う。
詳しくは今後の県教育委員会の発表をお待ちください。

通学区域に関する規則

全日制課程の普通科(千葉女子高校，木更津東高校を除く)志願者は，本人及び保護者が居住する市町村の属する学区内の高等学校で，かつ，本人の在籍する中学校または本人の卒業した中学校の所在する市町村の属する学区内の高等学校，またはその学区に隣接する学区内の高等学校を志願しなければならない。(下記を参照のこと)

専門教育を主とする学科(専攻科を含む)，総合学科，女子校(千葉女子高校，木更津東高校)の学区は県内全域とする。

① **第1学区**…千葉市
② **第2学区**…船橋市　習志野市　八千代市　市川市
松戸市　浦安市
③ **第3学区**…野田市　柏市　流山市　我孫子市　鎌ケ谷市
④ **第4学区**…成田市　佐倉市　四街道市　八街市
印西市　白井市　富里市　印旛郡内全町
⑤ **第5学区**…銚子市　旭市　匝瑳市　香取市
香取郡内全町
⑥ **第6学区**…東金市　山武市　大網白里市　山武郡内全町
⑦ **第7学区**…茂原市　勝浦市　いすみ市　長生郡内全町村
夷隅郡内全町
⑧ **第8学区**…館山市　鴨川市　南房総市　安房郡内全町
⑨ **第9学区**…木更津市　君津市　富津市　袖ケ浦市
市原市

公立高等学校全日制の課程普通科通学区域図
(行政区分は2023年秋現在)

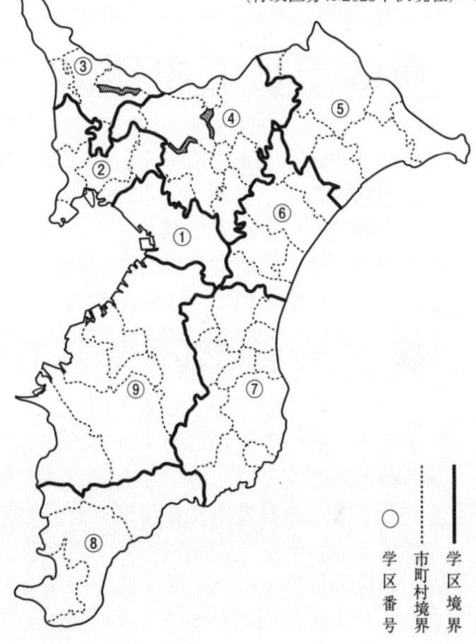

英語

出題傾向と対策

●出題のねらい

中学3年間に学ぶ基礎的・基本的な事柄について，「聞く・話す・読む・書く」の全領域にわたって幅広く運用できるかを見る，というのが基本方針。具体的には，①放送によるリスニングテストで，平易な英語を聞き取る力を見る，②基本的な語句や文法事項の理解と，それらを運用して文を構成する力を見る，③まとまりのある英文を読んで，文脈や要旨を把握する力を見る，となっている。全体を通して，身近な話題をもとにしてあり，平素の授業に真面目に取り組んでいれば，十分に対応できるように配慮してある。

●何が出題されたか

出題形式や問題数は多少変わることもあるが，大きな枠組みは変わっていない。[1]～[4]は放送問題で，[1]は対話の最後に読まれた文に対する受け答えを選ぶもの。[2]は英文の内容に合う絵を選ぶ問題。[3]は英文を聞いて，それについての質問に対する答えを選ぶ問題。[4]は英文を聞いて，そのまとめとなる文章に当てはまる語句を答える問題。[5]は対話文完成で，文章に合わせて語形を適切な形に変化させる問題と，5語の並べかえ問題。[6]は条件作文で，イラストを見て流れに合う適切な英文を書く問題。[7]は読解総合問題で，適語句選択，内容一致，内容真偽，要旨把握など英文の理解度を問う。[8]は長文読解総合問題，[9]は対話文に当てはまる語句や文を選んだり，記述したりする問題となっている。

〈英語出題分野一覧表〉

分野		年度	2021	2022	2023	2024	2025 予想※
音声	放送問題		★	★	★	■	◎
	単語の発音・アクセント						
	文の区切り・強勢・抑揚						
語彙・文法	単語の意味・綴り・関連知識						
	適語(句)選択・補充						
	書き換え・同意文完成						
	語形変化		●	●	●	●	◎
	用法選択						
	正誤問題・誤文訂正						
	その他						
作文	整序結合		●	●	●	●	◎
	日本語英訳	適語(句)・適文選択					
		部分・完全記述					
	条件作文		●	●	●	●	◎
	テーマ作文						
会話文	適文選択・補充		●	●	●	●	◎
	適語(句)選択・補充		●				△
	その他						
長文読解	内容把握	主題・表題			●		△
		内容真偽	●	●	●	●	◎
		内容一致・要約文完成	●	●	●	●	◎
		文脈・要旨把握	●	●	●	●	◎
		英問英答	●	●	●		◎
	適語(句)選択・補充		●	●	●	●	◎
	適文選択・補充					■	△
	文(章)整序						
	英文・語句解釈(指示語など)						
	その他(適所選択)			●	●	●	◎

●印：1～5問出題，■印：6～10問出題，★印：11問以上出題。
※予想欄　◎印：出題されると思われるもの。　△印：出題されるかもしれないもの。

●はたして来年は何が出るか

出題のねらいや問題構成は，ここ数年ほぼ変わっていない。したがって来年度もリスニングテスト，長文読解総合問題，図表を参考にした適語補充問題，語法や語順の問題，作文，対話文という出題構成で，基本的な事柄が幅広く出題されるだろう。また，記述式の解答や独自性を重視する傾向も変わらず，完全記述式の作文問題が引き続き出題されると思われる。全体を通して顕著な特徴は，対話文の問題が多いこと。この手の問題では，疑問文(特に疑問詞で始まる疑問文)と答え方，会話でよく使う慣用的な表現がポイントとなる。問題量が多いので，速読速解力も必要である。

●どんな準備をすればよいか

中学の学習事項が偏りなく出題されるので，まずは基礎固めとして，とにかく中1の教科書から順に復習し直そう。その際，特に念入りに確認しておきたいのは，①必修単語の綴り，②動詞の活用などの語形変化，③各種の疑問文と答え方，④会話でよく使う慣用表現，および依頼・勧誘・許可・申し出等の表現などである。そして，教科書本文を何度も音読して，基本的な英文に慣れること。それが速読速解力を養う重要な第一歩である。テーマ作文に対処するには，既習の表現を利用して，自分の身近な事柄を書く練習をするとよい。教科書以外では，中学英語全般をまとめた標準的な問題集を1冊やり，自分の理解度をチェックしよう。また，長文読解問題集から，300語前後の文章をもとにした問題や，対話文中への適文補充問題を選んでやっておこう。リスニング対策は，継続して英語の発音に耳を慣らしておくことが肝心。外国人指導助手や音声教材による授業を集中して聞くほか，ラジオやテレビの初級レベルの英会話講座を利用するとよい。

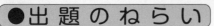

数学 出題傾向と対策

●出題のねらい

今年度の出題のねらいも例年と大きな違いはない。すなわち，中学３年間で学習する広い領域にわたって，公式や法則などの基礎知識だけでなく，与えられた条件を数式で表し，それらを組み合わせて答えを導く数学的な表現力や処理能力，事象を順序立てて考えていく論理的な思考力，さらに，数学の基本的な知識と技能を使って総合的に判断し処理する応用力を見ようというものである。出題にあたっては，基礎的な内容を重視した問題と，総合的な力を要求する問題で構成し，日常の学習で十分対応できるように配慮している。

●何が出題されたか

大問４題，設問数26問で，昨年と比べて，出題内容に変化はあるものの構成に大きな変化はない。ただし，解答形式が，一部の問題を除き，マークシートの形式となった。

1は小問集合で，15問。数・式の計算，二次方程式の応用，標本調査，空間図形，確率，平面図形などの出題。空間図形の中には，円錐の側面部分のおうぎ形を利用した作図問題もある。2は関数で，放物線と直線に関するもの。座標を文字を使って表すなど，文字式を処理する力も問われている。3は平面図形で，１つの角が45°の鋭角三角形を利用した問題。２つの三角形が合同であることを示す証明問題もある。4は関数で，座標平面上の図形について問うもの。光源からの光によってできる影を座標平面上で考える問題。

〈数学出題分野一覧表〉

分野	年度	2021	2022	2023	2024	2025予想※
数と式	数・式の計算，因数分解	★	★	★	★	◎
	数の性質，数の表し方		●			△
	文字式の利用，等式変形	●	●			△
	方程式の解法	■				△
	方程式の解の利用		●			△
	方程式の応用		■		■	△
関数	比例・反比例，一次関数			★		△
	関数 $y=ax^2$			■		△
	関数 $y=ax^2$ とその他の関数	★	★		★	◎
	関数の利用，図形の移動と関数など				★	△
図形	（平面）計　量	●	●	●	★	◎
	（平面）証明，作図	■	■	■	●	◎
	（平面）その他		●	●	●	
	（空間）計　量	●	●	■	■	◎
	（空間）頂点・辺・面，展開図				●	
	（空間）その他				●	
データの活用	場合の数，確率	●	●	■	■	◎
	データの分析・活用，標本調査	●	■	■	■	◎
その他	特殊・新傾向問題など	★	★	★		△
	融合問題					

●印：1問出題，■印：2問出題，★印：3問以上出題。
※予想欄　◎印：出題されると思われるもの。　△印：出題されるかもしれないもの。

●はたして来年は何が出るか

大問数が４題，設問数が25問前後で，今年とほぼ同じような出題になると思われる。前半が独立小問集合題，後半が総合題である点も変わりがないと思われる。独立小問集合題では，数・式と方程式の計算問題のほか，方程式の応用，関数，図形，確率，データの活用など，基本的な計算力や基礎知識を問うものが中心に出題され，図形の作図問題も出題されるであろう。総合題は関数，図形がメインで，関数と図形の融合題の出題となる可能性も高い。図形は例年どおり証明問題を含んだ出題になるであろう。これに加えて，特殊・新傾向問題からの出題も考えられる。

●どんな準備をすればよいか

基本的には，中学３年間の教科書の総復習に軸をおいた基礎固めにより知識と理解を深め，より多くの問題をこなすことにより応用力を養い，加えて，計算力の強化により問題処理のスピード・アップを図る，といった学習が理想的である。やたら難しい問題に挑戦するよりは，標準レベルの問題集を繰り返し学習して底力をつけるほうが実戦に役立つといえよう。今年度の問題の中にも，一見難しそうに見えるが，着眼点さえよければ簡単に解けるものが少なくない。つまり，基礎力の上に立つ‘解法のカン’を養い，それを磨くことが大切で，これが難問さえも征服する応用力や総合力につながるのである。さらに，これと並行して，本書収録の過去数年間の入試問題もていねいに解いておきたい。できれば入試と同じ時間設定で，模擬試験として挑戦するとより効果的である。もちろん，できなかった問題はきちんと処理し，自信をもって実戦に臨んでほしい。

社会 出題傾向と対策

●出題のねらい

地理，歴史，公民の各分野から均等に，幅広く細やかな出題がなされている。設問の中心は基礎的知識の理解を見るものだが，地図，グラフ，写真などを用いた出題が多い。暗記に頼った学習ではなく，各分野を関連させながら社会科としての総合力をつけるような学習を要求している。また，資料から問題点を論述させたり，キーワードを用いて記述させたりするなど，工夫された問題が見られる。これらによって資料の活用能力や文章表現力，日常的な社会への関心など多様な能力を問おうとしている。

〈社会出題分野一覧表〉

分野		2021	2022	2023	2024	2025 予想※
地理的分野	地形図	●	●	●	●	◎
	アジア	産				△
	アフリカ	人				△
	オセアニア	総		人		◎
	ヨーロッパ・ロシア				地　人	△
	北アメリカ			総		△
	中・南アメリカ		地			△
	世界全般	地産	地産人総	地産	地　総	◎
	九州・四国		産		地	◎
	中国・近畿			人		△
	中部・関東			地　総	地産	◎
	東北・北海道	地				△
	日本全般	地	地　総	人	地　総	◎
歴史的分野	旧石器～平安	●	●	●	●	◎
	鎌倉		●	●	●	◎
	室町～安土桃山	●	●		●	◎
	江戸	●	●	●	●	◎
	明治	●	●	●		◎
	大正～第二次世界大戦終結	●	●	●	●	◎
	第二次世界大戦後	●	●	●	●	◎
公民的分野	生活と文化	●				△
	人権と憲法	●		●		◎
	政治	●	●	●	●	◎
	経済	●	●	●	●	◎
	労働と福祉					△
	国際社会と環境問題		●	●	●	◎
時事問題						△

注）地理的分野については，各地域ごとに出題内容を以下の記号で分類しました。
　地…地形・気候・時差，産…産業・貿易・交通，人…人口・文化・歴史・環境，総…総合
※予想欄　◎印：出題されると思われるもの。　△印：出題されるかもしれないもの。

●何が出題されたか

2024年度は，全８題の大問からなり，分野ごとに見ると，地理が２題，歴史が２題，公民が３題，総合問題が１題という構成になっている。

具体的な出題内容は，1が千葉県の海岸をテーマにした三分野総合の問題で各分野から１～２問出題されている。2は日本地理で，各地域の産業や地形などについての問題。地形図の読み取りの問題が出題された。3は世界地理で，地図や気候，各地域の統計資料などについての問題。4は古代から近世までの歴史，5は近現代の歴史についての問題で，写真などの資料が用いられた。6は市場経済や経済成長率に関する経済の問題，7は裁判の仕組みや司法制度などの政治についての問題，8は領域やODAについての国際社会に関する問題であった。

●はたして来年は何が出るか

地理，歴史から２題ずつ，公民が３題，総合問題が１題で，問題の分量ではバランスのよい構成が続いている。基本的にはさまざまな資料を用いて基礎的知識をていねいに問う問題が大部分である。中には，複数の資料を組み合わせて読み取る問題や計算を必要とする問題も多く見られる。地理では例年，日本地理，世界地理，地形図が出題されている。歴史は近現代史が１題とそれ以前の通史が１題出題されている。公民は，政治では民主政治の特色，経済では財政や貿易にも気をつけたい。また，例年15～40字程度の記述問題が２～３問出題されており，今後も出題される可能性は高い。

●どんな準備をすればよいか

最も重要なのは基礎的，基本的内容の確実な理解である。さまざまな資料を用いた発展的な問題も出題されているが，そうした問題を解くカギを握るのも基礎力の充実度である。そのためには教科書を繰り返し活用して基礎事項をしっかり押さえよう。また，日常的な学習の場でも地図や図表を用いた問題に対応できるよう心がけたい。統計から何を読み取るか，指定された字数でどのように意見をまとめるかなど過去の出題を参考にして取り組んでみたい。過去の問題はこれまでの傾向を知り，学習を深めるのに役立つので必ず解いておきたい。また，地理では例年，地図記号や等高線など地形図が出題されているので注意しよう。主要品目の生産国(県)や主要輸出入品目の相手国などについては最新の統計に目を通しておきたい。公民などでは時事的な問題に関心を持ちながら学習していくことも大切である。各分野を関連させて現在の社会につながる生きた学習をすることが，社会科の総合力をつちかうことにつながっていくことは確かである。

理科 出題傾向と対策

●出題のねらい

理科の出題のねらいは，教科書で取り扱われている基本的内容について，特定の分野に偏ることなく，物理・化学・生物・地学の各領域から均等に出題することにより，観察や実験を通して身につけるべき理科的な総合力を見ようとすることにある。基本的な理科用語や原理・法則についての理解度とともに，身近な自然現象に対して考察できる応用力も求められている。なお，近年実験そのものの意味を問うものや，実験器具の安全な扱い方を問うものなどが出題され，知識のみに偏らない体験学習重視型への傾向も見られる。

●何が出題されたか

小問集合が1題，物理・化学・生物・地学の4つの領域から各2題，計9題の構成，[1]は小問集合4問。光と音の性質，非電解質，無脊椎動物，前線について，基礎的な内容を問う。[2]は気体の性質に関する問題。実験操作についても問われた。[3]は光合成に関する問題。対照実験や顕微鏡の使い方についても問われた。[4]は電流と磁界に関する問題。電流が磁界から受ける力，電磁誘導について問われた。[5]は地層の重なりに関する問題。[6]は浮力に関する問題。グラフを作成する問題も出た。[7]は天体の動きに関する問題。月食や日食について問われた。[8]は酸化に関する問題。化学反応式や化学変化と物質の質量について問われた。[9]は生物どうしのつながりに関する問題。食物連鎖や生物の数量のつり合い，炭素の循環について問われた。

〈理科出題分野一覧表〉

分野	年度	2021	2022	2023	2024	2025予想※
身近な物理現象	光と音				●	◎
	力のはたらき(力のつり合い)		●	●	●	◎
物質のすがた	気体の発生と性質				●	◎
	物質の性質と状態変化		●			◎
	水溶液	●		●		◎
電流とその利用	電流と回路	●	●		●	◎
	電流と磁界(電流の正体)	●		●	●	◎
化学変化と原子・分子	いろいろな化学変化(化学反応式)	●	●	●	●	◎
	化学変化と物質の質量	●		●	●	◎
運動とエネルギー	力の合成と分解(浮力・水圧)	●			●	◎
	物体の運動		●	●		◎
	仕事とエネルギー	●	●			◎
化学変化とイオン	水溶液とイオン(電池)	●	●	●	●	◎
	酸・アルカリとイオン					△
生物の世界	植物のなかま			●		◎
	動物のなかま		●		●	◎
大地の変化	火山・地震	●	●			◎
	地層・大地の変動(自然の恵み)	●		●	●	◎
生物の体のつくりとはたらき	生物をつくる細胞	●		●		◎
	植物の体のつくりとはたらき	●		●	●	◎
	動物の体のつくりとはたらき		●			◎
気象と天気の変化	気象観察・気圧と風(圧力)	●				◎
	天気の変化・日本の気象	●	●	●	●	◎
生命・自然界のつながり	生物の成長とふえ方		●			◎
	遺伝の規則性と遺伝子(進化)		●	●		◎
	生物どうしのつながり	●			●	◎
地球と宇宙	天体の動き		●	●	●	◎
	宇宙の中の地球	●	●			◎
自然環境・科学技術と人間						
総合	実験の操作と実験器具の使い方	●		●	●	◎

※予想欄　◎印：出題されると思われるもの。　△印：出題されるかもしれないもの。
分野のカッコ内は主な小項目

●はたして来年は何が出るか

3年間で学習する内容から幅広く出題されると考えられる。実験・観察に基づき，基本的な事項の確認から考察力や応用力，科学的な思考力を試すものも今まで以上に重視されるだろう。さて，具体的な出題分野については，例年，重要とされている「光の性質」「電流と回路」「電流と磁界」「化学変化と物質の質量」「仕事とエネルギー」「植物・動物の体のつくりとはたらき」「火山・地震」「天気の変化」「生物の成長とふえ方」は引き続き注意が必要である。さらに，「化学変化とイオン」「地球と宇宙」についても出題される可能性は高い。

●どんな準備をすればよいか

まず，基本的な事項については，教科書を中心にしっかりと学習しておくことが必要である。理科用語，図やグラフ，公式，化学式や化学反応式などには，本質的な内容が含まれているのだから，単なる丸暗記ではなく，その意味するところをきちんと理解しておかなければならない。次に，知識そのものを問う問題から，原理・原則を書かせる問題，観察，実験に関連する事項についての記述問題など，表現力重視の傾向に合わせた準備も必要だ。これらに対応するのに最も有効な方法は，自分なりの「理科ノート」を作成していくことだろう。それぞれの単元に関わる基本事項や，実験・観察の方法，結果，考察について，たんねんにまとめていくのである。教科書に書いてある語句とその意味や，図，グラフなどをそのまま書いていってもよい。こうした作業を続けていけば，自然に記述力はついてくるはずだ。また，基本項目の確認や，計算問題に対する準備としては，問題集を利用していくのがよいだろう。過去問にも習熟できれば，万全だ。

国語 出題傾向と対策

●出題のねらい

中学校３年間で学習した内容について，基礎学力を試すことに基本的なねらいがあった。具体的には，現代文の読解力，平易な古文の読解力，漢字の読み書きや文法などの言語事項に関する能力，文章作成能力，以上を試す基本的な問題が出された。記述式の解答を求める設問は増加傾向にある。また，資料をもとにした作文が出題されていることから，資料を読み取る力と表現力が重視されていることがわかる。全体としては，総合的な国語力が問われているだけでなく，柔軟な思考力も試されているといえるだろう。

●何が出題されたか

問題の構成および出題の傾向は昨年と同様で，大問数も昨年と同じ七題出されている。一は聞き取りの問題で，放送によるものだった。二・三は漢字の読み書きの問題が各４問。ほとんどは基本的なものだが，読みの方にやや難しいものが見られる。四・五は，論説文と小説の読解問題で，論説文は，内容理解に関する設問が中心，小説は，登場人物の心情や内容理解に関する設問が中心。基本的であるが多角的な設問となっている。課題文は読みやすいものであった。論説文と小説の読解問題では，記述式解答を求める設問が出されている。六の古文の読解問題は，内容や基礎的な知識を問う設問が中心であった。また，漢文の訓読も出題された。七は，資料を見ての10行（200字）の作文問題だった。

〈国語出題分野一覧表〉

分野 ＼ 年度			2021	2022	2023	2024	2025予想※
現代文	論説文 説明文	主題・要旨	●				△
		文脈・接続語・指示語・段落関係					
		文章内容	●	●	●	●	◎
		表現	●	●	●	●	◎
	随筆 日記 手紙	主題・要旨					
		文脈・接続語・指示語・段落関係					
		文章内容					
		表現					
		心情					
	小説	主題・要旨					
		文脈・接続語・指示語・段落関係					
		文章内容	●	●	●	●	◎
		表現	●	●	●		◎
		心情	●	●	●	●	◎
		状況・情景					
韻文	詩	内容理解					
		形式・技法					
	俳句 和歌 短歌	内容理解					
		技法					
古典	古文	古語・内容理解・現代語訳	●	●	●	●	◎
		古典の知識・古典文法	●	●	●	●	◎
	漢文	（漢詩を含む）	●	●	●	●	◎
国語の知識	漢字 語句	漢字	●	●	●	●	◎
		語句・四字熟語					
		慣用句・ことわざ・故事成語					
		熟語の構成・漢字の知識					
	文法	品詞	●	●	●	●	◎
		ことばの単位・文の組み立て					
		敬語・表現技法					
	文学史						
作文・文章の構成			●	●	●	●	◎
聞き取り・その他			●	●	●	●	◎

※予想欄　◎印：出題されると思われるもの。　△印：出題されるかもしれないもの。

●はたして来年は何が出るか

来年度も，表現力を重視した出題傾向が続くと思われる。漢字の読み書きが１題ずつ，論理的文章と文学的文章の読解問題，古典の読解問題，そして作文や聞き取りの問題が出題されて，計７題くらいの構成となろう。作文などの表現力を求める設問は，来年度も出題されるであろう。漢字の読み書きは，基本的なものが中心であろう。文法は，品詞の識別を中心に，基礎的な知識が要求されると思われる。論理的文章の読解問題は論旨の把握が，文学的文章の読解問題では心情の理解が，設問の中心となるであろう。古典は，内容理解や現代語訳に関する出題が予想される。

●どんな準備をすればよいか

漢字などの国語の知識の問題が配点の２，３割を占めると思われるので，まずこれらを完璧に準備しておきたい。漢字は，小中学校で学んだものが全て読み書きできるようにしておこう。文法は，便覧や参考書で基本事項を確認し，基本的な問題集に繰り返し取り組んでおくとよい。現代文の読解問題については，教科書を読み返すことから始めよう。小説や随筆は登場人物や筆者の心情に注意しながら，論説文や説明文は要旨をノートにまとめながら読み進めるとよい。その後，問題集に取り組もう。問題集は，解説が詳しく記述式の問題の多いものを選び，正答に至るまでの道筋をしっかり理解するようにする。また記述式解答を求める設問の対策として，文章を書く練習も必要。新聞のコラムを要約する練習などがよいであろう。また，作文に関しては，40～50字と字数を決めて，毎日短い日記を書くのもよい訓練になる。古文や漢文は，現代語訳と原文が対照できる本を読み，古文特有の表現や返り点に慣れておきたい。

2024年度 千葉県公立高校 入試問題

英語

●満点 100点　●時間 60分

注意　リスニングテスト放送終了までは，5 以降のページを開いてはいけません。

■リスニングテストの音声は，当社ホームページで聴くことができます。（当社による録音です。）再生に必要なアクセスコードは「合格のための入試レーダー」（巻頭の黄色の紙）の１ページに掲載しています。

1　英語リスニングテスト（**放送**による**指示**に従って答えなさい。）

No. 1	A. Yes, I do. C. No, there isn't.	B. Yes, I did. D. No, there wasn't.
No. 2	A. Thirty students. C. At two o'clock.	B. On Sunday. D. At the city culture center.
No. 3	A. It's my bed. C. I have already checked there.	B. There was a watch. D. I'm looking for it.

2　英語リスニングテスト（**放送**による**指示**に従って答えなさい。）

No. 1

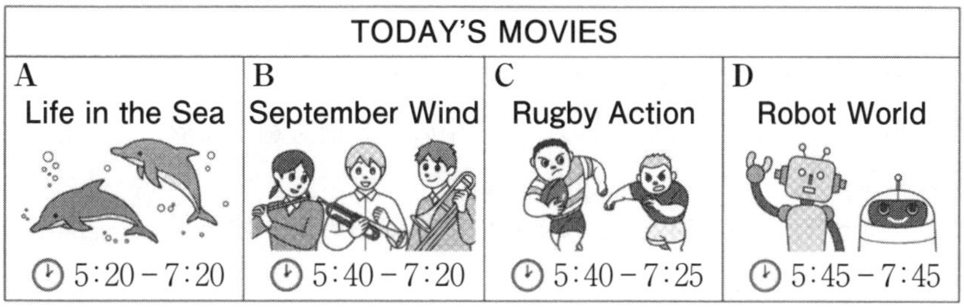

No. 2

A

B

C

D

3　英語リスニングテスト(**放送**による**指示**に従って答えなさい。)

No. 1	**A**. In the computer room. **B**. In the classroom. **C**. In the gym. **D**. In the music room.
No. 2	**A**. He didn't like some of the food in Australia. **B**. He couldn't cook with the family. **C**. The mother didn't eat the food he made. **D**. The mother made too much food for him.

4　英語リスニングテスト(**放送**による**指示**に従って答えなさい。)

Summer vacation should be . . .
　Yuka → longer
　　　Reason : Trying things we cannot do at school → (　①　)
　Miki → shorter
　　　Reason : (　②　) many different people at school = important

①	**A**. We can help people. **C**. We can grow.	**B**. We can have fun. **D**. We can go camping.
②	**A**. Communicating with **C**. Going out with	**B**. Taking care of **D**. Talking about

※＜**英語リスニングテスト放送用台本**＞は英語の終わりに付けてあります。

5　次の(1)～(5)の対話文を完成させなさい。

(1), (2)については，それぞれの(　)の中の語を最も適当な形にしなさい。ただし，英単語**1語**で答えること。

また，(3)～(5)については，それぞれの(　)の中の**ア～オ**を正しい語順に並べかえ，その順序を符号で示しなさい。

(1)　A : Is this song famous?
　　B : Yes.　It is (know) all over the world.

(2)　A : I really like Kyoto.　I've been there four times, and I'm going again next week!
　　B : Wow!　It will be your (five) trip there.

(3)　A : What is (**ア**　of　**イ**　the　**ウ**　all　**エ**　most　**オ**　popular) the animals in this zoo?
　　B : The koalas.　There are only a few zoos which have koalas in this country.

(4)　A : Can you tell (**ア**　should　**イ**　which　**ウ**　I　**エ**　me　**オ**　bus) take to go to the aquarium?
　　B : Sure.　You should take Bus No. 3.

(5) A : Today, I'm going to (ア you イ the book ウ me エ told オ buy) about.
B : I hope you like it.

6 次の(1), (2)のイラストについて，(　)に入る適当な言葉をそれぞれ英語で書きなさい。ただし，語の数はそれぞれ**10語程度**（．，？！などの符号は語数に含まない。）とし，２文以上になってもかまいません。なお，会話は①，②の順に行われています。

(1)

(2)

7 次の(1)，(2)の英文を読んで，それぞれの問いに答えなさい。

(1) ヒカリ(Hikari)とエレン(Ellen)は，２人の住むみなみ市(Minami City)について調査し，英語でプレゼンテーションを行いました。ヒカリがスライド(slide)を使って発表をしています。

Hello, everyone. Do you like Minami City? We love this city. This city has many great places and things. Look at **Slide 1**. This shows the number of people who visited Minami City from 2000 to 2020. The number suddenly started to go up in 2010. We think it is because a large shopping mall opened in that year. The number has been slowly increasing since then. Ellen and I went to the tourist center and asked why people visited our city. Some people visited here to go shopping at the shopping mall, and others came to enjoy nature. We have a beautiful river and many people enjoyed fishing there. Also, there were people who came to buy local crafts and eat local food.

However, we found one problem. Look at **Slide 2**. This shows how many people work in agriculture by age group. **Slide 3** shows the number of the young people who want to work in this industry in the future. If the situation (**A**), we may not be able to sustain it. This is one of the biggest problems for our city.

To solve this problem, we think it is important for more people to understand the industry. Our city has many kinds of work experience programs for agriculture. My brother joined one of the programs and became interested in agriculture. Now, he is studying it in university and planning to start an agriculture company. This made me interested in it, too. Now, Ellen and I are thinking about joining some of the programs and learning more. Why don't you join one of these programs with us? You will be able to learn something new about agriculture.

We love this city, and we want more people to love it, too. So, we want to find ways to keep it wonderful in the future.

Slide 2

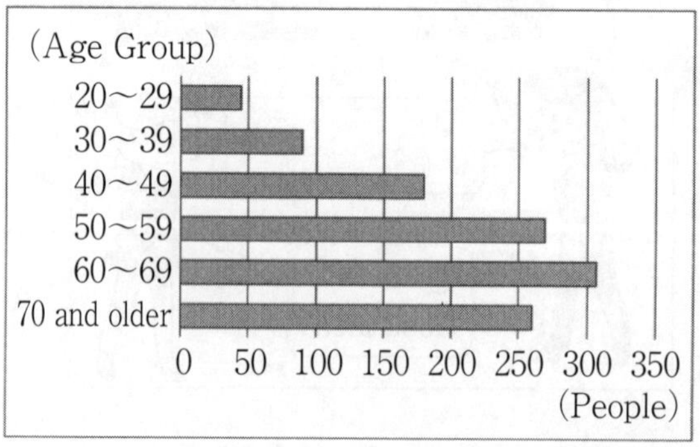

Slide 3

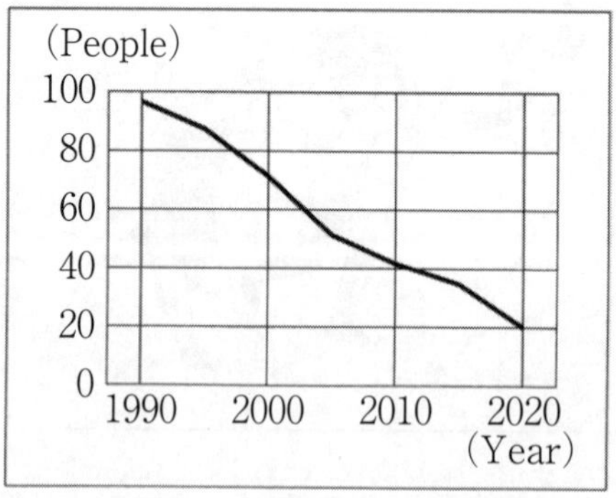

(注) crafts 工芸品　agriculture 農業　industry 産業　sustain ～を持続させる

① 本文の内容に合うように，Slide 1 のグラフとして最も適当なものを，次の**ア**～**エ**のうちから一つ選び，その符号を答えなさい。

ア

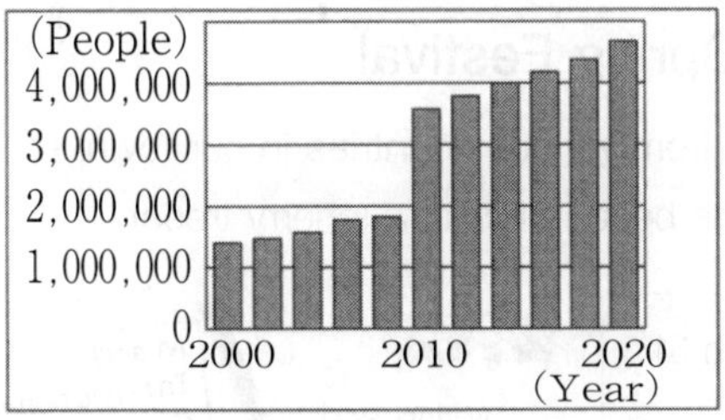

イ

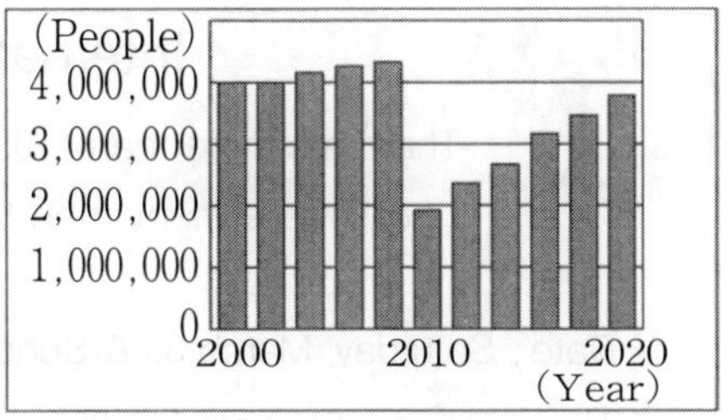

ウ

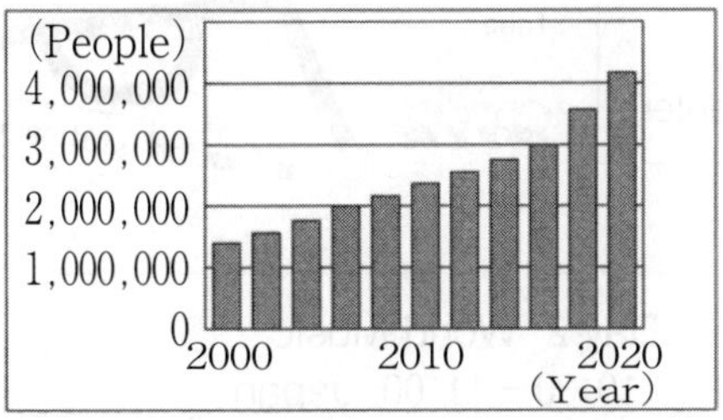

エ

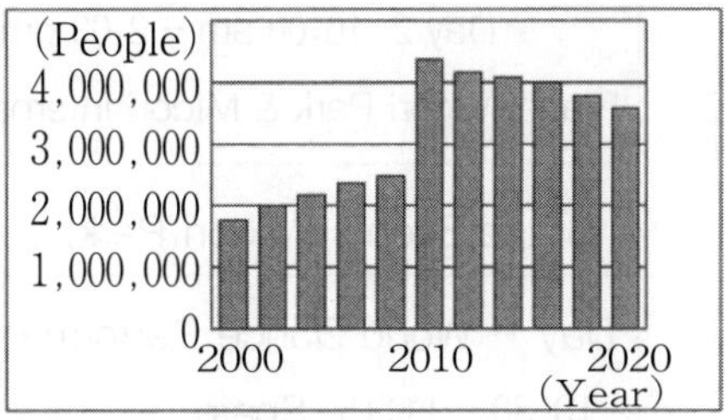

② 本文中の(**A**)に入る語として最も適当なものを，次の**ア**～**エ**のうちから一つ選び，その符号を答えなさい。

ア happens　**イ** continues　**ウ** improves　**エ** changes

③ プレゼンテーションを聞いたタロウ(Taro)がエレンと話をしています。次の会話中の(　)に入る最も適当な英単語**1語**を書きなさい。

Taro : Thank you for your presentation. I have a question. You said, "This is one of the biggest problems" in your presentation. Could you explain what you meant ?

Ellen : Thank you, Taro. That's a good question. The problem is about the number of young people who want to work in agriculture. Look at **Slide 3** again. We can see that the number is going (　　) quickly. I'm afraid that agriculture may disappear in our city in the near future.

Taro : Thank you. I want to do something with you to change the situation.

④ 本文の内容に合っている英文として最も適当なものを，次の**ア**～**エ**のうちから一つ選び，その符号を答えなさい。

ア Minami City is famous for its fishing industry and seafood.

イ Young people in Minami City must join many work experience programs.

ウ Hikari's brother started a company while he was in university.

エ Hikari and Ellen want many people to understand the job of farming.

(2) 次は，みどり町(Midori Town)で開催されるイベントのお知らせです。

Midori Town

International Spring Festival

There are more than 1,000 people from various countries in our town.
Let's make many friends under the beautiful *sakura* (cherry trees) !

Date : Saturday, March 30 & Sunday, March 31
Time: Day 1 10:00 am – 4:00 pm
Day 2 10:00 am – 2:00 pm
Place: Midori Park & Midori International Center

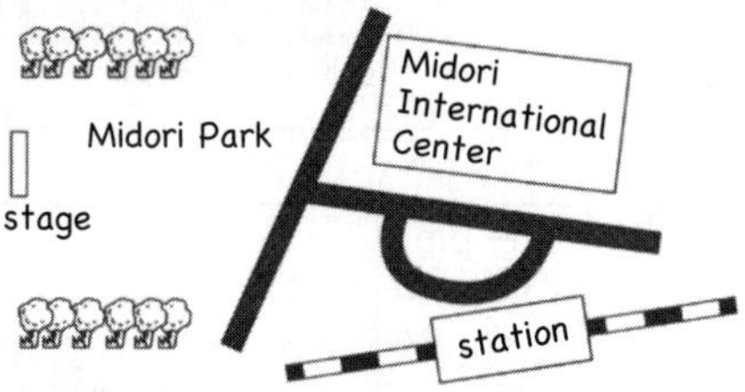

Stage Events (Midori Park)

Day 1 World Dance Performances	
10:30 – 11:15	Spain
1:30 – 2:15	Hawaii
3:00 – 3:30	Thailand

Day 2 World Music	
10:30 – 11:00	Japan (Japanese drums)
11:30 – 12:00	Brazil
1:00 – 1:30	Spain

Culture Events (Midori International Center – Room 101)

Day 1 English *Haiku* Experience
10:30 – 12:00
Teachers from the international school will teach you.

Day 2 Making *Origami* Flowers!
11:00 – 12:00
Try making beautiful paper flowers with *origami* !

- Enjoy delicious foods from various countries! → Midori Park
- Buy beautiful hand-made goods from various countries! → Midori Park
- Try wearing traditional clothes from various countries ! (Day 1 only)
(You can try on Japanese *kimono*, too.) → Midori International Center

◇ **We need volunteers !**

Volunteers at this event can get **¥100 OFF** at the curry shop & the American hot dog shop.
If you are interested in volunteering,
please check the information on our website. →

Midori International Center (☎000-111-2222)

(注) *haiku* 俳句　hand-made 手作りの

① このお知らせを見て，ヒロコ(Hiroko)と留学生のボブ(Bob)が話をしています。次の会話中の(　)に入る最も適当なものを，あとの**ア**～**エ**のうちから一つ選び，その符号を答えなさい。

Bob　: I want to try on a Japanese *kimono.*
Hiroko : You can do it at the International Center. It's in front of the station.
Bob　: I see. Can we go together ?
Hiroko : Sure. I'm very interested in clothes from other countries. Also, I want to watch the Spanish dance performance.
Bob　: Me, too. Let's meet at the station (　　　　　).

ア at 10:00 on Saturday　　**イ** at 1:00 on Saturday
ウ at 10:00 on Sunday　　**エ** at 12:30 on Sunday

② このお知らせの内容に合うように，次の英文の(　)に入る最も適当なものを，あとの**ア**～**エ**のうちから一つ選び，その符号を答えなさい。

If you want to volunteer at this event, you should (　　　　　).

ア call Midori International Center
イ visit Midori International Center's website
ウ go to the curry shop or the hot dog shop
エ take lessons on how to make *origami* flowers

③ このお知らせの内容に合っている英文として最も適当なものを，次の**ア**～**エ**のうちから一つ選び，その符号を答えなさい。

ア More than 1,000 people from other countries will come to the festival.
イ You can enjoy making paper flowers under the cherry trees.
ウ You can learn English *haiku* from the international school teachers.
エ Volunteers can get an American hot dog for 100 yen.

8 次のファストファッション(fast fashion)に関するジュン(Jun)のスピーチと，それについて，エミ(Emi)のグループが話し合った内容を読んで，あとの(1)～(5)の問いに答えなさい。

Do you often buy fast fashion ? Fast fashion clothes are popular around the world these days because they are not only cheap but also fashionable. Fast fashion companies make a lot of cheap products quickly just like fast food. New fashionable products are sold one after another in a short time. Though many people like fast fashion, it causes serious problems for the environment.

First of all, we throw away a lot of clothes and create a large amount of waste. According to research, in Japan, each person throws away twelve pieces of clothing every year. What do you think about this ? Actually, this means that about 1,300 tons of clothes are thrown away in one day. People throw away fast fashion clothes especially often. [　**ア**　]

Next, a large amount of water is used to produce clothes. Actually, about 2,300 liters of water is used to make only one shirt. How much water do you drink in one year ? [　**イ**　] Research shows that one person drinks about 440 liters of water in one year. This means that it takes about five years for one person to drink 2,300 liters of water. Also, the water used in factories makes rivers and oceans dirty. [　**ウ**　]

Making clothes causes air pollution, too. The companies give off a lot of carbon dioxide. Of course, carbon dioxide is given off while making clothes, but there are other reasons, too. For example, many fast fashion clothes are made in Asian countries and carried to other countries by trucks and ships, and this produces a lot of carbon dioxide. [エ]

Fast fashion companies are trying to find solutions to these problems. For example, some companies recycle old clothes to make new ones. Others reduce the amount of water they use. However, it will still take time to solve these problems.

There are many things we can do to help. What can you do now ?

Emi : I often buy fast fashion. I'm shocked to learn that fast fashion has many problems. Why do people throw away fast fashion clothes so easily ?

Tom : I think it is because (A).

Mari : I agree, Tom. We usually do not throw away expensive things easily because we cannot buy them easily. I think the most important thing is to buy only clothes which are really necessary.

Emi : What else can we do ?

Mari : I think we should recycle clothes instead of throwing them away when we do not want them anymore.

Tom : You're right, but (B) ?

Mari : Some clothes shops have recycling boxes, so we can use them.

Tom : I see. Buying used clothes is good for the environment, too. By doing so, we can (C).

Emi : That's a good idea. I will not throw away my clothes anymore.

（注） fashionable 流行の　waste 廃棄物　clothing 服
liters リットル　give off ～を排出する　carbon dioxide 二酸化炭素

(1) 次の英文を入れるのに最も適当な場所を，本文中の[ア]～[エ]のうちから一つ選び，その符号を答えなさい。

About 20% of the world's water pollution is related to the fashion industry.

(2) 話し合いの内容に合うように，本文中の(A)に入る言葉を英語で書きなさい。ただし，語の数は**10～15語**(，などの符号は語数に含まない。)とすること。

(3) 本文中の(B)に入る最も適当なものを，次のア～エのうちから一つ選び，その符号を答えなさい。

ア how do we recycle them　イ where are the shops
ウ who has the recycling boxes　エ when should we do it

(4) 本文中の(C)に入る最も適当なものを，次のア～エのうちから一つ選び，その符号を答えなさい。

ア buy used clothes　イ choose clean energy
ウ reduce waste　エ sell fashionable clothes

(5) 本文の内容に合っている英文として最も適当なものを，次のア～エのうちから一つ選び，その符号を答えなさい。

ア Many people buy fast fashion clothes to protect the environment.

イ　Five people's drinking water for about one year is needed to make one shirt.

ウ　Most fast fashion clothes are sent to Asian countries from other areas.

エ　Some fast fashion companies are trying to produce clean water.

9　中学生のケン(Ken)がALTのジュディ先生(Judy)と話をしています。この対話文を読んで，[(1)]〜[(4)]に入る最も適当なものを，それぞれあとの**ア**〜**エ**のうちから一つずつ選び，その符号を答えなさい。

Judy : Hi, Ken. I heard you had a soccer game yesterday. How was it ?

Ken : Not good. I didn't score any goals again. I missed the goal three times and our team lost because of me.

Judy : Cheer up, Ken. I know you are practicing hard every day. I'm sure you can do well next time.

Ken : [(1)] I can't play soccer well these days. I haven't scored a goal for two weeks. I can't trust myself anymore.

Judy : Ken, don't be so disappointed. Trust yourself.

Ken : How do I trust myself ?

Judy : Do you know the words "No rain, no rainbow" ? Have you ever heard this before ?

Ken : No. What is it ?

Judy : It's a famous proverb from Hawaii. It's my favorite.

Ken : [(2)]

Judy : We often see a beautiful rainbow after it rains. It means that good things often come to you [(3)].

Ken : I see. I have had many rainy days, so maybe I will see a rainbow soon. You made me feel better. Thank you.

Judy : You're welcome. I'm glad to hear it.

Ken : I will practice harder for the next game. [(4)]

Judy : Good ! You can do it for your team. Do your best, Ken !

（注） score goals　ゴールを決める　　proverb　ことわざ

(1)　ア　I think so, too.　　イ　I don't think so.
　　ウ　I like to practice.　　エ　I don't like to practice.

(2)　ア　What does it mean ?　　イ　Why do you know it ?
　　ウ　What do you see ?　　エ　Why does it happen ?

(3)　ア　after you use an umbrella　　イ　after you see a rainbow
　　ウ　after you find a beautiful thing　　エ　after you have a difficult time

(4)　ア　I really want you to join us.
　　イ　I have been on the team for three years.
　　ウ　I believe I can score goals if I try hard.
　　エ　I will try my best to join the team.

＜英語リスニングテスト放送用台本＞

（チャイム）

これから，英語の学力検査を行います。まず，問題用紙の1ページ目があることを確認しますので，問題用紙の最初のページを開きなさい。（間3秒）確認が終わったら，問題用紙を閉じなさい。1ページ目がない人は手を挙げなさい。

（間5秒）次に，解答用紙を表にし，受検番号，氏名を書き，受検番号はその数字のマーク欄を塗りつぶしなさい。

（間30秒）それでは，問題用紙の1ページを開きなさい。（間3秒）リスニングテストの問題は，1から4の四つです。

では，1から始めます。

1は，英語の対話を聞いて，最後の文に対する受け答えを選ぶ問題です。受け答えとして最も適当なものを，それぞれ問題用紙のAからDのうちから一つずつ選んで，その符号を答えなさい。なお，対話はそれぞれ2回放送します。では，始めます。（間2秒）

No. 1　Girl : You went to Kyoto last weekend, right?
Boy : Yes. I visited my uncle.
Girl : Did you go there alone?

（間3秒）（繰り返し）（間6秒）

No. 2　Boy : What are you doing?
Girl : I'm practicing my speech. I have a speech contest on Sunday.
Boy : Where is it going to be held?

（間3秒）（繰り返し）（間6秒）

No. 3　Mother : What are you looking for?
Boy : I'm looking for my watch.
Mother : You lost it again? Last time it was under your bed.

（間3秒）（繰り返し）（間6秒）

次は2です。

2は，英語の対話又は英語の文章を聞いて，それぞれの内容についての質問に答える問題です。質問の答えとして最も適当なものを，それぞれ問題用紙のAからDのうちから一つずつ選んで，その符号を答えなさい。なお，英文と質問はそれぞれ2回放送します。では，始めます。（間2秒）

No. 1　Man : Let's watch a movie here.
Woman : OK, but I have to leave before 7:30.
Man : OK. I'm interested in "Robot World," but it ends at 7:45. How about "Rugby Action"?
Woman : Well, I want to relax today . . .
Man : How about "Life in the Sea"? We can see beautiful sea animals.
Woman : Sounds good, but it's a little too long. Do you know "September Wind"?
Man : Yes. It's a true story about a school brass band.
Woman : Sounds interesting. Let's watch it. And next time we can watch "Robot World."

Question : Which movie will they watch today?

（間３秒）（繰り返し）（間６秒）

No. **2**　Winter vacation will start soon.　Tomoko is looking forward to going skiing with friends. Now she's getting ready for her trip.　She bought skiing goods at the sports shop last Saturday.　She wanted to buy a travel bag, too, but her mother had a bag already, and Tomoko will use that one.　Today, she realized her old sweater is too small, so she's going to buy a new one this weekend.

Question：　Where did Tomoko go last weekend？

（間３秒）（繰り返し）（間６秒）

次は**3**です。

3は，英語の対話又は英語の文章を聞いて，それぞれの内容についての質問に答える問題です。質問の答えとして最も適当なものを，それぞれ問題用紙の**A**から**D**のうちから一つずつ選んで，その符号を答えなさい。なお，英文と質問はそれぞれ**2**回放送します。では，始めます。（間２秒）

No. **1**　Teacher：　Today, chorus practice starts at three o'clock.　Can you tell the other members？

Student ：　Yes, Ms. White.　Today, we will talk about the school festival, right？　Where should we go？

Teacher：　We will perform in the gym.　Do you think we can talk there？

Student ：　Well, we need desks and chairs when we talk.

Teacher：　You're right.　We can use my classroom or the computer room.

Student ：　Can we meet in the computer room？　I think it is better because we can use the computers and it's next to the music room.　After we talk, we can practice in the music room.

Teacher：　All right.

Question：　Where will they talk today？

（間３秒）（繰り返し）（間６秒）

No. **2**　Last year, Yuta went to Australia and stayed with a family.　They were all kind to him, and he was happy to stay in their house.　He also liked their food, but he couldn't eat all the food the mother made.　She looked sad.　Finally, he said to her, "It's delicious, but there's too much for me," and she understood.　He learned he should tell someone when he has a problem.

Question：　What was Yuta's problem while he was staying in Australia？

（間３秒）（繰り返し）（間６秒）

次は**4**です。

4は，英語の文章を聞いて，その内容について答える問題です。問題用紙には，英語の文章の内容に関するメモが書かれています。（間３秒）

メモを完成するために，①，②に入る最も適当なものを，それぞれ問題用紙の**A**から**D**のうちから一つずつ選んで，その符号を答えなさい。なお，英文は**2**回放送します。では，始めます。（間２秒）

Hi, I'm Yuka.　I heard that summer vacation is more than two months long in some countries. I think summer vacation should be longer in Japan, too.　Longer summer vacation gives us more chances to try things that we cannot do at school, and this can help us grow. However, some of my friends say summer vacation should be shorter. For example, Miki always wants to see her classmates and teachers during summer vacation. She thinks it's important to talk with many different people at school.

（間５秒）（繰り返し）（間10秒）

以上で，リスニングテストを終わります。**5** 以降の問題に答えなさい。

数学

●満点 100点 ●時間 50分

注意 1 答えに分数が含まれるときは，**それ以上約分できない形で答えなさい。**

2 答えに根号が含まれるときは，**根号の中を最も小さい自然数とした形で答えなさい。**

1 次の(1)～(7)の問いに答えなさい。

(1) 次の①～③の計算をしなさい。

① $-4+12\div 2$

② $a^2b\div 3ab\times(-9a)$

③ $(\sqrt{7}+\sqrt{3})(\sqrt{7}-2\sqrt{3})$

(2) ある数xを2乗した数と，xを2倍した数との和は5である。

このとき，次の①，②の問いに答えなさい。

① xについての方程式として最も適当なものを，次の**ア**～**エ**のうちから1つ選び，符号で答えなさい。

ア $x^2+2x+5=0$ **イ** $x^2-2x+5=0$

ウ $x^2+2x-5=0$ **エ** $x^2-2x-5=0$

② 次の「**あ**」～「**う**」にあてはまるものをそれぞれ答えなさい。

ある数xは［**あい**］$\pm\sqrt{\text{［う］}}$ である。

(3) 次の①，②の問いに答えなさい。

① 次の**ア**～**エ**のうち，標本調査を行うことが最も適しているものを1つ選び，符号で答えなさい。

ア 国勢調査 **イ** 川の水質検査

ウ 学校で行う生徒の歯科検診 **エ** A中学校3年生の進路希望調査

② 次の「**え**」「**お**」にあてはまるものをそれぞれ答えなさい。

袋の中に，同じ大きさの白い卓球の球だけがたくさん入っている。この白い球の個数を推定するために，色だけが違うオレンジ色の球30個をその袋に入れてよくかき混ぜ，そこから無作為に10個の球を抽出したところ，オレンジ色の球が3個含まれていた。

はじめに袋の中に入っていた白い球は，およそ［**えお**］個と推定できる。

(4) 次の①，②の問いに答えなさい。

① 立方体の展開図として**正しくないもの**を，次の**ア**～**エ**のうちから1つ選び，符号で答えなさい。

ア **イ** **ウ** **エ**

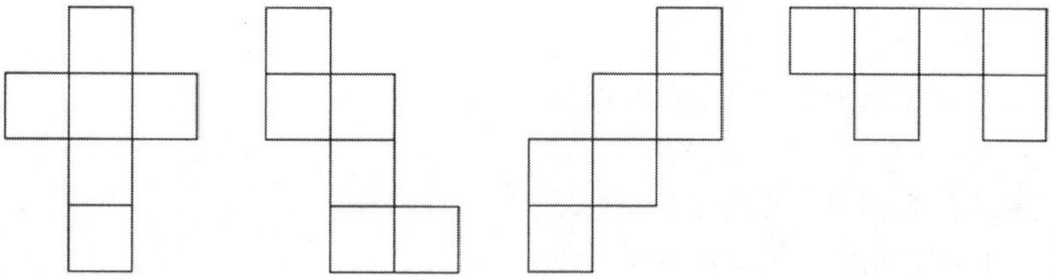

② 次の「**か**」~「**く**」にあてはまるものをそれぞれ答えなさい。

右の図のように，1辺が3 cmの立方体がある。この立方体の表面に，頂点Aから頂点Hまで，辺BFと辺CGを通るようにひもをかける。ひもの長さが最も短くなるときのひもの長さは **[か]** $\sqrt{}$ **[きく]** cmである。

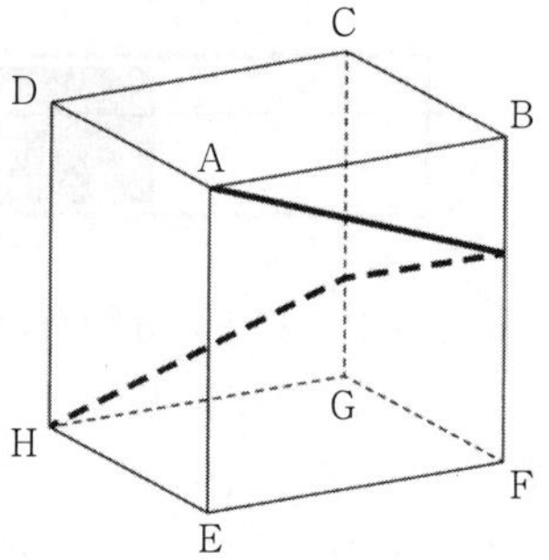

(5) 大小2つのさいころを同時に投げ，大きいさいころの出た目の数をa，小さいさいころの出た目の数をbとし，$(a,\ b)$を座標とする点Pをとる。

例えば，右の図の点Pは，大きいさいころの出た目の数が3，小さいさいころの出た目の数が4のときの座標(3，4)を表したものである。

このとき，次の①の「**け**」「**こ**」，②の「**さ**」「**し**」にあてはまるものをそれぞれ答えなさい。

ただし，原点Oから点(1，0)までの距離及び原点Oから点(0，1)までの距離をそれぞれ1 cmとする。

また，さいころを投げるとき，1から6までのどの目が出ることも同様に確からしいものとする。

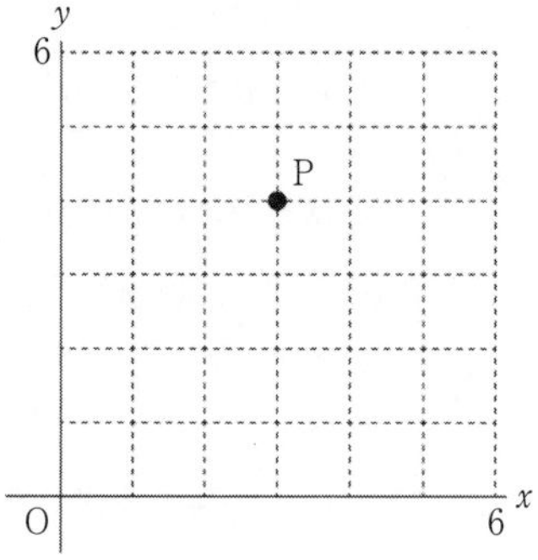

① 点Pが直線$y=x$上の点となる確率は $\dfrac{\boxed{け}}{\boxed{こ}}$ である。

② 線分OPの長さが4 cm以下となる確率は $\dfrac{\boxed{さ}}{\boxed{し}}$ である。

(6) 右の図のように，4点A，B，C，Dが円Oの円周上にあり，弦BAを延長した直線と弦CDを延長した直線の交点をE，線分ACと線分BDの交点をFとする。

∠BEC＝38°，∠BDC＝63°であるとき，次の①の「**す**」「**せ**」，②の「**そ**」「**た**」にあてはまるものをそれぞれ答えなさい。

① xで示した∠BACの大きさは **[すせ]** 度である。

② yで示した∠BFCの大きさは **[そた]** 度である。

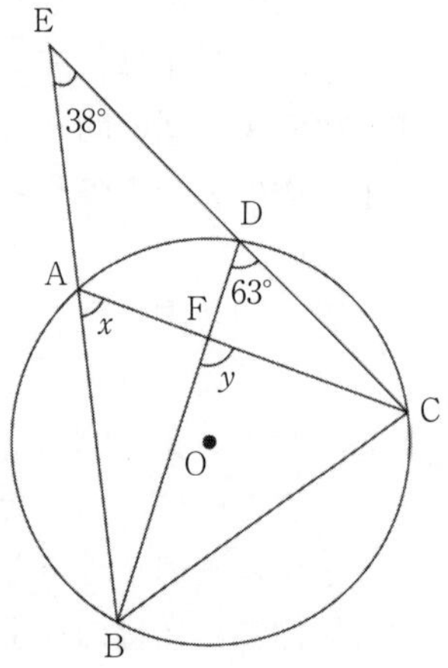

(7) 右下の図は，ある円錐の展開図の一部(側面の部分)であり，中心角が90°のおうぎ形である。この円錐の展開図の底面の部分である円が点Aを通るとき，次の①，②の問いに答えなさい。

① 次の「**ち**」にあてはまるものを答えなさい。

側面の部分であるおうぎ形の半径は，底面の部分である円の半径の **[ち]** 倍である。

② 底面の部分である円の中心Oを作図によって求めなさい。また，中心Oの位置を示す文字Oも書きなさい。

ただし，三角定規の角を利用して直線をひくことはしないものとし，作図に用いた線は消さずに残しておくこと。

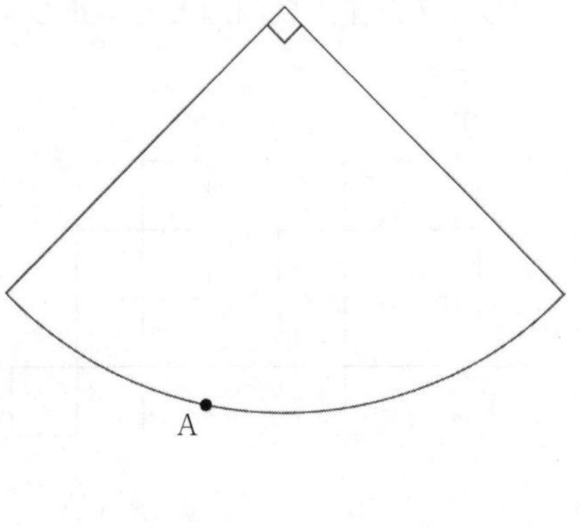

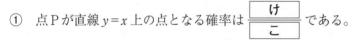

2　右の図のように，関数 $y=\dfrac{1}{2}x^2$ のグラフ上に x 座標が p である点Pがあり，点Pを通り x 軸に平行な直線と関数 $y=\dfrac{1}{2}x^2$ のグラフとの交点をQとする。また，関数 $y=\dfrac{1}{2}x^2$ のグラフ上に点Rを，y 軸上に点Sを，四角形PRSQが平行四辺形となるようにとる。

このとき，次の(1)，(2)の問いに答えなさい。

ただし，$p>0$ とする。

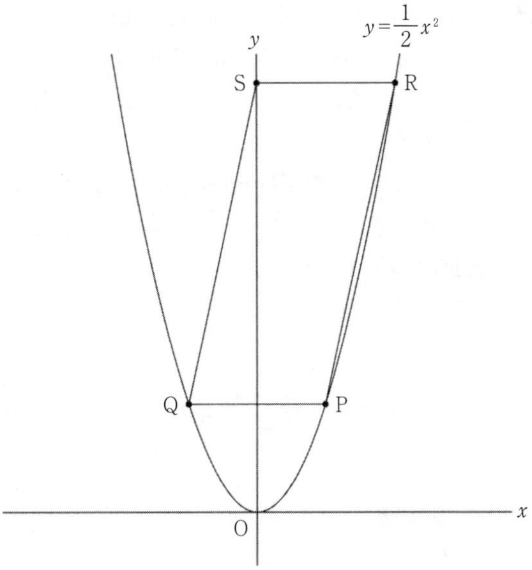

(1)　$p=3$ のとき，次の①の「**つ**」「**て**」，②の「**と**」〜「**に**」にあてはまるものをそれぞれ答えなさい。

①　点Pの y 座標は $\dfrac{\boxed{\text{つ}}}{\boxed{\text{て}}}$ である。

②　2点Q，Rを通る直線の傾きは $\dfrac{\boxed{\text{と}}}{\boxed{\text{な}}}$ で，切片は $\boxed{\text{に}}$ である。

(2)　直線PQと y 軸との交点をHとするとき，次の「**ぬ**」「**ね**」にあてはまるものをそれぞれ答えなさい。

SH＝2PQとなるのは，$p=\dfrac{\boxed{\text{ぬ}}}{\boxed{\text{ね}}}$ のときである。

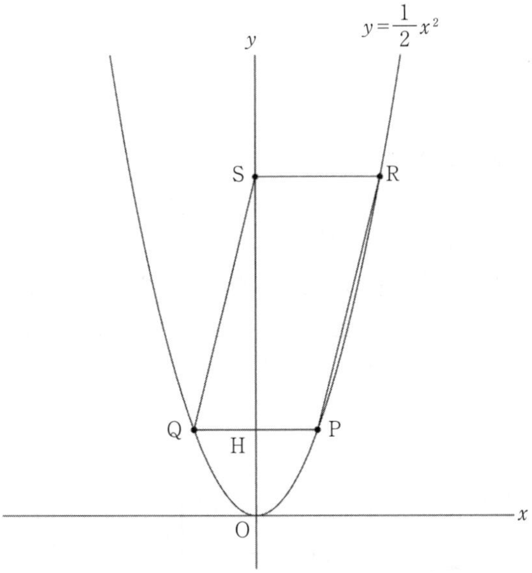

3　右の図のように，∠ABC＝45°の鋭角三角形 ABC がある。点 B から辺 AC に垂線 BD を，点 C から辺 AB に垂線 CE をひき，線分 BD と線分 CE の交点を F とする。

このとき，次の(1)～(3)の問いに答えなさい。

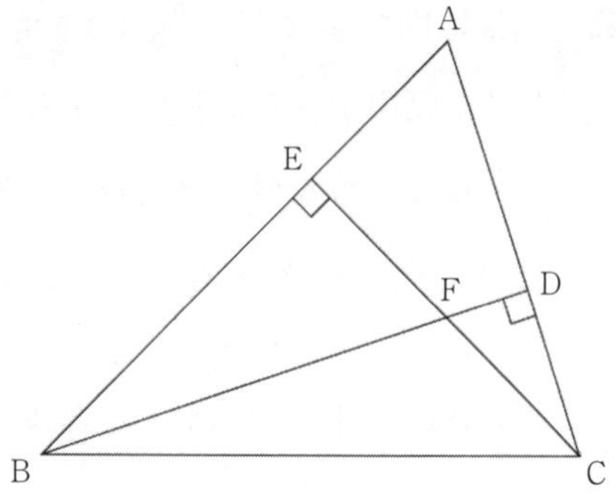

(1)　次の［(a)］，［(b)］，［(c)］に入る最も適当なものを，**選択肢**の**ア～カ**のうちからそれぞれ 1 つずつ選び，符号で答えなさい。

∠EBC＝［(a)］＝45° だから，△EBC は［(b)］である。よって，EB＝［(c)］である。

選択肢

ア	∠BEC	**イ**	∠ECB	**ウ**	二等辺三角形
エ	正三角形	**オ**	BC	**カ**	EC

(2)　△EBF≡△ECA となることを証明しなさい。

ただし，(1)の［　］のことがらについては，用いてもかまわないものとする。

(3)　次の「**の**」「**は**」にあてはまるものをそれぞれ答えなさい。

AD＝9cm，DC＝6cm であるとき，△EBF の面積は［**のは**］cm^2 である。

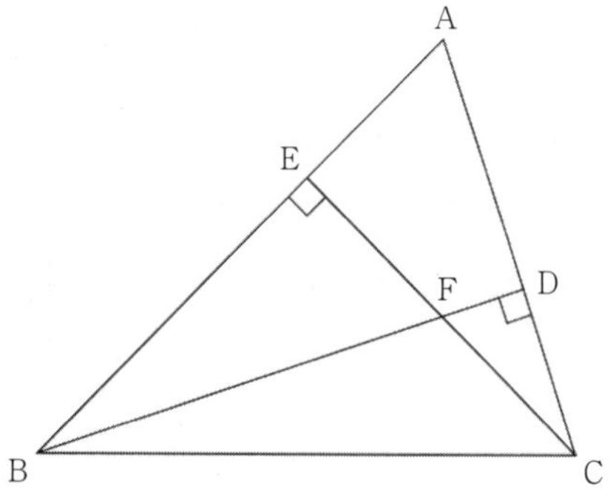

4　次の**会話文**を読み，あとの(1)～(3)の問いに答えなさい。

会話文

教師 T：今日はスクリーンに投影される影について，簡略化したもので考えましょう。

図 1 のように，光源を点 O，スクリーンを直線 l とし，直線 l と平行な線分 AB を，光源からの光を遮《さえぎ》る物体として考えます。

物体の上端を点 A，下端を点 B とし，光源からの光の道すじを表したものを，それぞれ半直線 OA，OB とします。また，この 2 つの半直線と直線 l との交点を，それぞれ P，Q とします。

図 1

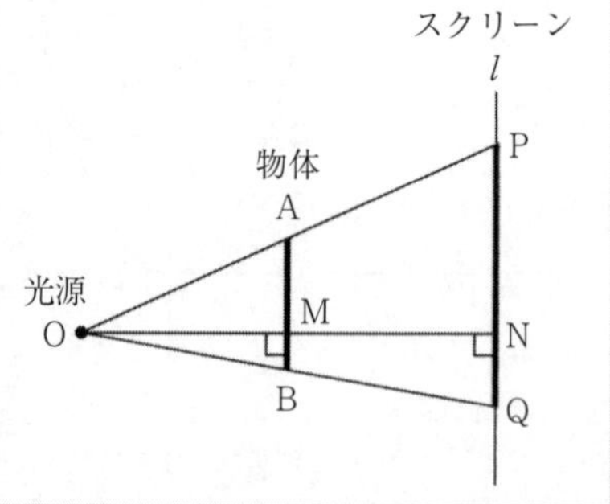

生徒 X：線分 PQ がスクリーンに投影された影であると考えればよいのですね。

教師 T：そのとおりです。また，点 O から線分 PQ に垂線をひき，線分 AB との交点を M，線分 PQ との交点を N とします。ただし，ここでは必ず交点 M ができるように物体 AB があるものとします。

では，OM＝MN のとき，線分 PQ の長さは線分 AB の長さの何倍になりますか。

生徒X：△OABと△OPQは相似になるので，[ひ]倍です。

教師T：そうですね。この考え方を利用すると，物体ABが平行移動したとしても，スクリーンに投影される影の長さPQを求めることができますね。

では，線分PQの長さを線分ABの長さの4倍にしたいとき，線分OMと線分MNの長さの比をどのようにすればよいでしょうか。

生徒X：最も簡単な整数比で表すと，OM：MN＝[ふ]：[へ]です。

教師T：そのとおりです。次に，光を遮る物体を，線分ではなく正方形としてみましょう。わかりやすくするために，座標平面上で考えてみます。

図2のように，光源を表す点Oを原点，物体を表す正方形EFGHの頂点の座標をそれぞれ，E(4, 1)，F(4, −1)，G(6, −1)，H(6, 1)とし，スクリーンを直線$x=10$とします。スクリーンに投影される影を線分PQとし，座標をP(10, p)，Q(10, q)とします。ただし，$p>q$とします。

図2

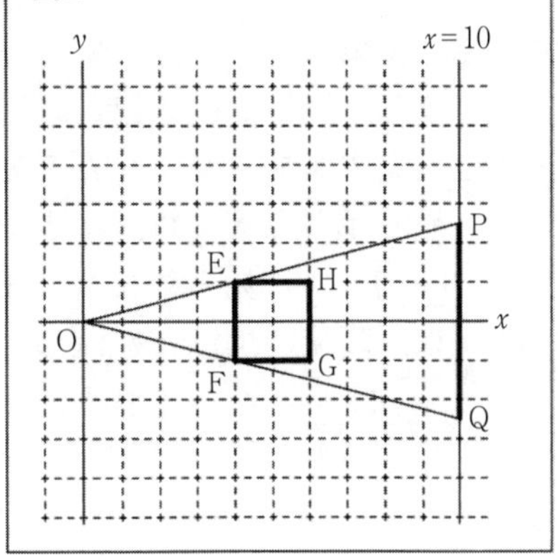

生徒X：点Pは直線OEと直線$x=10$との交点だから$p=\dfrac{\text{ほ}}{\text{ま}}$になるということですね。

教師T：そうですね。では，光源を点Oからy軸上の正の整数部分に動かしてみましょう。nを自然数とし，動かした後の光源を表す点の座標をO′(0, n)とします。

点Pは直線O′Hと直線$x=10$との交点，点Qは直線O′Fと直線$x=10$との交点になるので，点P，Qのy座標をそれぞれ求めることができますね。

生徒X：nを用いて表すと，$p=$[(a)]，$q=$[(b)]となります。

教師T：正解です。この結果を利用すると，線分PQの長さが周期的に整数になることがわかりますね。

(1) **会話文**中の「**ひ**」～「**ま**」について，次の①～③の問いに答えなさい。

① 「**ひ**」にあてはまるものを答えなさい。

② 「**ふ**」「**へ**」にあてはまるものをそれぞれ答えなさい。

③ 「**ほ**」「**ま**」にあてはまるものをそれぞれ答えなさい。

(2) **会話文**中の(a)，(b)にあてはまる式をそれぞれ書きなさい。

(3) **会話文**中の下線部について，次の「**み**」～「**め**」にあてはまるものをそれぞれ答えなさい。

線分PQの長さが100cmとなるのは，$n=$[みむめ]のときである。

ただし，原点Oから点(1, 0)までの距離及び原点Oから点(0, 1)までの距離をそれぞれ1cmとする。

社会　●満点 100点　●時間 50分

1　次の会話文は，社会科の授業で，こうきさんたちが，千葉県の海岸について話し合っている場面の一部である。これに関して，あとの(1)～(4)の問いに答えなさい。

先　生：千葉県の海岸の特色やそれに関連することがらについて，調べてきたことは，ありますか。

こうき：千葉県は，半島の地形上，三方を海に囲まれ，海とともに発展してきました。

みつき：右の地図を見てください。太平洋側の黒く示した**X**では，単調な海岸線が続く［Ⅰ］が見られます。また，**Y**の沖合は，暖流の黒潮と寒流の親潮がぶつかる［Ⅱ］となっており，豊かな漁場となっています。

よしき：東京湾沿いの北部では，海岸が埋め立てられ，a千葉港の整備，大きな工場の建設が行われました。その後，b1960年代以降，大規模な住宅団地や娯楽施設の建設が行われ，1997年には，千葉県と神奈川県を橋と海底トンネルで結ぶc東京湾アクアラインが完成しました。この建設工事では，事前に環境への影響を評価する［Ⅲ］が行われました。

こうき：千葉県の海岸は，太平洋側と東京湾沿いとで違った風景が見られるのですね。

(1)　会話文中の［Ⅰ］，［Ⅱ］にあてはまる語の組み合わせとして最も適当なものを，次の**ア**～**エ**のうちから一つ選び，その符号を答えなさい。

ア　Ⅰ：砂浜海岸　Ⅱ：海溝　　**イ**　Ⅰ：リアス海岸　Ⅱ：海溝
ウ　Ⅰ：リアス海岸　Ⅱ：潮境(潮目)　　**エ**　Ⅰ：砂浜海岸　Ⅱ：潮境(潮目)

(2)　会話文中の下線部**a**に関連して，次の表は，よしきさんが，千葉港と成田国際空港の貨物の取り扱いについてまとめたものである。表から読み取れることとして適当なものを，あとの**ア**～**エ**のうちから**すべて**選び，その符号を答えなさい。

千葉港の貿易額の上位5品目(2021年)

輸出品目	金額(億円)	%	輸入品目	金額(億円)	%
石油製品	2,372	30.6	石　油	18,605	54.5
鉄　鋼	1,630	21.0	液化ガス	5,170	15.1
有機化合物	1,311	16.9	自動車	2,344	6.9
プラスチック	523	6.7	鉄　鋼	1,396	4.1
鉄鋼くず	491	6.3	鉄鉱石	1,045	3.1
輸出総額	7,753		輸入総額	34,133	

(「日本国勢図会 2023/24」より作成)

成田国際空港の貿易額の上位５品目（2021年）

輸出品目	金額（億円）	%	輸入品目	金額（億円）	%
半導体等製造装置	11,710	9.1	医薬品	25,606	15.9
科学光学機器	7,386	5.8	通信機	22,196	13.8
金（非貨幣用）	7,149	5.6	集積回路	14,561	9.0
集積回路	5,025	3.9	コンピュータ	12,947	8.0
電気計測機器	4,926	3.8	科学光学機器	9,068	5.6
輸出総額	128,215		輸入総額	161,145	

（「日本国勢図会 2023/24」より作成）

ア　千葉港と成田国際空港の輸入総額を比べると，成田国際空港の輸入総額は，千葉港の５倍以上である。

イ　千葉港の輸入品目１位の金額の割合は，成田国際空港の輸入品目１位から５位までの金額の割合の合計よりも高い。

ウ　成田国際空港の輸出品目１位の金額は，千葉港の輸出総額よりも多い。

エ　成田国際空港では，輸入総額が輸出総額より３兆５千億円以上多くなっている。

(3)　会話文中の下線部**b**に関連して，次の**ア**～**ウ**の文は，1960年代以降に起こったことがらについて述べたものである。**ア**～**ウ**を年代の**古いものから順**に並べ，その符号を答えなさい。

ア　中国とソ連が支援する北ベトナムとアメリカが支援する南ベトナムの間で，ベトナム戦争が始まった。

イ　アメリカのブッシュ大統領とソ連のゴルバチョフ共産党書記長がマルタで会談し，東西冷戦の終結が宣言された。

ウ　イラクのクウェート侵攻をきっかけに，アメリカを中心とする多国籍軍とイラクとの間で，湾岸戦争が起こった。

(4)　会話文中の下線部**c**に関連して，［Ⅲ］にあてはまる適当な語を**８字**で答えなさい。

2　かおるさんたちは，右の図を使って学習した。これに関して，次の(1)～(4)の問いに答えなさい。

(1)　次の文章は，かおるさんが，図中の**A**～**D**の県の県庁所在地についてまとめたレポートの一部である。文章中の［Ⅰ］，［Ⅱ］にあてはまる数字の組み合わせとして最も適当なものを，あとの**ア**～**エ**のうちから一つ選び，その符号を答えなさい。

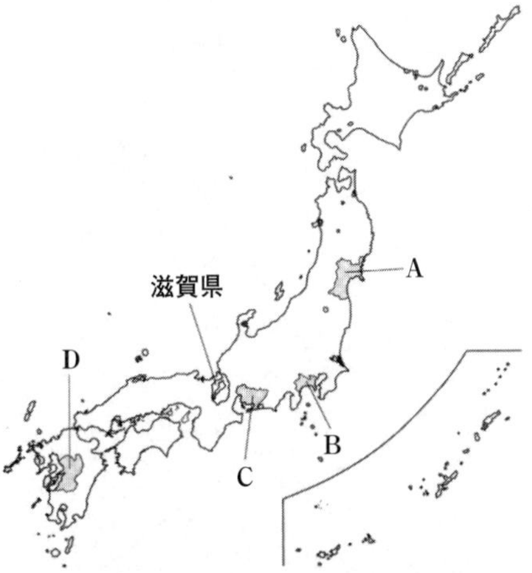

> これら四つの県庁所在地は，政府によって指定された人口［　Ⅰ　］万人以上の都市である政令指定都市となっている。また，四つの県庁所在地のうち，県名と県庁所在地名が異なる都市が［　Ⅱ　］つある。

ア　Ⅰ：50　Ⅱ：２　　**イ**　Ⅰ：50　Ⅱ：３

ウ　Ⅰ：100　Ⅱ：２　　**エ**　Ⅰ：100　Ⅱ：３

(2)　次の表は，図中の**A**～**D**の県の人口，人口密度，製造品出荷額等，農業産出額及び海面漁業漁獲量をまとめたものである。表中の**ア**～**エ**は，図中の**A**～**D**の県のいずれかである。図中の**A**と**C**の県を示す最も適当なものを，表中の**ア**～**エ**のうちからそれぞれ一つずつ選び，その符号を答えなさい。

県　名	人　口 （千人） （2022年）	人口密度 （人/km^2） （2022年）	製造品出荷額等 （億円） （2020年）	農業産出額 （億円） （2021年）	海面漁業漁獲量 （千 t ） （2021年）
ア	7,495	1,448.8	441,162	2,922	53
イ	9,232	3,820.9	159,161	660	25
ウ	1,718	231.9	28,311	3,477	12
エ	2,280	313.1	43,853	1,755	184

（「日本国勢図会 2023/24」より作成）

(3)　次の文章は，さとしさんが，図中の**D**の県の自然についてまとめたレポートの一部である。文章中の［　　］にあてはまる適当な語を**カタカナ４字**で答えなさい。

> **D**の県といえば，阿蘇山《あそさん》が有名です。九州の中央部にある阿蘇山には，噴火による陥没《かんぼつ》などによってできた［　　　］と呼ばれる大きくくぼんだ地形が見られます。

(4)　次の地形図は，図中の**滋賀県**のある地域を示したものである。また，あとの会話文は，地形図を見て，あみさんたちが話し合っている場面の一部である。これらを見て，下の①，②の問いに答えなさい。

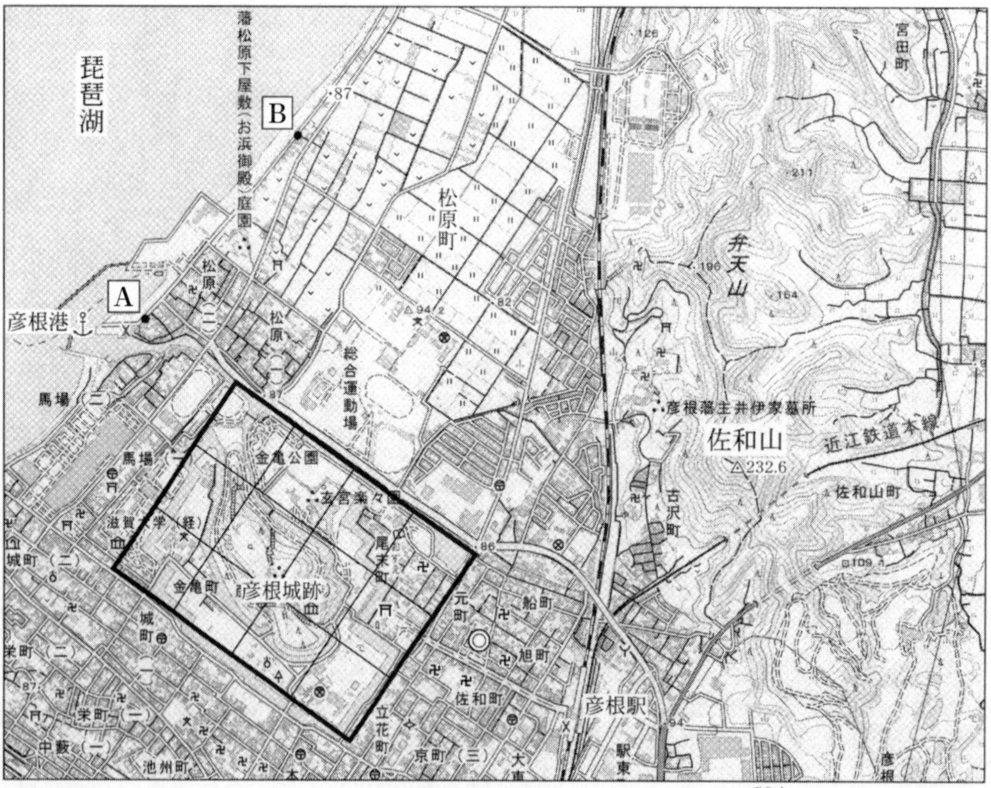

（国土地理院　令和２年発行　1：25,000「彦根《ひこね》東部」原図より作成）

めもり 0　5 cm

先生：地形図から，街の様子についてわかることを話し合ってみましょう。
あみ：やはり街の中心にある彦根城跡が，大きな存在感を示しているね。
たく：彦根城跡から彦根駅までの間の地域には，ア寺院より神社が多く建ち並んでいるよ。
あみ：彦根駅の近くにある市役所は，彦根港の地点Aから見てイほぼ南東の方向にあるね。
たく：佐《さ》和《わ》山《やま》の山頂からは，街並みや琵琶湖が一望できるみたいだよ。
あみ：佐和山の山頂から松原町《まつばらちょう》の方向を見るとウ水田地帯の先に畑が広がっているね。
たく：その先の湖岸にある地点Bと佐和山の山頂との標高差はエ200m以上あるよ。
あみ：彦根城跡の周囲を囲むお堀の内側は，どのくらいの広さなのだろう。
たく：地形図上に1辺が1cmの方眼を示して考えるとXだいたいの広さがわかるよ。
先生：一枚の地形図から，いろいろなことを読み取ることができましたね。

① 会話文中の下線部ア～エのうち，内容が正しいものを**すべて**選び，その符号を答えなさい。

② 会話文中の下線部Xについて，地形図中の━━で囲んだ部分の面積は，約何km^2か。地形図に描かれている，1辺が1cmの方眼を参考に，次の**ア**～**エ**のうちから最も適当なものを一つ選び，その符号を答えなさい。

ア 約$0.75km^2$　**イ** 約$1.5km^2$　**ウ** 約$2.25km^2$　**エ** 約$3.0km^2$

3 しげるさんたちは，緯線と経線が直角に交わる次の地図を使って学習した。これに関して，あとの(1)～(5)の問いに答えなさい。

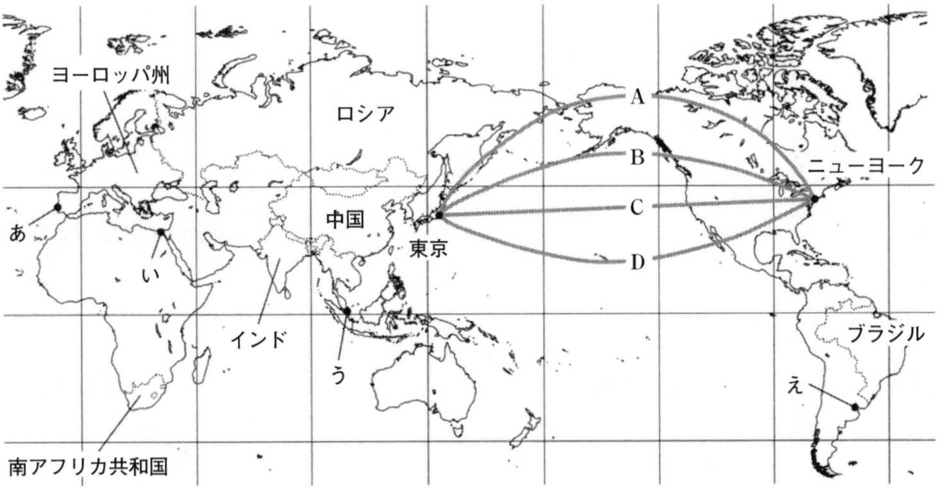

（注） 島等は省略したものもある。また，国境に一部未確定部分がある。

(1) 次の文章は，しげるさんが，世界地図についてまとめたレポートの一部である。文章中の［ I ］にあてはまる最も適当なものを，上の地図中の**A**～**D**のうちから一つ選び，その符号を答えなさい。また，［ II ］にあてはまる語として最も適当なものを，あとの**ア**～**エ**のうちから一つ選び，その符号を答えなさい。

緯線と経線が直角に交わる地図で，東京からニューヨークまでの最短ルートは，［ I ］になります。その理由は，次のページの中心(東京)からの距離と方位が正しい地図で，東京からニューヨークまでの最短ルートを示した直線を見るとわかります。また，この地図では，Xで示した［ Ⅱ ］大陸が大きくゆがんだ形で表されています。

ア　北アメリカ
イ　南アメリカ
ウ　アフリカ
エ　南極

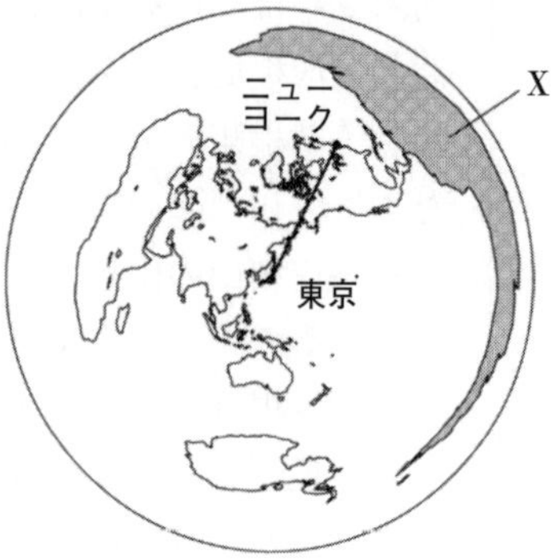

(2)　次の**ア**～**エ**のグラフは，地図中の**あ**～**え**のいずれかの都市における月平均気温と月降水量の変化の様子を示したものである。これらのうち，地図中の**あ**の都市のものはどれか。最も適当なものを一つ選び，その符号を答えなさい。

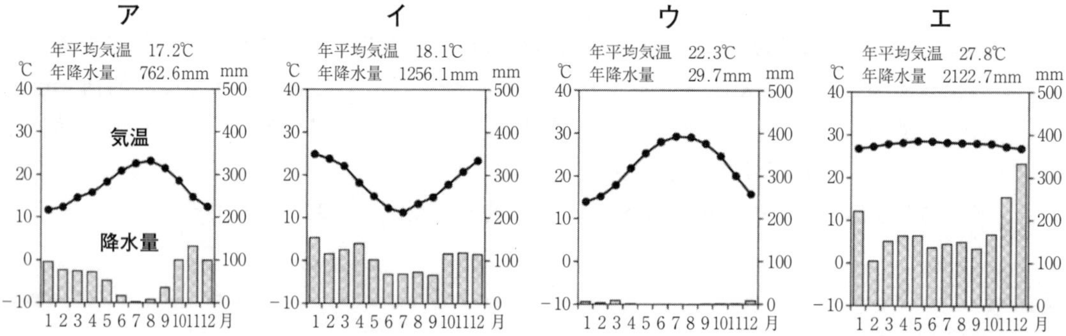

（注）　グラフ中のデータは1991年から2020年までの平均値を示す。

（「理科年表令和５年」より作成）

(3)　次の文は，ひとみさんが，地図中の**ロシア**の住宅についてまとめたレポートの一部である。文中の［　　］にあてはまる適当なことばを，「永久凍土」「建物」の二つの語を用いて**20字以内**（読点を含む。）で答えなさい。

> 右の写真のように，ロシアなどの冷涼な地域では，建物から出る熱が［　　　　　］ことを防ぐために，高床になっている住居が見られます。

(4)　右の**資料**は，地図中の**ヨーロッパ州**の言語分布を示したものである。**資料**中のBで示した地域で使われる主な言語として最も適当なものを，次の**ア**～**エ**のうちから一つ選び，その符号を答えなさい。

ア　ラテン系言語　　**イ**　ゲルマン系言語
ウ　アジア系言語　　**エ**　スラブ系言語

資料　ヨーロッパ州の言語分布

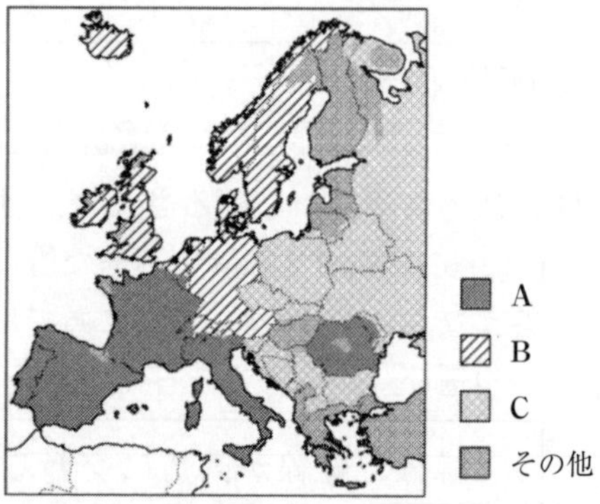

(5)　次の**資料**は，地図中の**ロシア**，**中国**，**インド**，**ブラジル**，**南アフリカ共和国**及び日本の発電量，一人あたりのGNI，温室効果ガスの排出量及び一人あたりのCO_2排出量についてまとめたものである。**資料**から読み取れることとして最も適当なものを，あとの**ア**～**エ**のうちから一つ選び，その符号を答えなさい。

資料　ロシア，中国，インド，ブラジル，南アフリカ共和国及び日本の発電量，一人あたりのGNI，温室効果ガスの排出量及び一人あたりのCO_2排出量

国　名	発電量（億kWh）		一人あたりのGNI（ドル）		温室効果ガスの排出量（百万ｔ）		一人あたりのCO_2排出量（ｔ）
	2000年	2019年	2000年	2019年	2000年	2019年	2019年
ロシア	8,778	11,215	1,738	11,201	1,927	2,209	11.36
中　国	13,557	75,041	929	9,936	3,426	10,619	7.07
インド	5,611	16,237	446	2,095	960	2,422	1.69
ブラジル	3,489	6,263	3,642	8,697	317	451	1.95
南アフリカ共和国	2,107	2,526	2,962	5,832	318	477	7.40
日　本	10,915	9,708	38,874	41,403	1,162	1,071	8.37

（「世界国勢図会 2022/23」より作成）

ア　2019年において，一人あたりのGNIが高い国ほど，一人あたりのCO_2排出量が多い。

イ　2000年と2019年を比べて，発電量が2倍以上になっている国は，一人あたりのGNIが5倍以上になっている。

ウ　2000年と2019年を比べて，日本より温室効果ガスの排出量の多い国が減少した。

エ　2000年と2019年を比べて，一人あたりのGNIが，最も増加したのはロシアであり，増加の割合が最も大きいのは中国である。

4　次の**A**～**D**のパネルは，社会科の授業で，ちさとさんたちが，「歴史上の人物が詠《よ》んだ和歌」についてまとめたものの一部である。これに関して，あとの(1)～(5)の問いに答えなさい。

A

> **誰《たれ》も見よ　満つればやがて　欠く月の**
> **いざよふ空や　人の世の中**
> **（甲陽軍鑑《こうようぐんかん》）**
>
> この歌は，武田信玄《たけだしんげん》が詠んだ歌である。信玄は『甲州《こうしゅう》法度之次第《はっとのしだい》』という［　Ⅰ　］により人々の行動を取り締まり，国を統治した。

B

> **この世をば　わが世とぞ思ふ　望月《もちづき》の**
> **欠けたることも　なしと思へば**
> **（小右記《しょうゆうき》）**
>
> この歌は，a平安時代に藤原道長《ふじわらのみちなが》が詠んだ歌である。道長の子である頼通《よりみち》は極楽《ごくらく》浄土《じょうど》の姿を表した［　Ⅱ　］を宇治に造営した。

C

> **東山　弓張月《ゆみはりづき》は　てらせども**
> **むかしの城は　いまくさの原**
> **（会津会会報《あいづかいかいほう》19号）**
>
> この歌は，会津出身の新島八重子《にいじまやえこ》が詠んだ歌である。会津藩は，徳川家に仕え，b戊辰戦争《ぼしんせんそう》を戦った。

D

> **命《かぎり》あれば　茅《かや》が軒端《のきば》の　月もみつ**
> **知らぬは人の　行くすえの空**
> **（遠島御百首《えんとうおんひゃくしゅ》）**
>
> この歌は，後鳥羽上皇《ごとばじょうこう》が晩年に詠んだ歌である。後鳥羽上皇は，承久《じょうきゅう》の乱を企《くわだ》て，c鎌倉幕府を倒すため兵を挙げた。

(1)　パネル**A**中の［　Ⅰ　］，パネル**B**中の［　Ⅱ　］にあてはまる語の組み合わせとして最も適当なものを，次の**ア**～**エ**のうちから一つ選び，その符号を答えなさい。

ア　Ⅰ：分国法　　　　Ⅱ：平等院鳳凰堂《びょうどういんほうおうどう》
イ　Ⅰ：分国法　　　　Ⅱ：厳島神社《いつくしまじんじゃ》
ウ　Ⅰ：公事方御定書《くじかたおさだめがき》　Ⅱ：平等院鳳凰堂
エ　Ⅰ：公事方御定書　Ⅱ：厳島神社

(2)　パネルB中の下線部aに関連して，次の文章は，国風文化《こくふうぶんか》について述べたものである。文章中の□にあてはまる語として最も適当なものを，あとの**ア**～**エ**のうちから一つ選び，その符号を答えなさい。

> 唐風《とうふう》の文化を基《もと》に，日本の生活などに合った国風文化という独自の文化が生まれた。その中で，紫式部《むらさきしきぶ》は，貴族社会を描いた長編小説である□を，漢字を書き崩して日本語の音を表した仮名文字《かなもじ》で書き上げた。

ア　枕草子《まくらのそうし》　　イ　古事記《こじき》　　ウ　徒然草《つれづれぐさ》　　エ　源氏物語《げんじものがたり》

(3)　パネルC中の下線部bと同じ19世紀に起こったことがらとして最も適当なものを，次の**ア**～**エ**のうちから一つ選び，その符号を答えなさい。

ア　絶対王政が行われていたフランスで革命が起き，国民議会は人権宣言を発表した。
イ　ワシントンは，独立戦争において東部13植民地の総司令官を務めた。
ウ　リンカン大統領は，南北戦争中に奴隷解放宣言《どれいかいほうせんげん》を発表し，北部を勝利に導いた。
エ　イギリスでは，名誉革命《めいよかくめい》が起こり，新たな王が選ばれ権利章典《けんりしょうてん》が定められた。

(4)　パネルD中の下線部cに関連して，次の**資料**は，はるとさんが，鎌倉幕府の衰退《すいたい》についてまとめたレポートの一部である。**資料**中の□にあてはまる適当なことばを，レポートから読み取れる相続の仕方にふれながら**20字以内**（読点を含む。）で答えなさい。

資料　はるとさんがまとめたレポートの一部

鎌倉幕府はなぜ衰退したのか？

◎御家人たちの幕府に対する二つの不満

・御家人の□ため，生活が苦しくなる者も出てきた。

原因

・二度にわたる元軍《げんぐん》の襲来《しゅうらい》に対して，兵として参加したが，恩賞《おんしょう》として十分な土地が与えられなかった。

鎌倉時代の御家人が領地を相続するイメージ

御家人である父親の領地300 m^2

父親の死後

長男（跡継ぎ）	次男	長女
150m^2	75m^2	75m^2

※父親の領地300 m^2を子ども３人で分けた場合

◎幕府の御家人への対応

幕府は，徳政令《とくせいれい》を出して御家人を救おうとしたが，あまり効果はみられなかった。

(5)　次の**資料**は，こうへいさんが，授業で学習した和歌であり，あとの文は，和歌についてまとめたレポートの一部である。文中の□にあてはまる適当な語を答えなさい。

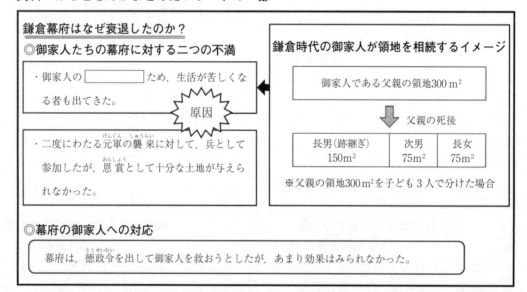

資料　こうへいさんが授業で学習した和歌

> 我が妻は　いたく恋ひらし　飲む水に　影さえ見えて　よに忘られず
>
> （万葉集）

> この歌は，７～８世紀に九州北部の沿岸を３年間の任期で守る［　　　］という兵役《へいえき》の義務を負った男性が，詠んだものである。

5　次のA～Dのスライドは，あおいさんが，「経済の混乱と人々の姿」をテーマに作成したものの一部である。これに関して，あとの(1)～(5)の問いに答えなさい。

A

ドイツでは，a 第一次世界大戦の戦費や，1919年のパリ講和会議で結ばれた［　　　］条約による賠償金《ばいしょうきん》の支払い義務で経済が破《は》たんした。通貨の価値は暴落し，紙幣は紙くず同然になった。

B

1929年，ニューヨークのウォール街で株価が暴落し，多くの人々が証券取引所前に集まった。この混乱は，世界中の国々にも広がり，b 世界恐慌《せかいきょうこう》となった。

C

c 第二次世界大戦後，日本の都市では，食料不足が深刻となった。都市の人々は，買い出し列車に乗って農村へ出かけ，衣類などを米やいもなどの食料と交換した。

D

1973年，石油危機によって日本では，トイレットペーパーなどが不足するとの情報が流れ，生活品売り場が大混乱となった。石油危機によって，日本の d 高度経済成長は終わりを告げた。

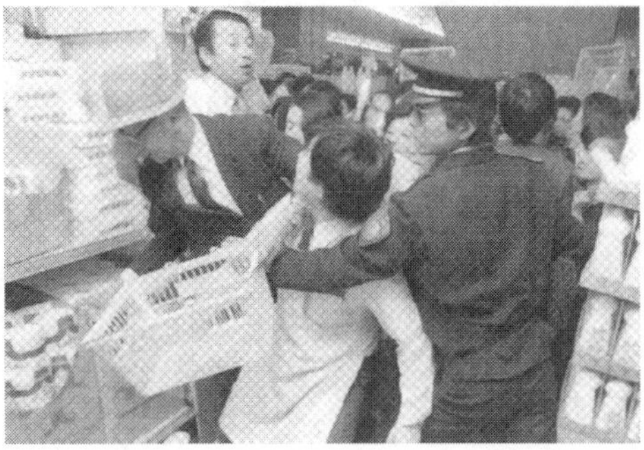

(1) スライドA中の下線部aに関連して，第一次世界大戦中のことがらとして最も適当なものを，次の**ア**～**エ**のうちから一つ選び，その符号を答えなさい。

ア 陸軍青年将校が大臣らを殺傷《さっしょう》した，二・二六事件が起こった。

イ 内閣制度が創設され，伊藤博文《いとうひろぶみ》が初代内閣総理大臣となった。

ウ 官営の八幡製鉄所《やはたせいてつじょ》が建設され，鉄鋼の生産が始まった。

エ 日本は，中国に対して二十一か条の要求を示した。

(2) スライドAの文章中の［　　］にあてはまる適当な語を**カタカナ**で答えなさい。

(3) スライドB中の下線部bに関連して，次の文章は，各国の世界恐慌への対策について述べたものである。文章中の［Ⅰ］，［Ⅱ］にあてはまる語の組み合わせとして最も適当なものを，あとの**ア**～**エ**のうちから一つ選び，その符号を答えなさい。

> アメリカでは，ローズベルト大統領が，［Ⅰ］を行い，積極的に公共事業をおこして失業者を助けた。それに対して，イギリスやフランスは［Ⅱ］を行い，植民地との貿易を拡大する一方，それ以外の国からの輸入に対する関税を高くした。

ア Ⅰ：ニューディール(新規まき直し)政策　Ⅱ：ブロック経済

イ Ⅰ：ニューディール(新規まき直し)政策　Ⅱ：ファシズム

ウ Ⅰ：五か年計画　Ⅱ：ブロック経済

エ Ⅰ：五か年計画　Ⅱ：ファシズム

(4) スライドC中の下線部cに関連して，第二次世界大戦後のことがらを，次の**ア**～**エ**のうちから**三つ**選び，年代の**古いものから順**に並べ，その符号を答えなさい。

ア 佐藤栄作《さとうえいさく》内閣のときに，沖縄の日本への復帰が実現した。

イ 朝鮮民主主義人民共和国が大韓民国に侵攻し，朝鮮戦争が始まった。

ウ 東京でアジア初のオリンピック・パラリンピックが開催された。

エ 世界平和の維持と国際協力を目的とした国際連盟が発足した。

(5) スライドD中の下線部dに関連して，次の文章は，高度経済成長の光とかげについて述べたものである。文章中の［Ⅰ］，［Ⅱ］にあてはまる語の組み合わせとして最も適当なものを，あとの**ア**～**エ**のうちから一つ選び，その符号を答えなさい。

> 高度経済成長期に成立した［Ⅰ］内閣は，「所得倍増」政策を掲げ，経済成長を促進させた。一方で，生産と利益を優先させたことにより，公害の問題が各地で発生した。三重県では，石油化学コンビナートから排出される有害物質が原因となって発生した，四大公害病の一つである［Ⅱ］が問題となった。

ア Ⅰ：池田勇人《いけだはやと》　Ⅱ：イタイイタイ病

イ Ⅰ：池田勇人　Ⅱ：四日市《よっかいち》ぜんそく

ウ Ⅰ：田中角栄《たなかかくえい》　Ⅱ：四日市ぜんそく

エ Ⅰ：田中角栄　Ⅱ：イタイイタイ病

6　次の文章を読み，あとの(1)～(3)の問いに答えなさい。

ここ数年，世界情勢《じょうせい》が不安定な中で，日本では生活に必要なモノやサービスのa価格の変動が起きています。特に，エネルギー価格の高騰《こうとう》が深刻で，これに対しては，b政府が補助金を支出しています。

モノやサービスの価格は，バブル経済崩壊《ほうかい》以降，大きく変動しなかったことから，c経済成長率も低く推移し，賃金の上昇も抑えられてきましたが，現在では変わりつつあります。

(1)　下線部aに関連して，次の**資料**は，しんいちさんが，市場のしくみについてまとめたレポートの一部である。**資料**中の[Ⅰ]，[Ⅱ]にあてはまる語の組み合わせとして最も適当なものを，あとの**ア**～**エ**のうちから一つ選び，その符号を答えなさい。

資料　しんいちさんがまとめたレポートの一部

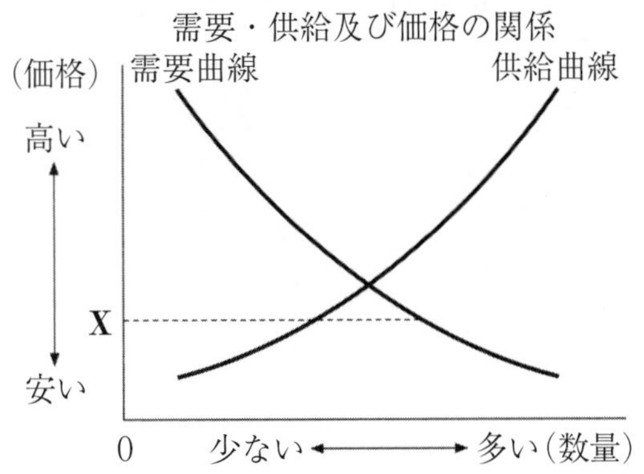

左の図は，自由な競争が行われている場合における，ある商品の需要《じゅよう》と供給及び価格の関係について表したものです。

価格がXのときは，需要量が供給量よりも[Ⅰ]ため，一般にその後の価格は，[Ⅱ]と考えられます。

ア　Ⅰ：多い　Ⅱ：上がる　　**イ**　Ⅰ：多い　Ⅱ：下がる
ウ　Ⅰ：少ない　Ⅱ：上がる　　**エ**　Ⅰ：少ない　Ⅱ：下がる

(2)　下線部bに関連して，次の文章は，あいさんが，財政政策についてまとめたレポートの一部である。文章中の[　　]にあてはまる適当なことばを，「税」の語を用いて，**20字以内**(読点を含む。)で答えなさい。

政府が行う経済活動を財政といいます。財政には，景気の安定化を図る役目があり，好景気の時は，社会資本整備のための[　　　　]ことで景気をおさえます。

(3)　下線部cに関連して，次の文章は，社会科の授業で，やすこさんが日本の経済成長率の変化について発表した内容の一部である。下のカードA～Cの年代の組み合わせとして，最も適当なものを，あとの**ア**～**エ**のうちから一つ選び，その符号を答えなさい。

日本の経済成長率について，2001年から2020年まで，5年ごとに下の4枚のカードにまとめてみました。

まず，最近の2016年から2020年までのグラフは，2016年が0.8%，2020年が－4.3%の経済成長率を示しています。年表を参考にすると，残りのカードAからカードCが，どの年代にあてはまるかがわかりますか。

2016～2020年（経済成長率）

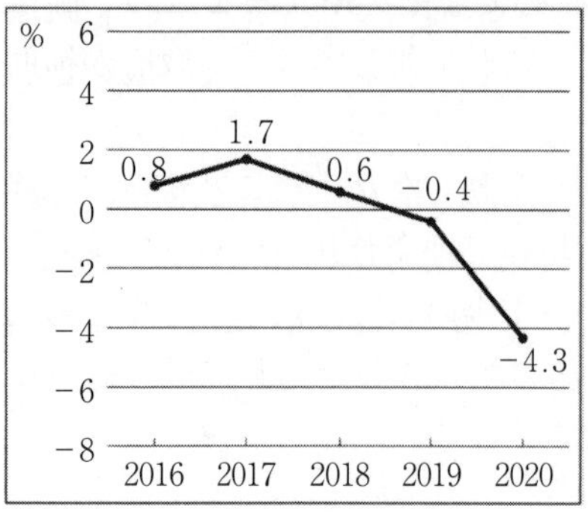

カード**A**

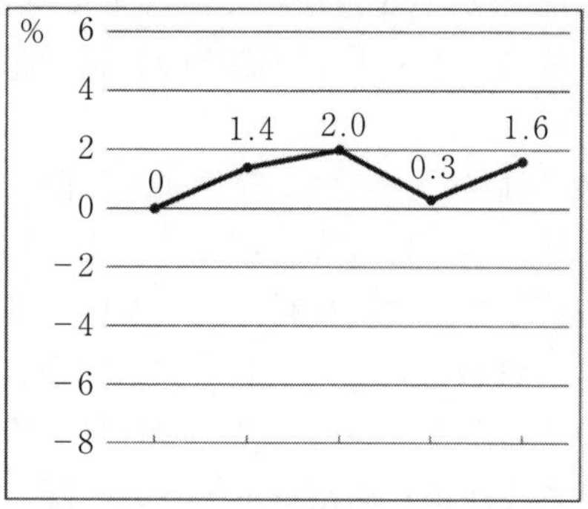

カード**B**

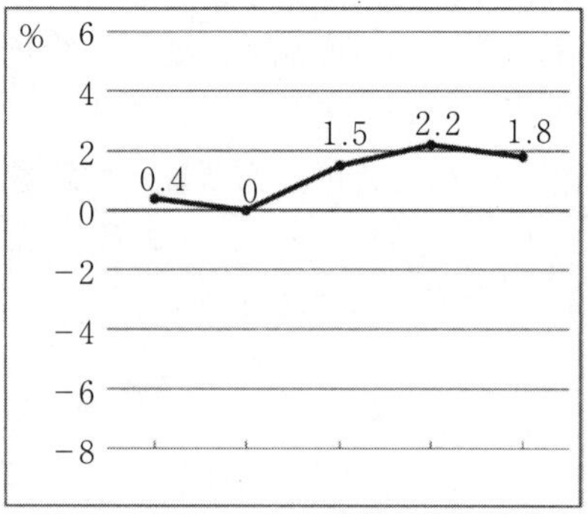

カード**C**

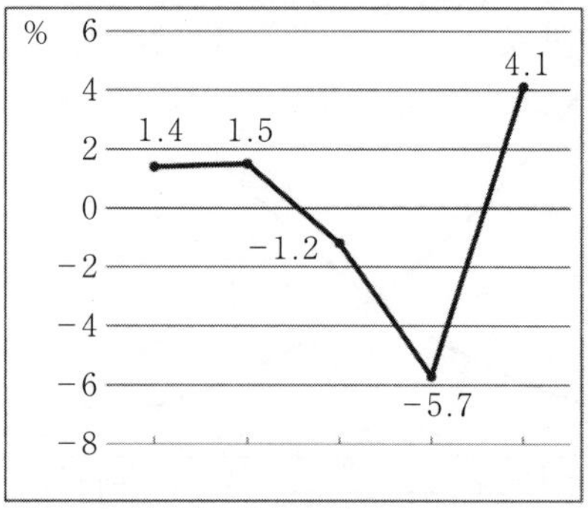

（「日本国勢図会 2023/24」より作成）

年　表

年	2001～2015年の主な日本経済にかかわるできごと
2002	デフレ不況で，バブル経済崩壊以降，株価が最安値を更新する。
2004	新興国《しんこうこく》の経済成長により，日本の輸出が増加する。
2008	世界金融《せかいきんゆう》危機《きき》が発生する。
2009	世界金融危機の影響により，企業の収益が大幅に悪化する。
2013	政府が大規模な経済政策を実施する。
2014	消費税率が５％から８％に引き上げられる。

年　代	**ア**	**イ**	**ウ**	**エ**
2001～2005年	カード**A**	カード**B**	カード**B**	カード**A**
2006～2010年	カード**B**	カード**A**	カード**C**	カード**C**
2011～2015年	カード**C**	カード**C**	カード**A**	カード**B**

7　次の**資料**は，社会科の授業で，みなみさんが，刑事裁判についてまとめたレポートの一部である。これに関して，あとの(1)～(3)の問いに答えなさい。

資料　みなみさんがまとめたレポートの一部

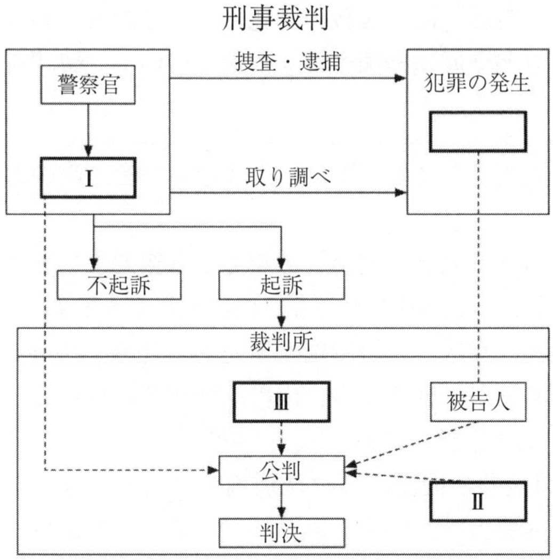

犯罪が発生すると警察官や［　Ⅰ　］が捜査を行い，犯罪の疑いのある人を逮捕します。ニュースでは，逮捕された人を容疑者といいますが，法律上では，［　　　］といいます。

その後，警察官や［　Ⅰ　］が取り調べを行います。そこで［　　　］が罪を犯した疑いが確実で，刑罰を科すべきと判断すると，［　Ⅰ　］は，［　　　］を起訴することで裁判が始まります。

公判では，［　Ⅱ　］は，被告人の利益を守るために，公判に参加します。

［　Ⅲ　］は，法律に基づいて，被告人に判決を言いわたします。

(1)　**資料**中の［　Ⅰ　］～［　Ⅲ　］に共通してあてはまる語の組み合わせとして最も適当なものを，次の**ア**～**カ**のうちから一つ選び，その符号を答えなさい。

	ア	イ	ウ	エ	オ	カ
Ⅰ	裁判官	検察官	弁護人	裁判官	弁護人	検察官
Ⅱ	弁護人	弁護人	検察官	検察官	裁判官	裁判官
Ⅲ	検察官	裁判官	裁判官	弁護人	検察官	弁護人

(2)　**資料**中の［　　　］に共通してあてはまる適当な語を**漢字 3 字**で答えなさい。

(3)　日本の司法制度について述べた文として最も適当なものを，次の**ア**～**エ**のうちから一つ選び，その符号を答えなさい。

ア　裁判官は，裁判にあたり，自らの良心に従い，憲法，法律にのみ拘束《こうそく》されることから，辞《や》めさせられることはない。

イ　被害者参加制度が設けられ，すべての裁判において，犯罪の被害者が，被告人に質問することができるようになっている。

ウ　国民の中から選ばれた裁判員が裁判官とともに，有罪か無罪かを判断し，有罪の場合は，どのような刑罰にするかを決定する裁判員制度が導入されている。

エ　日本では，慎重な手続きにより裁判が進められることから，無実の罪であるえん罪が，起こったことはない。

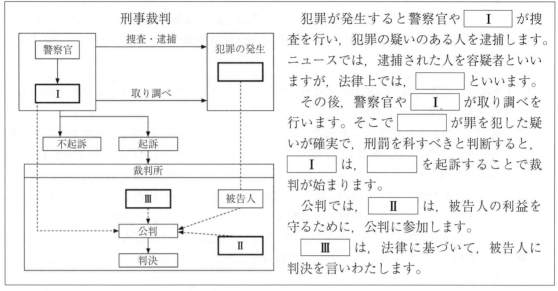

8　次の文章は，わたるさんが，2023年に開催されたＧ７サミットについてまとめたレポートの一部である。これを読んで，あとの⑴，⑵の問いに答えなさい。

> 2023年５月，Ｇ７サミット（主要国首脳会議）が広島県広島市で開催されました。Ｇ７は，日本を含めた先進７か国によるグループです。会議では，複数の課題について話し合われました。私は，国際社会における a <u>国家</u>のあり方と発展途上国への b <u>支援</u>について，興味をもちました。

⑴　下線部 **a** に関連して，国家の領域について説明した文として最も適当なものを，次の**ア**～**エ**のうちから一つ選び，その符号を答えなさい。

ア　領空は，領土と排他的経済水域の上空であり，大気圏内だけでなく宇宙空間までを含む。

イ　領海は，沿岸から200海里までの水域を指し，どの国の船でも自由に航行できる。

ウ　沿岸から12海里までの水域である排他的経済水域は，沿岸国が優先的に資源を利用できる。

エ　公海は，どの国の船でも自由に航行し，漁業ができる公海自由の原則が認められている。

⑵　下線部 **b** に関連して，次の**資料１**と**資料２**は，日本，フランス，イギリス，ドイツ及びアメリカの政府開発援助（ODA）額の内訳と二国間援助の援助先の地域別割合を示したものである。**資料１**と**資料２**から読み取れることとして最も適当なものを，あとの**ア**～**エ**のうちから一つ選び，その符号を答えなさい。

資料１　政府開発援助（ODA）額の内訳

（2020年）

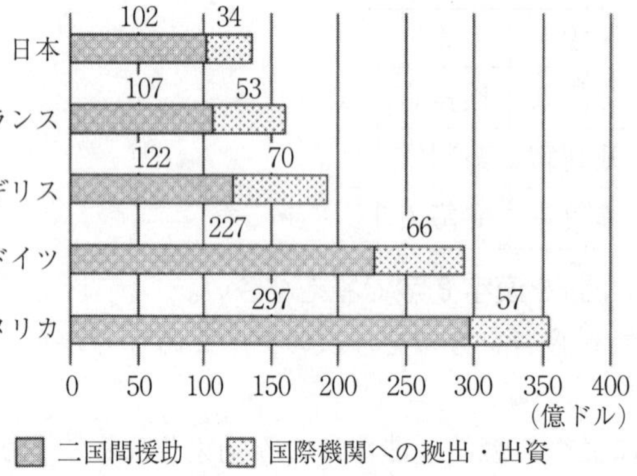

資料２　二国間援助の援助先の地域別割合

（2019～2020年）

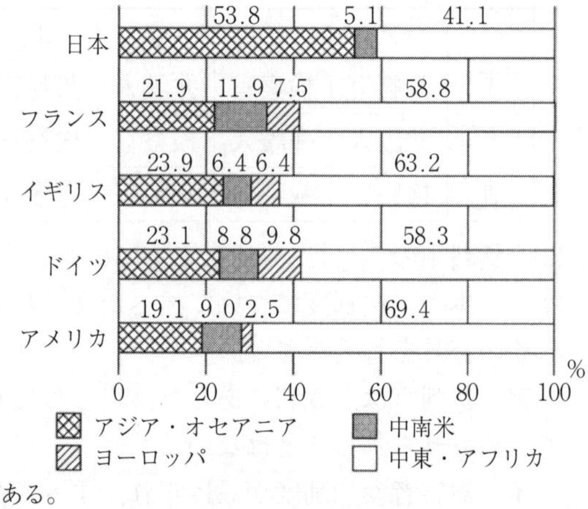

（注）　**資料２**は，数値を合計しても100％とならない場合がある。

（**資料１**，**資料２**「世界の統計 2023」より作成）

ア　日本は，５か国のうち，国際機関への拠出・出資額の割合が最も高く，二国間援助の援助先としてアジア・オセアニアへの割合が最も高い。

イ　ドイツは，５か国のうち，二国間援助額でアメリカに次いで二番目に多く，二国間援助の援助先として中南米への割合が，資料中のヨーロッパ諸国の中で最も高い。

ウ　アメリカは，５か国のうち，二国間援助額が最も多く，二国間援助の援助先として中南米への割合が最も高い。

エ　イギリスは，５か国のうち，国際機関への拠出・出資額が最も多く，二国間援助の援助先としてアジア・オセアニアへの割合が，資料中のヨーロッパ諸国の中で最も高い。

理科

●満点 100点　●時間 50分

1　次の(1)～(4)の問いに答えなさい。

(1)　光や音について説明した文として最も適当なものを，次の**ア**～**エ**のうちから一つ選び，その符号を答えなさい。

ア　空気中を伝わる音の速さは，光の速さに比べて速い。
イ　太陽の光は，いろいろな色の光が混ざっている。
ウ　音の振動《しんどう》数が大きい(多い)ほど，音は低い。
エ　音は，水中では伝わらない。

(2)　砂糖やエタノールのように，水にとかしたとき，水溶液に電流が流れない物質を何というか，答えなさい。

(3)　無脊椎《せきつい》動物(無セキツイ動物)として**適当でないもの**を，次の**ア**～**エ**のうちから一つ選び，その符号を答えなさい。

ア　メダカ　　**イ**　マイマイ　　**ウ**　イカ　　**エ**　ミミズ

(4)　**図**のような低気圧において，**A**の前線は何というか，その名称を答えなさい。

図

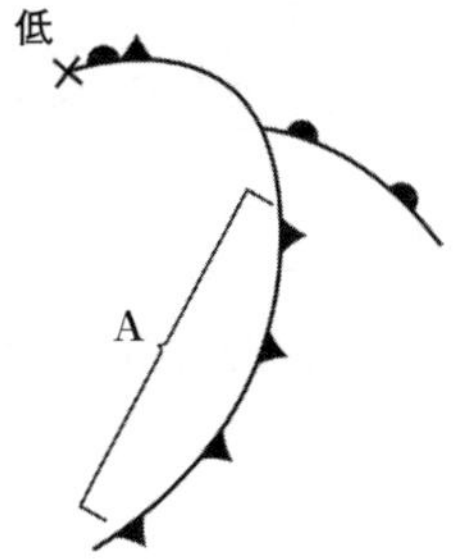

2　身近な気体の性質を調べるため，次の**実験**を行いました。これに関して，あとの(1)～(4)の問いに答えなさい。

実験

①　**図1**のような装置を用意し，三角フラスコに香りの出ない発泡入浴剤《はっぽうにゅうよくざい》と約60℃の湯を入れて，発生した気体**A**を水上置《すいじょうち》換法《かんほう》で集めた。はじめに，三角フラスコ内にあった空気を多く含《ふく》む気体は捨て，引き続き出てきた気体**A**を試験管2本に集め，ゴム栓《せん》をした。また，ペットボトルにも気体**A**を半分ほど集め，ふたをした。

図1

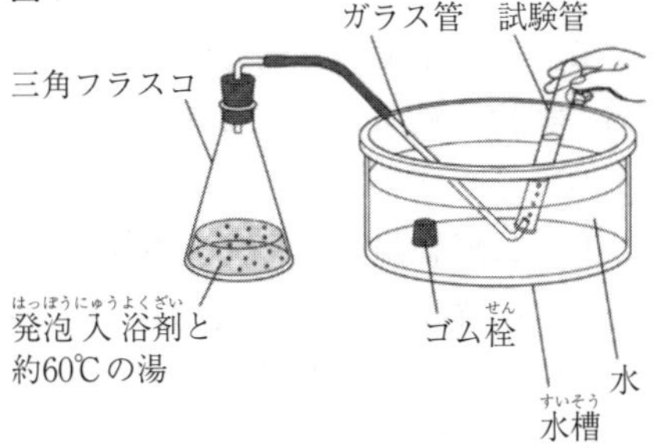

②　別の三角フラスコに二酸化マンガンを入れ，さらに，うすい過酸化水素水を加えて，気体**B**を発生させた。①と同様に，水上置換法で，気体**B**を試験管2本に集め，ゴム栓をし，ペットボトルにも気体**B**を半分ほど集め，ふたをした。

③　試験管に集めた気体**A**，**B**のにおいを調べたあと，**図2**のように，気体**A**の入った試験管と気体**B**の入った試験管に，それぞれ火のついた線香を入れた。

④　**図3**のように，③で使った試験管とは別の気体**A**の入った試験管と気体**B**の入った試験管に，それぞれ石灰水を加え，ゴム栓をして，よく振った。

⑤　**図4**のように，気体**A**と水の入ったペットボトルと，気体**B**と水の入ったペットボトルを，それぞれよく振ったあと，ペットボトルの形状が変化するかを調べた。

図2

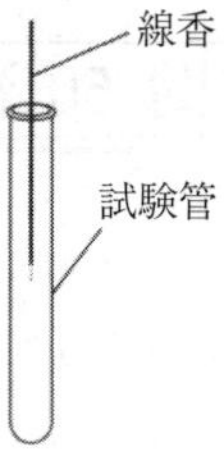

図3

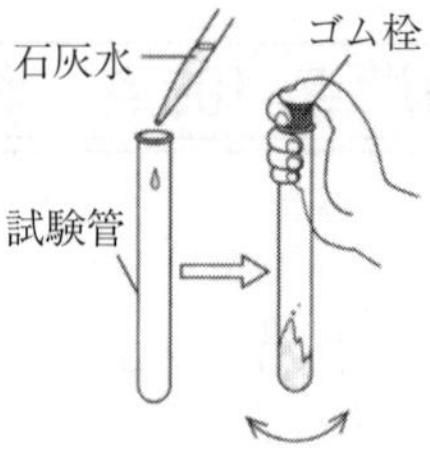

図4

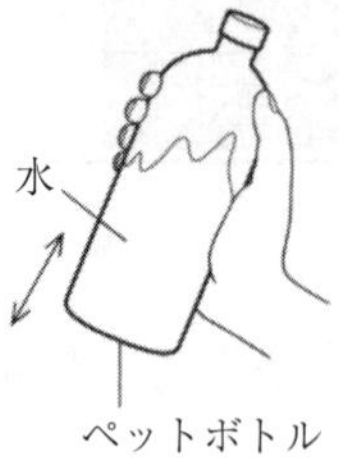

表は，**実験**の結果をまとめたものである。

表

	気体A	気体B
気体のにおい	においなし	においなし
火のついた線香を入れる	火が消えた	激しく燃えた
石灰水を加えてよく振る	石灰水が白くにごった	石灰水の色は変化しなかった
ペットボトルを振る	ペットボトルが少しへこんだ	ペットボトルはへこまなかった

(1) 次の文章は，**実験**の①，②での気体の集め方と，**実験**の③でのにおいの調べ方について説明したものである。文章中の **v** ， **w** にあてはまる内容の組み合わせとして最も適当なものを，あとの**ア**～**エ**のうちから一つ選び，その符号を答えなさい。

水上置換法で気体を集めるときは，はじめに **v** 試験管に集める。集めた気体のにおいを調べるときは，試験管の口の部分を **w** においをかぐ。

ア **v**：水が入っていない **w**：手であおいで
イ **v**：水で満たした **w**：手であおいで
ウ **v**：水が入っていない **w**：鼻につけて
エ **v**：水で満たした **w**：鼻につけて

(2) **実験**の結果から気体Aの名称として最も適当なものを，次の**ア**～**エ**のうちから一つ選び，その符号を答えなさい。

ア 二酸化炭素 **イ** 酸素 **ウ** アンモニア **エ** 水素

(3) 次の文章は，気体Aの性質について説明したものである。文章中の **x** ， **y** にあてはまる内容の組み合わせとして最も適当なものを，あとの**ア**～**エ**のうちから一つ選び，その符号を答えなさい。

実験の⑤の結果から，気体Aには，水に **x** 性質があることがわかる。また，気体Aは，空気よりも **y** ので，下方《かほう》置換法でも集めることができる。

ア **x**：とけない **y**：密度が大きい
イ **x**：少しとける **y**：密度が小さい
ウ **x**：少しとける **y**：密度が大きい
エ **x**：とけない **y**：密度が小さい

(4) **実験**で発生した気体Bと同じ気体を発生させる操作として最も適当なものを，次の**ア**～**エ**のうちから一つ選び，その符号を答えなさい。

ア　うすい塩酸に石灰石を入れる。
イ　水を電気分解する。
ウ　うすい塩酸に亜鉛を入れる。
エ　炭酸水素ナトリウムを加熱する。

3　Sさんたちは，オオカナダモを用いて光合成の実験を行いました。これに関する先生との会話文を読んで，あとの(1)～(4)の問いに答えなさい。

Sさん：**図1**のように，試験管に水とオオカナダモを入れて光を当て，光合成のしくみを調べる実験を行いました。**表**は実験の手順をまとめたものです。実験の結果，試験管内に気体が発生しました。

図1

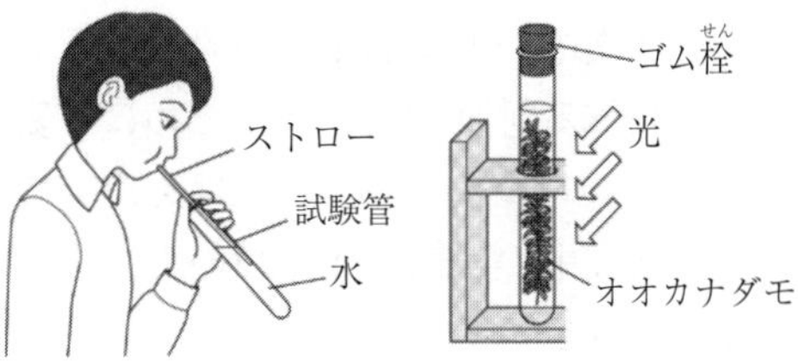

表

手順①	ストローで水に息をふきこむ。
手順②	オオカナダモを入れ，ゴム栓《せん》でふたをする。
手順③	光を当てる。

先　生：発生した気体は何でしょうか。
Tさん：この気体を調べたところ，酸素だということがわかりました。
Sさん：ということは，オオカナダモが二酸化炭素を吸収して酸素を排出《はいしゅつ》したのですね。
Tさん：そうだと思いますが，そのことを確かめるには，a 表の手順①～③を行う試験管と，表の手順②の内容のみを変えた別の条件の試験管をそれぞれ用意し，対照《たいしょう》実験をすることが必要です。
先　生：そうですね。次は，実際に光合成を行ったオオカナダモの葉を顕微鏡《けんびきょう》で観察してみましょう。

図2

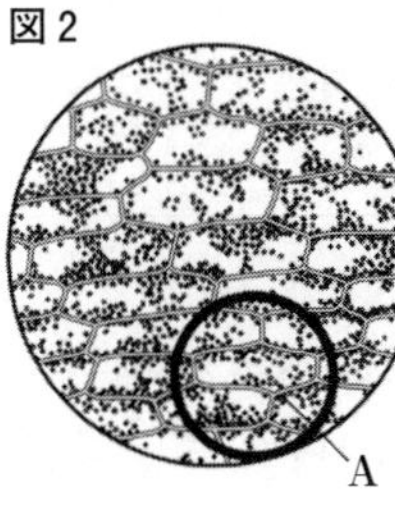

図3

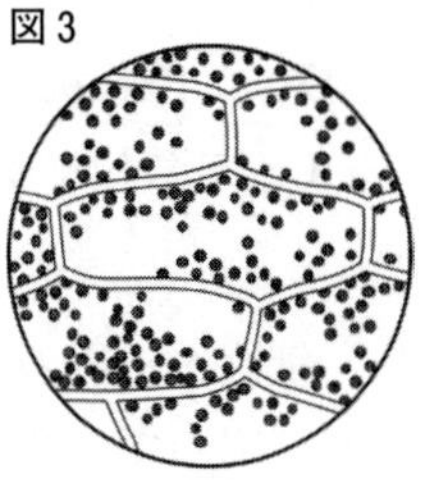

Tさん：観察する前に，熱湯につけて取り出したオオカナダモの葉に，ヨウ素液(ヨウ素溶液)を1滴落としておきました。
Sさん：低倍率でピントを合わせて観察したところ，**図2**のように見えました。Aの部分の細胞をもっと詳しく観察するために対物レンズの倍率を上げてみます。
先　生：そのまま対物レンズの倍率を上げるとAの部分は観察できなくなります。b 今の低倍率でピントが合っている状態から，正しい順で操作をして高倍率で観察しましょう。
Sさん：高倍率にして観察すると，**図3**のようになりました。黒っぽい小さな粒《つぶ》がたくさん見えます。
Tさん：c その粒のところで，ヨウ素によるデンプンの反応が起きたということですね。
先　生：そのとおりです。
Tさん：この実験の結果を参考に，**図4**のように，陸上でよく見る植物の葉で起こる光合成での物質の出入りを模式図に表してみました。

図4

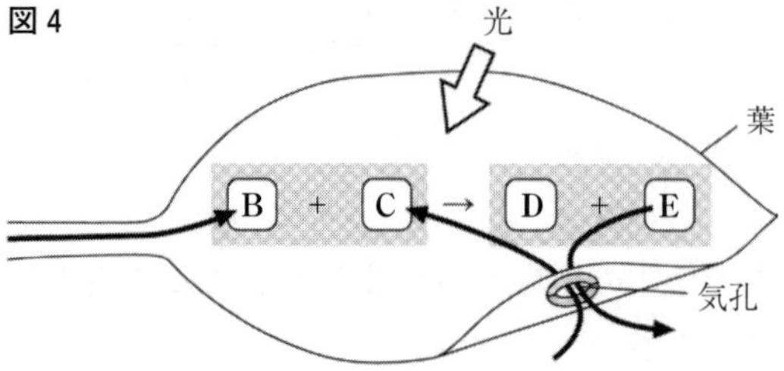

先　生：よくできましたね。

(1)　会話文中の下線部aについて，オオカナダモが二酸化炭素を吸収して酸素を排出していることを調べる対照実験を行うために，**表**の手順②の内容をどのように変更すればよいか。その内容を「ゴム栓」ということばを用いて**24字以内**(句読点を含《ふく》む。)で答えなさい。

(2)　会話文中の下線部bについて，次の**ア**～**ウ**の操作を，**正しい順**になるように左から右へ並べ，その符号を答えなさい。

ア	レボルバーを回し，対物レンズを高倍率にする。
イ	Aの部分が視野《しや》の中央にくるようにプレパラートを動かす。
ウ	調節ねじをまわし，ピントを合わせる。

(3)　会話文中の下線部cについて，葉の細胞内にある粒の名称を答えなさい。

(4)　**図4**について，B～Eにあてはまる物質名の組み合わせとして最も適当なものを，次の**ア**～**エ**のうちから一つ選び，その符号を答えなさい。

	B	C	D	E
ア	水	二酸化炭素	デンプン	酸　素
イ	水	二酸化炭素	酸　素	デンプン
ウ	二酸化炭素	水	デンプン	酸　素
エ	二酸化炭素	水	酸　素	デンプン

4　電流と磁界の関係を調べるため，コイルや磁石を使って，次の**実験1**，**2**を行いました。これに関して，あとの(1)～(4)の問いに答えなさい。ただし，導線やコイル，電流計の電気抵抗《ていこう》はないものとします。

実験1

①　**図1**のように，コイルやU字磁石を使った装置を組み立て，スイッチを入れ，電源装置の電圧を6.0Vにしたところ，コイルのBからCの向きに電流が流れた。コイルの動きを調べて記録したところ，**図2**のようになり，15°振れて，コイルは静止した。

②　**図1**の抵抗器を交換《こうかん》し，さらに，**図1**の回路を改めてつなぎ直し，電源装置の電圧を6.0Vにして電流を流した。コイルの動きを調べて記録したところ，**図3**のようになり，20°振れて，コイルは静止した。

図 1

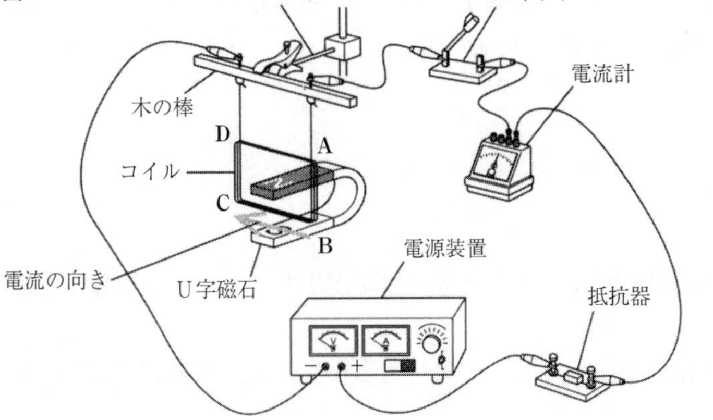

図 2

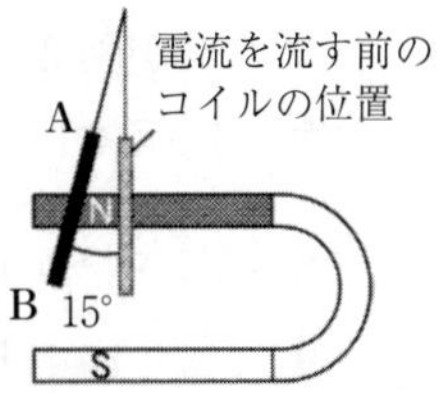

図 3

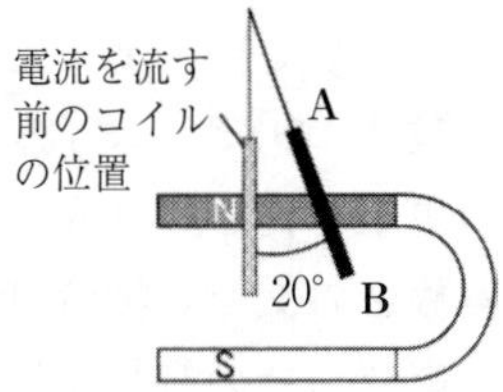

実験 2

① **図 4** のように，テープで机に固定したコイルと検流計をつないで，棒磁石のN極をコイルに近づけたり，遠ざけたりした。このときの検流計の針(指《し》針《しん》)のようすを**表**にまとめた。

図 4

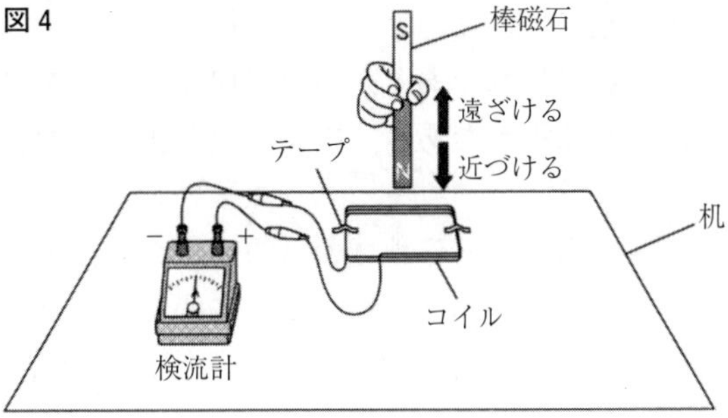

表

棒磁石のN極	近づける	遠ざける
検流計の針(指針)	左に振れた	右に振れた

② **図 5** のように，棒磁石のS極をコイルのすぐ上で，EからFへ水平に動かし，Fで止めたときの検流計の針(指針)のようすを調べた。

図 5

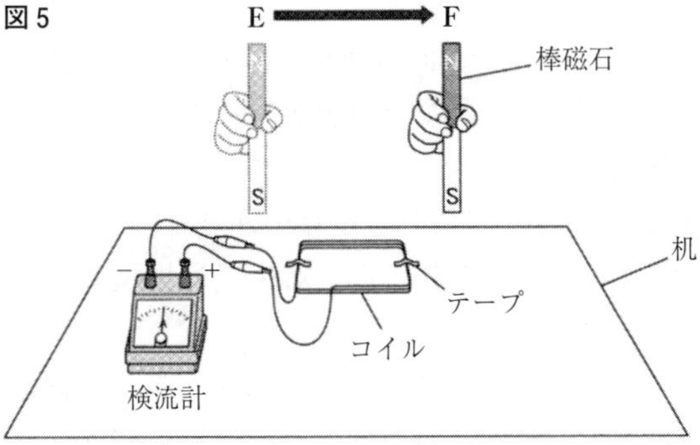

(1) **実験 1** の①で，電流計の針(指針)は1.2Aを示していた。このとき回路につないでいた抵抗器の電気抵抗として最も適当なものを，次の**ア**～**エ**のうちから一つ選び，その符号を答えなさい。

ア 0.2Ω　**イ** 4.8Ω　**ウ** 5.0Ω　**エ** 7.2Ω

(2) 次の文は，**実験 1** の②について説明したものである。文中の q ， r にあてはまるものの組み合わせとして最も適当なものを，あとの**ア**～**エ**のうちから一つ選び，その符号を答えなさい。

コイルが**図3**のようになったことから，**実験1**の②では，**実験1**の①と比べて，抵抗器の電気抵抗は [q] ものであり，また，電流の向きは [r] であったことがわかる。

ア　q：大きい　r：同じ向き
イ　q：大きい　r：逆向き
ウ　q：小さい　r：同じ向き
エ　q：小さい　r：逆向き

(3)　**実験2**の①で，コイルの中の磁界を変化させたときに電圧が生じて，コイルに電流が流れた。この現象を何というか，答えなさい。

(4)　**実験2**の②で，検流計の針（指針）の振れ方として最も適当なものを，次の**ア**～**エ**のうちから一つ選び，その符号を答えなさい。

ア　左に振れたあと，中央に戻《もど》り，右に振れ，中央に戻り止まった。
イ　左に振れたあと，中央に戻り止まった。
ウ　右に振れたあと，中央に戻り，左に振れ，中央に戻り止まった。
エ　右に振れたあと，中央に戻り止まった。

5　Sさんは，ある地域の露頭《ろとう》を調査し，博物館のボーリング試料と比較して，この地域の地層の重なりを調べました。これに関して，あとの(1)～(4)の問いに答えなさい。ただし，この地域には，しゅう曲，断層，地層の上下の逆転やずれはなく，各地層は場所によって厚さが異なることがないものとします。

調べたこと

①　**図1**は，調査をした地域を示しており，各地点を結んだ図形は長方形で，地点Xは地点Wの真北の方向にある。

②　地点Wでは，**図2**のように，地層の南北方向の断面を観察できる。この地点では，下から順に，凝灰《ぎょうかい》岩の層，泥《でい》岩の層，れき岩の層，砂岩の層が重なり，その上の地層は草や木におおわれているため，直接観察することができなかった。
　れき岩の層を調べた結果，化石を含《ふく》む [u] のれきが見つかった。
　砂岩の層からは [v] の化石が見つかったことから，新生代に堆積《たいせき》した地層であることがわかった。

③　博物館には，地点Xと地点Yのボーリング試料があり，これらをもとに，**図3**のような柱状《ちゅうじょう》図を作成した。博物館の資料によると，この地域では凝灰岩の層が2層見つかっており，地点Wにある凝灰岩の層は，地点Yのボーリング試料にあった凝灰岩の層と同じものである。また，この地域の地層は，南北方向には水平であるが，東西方向には傾《かたむ》いていることがわかった。

④　地点W，地点X，地点Yでの地層の観察をもとに，地点Zの地下にある地層のようすを考察し，博物館の先生に確認してもらいながら柱状図を作成した。この地域の地層の重なりが，詳しくわかった。

図1

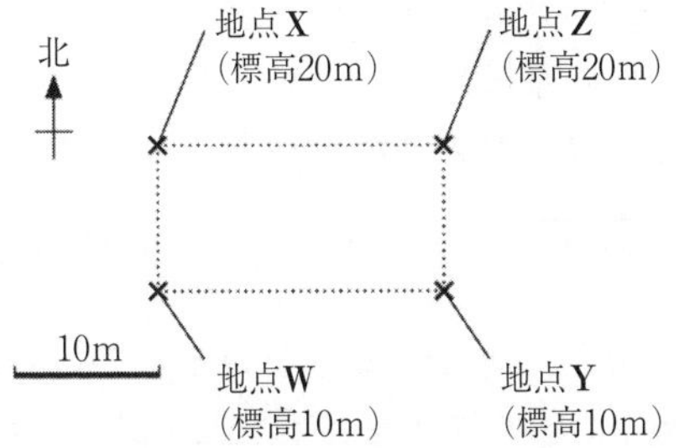

図2

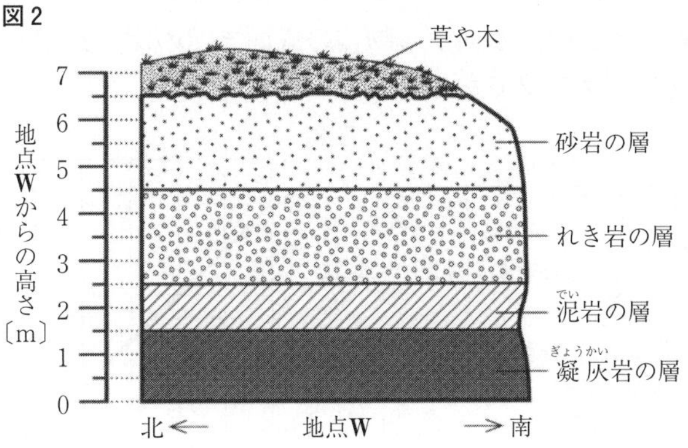

図3

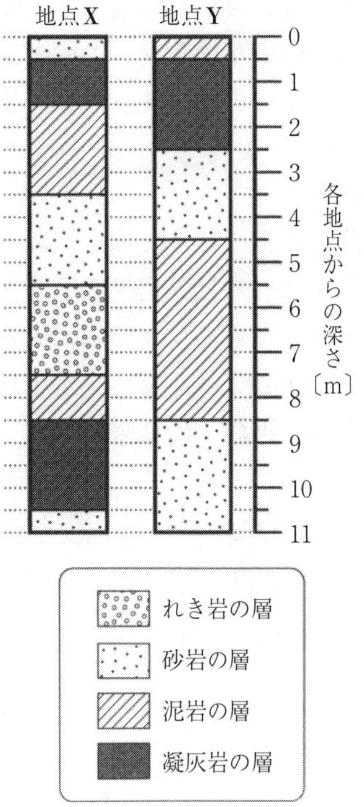

(1) **調べたこと**の u にあてはまる堆積岩の名称として最も適当なものを，次の**ア**～**エ**のうちから一つ選び，その符号を答えなさい。

ア 玄武《げんぶ》岩　**イ** 石灰岩　**ウ** 流紋《りゅうもん》岩　**エ** 花こう岩

(2) **調べたこと**の v にあてはまる生物の名称として最も適当なものを，次の**ア**～**エ**のうちから一つ選び，その符号を答えなさい。

ア フズリナ　**イ** サンヨウチュウ

ウ アンモナイト　**エ** ビカリア

(3) **図2**で，露頭をおおっている草や木を取りはらったとき，地点Wからの高さ7mの位置にある地層として最も適当なものを，次の**ア**～**エ**のうちから一つ選び，その符号を答えなさい。

ア 泥岩の層　**イ** 砂岩の層

ウ れき岩の層　**エ** 凝灰岩の層

(4) **調べたこと**の下線部について，地点**Z**の地下にある凝灰岩の層を解答用紙の図中に，**図3**のように塗りつぶしなさい。

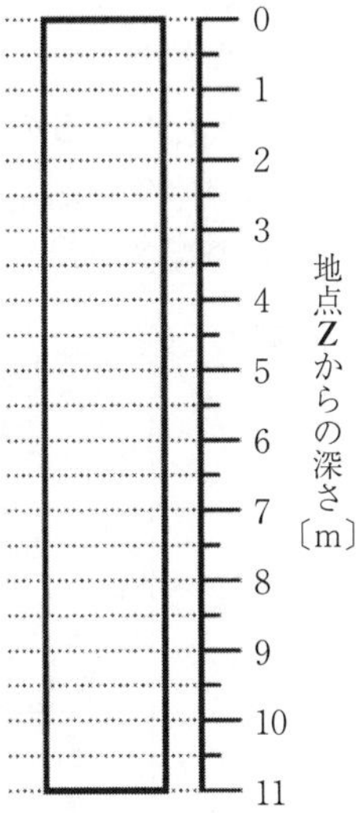

6　水中の物体にはたらく力を調べるため，次の**実験１**，**２**を行いました。これに関して，あとの(1)～(3)の問いに答えなさい。ただし，質量100 gの物体にはたらく重力の大きさを１Nとし，ばねと動滑車《かっしゃ》の質量，糸の質量と体積，糸と動滑車の摩擦《まさつ》は考えないものとし，糸の伸《の》び縮みはないものとします。なお，実験で用いたばねは，フックの法則が成り立つものとします。

実験１

図１のように，装置を組み立てた。ものさしの印を，何もつるさないときのばねの端《はし》の位置とする。次に，**図２**のように，直方体で質量が140 gの物体をばねにつるし，台をゆっくり上げながら，物体を水に入れ，物体が傾《かたむ》くことがないようにして，ばねの伸びを測定した。**図２**の深さxは，物体を水中に沈《しず》めたときの，水面から物体の底面までの深さを示している。**図３**は，**実験１**の結果をもとに作成したグラフである。

図１

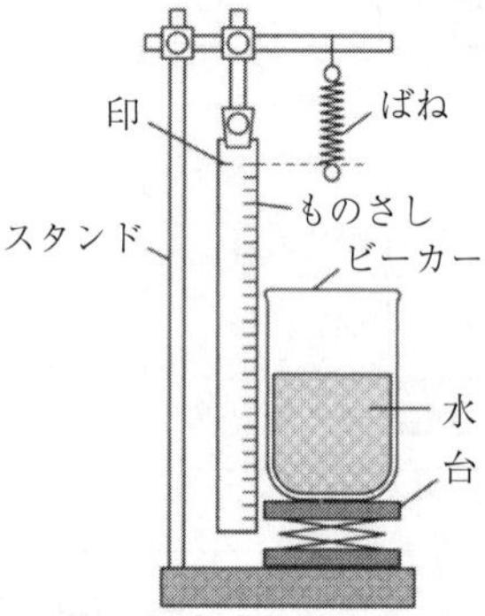

図２

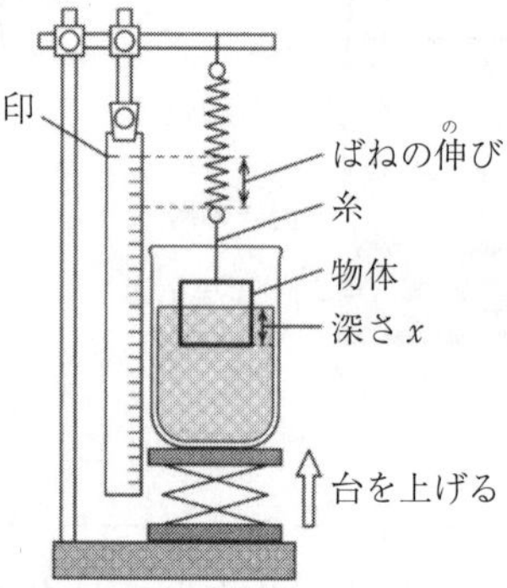

図３

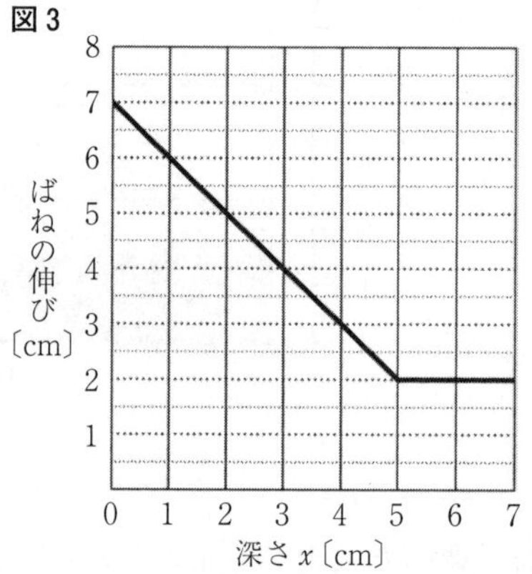

実験２

図４のように，**実験１**と同じばねと物体を用い，さらに動滑車と糸を用いて，装置を組み立てた。**図５**のように，**実験１**と同様の操作を行い，物体が傾くことがないようにして，ばねの伸びを測定した。**図５**の深さyは，物体を水中に沈めたときの，水面から物体の底面までの深さを示している。

図４

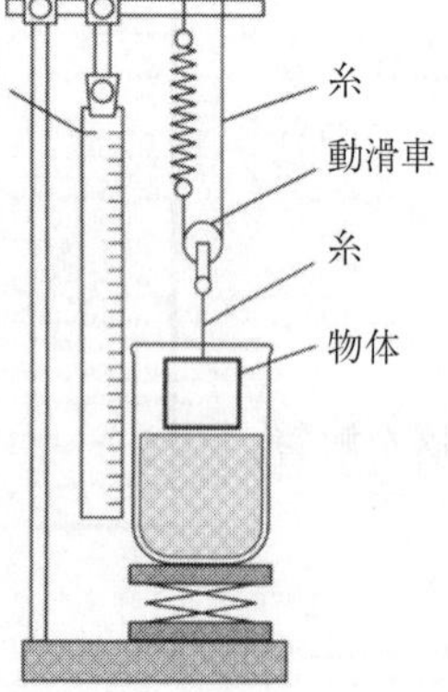

図５

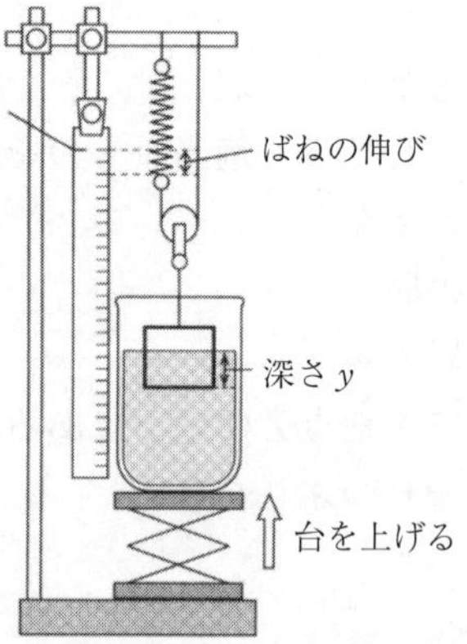

(1)　**実験１**で，物体を水中に完全に沈めたとき，物体にはたらく水圧のようすを表した模式図として最も適当なものを，次の**ア**～**エ**のうちから一つ選び，その符号を答えなさい。ただし，矢印の向きは水圧のはたらく向きを，矢印の長さは水圧の大きさを表すものとする。

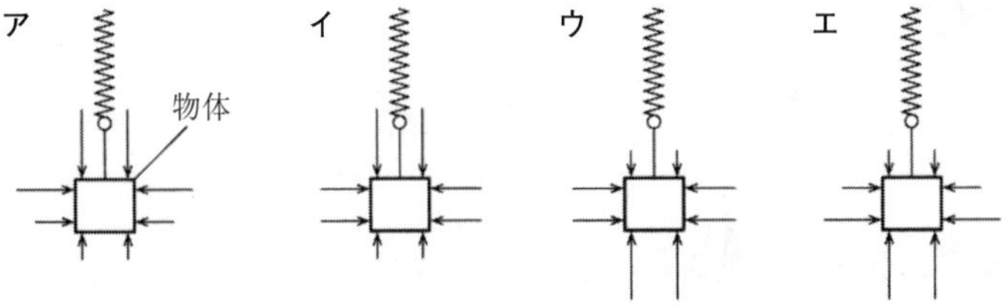

(2) **実験 1** について，次の①，②の問いに答えなさい。

① **実験 1** で用いたばねを，1.0cm 伸ばすときに必要な力の大きさは何Nか，答えなさい。

② **実験 1** で，深さ x が4.0cm のとき，物体にはたらく浮力の大きさは何Nか，答えなさい。

(3) **実験 2** について，ばねの伸びと深さ y の関係を表すグラフを，解答用紙の図中に，**図 3** のように実線で書きなさい。ただし，y の範囲は 0 cm から 7 cm までとする。

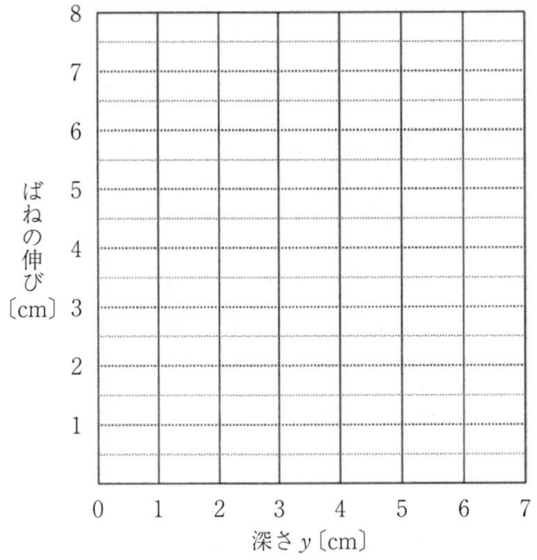

7 　Sさんは，2022年11月 8 日に，千葉県で皆既《かいき》月食を観察しました。これに関する2022年11月17日の先生との会話文を読んで，あとの(1)～(4)の問いに答えなさい。

Sさん：11月 8 日の皆既月食は，よく見えて感動しました。

先　生：そうですね。月は地球の［ t ］であり，地球のまわりを［ u ］しています。皆既月食や，月の満ち欠けのようすは，**図 1** のような，地球，月，太陽の位置関係を表すモデルで考えるとわかりやすいです。**図 1** は，地球の北極側から見たものであり，ボールの黒い部分は，影《かげ》になっていることを表しています。今日は11月17日ですが，昨日の月は，南の空にいつ頃，どのように見えていましたか。

図1

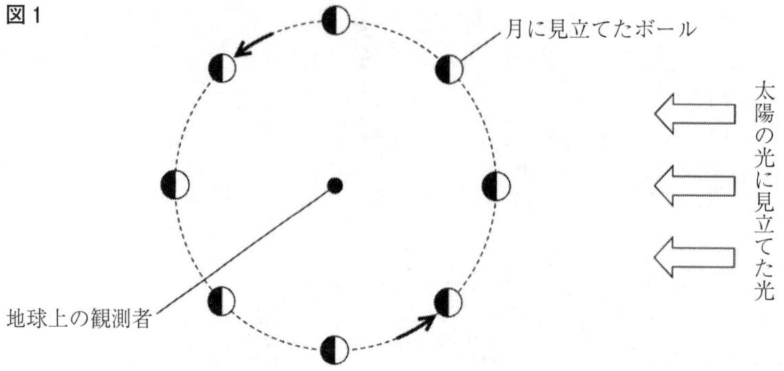

Sさん：南の空には，[v]を見ることができました。**図1**から，皆既月食のあと，月の位置が変わり，満ち欠けのようすが変わったことがわかりました。

先　生：そうですね。ところで，**図1**のモデルを使うと，皆既日食について考えることもできます。

Sさん：皆既日食は，太陽，[w]の順に一直線上に並ぶことによって起きるので，千葉県で正午ごろに皆既日食が観察できたとき，太陽は[x]側から欠けていくように見えるのでしょうか。

先　生：そのとおりです。

Sさん：ところで，皆既日食については不思議に思うことがあります。太陽は月よりはるかに大きいのに，どうして皆既日食が起こるのでしょうか。

先　生：その理由は，大きさの違《ちが》いと，地球，月，太陽の間の距離《きょり》が関係しています。あとの**図2**のようなモデルを使って，発泡《はっぽう》スチロール球とバスケットボールの間隔《かんかく》を広げながら，発泡スチロール球のうしろに，ちょうどバスケットボールが隠《かく》れる位置を片方の目で見て探してみましょう。

Sさん：バスケットボールの中心が観測者から55cm離《はな》れた位置で，バスケットボール全体がちょうど隠れて見えました。

先　生：月と太陽も同じように考えて，**図2**を参考にモデルをつくることができます。月の直径は3500km，太陽の直径は140万kmとして，月を直径2cmの球とすると，太陽は直径[y]mの球となります。また，月の球の中心を観測者から220cmの位置に置くと，太陽の球の中心は観測者から[z]mの位置に置くことになります。

Sさん：大きさと距離が関係して，皆既日食が起こることがよくわかりました。

図2

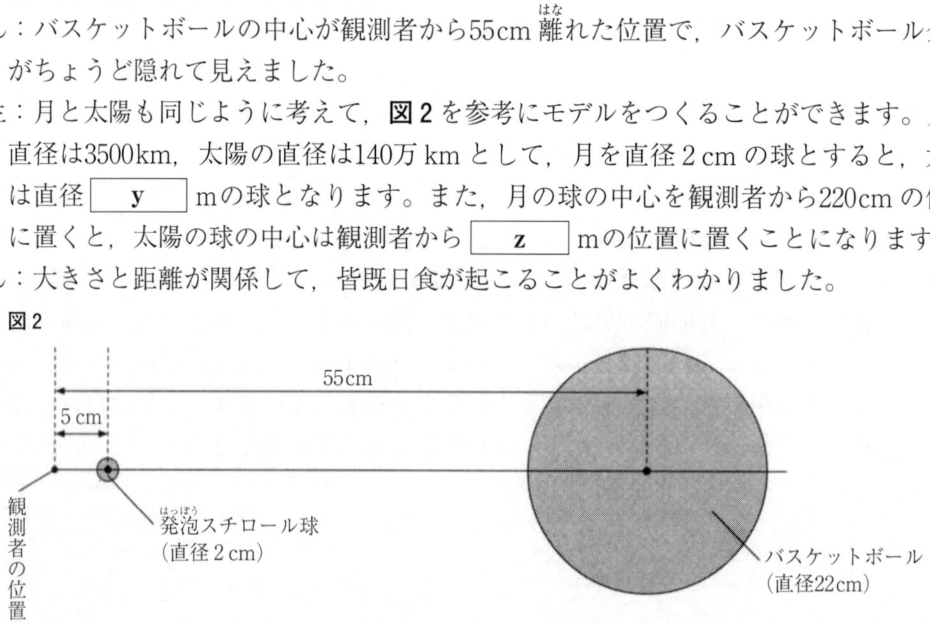

(1)　会話文中の[t]，[u]にあてはまるものの組み合わせとして最も適当なものを，次の**ア**～

エのうちから一つ選び，その符号を答えなさい。

ア　**t**：衛星《えいせい》　**u**：自転　　**イ**　**t**：小惑星《しょうわくせい》　**u**：公転

ウ　**t**：衛星　**u**：公転　　**エ**　**t**：小惑星　**u**：自転

(2)　会話文中の [v] にあてはまる内容として最も適当なものを，次の**ア**～**エ**のうちから一つ選び，その符号を答えなさい。

ア　夕方に上弦《じょうげん》の月　　**イ**　明け方に上弦の月

ウ　夕方に下弦《かげん》の月　　**エ**　明け方に下弦の月

(3)　会話文中の [w]，[x] にあてはまるものの組み合わせとして最も適当なものを，次の**ア**～**エ**のうちから一つ選び，その符号を答えなさい。

ア　**w**：月，地球　**x**：西　　**イ**　**w**：地球，月　**x**：西

ウ　**w**：月，地球　**x**：東　　**エ**　**w**：地球，月　**x**：東

(4)　**図2**をもとに，会話文中の [y]，[z] にあてはまる数値を，それぞれ答えなさい。

8　金属が空気中の酸素と結びつくとき，金属の質量と酸素の質量との間にどのような関係があるかを調べるため，次の**実験1**，**2**を行いました。これに関して，あとの(1)～(4)の問いに答えなさい。ただし，加熱によるステンレス皿の質量の変化はないものとします。

実験1

①　マグネシウムの粉末1.00 gをステンレス皿にうすく広げ，ステンレス皿を含《ふく》めた全体の質量を測定すると，33.86 gであった。

②　**図1**のように，①のマグネシウムの粉末を5分間，加熱した。

図1

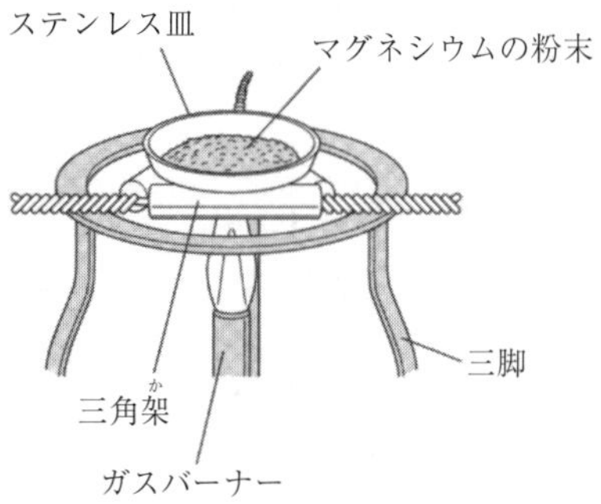

③　加熱をやめ，ステンレス皿が十分に冷めてから，加熱後の全体の質量を測定したところ，加熱後の質量は加熱前の質量より大きくなっていた。質量を測定したあと，粉末をよくかき混ぜた。

④　②，③の操作を繰《く》り返すと，全体の質量が変化しなくなった。このときの加熱の回数と加熱後の全体の質量を記録した。

⑤　マグネシウムの粉末を銅の粉末にかえて，①～④と同じ手順で実験を行った。

図2は，**実験1**の結果をまとめたグラフである。

図2

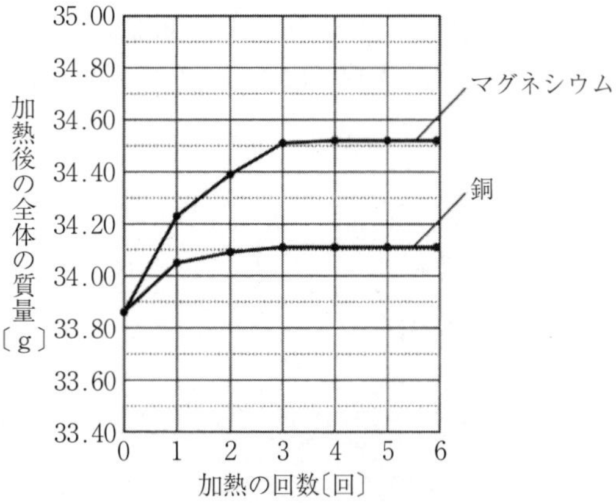

実験2

実験1と同じステンレス皿を用いて，質量が，0.40 g，0.60 g，0.80 g，1.20 gのマグネシウムの粉末を用意し，**実験1**と同じ手順で実験を行った。また，銅の粉末についても同様の実験を行った。

実験1の結果とあわせて，マグネシウムの粉末を用いた結果を次の**表1**に，銅の粉末を用

いた結果をあとの**表 2** にまとめた。

表 1

マグネシウムの粉末の質量〔g〕	0.40	0.60	0.80	1.00	1.20
加熱前の全体の質量〔g〕	33.26	33.46	33.66	33.86	34.06
質量が変化しなくなったあとの全体の質量〔g〕	33.52	33.86	34.19	34.52	34.86

表 2

銅の粉末の質量〔g〕	0.40	0.60	0.80	1.00	1.20
加熱前の全体の質量〔g〕	33.26	33.46	33.66	33.86	34.06
質量が変化しなくなったあとの全体の質量〔g〕	33.36	33.61	33.86	34.11	34.36

(1) マグネシウムの粉末を空気中で加熱してできた物質は，マグネシウムと酸素が結びついてできた酸化マグネシウムである。このときに起きた化学変化の化学反応式を答えなさい。ただし，化学式の書き方は**図 3** を参考に，文字や数字について，大きさや位置を区別して書くこと。

図 3

$2H_2$　Ag

(2) 次の文は，**実験 1** の④で，繰り返し，十分に加熱を行うと質量が変化しなくなった理由について述べたものである。文中の x にあてはまる内容を**12字以内**（読点を含《ふく》む。）で答えなさい。

> 空気中で加熱したとき，一定の質量のマグネシウムや銅と結びつく　x　からである。

(3) **実験 2** の**表 1** から，反応するマグネシウムと酸素の質量の比として最も適当なものを，次の**ア**～**エ**のうちから一つ選び，その符号を答えなさい。ただし，最も簡単な整数の比で表すものとする。

ア　2：1　　**イ**　3：2　　**ウ**　4：3　　**エ**　5：2

(4) **実験 1** で，銅の粉末の質量を5.00 g にかえて，加熱した。加熱を途中でやめて質量を測定したところ，ステンレス皿を除いた質量は，5.80 g であった。このとき，酸素と反応していない銅の質量は何 g か，**実験 2** の**表 2** をもとに答えなさい。なお，このときできる酸化銅は，全ての銅原子と酸素原子とが 1：1 の割合で結びついた化合物であるとする。

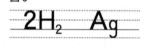

9　Sさんたちは，ある地域の生態系について学習しました。これに関する先生との会話文を読んで，あとの(1)～(4)の問いに答えなさい。

先　生：**図1**は，ある地域の生態系における，食べる，食べられるという関係の一例を表したものです。

Sさん：食べられる生物から食べる生物に矢印が向かっていますね。

先　生：そうです。1種類の生物が2種類以上の生物に食べられたり，逆に食べたりして，矢印が複雑にからみあっています。このつながりを［　　　　］といいます。

Tさん：矢印の出発点は，植物になっていますね。

図1をみると，植物は，ウサギやバッタに食べられています。

図1

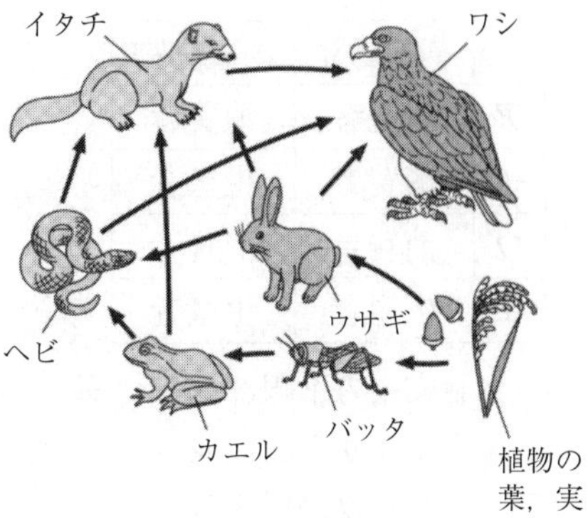

先　生：そうです。a植物を食べる生物を草食動物，動物を食べる生物を肉食動物といいます。**図2**は，生態系での生物の数量の関係を模式的に示したものです。

Tさん：生態系の中では肉食動物の数量が少ないですね。

Sさん：もし，肉食動物が増えたとしたら，そのあとに**図2**の数量の関係はどうなりますか。

先　生：そのあと，b肉食動物に食べられる生物が減り，さらに，食べる生物と食べられる生物の一時的な増減が起こりますが，再び**図2**のような数量の関係に戻《もど》ります。つまり，生態系において，生物の数量のつり合いは保たれることになります。

図2

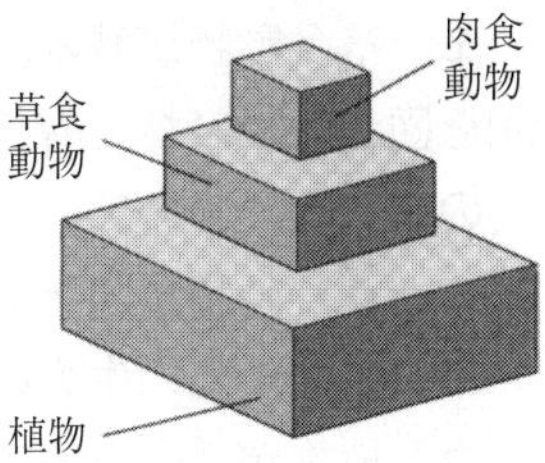

Tさん：ところで，生物の体をつくる炭素は循環《じゅんかん》していることを学びましたが，食べる，食べられるの関係で移動したあとの炭素はどのように循環するのですか。

先　生：**図3**のように，炭素は有機物や無機物に変化し，生物の活動によって，生物の体とまわりの環境との間を循環しています。

図3

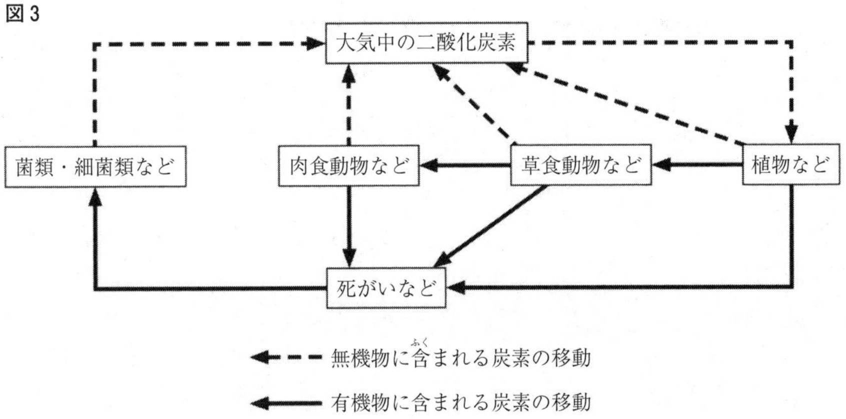

(1)　会話文中の□にあてはまる適当なことばを答えなさい。

(2)　会話文中の下線部 a について，生態系において草食動物と肉食動物はそれぞれ何とよばれているか。その組み合わせとして最も適当なものを，次の**ア**～**エ**のうちから一つ選び，その符号を答えなさい。

	草食動物	肉食動物
ア	生産者	消費者
イ	消費者	生産者
ウ	消費者	消費者
エ	生産者	生産者

(3)　会話文中の下線部 b について，次の**ア**～**エ**を，肉食動物が増えたあとに起こる**変化の順**になるように左から右へ並べ，その符号を答えなさい。

ア　草食動物が増える。

イ　植物が減るとともに，肉食動物が増える。

ウ　肉食動物が減るとともに，植物が増える。

エ　草食動物が減る。

(4)　**図 3** について，有機物に含《ふく》まれる炭素の移動が起こる活動を説明した文として**適当でないもの**を，次の**ア**～**エ**のうちから一つ選び，その符号を答えなさい。

ア　草食動物が植物を食べる。

イ　菌類が他の生物の排出物《はいしゅつぶつ》に含まれる有機物をとりこむ。

ウ　植物が呼吸をする。

エ　肉食動物が他の動物を食べる。

どうだったかな、と語り合いたくなるよ。「泣ける小説」という紹介の仕方は、そのとおりの反応はしなくても、人と人とを結びつけてくれるきっかけになるのではないかな。

鈴木　うん。「百人が泣きました」の捉え方が、織田さんと話して、変わったよ。

（合図音A）

問いの(4)　鈴木さんは「百人が泣きました」に対する捉え方が変わったとありますが、どのように変わったのですか。その説明として最も適当なものを、選択肢**ア**〜**エ**のうちから一つ選び、その符号を答えなさい。

（5秒空白）

放送は以上です。三以降も解答しなさい。

織田　うーんとね、オムライスの……。説明するより、写真を見せた方が早いわ。あまりに驚いたから、スマートフォンで写真を撮ったの。ほら、見て。

鈴木　うわあ、大きなオムライスだね！　そばのスプーンが小さく見える。確かに、これは驚くね。

織田　違うよ、ほら、よく見てよ。オムライスの両端が内側に向かって曲がっているでしょう。まるで三日月みたいじゃない。

鈴木　言われてみれば……。ごめん、つい、大きさに目がいって……。

織田　ううん、私が悪かったの。写真だけではなくて、言葉でも説明すればよかったよ。私が説明するより、写真のほうが伝わりやすいと思ったけれど、そうではないね。

（合図音A）

問いの(1)　織田さんが、「写真のほうが伝わりやすいと思ったけれど、そうではない」と気づいたのはなぜですか。その説明として最も適当なものを、選択肢**ア**〜**エ**のうちから一つ選び、その符号を答えなさい。

（15秒空白）

（合図音B）

鈴木　今の話で思い出したのだけれど、この間、本屋で「伝わりやすい」ようで「伝わらない」体験をしたよ。その本屋は、レジカウンターの前に小説が飾ってあって、おすすめのポイントを書いた宣伝カードがついているんだ。この間はね、ある小説の宣伝カードに「泣ける小説ナンバーワン！　百人が泣きました。」とあったよ。織田さんは、この紹介の仕方、どう思う？

織田　いいと思うよ。「泣ける小説」を読みたいと思っていた人には役立つ情報だと思うな。

鈴木　そう思って買って読んだよ。ただ、とっても面白かったのだけれど、自分自身は、泣けなかったんだ。

織田　そうかあ。鈴木さんの体験を聞くと、小説を「泣ける小説」として紹介することと、私がびっくりしたオムライスを写真で示すこととは、共通する点があるね。だから、鈴木さんは戸惑ってしまったのだね。

（合図音A）

問いの(2)　小説を「泣ける小説」として紹介することと、自分がびっくりしたオムライスを写真で示すこととで「共通する点」は何ですか。その内容を説明したものとして最も適当なものを、選択肢**ア**〜**エ**のうちから一つ選び、その符号を答えなさい。

（15秒空白）

（合図音B）

鈴木　そうなんだ。泣けないのは、自分の読み取りが不足しているからだと思って落ち込んでしまったよ。

織田　え、落ち込む必要はないよ。だって、鈴木さんは、その小説が面白かったのでしょう？　ということは、その小説について鈴木さんは、その本屋さんとは違う言葉で紹介できるのではないかな。

（合図音A）

問いの(3)　「泣けない」に対する二人の考え方の違いを説明したものとして最も適当なものを、選択肢**ア**〜**エ**のうちから一つ選び、その符号を答えなさい。

（18秒空白）

（合図音B）

鈴木　ありがとう。そういう考え方もあるのだね。織田さんの話を聞いて、宣伝カードの「百人が泣きました」の「百人」も、それぞれ泣いた理由は、違っていたかもしれないと思い始めたよ。

織田　そうだよ。「泣ける小説」と紹介されたからこそ、他の人は

(b) □に入る言葉を、**三十字以上、三十五字以内**で書きなさい。

ウ 既ニ平㆓ラゲテ隴㆒ヲ復タ望㆓ム蜀㆒ヲ
エ 既ニ平㆑ラゲテ隴ヲ復㆒タ望㆑ム蜀㆓ヲ

七 次に示すのは、「知識」と「知恵」という言葉の意味です。これを読み、あとの〈条件〉にしたがい、〈注意事項〉を守って、「知恵」についてあなたの考えを書きなさい。

〔言葉の意味〕

> 「知識」
> 物事についてよく知っていること。また、知っている内容。

> 「知恵」
> 物事の筋道をよく知り、それをうまく使う力のこと。

〈条件〉
① **二段落構成**とし、**十行以内**で書くこと。
② 前段では、「知恵」とはどのようなものかを、「知識」という言葉を使って、説明すること。
③ 後段では、「知恵」に対するあなたの考えを、具体例を挙げながら、説明すること。

〈注意事項〉
① 氏名や題名は書かないこと。
② 原稿用紙の適切な使い方にしたがって書くこと。
ただし、〰や═などの記号を用いた訂正はしないこと。

〈国語聞き取り検査放送用台本〉

（チャイム）
これから、国語の学力検査を行います。まず、問題用紙の1ページと2ページがあることを確認しますので、問題用紙の最初のページを開きなさい。
（3秒空白）
確認が終わったら、問題用紙を閉じなさい。1ページと2ページがない人は手を挙げなさい。
（5秒空白）
次に、解答用紙を表にし、受検番号、氏名を書き、受検番号は、その数字のマーク欄を塗りつぶしなさい。また、解答用紙の裏にも受検番号を書きなさい。
（30秒空白）
最初は聞き取り検査です。これは、放送を聞いて問いに答える検査です。問題用紙の1ページと2ページを開きなさい。
（2秒空白）

一 これから、織田さんが鈴木さんに、自分が驚いた体験について話す場面と、それに関連した問いを四問放送します。よく聞いて、それぞれの問いに答えなさい。
なお、やりとりの途中、（合図音A）という合図のあと、問いを放送します。また、（合図音B）という合図のあと、場面の続きを放送します。
1ページと2ページにメモをとってもかまいません。では、始めます。

織田　鈴木さん、聞いて。この間、家族でレストランに行ったんだ。そのとき、注文したオムライスに、びっくりしたんだよ。
鈴木　どんなオムライスだったの？

（注3）齋料に布施をつゝみ＝（そこの家人が）僧の食事のために金銭や品物を渡すこと。
（注4）文＝昔の貨幣の単位。
（注5）廿疋＝「疋」は昔の貨幣の単位。「廿疋」は二百文。
（注6）施主＝僧や寺に物品を施す人。

(1) 文章中の みへたり を現代仮名づかいに改め、**ひらがな**で書きなさい。

(2) 文章中に Aあら不審《ふしん》や とあるが、どのようなことを「不審」だと思ったのか。その説明として最も適当なものを、次の**ア**〜**エ**のうちから一つ選び、その符号を答えなさい。

ア 施主が、経を読む前に渡すはずの布施を後にしたこと。
イ つつみ方の間違いから、布施の向きが逆になったこと。
ウ 童子が、長老と同宿の前へ布施を置いてしまったこと。
エ 自分よりも、同宿のもらった布施の方が多かったこと。

(3) 文章中に B同宿めいわくなるふりをするに とあるが、何に対して同宿はそのような態度を取ったのか。最も適当なものを、次の**ア**〜**エ**のうちから一つ選び、その符号を答えなさい。

ア 同宿は自分がもらった貴重なろうそくを譲れないと思うけれど、長老が言葉巧みに奪おうとしていること。
イ 長老は修行での形式や手順を重んじるため布施の交換の後で、施主にやり直しを命じようとしていること。
ウ 施主が渡すべき布施を取り違えたと考えて、長老が同宿にお互いのものを交換しようと提案していること。
エ どちらの布施も最後には寺のものになるのに、面倒で全く意味のない交換を長老が無理強いしていること。

(4) 文章中の Cいよ〳〵ほしく思ひ の主語にあたるものとして最も適当なものを、次の**ア**〜**エ**のうちから一つ選び、その符号を答えなさい。

ア 童子　**イ** 同宿　**ウ** 長老　**エ** 亭主

(5) 次の文章は、畑さんと丸さんがこの作品について話し合っている場面の一部です。これを読み、あとの(a)、(b)の問いに答えなさい。

畑さん　この作品は、長老の取った欲深い行動を中心に書かれているね。
丸さん　そうだね。このお話から、「隴《ろう》を得て蜀《しょく》を望む」という言葉が浮かんだよ。もとは、「既に隴を平らげて復《ま》た蜀を望む」という言葉で、隴の土地を手に入れて、さらに蜀の地を望むという、欲を言えばきりがないという中国のたとえだよ。
畑さん　なるほど。私は、イソップ童話の「欲張りな犬」の話を連想したよ。肉をくわえた犬が、橋の上で川の水面に映った自分の姿を見て、相手の肉の方が大きいと思い、ほえて自分の肉を落としてしまうという話だったかな。
丸さん　どちらも欲について考えさせるものだね。そうすると、この作品の結末はどう描かれているだろう。
畑さん　「我分をなげ出し」という長老の行動と、「ろうそく二丁ありけり」という最後の部分で、欲の深い長老が、同宿から［　　　　］ことになってしまった結果を見事に表現しているね。

(a) 既に隴を平らげて復《ま》た蜀を望む について、そのように訓読する場合、返り点の付け方として正しいものを、次の**ア**〜**エ**のうちから一つ選び、その符号を答えなさい。

ア 既ニ平二ラゲテ隴一ヲ復タ望レム蜀ヲ
イ 既ニ平レラゲテ隴ヲ復タ望レム蜀ヲ

つとためてきたものだということ。

ウ　父親の看病に追われていたので、使う暇がなくそのまま古くなってしまった貨幣だということ。

エ　高い身分ではないので、銭売りから買うことのできるのは安価で汚れた細縄だけだということ。

(6)　次は、この文章を読んだあとに、牧さんと谷さんが新吉の人物像について話し合っている場面の一部です。これを読み、あとの(a)、(b)の問いに答えなさい。

牧さん　新吉は、どうして昨日と違って、柿をつけずに売ろうとしたんだろうね。

谷さん　それは、[　Ⅰ　]があったからじゃないかな。

牧さん　なるほど。新吉の鮨が本当においしかったら、柿をつけなくてもお客さんはまた買いにきてくれるということか。新吉は自分の仕事にまっすぐに向き合っているんだね。

谷さん　そうだね。新吉らしさが表れているね。

牧さん　もう一つ、気になったことがあるよ。新吉が、女から代金を受け取った理由は何だろう。

谷さん　女の様子を見て、柿と鮨を快く受け取ってもらえるように配慮したのではないかな。

牧さん　あとね、読み返してみて気づいたのだけれど、新吉と女との会話から、新吉の考えを読み取れると思うんだ。

谷さん　あ、そうか。女に対して「[　Ⅱ　]」と言っている部分だね。そういう面から、新吉は仕事だけじゃなく、他者にもまっすぐに向き合う人物なのかもしれないね。

(a)　[Ⅰ]、[Ⅱ]に入る言葉を、[Ⅰ]は**五字以上、十字以内**で書き、[Ⅱ]は52ページ・51ページの文章中から**十五字**で**抜き出して**、**はじめの五字**を書きなさい。

(b)　牧さんの言葉に代金を受け取った理由とあるが、新吉が代金を受け取った理由について説明した、次の文の[　]に入る言葉を、「情け」、「見下す」という言葉を使って、**三十字以上、四十字以内**で書きなさい。

新吉は、[　　]と考えているから。

六

次の文章を読み、あとの(1)〜(5)の問いに答えなさい。

欲ふかき長老《（住職が）》、(注1)同宿をつれて(注2)囉齋《ろさい》に出し《（出かけた）》。(注3)齋料《ときれう》に布施《ふせ》をつゝみ童子《わらんべ》にもたせ、長老の前に置き、是《これ》は百(注4)文《（百文のつつみ）》とみへたり。後《のち》に亭主《（家の主人が）》(注5)廿疋つゝみけるをもちて出、同宿が前に置《をく》。長老、「Aあら不審《ふしん》や、前後失念にてこそあらめ《（間違えたのであろう）》」と、寺へかへりて、同宿にむかひ、「最前《（さきほど）》の布施は、(注6)施主《せしゆ》取《とり》ちがへたると覚《おぼえ》《（思われる）》たり。おれがのをそちへやり、其方《そなた》がのをこちへとらん」といふ。B同宿めいわくなるふりをするに、Cいよ〳〵ほしく思ひ、我分をなげ出し、かの二百文つゝみを取あげて見たれば、ろうそく二丁ありけり。

（『輕口露《かるくちつゆ》がはなし』による。）

(注1)　同宿＝長老と同じ寺に住む下位の僧。

(注2)　囉齋＝僧が修行のため家々の前に立ち、食物をもらうこと。

(1) 文章中にA傷物でもかまわないんですが、一個だけでもないでしょうか とあるが、女はなぜこのように言ったのか。最も適当なものを、次の**ア**〜**エ**のうちから一つ選び、その符号を答えなさい。

ア 柿の実を買うことが、貧しい中で味わえる唯一のぜいたくだったから。

イ 小さいこどもに、柿の実を食べさせて満足感を味わわせたかったから。

ウ 父親のために、好物である柿の実をどうしても食べさせたかったから。

エ 柿の実を買うことで、鮨を安く手に入れることができると思ったから。

(2) 文章中にB戸惑い とあるが、このときの新吉の心情を説明したものとして最も適当なものを、次の**ア**〜**エ**のうちから一つ選び、その符号を答えなさい。

ア 女の父親の事情を聞いたが、柿はもともと添え物であり、職人として精進を重ねて作り上げた鮨を売ろうか迷っている。

イ 女の父親の事情を聞いたうえに、身なりの貧しそうな女から、柿の代金としてお金を受け取ってよいものか迷っている。

ウ 女の父親の事情を聞いたが、時季外れの柿は高価なので、女のお金では足りず、さらに代金を要求しようか迷っている。

エ 女の父親に対する思いに心を打たれたが、女からのお金は柿を譲るには多過ぎるので、竹をもう一本渡すか迷っている。

(3) 文章中にC強く差し出した、D澄んだ目が強く光った とあるが、この部分の女の様子を説明した、次の文の□に入る言葉として最も適当なものを、あとの**ア**〜**エ**のうちから一つ選び、その符号を答えなさい。

> どれほど貧しい暮らしだとしても、商品を得るには相応の対価を払うことが□が表れている。

ア 自分自身の心の充足に結びつく、という純粋さ

イ 良好な関係を築くことにつながる、という思惑

ウ 父親の情に報いることになる、という感謝の念

エ 人として当たり前のことである、という自負心

(4) 文章中にEがってんだ。待っててくだせえ とあるが、このときの新吉の心情を説明したものとして最も適当なものを、次の**ア**〜**エ**のうちから一つ選び、その符号を答えなさい。

ア 昼時に訪れる客のことを考えて、女への対応を急いでいたが、丹念に作った自分の鮨を女に求めてもらえたことで、鮨職人としての喜びを感じている。

イ 今日はつけないと決めていた柿を渡してしまって、自分自身をひどく責めていたが、女が鮨を求めたので、堂々と品物を渡せることに心が弾んでいる。

ウ 柿だけを求めてくる女に対して、職人としての未熟さを感じていたが、自分の鮨も求めていることがわかって、早く食べてほしいと胸を躍らせている。

エ 最初に柿を求めたうえに、厚かましくも柿の添え物のように鮨を求める女に対して腹立ちを覚えていたが、自分の鮨が褒められて得意げになっている。

(5) 文章中にF二本の差しは、いずれも細縄が古びていた とあるが、このことを説明したものとして最も適当なものを、次の**ア**〜**エ**のうちから一つ選び、その符号を答えなさい。

ア 父親の好物である若柿を買える時季に備えて、事前に父親から預かっていた貨幣だということ。

イ 貧しい暮らしを送りながらも、いざという時のためにこつこ

っつあんが聞いてしまって……」

「食いてえと?」

話の途中で、新吉が先を引き取った。

女がこくりとうなずいた。身なりは貧しそうだが、襟足も髪もきれいに調《ととの》えられていた。

「すまねえが、店のわきに回ってくだせえ」

親子を、(注5)仙台堀の川べりにいざなった。客の目から遠ざけるためである。百文差し二本を手にしている女に、新吉は一本の竹を手渡した。

「こんなかに柿がへえってまさ」

手渡された女の顔が明るくなった。

「ありがとうございます。おとっつあんが、どんなに喜ぶことか……」

女が百文差し二本を差し出した。

「これしか持ち合わせがありません」

新吉は受け取るかどうかを、つかの間思案した。そのB戸惑いを見て、女がC強く差し出した。

「足りないかもしれませんが、受け取ってください」

女のD澄んだ目が強く光った。

「ありがてえが、二百文は多過ぎやす」

「もしそうでしたら、厚かましいお願いですが、お鮨を分けていただけませんか」

「姐《ねえ》さんは鮨が好きなんで?」

女がまた、こくりとうなずいた。

川風が、女のうなじのおくれ毛に触れて過ぎ去った。

「柿を自慢していたひとが、とってもおいしいお鮨だって言いふらしてました。うちの暮らしではぜいたくで手が出ませんが、この子とひと切れずついただければ……」

「Eがってんだ。待っててくだせえ」

土間に駆け戻った新吉は、(注6)二折りの(注7)柿鮨《こけらずし》を手にして戻った。

「鮨が二折りで百四十文、柿は六十文てえことにしやしょう。姐さんにほどこしをするわけじゃねえんだ、ここは素直に受け取ってくだせえ」

「ありがとうございます」

女は柿鮨を布袋に仕舞ってから、竹をこどもに持たせた。

「この竹、すごく重たい」

「なかに大事なものが、いっぱい詰まってるからでしょう」

こどもと一緒にあたまを下げてから、親子は川べりを離れた。

百文差し二本を手にしたまま、新吉はふたりを見送った。一文銭九十六枚が、細縄で縛られた差しである。新吉は、この差し二本をどんな思いで持ってきたかを考えて、その場からしばらくは動けなかった。

F二本の差しは、いずれも細縄が古びていた。どう見ても、昨日今日に銭売りから買った差しではなさそうだ。

なにかのときのために、ずっと蓄えてきた差しにちげえねえ……。

(山本一力《やまもといちりき》『銀しゃり』による。)

(注1) 口開け＝最初。

(注2) 百文差し＝一文銭九十六枚を、細縄を通してまとめた銭。一文銭は江戸時代の貨幣の一つ。

(注3) 浅葱色＝薄い藍色。

(注4) 端切れ＝裁断した後の残りの布。

(注5) 仙台堀＝現在の東京都江東区を流れる河川。

(注6) 二折り＝「折り」は箱型の鮨の単位。

(注7) 柿鮨＝薄く切った魚肉などを飯の上にのせた箱型の鮨。新吉は、酢飯に柿の風味をつける工夫をしていた。

私たちが「自己」をつくりあげるためには、「批判する力」が必要だ。「批判する力」を持たない「私」は、［Ⅰ］だけの存在になってしまう。
私たちは社会や日常を「批判する力」を持つことで、［Ⅱ］ことができる。

(a) ［Ⅰ］に入る言葉として最も適当なものを、次の**ア**～**エ**のうちから一つ選び、その符号を答えなさい。

ア 「他者」に期待される　**イ** 「ちがい」をもつ

ウ 「るつぼ」の中にいる　**エ** 「社会性」を守る

(b) ［Ⅱ］に入る言葉を、「自己」、「他者」、「社会」という言葉を使って、**三十字以上、三十五字以内**で書きなさい。

(6) この文章の構成について説明したものとして最も適当なものを、次の**ア**～**エ**のうちから一つ選び、その符号を答えなさい。

ア 前半は具体的な例を用いて「社会的自己」を説明し、後半は「I」と「me」を比較することで社会の問題点を明らかにしている。

イ 前半は人間が「I」と「me」両方の側面をもつ「社会的存在」だと説明し、後半は「I」の側面をより重視する立場で論じている。

ウ 前半は社会学の視点から人間存在の二面性について説明し、後半は他者との関係から築かれる「me」の重要性を説いている。

エ 前半はシカゴに代表される多様性を抱える社会の問題を説明し、後半は創造性・創発性を欠いた日本人を問題視している。

五

次の文章を読み、あとの(1)～(6)の問いに答えなさい。

江戸の名店で修業を終えた鮨《すし》職人の新吉《しんきち》は、念願の店を開くが、なじみのない土地で開業したことや、安売りをしないという親方の教えを忠実に守ったため、売れ行きがよくない。しかし、三月のある日、鮨に時季外れの若柿をつけて販売すると、すぐに売り切れた。

(注1)口開けの客は、水を撒《ま》き終えたころにあらわれた。こどもの手を引いた、三十見当の女だった。

「柿の実を売っていただけるお店は、こちらでしょうか」

こどもの手を放した女は、左手にさげた布袋から(注2)百文差し二本を取り出した。

「あいにくでやすが、柿をつけたのは昨日一日きりなんでさ」

「もうないんですか」

女が肩を落として問いかけた。

「申しわけねえが、仕舞いなんで」

「A傷物でもかまわないんですが、一個だけでもないでしょうか」

着ているのは、色の褪《あ》せた(注3)浅葱《あさぎ》色の木綿のあわせである。粗末な着物だが手入れは行き届いており、汚れた感じはしなかった。

こどもが着ているのは、何枚もの(注4)端切《はぎ》れを縫い合わせたものだ。襟元には大きな四角い端切れが用いられており、菖蒲《しょうぶ》が茎の部分だけ描かれていた。

「なにか、わけでもあるんですかい？」

女の差し迫った顔つきが気になった新吉は、早口で問うた。いまにも、昼飯を求める客が押しかけてきそうに思ったからだ。

「もう三年も寝たっきりの、おとっつあんがいるんです。きのう長屋のひとが、まだ若い柿が手に入ったって自慢していたのを、おと

イ　美しい海辺の集落を散策する。
ウ　雪のような毛色の子猫を見た。
エ　予約が確実にできる日を選ぶ。

(2)　文章中にＡ人種の坩堝（るつぼ）とあるが、この文章では、どのように説明しているか。最も適当なものを、次の**ア**～**エ**のうちから一つ選び、その符号を答えなさい。

ア　都市社会の象徴とも言えるシカゴが、さまざまな社会問題を乗り越えて、今や世界中に存在感を誇示していること。
イ　大量の移民が仕事を求めて集まってくるシカゴでは、個別の問題を調査する余裕がないほど、人口が過密であること。
ウ　多様な人種や民族が集住するシカゴが、言葉や文化などの違いを抱えながらも、一つの街として成り立っていること。
エ　都市社会学を発展させてきたシカゴでは、言葉や生活習慣などの壁がなくなり、皆が協力しあって生きていること。

(3)　文章中のＢ人間はどのようにして「社会的な存在」となるのでしょうかを説明した、次の文を完成させなさい。ただし、［Ⅰ］～［Ⅲ］に入る言葉として最も適当なものを、あとの**ア**～**オ**のうちから一つずつ選び、その符号を答えなさい。なお、**同じ符号を何度使ってもよい**。

> 人間は、［Ⅰ］との出会いの中で［Ⅱ］の言動を受け入れ、求められている［Ⅲ］の役割に気づき、演じ、変化しながら成長していく存在である。

ア　他者　　イ　社会
ウ　多様な文化　　エ　社会の構成員としての自己
オ　圧倒的多数としての自己

(4)　文章中にＣ出会いとあるが、この文章では「出会い」をどのように捉えているか。その説明として適当なものを、次の**ア**～**オ**のうちから**二つ選び**、その符号を答えなさい。

ア　様々な役割を互いに共有する他者との出会いや、その場に応じて役割を演じ分けていく他者との出会い。
イ　長い時間を共有する他者との出会いや、短い時間、あるいはほとんど関わることのない他者との出会い。
ウ　良好な信頼関係が保たれていく他者との出会いや、これから関係の構築を目指していく他者との出会い。
エ　嬉しい楽しいという肯定的感情がわき上がる他者との出会いや、苦手意識を持つような他者との出会い。
オ　自己の生き方に影響を与える他者との出会いや、精神的な結びつきがあまりないような他者との出会い。

(5)　文章中の【『自己』の創発性や創造性……】について、筆者が著した次の文章をふまえて、あとの問いに答えなさい。

> 政治や社会に参加する「主体」をつくりあげるうえで、必要な力や知識はさまざまに考えられるでしょう。しかし、そのなかで欠けてはいけない力があります。それは、これまで犯した過ちも含め、自らがもつ負の側面をしっかりと見据え、それを今後生きていくうえでどのようにプラスに転化できるのかを考え、新たな何かを作り出す力です。私は、これを「批判する力」と考えています。
> 私たちが、国家や社会のメンバーであると主張する時、まさに「公共」的存在としての自分の姿を想像し、創造する必要があるでしょう。
> （好井《よしい》裕明《ひろあき》『「今、ここ」から考える社会学』による。）

問い　「『自己』の創発性や創造性」と「批判する力」との関わりについて、次のようにまとめます。これを読み、あとの(a)、(b)に答えなさい。

「I」とは、主我とも訳されていますが、私という人間がもつ(注3)創発的で創造的な営みの源とでもいえる側面です。他方「me」は、客我とも訳されますが、私という人間が他者の態度を引き受け、状況に適切なようにふるまうためにもつ規範的な部分です。そしてミードは、「I」と「me」が絶えず(注4)ダイナミックに交流することで初めて、私という人間が「社会的自己」として無数の他者に対して立ち現われることができると語っています。

少し考えればわかるのですが、生まれてから死ぬまで、どの人間にも共通し避けられない(注5)端的な事実があります。それは「他者と出会うこと」です。母親や父親のような最も親密な他者との出会いから始まり、学校での友人や部活仲間、同じ職場で働く仕事仲間、コンサートやイベントで共に盛り上がる人々、街ですれ違う人々、老いて自らの介護をしてくれる人、そして自分が生きている間で一度も出会うことがない圧倒的多数の他者の存在など、まさに私という人間は、多様な他者とさまざまな(注6)グラデーションがあるC出会いを繰り返しながら成長し、社会化し、老いていくのです。

圧倒的な量と質がある「他者との出会い」を私が生きていくとき、他者の態度を引き受け、期待される役割をその場で判断し、適切に役割を演じ、上手に他者との関係性を維持していくことは、とても重要だと思います。たとえばこうした「出会い」をうまく乗り切るための(注7)マニュアル本がこんなに売れていますと私たちに訴えかける通勤通学電車で見かける広告が、そのことを象徴しているでしょう。

ミードの「自己」論で、私がとても興味深く思うのは、「I」という「自己」がもつ側面です。ミードの説明を読んでいても、「me」に比べ、「I」は、はっきりこうだと理解しづらいことは確かです。しかし、社会を生き、自分を生きていくために、私たち人間はつねに新しい何かを生み出す可能性を秘めています。「社会性」を守ること以上に、私たちが「自己」をつくりあげ、「自己」を生きるうえで、新しい何かを創造するその力が大切だと唱えるミードの考えは、確実に伝わってきます。

「自己」は「社会性」を盛るためだけの器ではありません。それは「社会性」をどのように受容するか、その検討ができる力をもった人間存在の重要な側面なのです。またそれは「社会性」がもつさまざまな問題や歪《ゆが》みをいったん受容し、そのうえでより気持ちよい「社会性」を実現するために、その中身を修正し変革し、あらたな形として、他者へと示していける力をもった「生きていく(注8)プロセス」にもなり得るのです。

【「自己」の創発性や創造性という主張はまた、私たちが社会や日常を批判する力を持っていることを考えるうえで、導きの糸であり、魅力的なものです。】

(好《よし》井《い》裕明《ひろあき》『「今、ここ」から考える社会学』による。)

(注1) ミード＝ジョージ・ハーバート・ミード。アメリカの社会心理学者。
(注2) ダイナミクス＝物事の動作の状態や変化の過程。
(注3) 創発的＝先行する条件からは予測や説明ができない、新しい特性が生み出されるようなこと。
(注4) ダイナミック＝力強く生き生きと躍動すること。
(注5) 端的＝明白なさま。
(注6) グラデーション＝濃度の段階的な変化。
(注7) マニュアル本＝物事の手順などをまとめた手引き。
(注8) プロセス＝進める方法や手順。過程。経過。

(1) 文章中のはっきりと同じ品詞であるものを、次の**ア**～**エ**のうちから一つ選び、その符号を答えなさい。

ア やがて日が昇ってくるだろう。

変わった。

イ　「泣きました」という言葉に読者の感動を読み取るのではなく、他の思いが隠されており、言葉の背景を探っていく見方に変わった。

ウ　「百人」を、多い人数と捉えるのではなく、むしろ世界的視野に立つならば、一握りの考え方に過ぎないという捉え方に変わった。

エ　「百人」という人数によって、抱く思いをひとくくりにするのではなく、個々の背景を考えて、多様性を見いだす思考に変わった。

聞き取り検査終了後、二以降も解答しなさい。

※**〈国語聞き取り検査放送用台本〉**は国語の問題の終わりに付けてあります。

二

次の(1)～(4)の――の漢字の読みを、**ひらがな**で書きなさい。

(1) 最後まで粘りをみせる。
(2) 友人に惜別の情を述べる。
(3) 示唆に富む話を聞く。
(4) 試案を会議に諮る。

三

次の(1)～(4)の――のカタカナの部分を**漢字**に直して、楷書で書きなさい。

(1) 紙をタバねる。
(2) 空が夕日にソまる。
(3) 人のオウライが絶えない。
(4) 一日センシュウの思いで待つ。

四

次の文章を読み、あとの(1)～(6)の問いに答えなさい。

（注1）ミードはアメリカのシカゴ大学で哲学と社会心理学を教えていました。当時のシカゴには、ヨーロッパから大量の人々が移り住み、仕事を求めて労働者たちも集まっていました。多様な人種や民族が集住し、シカゴという都市で懸命に生きていたのです。

「A人種の坩堝（るつぼ）」という言葉があります。「るつぼ」とは何でしょうか。社会学史の講義で学生に聞いても、最近は知らない人がかなり多くなっています。「るつぼ」とは化学実験などでいろいろな物質を溶かすのに使う白い陶器のことです。私たちの世代では、小学校や中学校であたりまえのように使っていた道具でした。多様な人種や民族を溶かしてしまう器、それはミードが生きたシカゴそのものの姿でした。都市社会学の原点であるシカゴを語る時、この言葉は象徴的に使われます。

語る言葉も生活習慣も文化も異なる人々が同じ街で暮らすとして、そこには当然のようにさまざまな社会問題が発生します。こうした問題をどのように考え、どのように解決すればいいでしょうか。実践的な問題関心のもと、シカゴ大学に初めて社会学部ができたのです。そして個別の問題について、具体的に調査し、質的にせよ量的にせよ経験的なデータを収集し、分析するという社会学という知的実践の基本が、シカゴ大学で創造されていきます。

ミードも、社会学の創造に大きな貢献をしたのですが、ここで私が伝えておきたい彼のテーマは「社会的自己」論です。さまざまな「ちがい」をもつ人々があふれかえり、さまざまな問題も沸騰している日常を生きるなかで、数え切れないくらいの刺激を受けながら、B人間はどのようにして「社会的な存在」となるのでしょうか。ミードはこの問いに対して、他者の態度を内面化することによる社会化と「I」と「me」の（注2）ダイナミクスによる自己の形成という答えを出しました。

国語

●満点100点　●時間50分

聞き取り検査の音声は、当社ホームページで聴くことができます。（当社による録音です。）再生に必要なアクセスコードは「合格のための入試レーダー」（巻頭の黄色の紙）の1ページに掲載しています。

※注意　全ての問題について、解答する際に字数制限がある場合には、句読点や「　」などの符号も字数に数えること。

一

これから、織田さんが鈴木さんに、自分が驚いた体験について話す場面と、それに関連した問いを四問放送します。よく聞いて、それぞれの問いに答えなさい。

※放送は全て一回だけです。

（放送が流れます。）

(1)　（問いを放送します。）

［選択肢］

ア　撮影する人の技術が低いと、焦点が定まらない写真になるから。

イ　同じ写真を見ても、注目する点や解釈は人によって異なるから。

ウ　一枚の写真だけでは、情報があまりに少なくて伝わらないから。

エ　気持ちを伝えるには、写真より言葉の方が誤解を生じないから。

(2)　（問いを放送します。）

［選択肢］

ア　受け手が対象に抱く思いを、あらかじめ決めてしまっている点。

イ　感情をゆさぶる体験を、相手にも体験するよう強制している点。

ウ　言葉を軽視し、言葉をつくして説明することに力を注がない点。

エ　受け手の興味や関心を考えずに、強引に感想をせまっている点。

(3)　（問いを放送します。）

［選択肢］

ア　鈴木さんは、泣けない自分を冷徹だと考え、織田さんは、物事に動じない冷静さが、客観的なものの見方をもたらすと考えている。

イ　鈴木さんは、思いを素直に出せないことを自信のなさと考え、織田さんは、強い自制心が、正確な分析を可能にすると考えている。

ウ　鈴木さんは、他人と同じ思いを抱けない点を未熟と考え、織田さんは、他人と違う見方が作品の魅力発見につながると考えている。

エ　鈴木さんは、他人と同じにはなりたくない自分を頑固だと考え、織田さんは、他人には安易に同調しない点が個性だと考えている。

(4)　（問いを放送します。）

［選択肢］

ア　「泣きました」を、悲嘆の思いだと断定するのではなく、感嘆の思いも含むものだという感情の複雑性を受け入れる姿勢に

2024年度
千葉県公立高校　思考力を問う問題

1　次の【文章Ⅰ】、【文章Ⅱ】を読み、あとの(1)～(3)の問いに答えなさい。ただし、解答する際に字数制限がある場合には、句読点や「　」などの符号も字数に数えること。

【文章Ⅰ】

小川《おがわ》(注1)は、A多様性を尊重する社会に生きるための手がかりは、安易な想像ではなく、事実に基づく理解だと語った。感覚的に思い描ける範囲で相手を想像することの危うさを批判する一方で、知識を得て事実を積み上げることで、実感できないことも含め、相手の生活や感覚を理解することの大切さを訴えている。

つまるところ、共感は偏る。私たちは身近な人や似ていると感じる人への共感を強く働かせるが、そうでない人に「不思議」「変わっている」「怖い」「異質」「愚か」「邪悪」などのラベルを貼りかねない。また、B安易にわかろうとするあまり、目前の他者の多様性や個別性を無視しかねない。だからこそ、直感的に自分の延長にいると想像できない人に対しては、知識や事実を丁寧に積み上げて「理解」することが必要だ。心情や感情ではわかるとは言いづらい人たちに配慮の羽を伸ばすために、知や理を頼る。相手が十分に対話相手たりうるということを頭で理解し、その学びの中で想像力を拡《ひろ》げていく。C情緒的な共感をうまく働かせるためにこそ、知的な理解が必要なのだ。

この提案は大きな魅力と実効性がある。政治学者のジェイムズ・フィシュキン(注2)は、知識が増えた人ほど意見に変化がみられ、根拠を提示する発言は根拠を示さない発言よりも人の考えを変える力が強いことを明らかにしている。これは、知識や事実に基づくアプローチの有効性を示すものだ。

（谷川嘉浩《たにがわよしひろ》「人は本当に対話したいのか、どうすれば対話したいと思うのか」（『フューチャー・デザインと哲学』所収）による。）

（注1）　小川＝小川哲《さとし》。小説家。

（注2）　ジェイムズ・フィシュキン＝アメリカの政治学者。スタンフォード大学教授。

【文章Ⅱ】

机を見ただけで、「机だな」とわかるのは、その意味が直観(注3)されているからだ。

パソコンを見た瞬間に、「パソコンだ」とわかるのも、過去にパソコンを見たことがあり、画面、キーボードなどがついている電気製品が「パソコン」であること、それがどんなものなのかということを知っているからである。だからこそ、パソコンの形をしたものを見た瞬間に、そうした意味が賦活《ふかつ》(注4)され、意識において直観されることになる。これがフッサール(注5)の言う本質直観である。

本質直観は「机」「パソコン」「山」「学校」のような実在的な物だけではなく、「不安」「正義」「病気」

「死」のような対象に関しても成り立つ。

たとえば、「不安なんでしょ」と誰かに言われたとき、私たちは「不安」という言葉に反応して、ある意味を直観している。何かを心配している、怖《おそ》れている、動揺している、といった意味を感じ取るかもしれないし、ビクビクしている姿を想像したりするかもしれない。それは自分なりに直観している不安の意味であり、本質直観と言ってよい。

だが、物の本質直観とは違い、こうした対象の本質直観は一般性を有しているとはいえ、個別性が強い面がある。

「コップ」や「パソコン」が何であるのかを多くの人に問えば、各々《おのおの》が捉えている意味に大きなズレはないだろう。誰もが辞書などで定義づけられた意味を、ほぼそのまま受け取っている。事物から直観される意味は、そうした普遍性があるため、まさに本質を直観していると言えるのだ。

しかし、「不安」や「自由」といった言葉から直観される意味は、個人の経験に左右され、微妙に異なっている。なるほど、誰もが不安や自由を経験しているし、その一般的な意味を把握しているため、「不安」や「自由」などの言葉が会話の中で出てきても、まったく違和感はなく、意味のズレを感じることも少ない。その意味では本質を直観しているとも言えるのだが、しかし、よくよく話し合ってみると、やはり考え方の違いは存在する。

普段から強い不安を抱いている人は、楽観的な人に比べて不安を避けたいという思いが強く、それが行動様式を決定づけているだろう。幼い頃から行動を強く制限されてきた人にとって、自由とは拘束から解放される理想的状態のように思えるが、好き勝手に行動や生き方を選べるとしても、自分がどうしたいのかわからない人にとっては、自由は重荷に感じられるかもしれない。不安も自由も人によって捉え方が違うのだ。

だからといって、多くの人が共通して納得できる意味など存在しない、とは言えない。(注6)ポストモダン思想や分析哲学など、現代哲学では真理の存在を否定し、(注7)相対主義が広まっているため、現象学のように本質を重視する哲学は批判されてきた。それは、本質が普遍的な真理と混同されているからだ。しかし、多様な解釈があるとしても、共通する意味は必ず存在する。「自由」についての捉え方が違っているとしても、まったく異なる意味で捉えていれば、「自由」という言葉を使った会話自体が成り立たないだろう。

したがって、こうした事物以外の対象にも多くの人が共有している意味があり、よく考えれば必ず本質を取り出すことができる。「不安」についての本質を取り出すなら、心理学的な不安論や一般的な先入観を排し、自らが直観している「不安」の意味を出発点にして、誰もが納得できるような「不安」の意味を考えてみればよい。多くの人が共通了解できる意味が見つかれば、それが「不安」の本質ということになる。

（山竹伸二《やまたけしんじ》『共感の正体』による。）

（注3） 直観＝推理などの論理的判断によらず、ただちに対象の本質を見抜くこと。

（注4） 賦活＝活力を与えること。

（注5） フッサール＝エトムント・フッサール。オーストリア生まれのドイツの哲学者。現象学の創始者。

（注6） ポストモダン思想＝近代の合理主義や画一的な価値観を乗り越えようとする思想・芸術上の考え方。

（注7） 相対主義＝人間の認識や評価はすべて他との関係の上に成立、存在しており、真理の絶対的な妥当性を認めない立場。

(1) 【文章Ⅰ】中にA多様性を尊重する社会とあるが、そのような社会における「共感」についての説明として最も適当なものを、次のア～エのうちから一つ選び、その符号を答えなさい。

ア　共感をよせることは、初めは感覚的であっても、知識や事実を積み上げ、相手を理解するきっかけとなる点で、多様性の尊重を促進する原動力となる。

イ　共感は、想像よりも事実を重要視するため、感情的な判断を軽んじる傾向にあり、個々の生活や感覚に力点をおいて、多様性の尊重をはばむ恐れがある。

ウ　共感が働くのは、感覚的に思い描ける範囲の内容に限られるため、自分が想像できないことに対しては受容できず、多様性の尊重をはばむ恐れがある。

エ　共感は、心情や感情ではわかるとは言いづらい人たちへの配慮事項を明確にして、想像範囲を拡張させる点で、多様性の尊重を促進する原動力となる。

(2) 【文章Ⅰ】中にB安易にわかろうとするあまり、目前の他者の多様性や個別性を無視しかねないとあるが、このことを【文章Ⅱ】中の「本質直観」に対する考え方を使って、次のように具体的に説明するとき、［Ⅰ］～［Ⅲ］に入る言葉を答えなさい。ただし、あとの〈条件〉にしたがうこと。

> 【文章Ⅰ】中の傍線部Bのような状況は、【文章Ⅱ】中に述べられている二種類の「本質直観」のうち、「［Ⅰ］の本質直観」で生じる。例えば「不安」や「自由」は［Ⅱ］ため、「安易にわかろう」としてしまいがちだ。だが、「不安」や「自由」は［Ⅲ］ことは危険だ。このことに無自覚だと、目前の他者の多様性や個別性の無視につながる。

〈条件〉

① ［Ⅰ］は、【文章Ⅱ】中から漢字二字以内で抜き出して書くこと。

② ［Ⅱ］は、【文章Ⅱ】中の言葉を使って十字以内で書き、［Ⅲ］は、三十字以上、四十字以内で「～ため～」という形を使って書くこと。

(3) 【文章Ⅰ】中に C情緒的な共感をうまく働かせるためにこそ、知的な理解が必要 とあるが、「情緒的な共感をうまく働かせるため」の「知的な理解」の仕方を、【文章Ⅰ】の考え方と【文章Ⅱ】の考え方をふまえて、具体的に説明しなさい。ただし、次の〈条件〉にしたがうこと。

〈条件〉

① 「知的な理解」をする対象を、【文章Ⅱ】中の「不安」「自由」を参考にして、自分で考えて、具体的に挙げること。

② 【文章Ⅱ】中の「共通了解」という言葉を使うこと。

③ 百五十字以上、二百字以内で書くこと。ただし、一マス目から書き始め、段落は設けないこと。

2　次の(1)〜(4)の問いに答えなさい。

(1)　記号◎を，$a◎b = 2a^2 + 2ab$ と定める。

例えば，$1◎3 = 2 \times 1^2 + 2 \times 1 \times 3 = 8$，$3◎1 = 2 \times 3^2 + 2 \times 3 \times 1 = 24$ となる。

このとき，p，q が自然数で，$p◎q$ と $q◎p$ の和が 162 となるとき，$p + q$ の値を求めなさい。

(2)　次の 5 個のデータの中央値として考えられる数は，全部で何通りあるか求めなさい。

ただし，n は自然数とする。

11，29，8，n，30

(3)　下の図のように，関数 $y = \frac{1}{2}x^2$ のグラフ上に 2 点 A，B がある。点 A の y 座標は 2 で，点 B の y 座標は 8 である。点 A を通り x 軸に平行な直線と y 軸との交点を C，点 B を通り x 軸に平行な直線と y 軸との交点を D とする。

このとき，次の①，②の問いに答えなさい。

ただし，原点 O から点(1，0)までの距離及び原点 O から点(0，1)までの距離をそれぞれ 1 cm とする。

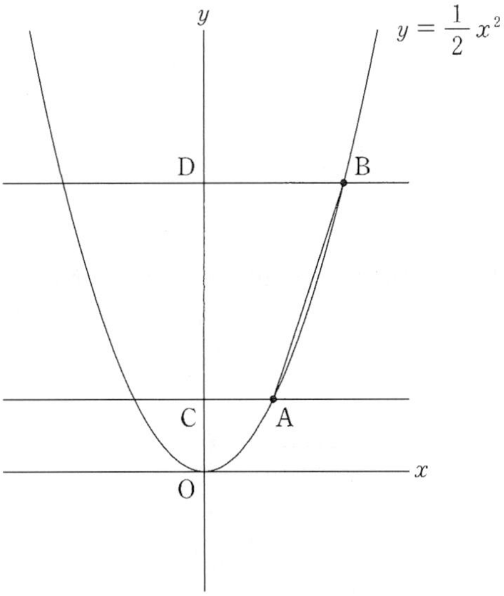

①　台形 ABDC を，y 軸を軸として 1 回転させてできる立体の体積を求めなさい。

ただし，円周率は π を用いることとする。

②　原点 O を通り，台形 ABDC の面積を 2 等分する直線の式を求めなさい。

⑷　下の**図1**のように，1辺の長さが$3\sqrt{3}$ cmの正三角形ABCと，1辺の長さが$2\sqrt{3}$ cmの正三角形ADEがある。正三角形ADEは，頂点Dが辺AC上にある状態から，点Aを中心として時計回りに回転し，頂点Dが辺AB上にある状態になったときに止まる。

また，点Aが辺GJの中点，点H，Iがそれぞれ辺AB，AC上にあり，BC//HI，辺GHの長さが$\frac{3}{2}$ cmである長方形GHIJがある。

頂点Dが辺AC，AB上にないときの辺ACと辺DEの交点をF，辺ADと辺HIの交点をK，線分DFの長さをx cmとするとき，次の①，②の問いに答えなさい。

①　頂点Dが辺AB，AC上にないとき，三角形AKIの面積をxを用いて表しなさい。

図1

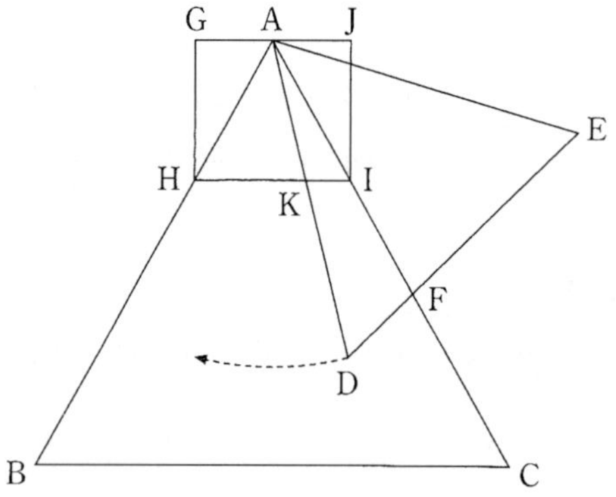

②　下の**図2**のように，三角形LDMは，点L，Mがそれぞれ線分DK，DF上にあり，1辺の長さが$\frac{1}{2}x$ cmの正三角形であるとする。

五角形KLMFI(斜線部分)の面積が$\frac{9\sqrt{3}}{8}$ cm^{2}となるときのxの値を求めなさい。

図2

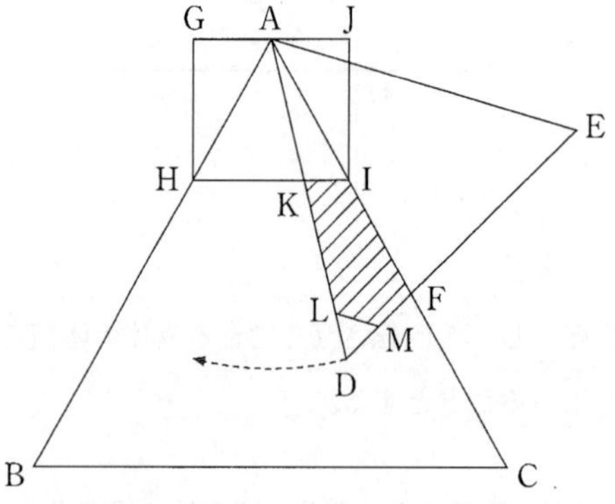

3 ユイ(Yui)の日記を読んで，あとの(1)～(3)の問いに答えなさい。

August 10, 2000

Yesterday, I came to this small island to see my aunt's family. This morning, my cousin, Miki, took me to a beach made of white sand. I was surprised because the beach was so white. We enjoyed swimming and looking for beautiful shells. After that, we had lunch under a tree. Suddenly, she took something out of her bag. It was a beautiful clear jar. She filled it with the big shells which we found at the beach. She said to me, "Is the jar full?" and I said, "Yes." Then, she put small shells into the jar and shook it. The small shells moved into the spaces around the big shells. She said to me again, "Is the jar full?" I agreed that it was full. However, she started to put sand into the jar. The sand filled the space between the big and small shells. Finally, she gave me the jar filled with beautiful pink shells and white sand and said, "Today is your fifteenth birthday! Like this jar, you can fill your life with many beautiful things." I will keep it with me forever.

＊＊＊＊＊＊＊＊＊＊

October 8, 2008

A month has passed since I started my new life in Singapore. At first, I couldn't communicate well with people at the office, but now I enjoy working with them. However, it still takes a long time to finish my work every day. This evening, a person at my office showed me an article in a magazine. The article told the reader to imagine a box, some big and small stones, and some sand. The big stones are the most important things such as your health and family. Next, the small stones are things such as your house and school. The sand is everything else in your life. If you start to fill the box with sand first, there won't be enough space for stones. However, if you put in big stones first, small stones second, and sand last, it's not so difficult to fill a box with all of them. I remembered the jar Miki gave me when we were younger.

＊＊＊＊＊＊＊＊＊＊

March 27, 2023

I've been at this office since I came back to Japan ten years ago. Thanks to the story about the box of stones, I improved at my job. Our company helps Japanese farmers sell their delicious fruits and vegetables to supermarkets and restaurants around the world. I'm very happy to work for this company because one of my dreams is to become a bridge between Japan and other countries. Our new employees will start to work with us next week, and I will give them a speech. Of course, I'd like to talk about my jar filled with sand and shells. Because of your words, Miki, I've tried various things in my life, and I will keep doing so. Thank you.

(注) shells 貝　jar (広口でふたつきの)びん
fill～with… ～を…でいっぱいにする　stones 石　employees 社員

(1) 本文の内容に合うように，次の①，②の英文の（　　）に入る最も適当なものを，それぞれあとのア～エのうちから一つずつ選び，その符号を答えなさい。

① By showing the jar to Yui, Miki wanted to say, “(　　)”

ア You will find many different shells on this beach.

イ You should keep this jar with you forever.

ウ You should make more jars like this one.

エ You will have many great experiences in your life.

② Yui was (　　) years old when she gave a speech to the new employees at her company.

ア 33　　イ 34　　ウ 37　　エ 38

(2) 本文の内容に合っているものを，次のア～エのうちから一つ選び，その符号を答えなさい。

ア Yui enjoyed swimming and looking for beautiful shells at the white beach every summer.

イ Miki filled a clear jar with beautiful stones and sand to celebrate Yui’s birthday.

ウ Yui had some difficulties when she started to work in Singapore, but an article helped her.

エ Yui was planning to tell the new employees about her memory of Miki’s birthday.

(3) 次の英文は，ユイのスピーチの原稿です。（　　）に入る最も適当な英単語**2語**を書きなさい。

> Welcome to our company! We want all of you to have a wonderful time with us. Look at this jar. It’s filled with beautiful shells and white sand. My cousin gave it to me when I was a junior high school student. Your life is like this jar. The big shells are your health and family. They are the most important things in your life. If you want to fill the jar with all the shells and sand, you have to do it in the (　　). Put the big shells in first and then put the smaller things in. Like this jar, you must start with the most important things to you. I hope your dreams will come true in the future.

4 レン(Ren)がクラスで発表した内容を読んで，あとの(1)～(3)の問いに答えなさい。

Hi, everyone. I want to talk about a type of fruit today. As you know, there are many kinds of fruit around us: apples, grapes, strawberries, pineapples, and so on. Do you know the most popular fruit in Japan? It's bananas. I hear the average Japanese person eats about 8 kg in a year. I can buy bananas any time, though I cannot find banana trees easily here in Japan. Why? It's because most bananas sold in Japan come from other countries. Where do they come from?

About 80 percent of bananas eaten in Japan are from the Philippines. India produces the most bananas in the world, but the bananas produced in India do not come to Japan because most of them are eaten in India. I hear that people in India eat bananas not only as snacks but also in some cooked food. Banana trees like warm weather, so they grow very well in the Philippines and India. I've read that there are also banana trees in Okinawa.

Most bananas are carried by ship from other countries to Japan. It takes a long time. How are bananas carried by ship without having any problems? When bananas leave for Japan, they are green, so they are not sweet or delicious yet. When they arrive in Japan, they are still green, and they are kept in a special room. The room is filled with a gas which makes them sweet and delicious. The temperature, humidity, and other things are also controlled in the room to make them yellow and ready to eat.

When you eat bananas, you should wait until brown spots appear on them. Those spots are called sugar spots and they show that the amount of sugar is increasing. If you find many sugar spots, it is the best time to enjoy a sweet banana. When you get a lot of sweet bananas at once, I recommend making banana cake. The bananas will be very sweet, so you can make sweet delicious cake without any sugar.

Have you ever seen black things inside a banana? They look like seeds, but they cannot become a banana tree. If you want to grow a banana tree, you need to cut a part of a banana tree and plant it. It looks easy but it is difficult to grow new trees that are big and healthy. Actually, some new trees become sick and cannot grow bananas. If farmers don't take care of their banana trees, we don't get delicious bananas. When we eat bananas, let's think about all of the people who worked hard to grow them.

(注) average 平均的な　gas 気体　humidity 湿度　control ～を管理する
spots はん点　plant ～を植える

(1) 本文の内容に合うように，次の英文の(　　)に入る最も適当なものを，あとの**ア**～**エ**のうちから一つ選び，その符号を答えなさい。

When we grow new banana trees, we plant (　　　).

ア skin with sugar spots

イ a whole banana with its skin

ウ seeds we find inside bananas

エ a part of a banana tree after cutting it

(2) 本文の内容に**合っていない**ものを，次の**ア**～**エ**のうちから一つ選び，その符号を答えなさい。

ア The average Japanese person eats about 8 kg of bananas from the Philippines in a year.

イ The largest amount of bananas in the world is produced in India.

ウ Bananas are carried by ship when they are green and not sweet yet.

エ Bananas with brown spots on them are sweet and delicious.

(3) 次の英文は，レンの発表を聞いて，クラスメートのケン(Ken)が書いた内容です。(　　)に入る言葉を英語で書きなさい。ただし，語の数は**10語程度**(，などの符号は語数に含まない。)とすること。

> A week ago, my mother put sour kiwis in a box with a sweet apple. I ate some of the kiwis last night and they were sweet and delicious. In today's English class, I listened to Ren's speech and got an idea about why that happens. I thought that (　　　), so, after school, I asked my science teacher. He said that my idea was right. According to him, it is called ethylene gas and it is the same gas as the one which is used for bananas. I want to try putting other fruits with kiwis and find which ones make them sweet.

(注) kiwis　キウイフルーツ　　　ethylene gas　エチレンガス

Memo

Memo

2023年度 千葉県公立高校 入試問題

英語

●満点 100点 ●時間 60分

注意　リスニングテスト終了までは，5以降のページを開いてはいけません。

■リスニングテストの音声は，当社ホームページで聴くことができます。（当社による録音です。）再生に必要なアクセスコードは「合格のための入試レーダー」（巻頭の黄色の紙）の１ページに掲載しています。

1　英語リスニングテスト（**放送**による**指示**に従って答えなさい。）

No. 1	A．Yes, there is.　B．No, I haven't. C．Yes, you have.　D．No, there isn't.
No. 2	A．Yes, I did.　B．Yes, you did. C．Sure.　D．Good job.
No. 3	A．One.　B．Two. C．Four.　D．Eight.

2　英語リスニングテスト（**放送**による**指示**に従って答えなさい。）

	A	B	C	D
No. 1	Fri.　Sat.　Sun. 	Fri.　Sat.　Sun. 	Fri.　Sat.　Sun. 	Fri.　Sat.　Sun. 
No. 2	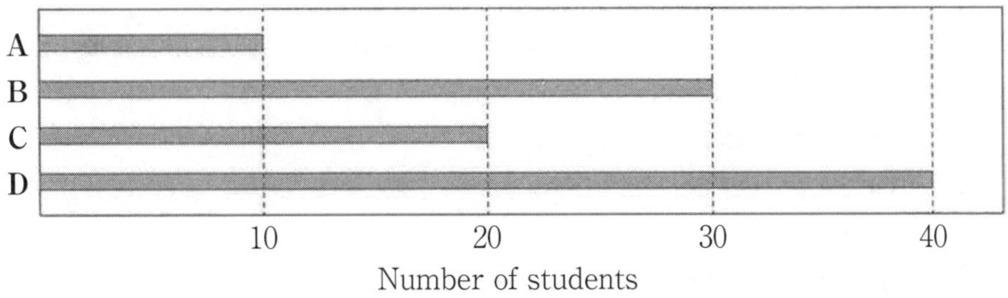			

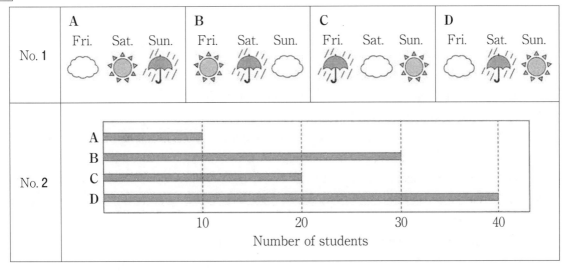

3 英語リスニングテスト(**放送**による**指示**に従って答えなさい。)

No. 1	A. In a museum.　　B. In a music store. C. In their house.　　D. At school.
No. 2	A. Team Red.　　B. Team Blue. C. Team Green.　　D. Team Black.

4 英語リスニングテスト(**放送**による**指示**に従って答えなさい。)

No. 1	Last Saturday, Nami had many (① t□□□□□) to do. But finally, she could (②□□□□□) the book from her brother.

No. 2	Mark ・thinks school bags are good. ・can feel that he is a member of his school.	Kenta ・doesn't (①□□□□□) with Mark. ・wants to use his (②□□□□□□□□) bag.

※＜**英語リスニングテスト放送用台本**＞は英語の終わりに付けてあります。

5 次の(1)～(5)の対話文を完成させなさい。

(1), (2)については，それぞれの(　)の中の語を最も適当な形にしなさい。ただし，英単語1語で答えること。

また，(3)～(5)については，それぞれの(　)の中の**ア**～**オ**を正しい語順に並べかえ，その順序を符号で示しなさい。

(1) A: Good job! That was a great dance!
B: Thank you. The (perform) was difficult, but it was exciting.

(2) A: I hear Oliver broke his leg and couldn't play in the soccer game.
B: If I were you, I (will) visit his house and cheer him up.

(3) A: What a wonderful idea Luna had!
B: I think so, too. She (**ア** good **イ** making **ウ** is **エ** plans **オ** at).

(4) A: Do you (**ア** a towel **イ** looking **ウ** someone **エ** for **オ** know)?
B: Yes, Kevin has lost his towel.

(5) A: Will you (**ア** the **イ** show **ウ** you **エ** pictures **オ** me) took on your trip?
B: OK! I have many happy memories from the trip.

6　次の①～④は，大学生のタクヤ(Takuya)が，友人のロドリゴ(Rodrigo)とアメリカに旅行した時の出来事を描いたイラストです。②，④の場面で，タクヤは何と言ったと思いますか。①～④の話の流れを踏まえ，(1)，(2)に入る言葉を英語で書きなさい。ただし，語の数はそれぞれ**10語程度**（．，？！などの符号は語数に含まない。）とすること。

7　次の(1)，(2)の英文を読んで，それぞれの問いに答えなさい。

(1)　高校生のミク(Miku)とデイビッド(David)が，プレゼンテーションコンテストの案内文を見て，それに応募し，スライド(slide)を使って発表をしています。

New Dish Contest in Green City

We Want Your Ideas !

We are asking high school students to think of a new dish for restaurants in our city. The winner's dish will be served at the restaurants in October. When you create your new dish, we want you to

・use vegetables or fruits grown in our city in October.
・think about the environment.
・think of people's health.

On May 31, many cooks will watch your presentations, and the winner of the contest will be chosen. If you are interested in this contest, please call 012-9876-5432 before May 10.

Hello, everyone ! We are Miku and David. We go to Green High School. We love this city. We will make pancakes with fruit jam. Let us tell you why we chose this idea. Our city has many fruit farmers, and a lot of fruit is produced here. As **Slide 1** shows, various fruits are grown almost through the year. Actually, there is a big problem with them. Only fruit which looks good is sold in shops or supermarkets. Other fruit which looks bad is not sold. However, the fruit that looks (**A**) doesn't always taste (**A**). To think about the environment, we want to use it to make fresh jam.

Look at **Slide 2**. Though our city produced a lot of rice before, the amount of rice has been going down since 2005. We're very sad about that because it's very delicious. So, we want to introduce the rice from Green City to many people by making rice flour pancakes. Actually, some people say that cookies or bread made from rice flour are lower in calories and are safer for people with allergies. Our pancakes will be good for everyone's health.

Pancakes are loved by a lot of people around the world, so we hope many people will come to our city and eat our rice flour pancakes with (**B**) jam !

Slide 1

Fruits Grown in Green City

・strawberries	February to April
・melons	June to August
・peaches	July to September
・grapes	August to November

Slide 2

The Amount of Rice Produced in Green City

(注)　rice flour　米粉　　calories　カロリー　　allergies　アレルギー

①　本文中の２か所の(**A**)に共通して入る最も適当な英単語**１語**を書きなさい。

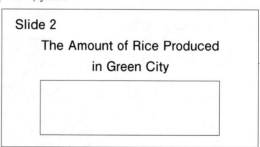

② 本文の内容に合うように，Slide 2 に入るグラフとして最も適当なものを，次の**ア**～**エ**のうちから一つ選び，その符号を書きなさい。

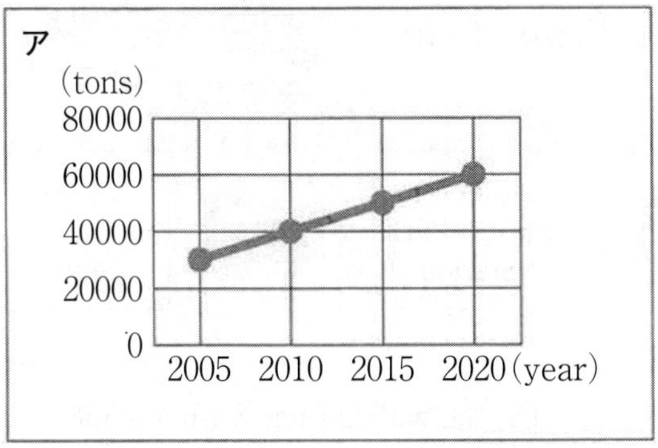

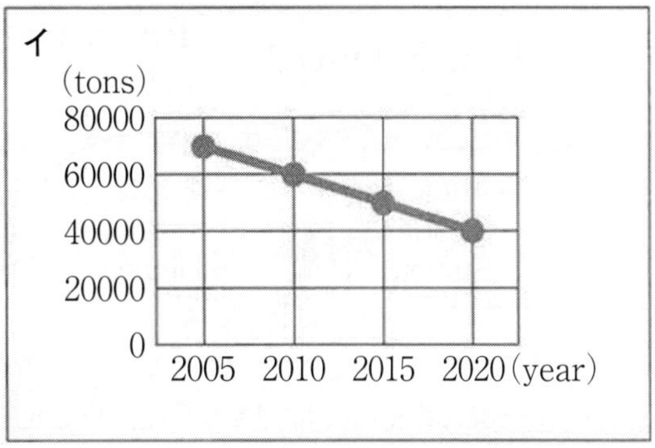

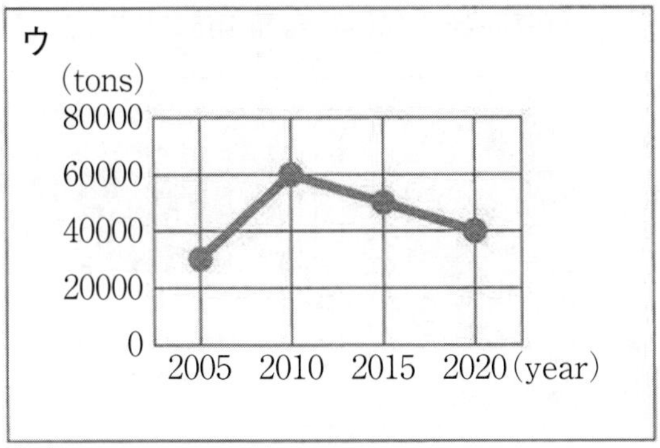

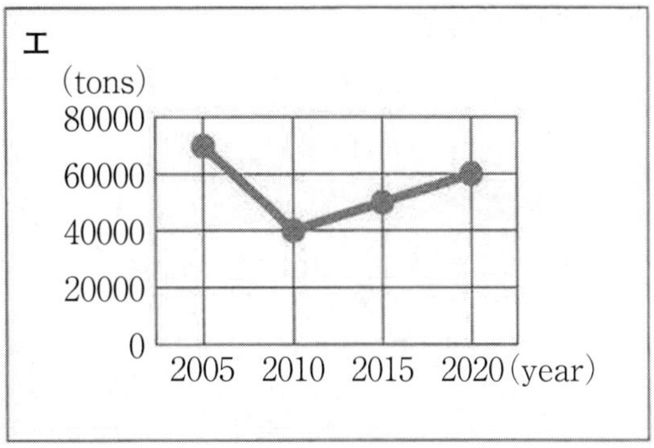

③ 本文中の（B）に入る最も適当なものを，次の**ア**～**エ**のうちから一つ選び，その符号を書きなさい。

ア melon　　**イ** peach　　**ウ** grape　　**エ** strawberry

④ 本文の内容に合っている英文として最も適当なものを，次の**ア**～**エ**のうちから一つ選び，その符号を書きなさい。

ア People in Green City can always eat a lot of new dishes created by high school students.

イ Someone who wants to join the contest must prepare their idea before May 10.

ウ Various fruits in Green City are grown by many farmers almost all year.

エ Miku and David will use foods from many countries to make their new dish.

⑵ 次は，ある鉄道会社のウェブページです。

New Service !

Restaurant Train Trip

New Castle Station → Lunch or Dinner → Queen's Spring Park Station → New Castle Station

Special Menu for Lunch or Dinner (Traditional local beef and vegetable dishes)

On the walking trip with a guide, you can see beautiful cherry trees in the afternoon, and stars in the evening.

The Cherry Tree Road at Queen's Spring Park

Inside the restaurant train

	Train 1	Train 2
New Castle Station	leaves at 1:00 p.m.	leaves at 6:15 p.m.
Queen's Spring Park Station	arrives at 2:00 p.m.	arrives at 7:15 p.m.
Queen's Spring Park Station	leaves at 3:15 p.m.	leaves at 8:15 p.m.
New Castle Station	arrives at 4:15 p.m.	arrives at 9:15 p.m.

Trains don't run on Wednesdays.

You need to buy tickets before riding the trains.

Tickets are sold online only. ☞ BUY NOW

How many seats are left ? ×：sold out —：no trains

Date / Train	April 1	April 2	April 3	April 4	April 5	April 6	April 7
1	1	×	1	—	3	2	×
2	2	1	1	—	4	3	5

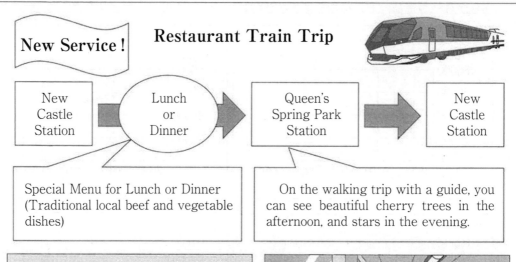

① このウェブページの内容に合うように，次の文の[　　]に入る最も適当な英単語**2語**を書きなさい。

Train 1 will give you [　　　　　] at Queen's Spring Park than Train 2.

② エマ(Emma)と兄のテッド(Ted)がウェブページを見て，話をしています。次の会話中の(　)に入る最も適当なものを，あとの**ア**～**エ**のうちから一つ選び，その符号を答えなさい。

Emma : Have you got our tickets ?

Ted : Not yet. I'll try it now. Which do you want to go on, the lunch trip or the dinner trip ?

Emma : I want to go on the lunch trip but I have a calligraphy class at 3 p.m. on Thursday.

Ted : OK. I got the tickets for (　　　　).

Emma : Thank you. I'm looking forward to the trip.

ア April 2nd　**イ** April 3rd　**ウ** April 5th　**エ** April 6th

8 次の英文を読んで，あとの(1)～(4)の問いに答えなさい。

Dictionaries are very helpful tools that show you the meaning of words that you do not know. Many of you probably use electronic dictionaries, but paper dictionaries are still popular among people studying languages.

Sometimes, dictionaries must be revised. When a dictionary is revised, many new words are added to it and also some old words are deleted from it. There are usually more new words than old words. As a result, the revised paper dictionary becomes thicker than the old one.

In 2014, when an English-Japanese paper dictionary was revised, the new dictionary had 5,000 new words and 200 more pages were added. [**ア**] However, surprisingly, the new dictionary was as thick as the old one. What kind of new techniques were used to make the new dictionary ?

If you want to make a book really thin, one way is to make the words on each page smaller, or the spaces between the words smaller. [**イ**] However, if the word size and the spaces between the words in the dictionary are smaller, they cannot be printed clearly or be read easily.

Another way is to make each piece of paper thinner. If you made a dictionary with the paper which your school teachers give you during class, it could become really thick and hard to use. However, if you use thinner paper, it is possible for words to show through. [**ウ**] So, dictionary companies tried to produce better paper many times and finally invented thin paper which does not show through.

When you look for a word in your dictionary, you have to turn many pages, so the pages cannot be too stiff. Also, if the pages of the dictionary are too stiff, it closes on its own and it is not helpful for people when they study with it. Companies have tried to make dictionaries thin and light and also useful for studying. One company solved the problem with a new technique. Now, when you turn the page, the paper is soft enough that the pages turn easily and two pages or more are never turned at the same time. [　エ　]

In this way, you can use a paper dictionary without any problems and learn languages with it well. Many ideas and techniques are included in one paper dictionary. When you use your paper dictionary, please remember this.

（注）revise　～を改訂する　　delete　～を削除する　　technique　技術
show through　裏に文字が透ける　　turn　めくれる/～をめくる　　stiff　かたい
on its own　ひとりでに　　～ enough that…　…ほど十分～

(1) 本文の題名として最も適当なものを，次の**ア**～**エ**のうちから一つ選び，その符号を書きなさい。

ア　How to Read a Dictionary　　**イ**　How to Improve a Dictionary
ウ　How to Use a Dictionary　　**エ**　How to Choose a Dictionary

(2) 次の英文を入れるのに最も適当な場所を，本文中の[**ア**]～[**エ**]のうちから一つ選び，その符号を書きなさい。

It is also hard to print on that kind of paper.

(3) 本文の内容に関する次の質問に，英語で答えなさい。

Why is a revised dictionary usually thicker than an old one？

(4) 本文の内容に合っている英文として最も適当なものを，次の**ア**～**エ**のうちから一つ選び，その符号を書きなさい。

ア　Paper dictionaries are not as useful as electronic ones when people study languages.
イ　Paper dictionaries are revised every year, and they become thinner than before.
ウ　People cannot turn stiff pages easily when they use a paper dictionary.
エ　People studying languages tried to find a new technique to turn the pages quickly.

9　ハルナ(Haruna)がヒューズ先生(Mr. Hughes)と話をしています。この対話文を読んで，[(1)]～[(3)]に入る最も適当なものを，それぞれあとの**ア**～**エ**のうちから一つずつ選び，その符号を書きなさい。

また，対話文の内容に合うように，[(4)]に入る言葉を英語で書きなさい。ただし，語の数は**10語程度**（.，？！などの符号は語数に含まない。）とすること。

Haruna　　: Mr. Hughes, do you have time？
Mr. Hughes : Of course. Do you have any questions？
Haruna　　: Yes, at the end of the class, you said, "Be the first penguin." [(1)]
Mr. Hughes : All right. You know penguins, right？ Penguins are birds that cannot fly but can swim in the sea.
Haruna　　: Yes, of course. I have seen them in an aquarium.
Mr. Hughes : Some people say that there is no leader in the world of penguins but that is not true. When they catch food or run away to a safe place, one penguin moves first, and then the rest of them [(2)].
Haruna　　: Wow, that's very interesting.
Mr. Hughes : For example, [(3)] to jump into the sea to catch food because there is sometimes danger in the sea. But when one brave penguin jumps into the sea, all

the other penguins follow it quickly.

Haruna : I see. I think being brave is important not only for penguins but also for us.

Mr. Hughes : Exactly! It is important to be the first person to try something new, even if you don't know what is going to happen. Don't you think that you can use that idea in your school life?

Haruna : Yes. ［ (4) ］

Mr. Hughes : I hope you can do that.

(1) ア Can I talk about it one more time? イ Will you talk about your pet?
ウ I didn't understand your question. エ Can you tell me more about that?

(2) ア follow the first penguin イ do something different
ウ do nothing after that エ wait for something special

(3) ア it is very fun for penguins イ it is very scary for people
ウ it is very fun for people エ it is very scary for penguins

＜英語リスニングテスト放送用台本＞

(チャイム)

これから，英語の学力検査を行います。まず，問題用紙の1ページ目があることを確認しますので放送の指示に従いなさい。(間2秒)では，問題用紙の1ページ目を開きなさい。(間3秒)確認が終わったら，問題用紙を閉じなさい。1ページ目がない人は手を挙げなさい。

(間5秒)次に，解答用紙を表にし，受検番号，氏名を書きなさい。

(間20秒)それでは，問題用紙の1ページを開きなさい。(間3秒)リスニングテストの問題は，1から4の四つです。

では，1から始めます。

1は，英語の対話を聞いて，最後の文に対する受け答えを選ぶ問題です。受け答えとして最も適当なものを，それぞれ問題用紙のAからDのうちから一つずつ選んで，その符号を書きなさい。なお，対話はそれぞれ2回放送します。では，始めます。(間2秒)

No. 1 Man : Are there any big supermarkets near here?
Woman : A new big supermarket opened last week.
Man : Really? Have you been there?

(間3秒)(繰り返し)(間6秒)

No. 2 Girl : Did you bring the book you bought yesterday?
Boy : I'm sorry but I forgot it.
Girl : Oh, don't forget it tomorrow.

(間3秒)(繰り返し)(間6秒)

No. 3 Woman : Let's play a number game! Three, five, seven. What number comes next?
Boy : Nine!
Woman : That's right. Then, what number comes before three?

(間3秒)(繰り返し)(間6秒)

次は2です。

2は，英語の対話又は英語の文章を聞いて，それぞれの内容についての質問に答える問題です。

質問の答えとして最も適当なものを，それぞれ問題用紙の**A**から**D**のうちから一つずつ選んで，その符号を書きなさい。なお，英文と質問はそれぞれ**2**回放送します。では，始めます。（間２秒）

No. **1**　Girl：Hi!　It's sunny today!

Boy：I'm thinking of going to Sky Park this weekend.

Girl：Sounds great.

Boy：Are you busy this weekend?　How about going together?

Girl：OK!　What day are you going to go there?　I'm free on Saturday.

Boy：I'm going to go on Sunday.　The weather will be sunny on Sunday but it's going to be rainy on Saturday.

Girl：Mmm. . . .　How about Friday?　It will be cloudy on Friday, but it won't be rainy.

Question：Which shows the weather for Friday to Sunday?

（間３秒）（繰り返し）（間６秒）

No. **2**　I asked 100 students "How do you come to school?"　I found the number of students who come by bicycle was the largest of all.　The number of students who use the train was second.　20 students come by bus.　The other students walk to school.

Question：Which shows the number of students who walk to school?

（間３秒）（繰り返し）（間６秒）

次は**[3]**です。

[3]は，英語の対話又は英語の文章を聞いて，それぞれの内容についての質問に答える問題です。質問の答えとして最も適当なものを，それぞれ問題用紙の**A**から**D**のうちから一つずつ選んで，その符号を書きなさい。なお，英文と質問はそれぞれ**2**回放送します。では，始めます。（間２秒）

No. **1**　Boy　：Mom, I want a new guitar.　Look at this guitar on the Internet.　It's so nice.

Mother：How much is it?

Boy　：It says it's not so expensive.

Mother：Where are you going to put the new one?　There is no place to put it here.

Boy　：I wish my room were bigger.

Question：Where are they talking?

（間３秒）（繰り返し）（間６秒）

No. **2**　Hello, class.　Let's make four teams.　If your name begins with A to F, you will be on Team Red, G to L on Team Blue, M to R on Team Green, and S to Z on Team Black.　Now, let's move around and find your team members.

Question：Which team will Tom join?

（間３秒）（繰り返し）（間６秒）

次は**[4]**です。

[4]は，英語の文章を聞いて，その内容について答える問題です。問題は，No. **1**，No. **2**の二題です。問題用紙には，それぞれの英語の文章の内容に関するまとめの文やメモが書かれています。（間３秒）

それらの文やメモを完成するために，①，②にあてはまる英単語を書きなさい。ただし，□には**1文字**ずつ入るものとします。なお，英文はそれぞれ**2**回放送します。では，始めます。（間

2秒）

No. **1** Nami was very busy last Saturday. First, she played basketball at school in the morning. Next, she did English and math homework in the afternoon. Then, she practiced the piano for two hours. After everything, she could read the book her brother gave her as her birthday present, and she had a good time.

（間７秒）（繰り返し）（間12秒）

No. **2** Hi, I'm Mark. I will talk about school bags. In Japan, many junior high school students wear school uniforms. They also have to use a bag which has their school name on it. That's the "school bag." However, some junior high school students don't have to do this. Do we need school bags？ I think they are good. When I use my school bag, I can feel that I'm a member of my school, and I don't have to choose from many different kinds of bags. However, my friend Kenta has a different idea. He always says he wants to use a bag that he likes. What do you think？

（間７秒）（繰り返し）（間12秒）

以上で，リスニングテストを終わります。**5** 以降の問題に答えなさい。

数学

●満点 100点 ●時間 50分

1 次の(1)～(7)の問いに答えなさい。

(1) 次の①～③の計算をしなさい。

① $6 \div (-2) - 4$

② $a + b + \frac{1}{4}(a - 8b)$

③ $(x-2)^2 + 3(x-1)$

(2) 次の①，②の問いに答えなさい。

① $5x^2 - 5y^2$ を因数分解しなさい。

② $x = \sqrt{3} + 2$，$y = \sqrt{3} - 2$ のとき，$5x^2 - 5y^2$ の値を求めなさい。

(3) 下の資料は，ある中学校の生徒240人のスポーツテストにおけるシャトルランの結果を表した度数分布表と箱ひげ図である。

このとき，次の①，②の問いに答えなさい。

階級(回)	度数(人)
以上　未満	
30～ 50	59
50～ 70	79
70～ 90	37
90～110	40
110～130	25
計	240

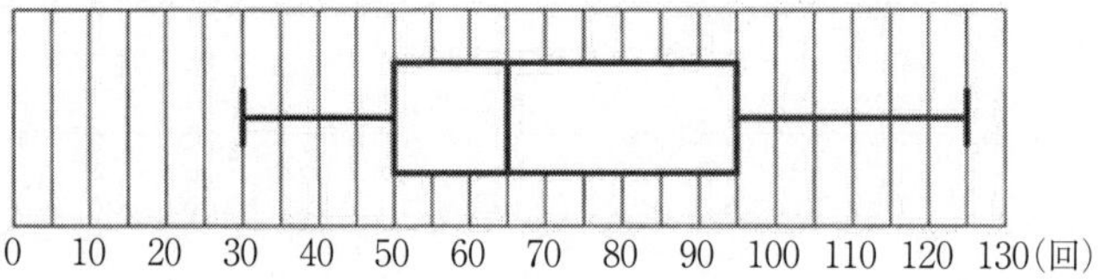

① 90回以上110回未満の階級の相対度数を求めなさい。ただし，小数第３位を四捨五入して，小数第２位まで求めること。

② 資料から読みとれることとして正しいものを，次の**ア**～**エ**のうちから１つ選び，符号で答えなさい。

ア 範囲は100回である。

イ 70回以上90回未満の階級の累積度数は102人である。

ウ 度数が最も少ない階級の階級値は120回である。

エ 第３四分位数は50回である。

(4) 右の図のように，点A，B，C，D，E，Fを頂点とする１辺の長さが１cmの正八面体がある。

このとき，次の①，②の問いに答えなさい。

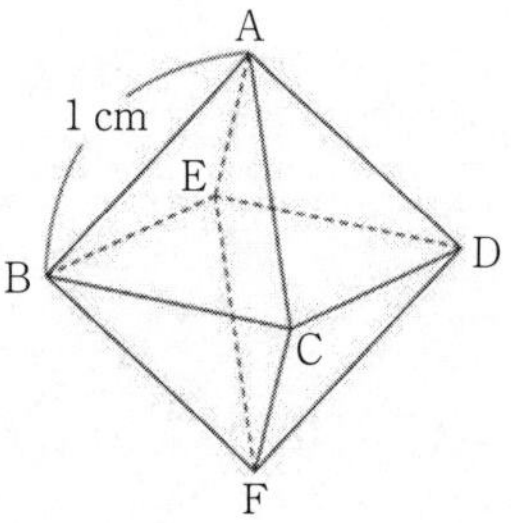

① 線分BDの長さを求めなさい。

② 正八面体の体積を求めなさい。

(5) 下の図のように，１，３，４，６，８，９の数字が１つずつ書かれた６枚のカードがある。この６枚のカードをよくきって，同時に２枚ひく。

このとき，次の①，②の問いに答えなさい。

ただし，どのカードをひくことも同様に確からしいものとする。

1	3	4	6	8	9

① ひいた2枚のカードに書かれた数が，どちらも3の倍数である場合は何通りあるか求めなさい。

② ひいた2枚のカードに書かれた数の積が，3の倍数である確率を求めなさい。

(6) 右の図のように，関数 $y=\frac{1}{3}x^2$ のグラフ上に点Aがあり，点Aの x 座標は -3 である。

このとき，次の①，②の問いに答えなさい。

① 点Aの y 座標を求めなさい。

② 関数 $y=\frac{1}{3}x^2$ について，x の変域が $-3\leqq x\leqq a$ のとき，y の変域が $0\leqq y\leqq 3$ となるような整数 a の値をすべて求めなさい。

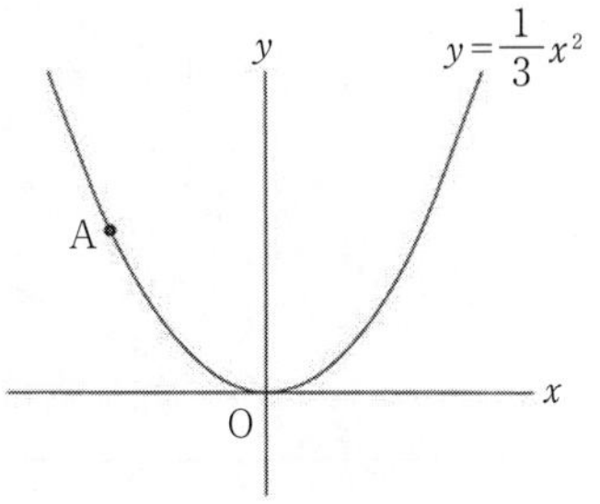

(7) 右の図のように，円Oの円周上に点Aがあり，円Oの外部に点Bがある。点Aを接点とする円Oの接線と，点Bから円Oにひいた2本の接線との交点P，Qを作図によって求めなさい。なお，AP＞AQであるとし，点Pと点Qの位置を示す文字PとQも書きなさい。

ただし，三角定規の角を利用して直線をひくことはしないものとし，作図に用いた線は消さずに残しておくこと。

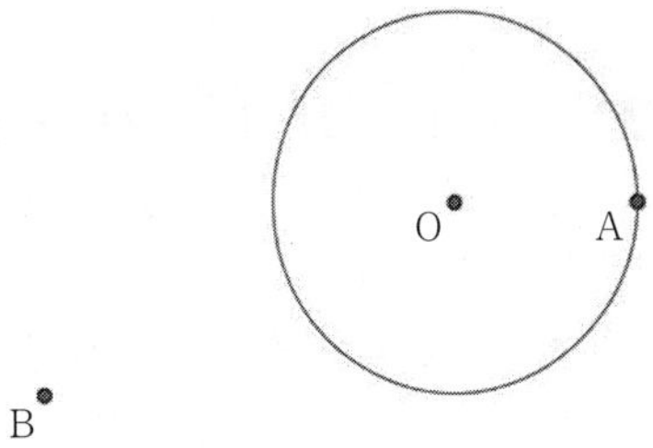

2 下の図のように，直線 $y=4x$ 上の点Aと直線 $y=\frac{1}{2}x$ 上の点Cを頂点にもつ正方形ABCDがある。点Aと点Cの x 座標は正で，辺ABが y 軸と平行であるとき，次の(1)，(2)の問いに答えなさい。

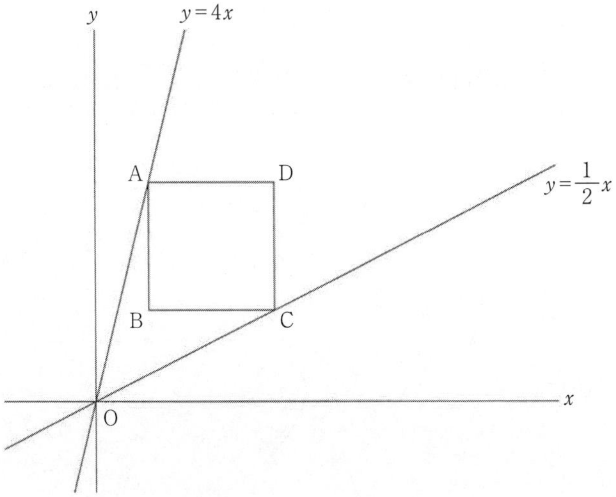

(1) 点Aの y 座標が8であるとき，次の①，②の問いに答えなさい。

① 点Aの x 座標を求めなさい。

② 2点A，Cを通る直線の式を求めなさい。

(2) 正方形ABCDの対角線ACと対角線BDの交点をEとする。点Eの x 座標が13であるとき，点Dの座標を求めなさい。

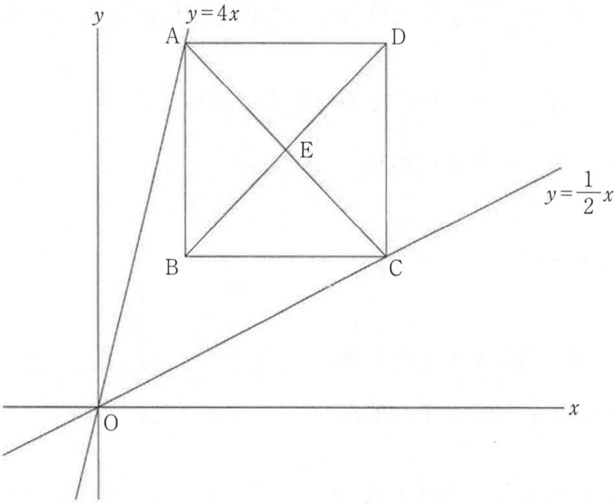

3 右の図のように，点Oを中心とする円Oとその外部の点Aがある。直線AOと円Oとの交点のうち，点Aに近い方を点B，もう一方を点Cとする。円Oの円周上に，2点B，Cと異なる点Dを，線分ADと円Oが点D以外の点でも交わるようにとり，その交点を点Eとする。また，点Bと点D，点Bと点E，点Cと点D，点Cと点Eをそれぞれ結ぶ。

このとき，次の(1)〜(3)の問いに答えなさい。

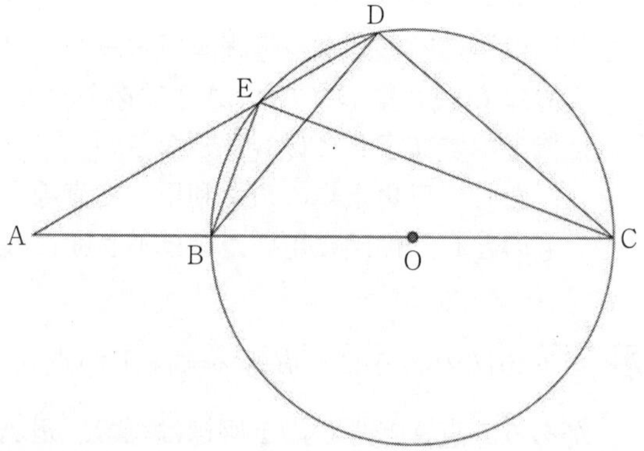

(1) 次の (a) ， (b) に入る最も適当なものを，**選択肢**の**ア**〜**エ**のうちからそれぞれ1つずつ選び，符号で答えなさい。また， (c) に入る最も適当な数を書きなさい。

(a) と (b) は半円の弧に対する円周角だから，いずれも (c) 度である。

選択肢

ア ∠EBC　**イ** ∠BEC
ウ ∠DCB　**エ** ∠BDC

(2) △ABE∽△ADCとなることを証明しなさい。

ただし，(1)の のことがらについては，用いてもかまわないものとする。

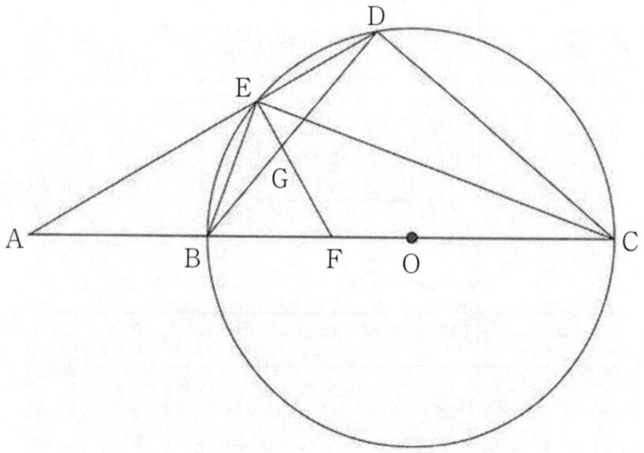

(3) 点Eを通る線分ADの垂線と線分ACとの交点を点Fとし，線分EFと線分BDの交点を点Gとする。EG = 1cm，GF = 2cm，∠A = 30°であるとき，線分ABの長さを求めなさい。

4　2人でじゃんけんをして，次の**ルール**にしたがって点数を競《きそ》うゲームがある。このゲームについて，下の**会話文**を読み，あとの(1)，(2)の問いに答えなさい。

ルール

・じゃんけんを1回するごとに，勝った人は出した手に応じて加点され，負けた人は出した手に応じて減点される。
・グーで勝つと1点，チョキで勝つと2点，パーで勝つと5点が加点される。
・グーで負けると1点，チョキで負けると2点，パーで負けると5点が減点される。
・あいこの場合は1回と数えない。
・最初の持ち点は，どちらも0点とする。

会話文

生徒X：例えば，AさんとBさんが1回じゃんけんをして，Aさんがチョキ，Bさんがパーを出したとき，それぞれの持ち点は，Aさんが2点，Bさんが−5点になるということでしょうか。

教師T：そうですね。では，AさんとBさんが3回じゃんけんをして，次のような手を出した結果，Aさんの持ち点は何点になるでしょうか。

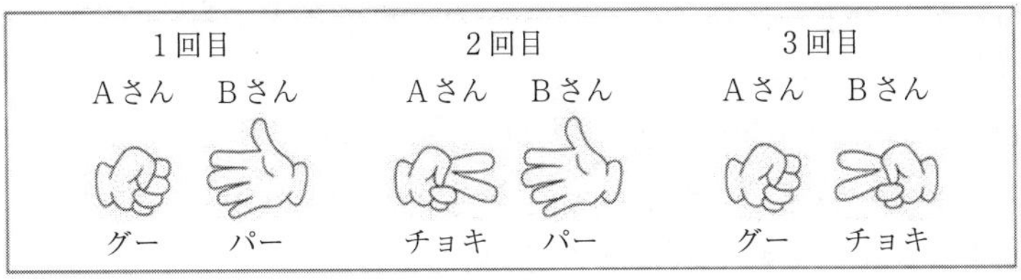

生徒X：［(a)］点です。

教師T：そのとおりです。それでは，2人がどのような手を出したのかがわからない場合を考えてみましょう。

　AさんとBさんが3回じゃんけんをして，Aさんが2回勝ち，Bさんが1回勝った結果，Aさんの持ち点が9点だったとき，Bさんの持ち点を求めてみましょう。

生徒X：まず，Aさんが勝った2回の加点の合計を考えます。例えば，2回ともグーで勝った場合は加点の合計が2点となり，グーとチョキで勝った場合は加点の合計が3点となります。このように考えていくと，勝った2回の加点の合計は全部で［(b)］通り考えることができます。

　このうち，Aさんが負けた1回の減点を考えた上で，3回じゃんけんをした結果，Aさんの持ち点が9点となりうる場合は1通りのみです。このことから，3回じゃんけんをした結果，Bさんの持ち点が［(c)］点となることがわかります。

教師T：そうですね。じゃんけんの回数が少なければ，1つずつ考えることができますね。

　では，回数が多くなった場合について考えてみましょう。

表

手の出し方		持ち点		
A	B	A	B	合計
グー	グー	あいこ		
	チョキ	1	−2	−1
	パー	−1	5	4
チョキ	グー	−2	1	−1
	チョキ	あいこ		
	パー	2	−5	−3
パー	グー	5	−1	4
	チョキ	−5	2	−3
	パー	あいこ		

上の**表**は，じゃんけんを１回だけしたときのＡさんとＢさんの手の出し方と，持ち点をまとめたものです。この**表**を見て気がつくことはありますか。

生徒Ｘ：２人の手の出し方は３通りずつありますが，あいこの場合は１回と数えないため，２人の手の出し方の組み合わせは，全部で６通り考えればよいということになります。

また，じゃんけんを１回だけした結果，ＡさんとＢさんの持ち点の合計は，どちらかがグーで勝った場合は－１点，どちらかがチョキで勝った場合は－３点，どちらかがパーで勝った場合は４点となっています。

教師Ｔ：そうですね。２人の持ち点の合計で考えると，３通りになりますね。

では，ＡさんとＢさんが10回じゃんけんをしたとき，どちらかがグーで勝った回数をa回，どちらかがチョキで勝った回数をb回，どちらかがパーで勝った回数をc回とすると，cはaとbを使ってどのように表すことができるでしょうか。また，10回じゃんけんをした結果の，２人の持ち点の合計をM点としたとき，Mをaとbを使って表すとどのようになりますか。

生徒Ｘ：c＝［　(d)　］，M＝［　(e)　］と表すことができます。

教師Ｔ：そのとおりです。２人の持ち点の合計について，この式を用いると，aとbとcの組み合わせがどのようになるのかが考えやすくなりますね。

(1) **会話文**中の(a)～(e)について，次の①，②の問いに答えなさい。

① (a)，(b)，(c)にあてはまる数を，それぞれ書きなさい。

② (d)，(e)にあてはまる式を，それぞれ書きなさい。
ただし，(e)についてはcを使わずに表すこと。

(2) ２人の持ち点の合計が０点となるときのa，b，cの組み合わせをすべて求めなさい。
ただし，答えを求める過程がわかるように，式やことばを使って説明しなさい。

社会

●満点 100点　●時間 50分

1　社会科の授業で，あかりさんは，2023年に誕生150周年を迎える千葉県の「ちば文化資産」に関するレポートを作成した。次の**資料１**は，あかりさんが作成したレポートの一部である。これに関して，あとの(1)～(4)の問いに答えなさい。

資料１　あかりさんが作成した「ちば文化資産」に関するレポートの一部

佐倉城跡・城下町と時代まつり（佐倉市）	1611年に城下町整備が始まり，城下町には武家屋敷などが配置されました。佐倉藩は1871年の $_{a}$廃藩置県で印旛県に編入されました。
谷津干潟《やつひがた》（習志野市）	東京湾に残された干潟です。1993年にラムサール条約登録湿地となりました。$_{b}$自然環境について学ぶことができる自然観察センターもあります。
東京湾アクアラインと海ほたるの景観（木更津市）	木更津市と神奈川県川崎市をつないでいる $_{c}$高速道路です。海ほたるというパーキングエリアがあります。
勝浦朝市《かつうらあさいち》（勝浦市）	1591年に開催以来，420年以上の歴史がある朝市です。日本三大朝市の一つといわれており，多くの人が $_{d}$観光に訪れる名所になっています。

(1)　**資料１**中の下線部**a**に関連して，次の**ア**～**ウ**の文は，19世紀後半のことがらについて述べたものである。**ア**～**ウ**を年代の**古いものから順**に並べ，その符号を書きなさい。

ア　西郷隆盛《さいごうたかもり》を中心として，新政府に不満をもつ士族らが，西南戦争を起こした。

イ　新政府は，藩主に版《はん》(土地)と籍《せき》(人民)を政府に返させる版籍奉還《はんせきほうかん》を行った。

ウ　富国強兵をめざす新政府は，徴兵令《ちょうへいれい》を出し，満20歳になった男子に兵役《へいえき》を義務づけた。

(2)　**資料１**中の下線部**b**に関連して，次の文章は，あかりさんが日本の自然環境についてまとめたものの一部である。文章中の□にあてはまる適当な語を**カタカナ**で書きなさい。

> 近年，自然環境の問題が大きな話題になっています。その中でも，私が気になっていることの一つに，都市部の気温が，周辺部よりも高くなるという□現象があります。この現象は，ビルなどが多く建ち並ぶ，都市化が進んだ地域でみられます。その対策として，ビルの壁面《へきめん》や屋上などの緑化が進められています。

(3)　**資料１**中の下線部**c**に関連して，次の文章は，政府の経済活動について述べたものである。文章中の Ⅰ ～ Ⅲ にあてはまるものの組み合わせとして最も適当なものを，あとの**ア**～**エ**

のうちから一つ選び，その符号を書きなさい。

> 政府の経済活動を［Ⅰ］といいます。［Ⅰ］の役割の一つとして，民間企業だけでは十分に提供できない，道路，公園及び橋などの［Ⅱ］や教育，警察及び消防などの［Ⅲ］の提供があり，政府が税金を使って行っています。

ア　Ⅰ：流通　Ⅱ：社会資本　　　Ⅲ：公共サービス
イ　Ⅰ：流通　Ⅱ：公共サービス　Ⅲ：社会資本
ウ　Ⅰ：財政　Ⅱ：社会資本　　　Ⅲ：公共サービス
エ　Ⅰ：財政　Ⅱ：公共サービス　Ⅲ：社会資本

(4)　**資料1**中の下線部**d**に関連して，次の**資料2**と**資料3**中の**A**～**E**は，**資料4**中の関東地方のいずれかの都県を示している。**資料2**～**資料4**を参考に，千葉県と埼玉県を示すものとして最も適当なものを，**資料2**と**資料3**中の**A**～**E**のうちからそれぞれ一つずつ選び，その符号を書きなさい。

資料2　関東地方の各都県の山地面積，海岸線の長さ，2015～2020年の5年間の人口増減率

都県名	山地面積（km^2）（1982年）	海岸線の長さ（km）（2014年）	人口増減率（%）（2015～2020年）
A	1444	195	−1.66
栃木県	3388	—	−2.04
B	4887	—	−1.66
C	1230	—	1.11
D	388	534	1.03
E	848	763	4.07
神奈川県	895	431	1.25

資料3　関東地方の各都県の海水浴場数，スキー場数

都県名	海水浴場（2021年）	スキー場（2021年）
A	18	—
栃木県	—	5
B	—	19
C	—	—
D	59	—
E	35	—
神奈川県	22	—

（注）「—」は皆無，または定義上該当数値がないものである。
（**資料2**，**資料3**とも，「データでみる県勢 2022」などより作成）

資料4　関東地方の地図

2　たかしさんたちは，右の図を使って学習した。これに関して，次の(1)～(4)の問いに答えなさい。

(1)　次の文章は，たかしさんが**中部地方**のある県についてまとめたレポートの一部である。この県の県名を書きなさい。

> この県では，温暖で水はけの良い土地の条件を生かし，広い台地が明治時代以降に開墾されました。そこでは，下の写真のように茶が栽培され，日本を代表する茶の産地になりました。また，工業においては特に製紙・パルプ工業が発展しています。

(2)　次の文章は，ゆうこさんが図中の**東京都**の防災施設についてまとめたレポートの一部である。文章中の□にあてはまることばとして最も適当なものを，あとの**ア**～**エ**のうちから一つ選び，その符号を書きなさい。

> 大都市では，地面の多くがアスファルトなどでおおわれています。そのため，右の写真のような，□が地下に設置され，災害から人々の暮らしを守るために機能しています。

ア　崖崩《がけくず》れが発生したとき，一時的に土砂をためておく施設
イ　激しい雨が降ったとき，一時的に水をためておく施設
ウ　火山が噴火したとき，一時的に噴出《ふんしゅつ》物をためておく施設
エ　地震が発生したとき，一時的に人々が避難する施設

(3)　次の文章は，まさあきさんが図中の**京都府**のまちづくりについてまとめたレポートの一部である。文章中の□にあてはまる適当なことばを，「景観」「建物」の二つの語を用いて**30字以内**(読点を含む。)で書きなさい。

> 右の写真のように，府庁所在地である京都市では，□を規制するなどの取り組みを行って

います。一方で，住民の生活や権利と，歴史や伝統を守ることを両立させることが課題となっています。

(4)　次の**地形図 1** と**地形図 2** は，それぞれ昭和48年及び令和２年発行の図中の**兵庫県**のある地域を示したものである。これらを見て，あとの①，②の問いに答えなさい。

地形図 1

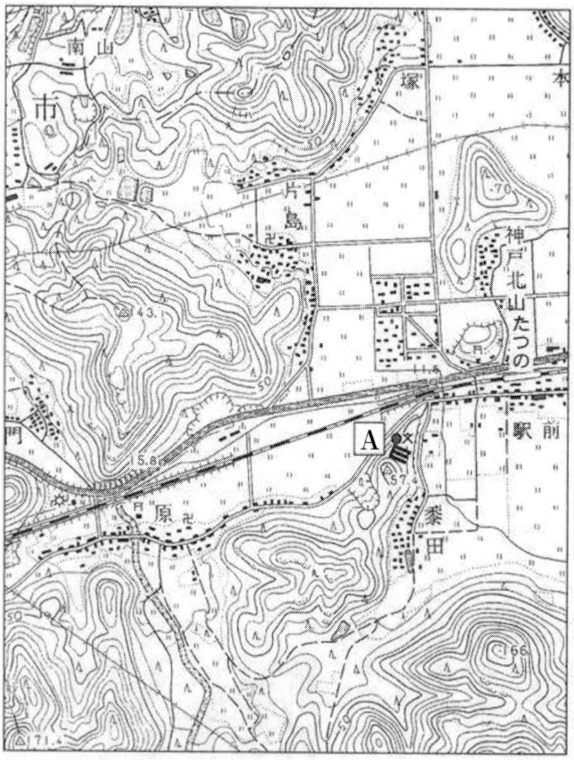

（国土地理院　昭和48年発行　1：25,000「網干」原図より作成）

地形図 2

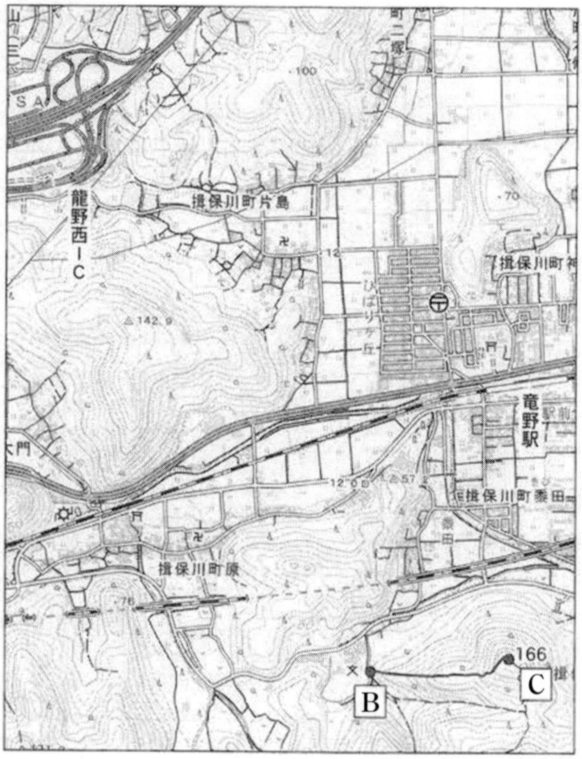

（国土地理院　令和２年発行　1：25,000「網干」原図より作成）

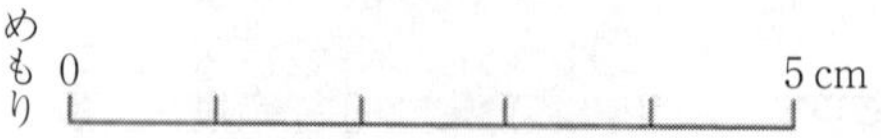

①　次の文章は，れいこさんが**地形図 1** と**地形図 2** を比較して読み取ったことがらをまとめたレポートの一部である。文章中の下線部**ア**～**エ**のうち，内容が**誤っている**ものを一つ選び，その符号を書きなさい。

> **地形図 1** に比べて**地形図 2** では，交通網《こうつうもう》が整備され，開発も進んだことがわかります。この地域では，竜野《たつの》駅から見て，ア北西に高速道路が開通し，龍野西《たつのにし》IC が作られました。また，この竜野駅の南側には，もともとあった鉄道に加えて，もう一つのイ鉄道が整備されました。竜野駅の周辺では，住宅地が拡大し，ウ郵便局が設けられました。さらに，地点**A**付近にあった小学校は，地点**B**付近に移転しました。この地点**A**と地点**B**の間の直線距離は，エ1 km 以上あります。

②　次の文は，**地形図 2** 中の地点**B**から地点**C**に向かう道を歩いて調査したときの様子をまとめたものである。［Ⅰ］，［Ⅱ］にあてはまる語の組み合わせとして最も適当なものを，あと

のア～エのうちから一つ選び，その符号を書きなさい。

> この道は，地点Bから地点Cに向かうと，全体的に［ I ］になっていて，2つの地点間の標高差は［ II ］です。

ア　I：上り坂　II：100m以上　　イ　I：上り坂　II：100m未満
ウ　I：下り坂　II：100m以上　　エ　I：下り坂　II：100m未満

3　よしひろさんたちは，緯線と経線が直角に交わる次の地図を使って，世界の国々の様子について学習した。これに関して，あとの(1)～(5)の問いに答えなさい。

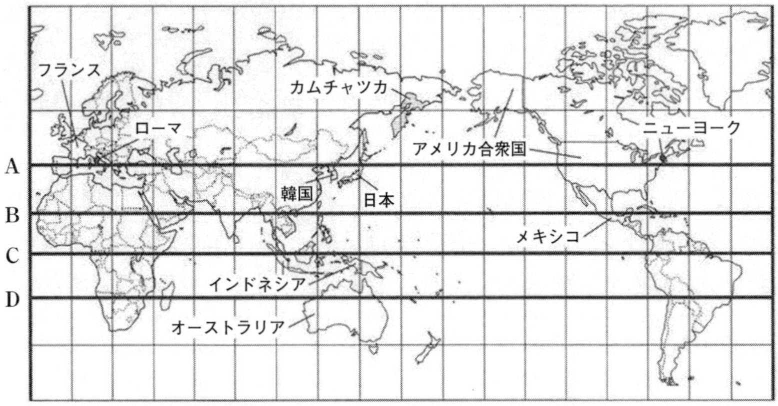

（注）　島等は省略したものもある。また，国境に一部未確定部分がある。

(1)　次の文章は，よしひろさんが，上の地図の特徴についてまとめたレポートの一部である。文章中の［ I ］にあてはまるものを，地図中のA～Dのうちから一つ選び，その符号を書きなさい。また，［ II ］にあてはまるものとして最も適当なものを，あとのア～エのうちから一つ選び，その符号を書きなさい。

> 地図中のA～Dの緯線のうち，赤道を表しているのは［ I ］です。また，この地図では，両端の太い経線が同じ経度を示しています。地図中の細い経線は，［ II ］ごとに引かれています。

ア　経度10度
イ　経度15度
ウ　経度20度
エ　経度25度

(2)　右の詩は，地図中の**カムチャツカ**（地域），**メキシコ**（国），**ニューヨーク**（都市）及び**ローマ**（都市）の様子をうたったものである。また，次の文章は，その詩について，くみさんとしほさんが話し合っている場面の一部である。文章中の［ I ］，［ II ］にあてはまる語の組み合わせとして最も適当なものを，あとのア～エのうちから一つ選び，その符号を書きなさい。

朝のリレー　　谷川俊太郎

カムチャツカの若者が
きりんの夢を見ているとき……①
メキシコの娘は
朝もやの中でバスを待っている……②
ニューヨークの少女が
ほほえみながら寝がえりをうつとき……③
ローマの少年は
柱頭を染める朝陽にウインクする……④
この地球では
いつもどこかで朝がはじまっている
（後略）

（「谷川俊太郎詩集　続」より）

くみ：詩に登場する４つの場所では，カムチャツカが最も１日の始まりが早い地点だね。
しほ：そうすると，①と②では，①のカムチャツカが水曜日の夜の23時だとしたら，②のメキシコでは［Ⅰ］曜日の朝ということになるね。
くみ：そうだね。③と④では，③のニューヨークが日曜日の夜の23時だとしたら，④のローマでは［Ⅱ］曜日の朝ということになるよ。

ア　Ⅰ：水　Ⅱ：日　　**イ**　Ⅰ：水　Ⅱ：月
ウ　Ⅰ：木　Ⅱ：日　　**エ**　Ⅰ：木　Ⅱ：月

(3)　次の文章は，かずやさんが，地図中の**アメリカ合衆国**の農業の様子についてまとめたレポートの一部である。文章中の［Ⅰ］，［Ⅱ］にあてはまるものの組み合わせとして最も適当なものを，あとの**ア**～**エ**のうちから一つ選び，その符号を書きなさい。

およそ西経100度を境に，東側よりも西側は降水量が［Ⅰ］ため，主に放牧が行われています。また，グレートプレーンズなどの内陸部では，右上の写真のような円形の農地が見られます。このような形になっているのは，［Ⅱ］しているからです。

ア　Ⅰ：少ない　Ⅱ：スプリンクラーで散水
イ　Ⅰ：少ない　Ⅱ：移動しながら家畜を飼育
ウ　Ⅰ：多い　　Ⅱ：スプリンクラーで散水
エ　Ⅰ：多い　　Ⅱ：移動しながら家畜を飼育

(4)　次の文章は，みのりさんが，地図中の**オーストラリア**の国旗についてまとめたレポートの一部である。文章中の［　］に共通してあてはまる国名を**カタカナ**で書きなさい。

右上のオーストラリアの国旗の左上には，［　　］の国旗が入っています。18世紀後半に［　　］の植民地になったことで，オーストラリアには，ヨーロッパ系の移民が増加しました。その後，1970年代までは，ヨーロッパ系以外の移民は制限されましたが，現在ではアジア系の移民が増加し，アジアの国々との関係も強くなっています。

(5)　次の**資料**は，たかのりさんが，地図中の**韓国**，**フランス**，**インドネシア**及び**日本**の人口，固定電話及び移動電話の100人あたりの契約数についてまとめたものである。**資料**から読み取れることとして最も適当なものを，あとの**ア**～**エ**のうちから一つ選び，その符号を書きなさい。

資料　韓国，フランス，インドネシア及び日本の人口，固定電話及び移動電話の100人あたりの契約数

国　名	人口(千人)	固定電話100人あたりの契約数(件)			移動電話100人あたりの契約数(件)		
	2020年	2000年	2010年	2020年	2000年	2010年	2020年
韓　国	51845	54.6	57.6	46.5	56.6	102.5	137.5
フランス	64480	57.6	64.6	57.8	49.2	91.9	111.5
インドネシア	271858	3.1	16.9	3.5	1.7	87.4	130.0
日　本	125245	48.6	51.0	49.0	52.4	95.9	154.2

(注)　移動電話とは，携帯電話などの移動しながら通話できる電話のことである。
(「世界国勢図会 2022/23」などより作成)

ア　4か国すべてにおいて，2000年，2010年，2020年のすべての年で，固定電話100人あたりの契約数よりも移動電話100人あたりの契約数の方が多い。

イ　フランスは，2000年，2010年，2020年のすべての年で，固定電話100人あたりの契約数と移動電話100人あたりの契約数ともに，4か国中で最も多い。

ウ　2000年と2020年を比較すると，固定電話100人あたりの契約数が減っている国は韓国のみで，移動電話100人あたりの契約数が最も増えている国はインドネシアである。

エ　人口と移動電話100人あたりの契約数から，2020年における国内の移動電話契約数を計算すると，移動電話契約数が最も多いのは，日本である。

4　次のパネル**A**～**D**は，たえさんたちが，「千葉県に関連する歴史上のことがら」をテーマに作成したものの一部である。これに関して，あとの(1)～(5)の問いに答えなさい。

A：宮《みや》ノ《の》台式《だいしき》土器

茂原市にある宮ノ台遺跡から出土した土器は，$_{\mathbf{a}}$弥生時代中期の代表的な土器であり，宮ノ台式土器と呼ばれる。

B：上総《かずさ》国分尼寺《こくぶんにじ》跡

市原市にある上総国分尼寺跡は，$_{\mathbf{b}}$聖武《しょうむ》天皇の命令で，国ごとに造られた国分尼寺の跡地である。現在，復元された建物が建てられている。

C：誕生寺《たんじょうじ》

日蓮《にちれん》は，$_{\mathbf{c}}$鎌倉時代に各地で仏教を学んだ後，日蓮宗を開いた。鴨川市には，この地域で生まれた日蓮にちなんで，誕生寺が建てられている。

D：南総《なんそう》里見《さとみ》八犬伝《はっけんでん》

$_{\mathbf{d}}$江戸時代に滝沢《たきざわ》馬琴《ばきん》が書いた『南総里見八犬伝』は，千葉県南部を舞台とする長編小説である。

(1)　パネル**A**中の下線部**a**の時代に起こった世界のことがらとして最も適当なものを，次の**ア**～**エ**のうちから一つ選び，その符号を書きなさい。

ア　ナイル川流域で生まれたエジプト文明では，巨大なピラミッドが築かれた。
イ　イタリア半島のローマは，領土を拡大し地中海一帯を支配し，ローマ帝国になった。
ウ　中国では，黄河《こうが》《ホワンホー》の流域に，すぐれた青銅器《せいどうき》の文化をもつ殷《いん》という国がおこった。
エ　チグリス川とユーフラテス川に挟まれたメソポタミアを，ハンムラビ王が統一した。

(2)　パネル**B**中の下線部**b**に関連して，次の文章は，聖武天皇が行った政策について述べたものである。文章中の［　　］にあてはまる適当な語を**漢字3字**で書きなさい。

> 人口の増加やひでり，洪水などの自然災害により耕作できない土地がでてくると，性別や身分に応じて与えられていた［　　　］が不足してきた。そこで，人々に開墾をすすめるために，聖武天皇の命令で，朝廷は743年に墾田永年私財法《こんでんえいねんしざいほう》を出した。

(3)　パネル**C**中の下線部**c**の時代に起こったことがらを，次の**ア**〜**エ**のうちから**三つ**選び，年代の**古いものから順**に並べ，その符号を書きなさい。
ア　北条泰時《ほうじょうやすとき》は，武士の慣習に基づいて，御成敗式目《ごせいばいしきもく》(貞永式目《じょうえいしきもく》)を定めた。
イ　元《げん》の皇帝フビライ・ハンは，高麗《こうらい》《コリョ》を従えた後，日本にも服属を要求してきた。
ウ　後鳥羽上皇《ごとばじょうこう》は，幕府を倒そうと兵を挙げたが，敗れて隠岐《おき》に流された。
エ　白河《しらかわ》天皇は，天皇の位をゆずった後も，上皇として政治を動かす院政《いんせい》を行った。

(4)　パネル**D**中の下線部**d**に関連して，次の文章は，江戸時代の改革について述べたものである。文章中の［ Ⅰ ］，［ Ⅱ ］にあてはまるものの組み合わせとして最も適当なものを，あとの**ア**〜**エ**のうちから一つ選び，その符号を書きなさい。

> 1841年，老中《ろうじゅう》の［ Ⅰ ］は，社会の安定と幕府の強化をめざして，天保《てんぽう》の改革を始めた。その中で，［ Ⅰ ］は，物価の上昇をおさえるために，営業を独占していた［ Ⅱ ］を命じた。

ア　Ⅰ：水野忠邦《みずのただくに》　Ⅱ：株仲間《かぶなかま》の解散　　**イ**　Ⅰ：松平定信《まつだいらさだのぶ》　Ⅱ：株仲間の解散
ウ　Ⅰ：水野忠邦　Ⅱ：座の廃止　　**エ**　Ⅰ：松平定信　Ⅱ：座の廃止

(5)　パネル**D**中の下線部**d**に関連して，次の文章は，江戸時代の海外との交流について述べたものである。文章中の［　　］にあてはまる語として最も適当なものを，あとの**ア**〜**エ**のうちから一つ選び，その符号を書きなさい。

> 江戸幕府が海外との交流を制限したため，当時の日本は，後に「鎖国」とよばれる状態だった。しかし，長崎・薩摩《さつま》・対馬《つしま》・松前の4つの窓口を通じて，海外と交易が行われていた。それぞれの窓口が，特定の相手と交易を行っており，対馬は［　　　］と交易を行っていた。

ア　蝦夷地《えぞち》　**イ**　オランダ　**ウ**　琉球《りゅうきゅう》　**エ**　朝鮮

5　次の略年表は，ひろとさんが，「近代日本医学の歴史」と関わりの深い北里柴三郎《きたさとしばさぶろう》について，まとめたものの一部である。これに関して，あとの(1)～(5)の問いに答えなさい。

年代	北里柴三郎　略年表
1853	熊本県阿蘇《あそ》郡《ぐん》小国町《おぐにまち》に生まれる
a <u>1871</u>	医学所へ入学する
1886	ドイツに留学する
1890	破傷風《はしょうふう》の血清療法《けっせいりょうほう》を確立する
1894	ペスト菌《きん》を発見する
	↕ A
1914	北里研究所を創立する
	↕ B
b <u>1931</u>	78歳で亡くなる
2019	c <u>科学の発展</u>などの面から，日本の近代化に大きく貢献したことなどを理由に新千円札の図柄に北里柴三郎の肖像《しょうぞう》採用が決定される

(1)　略年表中の下線部aに関連して，次の文章は，1871年に派遣された使節団について述べたものである。文章中の［Ⅰ］，［Ⅱ］にあてはまる人物名の組み合わせとして最も適当なものを，あとの**ア**～**エ**のうちから一つ選び，その符号を書きなさい。

> 政府は，不平等条約の改正などを目的として，［　Ⅰ　］を代表(大使)とした大規模な使節団を派遣した。使節団には，５人の女子留学生も同行し，最年少の［　Ⅱ　］は，アメリカで11年間の教育を受けた。後に女子英学塾をつくり，女子教育に生涯をささげた。

ア　Ⅰ：福沢諭吉《ふくざわゆきち》　Ⅱ：津田梅子《つだうめこ》　　**イ**　Ⅰ：福沢諭吉　Ⅱ：樋口一葉《ひぐちいちよう》
ウ　Ⅰ：岩倉具視《いわくらともみ》　Ⅱ：津田梅子　　**エ**　Ⅰ：岩倉具視　Ⅱ：樋口一葉

(2)　略年表中の**A**の時期に起こったことがらを，次の**ア**～**エ**のうちから**三つ**選び，年代の**古いものから順**に並べ，その符号を書きなさい。

ア　日本は韓国を併合して植民地とし，朝鮮総督府《そうとくふ》をおいて支配した。
イ　日本とイギリスは，協力してロシアに対抗するために，日英同盟を結んだ。
ウ　日本は中国に対して，二十一か条の要求を提出し，多くの要求を認めさせた。
エ　ロシアは，ドイツ・フランスを誘って，遼東《りょうとう》《リャオトン》半島《はんとう》を清に返すよう日本にせまった。

(3)　次の文章は，略年表中の**B**の時期に起こったことがらについて述べたものである。文章中の［Ⅰ］にあてはまる適当な語を書きなさい。また，［Ⅱ］にあてはまる語として最も適当なものを，あとの**ア**～**エ**のうちから一つ選び，その符号を書きなさい。

第一次世界大戦後，アメリカの呼びかけで1921年から翌年にかけて［　Ⅰ　］会議が開かれ，［　Ⅱ　］の主権尊重と領土の保護が確認された。この結果，日本が得た山東《さんとう》《シャントン》省の権益が，［　Ⅱ　］に返還された。

ア　ソ連　　**イ**　朝鮮　　**ウ**　ドイツ　　**エ**　中国

(4)　略年表中の下線部 **b** に関連して，次の文章は，1931年に起こった満州《まんしゅう》事変《じへん》について述べたものである。文章中の［　］にあてはまる適当なことばを，「元首」「実権」の二つの語を用いて**20字以内**(読点を含む。)で書きなさい。

1931年，満州に駐留していた日本の軍隊は，南満州鉄道の線路を爆破し，これを中国側が行ったことだと主張して攻撃を始め，満州の大部分を占領した。その後，1932年につくられた満州国は，清の［　　　　　　］が握った。満州国には，不景気が続く日本から，多数の農民が集団で移住した。

(5)　略年表中の下線部 **c** に関連して，次の文章は，ひろとさんが，科学の発展に関することがらについてまとめたレポートの一部である。文章中の［　］に共通してあてはまる都府県名として最も適当なものを，あとの**ア**～**エ**のうちから一つ選び，その符号を書きなさい。

1970年に「人類の進歩と調和」をテーマとして，［　　　］で開催された日本万国《ばんこく》博覧会(万国博覧会)には，77か国が参加し，当時の日本の発展と科学技術力を世界に示す場となった。そして，2025年に再び［　　　］で，100か国以上が参加する日本国際博覧会を開催することが決定され準備が進められている。

ア　福岡県　　**イ**　大阪府　　**ウ**　愛知県　　**エ**　東京都

6　次の文章を読み，あとの(1)～(3)の問いに答えなさい。

令和4年4月の成人年齢引き下げにより，18歳と19歳の若者は，成人として自らの意思で契約することができるようになりました。若者をねらった消費者トラブルに巻き込まれないために，未成年のうちから $_{\mathbf{a}}$消費者保護に関するしくみや $_{\mathbf{b}}$金融などの経済に関する知識を学んでいくことが必要です。$_{\mathbf{c}}$多くの情報を適切に処理し，さまざまな知識を身に付けることは，自分の身を守るだけでなく，公正で公平な社会を築くための力にもなります。

(1)　下線部 **a** に関連して，次のカードは，あおいさんが，消費者保護について学習するために使用したものである。カードの表面には消費者保護に関する制度や法律の名称を，裏面にはその説明が書かれている。このカードの表面に書いてあるものとして最も適当なものを，あとの**ア**～**エ**のうちから一つ選び，その符号を書きなさい。

あおいさんの作成したカード(裏面)

国や地方公共団体の責務として，消費者の保護や消費者が自立的に消費活動を行えるように支援を定めたもの。

ア　クーリング・オフ制度　　**イ**　消費者契約法
ウ　製造物責任法(PL法)　　**エ**　消費者基本法

(2)　下線部 **b** に関連して，次の文章は，わたるさんが，金融のしくみについてまとめたレポートの一部である。文章中の［　　］にあてはまる最も適当な語を**漢字 4 字**で書きなさい。

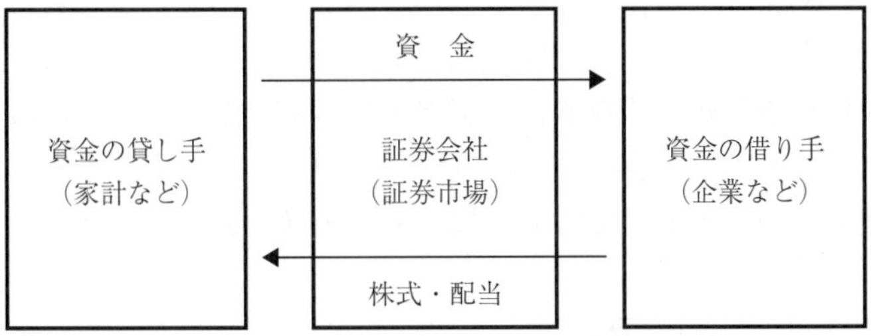

　左の図は，金融のしくみの一つを表したものです。このように企業が株式を発行して，家計などから資金を得ることを［　　　　］といいます。

(3)　下線部 **c** に関連して，次の**資料 1** は，社会科の授業で，ゆきおさんたちが「消費者は商品やサービスを購入する際にどこから情報を得ているのか」をテーマに調べたものであり，**資料 2** は，**資料 1** の［A］～［D］を年齢階級別にまとめたものである。また，**資料 3** は，**資料 1** と**資料 2** から読み取ったことがらをまとめたものの一部である。**資料 1** と**資料 2** 中の［A］～［D］には，それぞれ共通した項目があてはまる。［A］～［D］にあてはまる項目として最も適当なものを，あとの**ア**～**エ**のうちからそれぞれ一つずつ選び，その符号を書きなさい。

資料 1　商品やサービスの購入を検討する際，情報を得ているものとして選択した割合（複数回答）

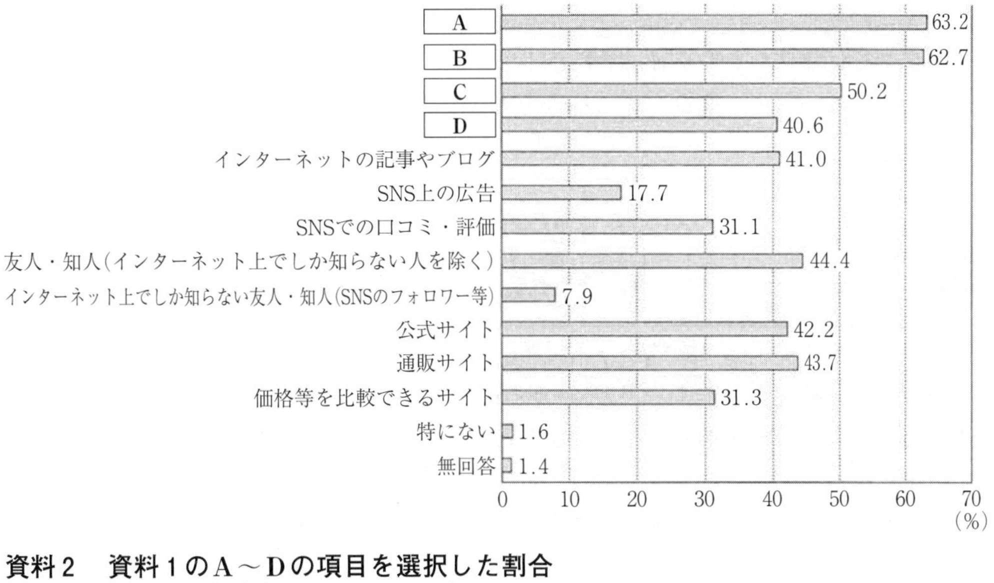

資料 2　資料 1 の A ～ D の項目を選択した割合について年齢階級別にまとめたもの

	A	B	C	D
15～19歳	45.4(%)	52.1(%)	18.3(%)	60.0(%)
20～29歳	60.3(%)	50.8(%)	19.0(%)	57.9(%)
30～39歳	66.1(%)	55.5(%)	29.7(%)	56.6(%)
40～49歳	67.2(%)	58.0(%)	37.7(%)	52.9(%)
50～59歳	66.4(%)	66.8(%)	54.2(%)	48.6(%)
60～69歳	66.1(%)	69.8(%)	64.3(%)	35.0(%)
70～79歳	60.4(%)	67.8(%)	72.0(%)	16.1(%)
80歳以上	54.8(%)	66.2(%)	72.6(%)	5.5(%)

（**資料 1**，**資料 2** とも，消費者庁「令和 3 年消費者意識基本調査」より作成）

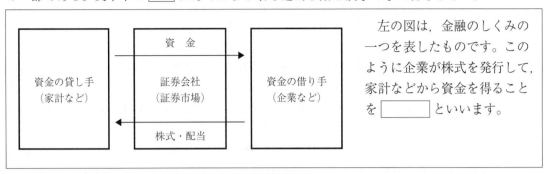

資料3　資料1及び資料2から読み取ったことをまとめたものの一部

> ・「テレビ・ラジオの番組・広告」の割合は，**資料1**でみると「インターネット上の広告」より高く，**資料2**でみると，65％以上の割合で選択されている年齢階級が4つある。
> ・「店頭・店員」の割合は，**資料1**でみると「新聞・雑誌等の記事・広告」より高く，**資料2**でみると，40歳以上は年齢階級が高くなるほど選択される割合が下がっている。
> ・「インターネット上の広告」の割合は，**資料1**でみると，「店頭・店員」より低く，**資料2**でみると，20歳以上50歳未満の年齢階級では50％以上60％未満の割合で選択されている。
> ・「新聞・雑誌等の記事・広告」の割合は，**資料1**でみると，「テレビ・ラジオの番組・広告」より低く，**資料2**でみると，年齢階級が高くなるほど選択している割合が高い。

ア　テレビ・ラジオの番組・広告　　**イ**　店頭・店員
ウ　インターネット上の広告　　**エ**　新聞・雑誌等の記事・広告

7　次の文章を読み，あとの(1)～(3)の問いに答えなさい。

a 人権は誰もが生まれながらにもつ権利です。日本国憲法では，自由権・社会権・参政権・請求権などを基本的人権として定めています。また，社会の変化とともに，b 新しい人権を認める必要が生まれました。c 国会においても新しい人権のあり方について，議論されています。

(1)　下線部**a**に関連して，次の文は，こうたさんが，人権思想の発展についてまとめたレポートの一部である。図中の Ⅰ ～ Ⅲ にあてはまる文として最も適当なものを，あとの**ア～ウ**のうちからそれぞれ一つずつ選び，その符号を書きなさい。

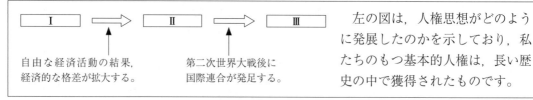

左の図は，人権思想がどのように発展したのかを示しており，私たちのもつ基本的人権は，長い歴史の中で獲得されたものです。

ア　国王が支配する専制的な政治が，市民革命によって倒され，表現の自由や信仰の自由などの自由権，身分制度を否定する平等権が保障される。
イ　すべての人に，人権があることを明記した世界人権宣言が採択され，各国における人権保障の基準となる。
ウ　すべての人が，人間らしく生活できるように保障することも国家の役割だと考えられ，社会権が認められるようになる。

(2)　下線部**b**に関連して，次の文章は，みつおさんが新しい人権についてまとめたレポートの一部である。文章中の [　　] にあてはまる適当な語を**漢字4字**で書きなさい。

> 主権者として政治に関する判断をするために，国や地方自治体の活動を知る必要がある。そのために「知る権利」が認められ，この権利に基づき，国民は国や地方自治体が作成し保存している公文書などを見ることができる。このしくみを [　　] 制度という。

(3)　下線部**c**に関連して，次の資料は，社会科の授業で，ゆきさんたちの班が作成した国会と国政選挙についてまとめたものの一部である。**資料1**と**資料2**を参考に，第206回国会が特別会

(特別国会)である理由を,「30日以内」の語を用いて**40字以内**(句読点を含む。)で書きなさい。

資料1　国会の種類と期間

国会	国会の種類	期間
第205回国会	臨時会	令和3年10月4日 ～令和3年10月14日 (衆議院解散)
第206回国会	特別会	令和3年11月10日 ～令和3年11月12日
第207回国会	臨時会	令和3年12月6日 ～令和3年12月21日
第208回国会	常　会	令和4年1月17日 ～令和4年6月15日
第209回国会	臨時会	令和4年8月3日 ～令和4年8月5日

資料2　国政選挙

選挙	投票日
第49回衆議院議員 総選挙	令和3年10月31日
第26回参議院議員 通常選挙	令和4年7月10日

(**資料1**, **資料2**とも, 衆議院ホームページなどより作成)

8　次の文は, 社会科の授業で,「地域主義(地域統合)について考えよう」をテーマに話し合いを行ったときに出た生徒の意見の一部である。これに関して, あとの(1), (2)の問いに答えなさい。

> 経済分野だけでなく, その他のさまざまな課題に連携して取り組んでいくためにも積極的に a 特定の地域の国々との協力関係を強化していく必要があると考えます。

> EUでは, 加盟国内の経済格差などのさまざまな課題があり, 多国間で統合していくことのデメリットもあるため, 地域の国々との b 連携は慎重に進めていく必要があると考えます。

(1)　下線部**a**に関連して, 次の表は, 生徒が地域主義(地域統合)についてまとめたレポートの一部である。表中の**Ⅰ**～**Ⅳ**にあてはまる地域として最も適当なものを, あとの**ア**～**エ**のうちからそれぞれ一つずつ選び, その符号を書きなさい。

地域	Ⅰ	Ⅱ	Ⅲ	Ⅳ
地域主義(地域統合)	ASEAN	APEC	USMCA	MERCOSUR

ア　北アメリカ　　**イ**　南アメリカ　　**ウ**　アジア・太平洋　　**エ**　東南アジア

(2)　下線部**b**に関連して, 次の文章は, 日本が他の国々と経済的な連携を深めるために, 結ばれた協定についてまとめたものである。文章中の[　　]に共通してあてはまる最も適当な語を, **アルファベットの大文字3字**で書きなさい。

> 当初は太平洋を囲む国々を中心とした12か国で[　　]協定の発効を目指していたが, 2017年にアメリカ合衆国が離脱した。しかし, 2018年に日本も含めた11か国が合意して[　　]11協定を新たに調印し, 貿易の自由化など経済的なつながりを加盟国内で強めています。

理科

●満点 100点　●時間 50分

1　次の(1)～(4)の問いに答えなさい。

(1) 塩化ナトリウム水溶液は，塩化ナトリウムを水にとかしてできた水溶液である。このとき，塩化ナトリウムのように，水溶液にとけている物質を何というか，書きなさい。

(2) オオカナダモの葉の細胞を顕微鏡《けんびきょう》で観察したところ，細胞内に緑色の粒《つぶ》が多数見られた。この緑色の粒を何というか，書きなさい。

(3) 日本列島は夏になると，あたたかく湿《しめ》った小笠原気団の影響を受け，高温《こうおん》多《た》湿《しつ》になることが多い。小笠原気団をつくる高気圧として最も適当なものを，次の**ア**～**エ**のうちから一つ選び，その符号を書きなさい。

ア　移動性高気圧
イ　太平洋高気圧
ウ　オホーツク海高気圧
エ　シベリア高気圧

(4) 自動車が36kmの道のりを45分間で移動した。このとき，自動車の平均の速さとして最も適当なものを，次の**ア**～**エ**のうちから一つ選び，その符号を書きなさい。

ア　12km/h
イ　27km/h
ウ　48km/h
エ　80km/h

2　力のつり合いについて調べるため，次の**実験1**，**2**を行いました。これに関して，あとの(1)，(2)の問いに答えなさい。ただし，質量100gの物体にはたらく重力の大きさを1Nとし，ばねの質量は考えないものとします。また，台ばかりの目もりは，物体をのせていないとき0gを示すものとします。

実験1

① **図1**のような，ばねに物体をつなげていないときの長さが10cmのばねを用意した。

② ①のばねに，質量の異なる物体をつなげて静止したとき，ばねののびをそれぞれ測定した。**表**はその結果をまとめたものである。

図1

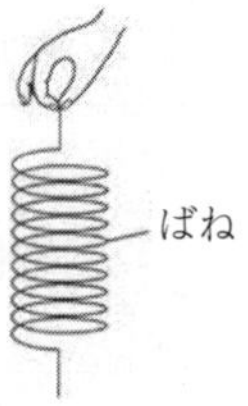

表

物体の質量〔g〕	0	100	200	300	400	500	600
ばねののび〔cm〕	0	4	8	12	16	20	24

なお，**図2**は，ばねに質量100gの物体**A**をつなげ，ばねと物体**A**が静止したようすを，物体**A**にはたらく力とともに表したものである。

図2

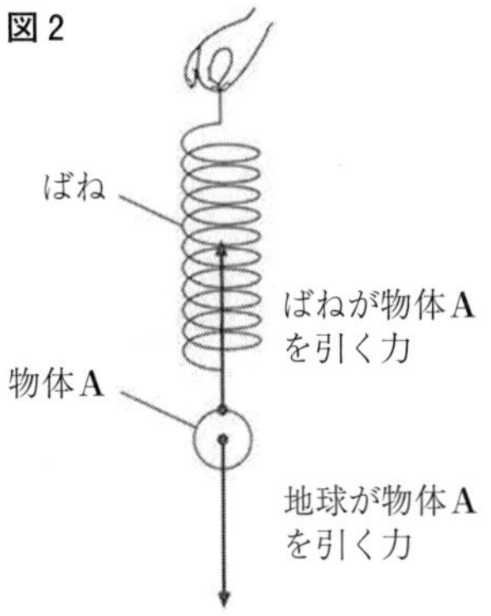

図3

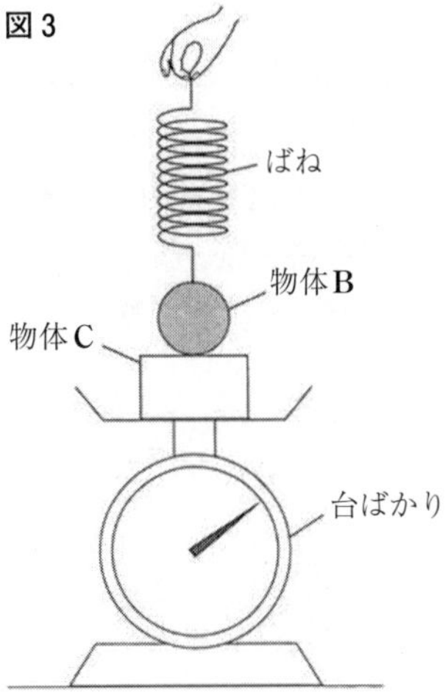

実験2

① **図3**のように，**実験1**で使用したものと同じばねにつなげた質量400 gの物体Bを，台ばかりの上にのせた質量200 gの物体Cの上に静かに置いた。このとき，ばねののびは，0 cmであった。

② ばねを一定の速さでゆっくりと引き上げたときの，ばねののびと，台ばかりの目もりを観察し，記録した。

(1) 次の文章は，**実験1**の②について説明したものである。文章中の [w] にあてはまる最も適当なことばを書きなさい。

> **図2**のように，物体にはたらく力を表すには，矢印を用いる。**図2**中の矢印の•は，それぞれの力がはたらく点を示す [w] 点である。また，矢印の向きが力の向き，矢印の長さは力の大きさをそれぞれ表す。

(2) 次の文章は，**実験2**についてのSさんたちと先生の会話である。あとの(a)～(c)の問いに答えなさい。

Sさん：**実験2**で，ばねののびが0 cmのとき，台ばかりの目もりは600 gです。

Tさん：そうすると，台ばかりが物体Cを押す力は6 Nで，物体Cが物体Bを押す力は，4 Nでしょうか。

先　生：そうですね。それでは，ばねを一定の速さでゆっくりと引き上げて，ばねののびが4 cmのとき，物体Cが物体Bを押す力の大きさは何Nですか。また，そのとき，台ばかりの目もりは何gになるか予想してみましょう。

Sさん：物体Cが物体Bを押す力の大きさは，[x] Nで，台ばかりの目もりは [y] gです。

先　生：そうですね。そのあともばねをゆっくりと引き上げて，台ばかりの目もりが変化しなくなるまで確認してみましょう。

Tさん：台ばかりの目もりが400 gになるとき，ばねののびは，[z] cmでした。

Sさん：台ばかりの目もりが変化しなくなるまでの，ばねののびと台ばかりの目もりを観察し，記録した結果について，グラフにかいてまとめました。
先　生：そうですね。グラフを用いて表すことができましたね。

(a)　会話文中の［x］，［y］にあてはまる数値をそれぞれ書きなさい。
(b)　会話文中の［z］にあてはまる数値を書きなさい。
(c)　ばねののびと台ばかりの目もりの関係を表すグラフを，解答用紙の図中に，実線でかきなさい。

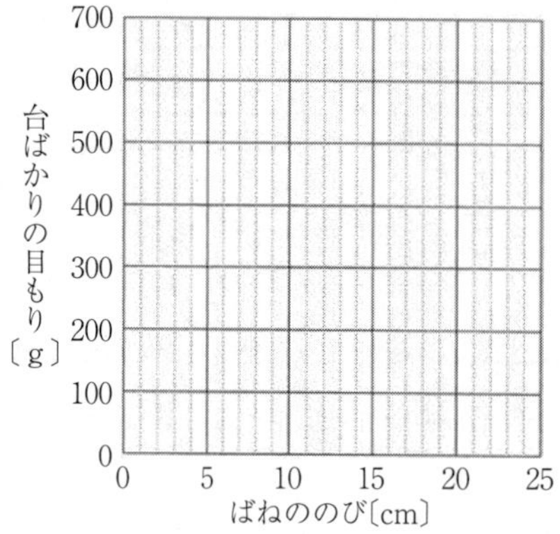

3　Sさんたちは，理科の授業で進化について学習しました。これに関する先生との会話文を読んで，あとの(1)～(4)の問いに答えなさい。

先　生：**図1**は，シソチョウ（始祖鳥）の復元図です。シソチョウは，進化の道すじの手がかりになる生物です。
Sさん：全体が羽毛《うもう》でおおわれていて，翼《つばさ》がありますね。
Tさん：翼に爪《つめ》があり，口には歯もあります。
先　生：そうですね。その他《た》の化石の研究からも，［v］は［w］から進化したのではないかと考えられています。

図1

Sさん：なるほど。シソチョウの羽毛や翼は，［v］がもつ特徴《とくちょう》で，爪や歯は，［w］がもつ特徴ですね。現在，存在する生物で，他《ほか》にもこのような進化の道すじの手がかりになる生物はいますか。
先　生：カモノハシという生物があてはまります。カモノハシは，くちばしをもち，体の表面には毛があります。また，雌《めす》は卵《たまご》を産《う》みますが，乳《ちち》（母乳《ぼにゅう》）で子を育てるという特徴をもち，複数の脊椎《せきつい》動物（セキツイ動物）のグループの特徴をもつ動物です。
Tさん：**図2**の脊椎動物の各グループが出現した年代をみると，脊椎動物は，魚類から両生

図2

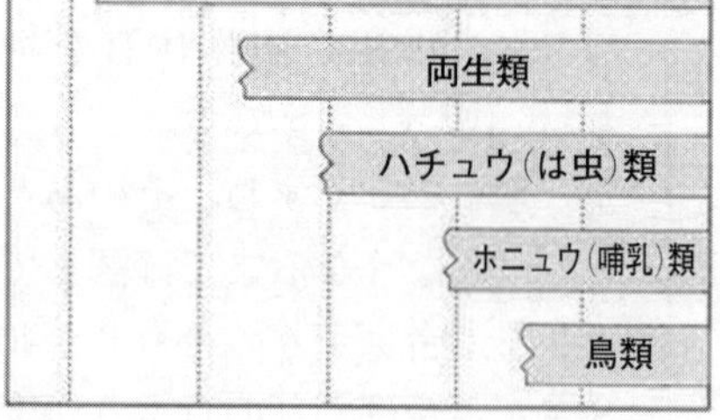

類，両生類からハチュウ(は虫)類へと進化し，陸上生活に適した体のつくりになったと考えられます。

先　生：そうですね。それでは，植物の場合はどうでしょうか。最初に陸上に現れたのは，コケ植物で，次にシダ植物が現れました。コケ植物は，湿《しめ》った場所で生活し，おもに[x]から水を吸収します。一方，シダ植物は，[y]があり，コケ植物に比べて，陸上生活に適した体のつくりになっています。

Sさん：植物も動物も，進化して陸上生活に適した体のつくりになったものがいるのですね。ところで，カエルは，えら呼吸で水中生活をする子から，肺呼吸で陸上生活をする親(おとな)へと体のつくりが変わりますが，これも進化でしょうか。

先　生：いいえ，一生の間に起こる変化は，進化ではありません。進化とは，生物の形質が[z]間《あいだ》に起こる変化のことです。

Sさん：そうなのですね。他にどのような進化があるか調べてみます。

(1)　会話文中の[v]，[w]にあてはまる脊椎動物(セキツイ動物)のグループとして最も適当なものを，次の**ア**～**オ**のうちからそれぞれ一つずつ選び，その符号を書きなさい。

ア　魚類

イ　両生類

ウ　ハチュウ(は虫)類

エ　ホニュウ(哺乳)類

オ　鳥類

(2)　会話文中の下線部について，カモノハシは，ホニュウ(哺乳)類に分類されている。ホニュウ類の特徴として最も適当なものを，次の**ア**～**エ**のうちから一つ選び，その符号を書きなさい。

ア　くちばしをもつ。　　**イ**　えらで呼吸する。

ウ　雌は卵を産む。　　**エ**　乳(母乳)で子を育てる。

(3)　会話文中の[x]，[y]にあてはまるものの組み合わせとして最も適当なものを，次の**ア**～**エ**のうちから一つ選び，その符号を書きなさい。

ア　**x**：根　　**y**：維管束《いかんそく》

イ　**x**：体の表面　**y**：維管束

ウ　**x**：体の表面　**y**：仮根

エ　**x**：根　　**y**：仮根

(4)　会話文中の[z]にあてはまる内容を，簡潔に書きなさい。

4　Sさんは，鉄と硫黄《いおう》の反応について調べるため，次の**実験**を行いました。これに関する先生との会話文を読んで，あとの(1)～(4)の問いに答えなさい。

実験

①　**図1**のように，鉄粉1.4 gと硫黄0.8 gを乳《にゅう》ばちに入れ，よく混ぜ合わせ混合物とした。試験管を2本用意して，混合物の$\frac{1}{4}$くらいを試験管**A**に，残りを試験管**B**に入れた。

図1

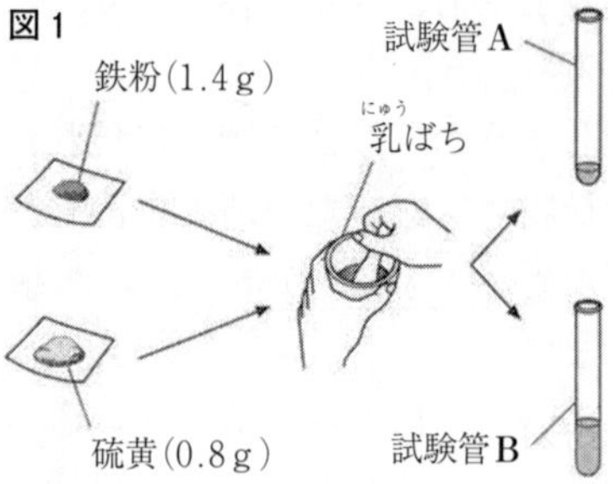

図2

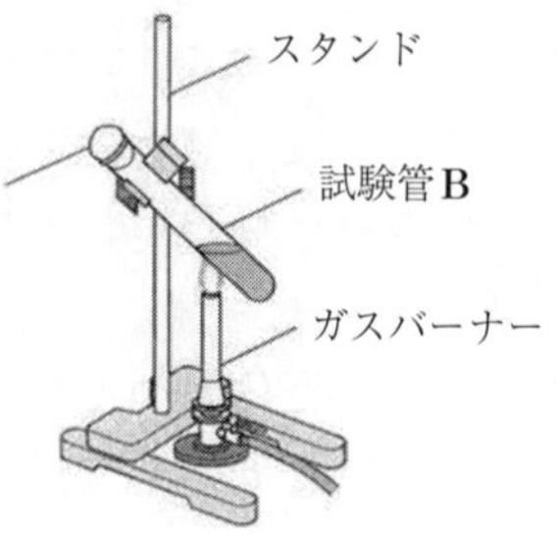

② **図2**のように，脱脂綿《だっしめん》で試験管Bにふたをして，混合物の上部を加熱した。混合物の上部が赤くなったところで加熱をやめ，変化のようすを観察した。そのあと，反応が進んで鉄と硫黄はすべて反応し，黒い物質ができた。

③ **図3**のように，試験管Aに，磁石を近づけて試験管の中の混合物が磁石に引きつけられるかどうかを調べた。②の試験管Bについても同じように調べた。

図3

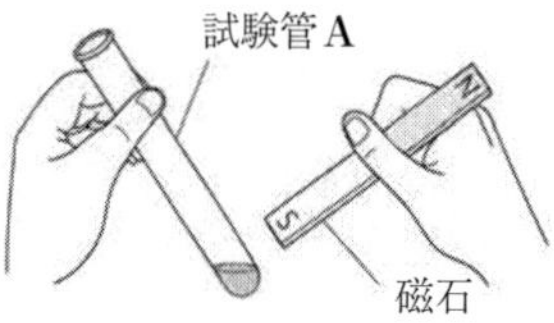

図4

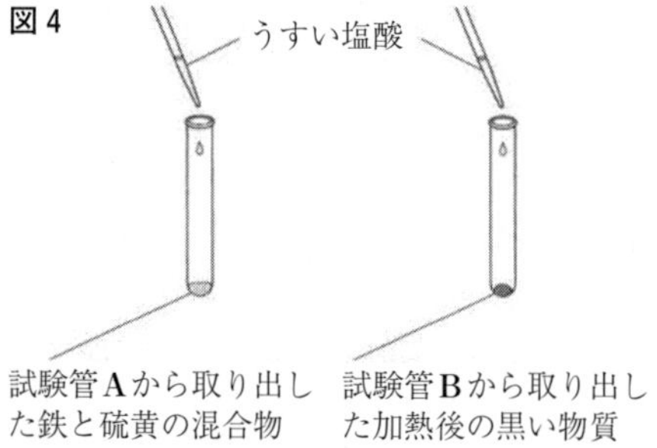

④ ③の試験管A，Bの中の物質を少量ずつ取り出し，それぞれ別の試験管に入れた。次に，**図4**のように，それぞれの試験管にうすい塩酸を数滴《すうてき》入れ，発生する気体に，においがあるかどうかを調べた。

表は，**実験**の③，④の結果をまとめたものである。

表

	磁石を近づけたとき	うすい塩酸を数滴入れたとき
鉄と硫黄の混合物（試験管A）	磁石に引きつけられた	においのない気体が発生した
加熱後の黒い物質（試験管B）	磁石に引きつけられなかった	においのある気体が発生した

Sさん：**実験**の③，④の結果から，鉄と硫黄の混合物は加熱したことによって，別の物質に変化したことがわかりました。

先　生：そうですね。この**実験**では，鉄と硫黄の2種類の単体が結びついて，硫化鉄《りゅうかてつ》という化合物ができる化学変化が起きました。鉄原子を ●，硫黄原子を ○ としたとき，この化学変化を表したモデルは，次のようになります。

Sさん：化学変化を表したモデルから考えると，化学反応式は［ w ］と表せます。今回の**実験**を，鉄粉1.4gと硫黄0.8gで行ったのはなぜですか。

先　生：よい質問ですね。鉄と硫黄がすべて反応するとき，質量の関係は，**図5**のようになります。**図5**から，鉄の質量と，その鉄とすべて反応する硫黄の質量の比を，読み取ってみましょう。

Sさん：比例しているので最も簡単な整数比で表すと，

鉄の質量：硫黄の質量＝ [x]

となります。つまり，今回の**実験**はすべて反応する質量で行ったのですね。

先　生：そのとおりです。使用する物質の質量について考えて実験しないと，どちらか一方の物質が反応せずにそのまま残ることになります。例えば，鉄11.0ｇと硫黄6.0ｇを反応させると，どちらが何ｇ残ることになりますか。

Sさん：[y] が [z] ｇ残ります。

先　生：そのとおりです。では，実験してみましょう。

図5

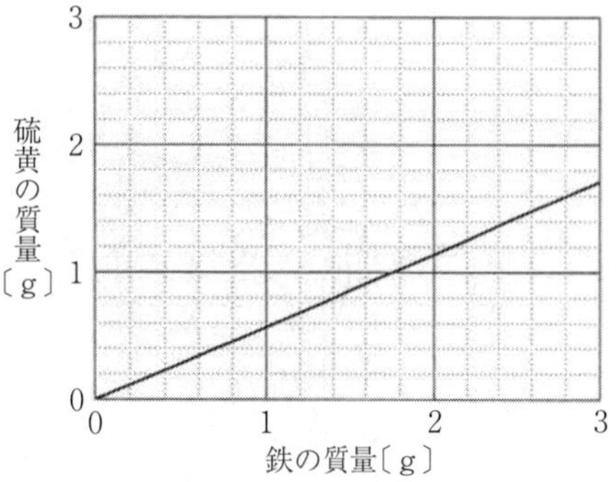

(1)　会話文中の下線部について，化合物として最も適当なものを，次の**ア**～**エ**のうちから一つ選び，その符号を書きなさい。

ア　塩素　　**イ**　酸素　　**ウ**　水素　　**エ**　水

(2)　会話文中の [w] にあてはまる化学変化を，化学反応式で書きなさい。

(3)　会話文中の [x] にあてはまるものとして最も適当なものを，次の**ア**～**エ**のうちから一つ選び，その符号を書きなさい。

ア　1：1　　**イ**　4：7　　**ウ**　7：4　　**エ**　7：11

(4)　会話文中の [y] にあてはまる適当な物質名を，**鉄**，**硫黄**のうちから一つ選んで書きなさい。また，[z] にあてはまる数値を書きなさい。

5　Sさんは，市原市の養老《ようろう》川に沿《そ》った露頭《ろとう》でチバニアンの地層を観察しました。これに関する先生との会話文を読んで，あとの(1)～(4)の問いに答えなさい。

先　生：2020年に，市原市の地層が約77万4千年前から始まる時代の地層として国際的に認められ，この時代をチバニアンとよぶことが決定しました。そして，2022年5月に**図1**のようなゴールデンスパイクという杭《くい》が打たれ，チバニアンと，それより古い時代との境界が示されました。

図1

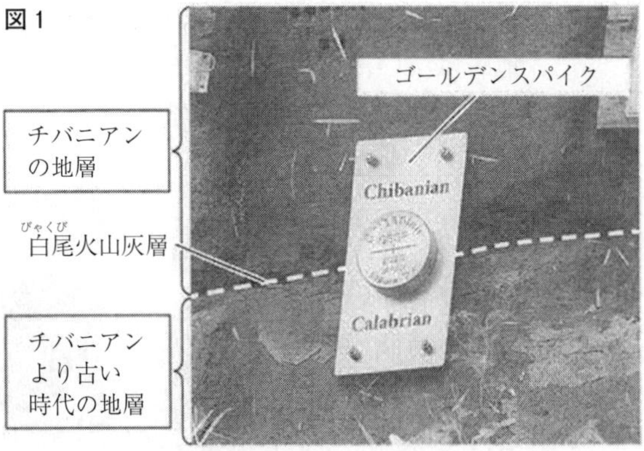

Sさん：**図1**のチバニアンの地層を観察してきました。**図2**のように，養老川に沿って露頭があり，地点**W**で観察しました。

図2

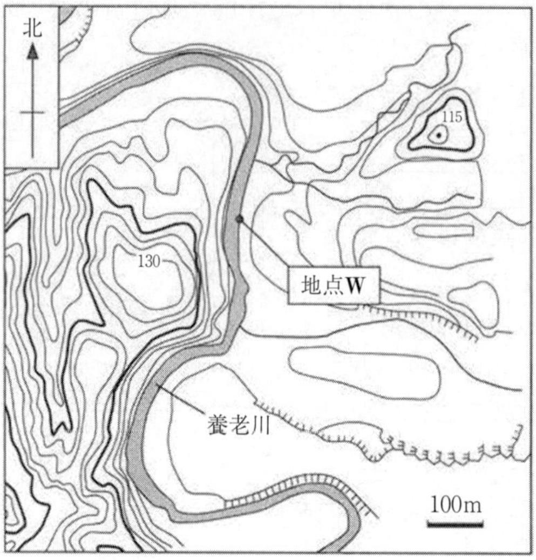

先　生：これらの露頭は，養老川で，流水によって地層が削《けず》られる［ x ］のはたらきにより，できています。

Sさん：そうなのですね。チバニアンの地層を観察したり，調べたりしたことをまとめました。

まとめ

- 堆積物《たいせきぶつ》の粒《つぶ》の［ y ］で分類すると，チバニアンの地層は泥の層である。
- 地層は北に向かってゆるやかに傾斜《けいしゃ》している。
- チバニアンの地層と，チバニアンより古い時代の地層の間に白尾火山灰層がある。
- 白尾火山灰層はこの地域の調査で，かぎ層として使われていて，他《ほか》の場所でも見つかっている。
- 海に生息している生物の化石が地層から見つかる。化石から水深500mより深い海で地層が堆積したことがわかっている。
- チバニアンは，地球の歴史の時代区分では［ z ］に含《ふく》まれている。

先　生：よくできました。

Sさん：ところで，チバニアンの地層は深い海でできていますが，なぜ地点Wで観察できるのですか。

先　生：土地が隆起《りゅうき》したからです。千葉県には隆起している地域があることが知られています。特に，千葉県南部の海岸には，**図3**のように，波によってつくられた平らな面が，地震のときの隆起で階段状になった<u>海岸段丘</u>があることが知られています。

図3

(1) 会話文中の [x] にあてはまる最も適当なことばを書きなさい。

(2) **まとめ**にある [y]，[z] にあてはまるものの組み合わせとして最も適当なものを，次の**ア**～**エ**のうちから一つ選び，その符号を書きなさい。

ア **y**：大きさ　**z**：新生代
イ **y**：大きさ　**z**：中生代
ウ **y**：かたち　**z**：新生代
エ **y**：かたち　**z**：中生代

(3) **まとめ**にある，観察した結果や調べた内容に関連することとして最も適当なものを，次の**ア**～**エ**のうちから一つ選び，その符号を書きなさい。

ア 深い海の環境を示す化石は，示準《しじゅん》化石として離れた地層の比較に使うことができる。
イ 泥の地層から，地点**W**の地層は，れきや砂が堆積する場所よりも陸に近い海で堆積した。
ウ 地点**W**で観察したチバニアンの地層は，他の場所では観察できない。
エ 白尾火山灰層から，地点**W**の地層が堆積している間の，ある時期に火山活動があった。

(4) 会話文中の下線部について，海岸段丘は土地の隆起の他にどのようにしてできるか。そのしくみを「**海面**」ということばを用いて簡潔に書きなさい。

6 金属のイオンへのなりやすさを調べるため，次の**実験**を行いました。これに関して，あとの(1)～(4)の問いに答えなさい。

実験

① **図1**のようなマイクロプレートの穴の大きさに合わせて台紙に表をかき，4種類の金属片《へん》と4種類の水溶液を入れる場所を決めた。

図1

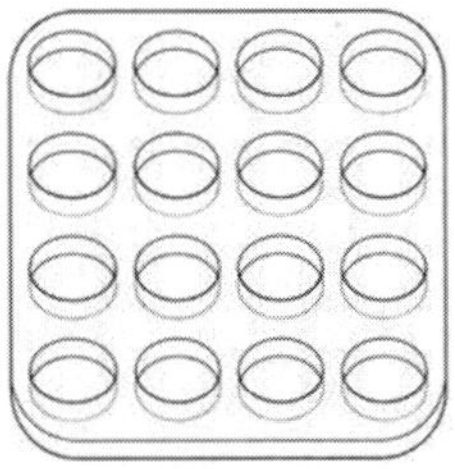

② **図2**の模式図のように，マイクロプレートを台紙の表の位置に合わせて置き，それぞれに対応する金属片と水溶液を入れた。

③ それぞれの組み合わせで，どのような変化が起きているかを観察した。**表**は，金属片に固体が付着した場合を○，固体が付着しなかった場合を×として，**実験**の結果をまとめたものである。

図2

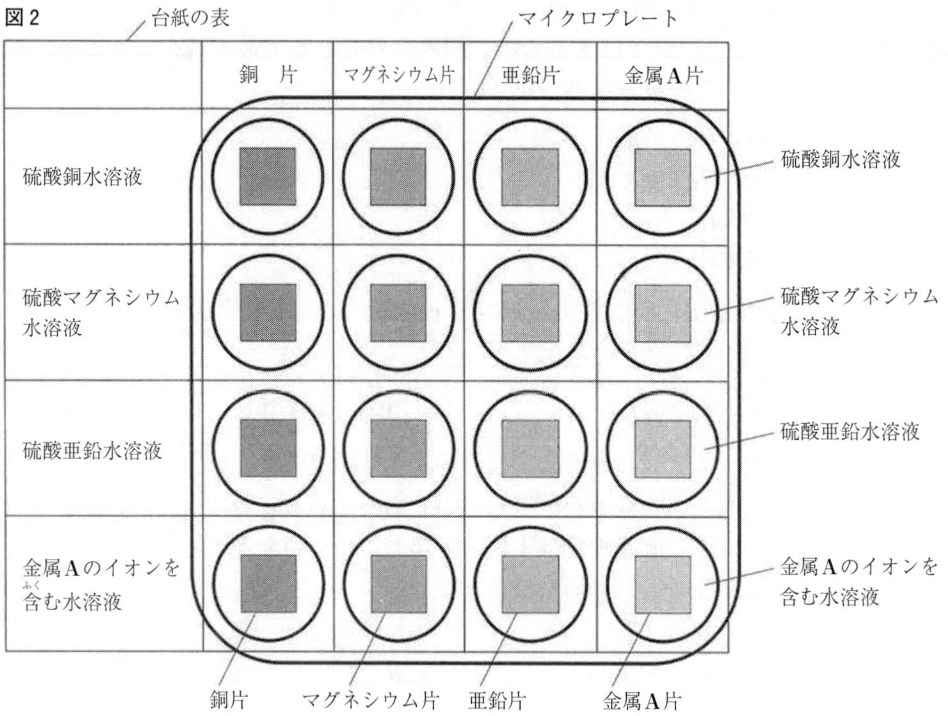

表

	銅片	マグネシウム片	亜鉛片	金属A片
硫酸銅水溶液	×	○	○	○
硫酸マグネシウム水溶液	×	×	×	×
硫酸亜鉛水溶液	×	○	×	×
金属Aのイオンを含む水溶液	×	○	○	×

(1)　**実験**に用いた水溶液には，陽イオンと陰イオンが含まれている。このうち，陽イオンについて説明した文として最も適当なものを，次の**ア**～**エ**のうちから一つ選び，その符号を書きなさい。

ア　原子が電子を受けとって，−《マイナス》の電気を帯びたものを陽イオンという。

イ　原子が電子を受けとって，+《プラス》の電気を帯びたものを陽イオンという。

ウ　原子が電子を失って，−の電気を帯びたものを陽イオンという。

エ　原子が電子を失って，+の電気を帯びたものを陽イオンという。

(2)　次の文は，**実験**でマイクロプレートにマグネシウム片と硫酸亜鉛水溶液を入れたときに起きた変化について述べたものである。文中の [x]，[y] にあてはまる最も適当な物質名を，それぞれ書きなさい。

> マイクロプレートにマグネシウム片と硫酸亜鉛水溶液を入れると，[x] 原子が電子を失って [x] イオンとなり，[y] イオンが電子を受けとって [y] 原子となる。

(3)　**実験**の結果から，**実験**で用いた金属をイオンになりやすい順に左から並べたものとして最も

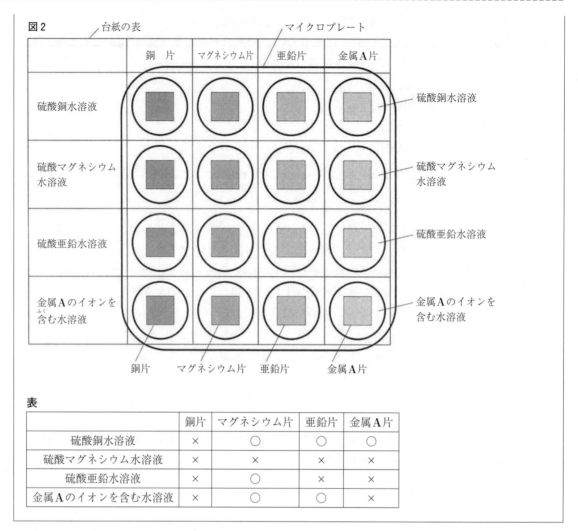

適当なものを，次の**ア**～**エ**のうちから一つ選び，その符号を書きなさい。

ア　銅，金属**A**，亜鉛，マグネシウム
イ　マグネシウム，亜鉛，金属**A**，銅
ウ　銅，亜鉛，金属**A**，マグネシウム
エ　マグネシウム，金属**A**，亜鉛，銅

(4)　**図3**は，**実験**でマイクロプレートに亜鉛片と硫酸銅水溶液を入れたとき，入れてからの時間と入れた硫酸銅水溶液中の銅イオンの数の関係を模式的に表したグラフである。このときの，時間と硫酸銅水溶液中の硫酸イオンの数の関係を模式的に表したグラフとして最も適当なものを，次の**ア**～**エ**のうちから一つ選び，その符号を書きなさい。

図3

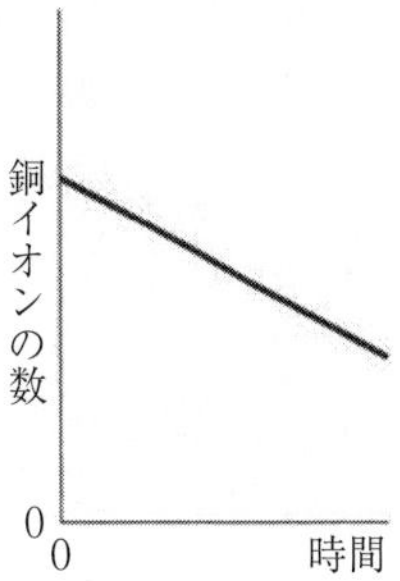

ア

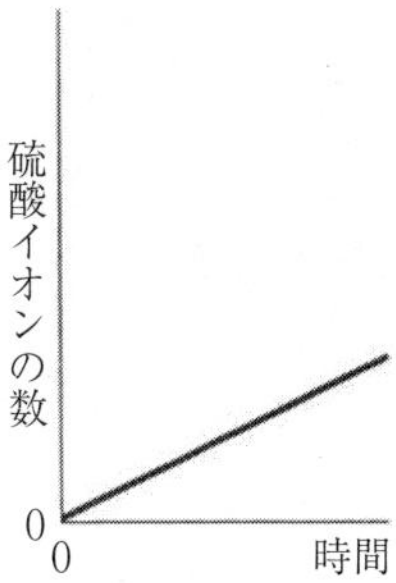

イ

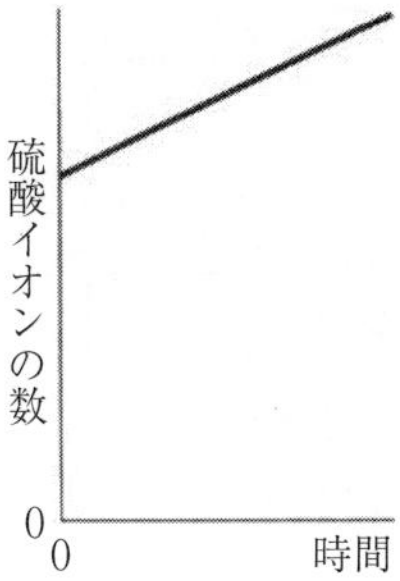

ウ

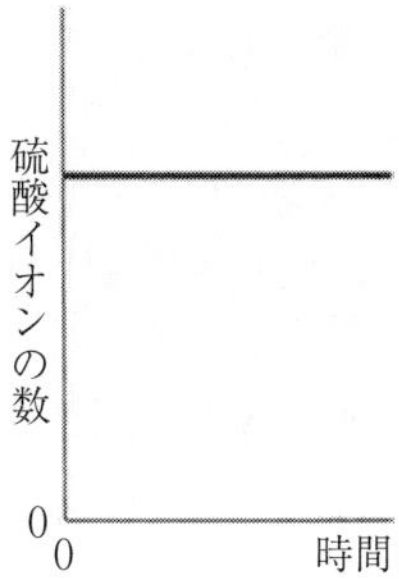

エ

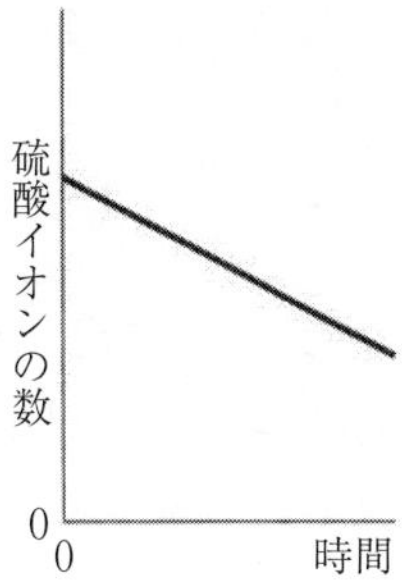

7　Sさんは，天体の動きを調べるために，千葉県内のある場所で，晴れた日にオリオン座の位置を観測しました。これに関する先生との会話文を読んで，あとの(1)～(4)の問いに答えなさい。

Sさん：**図1**のように，オリオン座の位置を記録しました。午後7時から午後9時にかけてオリオン座は移動し，午後9時にオリオン座の a ベテルギウスが南中しました。

図1

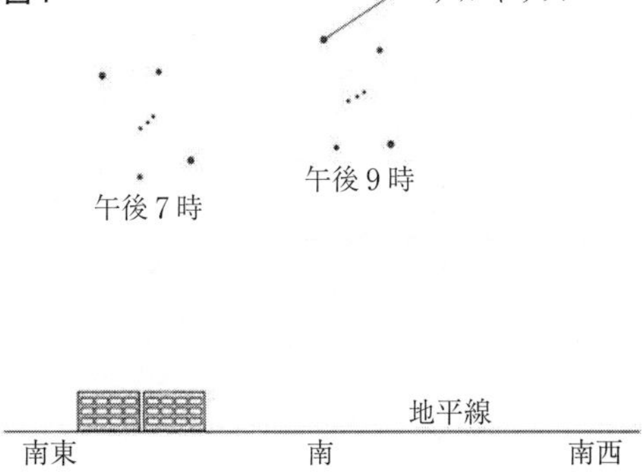

図2

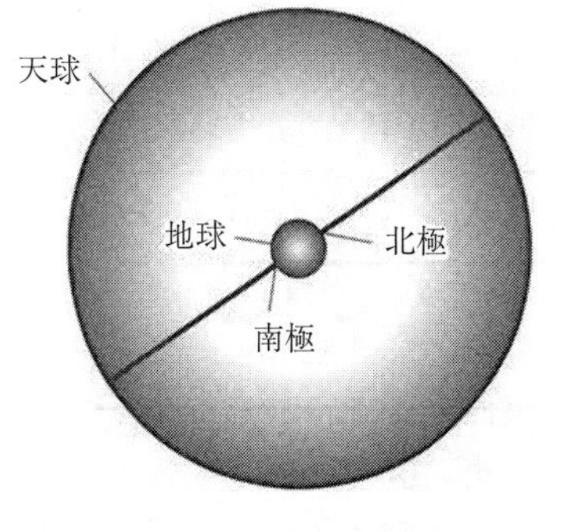

先　生：よくできました。観測した星の動きは日周運動といいます。**図2**で考えると，この運動は，北極と南極を結ぶ線を軸として，天球上の星が1日に1回転するように見えることです。

Sさん：日周運動は，地球が，北極側から見て［ v ］回りに［ w ］しているために起こる見かけの動きともいえますね。

先　生：そうです。
Sさん：日周運動を連続して記録するために，カメラで b星の動き を撮影《さつえい》しました。
先　生：よく撮《と》れていますね。今回のような観測を，１か月後にもしてみませんか。
Sさん：はい。やってみたいです。１か月後にオリオン座を観測する計画を立てるには，c 日周運動だけでなく，年周運動も考える 必要がありますか。
先　生：そうです。あらかじめ，星を観測できる時間や方位を予想しておきましょう。

(1)　会話文中の下線部 **a** について，ベテルギウスは，太陽と同じく恒星とよばれる。次の文章は，恒星について説明したものである。文章中の [x] にあてはまる内容を，**15字以内**（句読点を含《ふく》む。）で書きなさい。

> 夜空では，恒星の他《ほか》に，惑星《わくせい》や衛星《えいせい》も明るい星として観測できるものがある。しかし，恒星は，惑星や衛星のように光を反射して輝《かがや》いているのではなく，[x] 天体である。

(2)　会話文中の [v]，[w] にあてはまるものの組み合わせとして最も適当なものを，次の**ア**～**エ**のうちから一つ選び，その符号を書きなさい。

ア　v：時計　w：自転　**イ**　v：時計　w：公転
ウ　v：反時計　w：自転　**エ**　v：反時計　w：公転

(3)　会話文中の下線部 **b** について，**図３**，**４**は，Sさんが撮影した方位の星の動きを示す模式図である。**図３**，**４**が示す空の方位の組み合わせとして最も適当なものを，あとの**ア**～**エ**のうちから一つ選び，その符号を書きなさい。

図３

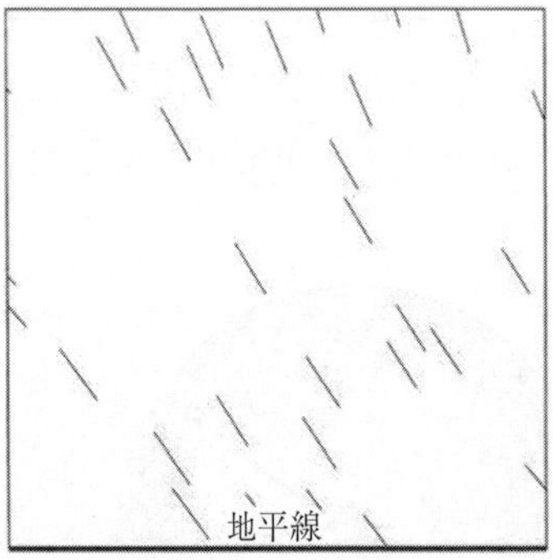

図４

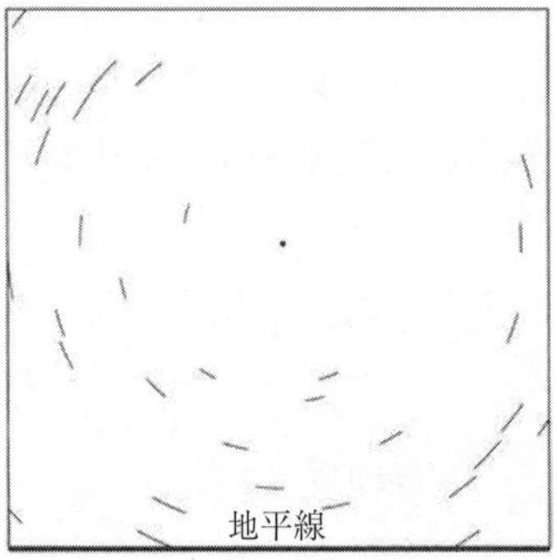

ア　**図３**：東　**図４**：北
イ　**図３**：西　**図４**：北
ウ　**図３**：東　**図４**：南
エ　**図３**：西　**図４**：南

(4)　会話文中の下線部 **c** について，次の文章は，Sさんが観測した日から１か月後にベテルギウスが南中する時刻を説明したものである。文章中の [y] にあてはまる適当な方位を，**東**，**西**のうちから一つ選んで書きなさい。また，[z] にあてはまる時刻として最も適当なものを，あとの**ア**～**エ**のうちから一つ選び，その符号を書きなさい。ただし，日周運動は１日で１回転し，１時間あたり15度回転するものとする。

1か月後のオリオン座は，同じ時刻で比べると，年周運動により[y]に動いている。そのため，日周運動を考えると，ベテルギウスが南中する時刻は[z]頃になる。

ア　午後7時　　**イ**　午後8時　　**ウ**　午後10時　　**エ**　午後11時

8　Sさんは，一定の電流が流れるコイルのまわりにできる磁界について調べました。これに関する先生との会話文を読んで，あとの(1)～(4)の問いに答えなさい。ただし，回路には，大きな電流が流れないようにするために抵抗器《ていこうき》を接続しています。

Sさん：**図1**のように，コイルのまわりにできる磁界を調べるための装置をつくり，厚紙に，鉄粉をまいたり，方位磁針を置いたりして，そのようすを調べようと思います。

図1

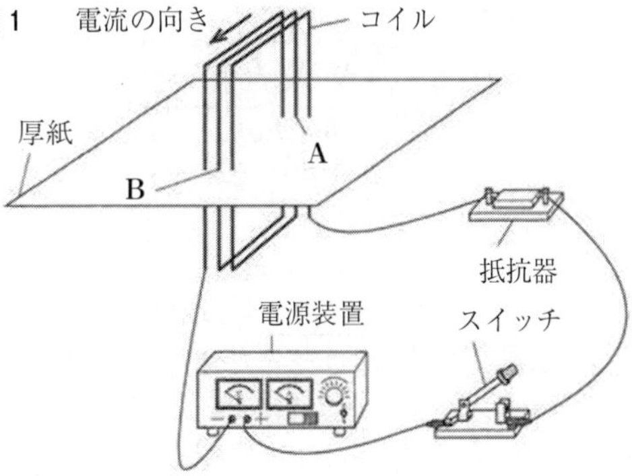

先　生：電源装置の切りかえスイッチを確認しましょう。

Sさん：電源装置の切りかえスイッチが交流になっていました。

先　生：交流電流は，電流の向きと大きさが[w]ため，本日の実験の目的には適していません。オシロスコープを使って交流電流のようすを確認してみましょう。

Sさん：オシロスコープに表示された交流電流の波形は，[x]の波形でした。

先　生：そうですね。それでは，電源装置の切りかえスイッチを，直流にして実験をしてみましょう。

Sさん：鉄粉をまくと，はっきりと$_a$模様《もよう》が確認でき，磁界のようすがわかりました。

先　生：次は，方位磁針を置いてみましょう。

Sさん：**図2**のように，**図1**のコイルを真上から見たようすを，模式的に表しました。また，**図2**のコイルのまわりの**D**～**G**は，方位磁針を置く位置を表しています。**D**，**F**は，コイルの**A**－**B**間を2等分する直線上にしました。

図2

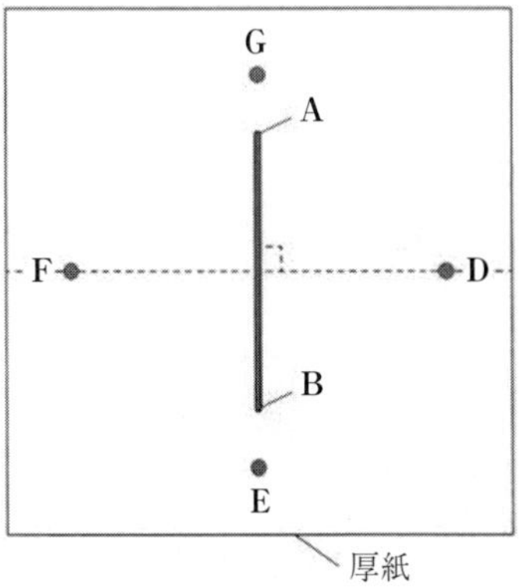

先　生：方位磁針はどのようになっていましたか。

Sさん：**D**では，真上から見たようすを模式的に表すと，**図3**のようになっていました。残りの**E**，**F**，**G**に方位磁針を置いて確認したところ，コイルのまわりにできる$_b$磁界の向きの全《ぜん》体像《たいぞう》がわかりました。$_c$回路を流れる電流の大きさを変化させたときについても確認したいと思います。

図3

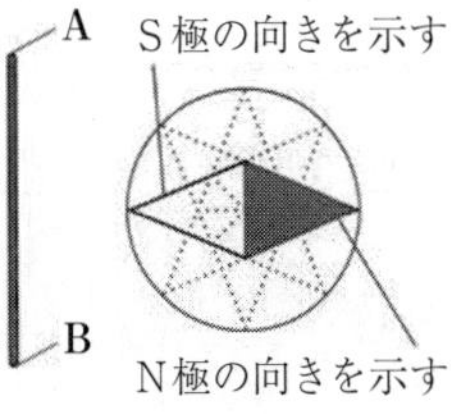

(1)　会話文中の[w]，[x]にあてはまるものの組み合わせとして最も適当なものを，次の**ア**～

エのうちから一つ選び，その符号を書きなさい。

ア　w：周期的に入れかわる
x：
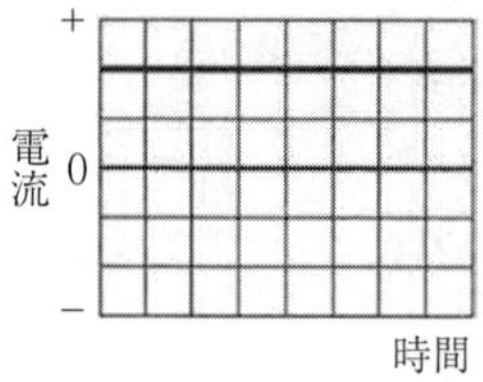

イ　w：周期的に入れかわる
x：
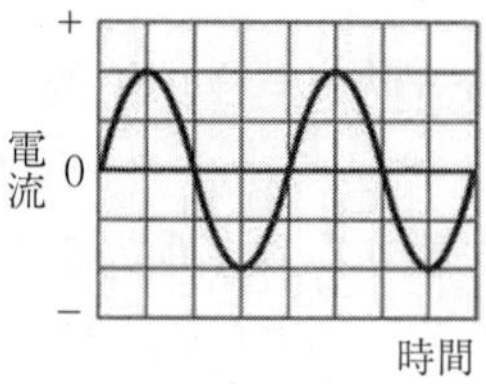

ウ　w：一定である
x：
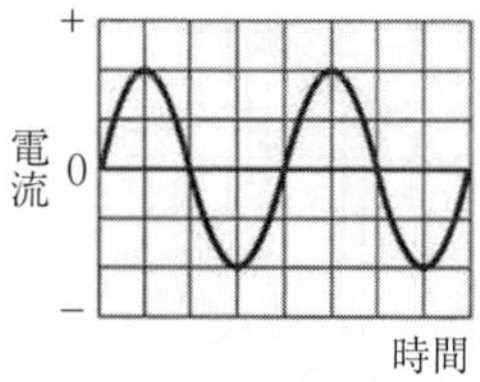

エ　w：一定である
x：
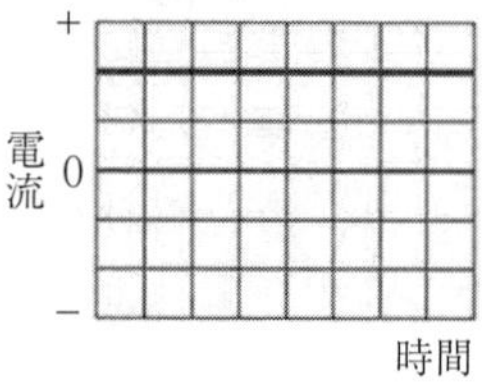

(2)　会話文中の下線部aについて，鉄粉をまいてできた模様に沿《そ》った曲線や直線を，磁界の向きをふまえて矢印で表したものを何というか，書きなさい。

(3)　会話文中の下線部bについて，**図4**は，**図2**のE，F，Gに置いた方位磁針を真上から見たようすを，模式的に表したものである。**図3**の方位磁針を，**図5**のように，DからE，F，Gをとおり，もとの位置のDまで，時計回りに厚紙の上をゆっくりと，移動させた。このとき，方位磁針のN極の向きを示す部分のようすを表したあとの文中の［ y ］にあてはまる適当なものを，**時計**，**反時計**のうちから一つ選んで書き，［ z ］にあてはまる数値を書きなさい。

図4
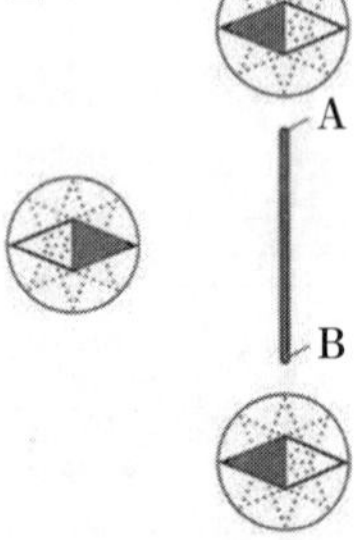

図5
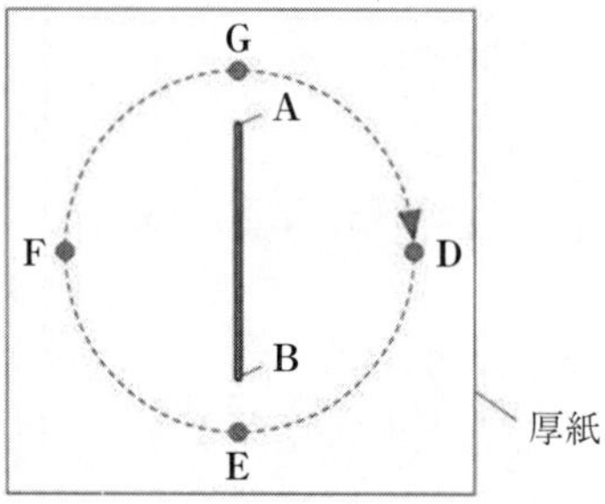

方位磁針のN極の向きを示す部分は，［ y ］回りに［ z ］周回る。

(4)　会話文中の下線部cについて，回路を流れる電流の大きさを大きくしたとき，Dに置いた**図3**の方位磁針が指す向きはどのようになるか。解答用紙の図中に，実線で方位磁針のようすをかきなさい。ただし，**図3**にならって点線を利用し，N極の向きを示す部分は塗《ぬ》りつぶすこと。

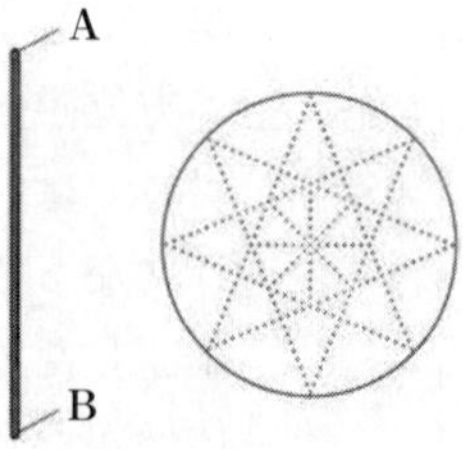

9　Sさんたちは，理科の授業で学校に生育する植物の観察を行いました。これに関する先生との会話文を読んで，あとの(1)～(4)の問いに答えなさい。

先　生：$_{\mathrm{a}}$学校にはいろいろな植物がありましたね。

Sさん：いくつかの植物を観察できました。**図1**は，タンポポのスケッチです。**図2**は，$_{\mathrm{b}}$ルーペを使って観察した，$_{\mathrm{c}}$タンポポの小さな1つの花のスケッチです。タンポポの花は，小さな花がたくさん集まっていることがわかりました。

先　生：よく観察できましたね。

Tさん：私は，イヌワラビを観察しました。**図3**は，イヌワラビの葉をスケッチしたものです。さらに，ルーペを使って$_{\mathrm{d}}$葉の裏側も観察しましたが，小さくてくわしく観察できないものがありました。

先　生：そのような場合には，顕微鏡《けんびきょう》を使って観察してみましょう。

図1

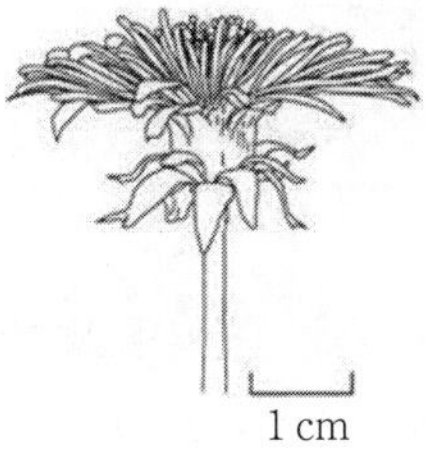

図2

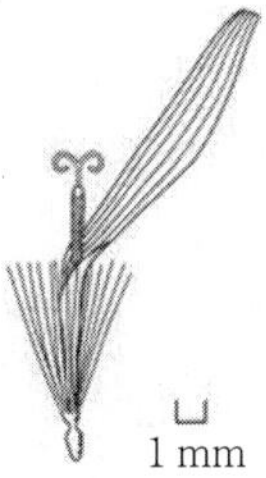

図3

(1)　会話文中の下線部**a**について，次の**レポート**は，Sさんたちが観察した植物についてまとめたものである。**レポート**中の下線部**e**について，葉が互《たが》いに重ならないようになっていることは，タンポポやアブラナなどの植物が光合成をする上で，どのような点で都合がよいか，簡潔に書きなさい。

レポート

気づいたこと

・タンポポは，日当たりがよく乾燥した場所に多く見られた。
・日当たりがよい花壇《かだん》には，アブラナが植えられていた。
・イヌワラビは，日かげや湿《しめ》りけの多いところに見られた。
・タンポポやアブラナの$_{\mathrm{e}}$葉のつき方を真上から見たとき，いずれも葉が互いに重ならないようになっていた。

観察した場所

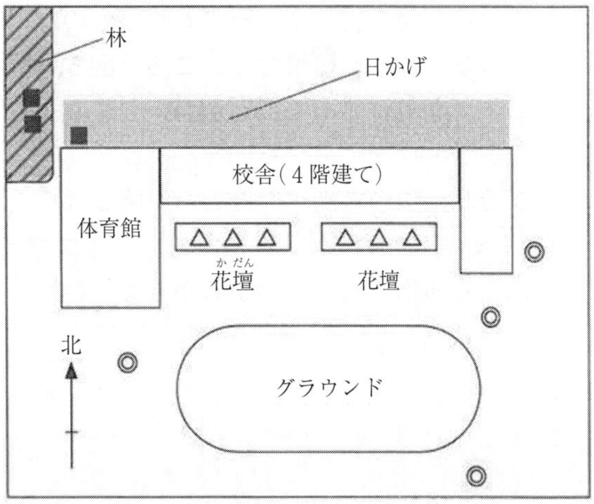

(2) 会話文中の下線部**b**について，植物を手にとってルーペで観察するときの，ルーペの使い方として最も適当なものを，次の**ア**～**エ**のうちから一つ選び，その符号を書きなさい。

ア

ルーペを植物に近づけ，その距離《きょり》を保ちながら，ルーペと植物を一緒に動かして，よく見える位置をさがす。

イ

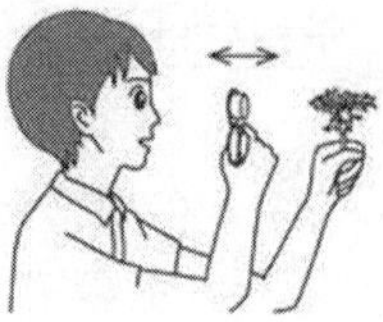

ルーペを目から遠ざけ，植物を動かさずにルーペを動かして，よく見える位置をさがす。

ウ

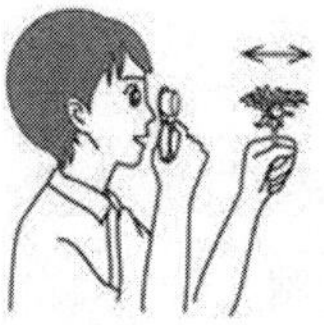

ルーペを目に近づけ，ルーペを動かさずに植物を動かして，よく見える位置をさがす。

エ

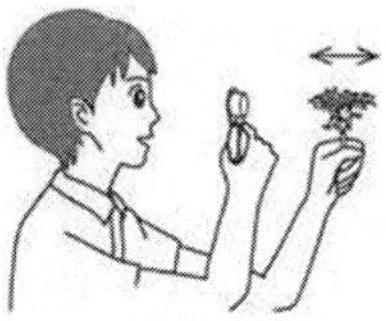

ルーペを目から遠ざけ，ルーペを動かさずに植物を動かして，よく見える位置をさがす。

(3) 会話文中の下線部**c**について，タンポポのように，花弁が互いにくっついている花を何というか，書きなさい。また，花弁が互いにくっついている花として最も適当なものを，次の**ア**～**エ**のうちから一つ選び，その符号を書きなさい。

ア ツツジ　**イ** アブラナ　**ウ** エンドウ　**エ** サクラ

(4) 会話文中の下線部**d**について，**T**さんがまとめた次の文章中の［ x ］，［ y ］にあてはまる最も適当なことばを，それぞれ書きなさい。

> イヌワラビの葉の裏側には，**図4**のような茶色いものが多数ついていました。顕微鏡を使って，その茶色いもの1つをくわしく観察したところ，**図5**のようなものであることがわかりました。
>
> **図4**
>
> 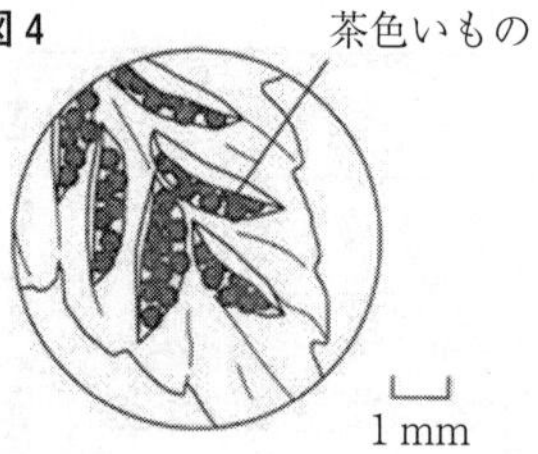
>
>
> **図5**
>
> 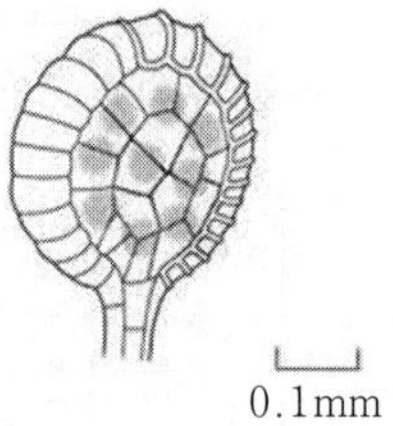
>
>
> それについて調べたところ，**図5**は［ x ］とよばれるものであり，イヌワラビは，タンポポとは異なり［ y ］によってふえる植物であることがわかりました。

　お店だよ、という思いを込めたんだ。

（合図音Ａ）

問いの(2)　川辺さんと三田さんとでは、宣伝文句に対する着眼点が違います。その「違い」について説明したものとして最も適当なものを、選択肢**ア**〜**エ**のうちから一つ選び、その符号を書きなさい。

（18秒空白）

（合図音Ｂ）

三田　二つ目の宣伝文句なんだけれど、「行きたい。聞きたい。歌いたい。」というのを考えたよ。こちらはどう思う。

川辺　言葉は似ているけれど、一つ目と発想が違うね。

（合図音Ａ）

問いの(3)　川辺さんは、一つ目と二つ目の宣伝文句を比較して、「発想が違う」と指摘しています。その「違い」について説明したものとして最も適当なものを、選択肢**ア**〜**エ**のうちから一つ選び、その符号を書きなさい。

（18秒空白）

（合図音Ｂ）

川辺　二つとも悪くはないけれど、一つ目の「おいでよ」や二つ目の「行きたい」よりも、「食べる」という言葉を入れたほうがいいのではないかな。

三田　それはいい案ね。そのほうが、お店の特徴を伝えられているね。

川辺　それだけでなくて、「食べる」「歌う」が宣伝文句に入ることで、にぎやかなお店で食べるのが好きな人は来るだろうし、静かなお店で食べるのが好きな人は避けるだろうから、文化祭に来るお客さんにとって必要な情報だと思うんだ。

三田　たしかにそうだね。川辺さんみたいにいろいろなお客さんの立場を考えることは大切だね。

（合図音Ａ）

問いの(4)　三田さんが川辺さんの説明を聞いて、「いろいろなお客さんの立場を考えることは大切だ」と思ったのはなぜですか。その理由として最も適当なものを、選択肢**ア**〜**エ**のうちから一つ選び、その符号を書きなさい。

（5秒空白）

放送は以上です。二以降も解答しなさい。

かを、その理由とともに書くこと。

〈注意事項〉

① 氏名や題名は書かないこと。

② 原稿用紙の適切な使い方にしたがって書くこと。
　ただし、〰や＝などの記号を用いた訂正はしないこと。

〈国語聞き取り検査放送用台本〉

（チャイム）

これから、国語の学力検査を行います。まず、問題用紙の1ページと2ページがあることを確認しますので、放送の指示に従いなさい。

（2秒空白）

では、問題用紙の1ページと2ページを開きなさい。

（3秒空白）

確認が終わったら、問題用紙を閉じなさい。1ページと2ページがない人は手を挙げなさい。

（5秒空白）

次に、解答用紙を表にし、受検番号、氏名を書きなさい。

（20秒空白）

最初は聞き取り検査です。これは、放送を聞いて問いに答える検査です。問題用紙の1ページと2ページを開きなさい。

（2秒空白）

一　これから、三田さんが川辺さんに、文化祭のクラスの催し物について相談している場面と、それに関連した問いを四問放送します。よく聞いて、それぞれの問いに答えなさい。

なお、やりとりの途中、（合図音A）という合図のあと、問いを放送します。また、（合図音B）という合図のあと、場面の続きを放送します。

1ページと2ページにメモをとってもかまいません。では、始めます。

三田　川辺さん、文化祭でわたしのクラスはミュージック・カフェをすることになったよ。お客さんは、注文した食べ物を食べながら、わたしのクラスの歌が上手なグループの生演奏を聴けるんだ。そのお店の宣伝文句を考える係になって悩んでいるの。二つ案を考えたのだけれど、相談にのってくれるかな。

川辺　いいよ。考えた宣伝文句を聞かせてよ。

三田　ありがとう。一つ目が、「おいでよ。聞こうよ。歌おうよ。」なのだけれど、どう思う。

川辺　ちょっと待って。「ミュージック・カフェ」についてもう少し詳しく説明してほしいな。

三田　うん、わかった。あのね、教室の前のほうに作ったステージで歌い手は歌うのだけれど、お客さんは曲のリクエストができたり、ステージに上がって一緒に歌えたりするんだ。

（合図音A）

問いの(1)　二人のやりとりのなかで、川辺さんが詳しい説明を求めたのは、宣伝文句のどのような点に疑問を抱いたからですか。その説明として最も適当なものを、選択肢**ア**～**エ**のうちから一つ選び、その符号を書きなさい。

（15秒空白）

（合図音B）

川辺　なるほど。それで「おいでよ。聞こうよ。歌おうよ。」なのだね。リズムがよくて覚えやすいね。語尾がそろっているし、つい口ずさみたくなるよ。

三田　ありがとう。わたしのクラスの歌い手の演奏はプロに負けないくらい上手だよ、しかも一緒に歌えるのでにぎやかで楽しい

ア 鼻から出た氷魚を、激しく吹き荒れる雨に見立てることで、その場を取り繕おうとした。

イ 鼻から出た氷魚を、眼球をうるおした涙に見立てることで、その場を取り繕おうとした。

ウ 鼻から出た氷魚に、氷のかたまりであるひょう(雹)をかけて、その場を取り繕おうとした。

エ 鼻から出た氷魚に、棒状の氷であるつらら(氷柱)をかけて、その場を取り繕おうとした。

(c) 文章中の 不許葷酒入山門 は、「葷酒《くんしゅ》山門に入《い》るを許さず」と訓読し、次の「葷 酒 入ルヲ 山 門ニ」はその一部である。訓読文を参考にして、これに**返り点**をつけなさい。

葷 酒 入ルヲ 山 門ニ

七 次の**【資料】**は、「日本と諸外国との文化交流を進めることの意義」について質問した結果(複数回答)の一部です。これに関して、あとの〈条件〉にしたがい、〈注意事項〉を守って、あなたの考えを書きなさい。

【資料】

「日本と諸外国との間の相互理解や信頼関係が深まり、国際関係の安定につながる」と回答した人の年齢別の割合

年齢別		
	20—29歳	22.6%
	30—39歳	23.8%
	40—49歳	24.3%
	50—59歳	24.6%
	60—69歳	31.9%
	70歳以上	41.1%

(文化庁「文化に関する世論調査　報告書(令和４年３月)」より作成)

〈条件〉

① **二段落構成**とし、**十行以内**で書くこと。

② 前段では、**【資料】**から読み取ったことと、それに対するあなたの考えを書くこと。

③ 後段では、前段をふまえて、あなたが今後諸外国との文化交流を行う機会があったら、具体的にどのような交流を行いたい

六 次の文章を読み、あとの(1)～(4)の問いに答えなさい。

これも今は昔、ある僧、人のもとへ行きけり。A酒など勧めけるに、(注)氷魚《ひを》はじめて出《い》で来たりければ、（初物として出回り始めたので）あるじ珍しく思ひて、もてなしけり。あるじ用の事ありて、内へ入りて、また出でたりける（出て来て見ると）に、この氷魚の殊《こと》の外《ほか》に少なくなりたりければ、あるじ、Bいかに（変だなと）と思へども、（は思ったが）いふべきやうもなかりければ、物語しゐたりける程に、（雑談をしているうちに）この僧の鼻より氷魚の一つふと（不意に）出でたりければ、あるじあやしう覚えて、「その鼻より氷魚の出でたるは、いかなる事にか（どうしたことです）」といひければ、取りもあへず、（即座に）「Cこの比《ごろ》の氷魚は目鼻より降り候《さぶら》ふなるぞ」といひたりければ、人皆、「は」と笑ひけり。（「わっ」と笑った）

（『宇治拾遺物語』による。）

（注）氷魚＝アユの稚魚。色は半透明で、体長三センチメートル程度。

(1) 文章中の あやしう を現代仮名づかいに改め、**ひらがな**で書きなさい。

(2) 文章中の A酒など勧めけるに の主語にあたるものとして最も適当なものを、次の**ア**～**エ**のうちから一つ選び、その符号を書きなさい。

ア あるじ　**イ** ある僧
ウ 氷魚　**エ** 作者

(3) 文章中の Bいかに とあるじが思ったのはなぜか。「氷魚が……」に続く形で**二十字以上、二十五字以内**で書きなさい。

(4) 次は、この文章を読んだあとに、花田さんと月森さんが文章中の Cこの比《ごろ》の氷魚は目鼻より降り候《さぶら》ふなるぞ について、話し合った場面の一部です。これを読んで、あとの(a)～(c)の問いに答えなさい。

花田さん　この発言を聞いて、その場にいた人は皆笑ったとありますが、どこが面白かったのでしょうか。
月森さん　この発言は、鼻から氷魚が出たことをあるじから問われて、とっさに答えたものですよね。鼻から氷魚が出てくるということは、この僧は、氷魚を［　　］と考えられますね。しかも、おそらく大量の氷魚を。
花田さん　なるほど。だから不意に出てきてしまったのですね。でも、なぜこの発言では、氷魚が「出る」ではなく「降る」なのでしょうか。
月森さん　それは、「氷魚」という言葉の読み方、すなわち音の響きをふまえて発言したからではないでしょうか。即座に機転をきかせた発言だからこそ、人々の笑いを引き起こしたのでしょう。
花田さん　僧と食事の関係で言えば、香りの強い野菜や酒を、持ち込むことを禁じていた寺もあったようですよ。
月森さん　「不許葷酒入山門」ですね。実際に、寺の門のそばにある石柱に書かれているのを見たことがあります。時代背景を考えると、さらにこの文章の面白味が増しますね。

(a) 文章中の［　　］に入る言葉を、**五字以上、十字以内**で書きなさい。

(b) この僧の、機転をきかせたと考えられる内容として最も適当なものを、次の**ア**～**エ**のうちから一つ選び、その符号を書きなさい。

ア　たとえ才能がなくても、音楽に関わっていたいという自分の思いを少しも理解しようとしてくれないことに、いらだっている。

イ　ようやく向いていることを見つけ、新たな道に進む気持ちになったのに、それをくじくような事実を告げられ、当惑している。

ウ　自分の未熟さを認め、前向きに今できることを探して行動しているのに、経済的な面だけ心配され、プライドが傷ついている。

エ　奥瀬見で過ごしてきた日々について、肯定的にとらえようと努力している自分を、真っ向から否定され、怒りがこみ上げている。

(5)　次は、この文章を読んだあとに、森さんと原さんが表現の効果について話し合っている場面の一部です。これを読み、あとの(a)～(c)の問いに答えなさい。

> 森さん　私は、風の描写が印象に残ったな。最初は［Ⅰ］風が、次には［Ⅱ］と表現されることで、緊迫感が増したよ。ここは陽菜と朋子の考え方の違いが明らかになる場面だから、会話の雰囲気にぴったりだ。
>
> 原さん　そうね。私は、「私を包み込んでくれていた奥瀬見の自然が、わずかに牙を剥いている感じがする」が気になったわ。「感じがする」わけだから、あくまで陽菜の主観なのだけれど、だからこそ、この感覚の変化は陽菜の状況の変化と深い関係にあると思うわ。
>
> 森さん　そうか。これまで自分を［Ⅲ］ものだった奥瀬見の自然が、陽菜にとって違う意味を持ち始めたわけだね。

(a)　［Ⅰ］、［Ⅱ］に入る言葉を、52ページ～50ページの文章中から［Ⅰ］は**五字**で、［Ⅱ］は**十一字**で、それぞれ**抜き出して**書きなさい。

(b)　［Ⅲ］に入る言葉として最も適当なものを、次の**ア**～**エ**のうちから一つ選び、その符号を書きなさい。

ア　激励する　　**イ**　誘導する
ウ　保護する　　**エ**　隠蔽する

(c)　次は、森さんと原さんが感覚の変化は陽菜の状況の変化と深い関係にあるについて、考えをまとめた表です。［X］、［Y］に入る言葉を、［X］は**三十字以上、四十字以内**で、［Y］は**漢字二字**で書きなさい。

〔奥瀬見から受ける陽菜の感覚と状況との関係〕

陽菜の感覚	陽菜の状況
奥瀬見が包み込んでくれていた。	奥瀬見でオルガン制作の魅力を知り、やりがいを感じ始めた。
⇩	⇩
奥瀬見が牙を剥いている。	［X］ことを示しているようで、奥瀬見に［Y］されている気分になる。

ガンを作るためです。だからあなたを誘ったのです。あなたにとっても、オルガン制作をフルートに活《い》かしてもらえると思った。お互いによい影響があるはずだったのに――」

「私は、いい影響だったと思ってます」

「僕はオルガンビルダーになりたがる人をたくさん見てきました。そのほとんどが志半ばで潰れます。儲《もう》からないですし、重労働です。心理的な負荷も高い。僕は還暦を迎えていますが、この仕事をはじめてから三十年以上、ずっと自分の無力さに打ちのめされています。向いていようがいまいが、大半は潰れる世界です」

「じゃあE芦原さんはなぜ、オルガンビルダーを続けられているんですか」

（逸木《いつき》　裕《ゆう》『風を彩《いろど》る怪物』による。）

（注1）オルガンビルダー＝オルガン制作をする職人。
（注2）鎬を削ってる＝「鎬を削る」は、激しく争うこと。
（注3）ストップ＝オルガンの音色のこと。どの音色を鳴らすのか選択するシステムのことを指す場合もある。
（注4）ヒートアップ＝激しくなること。
（注5）整音＝演奏の目的にあった状態にオルガンを調整し、音色を作っていくこと。

(1) 文章中にAずっと出てきた、B自分でも止められないほどにとあるが、これは陽菜のどのような様子を伝えているか。最も適当なものを、次の**ア**～**エ**のうちから一つ選び、その符号を書きなさい。

ア　これまで閉じ込めてきた思いが言葉となって発せられることに、自分自身戸惑いつつも、興奮を抑えきれないでいる様子。

イ　朋子に問いかけられたことで、ようやく秘密を打ち明けることができ、開放的な気分になり、喜びに満たされている様子。

ウ　これまで我慢して口を閉ざしてきたが、勇気をふりしぼって自分の考えを述べることに、あらゆる力をそそいでいる様子。

エ　朋子の率直な問いかけに、自分の中にあったこだわりが薄れ、素直に心の内を話そうと決意して、必死に言葉を探す様子。

(2) 文章中にC私は朋子みたいに、生きられないとあるが、陽菜と朋子の考え方の違いを説明した、次の文章を完成させなさい。ただし、［Ⅰ］は**七字以内**で書き、［Ⅱ］は文章中の言葉を使って、**八字以内**で書きなさい。

> 陽菜の進路に対して、陽菜自身は、コンクールに入賞できなかったこともあり、個性がないことを［　Ⅰ　］ことによって自覚し、向き不向きを考えて進路を決めようとしている。一方、朋子は、何が好きであるのかや［　Ⅱ　］を重視している。

(3) 文章中にDこれが私とあるが、その「私」の説明として最も適当なものを、次の**ア**～**エ**のうちから一つ選び、その符号を書きなさい。

ア　周囲の高度な技術力に衝撃を受け、意欲を失い、将来に対して無気力な状態の私。

イ　周囲の期待に応えられず、自信を失い、音楽に関することから離れようとする私。

ウ　周囲の迫力ある演奏に驚嘆し、意欲を失い、自分の才能を生かしきれずにいる私。

エ　周囲の才能に圧倒され、自信を失い、自分の信念を貫くことができないでいる私。

(4) 文章中にE芦原さんはなぜ、オルガンビルダーを続けられているんですかとあるが、このときの陽菜の心情を説明したものとして最も適当なものを、次の**ア**～**エ**のうちから一つ選び、その符号を書きなさい。

――みんな同じくらい、素晴らしくなんかない。

朋子は、私と三人の狭間《はざま》にあった確かな断絶を、聞き分けられていない。だから、そんなことが言えるんだ。

「陽菜は、フルートをやったほうがいいよ。やめないほうがいい」

「私は、オルガンが向いてると思ってる」

亜季姉にも言えなかったことが、Aすっと出てきた。

「私には、個性がないんだよ。好きな演奏がたくさんあって、好きな音がたくさんあって、自分の演奏はこれだってものがないんだ。フルート奏者はそれじゃ許されない」

「なら、探せばいい。自分の強い個性を」

「それを、オルガンで見つけられたと思ってる。オルガンは演奏するにしても、作るにしても、強い個性を持った(注3)ストップたちを組み合わせていく作業だよね。私にはそういう作業のほうが向いてる。フルートよりオルガンのほうが向いてる」

B自分でも止められないほどに、言葉が(注4)ヒートアップしていく。

「朋子と一緒に(注5)整音《せいおん》をしたのは、すごくやりがいがあった。私がやるべき仕事はこっちなんだって、そう思ったよ。オルガンを弾いたり作ったりする仕事こそが、私にとって……」

「私は、自分がオルガンに向いてるかなんて、考えたことがない」

朋子の声は、困惑していた。

「自分に向いてるか向いてないかなんて、どうでもいい。私にはオルガン作りしかなかった。だから、オルガンを作ってる」

「やろうとしてることが向いてるか向いてないか、普通は考えるでしょ?」

「父だって別に、向いてるからオルガンビルダーになったわけじゃない。オルガンが何よりも好きだっただけだよ」

朋子が足を止めた。

上空を吹き荒れている風が、地上にも降りてきている。この二ケ月間、私を包み込んでくれていた奥瀬見の自然が、わずかに牙を剝《む》いている感じがする。

「陽菜は、本当は何になりたいの?」

「何に――」

「コンクールで一位を取りたかったんじゃないの? 音大に行きたかったんじゃないの? フルート奏者として、スポットライトを浴びたかったんじゃないの?」

「でもそれは、私には向いてないんだよ」

「そんな話はしてない。ごまかさないで」

朋子は、強い人だ。子供のころからぶれずに、一貫してオルガンビルダーの道を歩んでいる。自分の技術を高め、十九歳にして周囲の大人を驚嘆させるほどの技術を誇っている。

「C私は朋子みたいに、生きられない」

朋子はじっと、私を見つめている。

「フルート奏者になりたいよ。でも、それは私には、無理なんだ」

私には、私のフルートが、ないのだから。

朋子の目の中には、落胆も怒りもない。パイプの凹凸を丁寧に確認するような、冷静な色だけをたたえている。でも、Dこれが私なのだ。自分を晒《さら》すつもりで、私は朋子の視線を浴び続ける。

ふと、背後に人の気配を感じた。

「芦原さん――」

いつからそこにいたのだろう。振り返ると、そこに、芦原さんが立っていた。

「こんなことになるとは、思っていませんでした」

芦原さんは、残念そうに言った。

「今回のオルガンは、街ぐるみで作ろうと思っていました。僕にはない発想、僕にはない感性、そういうものを統合して、新しいオル

二十字以内で書きなさい。

① 習慣は、2つのシステムのうち［ Ⅰ ］にあたる。よって、習慣による自動化とは、［ Ⅱ ］状態だといえる。
② モチベーションの「効率化」のために習慣を取り入れると、モチベーションによって［ Ⅲ ］ことにつながる。

(6) この文章の構成について説明したものとして最も適当なものを、次の**ア**～**エ**のうちから一つ選び、その符号を書きなさい。

ア 前半は思考と行動の決め方の順番を明快に示して問題を提起し、後半は学者の提唱する理論の証明と筆者の見解とをまとめている。

イ 前半は一般的で身近な例と関連する心理学の研究状況を紹介し、後半は意識と非意識の相違点を比較した調査内容を整理している。

ウ 前半は日常の例を用いて心理学の理論の歴史的出来事を説明し、後半は2つのシステムの優劣を判断するための分析を行っている。

エ 前半は具体例から意識と行動の関係が常識と異なることを示し、後半は意識と非意識の持つ性質やはたらきの重要性を述べている。

五

次の文章を読み、あとの(1)～(5)の問いに答えなさい。

〈 コンクールで他の出場者との圧倒的な力の差を感じた陽菜《はるな》は、フルートが吹けなくなってしまった。しばらく姉の亜季《あき》が住む奥瀬見《おくせみ》で過ごすことにしたが、そこでオルガン制作職人である芦原《あしはら》さんと、その娘の朋子《ともこ》に出会い、パイプオルガン制作を手伝うようになった。〉

「フルート、やめるんだって？」
亜季姉から聞いたのだろう。咎《とが》めるような口調だった。
「やめるなんて言ってないよ。ちょっと、迷ってるだけ」
「オルガンを作り終えたらフルートに戻るって、陽菜、言ってた。あれは嘘《うそ》だったの？」
「でも、オルガン、まだ作り終えてないじゃん」
「ごまかさないでよ。陽菜、(注1)オルガンビルダーになるつもり？」
返事ができない私を、朋子は黙って見つめてくる。上空を吹く風が、ごうっとひときわ派手な音を立てた。
「さっき吹いてた曲、あれ、コンクールでやった曲だよね？」
「聴いてたの？　ていうか、よく覚えてるね」
「あのコンクールは、衝撃的だったから。私と同じ年くらいの人たちが、華やかな舞台に立ってて、(注2)鎬《しのぎ》を削ってる。オルガンビルダーには同世代の仲間とかいないから、すごく羨ましかった」
「入賞した三人のことは覚えてる？　私とはレベルの違う演奏だったよね」
「私はフルートのことはよく判《わか》らない。みんな同じくらい、素晴らしかったと思う。だから私は、陽菜がなんでフルートをやめようとしてるのか判らない」

(1) 文章中の広く と同じ品詞であるものを、次の**ア**〜**エ**のうちから一つ選び、その符号を書きなさい。

ア ようやく空が晴れてきた。
イ 楽しい時間を皆で過ごす。
ウ あふれる清水をくみ出す。
エ 静かな環境を大切にする。

(2) 文章中の[A]に入る言葉として最も適当なものを、次の**ア**〜**エ**のうちから一つ選び、その符号を書きなさい。

ア 人間は意識に基づいて行動する合理的な存在だ
イ 人間は非意識的に行動する不合理な存在だ
ウ 人間は体験に基づいて行動する自覚的な存在だ
エ 人間は無意識的に行動する不可解な存在だ

(3) 文章中のB 2つのシステム について次の表のようにまとめる場合、①〜⑥に入る言葉として最も適当なものを、あとの**ア**〜**カ**のうちから一つずつ選び、その符号を書きなさい。

	モード	はたらき	思考の速度	具体例
システム1	自動的で努力が不要	①	②	③
システム2	努力や自制が必要	④	⑤	⑥

ア 印象、直観、意志、感触を生み出し、供給する
イ 行動を監視し、制御する
ウ 速い思考
エ 遅い思考
オ 「オレンジジュースにしよう！」という判断
カ 無自覚な眼球（視線）の動き

(4) 文章中のC ハイブリッドな仕事 を説明した、次の文章を完成させなさい。ただし、[Ⅰ]、[Ⅱ]に入る言葉として、55ページ・54ページの文章中から[Ⅰ]は**二十二字**で**抜き出して**、**はじめの五字**を書き、[Ⅱ]は**十三字**で**抜き出して**書きなさい。

> ハイブリッドな仕事とは、異なるものが組み合わさり、動くことであり、ここでは、非意識的なシステム1と、意識的なシステム2が、[　Ⅰ　]ということである。これを文章中の別の言葉で言い換えると[　Ⅱ　]というはたらきを指している。

(5) 文章中のD 効率化 について、筆者が著した次の文章を参考にして、あとの問いに答えなさい。

> 習慣とは、体験を通して獲得される行動傾向性のひとつで、意識や努力の感覚なしに特定の行動を成功裏に遂行できる能力を指す。いわば行為が身体化した状態だといえる。
> すべての習慣を失った生活を想像してみてほしい。「次は何をすべきか」といちいち立ち止まって、その都度、その状況に適応的なやり方を考え出さなければならなくなる。いかに面倒かがわかるだろう。われわれは習慣による自動化の恩恵を受けているのである。
> （鹿毛《かげ》雅治《まさはる》『モチベーションの心理学』による。）

問い　モチベーションの「効率化」のために習慣が果たす役割をあとのようにまとめます。[Ⅰ]〜[Ⅲ]に入る言葉を書きなさい。ただし、次の①、②にしたがって書くこと。

① [Ⅰ]は、「システム1」か「システム2」のいずれかを書くこと。
② [Ⅱ]は55ページ・54ページの文章中から**二十三字**で**抜き出して**、**はじめの三字**を書きなさい。[Ⅲ]は**十五字以上、**

れの日常で非意識過程が果たす役割が次々に明らかにされてきた。心理学界において、これは「オートマティシティ（自動性）革命」とも呼ばれる歴史的な出来事だったのである。

一方、われわれの常識の通り、意識が行動の原因である場合も多いことが実証されている。「意識が先か、行為が先か」という二項対立的な問いに大きな意味はない。人は、意識、非意識両方の（注2）プロセスを、時と場合に応じて使い分けているのである。

2002年にノーベル経済学賞を受賞した（注3）ダニエル・カーネマンは、意識と非意識の性質やはたらきを二重プロセスと呼んでいる。

まず、われわれは誰でもB2つのシステム、すなわち、システム1とシステム2を持っているという。システム1とは、速い思考、つまり、自動的に高速ではたらき、努力はまったく不要か、必要であってもわずかで、自分がコントロールしているという感覚が一切ない非意識的な「自動操縦モード」を指す。それに対して、システム2とは、遅い思考、つまり、時間をかけて注意を傾けたり、熟考が必要だったりする際に起動する「意識的で努力や自制が必要なモード」を指す。

システム1とシステム2は役割を分担することで、問題を効率的に解決する。システム1は、印象、直観、意志、感触といったものを絶えず生み出してはシステム2に供給する。一方、システム2は、システム1が提供する情報や、それが生み出す無自覚な行動を監視し、制御する。システム1が困難に遭遇すると、システム2が応援に駆り出され、問題解決に役立つ緻密で的確な処理を行うというわけである。

たとえば、驚いた直後に注意深く観察しようとしたり、怒っているときであっても礼儀正しく振る舞ったり、夜に車を運転しているときに警告を発したりするのは、システム1に対するシステム2によるはたらきである。また、食習慣の改善のため、甘いおやつばかりをつい食べてしまうといった悪弊を断ち切るためには、システム2による意識的な努力が不可欠になる。2つのシステムは以上のような役割分担によるCハイブリッドな仕事をしてくれることで、われわれの生活を支えているのである。

元来、人は生物として、心身のエネルギーを節約し、温存し、効率的に使うようにできている。特に、やる気や意欲といった（注4）モチベーションは心身のエネルギーを消費するので、オンとオフの切り替えが重要になる。やみくもにやる気を発揮しエネルギーを浪費するのは合理的ではないし、そもそも限界があるのだ。そこで、意識と非意識の二重プロセスは、最も少ない努力ですむ方法を選ぶ「最小努力の法則」に基づいて機能する。努力に要する心身のエネルギーは限りある貴重な（注5）リソースなので、システム2への過大な負担を避け、システム全体としてエネルギーを節約する二重プロセスは、生き物としてのわれわれにとってきわめて適応的なのだ。非意識的に行動を起こすシステム1は、モチベーションのD効率化に大いに貢献しているというわけである。

（鹿毛《かげ》雅治《まさはる》『モチベーションの心理学』による。）

（注1）直観＝推理を用いず直接に対象を把握すること。直感とは異なる。

（注2）プロセス＝進める方法や手順。過程。経過。

（注3）ダニエル・カーネマン＝アメリカ合衆国の心理学者、行動経済学者。

（注4）モチベーション＝ここでは心理学的用法。特定の行為が始まり、持続し、方向づけられ、終わるという一定の流れを指す。

（注5）リソース＝供給源。資源。

ウ　お店の特徴を伝えることで、文化祭に来るお客さんが、食事を提供するお店はどこなのかを、見つけられるよう工夫しているから。

エ　お店の特徴を伝えることで、にぎやかなお店が好きな人も静かなお店が好きな人も、一緒に楽しめる空間であることがわかるから。

聞き取り検査終了後、二以降も解答しなさい。

※〈国語聞き取り検査放送用台本〉は国語の問題の終わりに付けてあります。

二

次の(1)〜(4)の――の漢字の読みを、**ひらがな**で書きなさい。

(1) 作家を招いて講演会を開く。

(2) 私語を慎むように注意を促す。

(3) 曖昧な態度では誤解されやすい。

(4) あえて辛辣な意見を述べる。

三

次の(1)〜(5)の――のカタカナの部分を**漢字**に直して、楷書で書きなさい。

(1) 知り合ってまだ日がアサい。

(2) 初日の出をオガむ。

(3) 映画のヒヒョウをする。

(4) 新しい分野の雑誌をソウカンする。

(5) 年功ジョレツの制度。

四

次の文章を読み、あとの(1)〜(6)の問いに答えなさい。

「急ごう」と思ったら、身体はすでに走りはじめていた。

このような体験はないだろうか。振り返って考えてみてほしい。「急ごう」という判断は、「走る」という行為に先行していただろうか。われわれは、「急ごうと思ったから走りはじめる」というように、意識が行動の原因だと信じているが、それは本当だろうか。

たとえば、あなたが自動販売機で缶飲料を買おうと思い、目の前のディスプレイを眺めて何を飲もうかと迷った末に、「オレンジジュース」を選んだとしよう。あなたはこの意思決定こそが、その後の行動の起点になっていると信じているはずだ。

しかし、事実は異なるという。「オレンジジュースにしよう！」という判断よりも先に、あなたの眼球は動きだし、オレンジジュースのディスプレイをすでに凝視しているというのだ。つまり、オレンジジュースを選んだのはあなたの視線なのである。

このように意思決定(選好判断)より前に、視線が無自覚のうちに好きなほうに傾くという現象は、視線のカスケード現象と呼ばれ、広く知られている。「オレンジジュースにしよう！」という意識(意図)が行動の原因であれば、それが時間的に先行していなければならない。しかし実際には、神経系の反応や、それに伴う無意識な動きよりも後に、その意識が生じていることになる。にわかに信じがたいかもしれない。「意識が行動を決めている」という常識にそぐわないし、何よりわれわれの(注1)直観に反しているからである。

実際、心理学者たちもこの事実の発見に驚き、戸惑った。「［　A　］」と、彼らも信じていたのである。

１９８０年代以降、われわれの非意識的なはたらき(潜在的認知)に関心が向けられるようになる。とりわけ、迅速性、効率性を特徴とする自動的なモチベーションの研究が盛んになるにつれ、われわ

国語

●満点100点　●時間50分

聞き取り検査の音声は、当社ホームページで聴くことができます。（当社による録音です。）再生に必要なアクセスコードは「合格のための入試レーダー」（巻頭の黄色の紙）の1ページに掲載しています。

※注意　全ての問題について、解答する際に字数制限がある場合には、句読点や「　」などの符号も字数に数えること。

一　これから、三田さんが川辺さんに、文化祭のクラスの催し物について相談している場面と、それに関連した問いを四問放送します。よく聞いて、それぞれの問いに答えなさい。

※放送は全て一回だけです。

（放送が流れます。）

(1)（問いを放送します。）

［選択肢］

ア「歌おうよ」の歌う主体が、最初の説明より重視されている点。

イ「歌おうよ」の歌う主体が、最初の説明以上に活躍している点。

ウ「歌おうよ」の歌う主体が、最初の説明では存在していない点。

エ「歌おうよ」の歌う主体が、最初の説明とかみ合っていない点。

(2)（問いを放送します。）

［選択肢］

ア　川辺さんは言葉の響きに着目しているが、三田さんは言葉が意味することを意識している。

イ　川辺さんは言葉が示す情緒性に着目しているが、三田さんは言葉がもつ音楽性を意識している。

ウ　川辺さんは言葉が及ぼす影響力に着目しているが、三田さんは言葉の規則性を意識している。

エ　川辺さんは言葉の働きに着目しているが、三田さんは言葉の表現技法を意識している。

(3)（問いを放送します。）

［選択肢］

ア　一つ目は言葉のリズムを重視して作られているが、二つ目は客観性を重視して作られている。

イ　一つ目は親しみを込めて作られているが、二つ目はお店側の願望を込めて作られている。

ウ　一つ目はお店側の立場で作られているが、二つ目はお客側の立場で作られている。

エ　一つ目は個性を伝える目的で作られているが、二つ目は利便性を伝える目的で作られている。

(4)（問いを放送します。）

［選択肢］

ア　お店の特徴を伝えることで、静かなお店で食事をしたい人に、にぎやかなお店で食事する良さを積極的に教えようとしているから。

イ　お店の特徴を伝えることで、お客さんを集めるためだけでなく、文化祭に来るお客さんがお店選びをしやすいよう配慮しているから。

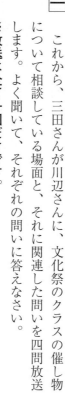

2023年度 千葉県公立高校／思考力を問う問題

1　次の【文章Ⅰ】、【文章Ⅱ】を読み、あとの(1)～(3)の問いに答えなさい。ただし、解答する際に字数制限がある場合には、句読点や「　」などの符号も字数に数えること。

【文章Ⅰ】

アートに触れる意味、あるいは意義、価値、面白さ、楽しさ、魅力があるとすれば、それは何でしょうか。私はアーティストが投げかける「問い」を感じ取ることだと思っています。

アートシーンの最前線を走るアーティストのアート作品には、現代社会で考えるべき鋭い「問い」が必ず潜んでいます。鑑賞者はそれを非言語的に感じ取りながら、同時に今までになかったものの見方や感じ方、意識の壁、思考の幅を拡張していくことで、自分なりに「問い」に対する答えを探していくのです。

このようにアートに触れた経験は、その後の鑑賞者に多かれ少なかれ何らかの影響を与えます。その影響は、ときに鑑賞者の見方や発想、生き方にも及びます。それがアート作品がこの社会に存在する意味だと私は思っています。

「アート思考」というのは、このように「問い」を感じ取って自分なりに新しいものの見方や感じ方を身に付けて答えを探し出す力なのではないかと、私は思っています。現実の社会の中で今まで見たことも聞いたこともない物事や状況に直面し、それと自分の間に生じるズレや問題は何かを感じ取り、それを「問い」として受け止め、自分の立場や仕事、あるいは生き方やスタイルの中で答えを見つけて行動していく。そのことが、社会で以前よりも強く求められるようになっているとも感じます。

私は、アートに触れれば触れるほど「問い」を感じ取る力が身に付くと思っています。そして、A この力が身に付くほど、アート以外のものからも「問い」を感じられるようになるとも思っています。

また、私はアート鑑賞を繰り返していく中で、さまざまなものごとに対する直感力のようなものも身に付けてきたと思っています。例えば、初めての人や物を見るとき、新しいビジネスを始めるとき、あるいは新たな社会現象に触れたときに、無意識に近いところで新鮮な感覚や違和感のようなものに数多く気付けるようになったと実感しています。そして、その感覚は私が仕事をする上でとても役立ってきました。

おそらく、人は新しい気付きを得るとき、たいてい何かを見ているのです。本やメディアの記事を読んだり聞いたりして気付きを得ることもあると思うのですが、多くの場合、何か新たなものを見たときに、あるいは新たな角度でものを見たときに、新しい気付きを得るのではないかと感じます。

また、社会の中で新しい概念が生まれるときというのも、まず言語的でない状態があるのだと思います。その状態が社会の中でさまざまに作用する中で少しずつ言語化されて、やがて社会で共有される概念になっていく。まずあるのは現象であり、それを見るという体験があって、やがて概念化される。Bこれは鑑賞者がアートに触れて「問い」を感じ取って考えるということにとても似ているように思います。

新しいものの考え方や感じ方を得るために、美術館に足を運んでアート作品を見てみる。そんなアート鑑賞が広まってほしいと願っています。アート鑑賞に「この作品はこうやって見る」というルールや作法はありません。ただただ、作品に向き合えばいいのです。そして自分が感じていることに意識を向ける。それが「観《み》る」あるいは「鑑賞」ということなのだと思います。

私は、「観る」あるいは「鑑賞」というのは、自分の既成概念の壁を越えるための「眼差《まなざ》し」を自ら持つことであると思っています。また、アートはその眼差しを純化させる活動であるとも思います。

（吉井仁実《よしいひろみ》『〈問い〉から始めるアート思考』による。）

【文章Ⅱ】

美は心を揺さぶってくる何ものかである。時に脅かしたり、うっとりさせたり、気持ちをざわざわと落ち着かなくさせたり、場合によっては酷《ひど》い嫌悪《けんお》感を抱かせたり、人の心を動かす作用がある。

自分の「美の琴線」を知りたい場合、自分の趣味はこうだと限定しないで、積極的にいろいろなものを観に行くことをお勧めする。というのは、思いもかけぬものに自分が反応するかもしれないからで、心を震わせるものに出合えば、「美の琴線」はいつでも鳴る準備をしているから、心配は要らない。

一つ、某美術館館長から聞いた、おもしろい例を挙げよう。

その館長のお祖父様、お父様は日本でも有数の古美術コレクターで、話は先代の奥様、現館長のお母様のことである。

その館長氏だが、美術館ができ、家のコレクションを引き継いで館長になる前は、現代美術の画商をしていて、当時未《いま》だまったくの無名作家だった村上隆《むらかみたかし》(注1)氏の作品を扱ったりしていた。

さて、館長はその無名時代の村上氏の展覧会を、年に一回は画廊で必ず開催していたのだが、そのたびにお母様から、

「あなた、またこんな変なもの飾って！　毎回毎回、いい加減になさい！」

と怒られていたという。

が、村上氏の展覧会を始めて何回か目に、館長はお母様にこういったという。

「お母さん、お母さんみたいにお祖父さんや親父に散々いいものを見させられて、勉強させられた人に、毎回『こんな酷いもん！』っていわせ続けるアートって、もしかしたらどこか見どころあるん

じゃないか？　どうでもいいアートだったら、いつも無視するし、何もいわないんでしょ？」

確かに国宝・重文(注2)を屋敷内に持つ家に嫁いできて以来、人生を通して世界の一流美術品を観てきたお母様は、息子のそのことばを聞いて、ハッとしたという。どうでもいいアートは話にも出さないし、興味もない。批判・文句をいう時間すら無駄と思っていたからだ。その後の村上氏の世界的活躍はご存知の通り――この話も「琴線」に触れる好例ではないかと思う。

私は、絵は究極の「知の楽しみ」なのではないか、と考える。

例えば印象派(注3)の絵を観れば、こんな世界の見方があったのかとハッとさせられる。当時の人たちもまた、印象派の画家の世界の見方に強く衝撃を受け、理解よりも反発したのである。クレー(注4)やシャガール(注5)の絵を観ると、まるで異次元世界に触れたような思いがする。不安に押しひしがれそうになったムンク(注6)の絵を観れば、世界はこんなに恐怖に満ちたものなのか、と思わせられる。

私はそれを総じて「知の楽しみ」と呼びたい。自分の内部に別世界を取り込み、現存する自分の世界を押し広げるような経験といってもいい。絵を観終わった後、心なしか自分が賢くなった気がするのはそのためで、なぜなら自分の中に世界を多くもつことこそが、賢者の必要条件なのだから。

（山口桂《やまぐちかつら》『美意識を磨く』による。）

（注1）　村上隆＝日本の現代アーティスト。
（注2）　重文＝重要文化財の略称。
（注3）　印象派＝十九世紀後半にフランスで始まった芸術運動の一派。
（注4）　クレー＝スイス生まれのドイツの画家。
（注5）　シャガール＝ロシア生まれのフランスの画家。
（注6）　ムンク＝ノルウェーの画家。

(1)　【文章Ⅰ】中にAこの力が身に付くほど、アート以外のものからも「問い」を感じられるようになるとあるが、なぜ筆者はこのように考えるのか。その理由として適当なものを、次の**ア**～**カ**のうちから**二つ**選び、その符号を書きなさい。

ア　アート鑑賞によって、現実の社会の中で新たな物事や状況に直面したときでも敏感に違和感のようなものに気付けるようになり、その影響が鑑賞者の生き方に及ぶこともあるから。

イ　アートからアーティストの投げかける「問い」を感じ取る力には、さまざまな事象の魅力や価値に気付き、それを社会で活用するために自分なりに解釈を加えていくはたらきがあるから。

ウ　アート鑑賞の経験を重ねると、現実の社会生活においても初対面の人物との会話や新しい事業に挑戦する場面での、その場にふさわしい配慮の仕方が直感的にわかるようになるから。

エ　アートから「問い」を感じ取る力は、物事に対する直感力のようなものであり、この力の強化によって新たな社会現象についてもその善しあしを感じ取ることができるようになるから。

オ　アートからアーティストの投げかける「問い」を感じ取るとともに、今までになかったものの見方や感じ方を得て、社会生活における自らの思考の幅が広がることにつながるから。

カ　アート鑑賞の経験を重ねれば、現実の社会の中における自分の立場によって視点は変わるものの、目の前にある問題の改善すべき点を敏感に知覚することができるようになるから。

(2) 【文章Ⅰ】中に B これは鑑賞者がアートに触れて「問い」を感じ取って考えるということにとても似ているように思います とあるが、このことを整理した次の文の Ⅰ 、 Ⅱ に入る言葉を書きなさい。ただし、 Ⅰ は文章中から**十六字**で**抜き出して**、**はじめの五字**を書き、 Ⅱ は文章中の言葉を使って、**二十字以上、三十字以内**で書くこと。

社会の中の言語化されていない現象が、人々の、見るという体験を通して言語化されて、社会で共有される概念になっていく。

類似

アート作品に込められた Ⅰ について、鑑賞者が、「観る」あるいは「鑑賞」を通じて Ⅱ 。

(3) 【文章Ⅰ】、【文章Ⅱ】から共通して読み取れるアート鑑賞の効果について、「問い」、「知の楽しみ」という言葉を使って、**百五十字以上、二百字以内**でまとめて書きなさい。ただし、一マス目から書き始め、段落は設けないこと。なお、【文章Ⅰ】と【文章Ⅱ】は、それぞれ【Ⅰ】、【Ⅱ】と表してもよい。

2　次の(1)〜(4)の問いに答えなさい。

(1)　x，y についての連立方程式Ⓐ，Ⓑがある。連立方程式Ⓐ，Ⓑの解が同じであるとき，a，b の値を求めなさい。

Ⓐ　$\begin{cases} -x-5y=7 \\ ax+by=9 \end{cases}$　　　Ⓑ　$\begin{cases} 2bx+ay=8 \\ 3x+2y=5 \end{cases}$

(2)　下の表は，あるクラスの生徒20人が受けた小テストの得点のデータを，度数分布表に整理したものである。

階級(点)	度数(人)
以上　　未満	
0 〜 10	0
10 〜 20	1
20 〜 30	1
30 〜 40	2
40 〜 50	5
50 〜 60	4
60 〜 70	2
70 〜 80	4
80 〜 90	0
90 〜 100	1
計	20

このデータを箱ひげ図で表したときに，度数分布表と**矛盾するもの**を，次の**ア**〜**エ**のうちからすべて選び，符号で答えなさい。

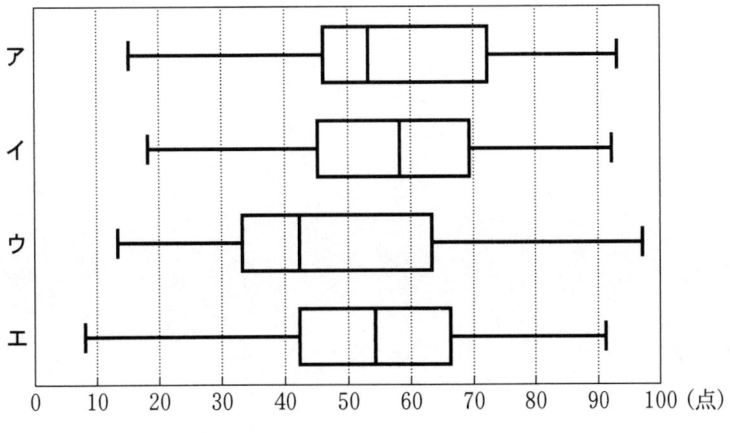

(3) 下の図の △ABC は，AB = 3 cm，BC = 4 cm，∠ABC = 90° の直角三角形である。△DBE は，△ABC を，点 B を中心として，矢印の方向に回転させたものであり，△DBE の辺 DE 上に，△ABC の頂点 A がある。また，辺 CA と辺 BE の交点を F とする。

このとき，次の①，②の問いに答えなさい。

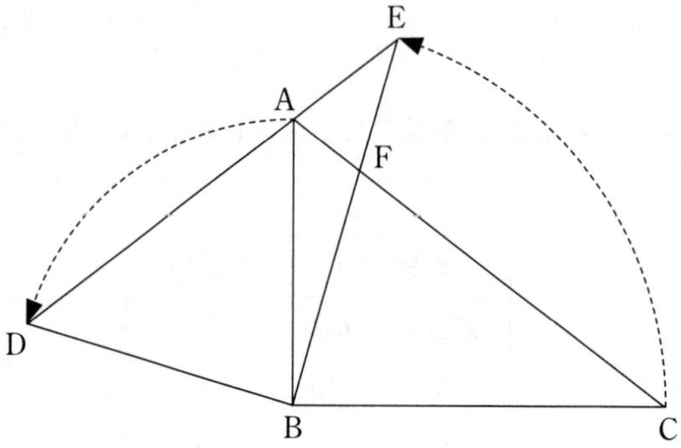

① 線分 AE の長さを求めなさい。

② △ABF の面積を求めなさい。

(4) 下の図のように，関数 $y=\frac{1}{4}x^2$ のグラフと，傾きが $-\frac{1}{2}$ の2つの平行な直線 ℓ，m がある。

関数 $y=\frac{1}{4}x^2$ のグラフと直線 ℓ の交点をA，Bとし，関数 $y=\frac{1}{4}x^2$ のグラフと直線 m の交点をC，Dとする。2点A，Bの x 座標は，それぞれ -4，2であり，点Cの x 座標は，-4 より大きく0より小さい。また，直線 m と x 軸との交点をEとする。

このとき，次の①，②の問いに答えなさい。

ただし，原点Oから点(1，0)までの距離及び原点Oから点(0，1)までの距離をそれぞれ1cmとする。

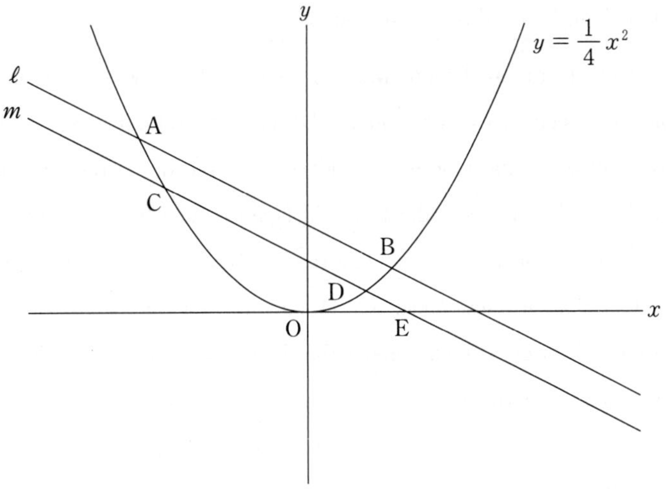

① △ADBの面積が $\frac{3}{7}\text{cm}^2$ のとき，直線 m の式を求めなさい。

② 四角形ACEBが平行四辺形になるとき，直線 m の切片を求めなさい。

3 ポール(Paul)がクラスで発表した内容を読んで，あとの(1)～(3)の問いに答えなさい。

Hello, everyone. I'd like to share some interesting information with you. Please read this email sent to me yesterday.

> Happy Birthday! Sorry that this message is one day late. I hope you had a great day. Yesterday was your birthday for you in Japan, but today is your birthday for me in America. By the way, today is Thanksgiving Day in America. It's a traditional holiday. On the fourth Thursday of November, many families meet to give thanks to each other and eat some special dishes. Like most American people, my family will eat turkey. I hope you have a great day again today. I'm looking forward to seeing you again.

This is a message from my friend, Max in New York. I was very happy to read this message. My birthday seemed two days long. Do you understand why? The time difference has increased the number of days of my birthday. As you know, the time in London is the standard time for the world. The standard time in Japan is nine hours ahead of London. When it's 1 p.m. in Chiba, in London it's 4 a.m. The time in New York is five hours behind London. When it's 1 p.m. in Chiba, in New York it's 11 p.m. the day before. So, Max sent me my birthday message one day late! Thinking about the time difference is difficult, but interesting!

I have another memory with Max about the time difference. Of course, you know, he was studying with us as an international student at this school until July of this year. When he was still in Chiba, we talked about sending messages to our family members. He told me that he would send his parents the message "Happy Thanksgiving!" at 10 p.m. on Thanksgiving Day. I realized why he would do that. My parents live in London. So, if I send a message to my parents at 11 p.m. in Chiba, they will read it in the afternoon. It's very interesting to think what my parents are doing now. Max and I made a table about the time difference between Chiba, London, and New York, so please look at this. What do you think?

What are our parents doing?		
London	Paul and Max	New York
watching TV	breakfast	afternoon coffee
going to bed	going to school	dinner
sleeping (early morning)	lunch	going to bed
getting up	after school	sleeping
after breakfast	dinner	sleeping (early morning)
lunch	taking a bath	getting up

Here is more information about events in the UK and the US. In Max's message, he says that Thanksgiving Day is a traditional holiday for American people. Thanksgiving is an event that was born in the US. In the UK, we don't have such an event. According to Max, most American people eat turkey on this day, but my family often eats it for Christmas. However, on Christmas Day, family members gather to eat and celebrate in both the UK and the US.

(注) Thanksgiving 感謝祭　turkey 七面鳥　the time difference 時差
the standard time 標準時　ahead of～ ～より進んで　the day before 前日

(1) 次の**ア**～**エ**の文は，本文のことがらについて述べたものである。**ア**～**エ**を出来事が起こった順に並べかえ，その順序を符号で示しなさい。

ア Paul told his classmates some memories with Max.

イ Paul received a birthday message from Max.

ウ Paul and Max talked about messages to their parents.

エ Max went back to America.

(2) 本文の内容に合うように，次の①～③の英文の(　　)に入る最も適当なものを，それぞれあとの**ア**～**エ**のうちから一つずつ選び，その符号を書きなさい。

① Paul was happy after reading Max's message because (　　).

ア he thought Thanksgiving was born in America

イ he knew his birthday was the same as Thanksgiving Day

ウ he felt he could have his birthday for two days

エ he remembered talking about the time difference with Max

② In Paul's speech, it has already been several (　　) since Max left.

ア days　**イ** months　**ウ** years　**エ** times

③ Max planned to send his "Thanksgiving message" from Chiba to his parents late at night because the time in New York was (　　).

ア in the morning　**イ** lunch time　**ウ** in the afternoon　**エ** dinner time

(3) 次の英文は，ポールのお礼のメッセージと，それに対するマックスからの返信です。(　　)に入る言葉を英語で書きなさい。ただし，語の数は**10語程度**(，などの符号は語数に含まない。)とすること。

Paul

Hi, Max. Thank you for your great birthday message! I could have one more "happy day" on the day after my birthday. Well, I'm interested in Thanksgiving Day. (　　)?

Max

Hello, Paul! I eat foods like turkey and pumpkin pie and watch the Thanksgiving parade on TV with my family. Next year, come and join us!

4 次の英文を読んで，あとの(1)，(2)の問いに答えなさい。

I read this information on the Internet.

About the national flag of Canada

The national flag of Canada is white with red vertical stripes, and has a red maple leaf at the center. [ア] The flag is also called the "Maple Leaf." Why does it have a maple leaf? [イ] Maple syrup from maple trees is a food eaten by many people in Canada because it is very sweet and healthy. The maple syrup made in Canada is especially famous around the world. [ウ] For example, many people enjoy driving through the maple tree forests. [エ] Other people enjoy the leaves while they are hiking or camping in nature. During fall, many tourists also come from all over the world.

About maple syrup

Maple syrup is made from the sap of maple trees. To make it, the maple sap is boiled down. People in the world use it for cooking because it is healthy and has natural sweetness. In Japan, many people think that maple syrup is eaten only with pancakes. But in Canada, people also eat maple syrup over fried chicken. Some people even eat it on vegetables. People in Canada cannot imagine their lives without maple syrup!

This is my summary.

People in Canada are proud of maple trees and syrup. So, there is a maple leaf on the national flag. For them, maple syrup is as (　　　) as soy sauce for Japanese people.

(注) flag 旗　vertical stripes 縦じま　maple カエデ　syrup シロップ
sap 樹液　boil down～ ～を煮詰める　sweetness 甘さ
summary 要約

(1) 次の英文を入れるのに最も適当な場所を，本文中の[ア]～[エ]のうちから一つ選び，その符号を書きなさい。

Maple trees are also loved by people in Canada with their beautiful colors in fall.

(2) 本文中の(　　　)に入る最も適当な英単語１語を書きなさい。

Memo

Memo

2022年度
千葉県公立高校 入試問題

英語

●満点 100点　●時間 60分

注意　リスニングテスト終了までは，5以降のページを開いてはいけません。

■リスニングテストの音声は，当社ホームページで聴くことができます。（当社による録音です。）再生に必要なアクセスコードは「合格のための入試レーダー」（巻頭の黄色の紙）の１ページに掲載しています。

1　英語リスニングテスト（**放送**による**指示**に従って答えなさい。）

No. 1	A．Yes, she is.　B．Yes, I did. C．No, she doesn't.　D．No, I'm not.
No. 2	A．Sure.　B．It's mine. C．I agree.　D．It's on the table.
No. 3	A．Dad was there.　B．There were oranges. C．Mom says "OK."　D．Yes, I ate cookies.

2　英語リスニングテスト（**放送**による**指示**に従って答えなさい。）

<table>
<tr><td>No. 1</td><td>A
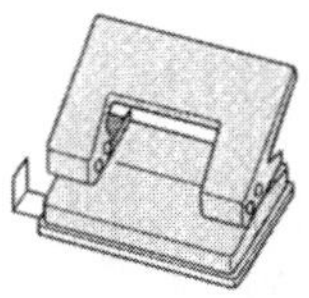</td><td>B
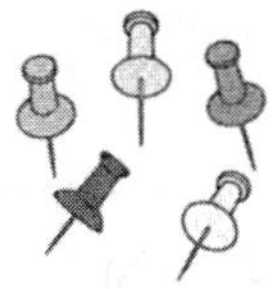</td><td>C
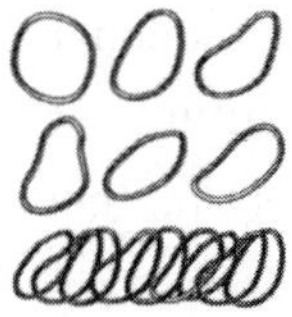</td><td>D
</td></tr>
<tr><td>No. 2</td><td>A
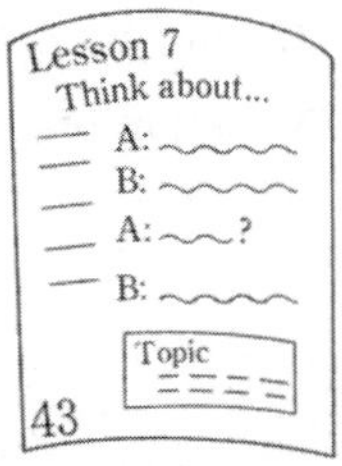</td><td>B
</td><td>C
</td><td>D
</td></tr>
</table>

3 英語リスニングテスト(**放送**による**指示**に従って答えなさい。)

No. **1**	**A**. The Blue Sky Area. **B**. The Green Mountain Area. **C**. 10 a.m. **D**. 9 p.m.
No. **2**	**A**. Go to the sea. **B**. Go to the mountains. **C**. Stay home. **D**. See a movie.

4 英語リスニングテスト(**放送**による**指示**に従って答えなさい。)

No. **1**	Tom left a message for Mina. At his (① □□□□□□□) party, Mina's father and grandfather sang Japanese songs for him. He liked them very much. He also enjoyed (② d□□□□□□□□) food that her family cooked.

No. **2**	David Ronson is a (① □□□□□□) American musician. Many people love his music. He will come to Japan and hold a concert this (② □□□□□□□□).

※＜**英語リスニングテスト放送用台本**＞は英語の終わりに付けてあります。

5 次の(1)～(5)のそれぞれの対話文を完成させなさい。

(1), (2)については, ( )の中の語を最も適当な形にしなさい。ただし, **1語**で答えること。

また, (3)～(5)については, それぞれの( )の中の**ア～オ**を正しい語順に並べかえ, その順序を符号で示しなさい。なお, 文頭に来るべき語も小文字で示してあります。

(1) A : What kind of book is that ?
B : This is my new dictionary. It is very (use).

(2) A : Your bag is beautiful.
B : Thank you ! My mother (buy) it for me last week.

(3) A : (**ア** your **イ** old **ウ** is **エ** sister **オ** how) ?
B : She is nineteen, four years older than I.

(4) A : Do you know that we will get two new classmates next week ?
B : Yes, I do. I (**ア** was **イ** the news **ウ** at **エ** very **オ** surprised).

(5) A : Do (**ア** are **イ** who **ウ** they **エ** you **オ** know) ?
B : They are popular dancers.

6　次の①～④は，ミホ(Miho)が，アメリカを訪れた時の出来事を描いたイラストです。③の場面で，ミホは何と言ったと思いますか。①～④の話の流れを踏まえ，[　　]に入る言葉を英語で書きなさい。ただし，語の数は**25語程度**（．，？！などの符号は語数に含まない。）とすること。

7　次の(1)，(2)の英文を読んで，それぞれの問いに答えなさい。

(1)　ハヤトが睡眠についてスライド(**Slide**)を使って，プレゼンテーションをしています。

How long do you sleep every day? Do you think that everyone needs almost the same sleeping hours? Please look at Slide 1. It shows how long you need to sleep. Do you sleep for around 9 hours every day? New-born babies need to sleep for more than 10 hours. Adults need to sleep about 30% of the day. You should sleep enough for your health.

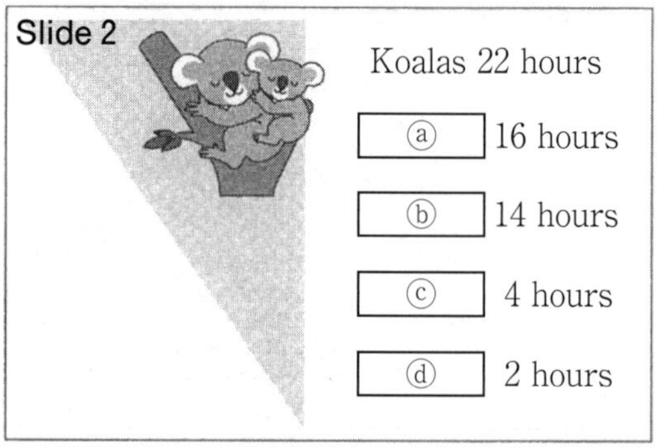

Do you know how long animals sleep? Now, let's look at Slide 2. It shows that koalas sleep the longest. They sleep for more than 22 hours in a day! During the day, they sleep in trees, and then move at night. Tigers and lions sleep for more than half of the day. Tigers sleep a little longer than lions. On the other hand, giraffes sleep for the shortest time of the animals on this slide.

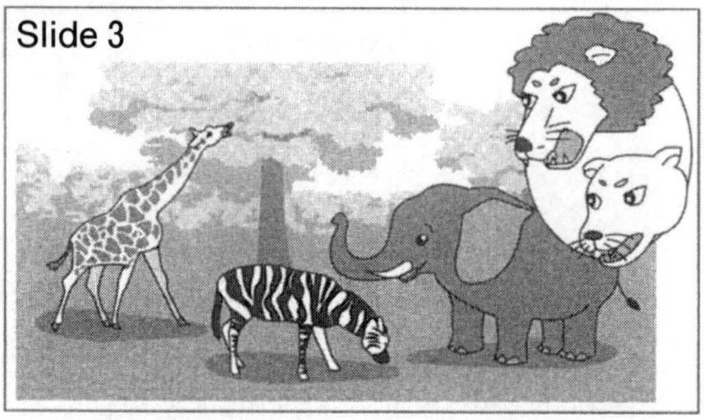

Why are they different? I'll show you two reasons. First, animals like giraffes or elephants are plant-eating animals. They need a lot of time to find food and they have to eat a lot to be (**B**). Second, plant-eating animals can't sleep for a long time because other animals may try to eat them while they are sleeping. It is (**C**) for them. However, animals like tigers or lions are so strong that they can sleep longer than giraffes or elephants. I found some other interesting information. Some scientists say that plant-eating animals sleep longer when they are in a safe place, for example, in a zoo.

How about koalas? They are plant-eating animals, but they sleep for a long time. They are active for only 2 hours in a day. Why?

(**注**)　new-born baby　新生児　　adult　大人　　on the other hand　一方
plant-eating animals　草食動物

①　本文の内容と合うように，**Slide 1**の(**A**)に入る最も適当なものを，次の**ア**～**エ**のうちから一つ選び，その符号を書きなさい。

ア　3～4　　**イ**　5～6　　**ウ**　7～8　　**エ**　10～11

②　本文の内容と合うように，**Slide 2**の ⓐ ～ ⓓ に入るものの組み合わせとして最も適当

なものを，あとの**ア**～**エ**のうちから一つ選び，その符号を書きなさい。

Tigers

Giraffes

Lions

Elephants

	ⓐ	ⓑ	ⓒ	ⓓ
ア	Tigers	Lions	Giraffes	Elephants
イ	Tigers	Lions	Elephants	Giraffes
ウ	Lions	Tigers	Giraffes	Elephants
エ	Lions	Tigers	Elephants	Giraffes

③　本文中の（**B**）に入る最も適当なものを，次の**ア**～**エ**のうちから一つ選び，その符号を書きなさい。

ア　full　　**イ**　tired　　**ウ**　hungry　　**エ**　sleepy

④　本文中の（**C**）に適する英単語**1語**を書きなさい。

(2) 次は，夏期英語講座(English Summer Lessons)の案内です。

English Summer Lessons
For Junior High School Students

Five ALTs from other cities will be your teachers!

Some university students will help you from Day 1 to Day 3!

Date and Place:	August 5th～August 8th　9:00 ～ 12:00　City Culture Center
How to join:	Visit our website and tell us the days of the lessons you want to take by e-mail.（city_cc@cde.fg.jp）
Number of students:	15 for each lesson

Try activities in English!

Day 1 : Games
Day 2 : Dancing
Day 3 : Reading
Day 4 : Presentations

Day 1-3 : a different teacher each day
Day 4　: all of the teachers!

Messages from teachers

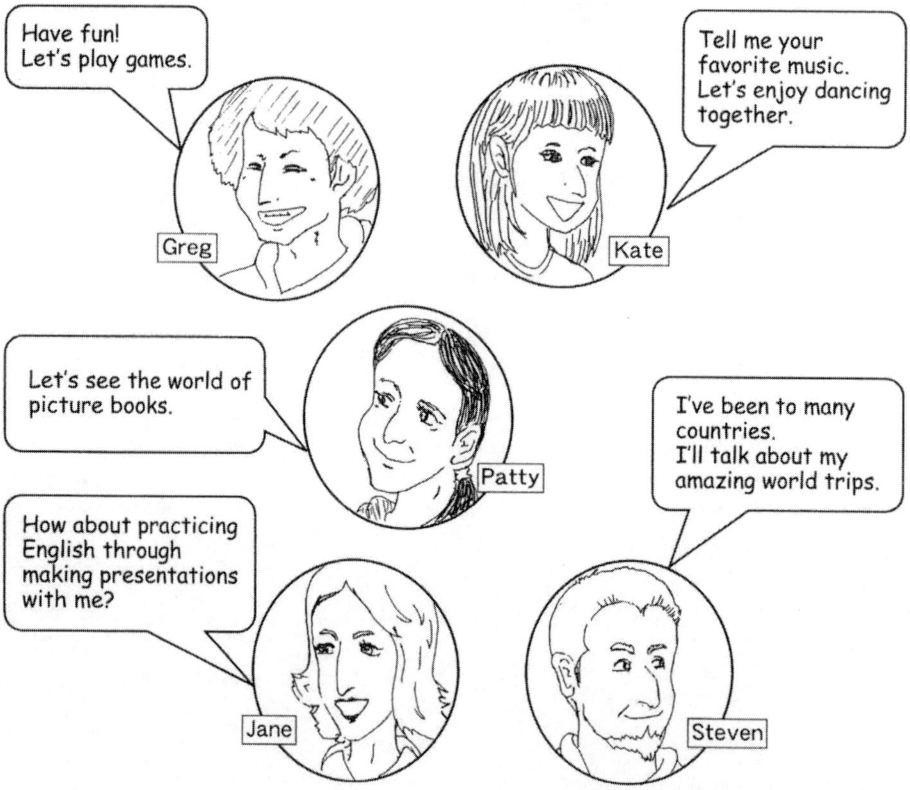
Have fun! Let's play games.
Greg
Tell me your favorite music. Let's enjoy dancing together.
Kate
Let's see the world of picture books.
Patty
I've been to many countries. I'll talk about my amazing world trips.
Steven
How about practicing English through making presentations with me?
Jane

City Culture Center
http://www.ccc.eng.summer

① この案内の内容に合うように，次の文の(　)に入る最も適当な英単語**1語**を書きなさい。

If you take some lessons, you can have many (　　　) through the activities in English.

② この案内の内容に合っている英文として最も適当なものを，次の**ア**～**エ**のうちから一つ選び，その符号を書きなさい。

ア University students will join the lessons on Day 3 and Day 4.

イ You need to send an e-mail to the ALT you want to meet.

ウ Patty will show you picture books on August 5th.

エ You can meet Greg if you join on Day 1 or Day 4.

8 アメリカのオレゴン(Oregon)州ポートランド(Portland)出身のネイサン(Nathan)が故郷を紹介しています。この文章を読んで，あとの(1)～(4)の問いに答えなさい。

My hometown, Portland, is in Oregon. Oregon is in the northwest part of the United States. Portland is one of the best cities to live in and the best "green cities" in the world. About 650,000 people live there. Many people around the world are interested in this city.

About 50 years ago, there were plans to build freeways along the river in the center of the city. [　ア　] However, people in Portland were already thinking about the environment then. In 1974, people in Portland chose to build parks with beautiful trees and flowers and not to build the freeways. [　イ　] They wanted to spend more time in beautiful nature. Thanks to the voices of people in Portland, the city became kind to the environment. The city map about 50 years ago shows some freeways on it, but they weren't actually built. There are more than 300 parks in this city now. [　ウ　] You can see many flowers, birds, and other animals there. You can enjoy walking, running, relaxing, or even having festivals there. [　エ　] One popular festival is The Portland Rose Festival. Portland is so warm that they can grow many roses, so it is called "The City of Roses." This festival has continued since 1907. Today, Portland has a long history.

The city also has a good public transportation system. Many workers go to their offices by bicycle or by public transportation. The use of cars in the city has been decreasing because its public transportation system has been getting better and better. The trains are especially convenient. It is easy to travel in the center of the city by train. For example, when you leave the stores after shopping, the station is just in front of you. You don't have to go up or down stairs. When you take the train from the airport with a lot of bags, you can get off in the main area of the city and walk to your hotel easily.

Buses are also easy ways to go around the city. There are many bus lines, so you can go to the places that you want to go without cars. You can even ride the bus with your bicycle. Before you get on the bus, you can put your bicycle on the front of the bus. When you get off, you can take it down. This means you don't have to look for a bicycle parking and you can go anywhere in the city with your bicycle. In addition, buses use biofuels, so they don't have much effect on the environment. They don't give off much carbon dioxide. In the near future, the city is planning to use buses that run only on electric power. The city decided to reduce their carbon dioxide emissions to 1990 levels. Many people in Portland know about this project.

Portland is known as a fantastic city by many people. If people around the world want to try something to make their cities better, Portland has many good examples. You can get some good ideas from Portland.

（**注**） northwest　北西　　green　環境に優しい　　freeway　高速道路
rose　バラ　　public transportation system　公共交通機関
convenient　便利な　　bicycle parking　駐輪場　　in addition　さらに，加えて
biofuel　バイオ燃料　　effect　影響　　give off　排出する
carbon dioxide　二酸化炭素　　electric　電気の　　emission　排出

(1) 次の英文を入れるのに最も適当な場所を，本文中の[**ア**]～[**エ**]のうちから一つ選び，その符号を書きなさい。

At that time, people were cutting down many trees and building roads in many cities.

(2) 本文の内容に関する次の質問に，英語で答えなさい。

Why did people in Portland stop planning the freeways in the center of the city and build parks there ?

(3) ポートランドを走っているバスを表した絵として最も適当なものを，次の**ア**～**エ**のうちから一つ選び，その符号を書きなさい。

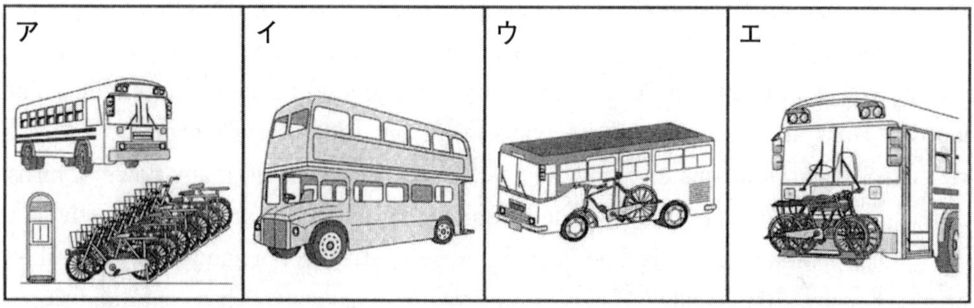

(4) 本文の内容に合っている英文として最も適当なものを，次の**ア**～**エ**のうちから一つ選び，その符号を書きなさい。

ア When you finish shopping, you need to go up and down to get to the station in Portland.
イ More people in Portland use their own cars because of its public transportation system.
ウ You can see some freeways on the city map of Portland about 50 years ago.
エ Many people in Portland know about the project to reduce the number of electric buses.

9 ミカ(Mika)がナンシー(Nancy)の家に電話をしました。この対話文を読んで，(1)～(3)に入る最も適当なものを，それぞれあとの**ア**～**エ**のうちから一つずつ選び，その符号を書きなさい。

また，対話文の内容に合うように，(4)に入る英語を**10語程度**（. , ? ! などの符号は語数に含まない。）で書きなさい。

Ms. Evans : Hello.
Mika : Hello. This is Mika. Thank you for the cake yesterday, it was really good.
Ms. Evans : I'm glad to hear that. Do you need something ?
Mika : (1)

Ms. Evans : Sorry, she's visiting her grandfather. She'll be back tomorrow afternoon.

Mika : I see. [(2)]

Ms. Evans : Sure.

Mika : Thank you. I think I left my planner in her room yesterday. Could you ask her to look for it ?

Ms. Evans : Oh, really ? I will look for it in her room. Wait a few minutes, please. [(3)]

Mika : Thank you very much !

(5 minutes later)

Mika : Hello. This is Mika speaking.

Ms. Evans : Hi. This is Nancy's mother.

Mika : Hi, Ms. Evans. Was my planner in Nancy's room ?

Ms. Evans : Yes. I found it under the desk.

Mika : [(4)]

Ms. Evans : Of course. Any time is OK.

Mika : Thank you. See you soon.

（注） Evans エヴァンズ(人名) planner スケジュール帳

(1) ア Yes, I made it with Nancy. イ No, I don't think so.
ウ Can I speak to Nancy, please ? エ I'm good, how about you ?

(2) ア May I help you ? イ May I leave a message ?
ウ Can I go with you ? エ Can I take a message ?

(3) ア I'll call you back later. イ I'll ask her to look for it.
ウ I'll see her grandfather. エ I'll go to your house with Nancy.

＜英語リスニングテスト放送用台本＞

(チャイム)

これから，英語の学力検査を行います。まず，問題用紙の**1**ページ目があることを確認しますので放送の指示に従いなさい。(間２秒)では，問題用紙の**1**ページ目を開きなさい。(間３秒)確認が終わったら，問題用紙を閉じなさい。**1**ページ目がない人は手を挙げなさい。

(間５秒)次に，解答用紙を表にし，受検番号，氏名を書きなさい。

(間20秒)それでは，問題用紙の**1**ページを開きなさい。(間３秒)リスニングテストの問題は，**1**から**4**の四つです。

では，**1**から始めます。

1は，英語の対話を聞いて，最後の文に対する受け答えを選ぶ問題です。受け答えとして最も適当なものを，それぞれ問題用紙の**A**から**D**のうちから一つずつ選んで，その符号を書きなさい。なお，対話はそれぞれ**2**回放送します。では，始めます。

No. **1** Woman : Where did you go last Sunday ?
Man : I visited my grandmother.
Woman : Does she live near your house ?

No. **2** Bob : Where is it ? . . . Oh, hi Mary.

Mary : Hi, Bob. What are you doing ?

Bob : I'm looking for my notebook, but I can't find it.

No. 3 Girl : Someone ate my cake !

Boy : Oh, it wasn't me.

Girl : Who was in the kitchen ?

次は **2** です。

2 は，英語の対話又は英語の文章を聞いて，それぞれの内容についての質問に答える問題です。質問の答えとして最も適当なものを，それぞれ問題用紙の**A**から**D**のうちから一つずつ選んで，その符号を書きなさい。なお，英文と質問はそれぞれ2回放送します。では，始めます。

No. 1 Miki : What are you doing, Charlie ?

Charlie : Hi, Miki, I want to put these on the wall.

Miki : Wow, these are the pictures taken during our school trip.

Charlie : Yes. Mr. Brown asked me to show them to the class. I've just finished putting all the pictures together. Now, I need to put them on the wall.

Miki : I see. You need these. Here you are.

Charlie : Thank you. Would you help me, please ?

Question : What does Charlie need ?

No. 2 Let's begin the lesson. We've already finished reading page 43 and 44. And we answered the first three questions on the next page yesterday. Let's check the answers to the last two questions and then move on to page 46 after that. Now, are you ready to answer the questions ?

Question : Which page will the students start from in this lesson ?

次は **3** です。

3 は，英語の文章又は英語の対話を聞いて，それぞれの内容についての質問に答える問題です。質問の答えとして最も適当なものを，それぞれ問題用紙の**A**から**D**のうちから一つずつ選んで，その符号を書きなさい。なお，英文と質問はそれぞれ2回放送します。では，始めます。

No. 1 （放送のチャイム）

Thank you for visiting Victoria Shopping Center. We are open from 10 a.m. to 8 p.m. seven days a week. Today is the day before Father's Day, and we will be open until 9 p.m. We are having a special time for you to get football T-shirts and baseball caps on the first floor in the Blue Sky Area. We are also having a time for American food on the second floor in the Green Mountain Area. Please enjoy shopping and have a nice day. Thank you.

Question : Where can you get football T-shirts ?

No. 2 Meg : Hi, Sam. Do you have any plans for this weekend ?

Sam : Yeah, I went to the sea last weekend, so I'm going to the mountains this Sunday.

Meg : That's nice, but will the weather be OK ?

Sam : Well, ah, it'll be rainy.

Meg : You should change your plans. I'm going to see a movie. Do you want to come ?

Sam :　Sounds great.　I'll go to the mountains next time.

Question : What will Sam do this weekend ?

次は **4** です。

4 は，英語の文章を聞いて，その内容について答える問題です。問題は，No. **1**，No. **2** の二題です。問題用紙には，それぞれの英語の文章の内容に関するまとめの文が書かれています。(間３秒)それらの文を完成するために，①，②にあてはまる英単語を書きなさい。ただし，□には **1 文字**ずつ入るものとします。なお，英文はそれぞれ **2** 回放送します。では，始めます。

No. **1**　Hi, Mina.　This is Tom.　Thank you so much for having a welcome party for me.　I enjoyed the Japanese songs that your father and grandfather sang.　That was my favorite part of the party.　I want to try to sing with them next time.　All the food that your family cooked was delicious.　I especially liked the cake.　I had a great time.

No. **2**　David Ronson is an American musician.　Many people around the world know him well because they love his music.　David will come to Japan this Friday and hold a concert on Saturday at The Star Music Hall.　It will be his first time in Japan.　His Japanese fans are very excited.　They will have an amazing time with him.

以上で，リスニングテストを終わります。**5** 以降の問題に答えなさい。

数学

●満点 100点　●時間 50分

1　次の(1)～(7)の問いに答えなさい。

(1) 次の①～③の計算をしなさい。

① $-2\times3+2$

② $6\left(\dfrac{2}{3}a-\dfrac{3}{2}b\right)-(a-3b)$

③ $(2\sqrt{3}-1)^2$

(2) 縦の長さが横の長さの2倍より3cm長い長方形があるとき，次の①，②の問いに答えなさい。

① 横の長さを$x$cmとするとき，長方形の面積をxを使って表しなさい。

② 長方形の面積が7cm^2であるとき，横の長さを求めなさい。

(3) A中学校では，体育祭の種目に長縄跳《と》びがある。全学年とも，連続して何回跳べるかを競《きそ》うものである。下の表は，1年生のあるクラスで長縄跳びの練習を行い，それぞれの回で連続して跳んだ回数を体育委員が記録したものである。

このとき，次の①，②の問いに答えなさい。

	1回目	2回目	3回目	4回目	5回目	6回目	7回目	8回目
記録(回)	3	11	7	12	14	7	9	16

① 1回目から8回目までの記録の中央値(メジアン)を求めなさい。

② 9回目の練習を行ったところ，記録はa回であった。下の図は，1回目から9回目までの記録を箱ひげ図に表したものである。このとき，9回目の記録として考えられるaの値をすべて求めなさい。

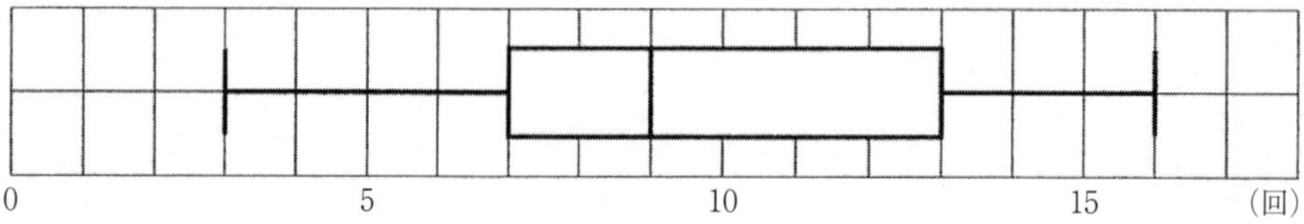

(4) 次の①，②の問いに答えなさい。

① 20以下の自然数のうち，素数は何個あるか，求めなさい。

② 大小2つのさいころを同時に1回投げ，大きいさいころの出た目の数をa，小さいさいころの出た目の数をbとする。

このとき，$2a+b$の値が素数となる確率を求めなさい。

ただし，さいころを投げるとき，1から6までのどの目が出ることも同様に確からしいものとする。

(5) x，yについての連立方程式

$$\begin{cases}-ax+3y=2\\2bx+ay=-1\end{cases}$$

の解が$x=1$，$y=-1$であるとき，a，bの値を求めなさい。

(6) 次の①，②の問いに答えなさい。

① 円錐《えんすい》や角錐の底面の面積をS，高さをhとするとき，その体積Vは，$V=\frac{1}{3}Sh$で表される。この等式をhについて解きなさい。

② 右の図は，正四角錐の展開図である。正方形ABCDの対角線ACの長さは4 cmであり，この展開図を組み立ててできる正四角錐の体積を求めると，$\frac{32}{3}$ cm^{3}であった。

このとき，正四角錐の高さを求めなさい。

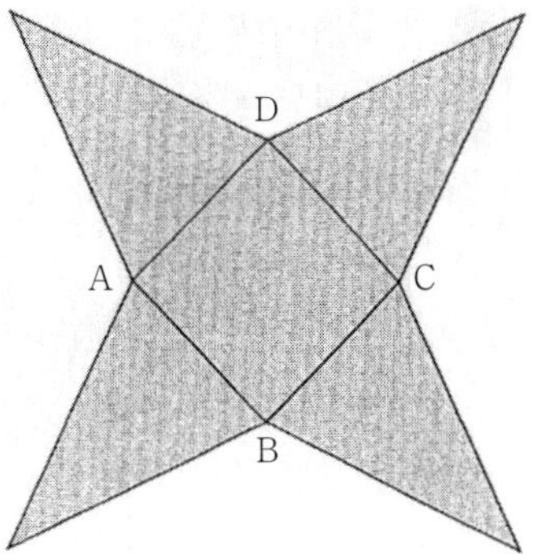

(7) 右の図のように，3点A，B，Cがある。このとき，次の**条件**を満たす点Pを作図によって求めなさい。また，点Pの位置を示す文字Pも書きなさい。

ただし，三角定規の角を利用して直線をひくことはしないものとし，作図に用いた線は消さずに残しておくこと。

条件

- 点Pは，線分ACの中点と点Bを結ぶ直線上の点である。
- 直線APと直線BPは垂直に交わる。

2 右の図のように，関数$y=\frac{1}{5}x^2$のグラフ上に点Aがあり，点Aを通り，y軸に平行な直線と関数$y=ax^2$のグラフとの交点をBとする。点Aのx座標は5で，点Bのy座標は-15である。また，2点A，Bとy軸に関して対称な点をそれぞれC，Dとし，長方形ACDBをつくる。

このとき，次の(1)～(3)の問いに答えなさい。

ただし，$a<0$とする。

(1) aの値を求めなさい。

(2) 2点B，Cを通る直線の式を求めなさい。

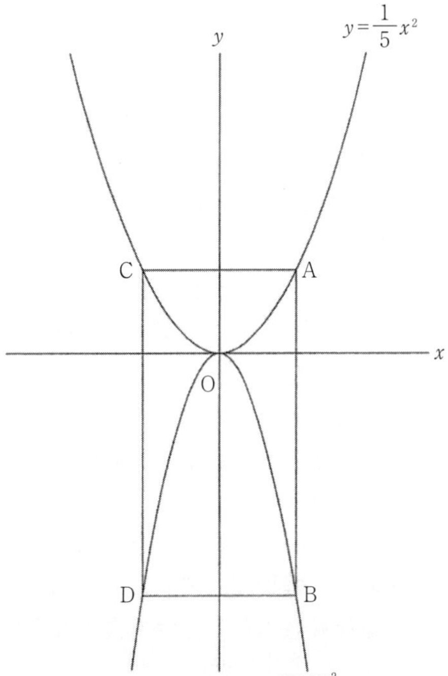

(3) 下の図のように，長方形ACDBと合同な長方形CEBFをかいた。
このとき，2点E，Fを通る直線の式を求めなさい。

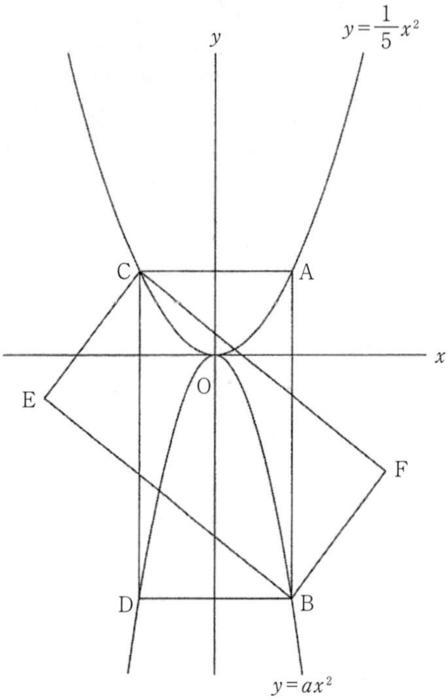

3 右の図のように，△ABCがあり，辺BC上にBD：DC＝3：1となる点Dをとる。線分ADの中点をEとし，点Dを通り，辺ACに平行な直線と辺ABとの交点をFとする。また，線分BF上に2点B，Fとは異なる点Gをとり，直線GEと線分DF，辺ACとの交点をそれぞれH，Iとする。

このとき，次の(1)～(3)の問いに答えなさい。

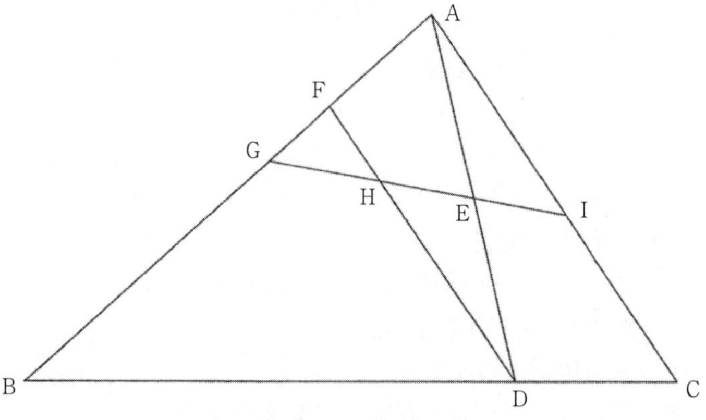

(1) AI＝DHであることを下の［　　］にしたがって証明するとき，［(a)］，［(b)］に入る最も適当なものを，**選択肢のア～エ**のうちからそれぞれ1つずつ選び，符号で答えなさい。また，［(c)］に入る最も適当なことばを書きなさい。

> AI＝DHであることを証明するには，［　(a)　］と［　(b)　］が［　(c)　］であることを証明すればよい。

選択肢

ア　△AEI	**イ**　△ABD	**ウ**　△AFD	**エ**　△DEH

(2)　(1)の［　　］にしたがって，AI＝DH であることを証明しなさい。

(3)　GI∥BC のとき，△AEI と四角形 BDHG の面積の比を，最も簡単な整数の比で表しなさい。

4　右の**図**のように，点Oを中心とし，線分 AB，CD を直径とする２つの半円がある。

点PはAを，点QはDを同時に出発する。

Aを出発した点Pは，$\overset{\frown}{\mathrm{AB}}$ 上を一定の速さで移動し，→B→A→B→A→……の動きをくり返す。

Dを出発した点Qは，$\overset{\frown}{\mathrm{CD}}$ 上を一定の速さで移動し，→C→D→C→D→……の動きをくり返す。

図

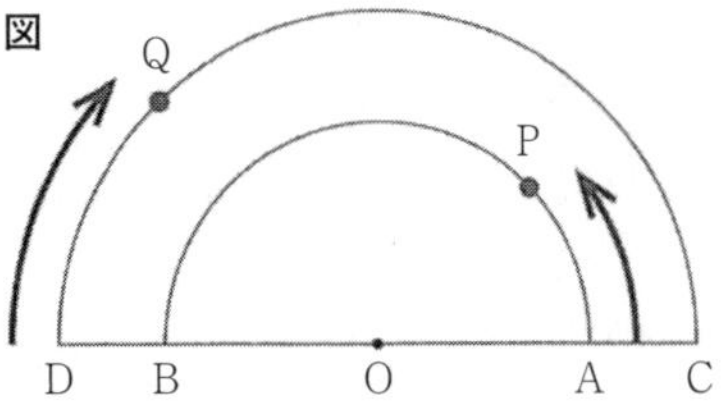

$\overset{\frown}{\mathrm{AB}}=60$cm，$\overset{\frown}{\mathrm{CD}}=90$cm，２点P，Qの移動する速さを，それぞれ秒速４cm，秒速９cm とするとき，次の**会話文**を読み，あとの(1)～(5)の問いに答えなさい。

会話文

教師T：３点O，P，Qが，この順に一直線上に並ぶ場合について考えます。点PがAを，点QがDを同時に出発してから x 秒後の２点P，Qの位置関係を確認してみましょう。

生徒X：点Pの動きについて考えてみます。$\overset{\frown}{\mathrm{AB}}=60$cm で，点Pの速さが秒速４cm だから，点PがAを出発してから，Bにはじめて到着するのは15秒後だとわかります。点Pが出発してから，x と $\overset{\frown}{\mathrm{AP}}$ の長さの関係をグラフに表すと，右のようになりました。

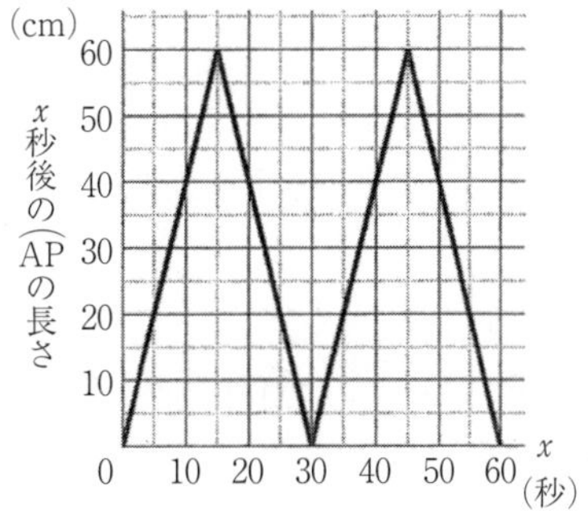

生徒Y：点Qの動きについて考えてみると，$\overset{\frown}{\mathrm{CD}}=90$cm で，点Qの速さが秒速９cm だから，点QがDを出発してから，Cにはじめて到着するのは［　(a)　］秒後です。$\overset{\frown}{\mathrm{DQ}}$ の変化のようすをグラフに表すと何かわかるかな。

生徒X：$\overset{\frown}{\mathrm{AP}}$ と $\overset{\frown}{\mathrm{DQ}}$ の変化のようすがわかっても，点Pと点Qは異なる円周上を動くから，３点O，P，Qが，この順に一直線上に並ぶ場合を考えるのは難しいですね。

教師T：右の図のように，直線 OP と $\overset{\frown}{\mathrm{CD}}$ との交点をRとすると，点Pが $\overset{\frown}{\mathrm{AB}}$ 上を移動する速さが秒速４cm だから，点Rが $\overset{\frown}{\mathrm{CD}}$ 上を移動する速さは秒速［　(b)　］cm だと考えることができます。

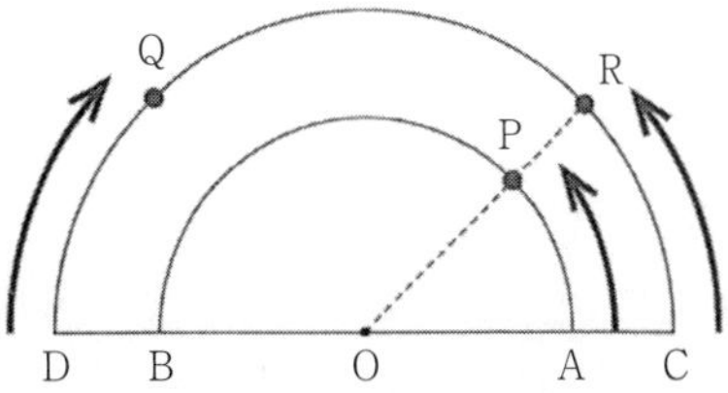

生徒Y：同じ $\overset{\frown}{\mathrm{CD}}$ 上で，２点Q，Rの動きをみることができるので，考えやすくなりました。３点O，P，Qが，この順に一直線上に並ぶのは，$\overset{\frown}{\mathrm{CR}}+\overset{\frown}{\mathrm{DQ}}=90$cm のときだね。

生徒X：$\overset{\frown}{\mathrm{CR}}=90-\overset{\frown}{\mathrm{DQ}}=\overset{\frown}{\mathrm{CQ}}$ だから，$\overset{\frown}{\mathrm{CQ}}=\overset{\frown}{\mathrm{CR}}$ のときとも考えられますね。まず，$\overset{\frown}{\mathrm{CQ}}$

の変化のようすを調べてみます。点QがDを出発してからx秒後の$\overset{\frown}{CQ}$の長さをy cmとすると，点QがCにはじめて到着するまでのxとyの関係を表す式は，$y=90-9x$になります。

(1) **会話文**中の(a)，(b)にあてはまる数として最も適当なものを，次の**ア**～**カ**のうちからそれぞれ１つずつ選び，符号で答えなさい。

ア 4　**イ** 6　**ウ** 8　**エ** 10　**オ** 12　**カ** 14

(2) 点QがDを出発してからx秒後の$\overset{\frown}{CQ}$の長さをy cmとする。$0 \leqq x \leqq 30$のときのxとyの関係を表すグラフをかきなさい。

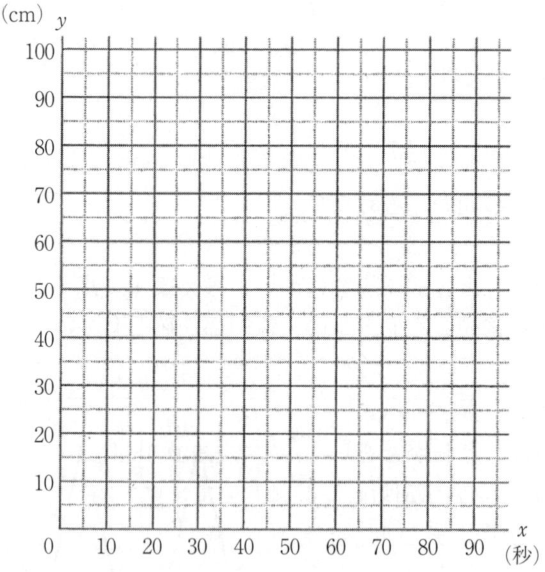

(3) 点PがAを，点QがDを同時に出発してから，３点O，P，Qが，はじめてこの順に一直線上に並ぶのは何秒後か，求めなさい。

(4) 点PがAを，点QがDを同時に出発してから，点PがAに，点QがDにはじめて同時に到着した。２点P，Qが同時に出発してからこのときまでに，３点O，P，Qが，この順に一直線上に並ぶのは何回あったか，求めなさい。

(5) 点PがAを，点QがDを同時に出発してから，144秒後の∠POQの大きさを求めなさい。

社会

●満点 100点　●時間 50分

1　次の会話文は，社会科の授業で，先生とたくやさんたちが，あとの**資料１**を見ながら『豊かさ』について話し合っている場面の一部である。これに関して，下の(1)～(4)の問いに答えなさい。

先　生：今日は，国の『豊かさ』について考えたいと思います。まずは，**資料１**を読み，カザフスタン，カタール，ギリシア，ニュージーランド及びベトナムの５か国の特徴について話し合ってください。

たくや：カザフスタンは，国土面積が世界第９位であり，a 鉱産資源が豊富な国なんだね。

さくら：カタールが位置するアラビア半島には，砂漠が広がっているよね。

まさと：ベトナムが加盟している b ASEAN は，東南アジア地域内の発展や協力を目ざして設立された，と授業で学習したよ。

さちこ：c ヨーロッパの国から独立した国が，いくつかあるね。

たくや：先生，質問です。先生は，なぜ，この５か国を選んだのですか。

先　生：d 国民総所得という，国の『豊かさ』を表す指標があります。2019年における５か国の国民総所得の差が，比較的小さかったので，これらの国を選びました。

たくや：そうなのですね。しかし，**資料１**を見ると，各国の位置，国土の様子，産業，歴史などに，かなり違いがみられます。これだけ違いがあると，人々の生活様式，価値観，文化も異なっているのではないかと思われます。これらの点を考えずに，この５か国は，国民総所得が同じくらいだから，『豊かさ』も同じくらいであると単純に考えてよいのでしょうか。

先　生：よいところに気がつきました。国民総所得は，国の経済的な『豊かさ』を表す指標としてよく使われています。しかし，近年は『豊かさ』を経済面だけではなく，さまざまな視点から考えようという動きがみられます。例えば，2011年に，経済協力開発機構(OECD)から，各国の「健康」，「環境」，「雇用」など11項目から算出した「よりよい暮らし指標」という，新しい『豊かさ』に関する指標が出されています。このあと，『豊かさ』について，さらに考えを深めていきましょう。

資料１　カザフスタン，カタール，ギリシア，ニュージーランド及びベトナムについての説明

カザフスタン	中央アジアに位置する内陸国。世界第９位の国土面積をもち，北部には肥沃《ひよく》な土壌が広がる。1991年に旧ソ連から独立。石炭，鉄鉱石などの鉱産資源が豊富。
カタール	アラビア半島に位置する国。日中の最高気温が50℃近くに達する日がある。1971年にイギリスから独立。天然ガスの埋蔵量は世界第３位(2021年)。
ギリシア	バルカン半島南東部に位置する国。2009年に表面化した財政危機は，EU 経済全体に打撃を与えた。失業率は9.6％(2009年)から25.0％(2015年)に悪化。
ニュージーランド	南太平洋の南西部に位置する国。北島，南島及び周辺の島々から構成される。1947年にイギリスから独立。羊毛の生産量は世界第３位(2019年)。
ベトナム	インドシナ半島に位置する南北に細長い国。南北に分かれた内戦のあと，1976年に統一。1995年に ASEAN に加盟。コーヒー豆の生産量は世界第２位(2019年)。

(「世界国勢図会 2021/22」などより作成)

(1) 会話文中の下線部**a**に関連して，次の文章は，鉱産資源について述べたものである。文章中と表中の□に共通してあてはまる適当な語を書きなさい。

> 私たちは，便利で『豊かな』生活を送るために，さまざまな鉱産資源を，エネルギー源や工業製品の原料として活用している。
> 右の表は，鉱産資源の一つである□の生産量上位5か国とその割合を示している。

順位	国　名	□の生産量の割合(％)(2020年)
1位	アメリカ合衆国	15.1
2位	ロシア	13.7
3位	サウジアラビア	12.3
4位	カナダ	5.5
5位	イラク	5.4

(「世界国勢図会 2021/22」より作成)

(2) 会話文中の下線部**b**に関連して，次の文章は，特定の地域で複数の国がまとまり，加盟国の『経済的な発展』を目ざす動きについて述べたものである。文章中の□にあてはまる語として最も適当なものを，あとの**ア**～**エ**のうちから一つ選び，その符号を書きなさい。

> アジア・太平洋地域の経済的な結びつきを高めようと□が1989年に設立された。2021年現在，オーストラリア，タイ，中国，日本，アメリカなど21の国と地域が加盟している。

ア　USMCA　　**イ**　AU　　**ウ**　APEC　　**エ**　MERCOSUR

(3) 会話文中の下線部**c**に関連して，次の**ア**～**ウ**の文は，『富』を求めて海外に積極的に進出した15世紀後半から19世紀にかけてのヨーロッパに関することがらについて述べたものである。**ア**～**ウ**を年代の**古いものから順に**並べ，その符号を書きなさい。

ア　オランダは，アジアの国々との貿易の発展などを目的に，東インド会社を設立した。

イ　インドなどのアジアを目ざしたコロンブスは，スペインの援助を受け，大西洋を横断した。

ウ　イギリスは，清との間に起こったアヘン戦争に勝利した。

(4) 会話文中の下線部**d**に関連して，次の**資料2**と**資料3**中の**A**～**E**は，カザフスタン，カタール，ギリシア，ニュージーランド及びベトナムのいずれかの国を示している。**資料1**～**資料3**を参考に，**A**と**D**が示す国として最も適当なものを，あとの**ア**～**オ**のうちからそれぞれ一つずつ選び，その符号を書きなさい。

資料2　A～Eの2000年～2019年の国民総所得の推移

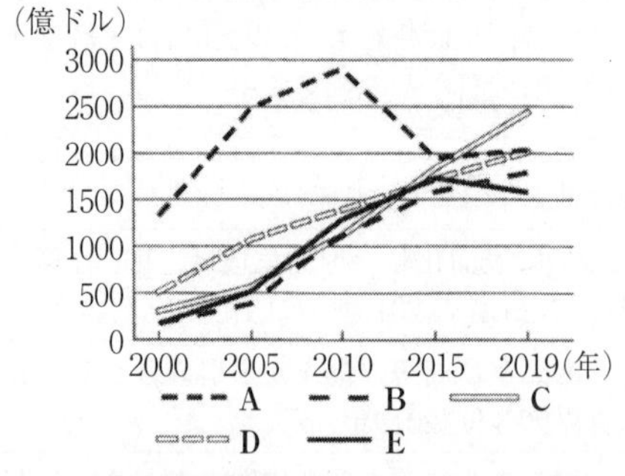

(「国連統計部ホームページ」より作成)

資料3　A～Eの国土面積，小麦の生産量，米の生産量及び牧場・牧草地の面積

国名	国土面積(万km²)	小麦の生産量(万t)	米の生産量(万t)	牧場・牧草地の面積(万ha)
A	13.2	97.9	22.1	288.2
B	1.2	0.0001	—	5.0
C	33.1	—	4344.9	64.2
D	26.8	39.8	—	990.9
E	272.5	1129.7	56.1	18615.6

(注)　・国土面積，小麦の生産量，米の生産量は2019年のものである。牧場・牧草地の面積は2018年のものである。
・「—」は皆無，または定義上該当数値がないものである。

(「世界国勢図会 2021/22」より作成)

ア　カザフスタン　　**イ**　カタール　　**ウ**　ギリシア

エ　ニュージーランド　　**オ**　ベトナム

2　はるさんたちは，日本を北海道，東北，関東，中部，近畿，中国・四国及び九州の７地方に区分した右の図を使って学習した。これに関して，次の(1)～(4)の問いに答えなさい。

(1)　次の文章は，はるさんたちが，図を見ながら話し合っている場面の一部である。文章中の［ Ⅰ ］にあてはまる最も適当なものを，あとの**ア**～**エ**のうちから一つ選び，その符号を書きなさい。また，［ Ⅱ ］にあてはまる県庁所在地名を**漢字**で書きなさい。

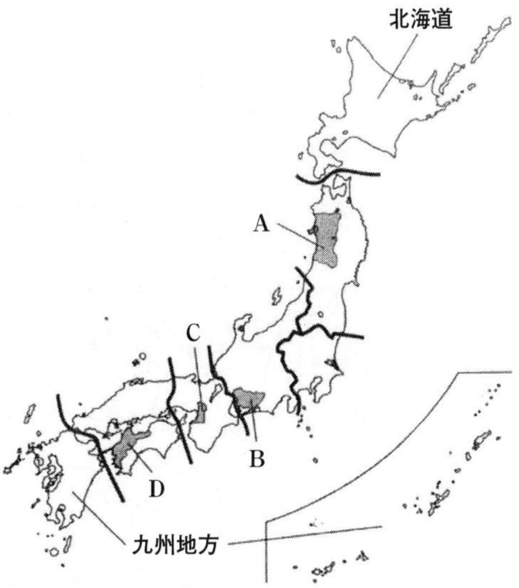

> はる：私は，長野県，福島県，新潟県，群馬県に行ったことがあるよ。
> もも：その４つの県のうち［ Ⅰ ］は，７地方区分の同じ地方に属しているね。
> はな：長野県，福島県，新潟県，群馬県の県庁所在地のうち，県名と異なる県庁所在地はあるかな。
> とし：それは，［ Ⅱ ］市だね。

ア　長野県と群馬県　　**イ**　福島県と新潟県　　**ウ**　群馬県と福島県　　**エ**　新潟県と長野県

(2)　次の文章は，としさんが，**九州地方**の様子についてまとめたレポートの一部である。文章中の［　　］に共通してあてはまる適当な語を書きなさい。

> 九州地方には，多くの火山があります。それらの火山活動により，温泉などの観光資源や再生可能エネルギーの１つである［　　］による発電などの，めぐみがもたらされています。右の写真は，大分県九重町《ここのえまち》にある，日本最大級の［　　］発電所です。

(3)　次の表は，はなさんが，７地方区分から一つずつ道府県を選び，人口と農業産出額をまとめたものである。表中の**ア**～**エ**は，図中の**A**～**D**の府県のいずれかである。図中の**B**と**D**を示す最も適当なものを，表中の**ア**～**エ**のうちからそれぞれ一つずつ選び，その符号を書きなさい。

道府県名	人口(2019年)(千人)	農業産出額(2018年)(億円)					
		米	野菜	果実	花《か》き	肉用牛	乳用牛
北海道	5,250	1,122	2,271	54	131	1,016	5,026
ア	966	1,036	308	72	31	62	32
鹿児島県	1,602	211	556	106	122	1,266	112
イ	1,339	168	201	530	28	26	42
ウ	7,552	296	1,125	202	543	113	223
千葉県	6,259	728	1,546	157	193	98	274
エ	8,809	73	150	67	17	2	13

(注)　花き：切花や鉢花《はちばな》などの観賞用の植物　　　　(「データでみる県勢 2021年版」より作成)

(4) 次の地形図は，図中の**北海道**のある地域を示したものである。これを見て，あとの①，②の問いに答えなさい。

めもり 0　　　5 cm

(国土地理院　平成28年発行1：25,000「函館《はこだて》」原図より作成)

① 次の**資料**は，ももさんが，地形図から読み取ったことがらをまとめたレポートの一部である。**資料**中の下線部**ア**～**エ**のうち，内容が**誤っている**ものを一つ選び，その符号を書きなさい。

資料　ももさんがまとめたレポートの一部

斜面の傾斜《けいしゃ》	ア **A—B**間よりも**C—D**間の方が傾斜が緩やかです。
函館山周辺の観光地	イ ――― で囲んだ函館公園の敷地《しきち》内には，博物館があります。
	ウ 函館山の山頂から見てほぼ南東の方向に立待岬《たちまちみさき》があります。
山頂との標高差	エ 函館山の山頂と地点**E**との標高差は300m以上あります。

② 地形図中の ●━ ━ ━● 線は，西《にし》ふ頭《とう》から函館山のふもとの神社までの経路を示したものである。この経路の距離は約何mか。実際の距離として最も適当なものを，次の**ア**～**エ**のうちから一つ選び，その符号を書きなさい。

ア　約500m　　**イ**　約1,250m　　**ウ**　約1,750m　　**エ**　約2,500m

3　ともこさんたちは，次の緯線と経線が直角に交わる地図を使って，世界の国々の様子について学習した。これに関して，あとの(1)～(5)の問いに答えなさい。

緯線と経線が直角に交わる地図（緯線・経線の間隔はどちらも15度である。）

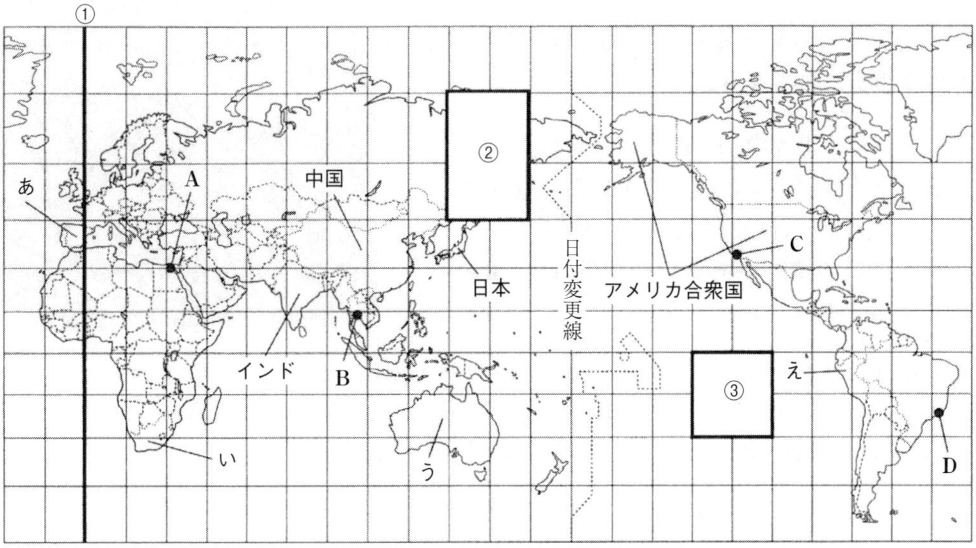

（注）　島等は省略したものもある。また，国境に一部未確定部分がある。

(1)　次の文章は，ともこさんが，上の地図の特徴についてまとめたレポートの一部である。文章中の I ，II にあてはまるものの組み合わせとして最も適当なものを，あとの**ア**～**エ**のうちから一つ選び，その符号を書きなさい。

> この地図は，緯線と経線が直角に交わる地図で，緯線と経線は，15度ずつの間隔で引かれています。地図上の経度０度を示す経線①を　I　と呼びます。また，地図上の ② で示した場所の実際の面積は，地図上の ③ で示した場所の実際の面積　II　です。

ア　I：本初子午線　II：よりも狭い
イ　I：本初子午線　II：と同じ
ウ　I：赤道　II：と同じ
エ　I：赤道　II：よりも狭い

(2)　次の**資料**は，社会科の授業で，さとみさんが，外国で暮らしているゆうとさんとタブレットを使ってオンラインでやり取りをしている様子を表したものである。地図中の**A**～**D**は，それぞれカイロ，バンコク，リオデジャネイロ及びロサンゼルスのいずれかの都市を示している。**A**～**D**のうち，ゆうとさんが暮らしている都市はどれか。**資料**を参考に，最も適当なものを一つ選び，その符号を書きなさい。なお，サマータイム制度は考えないこととする。

資料　さとみさんとゆうとさんがオンラインでやりとりをしている様子

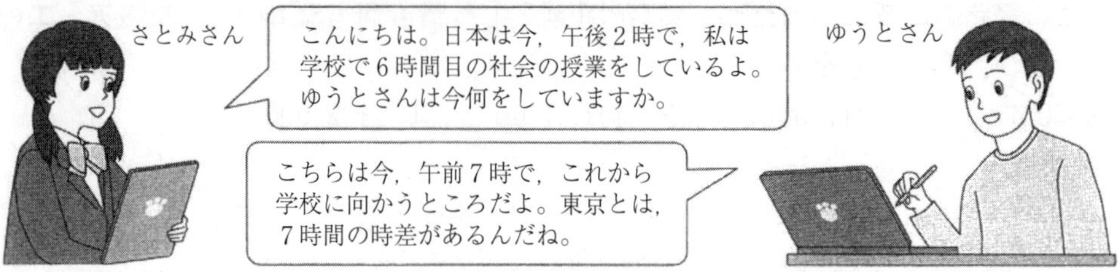

(3)　次の文章は，あきとさんが，世界の有名な観光地についてまとめたレポートの一部である。文章中の［　Ⅰ　］の国は，地図中に示した**あ**～**え**のうちのどれか。最も適当なものを一つ選び，その符号を書きなさい。また，［　Ⅱ　］にあてはまる山脈名を**カタカナ**で書きなさい。

> 　この写真は，世界中から観光客が訪れるインカ帝国の「マチュピチュ遺跡」です。この遺跡は，［　Ⅰ　］の標高2,000m付近の山岳地帯にあります。また，この遺跡がある山岳地帯は［　Ⅱ　］山脈の一部です。

(4)　次の文章は，ほのかさんが，モノカルチャー経済の国についてまとめたものの一部である。グラフを参考に，文章中の［　　］にあてはまる適当なことばを，「輸出品の価格」「国の収入」の二つの語句を用いて**30字以内**(読点を含む。)で書きなさい。

> 　二つのグラフから，モノカルチャー経済の国の特徴をまとめました。モノカルチャー経済の国は，特定の農産物や鉱産資源の生産や輸出に依存しています。そのため，天候や他国の経済状況によって，［　　　　　　］という問題点を抱えています。

エチオピアの輸出品目の割合

輸出総額15億ドル(2018年)

コーヒー豆	野菜・果実	ごま	その他
24.3%	19.0%	18.2%	38.5%

(「世界国勢図会 2021/22」より作成)

コーヒー豆１ポンドあたりの国際価格の推移

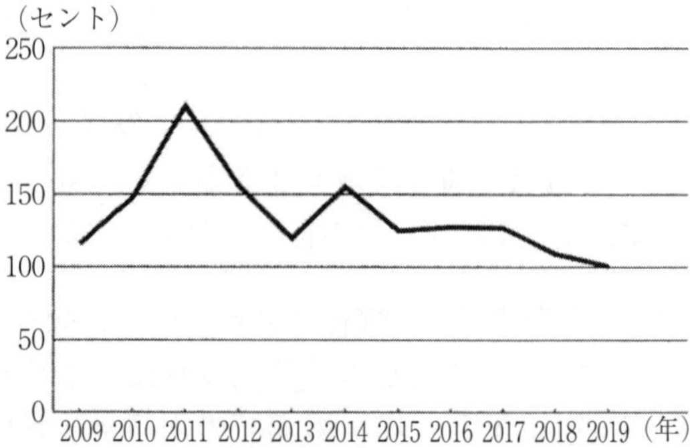

(注)　・１ポンド＝約454グラム
　　　・１セント＝約１円(2021年６月現在)

(「国際コーヒー機関ICO統計」より作成)

(5)　次の**資料**は，ゆづきさんが，地図中のアメリカ合衆国，インド，中国及び日本の人口，国土面積及び年齢別人口割合の状況についてまとめたものの一部である。**資料**から読み取れることとして最も適当なものを，あとの**ア**～**エ**のうちから一つ選び，その符号を書きなさい。

資料　アメリカ合衆国，インド，中国及び日本の人口，
国土面積及び年齢別人口割合

国名(50音順)	人口 (万人)	国土面積 (万km^2)	年齢別人口割合(%)	
			0～14歳	65歳以上
アメリカ合衆国	32,717	983	18.6	16.0
インド	121,086	329	30.9	5.5
中国	140,005	960	16.8	12.6
日本	12,571	38	12.0	28.8

(注)　国土面積は，2019年のものである。人口と年齢別人口割合については，日本は2020年，中国は2019年，アメリカ合衆国は2018年，インドは2011年のものである。

(「世界国勢図会 2021/22」より作成)

ア　4か国中，人口密度が最も高い国はアメリカ合衆国で，人口密度が最も低い国はインドである。

イ　4か国中，人口が最も多く，国土面積が最も広い国は中国である。

ウ　4か国中，日本は65歳以上人口の割合は最も高く，65歳以上人口は3,000万人以上である。

エ　4か国中，人口が多い国ほど，0～14歳人口の割合が高く，65歳以上人口の割合が低い。

4　次の**A**～**D**のパネルは，社会科の授業で，たかおさんたちが，「日本の寺社」をテーマに作成したものの一部である。これに関して，あとの(1)～(5)の問いに答えなさい。

A：法隆寺［飛鳥時代］

法隆寺は，7世紀初めの飛鳥時代に，聖徳太子により建てられた。火災で焼失したが，のちに再建された。金堂《こんどう》や五重塔などは，現存する世界最古の木造建築物である。

B：平等院［平安時代］

平等院は，11世紀中ごろの平安時代に，藤原頼通により建てられた。阿弥陀《あみだ》堂は，鳳凰《ほうおう》が翼を広げたような美しい形をしていることから鳳凰堂とも呼ばれている。

C：建長寺《けんちょうじ》［鎌倉時代］

建長寺は，13世紀中ごろの鎌倉時代に，a 鎌倉幕府5代執権北条時頼《ほうじょうときより》により建てられた。鎌倉五山《ござん》第一位の禅宗の寺院であり，境内《けいだい》は国の史跡に指定されている。

D：日光東照宮《にっこうとうしょうぐう》［江戸時代］

日光東照宮は，徳川家康をまつっており，17世紀前半の江戸時代に，b 江戸幕府3代将軍徳川家光により改築された。特に極彩色《ごくさいしき》の彫刻がほどこされた陽明門《ようめいもん》が有名である。

(1) パネル**A**の時代に起こったことがらを，次の**ア**～**エ**のうちから**三つ**選び，年代の**古いものから順に**並べ，その符号を書きなさい。

ア 中大兄皇子《なかのおおえのおうじ》は，中臣鎌足《なかとみのかまたり》などとともに蘇我氏を倒した。

イ 壬申《じんしん》の乱に勝利した天武天皇が，天皇中心の政治をおこなった。

ウ 聖武天皇は，国ごとに，国分寺と国分尼《に》寺をつくるように命じた。

エ 日本は百済《くだら》《ペクチェ》支援のための軍を送ったが，白村江《はくすきのえ》《はくそんこう》の戦いで唐・新羅《しらぎ》《シルラ》連合軍に敗れた。

(2) パネル**B**の時代に起こったことがらとして最も適当なものを，次の**ア**～**エ**のうちから一つ選び，その符号を書きなさい。

ア 日本と明との間の朝貢形式の貿易では，勘合《かんごう》とよばれる証明書が使われた。

イ 宋との貿易を盛んにするため，瀬戸内海の航路や兵庫の港が整備された。

ウ 朱印状を持つ西日本の大名や京都，長崎，堺などの商人が，東南アジアと貿易をおこなった。

エ 南蛮人と呼ばれたスペイン人やポルトガル人の船が，長崎や平戸などに来航し，貿易をおこなった。

(3) パネル**C**中の下線部**a**に関連して，次の文章は，鎌倉幕府の滅亡について述べたものである。文章中の［Ⅰ］，［Ⅱ］にあてはまる語の組み合わせとして最も適当なものを，あとの**ア**～**エ**のうちから一つ選び，その符号を書きなさい。

> 鎌倉幕府から政治の実権を朝廷に取り戻そうとした［Ⅰ］は，幕府をたおす戦いを起こした。［Ⅰ］は，一度は隠岐《おき》(島根県)に流されたが，楠木正成《くすのきまさしげ》などの新しく成長した武士や，有力御家人の［Ⅱ］などを味方に付け，1333年に幕府を滅ぼした。

ア Ⅰ：後鳥羽上皇　Ⅱ：足利尊氏　　**イ** Ⅰ：後醍醐《ごだいご》天皇　Ⅱ：足利義満

ウ Ⅰ：後鳥羽上皇　Ⅱ：足利義満　　**エ** Ⅰ：後醍醐天皇　Ⅱ：足利尊氏

(4) パネル**D**中の下線部**b**に関連して，次の文章は，大名，朝廷に対する江戸幕府の政策について述べたものである。文章中の［Ⅰ］にあてはまる適当な語を書きなさい。また，［Ⅱ］にあてはまる語として最も適当なものを，あとの**ア**～**エ**のうちから一つ選び，その符号を書きなさい。

幕府は，大名に対して［ Ⅰ ］という法律を定め，大名が，幕府の許可なく城を修理することや，大名どうしが，幕府に無断で婚姻を結ぶことなどを禁止した。また，のちに参勤交代の制度を追加した。
朝廷に対しては，天皇や公家《くげ》の行動を制限するための法律を定めた。また，［ Ⅱ ］をおいて朝廷の監視をおこなった。

ア 京都所司代《きょうとしょしだい》　**イ** 問注所《もんちゅうじょ》　**ウ** 宮内省《くないしょう》　**エ** 六波羅探題《ろくはらたんだい》

(5) たかおさんは，「日本の寺社」というテーマで，パネルを作成するにあたって，授業で発表したものとは別の寺社も調べた。次の**資料**は，たかおさんが，慈照寺《じしょうじ》についてまとめたレポートの一部である。**資料**中の［　］にあてはまる適当な語を書きなさい。

資料　たかおさんのレポートの一部

写真 1

写真 2

- 慈照寺は京都の東山《ひがしやま》に位置している。**写真 1** は，慈照寺の敷地内にある銀閣である。
- 銀閣は，15世紀後半の室町時代に，室町幕府８代将軍足利義政により建てられた。
- 慈照寺の敷地内には，東求堂《とうぐどう》という建物がある。**写真 2** は，東求堂の中にある同仁斎《どうじんさい》という部屋である。同仁斎には，禅宗寺院の建築の影響を受けた［　］と呼ばれる様式が取り入れられており，床《とこ》の間《ま》などが設けられた。

5　次の略年表は，さゆりさんが，19世紀半ば以降の日本と世界の主なできごとを調べ，まとめたものである。これに関して，あとの(1)～(5)の問いに答えなさい。

年代	日本の主なできごと	年代	世界の主なできごと
1867	a 大政奉還《たいせいほうかん》がおこなわれる		
		1871	ドイツ帝国が成立する
1894	日清戦争が起こる		
	↕ A	1900	義和団事件が起こる
1904	日露戦争が起こる		
		1907	三国協商が結ばれる
1912	第一次護憲運動が起こる		
		1914	b 第一次世界大戦が起こる
		1919	ベルサイユ条約が結ばれる
1925	治安維持法が成立する		↑
1931	満州事変が起こる		B
1937	日中戦争が起こる		
1941	太平洋戦争が起こる		↓
		1945	c 第二次世界大戦が終わる

(1)　略年表中の下線部aに関連して，次の**資料**は，さゆりさんが，大政奉還がおこなわれた翌年に新政府が示した新たな政治方針についてまとめたレポートの一部である。**資料**中の［　　］にあてはまる語として最も適当なものを，あとの**ア**～**エ**のうちから一つ選び，その符号を書きなさい。

資料　さゆりさんのレポートの一部

> 一　広ク会議ヲ興《おこ》シ，万機公論《ばんきこうろん》ニ決《けつ》スベシ
>
> 1868年３月，新政府は，［　　　］を発表し，会議を開いて世論《よろん》に基づいた政治をおこなうことなどを，新たな政治の方針として示した。

ア　王政復古《おうせいふっこ》の大号令　　**イ**　五箇条《ごかじょう》の御誓文《ごせいもん》
ウ　大日本帝国憲法　　**エ**　民撰議院《みんせんぎいん》設立の建白書《けんぱくしょ》

(2)　略年表中の**A**の時期に起こったことがらとして最も適当なものを，次の**ア**～**エ**のうちから一つ選び，その符号を書きなさい。

ア　25歳以上のすべての男子に，衆議院議員の選挙権が与えられた。
イ　福岡県に建設された官営の八幡《やはた》製鉄所で，鉄鋼の生産が始まった。
ウ　６歳以上のすべての男女が，小学校で教育を受ける学制が公布された。
エ　日本は，南満州鉄道株式会社(満鉄)を設立した。

(3)　略年表中の下線部bに関連して，次の文章は，第一次世界大戦の始まりについて述べたものである。文章中の［Ⅰ］，［Ⅱ］にあてはまる語の組み合わせとして最も適当なものを，あとの**ア**～**エ**のうちから一つ選び，その符号を書きなさい。

1914年，オーストリアの皇太子夫妻が，サラエボで［ I ］の青年によって暗殺される事件が起こった。これがきっかけとなり，オーストリア，ドイツ，トルコなどの［ Ⅱ ］側とイギリス，フランス，ロシアなどの連合国側との間で，第一次世界大戦が始まった。

ア　Ⅰ：セルビア　Ⅱ：同盟国　　**イ**　Ⅰ：ルーマニア　Ⅱ：同盟国
ウ　Ⅰ：セルビア　Ⅱ：枢軸国《すうじくこく》　　**エ**　Ⅰ：ルーマニア　Ⅱ：枢軸国

(4)　略年表中の**B**の時期に起こったことがらを，次の**ア**～**エ**のうちから**三つ**選び，年代の**古いものから順に**並べ，その符号を書きなさい。

ア　アメリカで，ニューディール(新規まき直し)政策が始まった。
イ　日本，ドイツ，イタリアは日独伊三国同盟を結んだ。
ウ　ワシントン会議で，海軍の軍備を制限する条約などが結ばれた。
エ　朝鮮では，北緯38度線を境とし，南に大韓民国，北に朝鮮民主主義人民共和国が成立した。

(5)　略年表中の下線部**c**に関連して，右の**資料**は，さゆりさんが，第二次世界大戦後の日本の外交についてまとめたレポートの一部である。**資料**中の［　］にあてはまる適当なことばを，「日本」の語を用いて**25字以内**(読点を含む。)で書きなさい。

資料　さゆりさんのレポートの一部

調印式で署名をする吉田茂首相(1951年9月)

吉田茂内閣が，アメリカなど48カ国と結んだ［　　　　］を回復した。

6　次の文章を読み，あとの(1)～(3)の問いに答えなさい。

経済活動は，家計，企業及び政府の$_{\mathbf{a}}$三つの主体によっておこなわれています。また，企業は利潤追求だけでなく，$_{\mathbf{b}}$環境問題などさまざまな課題に対する取り組みが求められ，よりよい社会をつくるための活動もおこなっています。$_{\mathbf{c}}$現代社会の課題をどのように克服し，よりよい社会をつくっていくか，公民の学習を通して考えていくことが大切です。

(1)　下線部**a**に関連して，次の**ア**～**エ**のカードは，はなこさんが，家計，企業及び政府とのつながりについて具体的に考えたものである。右の**図**中の［ Ⅰ ］，［ Ⅱ ］にあてはまる最も適当なものを，**ア**～**エ**のカードのうちからそれぞれ一つずつ選び，その符号を書きなさい。

図　授業で学習した経済のしくみ

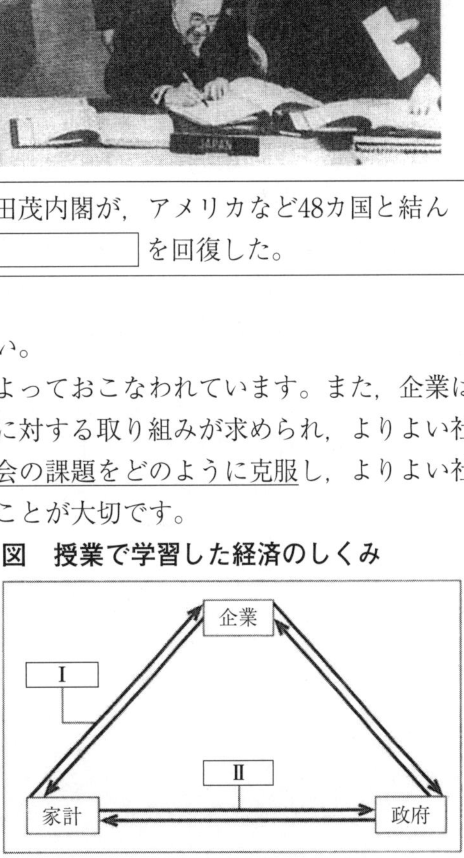

ア　［所得税を納めること］
イ　［花屋でアルバイトをすること］
ウ　［ごみ収集車が家庭ごみを回収すること］
エ　［レストランで食事を提供すること］

(2)　下線部 **b** に関連して，次の文章は，企業の活動に興味をもったはなこさんが，自宅の近くにある食品会社についてまとめたレポートの一部である。文章中の □ にあてはまる最も適当な語を**アルファベットの大文字 3 字**で書きなさい。

○○食品株式会社の経営理念

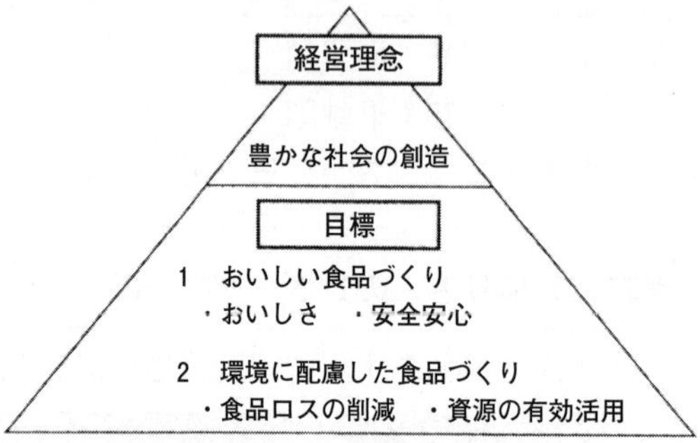

○○食品株式会社を調べると，環境への配慮なども企業にとって大切な目標の一つとなっていた。このような企業の社会に果たすべき責任を □ という。企業は，よい商品を作って利潤を得ようとするだけでなく，社会貢献も期待されていることがわかった。

(3)　下線部 **c** に関連して，次の文章は，社会科の授業で，はなこさんたちの班が**資料**を見ながら，「食品ロスの削減」の問題について話し合っている場面の一部である。文章中の □ にあてはまる最も適当なことばを，あとの**ア～エ**のうちから一つ選び，その符号を書きなさい。

はなこ：食品ロスとは，まだ食べることができるのに捨てられてしまう食品のことだよね。昨日調べた○○食品株式会社が「食品ロスの削減」に取り組んでいることを知ったよ。

たろう：インターネットで2012年度から2018年度までの食品ロス量の推移が分かる**資料**を見つけたよ。私たちの生活から出る家庭系の食品ロス量と，企業の活動などから出る事業系の食品ロス量は，どのように変化しているのか調べてみよう。

はなこ：調べてみると，政府は2030年度までに食品ロス量の削減目標として，489万トンまで減らすことを掲げているけれど，この目標は達成できるのかな。

たろう：この**資料**を見ると，食品ロス量の推移としては □ ということがわかるね。

はなこ：食品ロス量の削減目標を達成するためには，まだまだ削減する必要があるよ。

たろう：目標が達成できるよう，すぐ食べるものを購入する際は，手前に並んでいるものから取るなど，できることから取り組んでいこう。

資料　2012年度から2018年度までの食品ロス量の推移

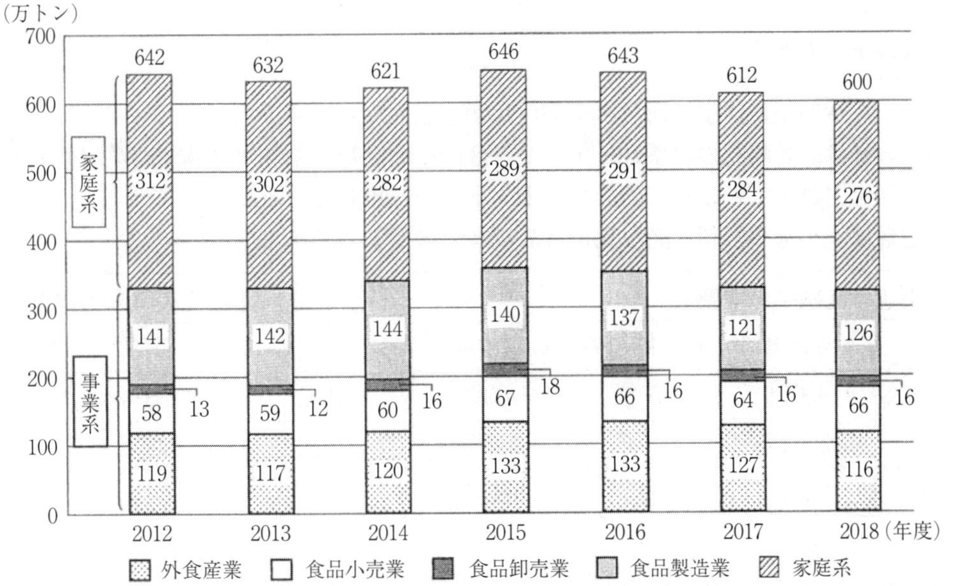

(注)　・事業系の食品ロス量は，外食産業，食品小売業，食品卸売業，食品製造業の食品ロス量をさす。
・端数処理により合計と内訳の計が一致しないことがある。

(「農林水産省ホームページ」より作成)

ア　各年度の食品ロス量の合計を比べると，2012年度が最も多くなっており，2018年度が最も少なくなっている

イ　各年度の家庭系の食品ロス量を比べると，2012年度が最も多くなっており，どの年度も前年度に比べて減少している

ウ　2012年度と2018年度を比べると，2018年度の家庭系と事業系の食品製造業の食品ロス量は，ともに10%以上削減されている

エ　2018年度は，他の年度と比べて，事業系の食品ロス量の中で，外食産業の食品ロス量の占める割合が最も高い

7　次の文章を読み，あとの(1)～(3)の問いに答えなさい。

令和４年度に高等学校へ進学するみなさんは，「公共」という新科目を学ぶことになります。中学校で学んだ公民的分野の内容の上に，a 地域社会や日本が抱える課題などを多角的に学んでいきます。また18歳で b 選挙権をもつとともに，成人になるみなさんには，c さまざまな課題を解決し，よりよい社会をつくるため，主権者として社会に関わる力を身につけることが期待されます。

(1)　下線部 a に関連して，次の文は，地域社会について述べたものである。文中の □ にあてはまる適当な語を**漢字４字**で書きなさい。

> 地域の住民にとって，地域社会の身近な問題の解決を目ざすことを通じ，民主主義の経験を積むことができることから，□ は「民主主義の学校」ともよばれる。

(2)　下線部 b に関連して，次の**資料１**～**資料３**は，社会科の授業で，選挙制度を学習するために使用した模擬選挙の方法と結果である。**資料１**を参考に，**資料２**と**資料３**を見て，この選挙に

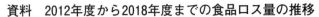

おける各党の当選議席数の組み合わせとして最も適当なものを，あとの**ア**～**エ**のうちから一つ選び，その符号を書きなさい。

資料１　模擬選挙の方法

・選挙は，衆議院議員選挙と同じ小選挙区比例代表並立制である。
・比例代表制は，各政党の得票数を１，２，３，…の整数で割り，計算した数字の大きい順に議席を定数まで各政党に配分するドント式を採用している。
・議員定数は，小選挙区制３名，比例代表制４名の計７名である。

資料２　小選挙区選挙の得票数

	A党候補者	B党候補者	C党候補者
第１選挙区	300票	170票	400票
第２選挙区	200票	90票	160票
第３選挙区	220票	100票	160票

資料３　比例代表選挙の得票数

A党	780票
B党	420票
C党	600票

ア　A党：４名　B党：１名　C党：２名
イ　A党：３名　B党：１名　C党：３名
ウ　A党：４名　B党：０名　C党：３名
エ　A党：３名　B党：０名　C党：４名

(3)　下線部**c**に関連して，次の**資料**は，社会科の授業で，まことさんが現在の選挙制度の課題である「一票の格差」についてまとめた発表原稿の一部である。**資料**中の［　　］にあてはまる適当なことばを，「有権者」「一票」の二つの語を用いて**20字以内**（読点を含む。）で書きなさい。

資料　まことさんの発表原稿の一部

右のグラフからは，現在の選挙制度の課題を読み取ることができます。東京10区と鳥取１区のように，選挙区によって議員一人当たりの有権者数が大きく異なることがあります。このような選挙区によって［　　　　］ことを「一票の格差」といいます。
これを解消することによって，より国民の声が政治に反映されることになります。ただし，人口の減少する地域の意見を反映することも考えていく必要があります。

衆議院議員小選挙区の議員一人当たりの有権者数

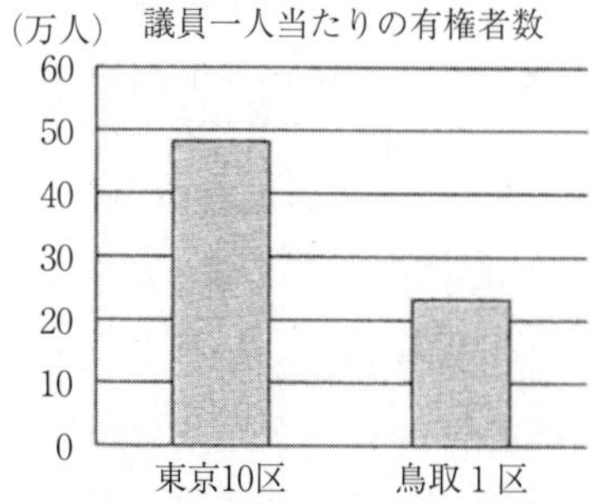

（令和２年９月１日現在　総務省）

８　次の**資料**は，社会科の授業で，ゆきさんたちの班が，SDGsの学習をおこなった際に使用したものである。授業では，17の目標について班ごとに話し合い，優先度の高いもの三つを選択し，その理由を考える活動をおこなった。これを見て，あとの(1)，(2)の問いに答えなさい。

資料　授業で使用したワークシート

自分にとっての優先度の高い目標を考えよう！

班の選択の結果と理由

SDGs(［　　　］な開発目標)の17の目標から優先度の高い三つの目標を考えよう！

順位	目標	選択の理由
1	**2　飢餓をゼロに**	食べることが最も大事だ，と意見がまとまった。世界の人々が飢えずにずっと食料を確保できる［　　　］な農業を進めていくべきである。
2	**16　平和と公正をすべての人に**	全てを奪う戦争はなんとしても防ぎたい，と意見がまとまった。［　　　］な開発を続けていくため，平和で誰も置き去りにしない，法や制度で守られる社会を実現していきたい。
3	**13　気候変動に具体的な対策を**	地球温暖化の問題は，［　　　］な社会を実現するために重要な問題だ，と意見がまとまった。世界全体で取り組むべき<u>地球温暖化対策</u>に協力していきたい。

(1)　**資料**中の［　　］に共通してあてはまる適当な語を**漢字４字**で答えなさい。

(2)　**資料**中の下線部に関連して，次の文は，現在世界で取り組まれている地球温暖化対策について述べたものである。［Ⅰ］，［Ⅱ］にあてはまるものの組み合わせとして最も適当なものを，あとの**ア**～**エ**のうちから一つ選び，その符号を書きなさい。

> 2015年に2020年以降の地球温暖化対策の国際的な枠組みとして［　Ⅰ　］が採択され，その中で［　　Ⅱ　　］ことが定められた。

ア　Ⅰ：京都議定書　Ⅱ：先進国の温室効果ガスの削減を義務とする
イ　Ⅰ：京都議定書　Ⅱ：平均気温の上昇を産業革命前と比べ，世界全体で２℃以内に抑える
ウ　Ⅰ：パリ協定　Ⅱ：先進国の温室効果ガスの削減を義務とする
エ　Ⅰ：パリ協定　Ⅱ：平均気温の上昇を産業革命前と比べ，世界全体で２℃以内に抑える

理科

●満点 100点　●時間 50分

1　次の(1)〜(4)の問いに答えなさい。

(1)　**図**のように，長さが7 cm であるばねに，質量150 g のおもりをつるしたところ，ばねの長さは10cm になって静止した。

　このばねを1 cm のばすとき，必要な力の大きさは何Nか，書きなさい。ただし，質量100 g の物体にはたらく重力の大きさを1 Nとする。また，ばねは，フックの法則にしたがうものとし，その質量は考えないものとする。

図

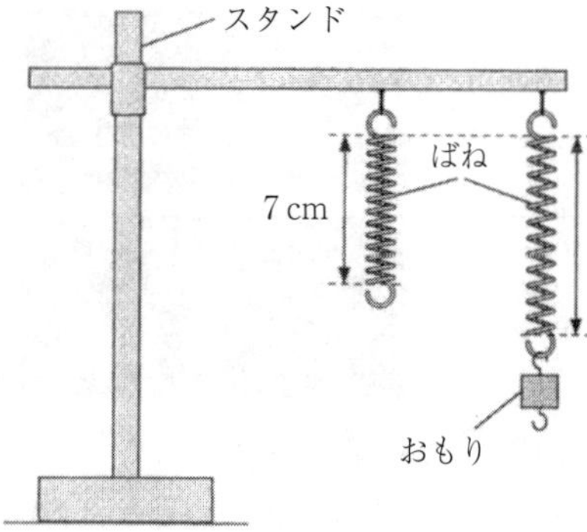

(2)　次の化学反応式は，水の電気分解を表している。この化学反応式の説明として**適当でないもの**を，あとの**ア**〜**エ**のうちから一つ選び，その符号を書きなさい。

$2H_2O \rightarrow 2H_2 + O_2$

ア　化学反応式の左辺(式の左側)にある$2H_2O$は，水素原子4個と酸素原子2個が結びついた水分子を表している。

イ　化学反応式の右辺(式の右側)にあるO_2は，酸素原子2個が結びついた酸素分子を表している。

ウ　化学反応式から，水分子2個から水素分子2個と酸素分子1個ができることがわかる。

エ　化学反応式の，左辺と右辺の原子の種類と数は等しく，それぞれ水素原子4個と酸素原子2個である。

(3)　次の文は，動物の発生について説明したものである。文中の[　　]にあてはまる最も適当なことばを書きなさい。

　動物では，精子の核と卵《らん》の核が合体してできた新しい1つの細胞である[　　　]が，分裂をくり返し，胚を経て，個体としての体のつくりが完成する(親と同じような形に成長する)までの過程を発生という。

(4)　ある地点での地震による揺《ゆ》れの程度(大きさ)を，10段階(10階級)に分けて表したものを何というか，書きなさい。

2　Sさんたちは，理科の授業で，「動物の体のつくり」について学びました。これに関する先生との会話文を読んで，あとの(1)〜(4)の問いに答えなさい。

先　生：前回の授業では，ライオンとシマウマの映像を見ながら，それぞれの絵をかいてもらいました。どのような絵がかけましたか。また，気がついたことはありますか。

Sさん：私は，**図1**のように，ライオンとシマウマの顔をかきました。

図1

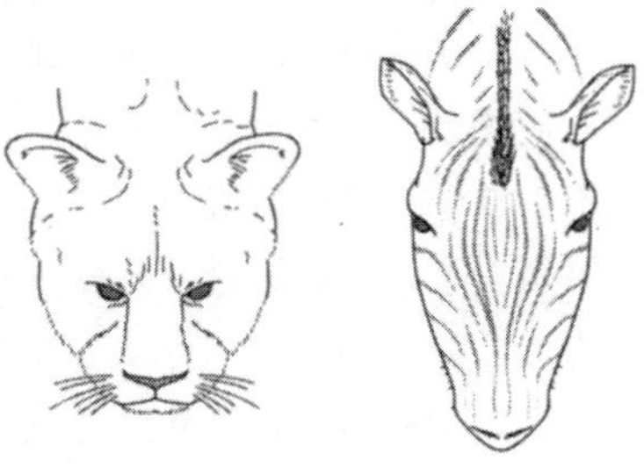

ライオン　　シマウマ

Tさん：目のつき方がそれぞれ違《ちが》いますね。ライオンは，目が前向きについていますが，シマウマは，横向きについていますね。

先　生：そうですね。ところで，ライオンの前向きの目のつき方は，何をすることに役立っているでしょうか。

Sさん：ライオンの前向きの目のつき方は，シマウマの横向きの目のつき方に比べて，立体的に見える範囲が広いので，えものを追いかけるときに[**x**]ことに役立っています。

先　生：そのとおりです。今日は，ライオンとシマウマの頭の骨の標本を持ってきました。**図2**の**P**と**Q**のうち，どちらがシマウマの頭の骨かわかりますか。

図2

P　　**Q**

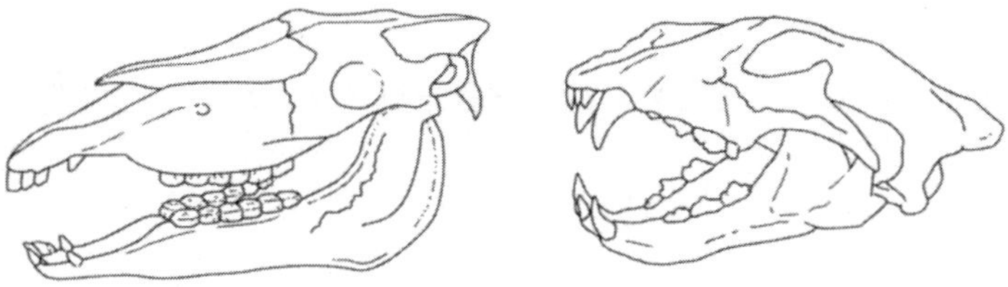

Tさん：シマウマは**P**だと思います。なぜなら，シマウマは，草を[**y**]ようにして食べることに適した，[**z**]が発達しており，**P**にはその特徴《とくちょう》がみられるためです。

先　生：そのとおりです。動物は，それぞれの生活のしかたに適した体のつくりをしています。それでは，他の動物でも，生活のしかたに適した体のつくりをしている例はないでしょうか。

Sさん：$_{a}$<u>ヒトの腕《うで》(手と腕)は，ものをつかんだり道具を使ったりすることに適しています。一方，水中で生活しているクジラは，ヒトの腕にあたる部分がひれ(胸《むな》びれ)となっていて，泳ぐことに適した形になっています</u>。

先　生：よいところに気がつきましたね。ところで，クジラは泳ぐことに適した体のつくりをしていますが，メダカのような魚類ではなく，ホニュウ類(哺乳類)です。それでは，クジラやメダカなどの動物を，$_{b}$<u>それぞれの特徴によってなかま分け</u>してみましょう。

(1)　会話文中の[**x**]にあてはまる内容を，「**距離**」ということばを用いて書きなさい。

(2)　会話文中の[**y**]，[**z**]にあてはまるものの組み合わせとして最も適当なものを，次の**ア**～**エ**のうちから一つ選び，その符号を書きなさい。

ア　**y**：かみちぎる　**z**：犬歯
イ　**y**：かみちぎる　**z**：臼歯《きゅうし》
ウ　**y**：すりつぶす　**z**：犬歯
エ　**y**：すりつぶす　**z**：臼歯

(3)　会話文中の下線部**a**のように，外形やはたらきは異なっていても，基本的なつくりが同じであり，起源は同じものであった(同じものから変化した)と考えられる器官を何というか，書きなさい。

(4) 会話文中の下線部**b**について，**表**中の特徴Ⅰ～特徴Ⅴは，あとの**ア～オ**のいずれかであり，**表**は，メダカ，イモリ，カメ，ペンギン，クジラが，その特徴をもつ場合は○で，その特徴をもたない場合は×で，その特徴を子はもたないが親(おとな)はもつ場合は△で示したものである。特徴Ⅱ，特徴Ⅳにあてはまるものとして最も適当なものを，次の**ア～オ**のうちからそれぞれ一つずつ選び，その符号を書きなさい。

表

	メダカ	イモリ	カメ	ペンギン	クジラ
特徴Ⅰ	×	×	×	×	○
特徴Ⅱ	×	×	○	○	×
特徴Ⅲ	○	×	○	×	×
特徴Ⅳ	×	△	○	○	○
特徴Ⅴ	○	○	○	○	○

ア 体の表面のほとんどはうろこでおおわれている。
イ 雌《めす》は殻《から》のある卵を産む。
ウ 肺で呼吸する。
エ 背骨(セキツイ)をもつ。
オ 胎生《たいせい》である。

3 エタノールの状態変化について調べるため，次の**実験**を行いました。これに関して，あとの(1)～(3)の問いに答えなさい。

実験

図1のように，液体のエタノールを少量入れたポリエチレンの袋をバットの中に置き，ポリエチレンの袋を密閉した。次に，**図2**のように，ポリエチレンの袋に熱い湯をかけたところ，袋が大きくふくらんだ。このとき，ポリエチレンの袋の中には，液体のエタノールは見られず，すべて気体のエタノールになった。

図1

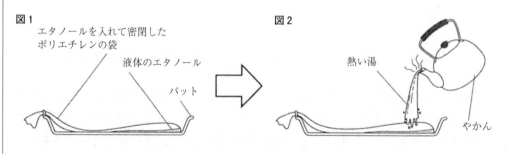

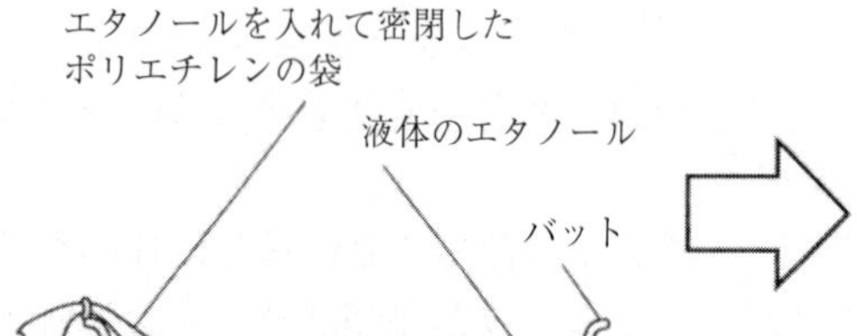

図2

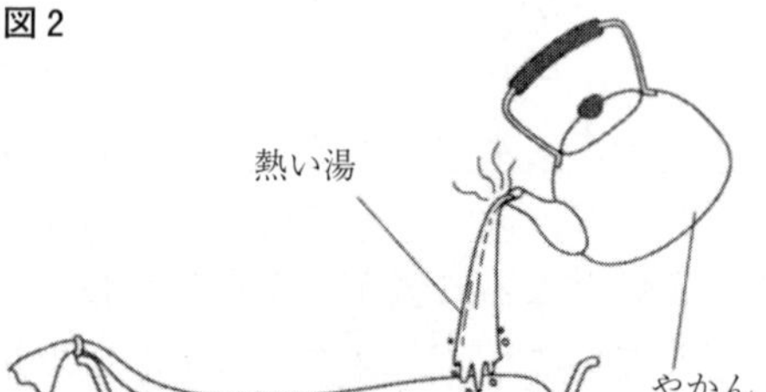

(1) エタノールは，分子という粒子からできている物質である。分子からできている物質として適当なものを，次の**ア～オ**のうちから**すべて選び**，その符号を書きなさい。

ア 窒素《ちっそ》 **イ** 塩化ナトリウム **ウ** 二酸化炭素 **エ** アンモニア **オ** 銀

(2) **実験**の下線部の状態のとき，袋の中のエタノールの粒子のようすを模式的に表したものとして最も適当なものを，次の**ア～エ**のうちから一つ選び，その符号を書きなさい。ただし，**図3**は，熱い湯をかける前の，袋の中のエタノールの粒子のようすを模式的に表したものである。

図3

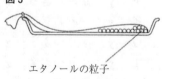

ア

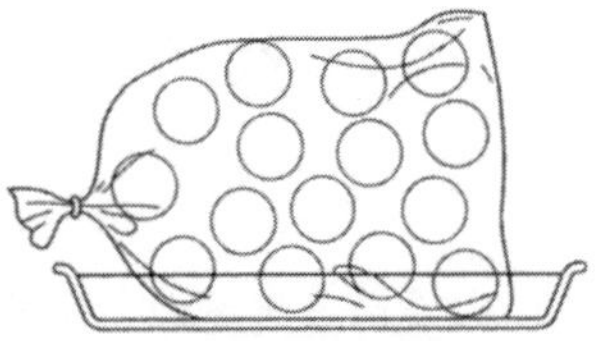

エタノールの粒子が大きくなった。

イ

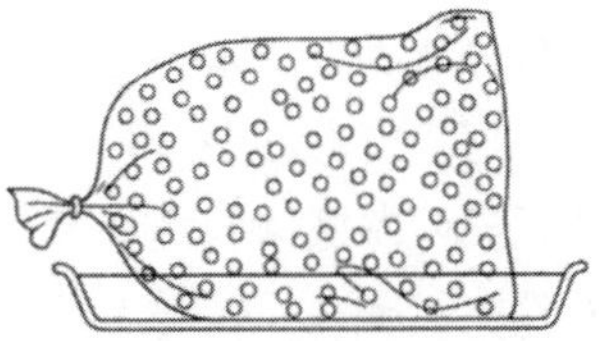

エタノールの粒子の数が増えた。

ウ

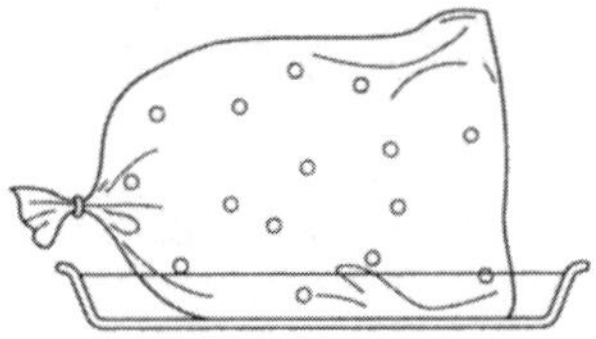

エタノールの粒子が自由に飛び回り，粒子どうしの距離《きょり》が大きくなった。

エ

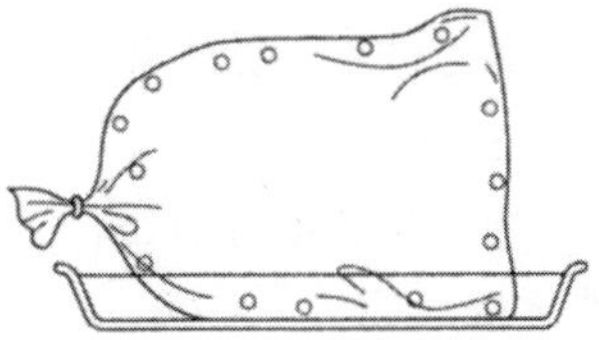

エタノールの粒子が袋のふちに移動し，袋の中心部にエタノールの粒子がなかった。

(3) 次の文章は，**実験**後のＳさんたちと先生の会話である。あとの①，②の問いに答えなさい。

先　生：この**実験**の結果から，何か新たな疑問はありますか。

Ｓさん：液体のエタノールがすべて気体になったとき，体積が何倍になるのか知りたいです。

先　生：わかりました。それでは，次の**資料**を見てください。

資料

> エタノール
> ・融点　－115℃
> ・沸点　78℃
> ・液体のエタノールの密度　0.79 g/cm^3　（1気圧，20℃のとき）

先　生：1気圧のもとで，20℃の液体のエタノール1 cm^{3}を加熱して，すべて気体になったとき，その質量は，何gですか。

Ｓさん：**資料**にある数値から計算すると，［　x　］gです。

先　生：そうですね。それでは，この液体のエタノールが，すべて気体になったとき，その体積は何倍になるか，計算してみましょう。ただし，気体になったエタノールの温度は一定で，気体のエタノールの密度を0.0016 g/cm^{3}とします。

Ｓさん：はい。液体のエタノールがすべて気体になったとき，その体積は［　y　］倍になります。液体から気体にかわると，体積がとても大きくなるのですね。

先　生：そのとおりです。ところで，Ｔさんは，何か疑問に思うことはありますか。

Ｔさん：はい。私は，エタノールが固体になるか，調べてみたいです。

図4

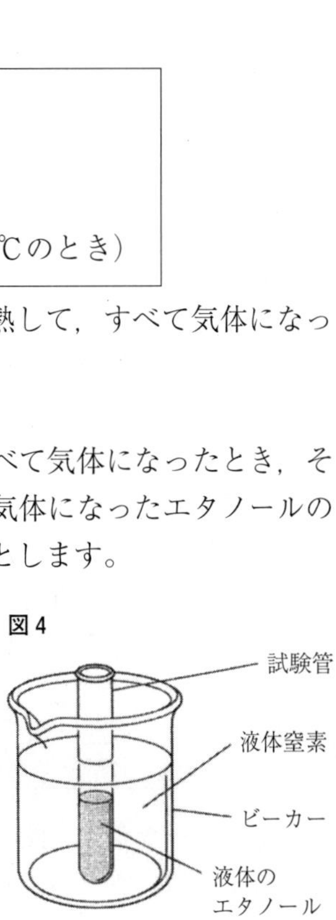

先　生：なるほど。**図4**のように，液体窒素（液体になった

窒素）を入れたビーカーの中に，液体のエタノールが入った試験管を入れると，試験管の中に固体のエタノールができます。**資料**にある数値から考えたとき，この液体窒素の温度は何℃であるか，わかりますか。

Tさん：正確な液体窒素の温度はわかりませんが，［ z ］です。

先　生：そのとおりです。それでは，エタノールが，固体になることを確認してみましょう。

① 会話文中の［ x ］にあてはまる数値を書きなさい。また，［ y ］にあてはまる数値を，小数第１位を四捨五入して整数で書きなさい。

② 会話文中の［ z ］にあてはまるものとして最も適当なものを，次の**ア**～**エ**のうちから一つ選び，その符号を書きなさい。

ア　−115℃よりも低い　　**イ**　−115℃から０℃の間

ウ　０℃から78℃の間　　**エ**　78℃よりも高い

4　Ｓさんは，冬の日本付近の天気の特徴《とくちょう》について，気象衛星が撮影《さつえい》した雲画像を使って**調べたこと**をまとめ，次の**実験**を行いました。これに関して，あとの(1)～(4)の問いに答えなさい。

調べたこと

・**図１**は，ある年の２月に気象衛星が撮影した雲画像である。

・この日は，西高東低の冬型の気圧配置であり，北西の風が日本列島にふいていた。

・この日，日本海の上には，北西の風に沿《そ》ったすじ状の雲が見られた。

図１

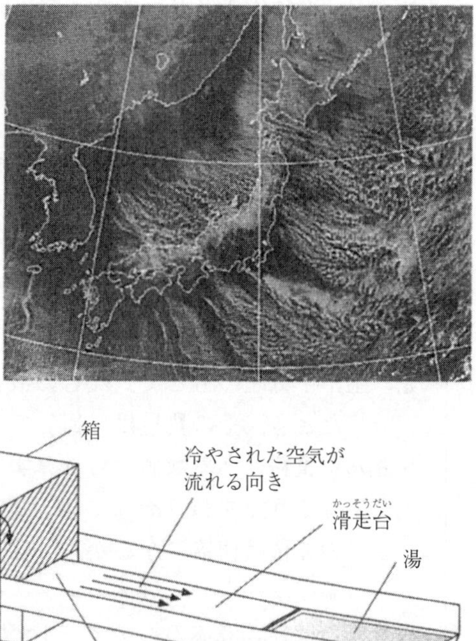

実験

図１で，日本海の上に見られたようなすじ状の雲を再現するために，Ｓさんは**図２**のような装置を用意した。箱の中からはドライアイスで冷やされた空気が出てきて，ユーラシア大陸に見立てた滑走台の上を流れていった。この空気が，日本海に見立てた容器に入った湯の上を通ったときに，すじ状の雲が発生し，白くくもって見えた。

図２

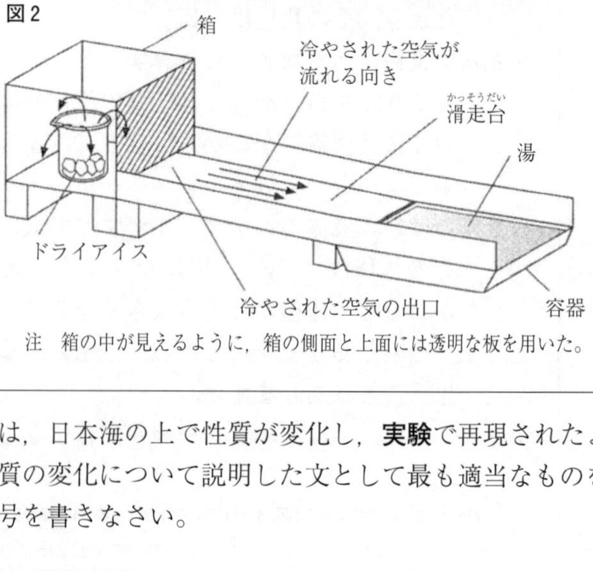

注　箱の中が見えるように，箱の側面と上面には透明な板を用いた。

(1) 冬にユーラシア大陸からふき出す空気は，日本海の上で性質が変化し，**実験**で再現されたようなすじ状の雲をつくる。この空気の性質の変化について説明した文として最も適当なものを，次の**ア**～**エ**のうちから一つ選び，その符号を書きなさい。

ア　大陸からの冷たく湿《しめ》った空気が，冷たい日本海の上で，温度のみがさらに低く変化する。
イ　大陸からの冷たく湿った空気が，日本海に水蒸気を吸収されて，乾燥した空気に変化する。
ウ　大陸からの冷たく乾燥した空気が，温かい日本海の上で，温度のみが高く変化する。
エ　大陸からの冷たく乾燥した空気が，日本海で蒸発した水蒸気を含《ふく》み，湿った空気に変化する。

(2)　次の文章は，冬にユーラシア大陸から日本列島に向かってふく北西の風について述べたものである。文章中の m ， n にあてはまる最も適当なことばを書きなさい。

> 太陽から受けとる光の量が少ない冬は，大陸と海洋のうち m のほうがより低温になるため，ユーラシア大陸のシベリア付近に，高気圧が発達する。高気圧の中心部では， n 気流ができ，そこからまわりにふき出した風の一部が，日本列島に向かってふく北西の風になる。

(3)　**図1**が撮影された日から1か月後，低気圧が発生して日本海を西から東へ進み，この低気圧の中心が**図3**中の×の位置にある。この低気圧は2種類の前線をともなっており，一方は×から地点**A**に，他方は×から地点**B**にのびている。この2種類の前線を，解答用紙の図中に，前線の記号を用いてそれぞれかきなさい。ただし，**図4**は，**図3**中の**y**—**z**，および**y′**—**z′**における空気の断面を模式的に表しており，暖気と寒気が接しているようすがみられる。また，地点**C**では，数時間前に風向の変化と，気温の急な低下が観測された。

図3

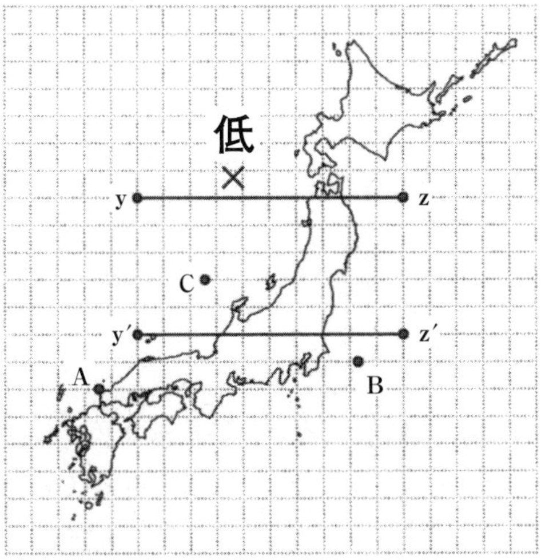

注　方眼の1目もりは100kmの長さを表している。
また，**図3**中の**A**～**C**は，地点**A**～地点**C**を表している。

図4

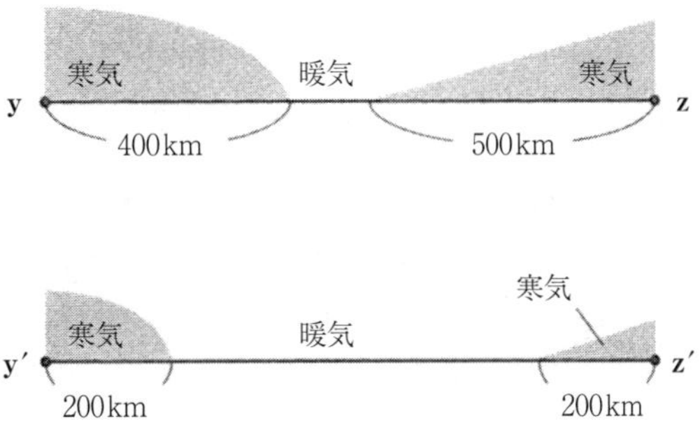

(4)　**図3**のとき，関東地方では，日本海にある低気圧に向かって南の風がふいていた。太平洋側の平野《へいや》で気温17℃，湿度80%であった空気のかたまりが，山の斜面に沿って上昇しながら雨を降らせ，山をこえて日本海側の平野へふき下りたとき，気温25℃，湿度30%になっていた。この空気のかたまりが山をこえたときに失った水蒸気の量は，初めに含んでいた水蒸気の量の約何%か，小数第1位を四捨五入して整数で書きなさい。なお，**表**は，それぞれの気温(空気の温度)に対する飽和《ほうわ》水蒸気量を表している。

表

気　温〔℃〕	10	11	12	13	14	15	16	17	18	19	20	21	22	23	24	25	26	27	28	29
飽和水蒸気量〔g/m^3〕	9.4	10.0	10.7	11.4	12.1	12.8	13.6	14.5	15.4	16.3	17.3	18.3	19.4	20.6	21.8	23.1	24.4	25.8	27.2	28.8

5　電流の大きさと，電熱線の発熱について調べるため，次の**実験1～3**を行いました。これに関して，あとの(1)～(3)の問いに答えなさい。ただし，使用した電熱線**A**の抵抗《ていこう》(電気抵抗)の大きさは3.0Ωであり，電熱線**A**～**F**に流れる電流の大きさは，時間とともに変化しないものとします。

実験1

図1のような回路をつくり，電源装置で，電熱線**A**に加える電圧の大きさを0Vから6.0Vまで変化させ，そのときの電流の大きさをそれぞれ測定した。**表**は，その結果をまとめたものである。

表

電圧の大きさ〔V〕	0	1.5	3.0	4.5	6.0
電流の大きさ〔A〕	0	0.50	1.0	1.5	2.0

図1

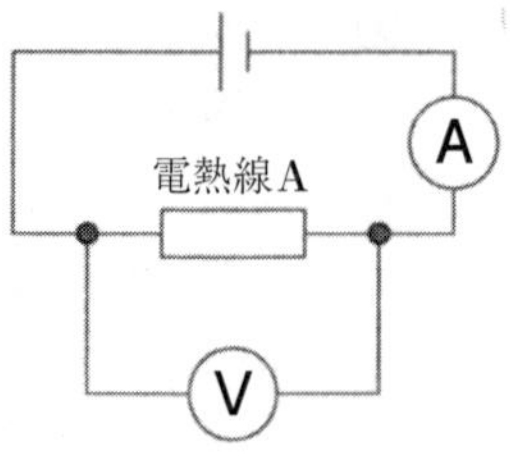

実験2

電熱線**A**と同じ抵抗の大きさの電熱線**B**～**E**を用意し，**図2**，**3**のように，それぞれ組み合わせて回路をつくり，**実験1**と同様に電源装置で，加える電圧の大きさを0Vから6.0Vまで変化させ，そのときの電流の大きさをそれぞれ測定した。

図2

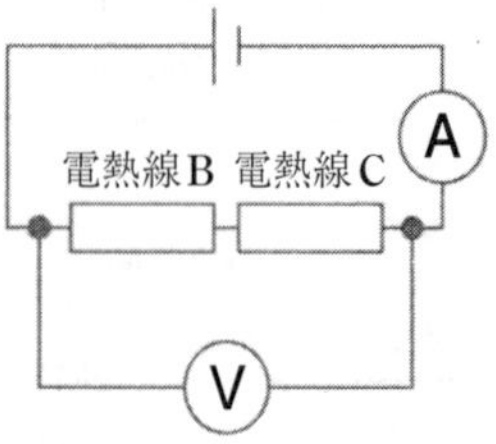

図3

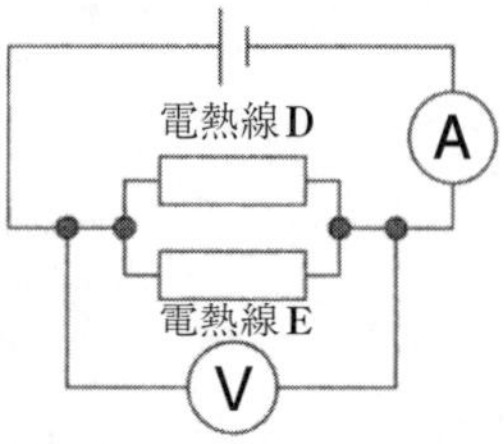

実験3

① **図4**のように，**実験1**で用いた電熱線**A**を用いて回路をつくり，発泡《はっぽう》ポリスチレンのコップに水100gを入れてしばらく放置した。その後，スイッチを入れ，電源装置の電圧を6.0Vに固定して水の温度を測定した。

② 電熱線**A**と抵抗の大きさが異なる電熱線**F**を用意し，①の回路の電熱線**A**を電熱線**F**にかえて，①と同様に発泡ポリスチレンのコップに水100gを入れてしばらく放置した。その後，スイッチを入れ，電源装置の電圧を6.0Vに固定して水の温度を測定した。

図5は，①，②のときの電流を流した時間と水の上昇温度をそれぞれ記録したものであり，**図5**中の軸の目もりは省略してある。ただし，水をゆっくりかき混ぜながら，水の温度を測定し，水中では場所による水の温度の違《ちが》いがないものとする。

図4

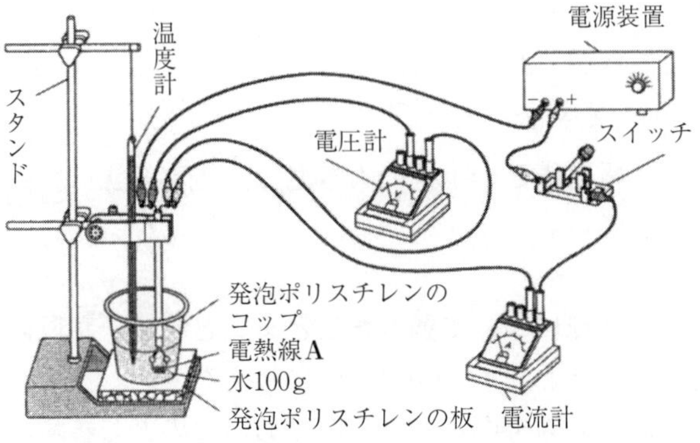

図5

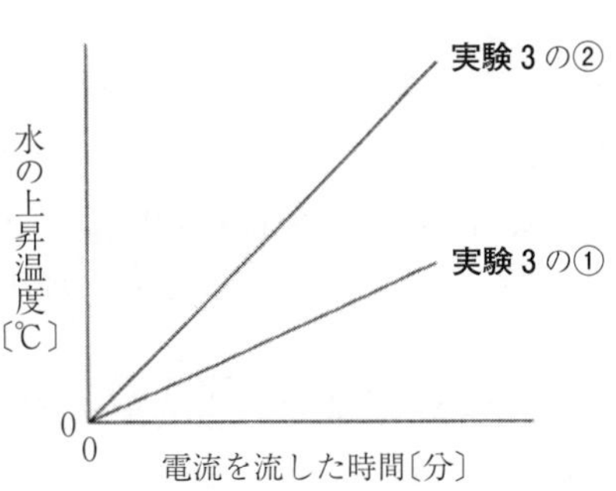

(1) **実験1**で，**表**のように，電熱線Aを流れる電流の大きさは，電熱線Aに加える電圧の大きさに比例することがわかる。この関係を表す法則を何というか，書きなさい。

(2) **図6**は，電源装置の電圧の大きさと，回路全体を流れる電流の大きさの関係を示したグラフである。**実験2**の**図2**，**3**の回路における結果を示したグラフとして最も適当なものを，**図6**中の**ア**～**エ**のうちからそれぞれ一つずつ選び，その符号を書きなさい。

図6

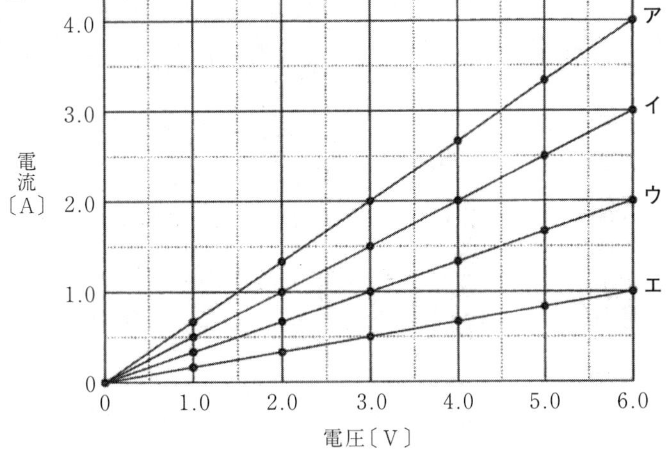

(3) 次の文章は，**実験3**についてのSさんと先生の会話である。あとの(a)，(b)の問いに答えなさい。

Sさん：**実験3**の①で，電熱線Aに電流を5分間流したときに，電流によって発生する熱量を計算したところ，［　　　　］Jであることがわかりました。

先　生：そうですね。それでは，**実験3**の①と②の結果を比べると，どのような違いがありますか。

Sさん：**図5**から，水の質量が同じとき，電流を流した時間が同じであれば，**実験3**の②で発生する熱量は，**実験3**の①で発生する熱量に比べて大きいことがわかります。

先　生：そうですね。

Sさん：このことから，<u>電熱線Fの抵抗の大きさは，電熱線Aの抵抗の大きさに比べて小</u>

さいと考えることができます。
先　生：そのとおりです。

(a)　会話文中の□にあてはまる数値を書きなさい。
(b)　会話文中の下線部について，Sさんが，電熱線Fの抵抗の大きさは，電熱線Aの抵抗の大きさに比べて小さいと考えた理由を書きなさい。

6　Sさんは，太陽系の惑星《わくせい》A～惑星Gおよび地球について**調べたこと**をまとめ，千葉県内の地点Pで次の**観察**を行いました。これに関して，あとの(1)～(4)の問いに答えなさい。なお，太陽系の惑星A～惑星Gおよび地球の公転軌道《きどう》は，太陽を中心とする円であるものとします。

調べたこと

・太陽系の惑星は地球を含《ふく》めて8つあり，それぞれほぼ同じ平面上で，同じ向きに太陽のまわりを公転している。
・近年の探査《たんさ》によって，惑星Cの表面には，**図1**のような丸みを帯びたれきが見つかっている。
・**図2**のグラフは，太陽系の惑星A～惑星Cおよび地球について，太陽からの距離《きょり》と公転周期（公転の周期）の関係を示している。また，**図3**のグラフは，太陽系の惑星D～惑星Gについて，太陽からの距離と公転周期の関係を示している。

図1

図2

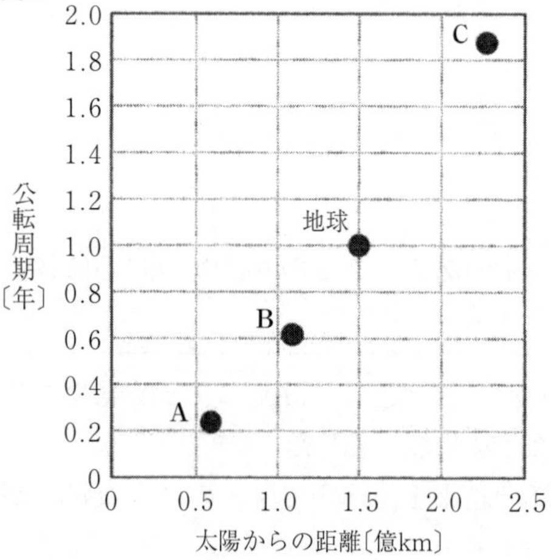

図3

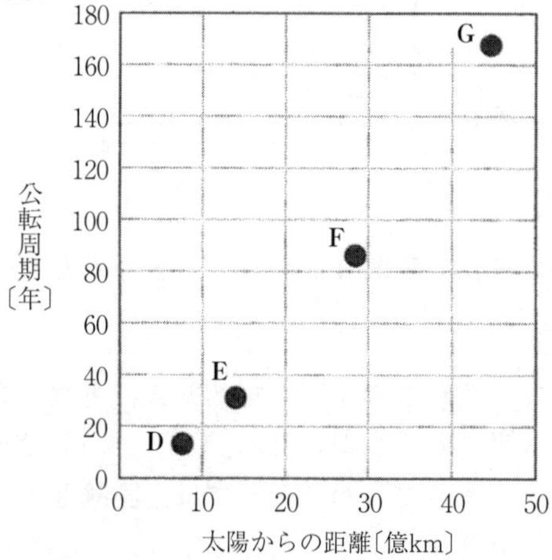

注　**図2**，**3**中のA～Gは，惑星A～惑星Gを表している。

観察

図4は，ある日の太陽，地球，惑星B，惑星Cの位置関係を，北極側から見て模式的に表したものである。Sさんはこの日に千葉県内の地点Pで，天体望遠鏡を使って惑星Bを観察

した。この天体望遠鏡は，見える像の上下左右が逆になっていたので，惑星Bの像をスケッチしたあと，スケッチを肉眼《にくがん》で見たときの向きに直した。

　また，この日から半年後，地点Pからは惑星B，惑星Cを同じ日のうちに観察することができた。

図4

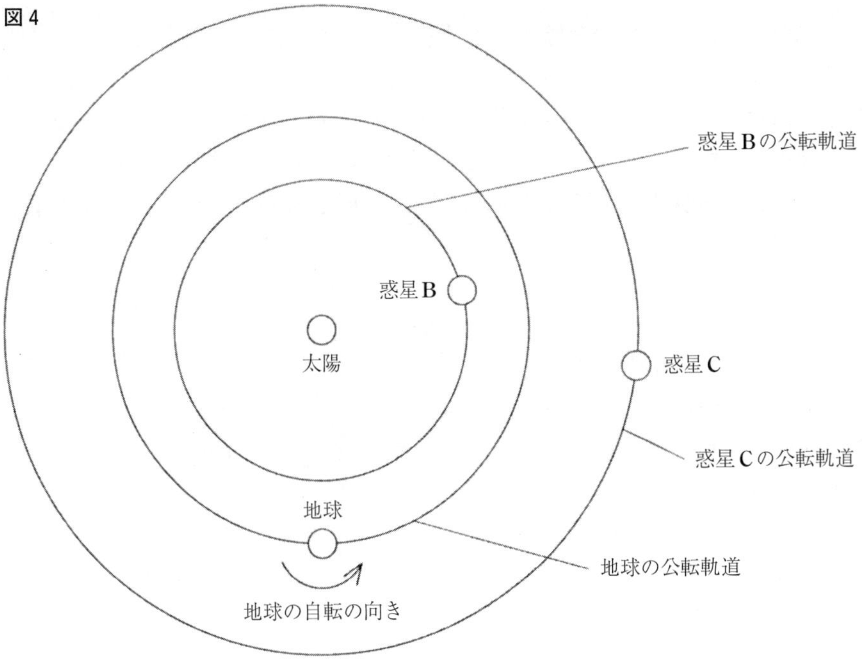

(1)　**図1**のような，丸みを帯びたれきが見つかったことなどから，かつての惑星Cの表面には現在の地球のような環境があった可能性が考えられている。現在の地球において，角がとれて丸みを帯びたれきは，何のはたらきで，どのようにしてつくられるか，**30字以内**(句読点を含む。)で書きなさい。

(2)　**図2**，**3**中で，水星，土星を示しているものはそれぞれどれか。**図2**，**3**中の惑星A〜惑星Gのうちから最も適当なものをそれぞれ一つずつ選び，書きなさい。

(3)　地球，太陽，惑星B，惑星Cの位置関係が**図4**のようになっていた日における，地点Pから見た惑星Bの見かけの形(見え方)はどれか。次の**ア**〜**エ**のうちから最も適当なものを一つ選び，その符号を書きなさい。なお，**ア**〜**エ**の形は，惑星Bの像を肉眼で見た場合の向きに直したものである。

ア

イ

ウ

エ

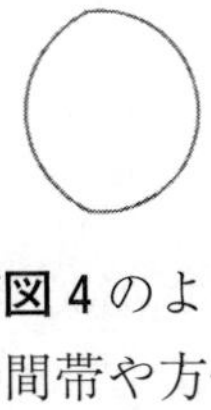

(4)　太陽，地球，惑星B，惑星Cの位置関係が**図4**のようになっていた日から半年後に，地点Pから惑星B，惑星Cがそれぞれ観察できた時間帯や方位について述べたものとして最も適当なものを，次の**ア**〜**オ**のうちからそれぞれ一つずつ選び，その符号を書きなさい。

ア　明け方の西の空でのみ観察できた。

イ　夕方の西の空でのみ観察できた。

ウ　明け方の東の空でのみ観察できた。

エ　夕方の東の空でのみ観察できた。

オ　ほぼ一晩中見ることができ，真夜中は南の空で観察できた。

7　球の運動について調べるため，次の**実験1**，**2**を行いました。これに関して，あとの(1)〜(4)の問いに答えなさい。ただし，各斜面《しゃめん》と各水平面はなめらかにつながっていて，球はレールから離《はな》れることなく運動するものとし，高さの基準は床《ゆか》とします。また，球とレールの間の摩擦《まさつ》や空気による抵抗《ていこう》はないものとしますが，木片と床，木片と台の間にはそれぞれ摩擦力がはたらくものとします。なお，**実験1**，**2**で使用したレールは同じものであり，レールの厚さは考えないものとします。

実験1

① **図1**のように，斜面と水平面からなるレールを用意し，木片を床に置いた。なお，**図2**のように球はレール上に，木片はレールをまたぐように置くものとする。

図1

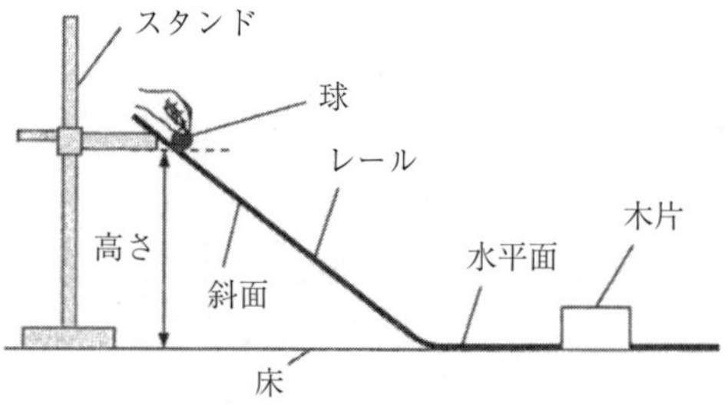

図2

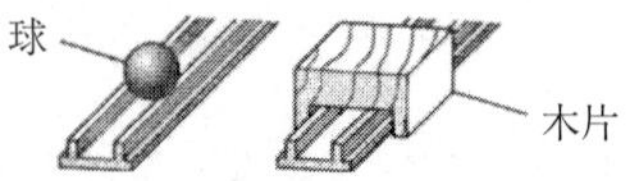

② 質量30gの球を，床からの高さが10cmとなる斜面上に置いて，静かに手を離したところ，球は斜面を下《くだ》り，木片に衝突《しょうとつ》し木片は移動した。このとき，木片の移動した距離《きょり》を測定した。

③ 球を置く斜面上の位置を，高さ20cm，30cmにかえて，それぞれ**実験1**の②を行った。

④ 球を質量60g，120gの球にかえて，それぞれ**実験1**の②，③を行った。

球の質量，球を置く高さ，木片の移動した距離の関係をグラフにまとめたところ，**図3**のような直線になった。

図3

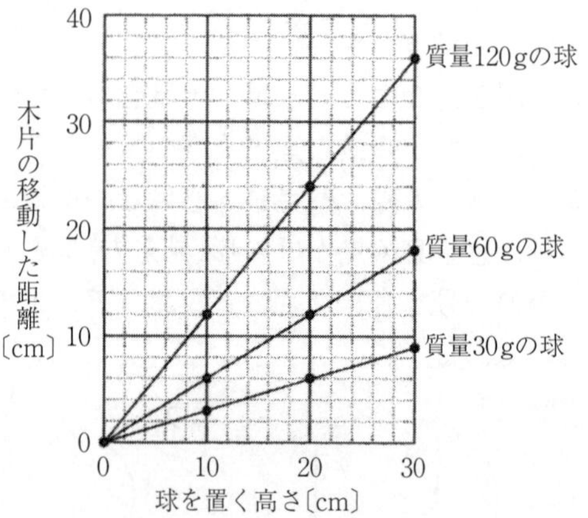

実験2

① **図4**のように，斜面1，2と水平面1，2からなるレールと台を用意し，**実験1**で使用したものと同じ木片を，レールをまたぐように台に置いた。なお，水平面2は，床からの高さが10cmである。

② 質量90gの球を，床からの高さが30cmとなる斜面1上に置いて，静かに手を離したところ，球は斜面を下り，レール上を運動し，木片に衝突した。

図4

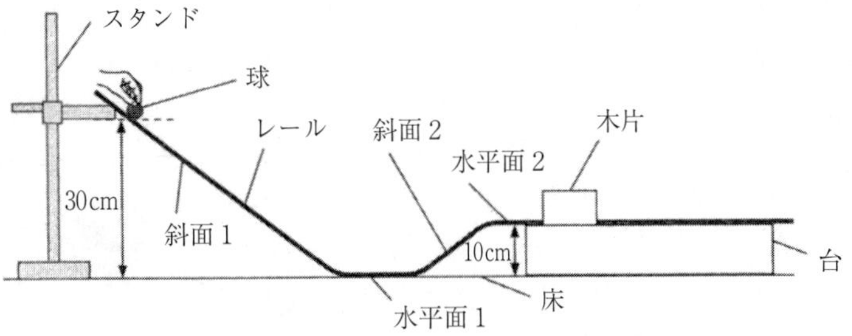

(1) **実験1**で，球が斜面上を運動しているとき，球にはたらく重力の向きとして最も適当なものを，次の**ア**～**エ**のうちから一つ選び，その符号を書きなさい。ただし，矢印は力の大きさと向きを表している。

ア　　**イ**　　**ウ**　　**エ**

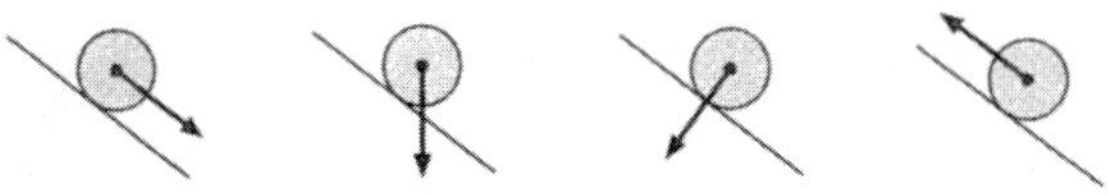

(2) 次の文章は，**実験1**について説明したものである。文章中の [x] にあてはまる適当なことばを書きなさい。また，[y] にあてはまる数値を書きなさい。

> **図3**から，木片の移動した距離は，球を置く高さが高いほど，また，球の質量が大きいほど [x] 。さらに，**図3**から，木片の移動した距離は，球を置く高さ，球の質量にそれぞれ比例していると読み取れることから，球を置く高さが25cm，球の質量が60gのとき，木片の移動する距離は [y] cmである。

(3) **図5**は，**実験2**のようすを模式的に表したものである。ただし，**図5**において，球を置いた位置をA，斜面1を下り終えた位置をB，斜面2を上り始めた位置をC，斜面2を上り終えた位置をD，木片に衝突した位置をEとする。なお，**図6**は，A～Eにおける球の位置を横軸上にそれぞれa～eと置きかえて示しており，Aでの球の位置エネルギーを3，水平面1上での球の位置エネルギーを0として，球がレール上を運動し，木片に衝突するまでの位置エネルギーの変化を表したグラフである。このとき，球がレール上をA～Eまで運動する際の運動エネルギーの変化を，解答用紙の図中に実線でかきなさい。

図5

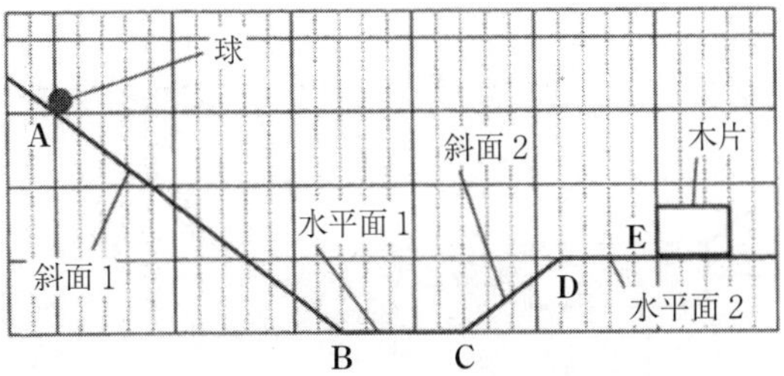

図6

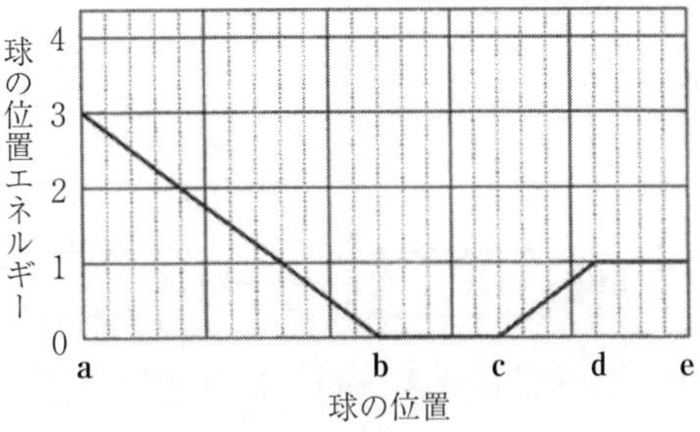

(4) **実験2**の②で，木片の移動した距離は何cmか，書きなさい。

8　Sさんたちは，オリンピックを観戦し，刺激に対するヒトの反応について興味を持ちました。これに関する先生との会話文を読んで，あとの(1)～(4)の問いに答えなさい。

Sさん：先生，私は昨日，バレーボール競技をテレビで見ました。**図1**のように，とても速いボールをレシーブできるなんて，すごいですね。

図1

Tさん：技術がすばらしいだけでなく，a 打たれたボールを目で見てから，かまえるために手を動かすまでの反応が速いからレシーブできるのですね。

先　生：そうですね。この場合は，目に入ってきた光を刺激として受けとり，その刺激は，神経を伝わる信号に変えられ，神経を通じて脳に信号が伝えられます。脳はその信号を受けとり，神経を通じて手を動かすという信号を送り出しているのです。

Sさん：選手たちは，1秒に満たないわずかな時間に，見て，判断して，ボールを取りにいくのだから，すごいよね。

Tさん：きたえられている選手たちは，b 筋肉も発達しているし，私たちとは違《ちが》うのかな。

先　生：選手たちのようにきたえられていなくても，SさんやTさんにも備わっている，もっと速い反応がありますよ。

Sさん：選手ではない私たちでも，刺激を受けてから，速く反応できるものがあるということですか。

先　生：そうです。例えば，c うっかり熱いものに触《ふ》れてしまったときに，思わず手を引っ込めたことはありませんか。

Tさん：あります。熱いと感じるより前に手を引っ込めてしまいました。

先　生：そうです。これは，無意識に(意識とは関係なく)起こる反応です。d この無意識に起こる反応は，意識して起こす反応に比べて，刺激を受けてから反応するまでの時間が短いのです。

(1)　会話文中の下線部**a**について，**図2**は，ヒトが刺激を受けてから反応するまでに信号が伝わる経路を模式的に表したものである。**図2**において，打たれたボールを目で見てから，かまえるために手を動かすまでの信号が伝わる経路として最も適当なものを，あとの**ア**～**エ**のうちから一つ選び，その符号を書きなさい。なお，**A**～**F**の矢印は神経を表し，矢印の向きはその神経を信号が伝わる向きを表している。

図2

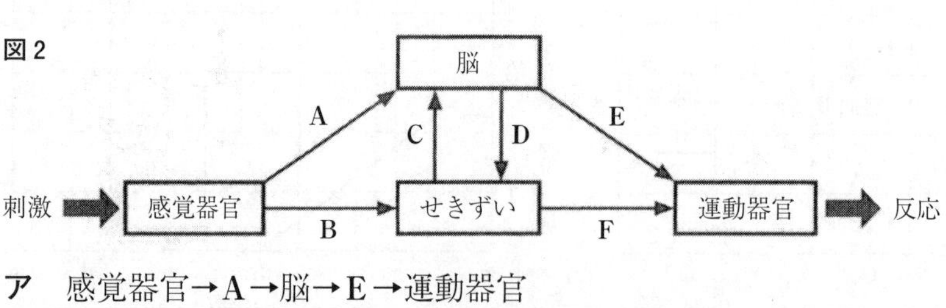

ア　感覚器官→A→脳→E→運動器官

イ　感覚器官→A→脳→D→せきずい→F→運動器官

ウ　感覚器官→B→せきずい→C→脳→E→運動器官

エ　感覚器官→B→せきずい→C→脳→D→せきずい→F→運動器官

(2)　会話文中の下線部 **b** について，ヒトの腕《うで》は，筋肉のはたらきによって，関節の部分で曲げたりのばしたりすることができる。**図 3** のように，右腕を曲げるとき，縮む筋肉の両端のけんは，骨のどの部分についているか。**図 3** 中の**ア**～**エ**のうちから最も適当なものを一つ選び，その符号を書きなさい。ただし，**図 3** は，ヒトの右肩《かた》と右腕の骨を模式的に表したものである。

図 3

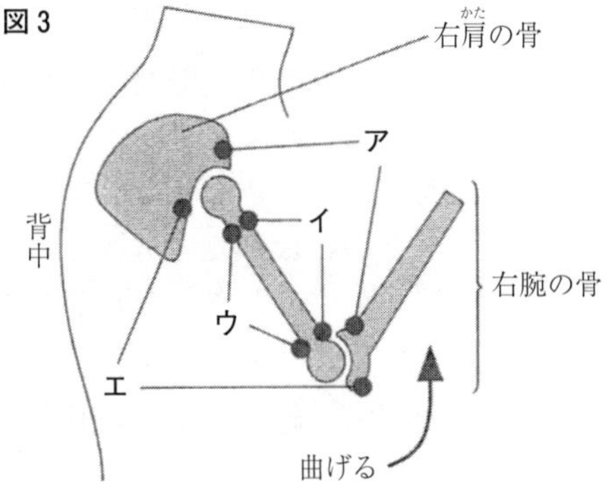

(3)　会話文中の下線部 **c** のように，無意識に起こる反応を何というか，書きなさい。また，無意識に起こる反応の例として適当なものを，次の**ア**～**オ**のうちから**すべて選び**，その符号を書きなさい。

ア　握手《あくしゅ》をしたとき，急に強く握《にぎ》られたので，すぐに握り返した。
イ　食物を口に入れると，唾液《だえき》が出てきた。
ウ　暗いところから明るいところに移動したら，瞳《ひとみ》の大きさが小さくなった。
エ　不意に目の前に虫が飛んできたから，よけるためにすばやく体を反《そ》らした。
オ　とつぜん「危ない」という声が聞こえて，とっさに手で頭をおおった。

(4)　会話文中の下線部 **d** について，刺激を受けてから反応するまでの時間が短いのはなぜか。その理由を，「**せきずい**」ということばを用いて書きなさい。

9　Sさんは，ダニエル電池について調べるため，次の**実験**を行いました。これに関する先生との会話文を読んで，あとの(1)～(4)の問いに答えなさい。

実験

①　セロハンで仕切ったビーカーの一方に硫酸亜鉛水溶液50cm^{3}を，他方に硫酸銅水溶液50cm^{3}を入れた。

②　硫酸亜鉛水溶液中に亜鉛板を，硫酸銅水溶液中に銅板を，それぞれ入れて，電池を組み立てた。

③　**図**のように，電池の亜鉛板，銅板にそれぞれ導線をつけて，プロペラ付きモーターをつなぐと，モーターが回転し，プロペラが回った。その後，しばらくモーターを回転し続けたところ，青色の硫酸銅水溶液の色がうすくなった。

図

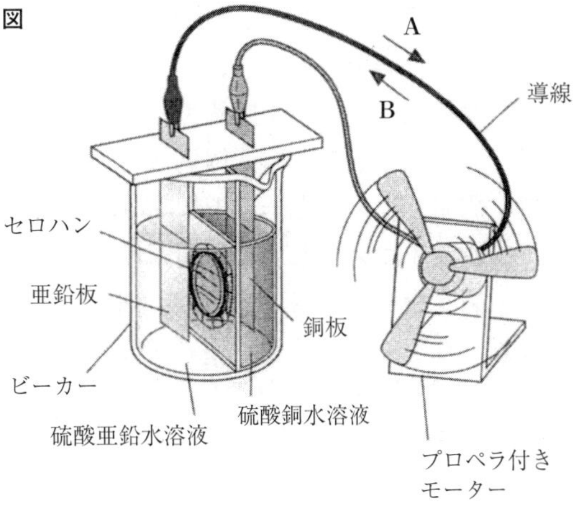

先　生：モーターが回転しているとき，この電池に流れている電流の向きはわかりますか。

Sさん：はい。電流の向きを示している矢印は，**図**中の［　w　］ですね。そして，このとき，＋極《プラス》は，［　x　］です。

先　生：そのとおりです。

Sさん：ところで，この**実験**の電池で，セロハンは，どのような役割を果たしているのですか。

先　生：セロハンは，硫酸亜鉛水溶液と硫酸銅水溶液が簡単に混ざり合わないようにし，亜鉛板と硫酸銅水溶液が直接反応することを防いでいるのです。

Sさん：仕切られていないと，亜鉛板と硫酸銅水溶液が直接反応してしまい，その結果，電池のはたらきをしなくなってしまいますね。

先　生：そのとおりです。さらに，セロハンには，ほかにも役割があります。モーターが回転しているとき，それぞれの水溶液中での陽イオンの数の変化を，考えてみましょう。

Sさん：はい。硫酸亜鉛水溶液中では，［ y ］しています。また，硫酸銅水溶液中の銅板で起こっている化学変化を化学反応式で表すと，［ z ］であり，水溶液中の陽イオンが減少しています。

先　生：そのとおりです。その結果，このまま反応が進むと，電子が移動しにくくなり，電池のはたらきが低下してしまうのですが，セロハンを通ってイオンが移動することで，電池のはたらきが低下するのを防いでいるのです。

Sさん：セロハンは，大切な役割をしているのですね。

(1)　会話文中の［ w ］，［ x ］にあてはまるものの組み合わせとして最も適当なものを，次の**ア**～**エ**のうちから一つ選び，その符号を書きなさい。

ア　w：A　x：亜鉛板

イ　w：A　x：銅板

ウ　w：B　x：亜鉛板

エ　w：B　x：銅板

(2)　会話文中の下線部について，亜鉛板を硫酸銅水溶液に入れると，亜鉛板に銅が付着するようすが見られる。このことからわかる，亜鉛と銅を比べたときのイオンへのなりやすさについて，簡単に書きなさい。

(3)　会話文中の［ y ］にあてはまる変化として最も適当なものを，次の**ア**～**エ**のうちから一つ選び，その符号を書きなさい。

ア　亜鉛原子が電子を１個失って，亜鉛イオンになり，水溶液中の陽イオンが増加

イ　亜鉛原子が電子を２個失って，亜鉛イオンになり，水溶液中の陽イオンが増加

ウ　亜鉛イオンが電子を１個受け取って，亜鉛原子になり，水溶液中の陽イオンが減少

エ　亜鉛イオンが電子を２個受け取って，亜鉛原子になり，水溶液中の陽イオンが減少

(4)　会話文中の［ z ］にあてはまる化学反応式を，イオンを表す化学式を用いて書きなさい。ただし，電子は，e^-を使って表すものとする。

その時に見た、空いっぱいの星を覚えているかな？　わたしが見た映像は、あの満天の星みたいに蛍が飛び交う光景だったの。

高橋　ああ、あの満天の星は確かにすごかった。きれいだったね。鈴木さんが見た映像を想像できたよ。はじめに「すごい」と聞いた時は、迫力のある映像に驚いたことを指しているのだと思ったけれど、驚きは驚きでも、美しさに感動する意味合いが入っていたのだね。

（合図音A）

問いの(2)　鈴木さんと高橋さんのやりとりから、高橋さんが鈴木さんの伝えたいことを理解できたのはなぜだと考えられますか。最も適当なものを、選択肢**ア**～**エ**のうちから一つ選び、その符号を書きなさい。

（15秒空白）

（合図音B）

高橋　それにしても、羨ましいな。満天の星みたいに飛び交う蛍の光景なんて見たことないよ。

鈴木　わたしもよ。初めて見たわ。だから、かえって複雑な気持ちにもなったわ。

高橋　あれ、きれいな光景だったから「驚いた」のだよね。「複雑な気持ち」とはどういうことかな？

鈴木　あ、それはね、その光景が、今ではテレビでしか見ることができないと気づいたからなの。わたしは驚いたけれど、一緒にその映像を見ていた祖母はなつかしがっていたのよ。祖母はここで生まれ育ったのだけれど、小学生の頃は、よく見かけた光景なのですって。夏休みには川辺で蛍をつかまえたらしいわ。

（合図音A）

問いの(3)　鈴木さんは、高橋さんの工夫した受け答えのおかげで、「複雑な気持ち」の説明を自然に付け加えることができました。高橋さんは、どのような工夫をして「複雑な気持ち」の説明を鈴木さんから引き出していますか。最も適当なものを、選択肢**ア**～**エ**のうちから一つ選び、その符号を書きなさい。

（18秒空白）

（合図音B）

高橋　そうか、確かに満天の星のように飛び交う蛍の光景に驚くのは、それがぼくたちにとって身近な光景ではないからだね。鈴木さんはそこまで思いをめぐらしていたんだなあ。ぼくだったら単に感動して終わっていただろうな。

（合図音A）

問いの(4)　高橋さんが鈴木さんに感心したのは、なぜですか。その理由として最も適当なものを、選択肢**ア**～**エ**のうちから一つ選び、その符号を書きなさい。

（5秒空白）

放送は以上です。二 以降も解答しなさい。

〈条件〉

① **二段落構成**とし、**十行以内**で書くこと。
② 前段では、二人の考え方を整理すること。
③ 後段では、二人の考え方をふまえてあなたの意見を理由とともに具体的に書くこと。

〈注意事項〉

① 氏名や題名は書かないこと。
② 原稿用紙の適切な使い方にしたがって書くこと。ただし、〜や═などの記号を用いた訂正はしないこと。

〈国語聞き取り検査放送用台本〉

（チャイム）

これから、国語の学力検査を行います。まず、問題用紙の1ページと2ページがあることを確認しますので、放送の指示に従いなさい。

（2秒空白）

では、問題用紙の1ページと2ページを開きなさい。

（3秒空白）

確認が終わったら、問題用紙を閉じなさい。1ページと2ページがない人は手を挙げなさい。

（5秒空白）

次に、解答用紙を表にし、受検番号、氏名を書きなさい。

（20秒空白）

最初は聞き取り検査です。これは、放送を聞いて問いに答える検査です。問題用紙の1ページと2ページを開きなさい。

（2秒空白）

一　これから、鈴木さんが高橋さんに、テレビ番組で見た映像について伝えている場面と、それに関連した問いを四問放送します。よく聞いて、それぞれの問いに答えなさい。

なお、やりとりの途中、（合図音A）という合図のあと、問いを放送します。また、（合図音B）という合図のあと、場面の続きを放送します。

1ページと2ページにメモをとってもかまいません。では、始めます。

鈴木　高橋さん、わたし、昨夜、テレビ番組ですごい映像を見たわ。夜の川辺を映していたのだけれど、思わず見入ってしまったわ。

高橋　へえ、どんな映像だろう。「すごい」と言うからには、きっと迫力ある映像だったんだね。あ、もしかして鮭《さけ》が産卵のために川をのぼってくる映像かい？　そういえば、ニュースで紹介していたのを見たことがあるよ。

鈴木　ちがうちがう、わたしが見たのはその映像ではないわ。迫力があったから「すごい」と言ったのではなくて、あまりにきれいな映像だったから「すごい」と言ったのよ。ごめんなさい、わかりにくかったよね。

（合図音A）

問いの(1)　鈴木さんは、高橋さんの発言によって、自分の伝え方に課題があることに気がつきました。鈴木さんの伝え方の課題として最も適当なものを、選択肢**ア**～**エ**のうちから一つ選び、その符号を書きなさい。

（15秒空白）

（合図音B）

鈴木　蛍が川辺を飛んでいる光景だったのよ。真っ暗闇の中に光る蛍がたくさん飛んでいて……すごいの。そのすごさを、どのような言葉を使えば伝えられるかしら。（2秒空白）
そうだ、この間、高橋さんと部活動の後、一緒に帰ったよね。

イ　犬や烏に悟られずに、近くの人に餅のありかを教えてあげよう。

ウ　人が通る道なのだから、通りすがりの人に餅を拾ってもらおう。

エ　多分誰も通らない道なのだから、犬や烏に餅を与えてしまおう。

(3)　文章中のB耳にも聞き入れずうち通りけりの主語にあたるものとして最も適当なものを、次の**ア**～**エ**のうちから一つ選び、その符号を書きなさい。

ア　地頭　**イ**　ものくさ太郎

ウ　犬烏　**エ**　目白の鷹

(4)　文章中にCえ取りて伝へん程のことは、いとやすきこと　とあるが、この言葉の意味として最も適当なものを、次の**ア**～**エ**のうちから一つ選び、その符号を書きなさい。

ア　お取り次ぎがあることは、たいそう安心なことであるのに

イ　取りに行くくらいのことは、結構安価で済ませられるのに

ウ　取って渡すくらいのことは、大変容易にできることなのに

エ　お取り計らいがあることは、かえってうれしいことなのに

(5)　次の文章は、ある中学生が授業でこの文章を読んだ感想の一部です。これを読み、あとの(a)、(b)の問いに答えなさい。

> 私は、先生が授業で紹介した「賢《けん》を見ては斉《ひと》しからんことを思ひ、不賢《ふけん》を見ては内《うち》に自ら省みる也《なり》。」という『論語』の一文を思い出しました。その内容と比べて、ものくさ太郎の「あらうたての殿や」という最後の発言からは、自省ではなく［　　］姿がわかり、より一層面白く感じました。

(a)　右の文章中の　不賢《ふけん》を見ては内《うち》に自ら省みる也《なり》。　について、こう読めるように、次の「見テハ不賢ヲ而内ニ自ラ省ミル也。」に**返り点**をつけなさい。

見テハ　不　賢ヲ　而　内ニ　自ラ　省ミル　也。

(b)　［　　］に入る言葉を、**二十字以上、二十五字以内**で書きなさい。ただし、次の言葉の中から最も適当なものを一つ選び、言葉のつながりに応じて活用させながら書くこと。

・ごまをする　　・棚に上げる　　・骨が折れる

七

次は、中学生の森さんと沢木さんが「大人」とはどういう人のことを指すのか、考えている場面です。これを読み、あとの〈条件〉にしたがい、〈注意事項〉を守って、あなたの考えを書きなさい。

〈話題〉　「大人」とはどういう人のことを指すのか

私は同級生に「大人」だなと思う人がいるの。話し合いのとき、人のどんな意見にも耳を傾け、いつも客観的な意見を言ってくれるのよ。

森さん

この間、十八歳になった姉のもとに、選挙のときに投票所で見せる「投票所入場整理券」が届いたんだ。姉はもう「大人」なんだと思ったよ。

沢木さん

います。

林さん　そうですね。「　Ⅱ　」という一文からも、正浩と悠人の、深いつながりが感じられます。私もつらい時や悲しい時に励まして支えてくれる人がそばにいてくれると、とても心強く感じます。

川野さん　私は、「ドぉは、どりょくのド。レぇは、れんしゆうのレぇ」と悠人の歌う場面が、登場人物同士の関係性を表現していて、印象的でした。特に、文章の最後の四行からは、　Ⅲ　ということが感じられます。また、それまでの緊張した雰囲気が、調子外れの歌で少し和らいだように思います。

(a)　Ⅰ　に入る言葉を、53ページ～51ページの文章中から**六字**で**抜き出して**書きなさい。

(b)　Ⅱ　に入る**一文**を、53ページ～51ページの文章中から**抜き出して**、**はじめの五字**を書きなさい。

(c)　Ⅲ　に入る言葉を、「……と……とは、……」という形を使って、**二十字以上、二十五字以内**で書きなさい。

六

次の文章を読み、あとの(1)～(5)の問いに答えなさい。

〔昔、ものくさ太郎というとても面倒くさがり屋がいた。ある日、持っていた餅が不意に手からこぼれ落ち、近くの大通りまで転がってしまった。〕

その時、ものくさ太郎、A見渡して思ふやう、取りに行き帰らんもものくさし、いつの頃《ころ》にても、人の通らぬことはあらじ（ないだろう）と、竹の竿《さを》をささげて、犬烏《いぬからす》の寄るを追ひのけて、三日まで待つに、人見えず。三日と申すに、ただの人にはあらず、その所の（注1）地頭《ぢとう》、あたらしの左衛門尉《さゑもんのじよう》のぶよりといふ人、（注2）小鷹狩《こたかがり》、（注3）目白《まじろ》の鷹を据ゑさせて、その勢《せい》五六十騎にて通り給ふ。

ものくさ太郎、これを見て、鎌首《かまくび》もち上げて（頭だけ持ち上げて）、「なう申し候《さうら》はん、それに餅《もちひ》の候ふ、取りてたび候へ（取ってください）」と申しけれども、B耳にも聞き入れずうち通りけり。ものくさ太郎、これを見て、世間にあれほどものくさき人の、いかにして所知《しょち》所領《しょりやう》をしるらん（領地を治めるのだろう）、あの餅を、馬よりちと（ちょっと）おり、Cえ取りて伝へん程のことは、いとやすきこと、世の中にものくさき者、われひとりと思へば、多くありけるよと、「あらうたての殿や（ああ情けない）」とて、なのめならず（一通りではない腹の立て方であった）。

（『ものくさ太郎』による。）

（注1）地頭＝治安維持のために各地に置かれた幕府の御家人。
（注2）小鷹狩＝鷹を飼い慣らして小鳥を捕る狩り。
（注3）目白の鷹＝眉の上が白い鷹。

(1)　文章中の　据ゑさせて　の漢字以外の部分を現代仮名づかいに改め、**ひらがな**で書きなさい。

(2)　文章中にA見渡して思ふやう　とあるが、ものくさ太郎が思ったこととして最も適当なものを、次の**ア**～**エ**のうちから一つ選び、その符号を書きなさい。

ア　自分に気づく人は少ないから、餅を拾ってもらう工夫をしよう。

「うん。信ちゃんがそうしようって。水樹ちゃんの顔を思い出すと頑張れるから」

悠人は言うと、また最初から歌い出す。調子の外れた歌声に水樹と正浩は目を合わせて笑い、歌い終わるまで静かに聞いた。

（藤岡陽子《ふじおかようこ》『手のひらの音符』による。）

（注1） せんでいいよ＝「しなくてよい」の意。
（注2） 兄＝水樹にも、正浩と同じ学年の兄がいる。
（注3） かっこわるないよ＝「かっこ悪くない」の意。
（注4） 考えんと＝「考えないで」の意。

(1) 文章中にAやってられない、という顔 とあるが、これは信也のどのような気持ちを表しているか。最も適当なものを、次の**ア**～**エ**のうちから一つ選び、その符号を書きなさい。

ア 悠人との練習に関する自分の考えを聞きもせず、正浩自身の意見が通されたことへの怒りがわき出ている。

イ 年長者の立場から、信也の練習方法よりも自らの意見を悠人に言い聞かせる正浩への不信感が生まれている。

ウ 悠人への教え方としては正浩の意見の方が正論であることがわかってはいるが、素直に認められずにいる。

エ 悠人に対するそれまでの自分の教え方を正浩から否定されたように思い、不満な気持ちを押さえきれずにいる。

(2) 文章中にBちゃんと目、開けてられるようになったやん とあるが、正浩の期待を上回る悠人の変化が表現されている**一文を抜き出して**、**はじめの五字**を書きなさい。

(3) 文章中にC水樹は思わず正浩の腕をつかんだ とあるが、このときの水樹の気持ちとして最も適当なものを、次の**ア**～**エ**のうちから一つ選び、その符号を書きなさい。

ア 正浩の、人には個人差があることを理解し、悠人に合わせた練習になるように工夫する姿に魅了されている。

イ 正浩の、悠人の性格を冷静に分析し、ひたすらほめることでやる気を維持させている姿に圧倒されている。

ウ 正浩の、苦手なことを克服しようと努力する悠人に対して、自身も全力で教えるひたむきな姿に感動している。

エ 正浩の、厳しくも温かい言葉で悠人を導き、正しいやり方を教えようとする真面目な姿勢に心を打たれている。

(4) 二人の兄についてまとめた、次の文章を完成させなさい。ただし、Ⅰは文章中の言葉を用いて**五字以内**で書き、Ⅱは**三字**で**抜き出して**書くこと。また、Ⅲは**五字以上、十字以内**で書くこと。

> ドッジボールでの悠人の闘い方について、信也は、ボールを受けて相手に［Ⅰ］ことを主張した一方で、正浩は、［Ⅱ］方法を教えたところ、ボールをよけられるようになった。二人の厳しさと優しさは、共に弟に対して［Ⅲ］ことのあらわれである。

(5) 次は、この文章を読んだあとに、山田さん、川野さん、林さんが、表現の効果について話し合っている場面の一部です。これを読み、あとの(a)～(c)の問いに答えなさい。

> 山田さん　悠人は正浩を深く信頼していると思います。兄がばてるほど、何度も繰り返し練習したのに、悠人は一度も弱音を吐いていません。
>
> 川野さん　悠人の正浩への信頼感が示されている、具体的な表現がありますか。
>
> 山田さん　例えば、「［Ⅰ］」という直喩は、否定的なことを言ったとしても、正浩が自分のことを受け入れてくれるとわかっているからこその表現だと思

トの中に、悠人と一緒に入ってやって」
　水樹が悠人の手を引いてコートの中に立つと、
「悠人、お兄ちゃんの顔見ろよ。投げるぞ」
　と正浩がボールを投げてくる。緩やかな放物線を描くボールは、虫捕り網でも捕らえられそうなくらいゆっくりと投げられ、水樹と悠人は余裕の横走りでその球をよけた。
　正浩は、ボールを投げると反対側に走り、自分でそのボールを拾い、また投げては反対側に走る。肩で息をしながら何度も何度も、その動作を繰り返した。
　そのうちに、正浩が「投げるぞ」と声をかけないでも、悠人の体は自らボールをよけるようになり、視線もボールが飛んでくる方向に向けられるようになった。
「すごいな悠ちゃん、Bちゃんと目、開けてられるようになったやん」
　水樹は、笑みさえ浮かべながら楽しそうにコートの中を走る悠人に向かって拍手した。いつもの萎縮した感じも、怯《おび》えた感じもなく、悠人は次に自分に向かってくるだろう球筋を読みながら、体を翻《ひるがえ》せるようになった。
　どれくらい、練習を続けただろう。ついに正浩がばててしまった。
「もう……あかん。おれが倒れてしまうわ」
　そう言うと、階段の一番下に座りこんで乱れた呼吸を整える。水樹は、呼吸のリズムに合わせて上下する正浩の華奢《きゃしゃ》な肩や薄い胸を見ていた。
「やっぱり正浩ちゃんはすごいわ。悠ちゃん、ちゃんとボールよけられるようになったもんな」
　水樹がはしゃぐと、
「ほんまや。こんな短い練習時間やのになあ」
　と正浩は立ち上がり、悠人の頭の上に手を置いて撫《な》でる。
「正浩ちゃんは、なんでもわかってるんやなあ。悠ちゃんのことも、なんでも」
　C水樹は思わず正浩の腕をつかんだ。（注2）兄と同じ年のはずなのに、正浩といるとなんだか学校の先生と一緒にいるような錯覚に陥る。
「ボールを投げてくる奴《やつ》の顔を見ながら逃げる。これが悠人の闘い方や。人によって、闘い方はそれぞれ違うんや。だから、自分の闘い方を探して実行したらええねん」
「自分の闘い方？」
「悠人は悠人なりの。信也は信也の。水樹ちゃんは水樹ちゃん、おれはおれ。自分に合ったやり方を見つけたら、とことんそれをやったらええんや。無理することはないって」
「かっこ悪くない？　逃げてばっかりやったらかっこ悪いって、信ちゃんが言うんや」
　悠人が甘えるように正浩の方をまっすぐ見上げた。
「（注3）かっこわるないよ。悠人、おまえ今お兄ちゃんを睨《にら》みつけながら、えらい素早く走ってた。たくさんのこと（注4）考えんと、走って走って走って逃げたらええんや」
　正浩が力を込めたぶんだけ、悠人の目に力が漲《みなぎ》っていく。
「ドぉは、どりょくのド。レぇは、れんしゅうのレぇ」
　高らかに悠人が歌いだしたので、水樹は思わず吹き出し、
「なにその歌」
　と笑う。ドレミの歌のメロディにおかしな歌詞がついている。
「信ちゃんが作ってくれたんや。勇気がなくなったら歌えって。続きあるんやで、聞いててや」
　ドはどりょくのド、レはれんしゅうのレ。ミはみずきのミ、ファはファイトのファ……。
「ミは、水樹のミなん？」

問い　右の文章中の「扱っている商品のメリットをいい募る」営業マンを例に、「同事の視点」を用いて「見直」すべき点をあとのようにまとめます。Ⅰ～Ⅲに入る言葉を書きなさい。ただし、次の①、②にしたがって書くこと。

①「これは独りよがりなだけで、相手は心地よくないかもしれない」（55ページ）の内容をふまえて書くこと。

② Ⅰ は**十字以上、十五字以内**で書き、Ⅱ、Ⅲ はそれぞれ**五字以上、十字以内**で書くこと。

〔同事の視点〕を用いて営業マンが「見直」すべき点

・顧客は［　Ⅰ　］に違いないと思い込んでいるという点。
・顧客の［　Ⅱ　］を的確に理解せず、［　Ⅲ　］という点。

(5)　Dその人に　とあるが、「おもてなし」の相手が「その人」と表現されているのはなぜだと考えられるか。その説明として最も適当なものを、次の**ア**～**エ**のうちから一つ選び、その符号を書きなさい。

ア　押しつけと感じるかどうかは、相手の状況に左右されるため、相手を固有名詞で呼ばないように配慮すべきだから。

イ　自分の価値観で判断せず、相手に配慮したおもてなしの方法を、その都度考えて対応することが最善の気遣いだから。

ウ　心地よさも不快さも個人差があるため、おもてなしの相手が確実に目の前にいるときに行うことが思いやりだから。

エ　相手について知れば知るほど、身近な存在として感じられるようになり、こだわりがなくなっていくものだから。

五

次の文章を読み、あとの(1)～(5)の問いに答えなさい。

〈 小学一年生の悠人《ゆうと》がいつもドッジボールで当てられることを知った、三歳違いの兄の信也《しんや》と幼なじみの少女水樹《みずき》は、一緒にドッジボールの練習をしている。しかし、いつまでもボールを受けられない悠人に信也がきつくあたり、悠人は泣いてしまう。そこへもう一人の兄で小学六年生の正浩《まさひろ》が合流した。〉

「なあ信也。これから悠人には、相手の顔を見ながら逃げることだけ、教えてやれよ。ボールは受けられなくてもいいから」

「そんなんじゃ、またやられてしまうやろ」

「そんなことない。頭抱えて目え瞑《つぶ》って逃げるんと、相手の顔を見ながら逃げるんとでは全然違うで」

悠人は思い込みが強い。一度「恐《こわ》い」と思ってしまうと、どうしようもなく恐くなる。頭で考える前に、体と心がすべてを拒絶してしまう。そんな悠人にただ「立ち向かえ」と教えても、絶対に無理なのだと正浩は信也を諭す。

「今はボールを受けることは（注1）せんでいいよ」

正浩が断言すると、信也はAやってられない、という顔をしてボールを足元に置いた。そして正浩の胸の辺りに向かって強く蹴り出すと、

「そしたらお兄ちゃんが教えてやって」

と言い残し、そっぽを向いて家とは反対の方向に歩いて行ってしまった。

やれやれ、という表情で正浩は足元に転がったボールを拾うと、

「悠人、あとちょっとだけ続きやろっか」

と優しく声をかける。「水樹ちゃんも付き合ってくれる？　コー

ウ　味わってみる
エ　反論をこころみる

(2) 文章中にAおもてなしに用いられるアイテムのひとつが花　とあるが、この話題が果たす役割の説明として最も適当なものを、次の**ア**～**エ**のうちから一つ選び、その符号を書きなさい。

ア　日本流のおもてなしと欧米流のおもてなしの比較を通じて、日本流の優れた点を明確にし、正当な方法であることを伝えている。
イ　日本流のおもてなしと欧米流のおもてなしの相違点を示すことで、おもてなしが「世界語」になるために必要なことを伝えている。
ウ　日本流のおもてなしと欧米流のおもてなしの相違点を示すことで、双方の違いを超えた異文化理解の大切さを伝えている。
エ　日本流のおもてなしと欧米流のおもてなしの比較を通じて、日本流の「簡素」なおもてなしの効果を具体的に伝えている。

(3) 文章中に引用された利休の言葉と、日本流のおもてなしのつながりについて整理した次の表を、完成させなさい。ただし、Ⅰに入る言葉は、文章中から**十字**で**抜き出して**書き、Ⅱに入る言葉は、文章中の言葉を使って、**五字以上、十字以内**で書くこと。

〔文章中に引用された利休の言葉〕

・B茶の湯とはただ湯をわかし茶をたてて飲むばかりなることと知るべし
・C叶《かな》うはよし、叶いたがるは悪《あ》しし

〔利休の言葉と日本流のおもてなし〕

	おもてなしの考え方	理由
B	余計なことはせず、やるべきことだけを行う。	相手にとって Ⅰ とは何か、を自覚して行うため。
C	おもてなしは「さりげなく」行うことが望ましい。	相手が Ⅱ で、行う側の思いを受け入れられるようにするため。

(4) 文章中の【同事の視点……】について、〔利休の考え方をふまえない例〕として筆者が著した次の文章を参考にして、あとの問いに答えなさい。

〔利休の考え方をふまえない例〕

話術が巧みで、どんなことに関しても淀《よど》みなくしゃべるという人がいます。その点だけを見ると、営業部門に向いているような気がします。しかし、現実にはそのタイプの営業成績がいっこうに上がらないということがあるのです。
もち前の雄弁が、扱っている商品のメリットを(注)いい募ることだけに使われている、といったケースはそれにあたるかもしれません。相対する顧客はどんな気持ちになるでしょう。
「この営業マンは〝いいこと〟だけしかいわないし、ちっともこちらの話を聞いてくれない。調子がよすぎて、どうも信頼できない」

（枡《ます》野《の》俊明《しゅんみょう》『人生は凸凹《でこぼこ》だからおもしろい』による。）

(注)　いい募る＝調子にのって、ますます言い張ること。

「C叶《かな》うはよし、叶いたがるは悪《あ》しし」

努力した結果、ものごとが自然に叶うのはよいが、結果ばかりを求めるのはいかん、ということです。これをおもてなしということに引き寄せていえば、相手におもてなしをしたいという思いが自然に伝わるのはかまわないが、思いを伝えることが優先され、そのためにあれこれと（注7）手練手管《てれんてくだ》を弄するのはだめである、ということでしょう。

端的にいえば、おもてなしでは余計なことはするな、過剰になってはいけない、ということだと思います。たとえば、相手の好きな花を玄関先にふんだんに飾っておく、というのは明らかにやりすぎ。これ見よがしの印象を与えます（国柄が違う欧米では印象は違うと思いますが……）。

違ういい方をすれば、「あなたのためにここまでしてあげているのですよ」という思いが、相手に透けて見えてしまうのです。それでは、相手は心地よいどころか、負担に感じてしまうと思いませんか。

やはり、一輪を「さりげなく」どこかに飾っておくのがいい。さりげなさはおもてなしの重要なキーワードだと思います。相手がふと目をやると、そこに好きな花が一輪。それでこそ、相手は「あっ、好きな花を憶《おぼ》えていてくださったんだ。うれしいなぁ」としみじみとした、しかし、深い感慨を覚えるのではないでしょうか。それが、おもてなしの心が自然に伝わるということでしょう。

思いを相手に押しつけないためには次の禅語を心に置いておくことです。

「同事《どうじ》」

これは（注8）道元禅師《どうげんぜんじ》の著した（注9）『正法眼蔵《しょうぼうげんぞう》』の「四摂法《ししょうぼう》」という巻に出てくるものですが、相手と同じ立場に立つ、相手と思いを同じくする、ということです。何が相手にとっていちばん心地よいのだろう。徹底的に掘り下げて考える必要があるのはそこです。ああもしたい、こうもしてあげたい、という思いはさまざまにあるでしょう。しかし、【同事の視点で思いを見直してみるのです。すると、「これは独りよがりなだけで、相手は心地よくないかもしれない」というものが見つかるはずです。】それは削ぎ落とす、捨てる、のです。そうして残った思いをかたちにする。思いが自然に伝わるおもてなしとはそういうものだと思います。それが、通り一遍のものではない、画一的でない、Dその人にほんとうにふさわしいおもてなしになることはいうまでもないでしょう。

（枡野俊明《ますのしゅんみょう》『人生は凸凹《でこぼこ》だからおもしろい』による。）

（注1）彼我＝あちらとこちら。
（注2）フラワーアレンジメント＝草木の枝・葉・花を切り取り、洋風に形を整えて鑑賞用にすること。
（注3）禅＝仏教の一派である禅宗を指す。「禅語」は禅宗独特の言葉を指す。
（注4）千利休＝安土桃山時代の茶人（茶道に通じた人）。
（注5・6）お点前、茶の湯＝「お点前」は「茶の湯」の作法。「茶の湯」は客を招き、抹茶をたてて楽しむこと。
（注7）手練手管を弄する＝ここでは「目的を達成するためにあれこれ策をねる」の意。
（注8・9）道元禅師、『正法眼蔵』＝道元禅師は鎌倉時代の禅宗の僧。『正法眼蔵』は道元の教えを記録した書。

(1) 文章中の みる と同じ意味で使われているものとして最も適当なものを、次の**ア**～**エ**のうちから一つ選び、その符号を書きなさい。

ア みるからに高級な品
イ 白い目でみる

聞き取り検査終了後、二以降も解答しなさい。

※**〈国語聞き取り検査放送用台本〉**は国語の問題の終わりに付けてあります。

二 次の(1)～(4)の――の漢字の読みを、**ひらがな**で書きなさい。

(1) 水分を補給するよう勧める。

(2) 授業で漢詩の朗詠を聞く。

(3) 世の中の動きに鋭敏な社会学者。

(4) 人間性を陶冶する。

三 次の(1)～(5)の――のカタカナの部分を**漢字**に直して、楷書で書きなさい。

(1) 春をツげる小川のせせらぎ。

(2) 来場者数がノベ五万人に達した。

(3) 三月はカンダンの差がとても激しい。

(4) ハカクの好条件で契約を交わす。

(5) キュウタイ依然とした生活を見直す。

四 次の文章を読み、あとの(1)～(5)の問いに答えなさい。

五輪の招致合戦のさなか、「世界語」になった日本の言葉があります。「おもてなし」です。おもてなしは英語でいえば「hospitality」(ホスピタリティ)ということになるわけですが、その中身には顕著な違いがあるという気がします。

Aおもてなしに用いられるアイテムのひとつが花でしょう。その飾り方が(注1)彼我《ひが》ではまったく違います。花を飾る際、欧米で重要視するのはボリューム感と色彩です。色とりどりの花をボリュームたっぷりに飾る。それが欧米流です。豪華な、いわゆる(注2)フラワーアレンジメントが、訪問者を迎える極上のおもてなしになるわけです。

日本流は趣をまるで異にしています。季節の花が控えめに活《い》けてある。数も少なく、一輪だけということも少なくありません。秋にはすすきが一本活けてある、といったことも珍しくないのです。(注3)禅の美のひとつである「簡素」は、日本のおもてなしではとても大切な要素です。

欧米人はすすき一本に「なぁんだ、一本だけか。物足りない」と感じるのでしょう。しかし、日本人はその物足りないすすき一本から、秋の深まりや秋の静けさといった「花を超える」ものを感じとるのです。

(注4)千利休《せんのりきゅう》のわび茶はおもてなしが凝縮された世界である、といっていいかもしれません。お茶を点《た》てる作法、すなわち(注5)お点前《てまえ》の動きは、まったく無駄がありませんし、簡素で流れるような美しさを感じさせます。おもてなしのふるまい(所作《しょさ》)のきわみでしょう。

利休は(注6)茶の湯についてこういっています。

「B茶の湯とはただ湯をわかし茶をたてて飲むばかりなることと知るべし」

「湯をわかす」「茶をたてる」「飲む」。茶の湯で必要不可欠なのはこれだけです。そうであったら、余計なことはいっさいせず、やるべきことだけを心を込めてやりなさい、というのがこの言葉の意味するところでしょう。

これは禅の考え方そのものです。禅の考え方の根底にあるのは、削《そ》ぎ落とす、捨てる、拭い去る……ということです。余計なものはできるかぎり、削ぎ落とし、捨て、拭い去っていく。そうして残ったものがほんとうに大事なものである、とするのが禅です。

これはおもてなしにもつながります。もうひとつ利休の言葉を紹介しましょう。

国語

●満点100点　●時間50分

聞き取り検査の音声は、当社ホームページで聴くことができます。（当社による録音です。）再生に必要なアクセスコードは「合格のための入試レーダー」（巻頭の黄色の紙）の1ページに掲載しています。

※注意　全ての問題について、解答する際に字数制限がある場合には、句読点や「　」などの符号も字数に数えること。

一　これから、鈴木さんが高橋さんに、テレビ番組で見た映像について伝えている場面と、それに関連した問いを四問放送します。よく聞いて、それぞれの問いに答えなさい。

※放送は全て一回だけです。

（放送が流れます。）

(1)　（問いを放送します。）

［選択肢］

ア　「すごい」という感情より、客観的に映像を伝える方がよいこと。

イ　「すごい」という言葉だけでは、説明が不足しているということ。

ウ　「すごい」は異常な状況に対してだけ使う言葉だということ。

エ　「すごい」は幼稚な表現なので相手を不快にするということ。

(2)　（問いを放送します。）

［選択肢］

ア　高橋さんとの思い出を例にあげることで親近感を抱かせたから。

イ　高橋さんの好きな星空を例にあげることで興味を持たせたから。

ウ　高橋さんが空想にひたることができる幻想的な例を考えたから。

エ　高橋さんが思い描きやすいよう、共有体験を例に説明したから。

(3)　（問いを放送します。）

［選択肢］

ア　鈴木さんの「驚く」が主観的な発言であることを確認することで、「複雑」という表現と矛盾することに気づかせた。

イ　鈴木さんが「驚いた」理由を確認し、そのうえで「複雑な気持ち」が生まれてきた経緯を伝えるべきだと気づかせた。

ウ　必死に伝えようとする鈴木さんをせかさないことで、鈴木さんに適切な表現を粘り強く探すべきだと気づかせた。

エ　鈴木さんが用いた「複雑」という表現によって、「すごい」という意見が成り立たなくなってしまうことに気づかせた。

(4)　（問いを放送します。）

［選択肢］

ア　鈴木さんが、自分の抱いた感情を個人的な体験で終わらせることなく、生活環境の変化にまで視野を広げていたから。

イ　鈴木さんが、自分の抱いた感情を大切にして、それを伝えるために年配の人にも意見をきいて説得力を持たせていたから。

ウ　鈴木さんが、自分の抱いた感情にまどわされることなく、歴史的な事柄を重視して理性的な判断を行っていたから。

エ　鈴木さんが、自分の抱いた感情を高橋さんに伝えるだけでなく、言葉をつくして多くの例をあげ、説明してくれたから。

Memo

2022年度
千葉県公立高校 思考力を問う問題

1 次の(1)~(4)の問いに答えなさい。

(1) A さんは，P 地点から Q 地点まで時速 5 km で歩き，Q 地点から R 地点まで時速 4 km で歩いた。P 地点から Q 地点までの距離と，Q 地点から R 地点までの距離が等しいとき，A さんが P 地点から R 地点まで歩いたときの平均の速さは時速何 km か，求めなさい。

(2) 大小 2 つのさいころを同時に 1 回投げ，大きいさいころの出た目の数を a，小さいさいころの出た目の数を b とするとき，直線 $y=\left(\frac{6}{7}-\frac{b}{a}\right)x-2$ と x 軸との交点の x 座標が正となる確率を求めなさい。

ただし，さいころを投げるとき，1 から 6 までのどの目が出ることも同様に確からしいものとする。

(3) 下の図のように，半径 6 cm の円 O の周上に，4 点 A，B，C，D があり，線分 BD は円 O の直径である。△ACD は，AC ＝ AD の二等辺三角形であり，CD ＝ 6 cm である。

辺 AC と線分 BD の交点を E とするとき，次の①，②の問いに答えなさい。

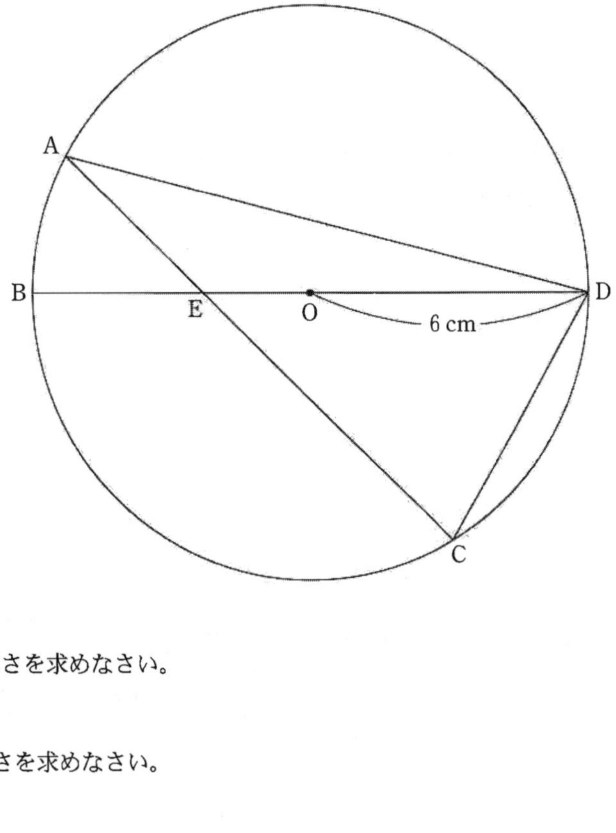

① ∠BEC の大きさを求めなさい。

② 線分 BE の長さを求めなさい。

(4) 右の図のように，関数 $y=x^2$ のグラフと2つの平行な直線 ℓ，m がある。直線 ℓ は，関数 $y=x^2$ のグラフと2点A，Bで交わり，y 軸と点Cで交わる。点Aの x 座標は正，点Bの x 座標は負である。また，直線 m は，関数 $y=x^2$ のグラフと2点O，Dで交わり，点Dの x 座標は正，y 座標は9である。

線分ACと線分CBの長さの比が3：1のとき，次の①，②の問いに答えなさい。

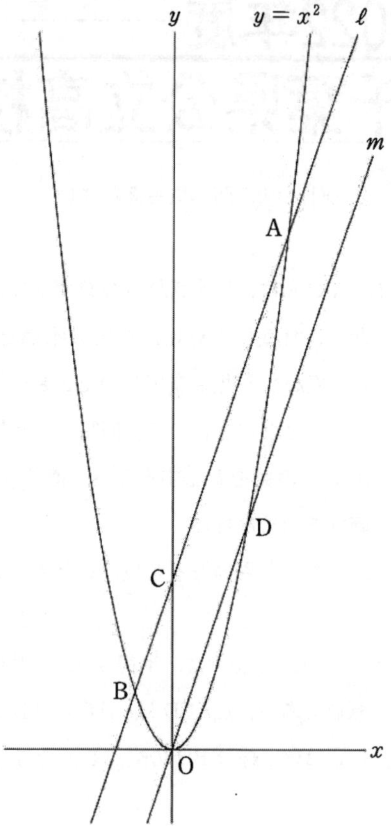

① 直線 ℓ の式を求めなさい。

② 線分OD上に点Eを，四角形CBOEと四角形ACEDの面積の比が2：7となるようにとるとき，点Eの座標を求めなさい。

2 次の英文は，空色高校(Sorairo High School)にアメリカのウィスコンシン(Wisconsin)州から留学しているアリーシャ(Alisha)がクラスの電子掲示板に投稿した文章です。この文章を読んで，あとの(1)～(4)の問いに答えなさい。

From Alisha 19:50 Friday, May 21st.

Hello, everyone. I'd like to give you some wonderful news. Please read this e-mail first.

> Hi, Alisha. How are you doing? Do you know that students from Wisconsin are coming to our town next month? They are going to go to Aozora Junior High School during their homestay program. We are looking for high school students to do activities after school and to join events on Saturday with them. Bring your friends who are interested in English and international exchange. I am sending their schedule. Please show it to your friends and let me know how many people will join us. I'm waiting for your e-mail. See you.

This is an e-mail from my new friend, Ms. Takahashi. I met her at an *origami* class for people from other countries last month. She is one of the volunteers teaching Japanese culture classes. Ms. Takahashi is very cheerful and has a charming smile. She told me about her family. They are (　　) who grow many vegetables and fruits. We enjoyed talking about *origami* and Japanese culture. She has been working as a volunteer in the town's international exchange program for many years. One day she said, "I have met students from your high school in other Japanese culture classes of mine before."

Ms. Takahashi asked me to have a tea ceremony for the Wisconsin students at our high school. All of them are very interested in the Japanese tea ceremony, so I asked Mr. Yamada, the tea ceremony club teacher, to hold a tea ceremony party for them. He said, "That will be a wonderful experience. We can hold a tea ceremony after school on Wednesday." I told this to Ms. Takahashi and she was very happy. She said, "The Wisconsin students will change their schedule and go to your high school."

Please check the schedule of the Wisconsin students. They are going to visit the Town Museum and the castle on Day 5. It will be a wonderful chance to talk about our town in both English and Japanese. When I first came to this town two years ago, my host family took me to the castle. I was very excited when I wore a *kimono* for the first time at the castle museum. They will be able to have the same experience, too. It will be an exciting event for them and us.

If you are interested in joining these activities and events with the Wisconsin students, please send me a message or come to my class. I'm in 1-A.

(注) homestay　ホームステイ　　international exchange　国際交流
schedule　スケジュール　　let me know　私に知らせてください
cheerful　快活な　　charming　魅力的な

The Schedule of Your Stay in Aozora Town

Day 1	Narita International Airport — Orientation at Aozora Junior High School — Meet your host family
Day 2	Classes at Aozora Junior High School, school lunch — Club activities
Day 3	Classes at Aozora Junior High School, school lunch — Walk around Aozora town (With the high school students!)
Day 4	Classes at Aozora Junior High School, school lunch — Club activities — Dinner with the mayor
Day 5	Spend the morning with your host family — 2 p.m. Town Museum — 3 p.m. Aozora Castle (With the high school students!)
Day 6	Spend all day with your host family
Day 7	Farewell ceremony — Narita International Airport

(注) orientation オリエンテーション　mayor 町長　farewell ceremony 送別会

(1) 本文を読んで，**ア**～**エ**の出来事が起こった順に並べかえ，その順序を符号で示しなさい。

ア Alisha became friends with Ms. Takahashi.

イ Alisha received an e-mail from Ms. Takahashi.

ウ Alisha asked Mr. Yamada to hold a tea ceremony.

エ Alisha wore a *kimono* for the first time.

(2) 本文の内容と合うように，本文中の(　　)に適する英単語１語を書きなさい。

(3) 本文の内容と合うように，次の①，②の英文の(　　)に入る最も適当なものを，それぞれあとの**ア**～**エ**のうちから一つずつ選び，その符号を書きなさい。

① Some students in Sorairo High School know Ms. Takahashi because (　　) before.

ア they held some culture classes for her

イ they enjoyed *origami* classes with her

ウ they took her Japanese culture classes

エ they met her at the castle museum

② To join the tea ceremony, the Wisconsin students will change their plans for (　　) of their schedule.

ア the second day　**イ** the third day　**ウ** the fourth day　**エ** the fifth day

(4) 次の英文はアリーシャのもとに送られてきた，友人からのメッセージです。(　　)に入る英語を**10語程度**(．，？！などの符号は語数に含まない。)で書きなさい。

> Hi, Alisha! Thank you for your information! I'd like to join the museum and the castle events, but I have some questions. (　　　　) I'm going to visit your class tomorrow, so let's talk about them then.

3　授業で，イギリスのコッツウォルズ(Cotswolds)地方について発表するために，調べた内容を以下のようにまとめました。この文章を読んで，あとの(1)，(2)の問いに答えなさい。

＜コッツウォルズ地方について①＞

I read this article on the Internet.

> [ア] Cotswolds stone is a natural stone that is only found in the Cotswolds area of England. It's called "honey stone" because it's the color of honey. [イ] The scenery of honey-colored houses and the smiles of the people make you feel as if you were in the world of a picture book. [ウ] The Cotswolds villages have become the most beautiful in England with those charms. Many people visit there from around the world every year. [エ] If you walk around the villages, you will feel not only relaxed, but you will also learn why people love this area.

＜コッツウォルズ地方について②＞

This article made me really interested in Cotswolds and I sent an e-mail to Castle Comb village office in Cotswolds. Fortunately, I got to know one woman who lives in the village. She taught me that Castle Comb is called "The prettiest village in England." People in Cotswolds and many other volunteers have worked to protect the scenery for a long time. She also told me that tourists around the world have been experiencing this world of picture books and enjoying its charms for almost a century.

＜分かったこと，考えたこと＞

People who live in Cotswolds have been (　　)(　　)(　　) their houses to keep the beautiful scenery for many years. They are proud of the beauty and history of Cotswolds. Tourists are fascinated with the beautiful scenery and the warm-hearted people there.

(注) article　記事　　honey　はちみつ　　scenery　景色
honey-colored　はちみつ色の　　as if～　まるで～であるかのように
charm　魅力　　Castle Comb　カッスルクーム(村の名前)
fortunately　幸運なことに　　get to know　知り合う　　experience　経験する
fascinate　魅了する　　warm-hearted　心の温かい

(1) 次の英文を入れるのに最も適当な場所を，本文中の［ ア ］～［ エ ］のうちから一つ選び，その符号を書きなさい。

The walls of the old houses there are made of those stones.

(2) 本文中の（　　）（　　）（　　）に適する英語を書きなさい。（　　）には**1語ずつ**入るものとする。

4　次の文章を読み、あとの(1)～(3)の問いに答えなさい。

色紙に何か書けとか、額にする字を書けとか頼んでくる人が、あとを絶たない。色紙なら自作の和歌でもすむが、額の場合には文句に困る。このごろ時々「知魚楽《ちぎょらく》」と書いてわたす。すると必ず、どういう意味かと聞かれる。これは「荘子《そうじ》(注1)」外篇《へん》の第十七「秋水」の最後の一節からとった文句である。原文の正確な訳は私にはできないが、おおよそ次のような意味だろうと思う。

ある時、荘子が恵子《けいし》(注2)といっしょに川のほとりを散歩していた。恵子はものしりで、議論が好きな人だった。二人が橋の上に来かかった時に、荘子が言った。

「魚が水面にでて、ゆうゆうとおよいでいる。あれが魚の楽しみというものだ。」

すると恵子は、たちまち反論した。「君は魚じゃない。魚の楽しみがわかるはずがないじゃないか。」

荘子が言うには、

「君は僕じゃない。僕に魚の楽しみがわからないということが、どうしてわかるのか。」

恵子はここぞと言った。

「【　　　　　　　A　　　　　　　】どうだ、僕の論法は完全無欠だろう。」

そこで荘子は答えた。

「ひとつ、議論の根元にたちもどってみようじゃないか。君が僕に『君にどうして魚の楽しみがわかるか』ときいた時には、すでに君は僕に魚の楽しみがわかるかどうかを知っていた。僕は橋の上で魚の楽しみがわかったのだ。」

この話は禅問答(注3)に似ているが、実は大分ちがっている。禅はいつも科学のとどかぬところへ話をもってゆくが、荘子と恵子の問答は、科学の合理性と実証性に、かかわりをもっているという見方もできる。（　①　）の論法の方が（　②　）よりはるかに理路整然としているように見える。また魚の楽しみというような、はっきり定義もできず、実証も不可能なものを認めないという方が、科学の伝統的な立場に近いように思われる。しかし、私自身は科学者の一人であるにもかかわらず、（　③　）の言わんとするところの方に、より強く同感したくなるのである。

大ざっぱにいって、科学者のものの考え方は、次の両極端の間のどこかにある。一方の極端は「実証されていない物事は一切、信じない。」という考え方であり、他の極端は「存在しないことが実証されていないもの、起こり得ないことが証明されていないことは、どれも排除しない。」という考え方である。

もしも科学者の全部が、この両極端のどちらかを固執していたとするならば、今日の科学はあり得なかったであろう。デモクリトス(注4)の昔はおろか、十九世紀になっても、原子の存在の直接的証明はなかった。それにもかかわらず、原子から出発した科学者たちの方が、原子抜きで自然現象を理解しようとした科学者たちより、はるかに深くかつ広い自然認識に到着し得たのである。「実証されていない物事は一切、信じない」という考え方が窮屈すぎることは、科学の歴史に照らせば、明々白々なのである。

さればといって、実証的あるいは論理的に完全に否定し得ない事物は、どれも排除しないという立場が、あまりにも寛容すぎることも明らかである。科学者は思考や実験の過程において、きびしい選択をしなければならない。いいかえれば、意識的・無意識的に、あらゆる可能性の中の大多数を排除するか、あるいは少なくとも一時、忘れなければならない。

実際、科学者のだれひとりとして、どちらかの極端の考え方を固守しているわけではない。問題はむしろ、両極端のどちらに近い態度をとるかにある。

今日の物理学者にとって最もわからないのは、素粒子(注5)なるものの正体である。とにかく、それが原子よりも、はるかに微小なものであることは確かだが、細かく見れば、やはり、それ自身としての構造がありそうに思われる。しかし実験によって、そういう細かいところを直接、見わけるのは不可能に近い。ひとつの素粒子をよく見ようとすれば、他の素粒子を、うんとそばまで近づけた時に、どういう反応を示すかを調べなければならない。ところが、実験的につかめるのは、反応の現場ではなく、ふたつの素粒子が近づく前と後とだけである。こういう事情のもとでは、物理学者の考え方は、上述の両極端のどちらかに偏りやすい。ある人たちは、ふたつの素粒子が遠くはなれている状態だけを問題にすべきだという考え方、あるいは個々の素粒子の細かい構造など考えてみたってしようがないという態度を取る。私などは、これとは反対に、素粒子の構造は何らかの仕方で合理的に把握できるだろうと信じて、ああでもない、こうでもないと思い悩んでいる。荘子が魚の楽しみを知ったようには簡単にいかないが、いつかは素粒子の心を知ったといえる日がくるだろうと思っている。しかし、そのためには、今までの常識の枠を破った奇妙な考え方をしなければならないかもしれない。そういう可能性を、あらかじめ排除するわけには、いかないのである。

去る一九六五年の九月に京都で、中間子論三十周年を記念して、素粒子に関する国際会議を開いた。出席者が三十人ほどの小さな会合であった。会期中の晩餐会《ばんさんかい》の席上で、上記の荘子と恵子の問答を英訳して、外国からきた物理学者たちに披露した。皆たいへん興味を持ったようである。それぞれが、自分は荘子と恵子のどちらに近いか考えているのではないか。私はそんな空想を楽しんでいたのである。

(湯川秀樹《ゆかわひでき》『知魚楽』による。)

(注1)「荘子」＝書物の名。中国、戦国時代の思想家の荘子が著した。内篇、外篇、雑篇に分かれ、三十三篇から成る。

(注2) 恵子＝恵施《けいし》。中国、戦国時代の思想家、政治家。

(注3) 禅問答＝禅の代表的な修行法の一つで、修行者が問いを発し、師がこれに答えるもの。

(注4) デモクリトス＝古代ギリシアの哲学者。万物の根源は原子(アトム)であるという原子論を唱えた。

(注5) 素粒子＝物質や場を構成する最小単位とみられる粒子。

(1) 文章中の【　A　】には、荘子の発言に対する恵子の反論の言葉が入る。その論理展開をあとのようにまとめるとき、［Ⅰ］～［Ⅲ］に入る言葉を、次の〈条件〉にしたがい、それぞれ**一文**で書きなさい。

〈条件〉

① ［　　］の中の言葉を使うこと。ただし、同じ言葉を何度用いてもよい。使用しない言葉があってもよい。

② 指定された、それぞれの字数で書くこと。ただし、句読点も字数に数える。

［　僕　　君　　魚　　魚の楽しみ　　わかる　　わからない　］

荘子「君は僕じゃない。僕に魚の楽しみがわからないということが、どうしてわかるのか。」

恵子「僕は君でない。

↓ だから、もちろん

［　Ⅰ　］**（十字以上、十五字以内）**

［　Ⅱ　］**（十字以内）**

↓ だから

［　Ⅲ　］**（十五字以内）**

どうだ、僕の論法は完全無欠だろう。」

(2) 文章中の（　①　）～（　③　）に入る語として最も適当なものを、次の**ア**、**イ**のうちから一つ選び、それぞれ符号を書きなさい。

ア 荘子　　**イ** 恵子

(3) 文章中に自分は荘子と恵子のどちらに近いかとあるが、科学者の研究に対する姿勢について、筆者の考えを説明しなさい。ただし、文章中にある二つの考え方を用いながら説明すること。

Memo

2021年度 千葉県公立高校 入試問題

英語

●満点 100点　●時間 60分

新型コロナウイルス感染症対策のため、学校が臨時休校したことを受けて、出題範囲に配慮がありました。

注意　リスニングテスト終了までは，5 以降のページを開いてはいけません。

■リスニングテストの音声は，当社ホームページで聴くことができます。（当社による録音です。）再生に必要なアクセスコードは「合格のための入試レーダー」（巻頭の黄色の紙）の１ページに掲載しています。

1　英語リスニングテスト（**放送**による**指示**に従って答えなさい。）

No. 1	A．That's right.　B．Me, too. C．Yes, I did.　D．No, thank you.
No. 2	A．I will take him from here.　B．It will be good for you. C．I will go there by bus.　D．It will take a few minutes.
No. 3	A．Maybe someone moved it.　B．Oh, that's not a table. C．You really wanted to eat it.　D．I will buy the TV for you.

2　英語リスニングテスト（**放送**による**指示**に従って答えなさい。）

No. 1	A 	B 	C 	D 
No. 2	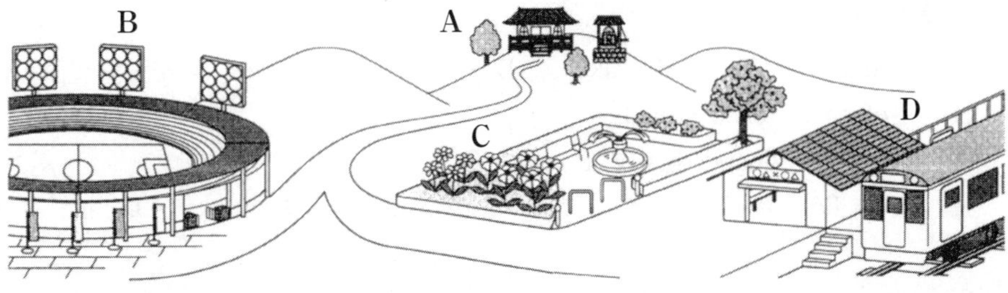			

3 英語リスニングテスト(**放送**による**指示**に従って答えなさい。)

No. **1**	**A**. Three. **B**. Four. **C**. Five. **D**. Six.
No. **2**	**A**. Sam's father and mother. **B**. Sam and his sister. **C**. Sam's father and sister. **D**. Sam and his father.

4 英語リスニングテスト(**放送**による**指示**に従って答えなさい。)

No. **1**	Emi's dream is to work at her father's restaurant and help him in the (①□□□□□□). His food is wonderful and (②□□□□□□□). Many people come to his restaurant to enjoy his food.

No. **2**	Tom's favorite month is (①□□□□□□□□). He can play in the snow with his friends. He also likes May because his (②□□□□□□□□) is in that month and his family gives him presents.

※＜**英語リスニングテスト放送用台本**＞は英語の終わりに付けてあります。

5 次の(1)～(5)のそれぞれの対話文を完成させなさい。

(1), (2)については，( )の中の語を最も適当な形にしなさい。ただし，**1語**で答えること。

また，(3)～(5)については，それぞれの( )の中の**ア**～**オ**を正しい語順に並べかえ，その順序を符号で示しなさい。

(1) A : There (be) many trees around here 20 years ago.
B : Really ? We can only see tall buildings now.

(2) A : I hear that tomorrow will be the (hot) day of this month.
B : Wow ! I don't like hot days.

(3) A : I like this cake. Where did you buy it ?
B : I made it myself. To be a chef (**ア** of **イ** dreams **ウ** my **エ** one **オ** is).

(4) A : What (**ア** do **イ** like **ウ** to **エ** sports **オ** you) watch on TV ?
B : I often watch baseball.

(5) A : Who introduced this book to you ?
B : Roy did. It (**ア** made **イ** interested **ウ** me **エ** in **オ** recycling).

6　次の①～④は，中学生のケンタ(Kenta)が，家の庭(yard)でマサト(Masato)とサッカーをしていた時のイラストです。④の場面で，ケンタは何と言ったと思いますか。①～④の話の流れを踏まえ，□に入る言葉を英語で書きなさい。

ただし，語の数は**25語程度**（. , ? ! などの符号は語数に含まない。）とすること。

7 次の(1)~(3)の英文を読んで，それぞれの問いに答えなさい。

(1) We blink about 15,000 times in a day. Each blink is only 0.3 seconds long. It means that we (Ⓐ) our eyes for 75 minutes each day when we are awake. Most of us blink about 15 times in a minute, but we don't blink so often when we are concentrating. For example, we usually blink about 15 times in a minute when we are talking with our friends, but when we are reading a book, we blink about (Ⓑ) times in a minute. So, maybe you are not blinking so much right now because you are concentrating on reading this.

（注） blink まばたきする，まばたき　second 秒　awake 起きている
concentrate 集中する

本文中の(Ⓐ)，(Ⓑ)に入る最も適当なものを，それぞれ次の**ア**~**エ**のうちから一つずつ選び，その符号を書きなさい。

Ⓐ **ア** catch　**イ** close　**ウ** open　**エ** show

Ⓑ **ア** 10　**イ** 20　**ウ** 30　**エ** 40

(2) Do you like tomatoes? Tomatoes originally come from the Andes. They were first brought to Europe in the sixteenth century. Tomatoes were used as decorative plants, so people did not eat them at first. The first man to eat them was from Italy. He was very poor and had nothing to eat. He wanted to eat something, so he decided to eat tomatoes. He found that they were very delicious and sweet at that time. After that, tomatoes were first brought to Japan in the seventeenth century. Today they are sold and eaten around the world, and they are often put in salads. Some people say that we can live longer if we eat them every day. We can say "Thank you" to the man from Italy because our lives became better.

（注） originally come from ~ ~の原産である　the Andes 南米西部のアンデス山脈
decorative plant 観賞用植物　Italy イタリア

① 本文の内容と合うように，次の英文の(　)に入る最も適当な英単語**1語**を書きなさい。

The man from Italy ate tomatoes for the first time because he was very poor and (　　).

② 本文の内容に合っているものを，次の**ア**~**エ**のうちから一つ選び，その符号を書きなさい。

ア Tomatoes originally come from Europe, and they were brought to the Andes.

イ People in Europe enjoyed eating tomatoes before the sixteenth century.

ウ In the sixteenth century, tomatoes were first brought to Japan.

エ Some people say that our lives become longer by eating tomatoes every day.

(3) 次は，水族館(aquarium)のイベントのお知らせです。

A WONDERFUL **NIGHT** AT THE **AQUARIUM**

Have you ever seen sea animals at night? What do they do? Eat? Sleep? Take a bath? Let's find the answers together!

Saturday, April 10th
From 6 p.m. to 9 p.m.

Choose one of the tours!

	Tour A	Tour B	Tour C	Tour D
6:00 p.m. – 6:30 p.m.	♠	♡	♣	◇
6:30 p.m. – 7:00 p.m.	♡	♣	◇	♠
7:00 p.m. – 7:30 p.m.	♣	◇	♠	♡

♠ Feeding the fish　　♡ Playing with the seals
♣ Walking with the penguins　　◇ Taking pictures with the dolphins

☆ Enjoy delicious dishes for dinner at our restaurant under the water from 7:30 p.m. You can enjoy watching the fish there!

Please tell us which tour you want to join by Friday, April 9th.
Send us a message here. ☞ https://www.aqua.enjoy

(注) feed～　～にエサを与える　　seal　アザラシ　　penguin　ペンギン

① このお知らせの内容をもとに，次の英文の(　)に入る言葉として最も適当なものを，あとの**ア**～**エ**のうちから一つ選び，その符号を書きなさい。

If you want to play with the seals, you should not choose (　　).

ア Tour A　**イ** Tour B　**ウ** Tour C　**エ** Tour D

② このお知らせの内容に合っているものを，次の**ア**～**エ**のうちから一つ選び，その符号を書きなさい。

ア You can enjoy this event at the aquarium for six hours.
イ You cannot eat anything while you are enjoying this event.
ウ You can decide which tour you will join after you arrive at the aquarium.
エ You cannot spend time with all four kinds of sea animals in one tour.

8 千葉県に住む中学3年生のトモミ(Tomomi)は，国内で遠く離れて暮らす祖母のフサコ(Fusako)に電子メールを送りました。トモミが送った電子メールと祖母からの手紙による返事を読んで，あとの(1)～(4)の問いに答えなさい。

From: tomomi-17@abc.jp　**To:** fusako-smile@abc.jp　**Sunday, July 10th**

Dear Grandmother,

Hello. I haven't seen you for six years. How are you? I'm fine, but I am very busy these days. I am going to have a piano concert next Saturday, so I will do my best !

By the way, I heard that you bought a computer, so I decided to send an e-mail to you ! E-mail is a very convenient tool because we can communicate with each other very quickly. I know that you worked in America a long time ago. You can use English very well, so I am writing this e-mail in English ! English is one of my favorite subjects, and I want to use English when I get a job. This is a good chance for me to practice writing in English.

I remember that I took the train to your house with Mom for four hours when I was in elementary school. I enjoyed looking at the beautiful sea from the window. At your house, I was surprised to see many books written in English in your room. I didn't understand English then, but I think I can read them a little more now. I have liked reading stories from America since I was little. I have read some of them in Japanese. When I visit you next, I want to read them in English.

I am looking forward to seeing you again.

From Tomomi

Monday, July 11th

Dear Tomomi,

Thank you very much for your e-mail. I was very happy to read your e-mail in English !

English is a wonderful tool for communicating with people around the world. What do you really want to do with English ? The answer will give you some ideas. Please keep studying, and enjoy writing, speaking, and reading English !

You said that e-mail is very convenient, but I am writing this letter by hand. A letter can do some things that an e-mail cannot do. First, it takes time to write and send a letter, so I can share my feelings with you through it better. Second, I am using the pen you gave me six years ago, because I want to remember the time with you. Third, I can put a pressed flower in the envelope. You can use it as a bookmark when you read books. The flower is a gerbera. In the language of flowers, gerbera means "hope." So, I hope that you can have a good piano concert.

I also hope to see you soon. A lot of [　　　　] are waiting for you in my room with me. Because now you can use English better than before, you can enjoy them !

Love, Fusako

（注） by the way　ところで　　convenient　便利な　　tool　道具
communicate　コミュニケーションをとる　　pressed flower　押し花
envelope　封筒　　bookmark　しおり　　gerbera　ガーベラ（花の名前）
language of flowers　花言葉

(1) 祖母の家に行った時のトモミの様子を表した絵として最も適当なものを，次の**ア**～**エ**のうちから一つ選び，その符号を書きなさい。

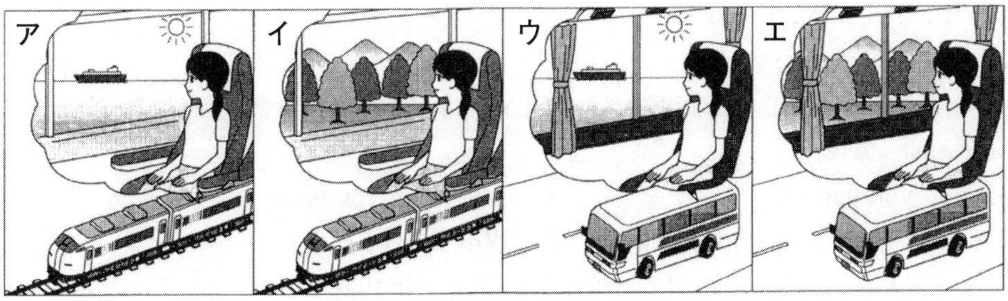

(2) 本文の内容に関する次の質問に，英語で答えなさい。
Why did Fusako use the pen Tomomi gave her to write the letter ?

(3) 本文の内容に合っているものを，次の**ア**～**エ**のうちから一つ選び，その符号を書きなさい。

ア Tomomi bought a computer and sent it to Fusako.

イ Fusako worked in a foreign country a long time ago.

ウ Tomomi understood English well when she was in elementary school.

エ Fusako thinks that a bookmark is useful when Tomomi sends an e-mail.

(4) 本文中の［　］に適する英単語**2語**を書きなさい。

9 中学生のタカシ(Takashi)とスミス先生(Mr. Smith)が話をしています。この対話文を読んで，［(1)］～［(3)］に入る最も適当なものを，それぞれあとの**ア**～**エ**のうちから一つずつ選び，その符号を書きなさい。また，対話文の内容に合うように，［(4)］に入る英語を**10語程度**(, : - などの符号は語数に含まない。)で書きなさい。

Takashi　: Hi, Mr. Smith.　I have a question.

Mr. Smith : How may I help you, Takashi ?

Takashi　: I'm not good at learning English words.　Please tell me how to learn English words.

Mr. Smith : ［　(1)　］ try to learn English words ?

Takashi　: When I find a difficult English word, I usually look it up in an English-Japanese dictionary and write the Japanese meaning in my notebook.

Mr. Smith : All right.　Then have you used this before ?　Here you are.

Takashi　: No, I haven't.　It's all written in English, and I can't find any Japanese. ［　(2)　］

Mr. Smith : In your English-Japanese dictionary, you can find Japanese expressions when you look up an English word.　However, with this dictionary, you can understand English words by reading other English expressions.

Takashi　: I see, but it looks very difficult.

Mr. Smith : Don't worry !　For example, ［　(3)　］ in this dictionary.

Takashi　: Sure.　Wait a minute . . . here it is.　It says "a person who is studying at a school." Yes, this is easy to understand.

Mr. Smith : What about "nurse" ?

Takashi　: OK.　I will look it up.

Mr. Smith : Just a minute.　Try to guess what is written before you look.

Takashi　: Uh . . . I think it says “［　(4)　］.”

Mr. Smith : Wow, nice guessing !

（注）look ～ up (look up ～)　～を調べる　English-Japanese dictionary　英和辞典
expression　表現

(1)　ア　How do you usually　　イ　Where do you often
　　ウ　How many times do you usually　　エ　Why do you often

(2)　ア　This is always useful to me !　　イ　This is easier than mine !
　　ウ　This is not new to me !　　エ　This is not the same as mine !

(3)　ア　practice the word “teacher”　　イ　remember the word “teacher”
　　ウ　find the word “student”　　エ　write the word “student”

＜英語リスニングテスト放送用台本＞

（チャイム）

これから，英語の学力検査を行います。まず，問題用紙の1ページ目があることを確認しますので放送の指示に従いなさい。(間2秒)では，問題用紙の1ページ目を開きなさい。(間3秒)確認が終わったら，問題用紙を閉じなさい。1ページ目がない人は手を挙げなさい。

(間5秒)次に，解答用紙を表にし，受検番号，氏名を書きなさい。

(間20秒)それでは，問題用紙の1ページを開きなさい。(間3秒)リスニングテストの問題は，[1]から[4]の四つです。

では，[1]から始めます。

[1]は，英語の対話を聞いて，最後の文に対する受け答えを選ぶ問題です。受け答えとして最も適当なものを，それぞれ問題用紙の**A**から**D**のうちから一つずつ選んで，その符号を書きなさい。なお，対話はそれぞれ2回放送します。では，始めます。

No. 1　Girl : What did you do last night ?
　　Boy : I had a lot of homework to do.
　　Girl : Did you finish it ?

No. 2　（街の中の音）
　　Man　: Excuse me, but where is the station ?
　　Woman : OK.　Go down this street and you will see it on your left.
　　Man　: How long does it take from here ?

No. 3　Boy　: Mom, where is my English notebook ?　I left it on the table.
　　Mom : Ah, I moved it before dinner.　I put it by the TV.
　　Boy　: By the TV ? . . .　Oh, here it is.　It’s by the window.

次は[2]です。

[2]は，英語の対話又は英語の文章を聞いて，それぞれの内容についての質問に答える問題です。質問の答えとして最も適当なものを，それぞれ問題用紙の**A**から**D**のうちから一つずつ選んで，その符号を書きなさい。なお，英文と質問はそれぞれ2回放送します。では，始めます。

No. 1　（電話の着信音）

Nanami : Hello.

Ken : Hi, Nanami. How are you feeling? You didn't come to school today. I called you to tell you about tomorrow's classes.

Nanami : Oh, thanks, Ken. I'm feeling better now.

Ken : Good. We will take pictures together in the afternoon. If it rains, we will have English and music classes.

Nanami : OK. Thank you so much for telling me.

Ken : No problem. I hope you can come to school tomorrow.

Question : What will they do tomorrow afternoon if the weather is good?

No. 2 Yesterday I enjoyed walking in my town with my friend from London. First, we went to the mountain to visit Nansouji Temple. My friend loves traditional Japanese things. We had lunch there. Then, we went to Nanohana Park to see the beautiful flowers. After that, we went back to the station. Next week, we will watch a soccer game at the stadium.

Question : Where did they eat lunch?

次は 3 です。

3 は，英語の対話又は英語の文章を聞いて，それぞれの内容についての質問に答える問題です。質問の答えとして最も適当なものを，それぞれ問題用紙の**A**から**D**のうちから一つずつ選んで，その符号を書きなさい。なお，英文と質問はそれぞれ**2**回放送します。では，始めます。

No. 1 （ジングル）

Do you want to find something new or interesting? Our park is the best for you. Now there are an art museum, a history museum, and a sports museum in our park. Next Friday, a new museum will open. It will be a computer museum, and it will be the biggest museum in the city. It will have many kinds of computers. I think that you have never seen some of them before. The park is in front of Aozora Station, and it takes only 5 minutes from there. We hope you will visit our park soon!

Question : How many museums will the park have next weekend?

No. 2 Meg : Hi, Sam. How was your weekend?

Sam : It was fun. I went to see my grandfather and stayed at his house.

Meg : Good. Did you go there with someone?

Sam : I went there with my family.

Meg : Sounds nice! Your grandfather was happy to see you, right?

Sam : Yes, but my sister had dance practice on Sunday, so she and my father had to go back home earlier than my mother and I.

Question : Who went back home early from Sam's grandfather's house?

次は 4 です。

4 は，英語の文章を聞いて，その内容について答える問題です。問題は，No. 1，No. 2 の二題です。問題用紙には，それぞれの英語の文章の内容に関するまとめの文が書かれています。(間３秒)それらの文を完成するために，①，②にあてはまる英単語を書きなさい。ただし，□には**1文字**ずつ入るものとします。なお，英文はそれぞれ**2**回放送します。では，始めます。

No. **1**　Emi wants to work at her father's restaurant in the future.　Her father cooks wonderful food that is very popular.　He is always very busy, because many people come to his restaurant to eat his food.　So, Emi wants to help him.

No. **2**　February is Tom's favorite month.　He likes the cold weather and enjoys playing in the snow with his friends.　He also likes May, because he was born in that month, and he can get presents from his family.

以上で，リスニングテストを終わります。**5** 以降の問題に答えなさい。

数　学

●満点 100点　●時間 50分

1　次の(1)～(6)の問いに答えなさい。

(1)　$-5\times(-8)$　を計算しなさい。

(2)　$-9+(-2)^3\times\dfrac{1}{4}$　を計算しなさい。

(3)　$(8a-5b)-\dfrac{1}{3}(6a-9b)$　を計算しなさい。

(4)　連立方程式　$\begin{cases}2x+3y=7\\3x-y=-17\end{cases}$　を解きなさい。

(5)　$\dfrac{12}{\sqrt{6}}+\sqrt{42}\div\sqrt{7}$　を計算しなさい。

(6)　二次方程式　$x^2+9x+7=0$　を解きなさい。

2　次の(1)～(5)の問いに答えなさい。

(1)　右の表は，あるクラスの生徒20人が11月に図書室から借りた本の冊数をまとめたものである。この表からわかることとして正しいものを，次の**ア**～**エ**のうちから1つ選び，符号で答えなさい。

借りた本の冊数(冊)	0	1	2	3	4	5	計
人数(人)	3	5	6	3	2	1	20

ア　生徒20人が借りた本の冊数の合計は40冊である。

イ　生徒20人が借りた本の冊数の最頻値《さいひんち》(モード)は1冊である。

ウ　生徒20人が借りた本の冊数の中央値(メジアン)は2冊である。

エ　生徒20人が借りた本の冊数の平均値より多く本を借りた生徒は6人である。

(2)　長さ a mのリボンから長さ b mのリボンを3本切り取ると，残りの長さは5m以下であった。この数量の関係を不等式で表しなさい。

(3)　右の図のように，底面の直径が8cm，高さが8cmの円柱がある。この円柱の表面積を求めなさい。

ただし，円周率は π を用いることとする。

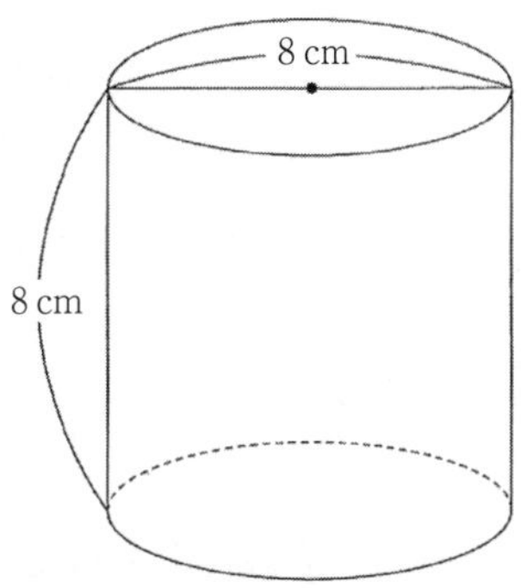

(4)　大小2つのさいころを同時に1回投げ，大きいさいころの出た目の数を a，小さいさいころの出た目の数を b とする。

このとき，$\dfrac{a+1}{2b}$ の値が整数となる確率を求めなさい。

ただし，さいころを投げるとき，1から6までのどの目が出ることも同様に確からしいものとする。

(5)　右の図のように，△ABC と点Dがある。
このとき，次の**条件**を満たす円の中心Oを作図によって求めなさい。また，点Oの位置を示す文字Oも書きなさい。
　ただし，三角定規の角を利用して直線をひくことはしないものとし，作図に用いた線は消さずに残しておくこと。

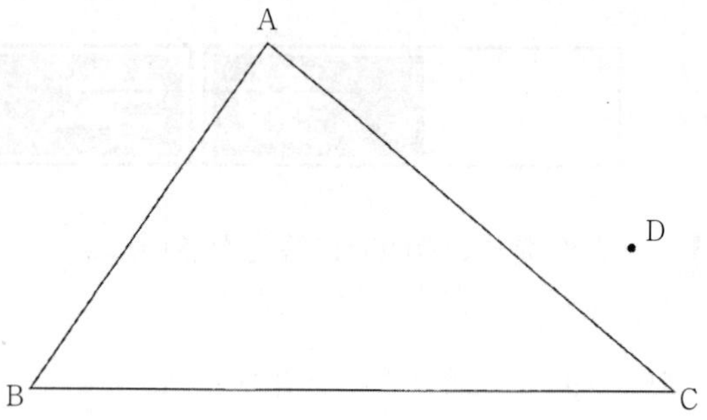

条件

・円の中心Oは，２点A，Dから等しい距離にある。
・辺 AC，BC は，ともに円Oに接する。

3　下の**図１**のように，関数 $y=\frac{1}{2}x^2$ のグラフと直線 l が２点A，Bで交わっている。２点A，Bの x 座標が，それぞれ -2，４であるとき，次の(1)，(2)の問いに答えなさい。
　ただし，原点Oから点(1，0)までの距離及び原点Oから点(0，1)までの距離をそれぞれ１cm とする。

図１

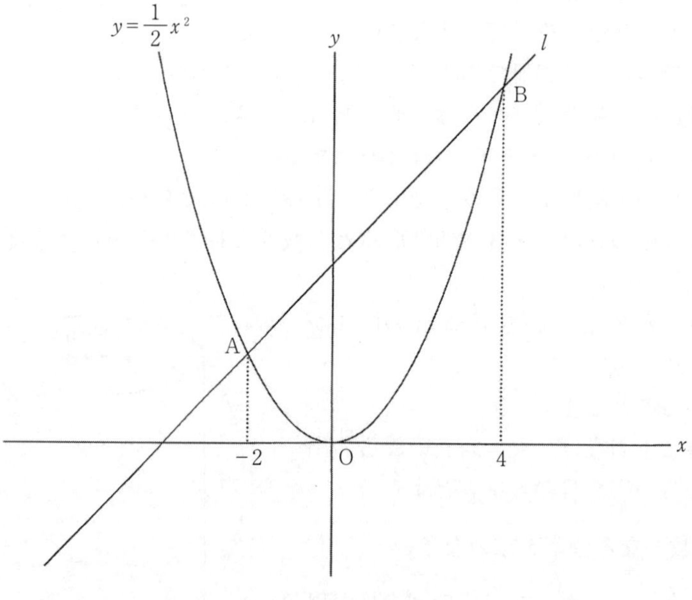

(1)　直線 l の式を求めなさい。

(2) 下の**図2**のように，**図1**において，関数 $y=\frac{1}{2}x^2$ のグラフ上に x 座標が -2 より大きく4より小さい点Cをとり，線分AB，BCをとなり合う2辺とする平行四辺形ABCDをつくる。

このとき，次の①，②の問いに答えなさい。

図2

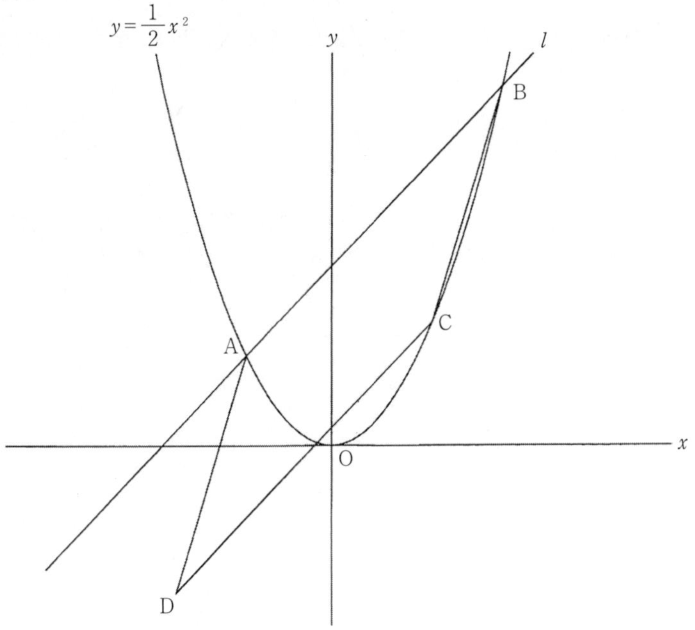

① 点Cが原点にあるとき，平行四辺形ABCDの面積を求めなさい。

② 平行四辺形ABCDの面積が15cm^{2}となるとき，点Dの y 座標をすべて求めなさい。

4 右の図のように，線分ABを直径とする円Oがある。$\overset{\frown}{AB}$上に，2点A，Bとは異なる点Cをとり，点Cと2点A，Bをそれぞれ結ぶ。また，点Cを含まない$\overset{\frown}{AB}$上に，点DをCB∥ODとなるようにとり，点Dと3点A，B，Cをそれぞれ結ぶ。線分OBと線分CDの交点をEとする。

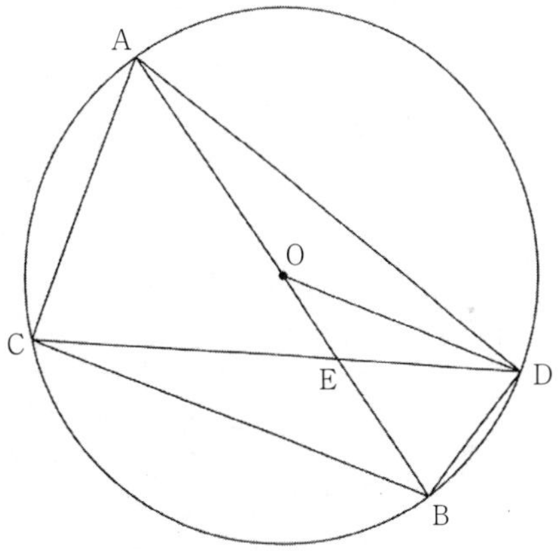

このとき，次の(1)，(2)の問いに答えなさい。

(1) △ACD∽△DBOとなることの証明を，次ページの[　　]の中に途中まで示してある。

[(a)]，[(b)]に入る最も適当なものを，次ページの**選択肢**の**ア～カ**のうちからそれぞれ1つずつ選び，符号で答えなさい。また，[(c)]には証明の続きを書き，**証明**を完成させなさい。

ただし，[　　]の中の①，②に示されている関係を使う場合，番号の①，②を用いてもかまわないものとする。

証明

△ACD と△DBO において，

$\overset{\frown}{\mathrm{AD}}$に対する円周角は等しいから，

∠ACD＝ (a) ……①

平行線の (b) は等しいから，

CB∥OD より，

∠ABC＝∠DOB ……②

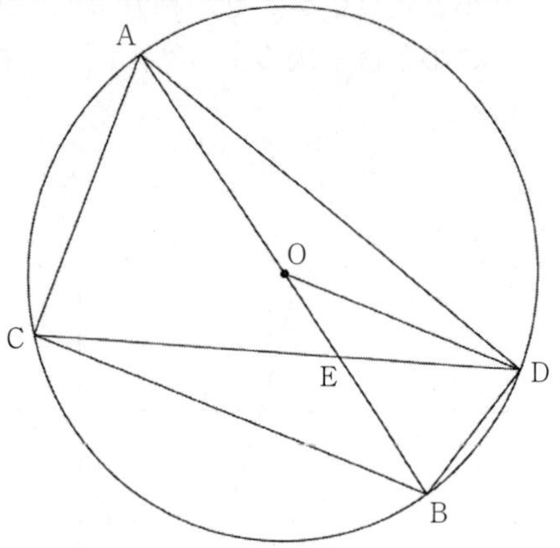

(c)

選択肢

ア	∠ABC	**イ**	∠AED	**ウ**	∠DBO
エ	錯角	**オ**	同位角	**カ**	対頂角

(2) AO＝2cm，CB＝3cm のとき，線分 BD の長さを求めなさい。

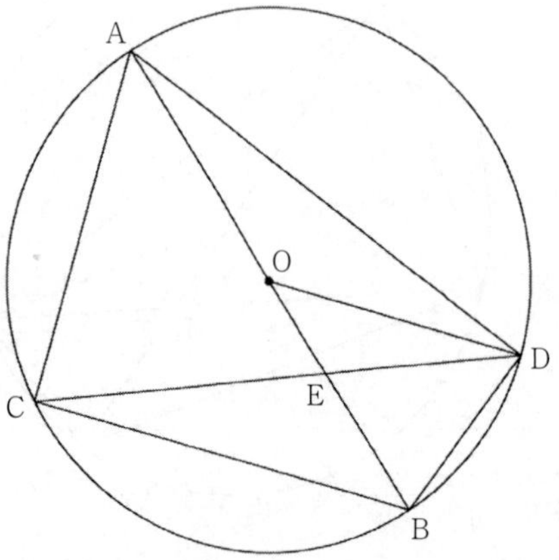

5 下の**表**のように，連続する自然数を１から順に，次の**規則**にしたがって並べていく。

表

	A列	B列	C列	D列
1段目	1	2	3	4
2段目	6	7	8	5
3段目	11	12	9	10
4段目	16	13	14	15
5段目	17	18	…	…
⋮				

規則

① １段目には，自然数１，２，３，４をA列→B列→C列→D列の順に並べる。

② ２段目以降は，１つ前の段に並べた自然数に続く，連続する４つの自然数を次の順に並べる。

１つ前の段で最後に並べた自然数が

- D列にあるときは，D列→A列→B列→C列の順
- C列にあるときは，C列→D列→A列→B列の順
- B列にあるときは，B列→C列→D列→A列の順
- A列にあるときは，A列→B列→C列→D列の順

このとき，次の(1)～(3)の問いに答えなさい。

(1) 下の**説明**は，各段に並べた数について述べたものである。［(ア)］，［(イ)］にあてはまる式を書きなさい。

説明

各段の最大の数は４の倍数となっていることから，n段目の最大の数はnを用いて［　　(ア)　　］と表される。

したがって，n段目の最小の数はnを用いて［　　(イ)　　］と表される。

(2) m段目の最小の数と，n段目の２番目に大きい数の和が４の倍数となることを，m，nを用いて説明しなさい。

(3) m，nを20未満の自然数とする。m段目の最小の数と，n段目の２番目に大きい数がともにB列にあるとき，この２数の和が12の倍数となるm，nの値の組み合わせは何組あるか求めなさい。

社会　　●満点 100点　●時間 50分

1　次の文章を読み，あとの⑴～⑶の問いに答えなさい。

政治には，人々の意見や利害の a対立を調整し，解決に導くはたらきがあります。多くの人々の参加によって物事を決定しようとする考え方を民主主義といい，民主主義に基づく政治を b民主政治といいます。民主主義を確かなものにするため，私たち一人ひとりの c積極的な政治への参加が求められています。

⑴　下線部**a**に関連して，次の文章は，人種対立に関係することがらについて述べたものである。文章中の［　　］に共通してあてはまる適当な語を**カタカナ７字**で書きなさい。

> かつて南アフリカ共和国では，長い間，白人政権が黒人などの白人以外の人々を差別する［　　　］とよばれる人種隔離政策がとられていた。しかし，人々の反対運動などにより［　　　］は廃止され，1994年には，初めて黒人の大統領が誕生した。

⑵　下線部**b**に関連して，次の①，②の問いに答えなさい。

①　次の文は，ある人物が行った演説について述べたものである。文中の［Ⅰ］，［Ⅱ］にあてはまる語の組み合わせとして最も適当なものを，あとの**ア**～**エ**のうちから一つ選び，その符号を書きなさい。

> ［　Ⅰ　］中の1863年，当時のアメリカ合衆国大統領であった［　Ⅱ　］は，ゲティスバーグで，「人民の，人民による，人民のための政治」という表現で民主政治を説いた。

ア　Ⅰ：南北戦争　Ⅱ：ワシントン
イ　Ⅰ：南北戦争　Ⅱ：リンカン（リンカーン）
ウ　Ⅰ：名誉革命　Ⅱ：ワシントン
エ　Ⅰ：名誉革命　Ⅱ：リンカン（リンカーン）

②　次の**ア**～**ウ**の文は，それぞれ日本の民主政治のあゆみに関係することがらについて述べたものである。**ア**～**ウ**を年代の**古いものから順に**並べ，その符号を書きなさい。

ア　議会での審議を経て成立した日本国憲法が施行され，国民が主権者となった。
イ　満20歳以上の男女による初めての衆議院議員総選挙が行われ，女性国会議員が誕生した。
ウ　満25歳以上のすべての男子に衆議院議員の選挙権が与えられ，男子普通選挙が実現した。

⑶　下線部**c**に関連して，次のページの**資料１**は，政策決定過程への関与について，日本と諸外国の若者の意識を調査した結果の一部を示したものであり，**資料２**は，**資料１**から読み取ったことがらをまとめたものである。**資料１**中の［A］～［E］には，それぞれ質問１と質問２とで共通した国名があてはまる。これらのうち，［C］と［E］にあてはまる国名の組み合わせとして最も適当なものを，あとの**ア**～**エ**のうちから一つ選び，その符号を書きなさい。

資料1　政策決定過程への関与について，日本と諸外国の若者の意識を調査した結果の一部

質問1　「子供や若者が対象となる政策や制度については子供や若者の意見を聴くようにすべき」という意見について，あなたはどのように考えますか。

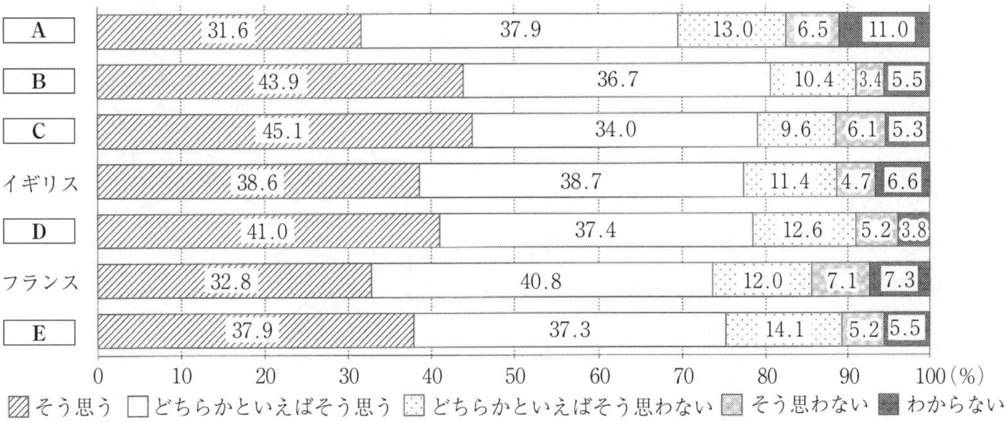

質問2　「社会をよりよくするため，私は社会における問題の解決に関与したい」という意見について，あなたはどのように考えますか。

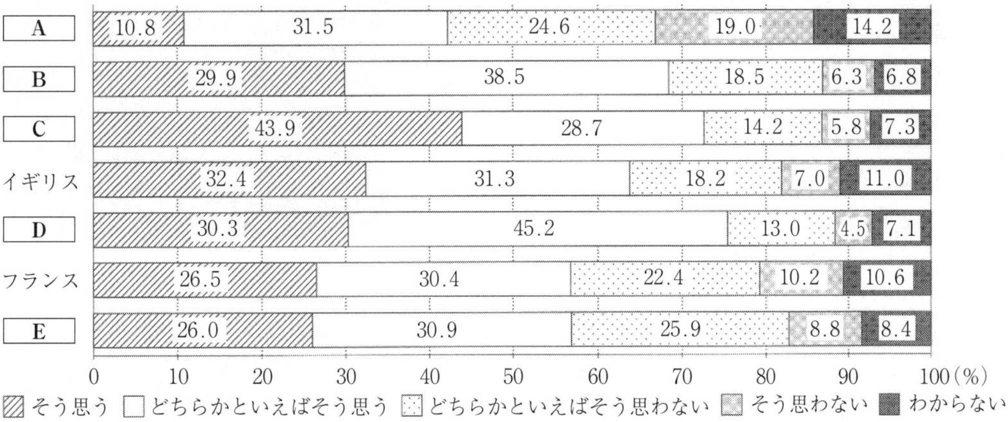

（注）　四捨五入の関係で，合計しても100%にならない場合がある。

（内閣府「令和元年版　子供・若者白書」などより作成）

資料2　資料1から読み取ったことがらをまとめたもの

- 質問1において，「そう思う」と回答した者の割合と「どちらかといえばそう思う」と回答した者の割合の合計が最も高い国は韓国である。
- 質問2において，「そう思う」と回答した者の割合と「どちらかといえばそう思う」と回答した者の割合の合計が最も高い国はドイツである。
- 質問1と質問2の両方において，それぞれ，「そう思う」と回答した者の割合が最も高い国はアメリカ合衆国であり，最も低い国は日本である。また，質問1と質問2の両方において，それぞれ，「どちらかといえばそう思わない」と回答した者の割合が最も高い国はスウェーデンである。

ア　C：アメリカ合衆国　E：日本　　**イ**　C：ドイツ　E：日本

ウ　C：ドイツ　E：スウェーデン　　**エ**　C：アメリカ合衆国　E：スウェーデン

2　右の図を見て，次の(1)～(4)の問いに答えなさい。

(1)　次の文章は，図中の**東北地方**について述べたものである。文章中の[Ⅰ]，[Ⅱ]にあてはまる語の組み合わせとして最も適当なものを，あとの**ア**～**エ**のうちから一つ選び，その符号を書きなさい。

> 東北地方の太平洋側は，寒流の[Ⅰ]の影響をうけ，夏にやませとよばれる冷たい北東の風がふくことがある。また，夏の[Ⅱ]七夕まつりで知られる[Ⅱ]市は，この地方の中心都市である。

ア　Ⅰ：親潮　Ⅱ：仙台　　**イ**　Ⅰ：黒潮　Ⅱ：仙台
ウ　Ⅰ：親潮　Ⅱ：山形　　**エ**　Ⅰ：黒潮　Ⅱ：山形

(2)　次の文章は，社会科の授業で，しんじさんが，図中の**北海道**にある世界遺産についてまとめたレポートの一部である。文章中の[　　]に共通してあてはまる適当な語を書きなさい。

> 北海道東部の[　　]半島には，多くの野生動物や植物が生息しています。[　　]では，環境を守ることと観光を両立させるために，右の写真のような木道が設置されています。

(3)　次の**ア**～**エ**のグラフは，それぞれ図中に示した**あ**～**え**のいずれかの地点における月平均気温と月降水量の変化の様子を示したものである。これらのうち，**う**の地点のグラフとして最も適当なものを一つ選び，その符号を書きなさい。

ア	**イ**	**ウ**	**エ**
年平均気温　23.1℃	年平均気温　17.0℃	年平均気温　14.6℃	年平均気温　13.6℃
年降水量　2040.8mm	年降水量　2547.5mm	年降水量　1248.5mm	年降水量　2755.3mm

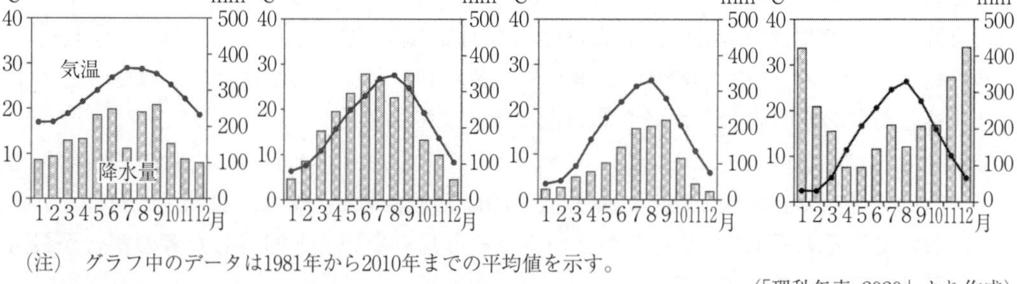

（注）　グラフ中のデータは1981年から2010年までの平均値を示す。

（「理科年表 2020」より作成）

(4)　次の地形図は，図中の**佐賀県**のある地域を示したものである。これを見て，あとの①，②の問いに答えなさい。

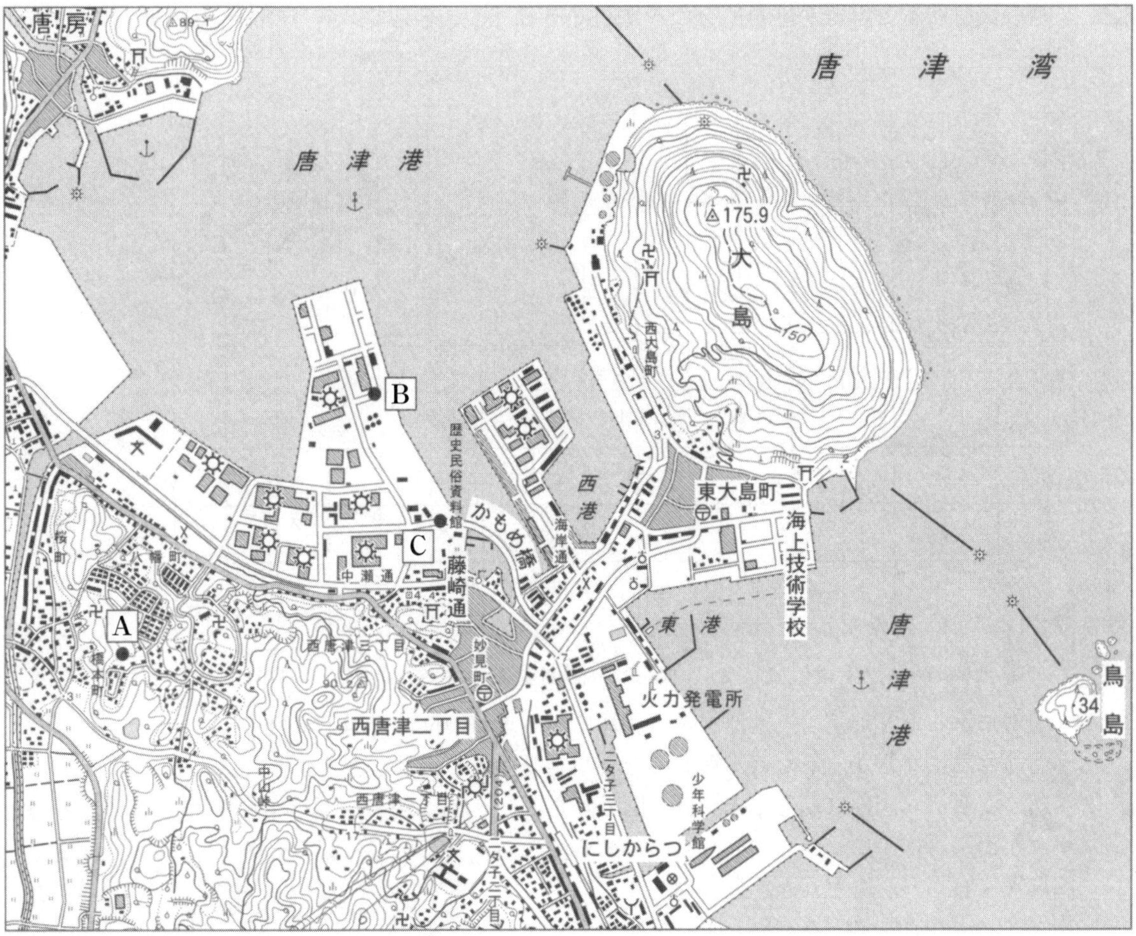

（国土地理院　平成23年発行 1：25,000「唐津」原図より作成）

めもり 0　　5 cm

① 上の地形図を正しく読み取ったことがらとして最も適当なものを，次の**ア**～**エ**のうちから一つ選び，その符号を書きなさい。

ア　地点**A**を中心とした半径250mの範囲内に，寺院が２か所ある。

イ　海上技術学校から見て，鳥島は，ほぼ南西の方向にある。

ウ　地点**B**から見て，ほぼ西の方向に，発電所がある。

エ　大島と鳥島の最も標高が高い地点を比較すると，大島の方が120m以上高い。

② 次の文章は，えりさんが，上の地形図中の地点**C**から徒歩で移動したときの観察メモである。地形図を正しく読み取ると，文章中の□にあてはまる場所はどこになるか。最も適当なものを，あとの**ア**～**エ**のうちから一つ選び，その符号を書きなさい。

地点**C**から，かもめ橋を通って進み，突き当たりを西唐津二丁目の郵便局がある方向に曲がりました。その後しばらく進み，次の突き当たりを，藤崎通《ふじさきどおり》の神社がある方向とは反対の方向に曲がり，ほぼまっすぐに約500m進むと□の前に到着しました。

ア　消防署　　**イ**　発電所　　**ウ**　にしからつ駅　　**エ**　高等学校

3 次の図は緯線と経線が直角に交わる地図である。これを見て，あとの(1)～(5)の問いに答えなさい。

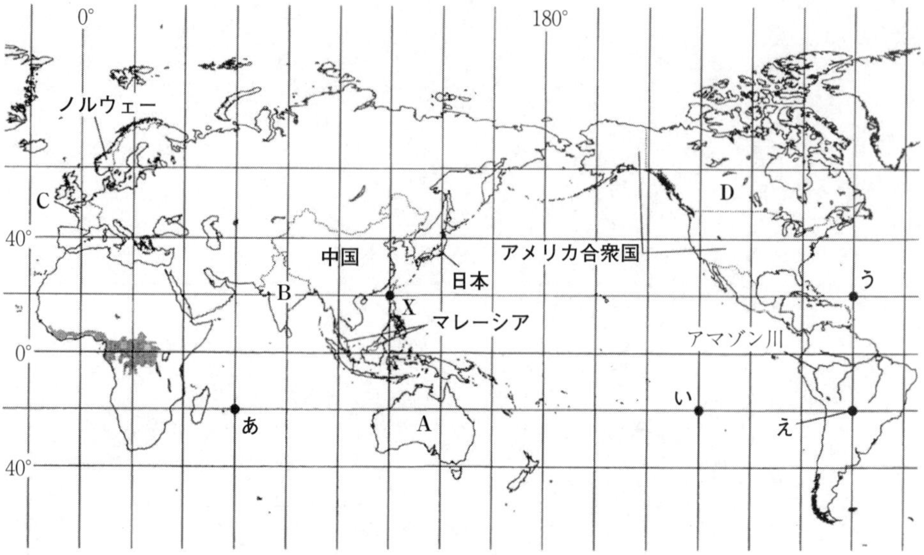

（注） 島等は省略したものもある。また，国境に一部未確定部分がある。

(1) 図中に示した**X**地点の，地球上の正反対にある地点の位置を図中に表すと，図中の**あ～え**のうちのどれになるか。最も適当なものを一つ選び，その符号を書きなさい。

(2) 次の文章は，図中に示した**A～D**の国のうち，いずれかの国の様子について述べたものである。この国は**A～D**のうちのどれか。最も適当なものを一つ選び，その符号を書きなさい。また，この国が属している州名を書きなさい。

> この国の内陸部は，降水量が少なく，乾燥し，草原や砂漠が広がっている。右の写真は，この国の南東部にある都市の風景を写したものであり，人口は，このような海岸部の都市に集まっている。

(3) 次の文章は，図中の**マレーシア**などでみられる農業について述べたものである。文章中の□に共通してあてはまる適当な語を**カタカナ**で書きなさい。

> マレーシアなどでは，かつて植民地であった時代につくられた□で天然ゴムや油《アブラ》やしなどの作物が大規模に栽培されている。□とは，主に熱帯地域で見られる大農園のことである。

(4) 次の文は，図中に で示したアフリカ大陸の熱帯地域や，アマゾン川の流域でみられる農業について述べたものである。文中の□にあてはまる適当なことばを，「森林」「肥料」の二つの語を用いて**15字以上20字以内**（読点を含む。）で書きなさい。

これらの地域では，［　　　　　　］して作物を栽培する，伝統的な焼畑農業が行われている。

(5) 次の**資料**は，前のページの図中のアメリカ合衆国，ノルウェー，中国及び日本の人口，自動車の保有台数及び電気自動車の保有台数を示したものである。**資料**から読み取れることとして最も適当なものを，あとの**ア**～**エ**のうちから一つ選び，その符号を書きなさい。

資料　アメリカ合衆国，ノルウェー，中国及び日本の人口，自動車の保有台数及び電気自動車の保有台数

項目／国名	2010年			2017年		
	人口（千人）	自動車の保有台数（千台）	電気自動車の保有台数（千台）	人口（千人）	自動車の保有台数（千台）	電気自動車の保有台数（千台）
アメリカ合衆国	309,011	248,231	564	324,459	276,019	762
ノルウェー	4,886	2,880	114	5,305	3,307	176
中　国	1,368,811	78,018	649	1,409,517	209,067	1,228
日　本	128,542	75,362	151	127,484	78,078	205

（「世界国勢図会 2019/20」などより作成）

ア「自動車の保有台数」が2010年と比べて2017年は2倍以上に増加した中国は，「電気自動車の保有台数」も，2010年と比べて2017年は2倍以上に増加している。

イ 2017年の「自動車の保有台数」が4か国中で最も多いアメリカ合衆国は，同じ年の一人あたりの「自動車の保有台数」が4か国中で2番目に多い。

ウ「電気自動車の保有台数」が2010年と比べて2017年は増加した日本は，「人口」，「自動車の保有台数」ともに，2010年と比べて2017年は増加している。

エ 資料中のすべての項目について，それぞれの数値が4か国中で最も小さいノルウェーは，2017年の一人あたりの「電気自動車の保有台数」が他の3か国それぞれの10倍以上である。

4 社会科の授業で，さちよさんは，次の**A**～**D**の写真をもとに，あるテーマについて調べました。調べた結果についての，さちよさんと先生の会話文を読んで，あとの(1)～(5)の問いに答えなさい。

A

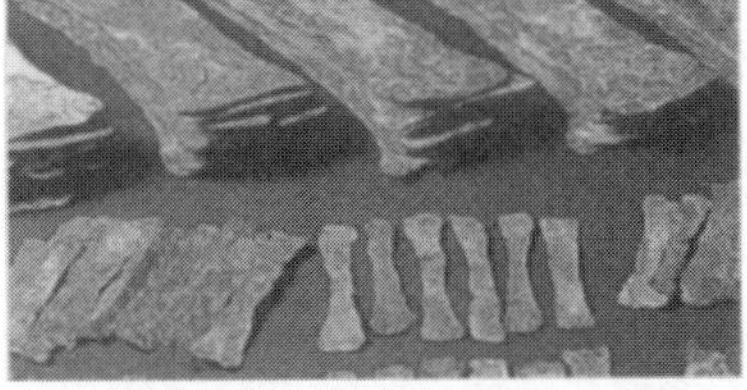

B

C

D

先　生：さちよさんは，４枚の写真をもとに調べたのですね。１枚ずつ説明してください。

さちよさん：はい。最初のAの写真は，５世紀ごろの古墳から出土した鉄の延べ板です。このころ鉄はこのような延べ板の形で日本に輸入されていました。

先　生：そうですね。このころの日本列島の人々は，主に朝鮮半島南部の伽耶《かや》地域から，鉄を輸入していました。a 鉄のほかにも様々なものが朝鮮半島から日本に伝えられていますので，どのようなものがあるか，ぜひ調べてみてください。

さちよさん：わかりました。Bの写真は，b 平城京の復元模型です。平城京は，広い道路で碁盤《ごばん》の目のように区切られ，東西の市では各地から都に送られた産物が売買されていました。

先　生：そうです。このころ日本でも貨幣がつくられ，使われるようになりました。

さちよさん：和同開珎《かいちん》《かいほう》などですね。次のCの写真は，戦国大名の c 織田信長の肖像画です。織田信長は，戦いで効果的に鉄砲を使いました。鉄砲は，ポルトガル人によって日本に伝えられました。

先　生：このころは南蛮貿易が行われ，ガラス製品なども日本にもたらされましたよね。

さちよさん：最後にDの写真は，アメリカのペリーが浦賀に来航した際に率いていた軍艦を描いた絵です。来航したペリーとの交渉の結果，d 日本は開国しました。そして，その後，諸外国との自由貿易を認めることになりました。

先　生：現在は，さらに世界の様々な国や地域との貿易がさかんに行われていますね。とてもよく調べました。最後に，さちよさんのテーマを教えてください。

さちよさん：はい，私が調べたテーマは［　　　　］です。

先　生：調べた内容にぴったりなテーマですね。

(1) 次の文章は，会話文中の下線部aの先生からの課題について，さちよさんがまとめたレポートの一部である。文章中の［　］に共通してあてはまる適当な語を**漢字３字**で書きなさい。

> このころ，朝鮮半島などから日本列島に移住してきた人々を［　　　］とよびます。［　　　］は，土器や鉄器の製造や絹織物など，多くの技術を日本に伝えました。

(2) 次の文章は，会話文中の下線部bについて述べたものである。文章中の［X］，［Y］にあてはまるものの組み合わせとして最も適当なものを，あとの**ア**～**エ**のうちから一つ選び，その符号を書きなさい。

> 平城京は，710年に［X］の都の長安にならった，律令国家の新しい都としてつくられた。この都を中心に政治が行われた約［Y］年間を奈良時代という。

ア　X：唐　Y：80　　**イ**　X：隋　Y：80

ウ　X：唐　Y：60　　**エ**　X：隋　Y：60

(3) 次の文章は，会話文中の下線部cについて述べたものである。文章中の［　］にあてはまる適当なことばを，「足利義昭」「室町幕府」の二つの語を用いて**25字以内**（読点を含む。）で書きなさい。

織田信長は，敵対する戦国大名を破り勢力を強める中，1573年に□た。その後，全国統一を目前にした1582年に，家臣の明智光秀にそむかれて本能寺で自害した。

(4) 次の**資料**は，会話文中の下線部 **d** に関連することがらを年代の**古いものから順に**左から並べたものである。**資料**中の Ⅰ ，Ⅱ にあてはまることがらとして最も適当なものを，あとの**ア**～**オ**のうちから一つずつ選び，その符号を書きなさい。

資料

ペリーが浦賀に来航する ➡ Ⅰ ➡ 日米修好通商条約が結ばれる ➡ Ⅱ ➡ 桜田門外の変が起こる

ア アヘン戦争が起こる　　**イ** 安政の大獄が起こる
ウ 天保の改革がおこなわれる　　**エ** 大政奉還がおこなわれる
オ 日米和親条約が結ばれる

(5) 会話文中の□にあてはまる，さちよさんが調べたテーマとして最も適当なものを，次の**ア**～**エ**のうちから一つ選び，その符号を書きなさい。

ア 日本の文化の特徴について　　**イ** 日本の土地制度の特徴について
ウ 日本の交易の歴史について　　**エ** 日本の宗教の歴史について

5 次の**A**～**D**のカードは，社会科の授業で，てつろうさんが，「日本と世界の指導者」について調べ，まとめたものの一部である。これらを見て，あとの(1)～(5)の問いに答えなさい。

A：伊藤博文

ドイツ（プロイセン）やオーストリアに派遣され，a 立憲政治の制度を研究した。帰国後の1885年に初代内閣総理大臣となった。

B：原敬

b 米騒動の責任をとって首相が辞職したため，代わって c 内閣を組織した。華族出身ではなかったことから「平民宰《さい》相《しょう》」とよばれた。

C：ウィルソン

第一次世界大戦後，国際平和機関の設立などを提唱した。これをもとに，世界平和と国際協調を目的とする，d 国際連盟が誕生した。

D：毛沢東《もうたくとう》《マオツォトン》

第二次世界大戦後，国民党（国民政府）と共産党との間で内戦が続いていたが，e 1949年に中華人民共和国の建国を宣言した。

(1) 次の文章は，Aのカード中の下線部aに関連することがらについて述べたものである。文章中の[X]，[Y]にあてはまる語の組み合わせとして最も適当なものを，あとの**ア**～**エ**のうちから一つ選び，その符号を書きなさい。

> 伊藤博文が中心となって作成された憲法案は，審議を経て1889年に憲法として発布された。この憲法では，議会は，[X]と衆議院の二院制がとられ，[Y]は，天皇の相談に応じ，憲法解釈などの国の重要事項を審議する組織とされた。

ア X：参議院　Y：枢密院　　**イ** X：参議院　Y：内閣
ウ X：貴族院　Y：枢密院　　**エ** X：貴族院　Y：内閣

(2) 次の文章は，Bのカード中の下線部bについて述べたものである。文章中の[　]にあてはまる適当な語を**カタカナ4字**で書きなさい。

> ロシア革命に干渉する，[　　]出兵を見こした米の買い占めなどにより米の価格が急激に上がった。1918年の夏に富山県で起こった米の安売りを求める動きは，米騒動となって全国に広まり，政府は軍隊を出動させてこの騒動をしずめた。

(3) 次の文は，Bのカード中の下線部cについて，てつろうさんが原敬の組織した内閣についてまとめたレポートの一部である。文中の[　]にあてはまる語として最も適当なものを，あとの**ア**～**エ**のうちから一つ選び，その符号を書きなさい。

> 原敬内閣は，外務・陸軍・海軍の3大臣以外の閣僚をすべて，衆議院の第一党である[　　]の党員が占める本格的な政党内閣でした。

ア 自由党　**イ** 立憲政友会　**ウ** 立志社　**エ** 立憲改進党

(4) 次の文章は，Cのカード中の下線部dの機関の活動に関連することがらについて述べたものである。文章中の[Ⅰ]，[Ⅱ]にあてはまるものの組み合わせとして最も適当なものを，あとの**ア**～**エ**のうちから一つ選び，その符号を書きなさい。

> 右の写真は，1931年に日本軍(関東軍)が中国で，鉄道の線路を爆破したことに端を発した[Ⅰ]について，現地に派遣された国際連盟の調査団が，実情を調査している様子である。調査団の報告に基づき，日本は国際連盟から「日本軍は占領地から撤兵するように。」という勧告を受けた。日本政府はその[Ⅱ]した。

ア Ⅰ：盧溝橋《ろこうきょう》事件　Ⅱ：勧告を受け入れ，撤兵
イ Ⅰ：盧溝橋《ルーコウチアオ》事件　Ⅱ：勧告を受け入れず，国際連盟を脱退
ウ Ⅰ：満州事変　Ⅱ：勧告を受け入れ，撤兵
エ Ⅰ：満州事変　Ⅱ：勧告を受け入れず，国際連盟を脱退

(5) 次の**ア**～**エ**は，Dのカード中の下線部eの年代以降に起こったできごとである。**ア**～**エ**を年代の**古いものから順に**並べ，その符号を書きなさい。

ア　日韓基本条約が結ばれた。　　**イ**　東西ドイツが統一された。
ウ　香港《ホンコン》が中国に返還された。　　**エ**　アジア・アフリカ会議が開かれた。

6　次の文章を読み，あとの(1)～(4)の問いに答えなさい。

a 金融には，資金の貸し借りなどにより資金の流れを円滑にすることで，経済活動を助けるはたらきがあります。b 金融機関の中でも，c 金融政策の主体である日本銀行は，紙幣の発行など，特別な役割を担《にな》っています。また，d 電子マネーなどによる現金を用いない支払い方法も普及してきています。

(1)　下線部aに関連して，次の文章は，金融の方法について述べたものである。文章中の［Ⅰ］，［Ⅱ］にあてはまる語の組み合わせとして最も適当なものを，あとの**ア**～**エ**のうちから一つ選び，その符号を書きなさい。

> 金融機関をなかだちとして資金を調達する方法を［Ⅰ］金融という。また，資金の借り手である企業が［Ⅱ］などを発行して資金を調達する方法もある。

ア　Ⅰ：間接　Ⅱ：株式　　**イ**　Ⅰ：間接　Ⅱ：利子
ウ　Ⅰ：直接　Ⅱ：株式　　**エ**　Ⅰ：直接　Ⅱ：利子

(2)　下線部bに関連して，次の文章は，金融機関の種類について述べたものである。文章中の［　］に共通してあてはまる適当な語を**漢字2字**で書きなさい。

> 金融機関には，銀行・信用金庫・農業協同組合など，様々な種類がある。損害［　］会社や生命［　］会社も金融機関である。

(3)　下線部cに関連して，次の文は，現在の金融政策の主な方法である公開市場操作について述べたものである。文中の［　］にあてはまる適当なことばを，「国債」「量」の二つの語を用いて**15字以上20字以内**(読点を含む。)で書きなさい。

> 中央銀行である日本銀行は，一般の銀行などとの間で，［　］を増減させることで，景気や物価の安定をはかっている。

(4)　下線部dに関連して，次の文章は，社会科の授業で，たろうさんたちの班が，次のページの**資料1**と**資料2**を見ながら「日本における電子マネーの利用状況」について話し合っている場面の一部である。文章中の［　］にあてはまるものとして最も適当なものを，あとの**ア**～**エ**のうちから一つ選び，その符号を書きなさい。

> なおきさん：日本における電子マネーの利用状況には，どのような特徴があるのかな。印象としては，若者がたくさん利用しているように感じるのだけれど。
> みちよさん：例えば，**資料1**と**資料2**から，［　］ということがわかるわね。
> たろうさん：そうだね。世帯主の年齢階級などに注目することで，特徴が見えてくるんだね。

資料1　電子マネー利用世帯の利用金額と利用世帯の割合の推移(2015～2019年)

	2015年	2016年	2017年	2018年	2019年
電子マネー利用世帯の利用金額(円)	16,382	17,318	17,644	18,256	20,567
電子マネー利用世帯の割合(%)	41.5	43.9	45.5	50.4	53.2

資料2　世帯主の年齢階級別にみた電子マネー利用世帯の利用金額と利用世帯の割合(2019年)

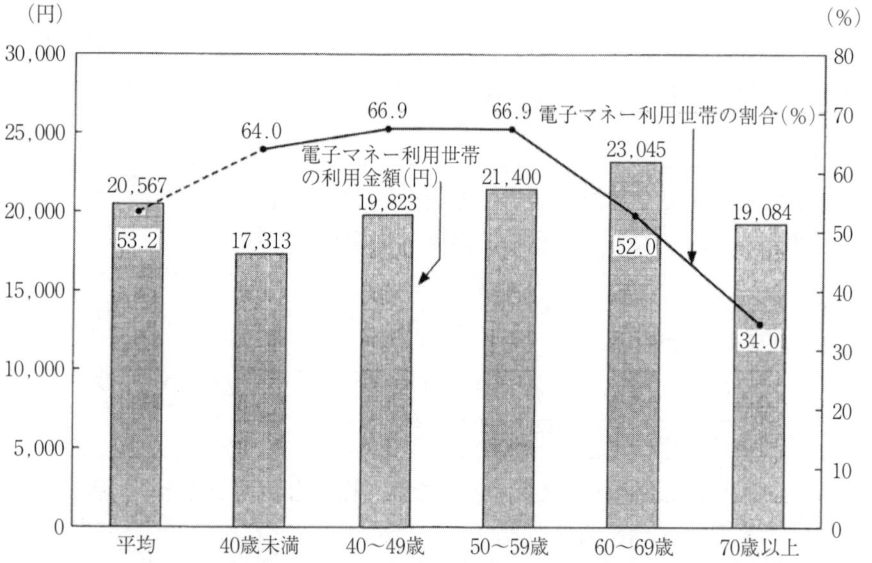

(注)・世帯とは，家計消費状況調査の二人以上の世帯のことで，金額は，月平均額のことである。
・この調査での電子マネーとは，ICカード，携帯電話，プリペイドカード等に現金に相当する貨幣価値を移し替えたもののことである。

(**資料1**，**資料2**とも，総務省統計局「家計消費状況調査年報　令和元年」などより作成)

ア　2015年から2019年にかけて，「電子マネー利用世帯の利用金額」，「電子マネー利用世帯の割合」ともに毎年減少し続けていて，2019年の世帯主の年齢階級別にみた「電子マネー利用世帯の利用金額」は，「40歳未満」の年齢階級が最も多い

イ　2015年から2019年にかけて，「電子マネー利用世帯の利用金額」，「電子マネー利用世帯の割合」ともに毎年増加し続けていて，「60～69歳」の年齢階級は，2019年の世帯主の年齢階級別にみた「電子マネー利用世帯の利用金額」が最も多いけれども，2019年の世帯主の年齢階級別にみた「電子マネー利用世帯の割合」は2番目に低い

ウ　2015年から2019年にかけて，「電子マネー利用世帯の利用金額」は毎年増加し続けているけれども，「電子マネー利用世帯の割合」は毎年減少し続けていて，2019年の世帯主の年齢階級別にみた「電子マネー利用世帯の割合」は，「40～49歳」の年齢階級が最も高い

エ　2015年から2019年にかけて，「電子マネー利用世帯の利用金額」は毎年減少し続けているけれども，「電子マネー利用世帯の割合」は毎年増加し続けていて，「50～59歳」の年齢階級は，2019年の世帯主の年齢階級別にみた「電子マネー利用世帯の利用金額」が2番目に多く，2019年の世帯主の年齢階級別にみた「電子マネー利用世帯の割合」も2番目に高い

7　次の文章を読み，あとの(1)～(4)の問いに答えなさい。

a日本国憲法では，b間接民主制(議会制民主主義)が採用されています。国権の最高機関である国会は，正当にc選挙された国会議員で構成され，話し合いを通じて様々な物事を決定しています。また，憲法改正の国民投票など，一部で直接民主制の要素が採《と》り入れられており，地方自治においては，住民にd直接請求権が認められています。

(1)　下線部aに関連して，次の文章は，「新しい人権」について述べたものである。文章中の[I]，[II]にあてはまる語の組み合わせとして最も適当なものを，あとの**ア**～**エ**のうちから一つ選び，その符号を書きなさい。

> 情報化の進展などにともない，日本国憲法第13条に定められている[I]権などを根拠として，「新しい人権」が主張されている。例えば，個人の私生活に関する情報が不当に公開されないことなどを内容とする[II]も「新しい人権」の一つである。

ア　I：生存　　II：知る権利
イ　I：幸福追求　II：知る権利
ウ　I：生存　　II：プライバシーの権利
エ　I：幸福追求　II：プライバシーの権利

(2)　下線部bに関連して，次の文章は，間接民主制について述べたものである。文章中の[　　]に共通してあてはまる適当な語を**漢字3字**で書きなさい。

> 間接民主制とは，[　　]を選挙で選出し，その[　　]で構成される議会での話し合いを通じて物事が決定される仕組みである。日本国憲法の前文においても，「そもそも国政は，国民の厳粛《げんしゅく》な信託によるものであって，その権威は国民に由来し，その権力は国民の[　　]がこれを行使し，その福利は国民がこれを享受《きょうじゅ》する。」と定められている。

(3)　下線部cに関連して，次のページの**資料**は，社会科の授業で，たろうさんが，国民の意思を表明する制度についてまとめた発表原稿の一部である。**資料**中の[A]～[C]にあてはまる語の組み合わせとして最も適当なものを，あとの**ア**～**エ**のうちから一つ選び，その符号を書きなさい。

資料　たろうさんの発表原稿の一部

図　ある制度で使用される投票用紙の一部を模式的に示したもの

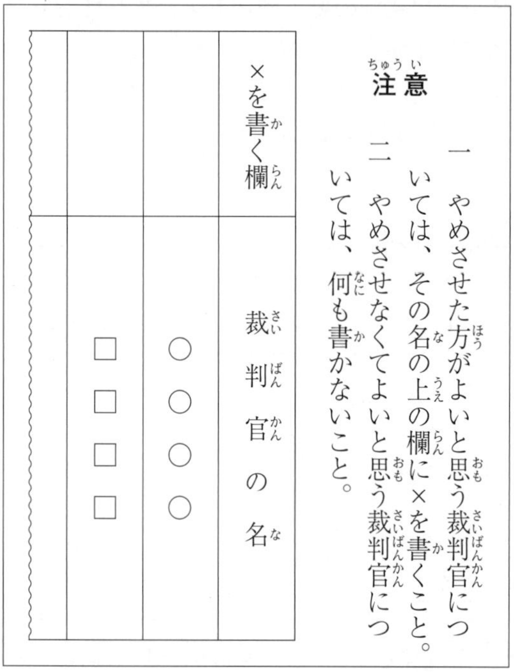

左の**図**を見てください。これは，ある制度で使用される投票用紙の一部を模式的に示したものです。この制度は，［ A ］とよばれる，［ B ］裁判所の裁判官に対して国民の意思を表明するもので，衆議院議員総選挙の際に実施されることになっています。

衆議院議員総選挙の際に，［ A ］が実施される場合，有権者は，全部で3種類の投票用紙を投じることになります。これらのうち，候補者の個人名を記入するのは，［ C ］選出議員選挙の投票用紙です。

ア　A：国民投票　B：最高　C：小選挙区
イ　A：国民投票　B：高等　C：比例代表
ウ　A：国民審査　B：最高　C：小選挙区
エ　A：国民審査　B：高等　C：比例代表

(4)　下線部**d**に関連して，次の文章は，直接請求権について述べたものである。文章中の［ X ］にあてはまる適当な数を**整数**で書きなさい。また，文章中の［ Y ］にあてはまる適当な語を**漢字**で書きなさい。

直接請求権を行使するには，一定の署名を集めて請求する必要がある。例えば，有権者数が151,820人の**W**市において，条例の制定を求める直接請求を行う場合，有権者［ X ］人以上の署名を集めて，［ Y ］に請求することになる。

理　科

●満点 100点　●時間 50分

1　次の(1)～(4)の問いに答えなさい。

(1) 植物の細胞には，**図1**のように，細胞膜の外側に厚く丈夫なつくりである**A**があり，植物の体を支えたり，体の形を保ったりするのに役立っている。**A**を何というか，その名称を書きなさい。

図1

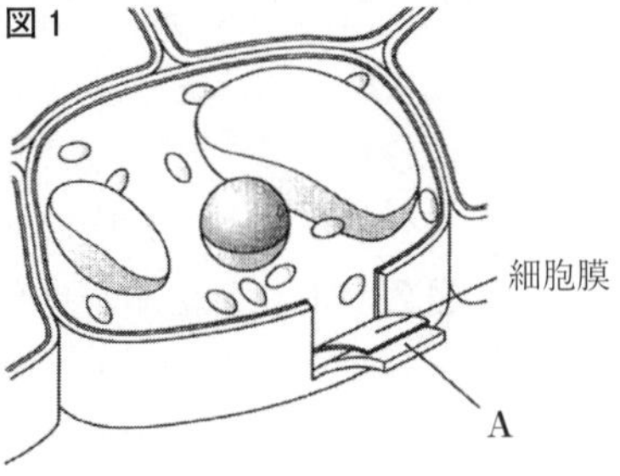

(2) 次の文章中の[　　]に共通してあてはまる最も適当なことばを書きなさい。

> 地球は，数千億個の恒星《こうせい》などの集まりである[　　　]系の中にある。[　　　]系は，うずをまいたうすい円盤《えんばん》状(レンズ状)の形をしている。

(3) 水にとかしても陽イオンと陰イオンに分かれない物質として最も適当なものを，次の**ア**～**エ**のうちから一つ選び，その符号を書きなさい。

ア　塩化水素　　**イ**　水酸化ナトリウム　　**ウ**　塩化銅　　**エ**　砂糖(ショ糖)

(4) **図2**のように，質量120 gの直方体の物体が床の上にある。この物体の面**B**～**D**をそれぞれ下にして床に置いたとき，床にはたらく圧力の大きさが最大となる置き方として最も適当なものを，次の**ア**～**エ**のうちから一つ選び，その符号を書きなさい。ただし，質量100 gの物体にはたらく重力の大きさを1 Nとする。

図2

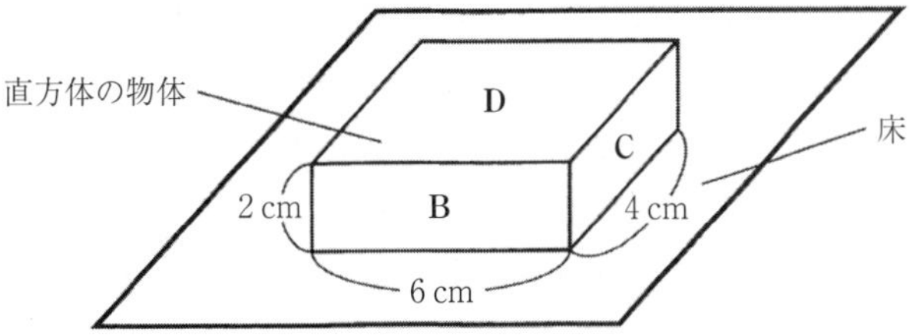

ア　面**B**を下にして置く。
イ　面**C**を下にして置く。
ウ　面**D**を下にして置く。
エ　面**B**～**D**のどの面を下にして置いても圧力の大きさは変わらない。

2　Sさんは，休日に市原市の養老《ようろう》川に沿った露頭《ろとう》に行き，チバニアンの地層を観察しました。これに関する先生との会話文を読んで，あとの(1)～(4)の問いに答えなさい。

> Sさん：露頭付近にある説明板のおかげで，チバニアンとは約77万4千年前から約12万9千年前の地質年代の名称で，新生代をさらに細かく区分したものだと知りました。
> 先　生：そうですね。チバニアンの始まりが約77万4千年前であることは，この地層に見られる<u>火山灰の層</u>の研究などによってわかったのですよ。
> Sさん：すごいですね。千葉県内には活火山はありませんが，火山灰の層はあるのですね。
> 先　生：はい。例えば1707年の富士山の噴火《ふんか》でも，火山灰が千葉県内に降り積もりました。

噴火とは，地下から上昇してきたマグマが地表にふき出す現象です。それでは，ミョウバンの水溶液をマグマに見立て，マグマからできる火成岩の特徴《とくちょう》を**実験**で調べてみましょう。

実験

① ミョウバンを熱い湯にとかした濃い水溶液をペトリ皿A，Bにそれぞれ入れ，**図1**のように湯が入った容器につけてしばらくおき，それぞれに結晶が十数個できたあと，ペトリ皿Aのみを氷水が入った容器に移した。ペトリ皿Bは湯が入った容器につけたままにした。

② ペトリ皿A，B内のミョウバンの水溶液が冷えたあと，ペトリ皿A，Bにはそれぞれ**図2**のような結晶が見られた。

図1

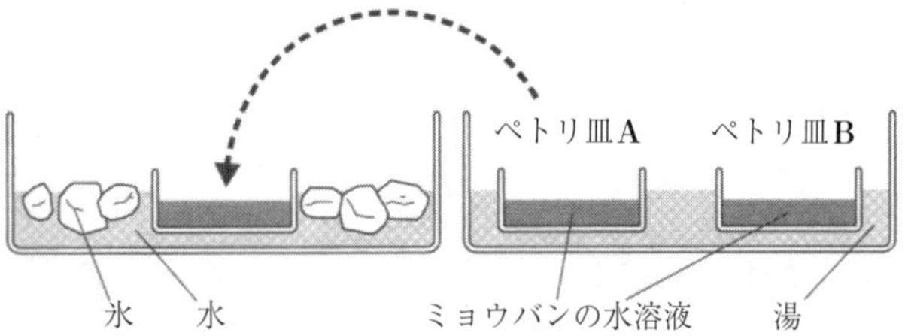

図2

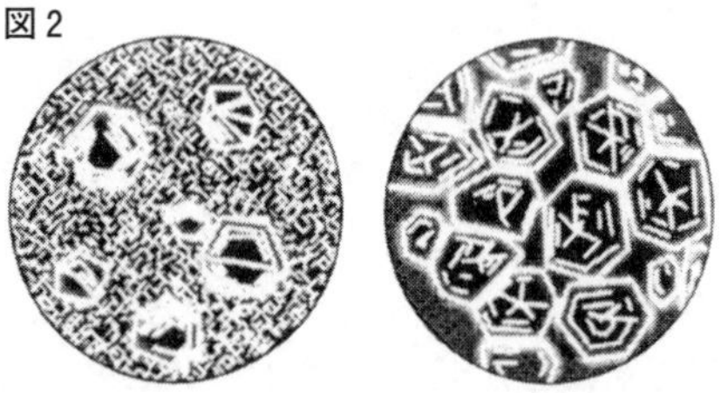

Sさん：**図2**のように，ペトリ皿Bには同じくらいの大きさの結晶しかないのに，ペトリ皿Aには比較的大きな結晶とその周囲を囲むように小さな結晶があるのは，ミョウバンの水溶液が冷えるまでの時間が違うことが原因ですね。

先　生：そうです。実際の火山でも，マグマが冷え固まるまでの時間の違いによって異なる火成岩ができます。**実験**は，ペトリ皿Aが［ c ］組織《そしき》をもつ［ d ］のでき方を表し，ペトリ皿Bが［ e ］組織をもつ［ f ］のでき方を表しています。

Sさん：よくわかりました。火成岩について，もっと調べてみたいと思います。

(1) 会話文中の［ c ］～［ f ］にあてはまることばの組み合わせとして最も適当なものを，次の**ア**～**エ**のうちから一つ選び，その符号を書きなさい。

ア　c：等粒状《とうりゅうじょう》　d：火山岩　e：斑状《はんじょう》　f：深成岩
イ　c：等粒状　d：深成岩　e：斑状　f：火山岩
ウ　c：斑状　d：火山岩　e：等粒状　f：深成岩
エ　c：斑状　d：深成岩　e：等粒状　f：火山岩

(2) **図2**のペトリ皿Aで見られたようなつくりをした火成岩には，比較的大きな鉱物《こうぶつ》の結晶と，その周囲を囲む小さな粒が見られる。このような火成岩の中の，比較的大きな鉱物の結晶のでき方として最も適当なものを，次の**ア**～**エ**のうちから一つ選び，その符号を書きなさい。

ア　地表や地表近くで，マグマがゆっくりと冷やされて結晶ができた。
イ　地表や地表近くで，マグマが急速に冷やされて結晶ができた。
ウ　地下の深いところで，マグマがゆっくりと冷やされて結晶ができた。
エ　地下の深いところで，マグマが急速に冷やされて結晶ができた。

(3) Sさんは，ある火成岩の標本を観察し，次のように**気がついたこと**をまとめた。**図3**は，この火成岩に含《ふく》まれる鉱物のようすをスケッチしたものである。Sさんが観察した火成岩の名称として最も適当なものを，あとの**ア**～**エ**のうちから一つ選び，その符号を書きなさい。

気がついたこと

> この火成岩に含《ふく》まれる鉱物は，無色鉱物と有色鉱物が同じくらいの割合だった。無色鉱物ではチョウ石が含まれていて，有色鉱物ではキ石やカンラン石が含まれていた。

図3

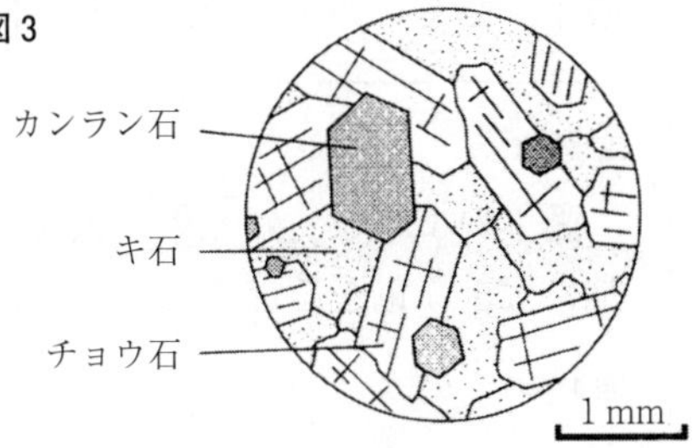

ア　玄武《げんぶ》岩　　**イ**　流紋《りゅうもん》岩

ウ　花こう岩　　**エ**　斑《はん》れい岩

(4)　会話文中の下線部に関連して，ある地域の，地点**W**～地点**Z**で，地表から深さ25mまで掘《ほ》り，火山灰の層を調べた。**図4**はこの地域の模式的な地形図で，5ｍごとに等高線が引いてある。また，**図5**は調査結果を示した柱状《ちゅうじょう》図である。あとの文中の［g］にあてはまる最も適当なものを，地点**W**～地点**Z**のうちから一つ選び，書きなさい。また，［h］にあてはまる適当な方向を，**上**，**下**のうちから一つ選んで書き，［i］にあてはまる適当な数値を書きなさい。なお，この地域に火山灰の層は1つしかないこと，地層の逆転やしゅう曲はなく地層は水平に重なっていること，地層が上下方向にずれる断層が1つあることがわかっている。

図4

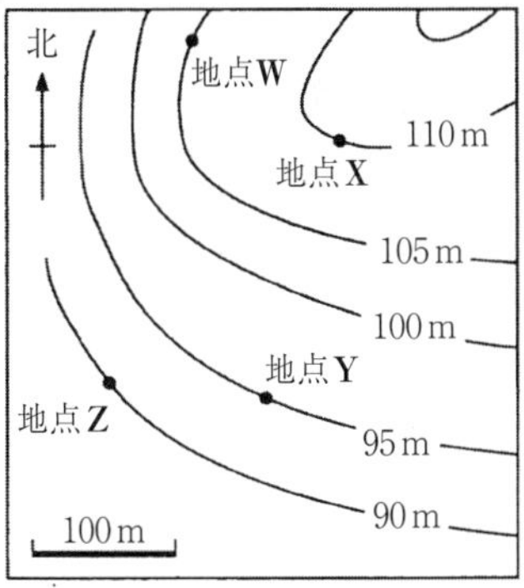

図5

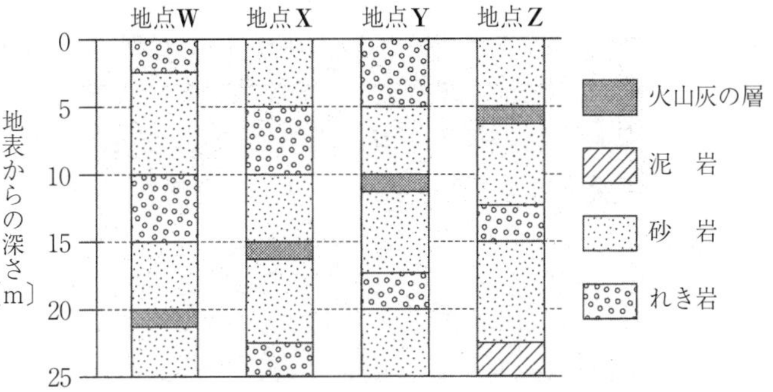

> ［g］の地下にある火山灰の層は，その地点以外の3つの地点の地下にある火山灰の層と比べて，断層によって［h］方向に［i］mずれている。

3　放電のようすと，電流が流れているコイルが磁界から受ける力について調べるため，次の**実験1**，**2**を行いました。これに関して，あとの(1)～(4)の問いに答えなさい。

実験1

図1のような，蛍光板《けいこうばん》を入れた放電管(クルックス管)内の空気を抜き，＋《プラス》極，－《マイナス》極に非常に大きな電圧を加えたところ，蛍光板上に明るい線が見えた。

図1

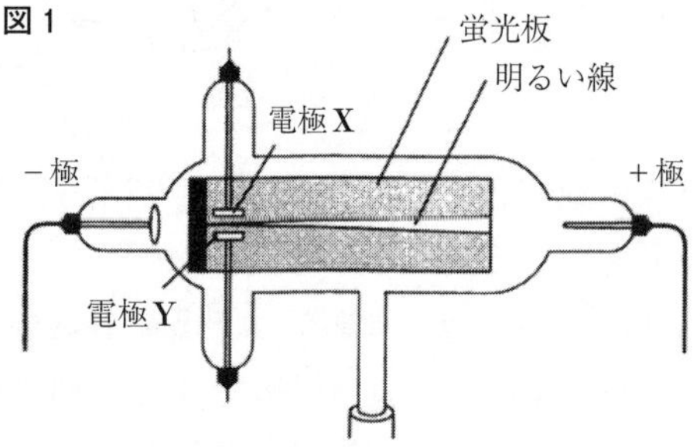

実験2

① **図2**のように，コイル，抵抗《ていこう》器《き》R_1，スイッチを電源装置につないだ回路をつくり，U字型磁石を設置した。**図2**の回路のスイッチを入れたとき，コイルは矢印(➡)で示した方向に動いて止まった。また，**図2**の回路の一部の導線を外して電圧計と電流計をつなぎ，スイッチを入れて抵抗器R_1に加えた電圧と流れる電流を測定したところ，それぞれ6.0Vと2.0Aであった。

② **図2**の回路の抵抗器R_1を5.0Ωの抵抗器R_2にかえて，電源装置の電圧を変えずにスイッチを入れて電流を流し，コイルが動くようすを調べた。

図2

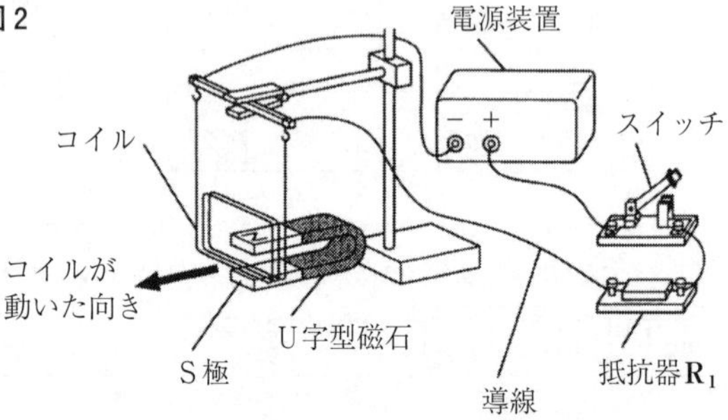

(1) **実験1**で，放電管内に非常に大きな電圧を加えたまま，さらに電極Xを＋極，電極Yを－極として電圧を加えたときの，蛍光板上の明るい線のようすとして最も適当なものを，次の**ア**～**エ**のうちから一つ選び，その符号を書きなさい。

ア　暗くなる。

イ　さらに明るくなる。

ウ　電極Xのほうに引かれて曲がる。

エ　電極Yのほうに引かれて曲がる。

(2) **実験2**の①について，**図3**は**図2**の回路の一部の導線を外し，電圧計と電流計をつなぐ前の状態を表している。解答用紙の図中に必要な導線をかき加え，抵抗器R_1に加えた電圧と流れる電流を測定するための回路を表す図を完成させなさい。ただし，導線は実線で表し，図中の●につなぐこと。また，●には複数の導線をつないでもよい。

図 3

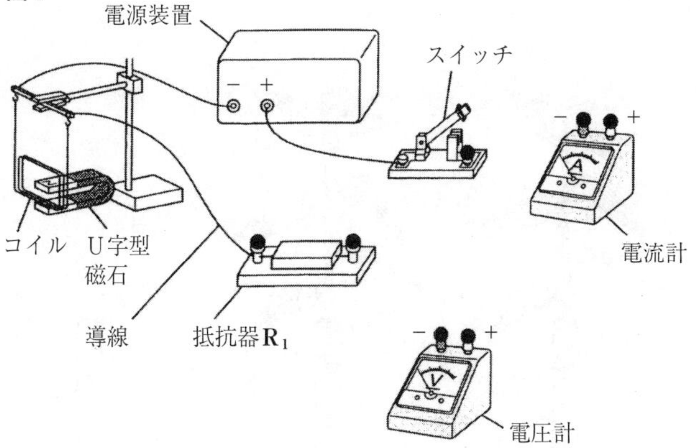

（注） 電圧計，電流計の使用しない−《マイナス》端子《たんし》は省略してある。

(3) **実験 2** の①について，**図 4** はスイッチを入れる前のU字型磁石とコイルを横から見たようすを模式的に表したものである。ただし，**図 4** 中のコイルの断面は，コイルの導線を１本にまとめて表したものである。コイルに電流を流したとき，電流によってできる磁界の向きが，U字型磁石の磁界の向きと逆になる**図 4** 中の点として最も適当なものを，次の**ア**～**エ**のうちから一つ選び，その符号を書きなさい。

図 4

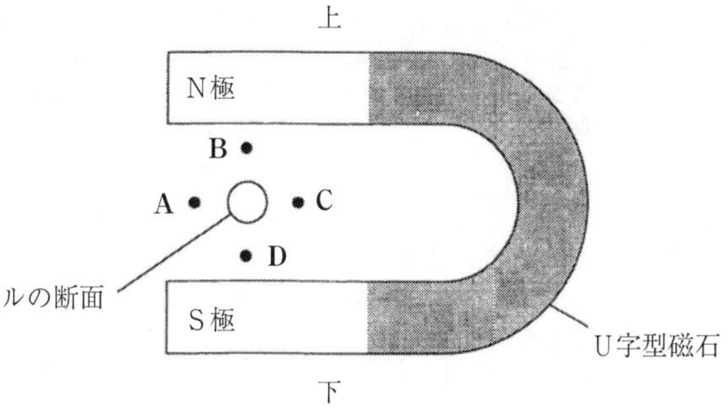

ア A　イ B　ウ C　エ D

(4) **実験 2** の②で，コイルの動く向きと振《ふ》れる幅は，**実験 2** の①のときと比べてどのように変化したか，それぞれ書きなさい。ただし，変化しなかった場合は**変化なし**と書くこと。

4 植物の蒸散について調べるため，次の**実験**と**観察**を行いました。これに関して，あとの(1)～(4)の問いに答えなさい。ただし，この**実験**で蒸散以外による装置の質量の変化はなかったものとします。

実験

① 葉や茎《くき》の色，葉の大きさや枚数，茎の太さがそろった４本のツユクサを，茎の長さが同じになるように，水中で茎を切った。

② **図 1** のように，５本の試験管に同じ量の水を入れ，そのうちの４本の試験管には，①のツユクサにワセリンで処理をしてさした。さらに，５本の試験管それぞれの水面に同じ量の油を注いで装置**A**～**E**とし，それぞれの装置全体の質量を測定した。

③ 装置**A**～**E**を明るく風通しのよいところに８時間置いたあと，それぞれの装置全体の質量を測定したところ，装置**A**～**C**の質量は減少し，装置**D**，**E**の質量は変わらなかっ

た。

表《ひょう》は，装置全体の質量の減少量についてまとめたものである。ただし，**表**の質量の減少量の違いは，それぞれの装置のワセリンでの処理の違いによるものとする。

図 1

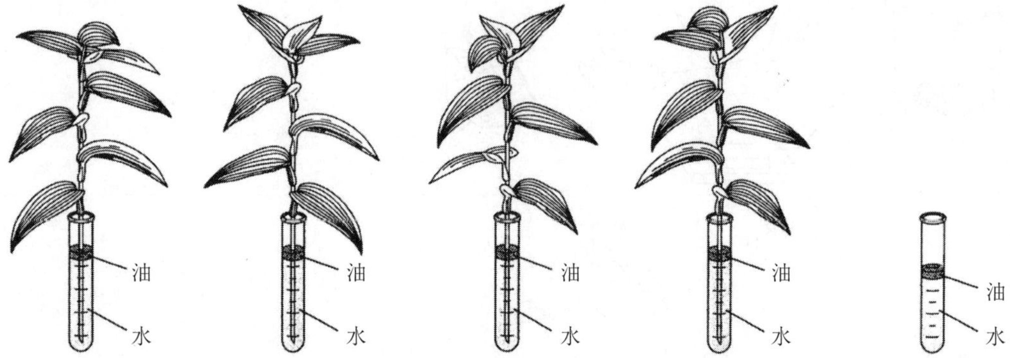

装置A

すべての葉の
表側《おもてがわ》に
ワセリンを
ぬった。

装置B

すべての葉の
裏側に
ワセリンを
ぬった。

装置C

すべての葉の
表側と裏側に
ワセリンを
ぬった。

装置D

すべての葉の
表側と裏側と
茎全体に
ワセリンを
ぬった。

装置E

ツユクサを
ささない。

表《ひょう》

	装置A	装置B	装置C	装置D	装置E
装置全体の質量の減少量〔g〕	1.2	0.5	0.2	0	0

観察

ツユクサの葉の表皮の一部をはがして切り取り，顕微鏡で観察した。**図 2** は，顕微鏡で観察したツユクサの葉の表皮をスケッチしたものである。

図 2

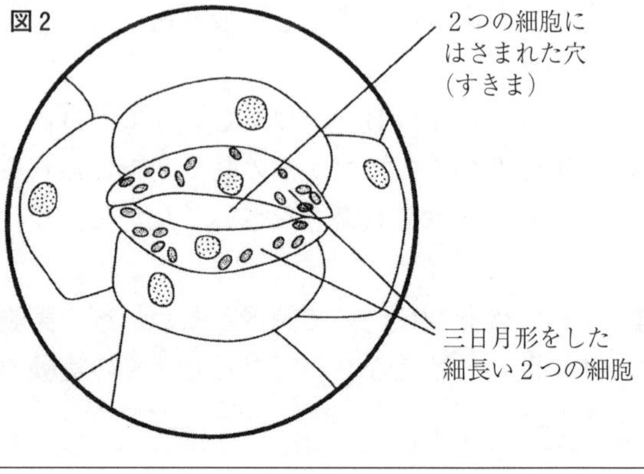

(1) **実験**の②の下線部について，水面に油を注ぐ理由を簡潔に書きなさい。

(2) **実験**で，装置**A**～**D**のツユクサの葉の**裏側**から蒸散によって出ていった水蒸気の合計は何gか。次の**ア**～**エ**のうちから最も適当なものを一つ選び，その符号を書きなさい。ただし，葉の表側《おもてがわ》，裏側，茎にぬったワセリンは，ぬらなかった部分の蒸散に影響を与えないものとする。

ア 0.3g　　**イ** 0.7g

ウ 1.0g　　**エ** 1.4g

(3) **表**の質量の減少量から，**実験**に用いたツユクサの蒸散についてどのようなことがいえるか。次の**ア**～**エ**のうちから最も適当なものを一つ選び，その符号を書きなさい。

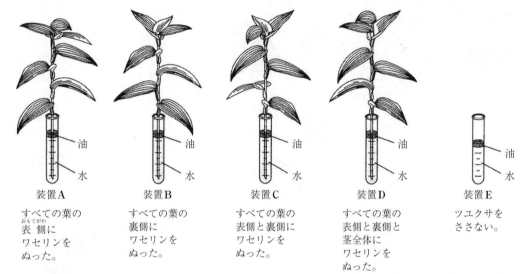

ア　葉の裏側よりも表側で蒸散がさかんであり，葉以外からは蒸散していない。
イ　葉の裏側よりも表側で蒸散がさかんであり，葉以外からも蒸散している。
ウ　葉の表側よりも裏側で蒸散がさかんであり，葉以外からは蒸散していない。
エ　葉の表側よりも裏側で蒸散がさかんであり，葉以外からも蒸散している。

(4)　次の文章は，**実験**で装置A～Cの質量が減少したことについて述べたものである。文章中の，[x]，[y]にあてはまる最も適当なことばを，それぞれ書きなさい。

> **図2**のような，三日月形をした細長い2つの細胞にはさまれた穴（すきま）を[x]という。**実験**で装置A～Cの質量が減少したのは，試験管内の水がツユクサの茎の切り口から吸い上げられ，維管束のうちの[y]を通って茎や葉に運ばれたのち，おもに[x]から蒸散によって体の外に出ていったからである。

5　Sさんたちは，水にとけた物質の質量を調べる実験を行いました。これに関する先生との会話文を読んで，あとの(1)～(4)の問いに答えなさい。なお，**資料**は，それぞれの水の温度において，塩化ナトリウムとミョウバンがそれぞれ100gの水にとける最大の質量（溶解度）を示しています。また，ある温度において，物質が水にとける最大の質量は，水の質量に比例します。

Sさん：**図1**のように，30℃の水50gが入った2つのビーカーを用意し，ビーカーⅠは塩化ナトリウム15.0gを，ビーカーⅡはミョウバン15.0gを入れてかき混ぜました。ビーカーⅠには，とけ残りはなくすべてとけましたが，ビーカーⅡには，とけ残りがありました。

図1

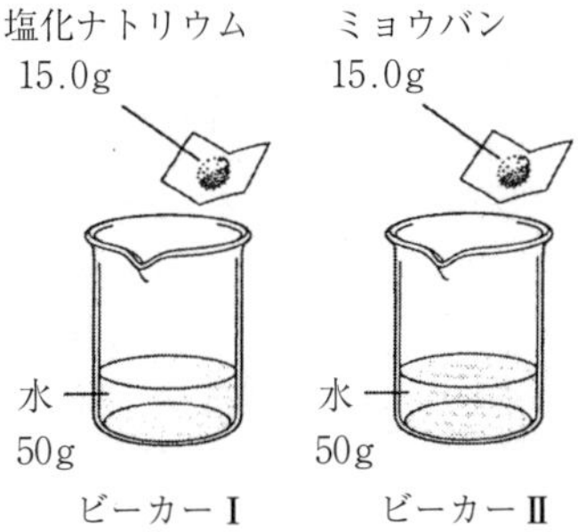

先　生：そうですね。物質の種類と水の温度によって，一定量の水にとける物質の最大の質量が決まっています。**資料**をみると，水の温度が高いほうがとける量が多くなっていることがわかります。とけ残りがないように水溶液をつくるために，水溶液を加熱してみましょう。

Tさん：はい。ビーカーⅠ，Ⅱを加熱し，水溶液の温度を60℃にしたところ，ビーカーⅠの塩化ナトリウムだけでなく，ビーカーⅡのミョウバンもすべてとけました。

先　生：そうですね。それでは，60℃に加熱したビーカーⅠ，Ⅱを水が入った容器の中にそれぞれ入れて，水溶液を20℃まで徐々《じょじょ》に冷やし，水溶液のようすを観察してみましょう。

Sさん：はい。a ビーカーⅡを40℃まで冷やすと，ミョウバンの結晶が出ていました。20℃まで冷やすと，さらに多くの結晶が出ていました。20℃まで冷やしたビーカーⅡの中の，b ミョウバンの結晶が混ざったミョウバン水溶液を**図2**のようにろ過したところ，ミョウバンの結晶と c ろ液にわけることができました。

図2

先　生：そうですね。このように，物質を一度水にとかし，水溶液を冷やして再び結晶としてとり出す操作を

[x] といいます。

Tさん：はい。一方で，ビーカーⅠを20℃まで冷やしても，塩化ナトリウムの結晶が出てきませんでした。

先　生：そのとおりです。ビーカーⅡのミョウバン水溶液とは異なり，ビーカーⅠの塩化ナトリウム水溶液を20℃まで冷やしても塩化ナトリウムの結晶をとり出すことはできない理由は，[y] からです。しかし，塩化ナトリウム水溶液を [z] ことによって結晶をとり出すことができます。

資料

水の温度〔℃〕	10	20	30	40	50	60
100 g の水にとける塩化ナトリウムの質量〔g〕	35.7	35.8	36.1	36.3	36.7	37.1
100 g の水にとけるミョウバンの質量〔g〕	7.6	11.4	16.6	23.8	36.4	57.4

(1)　会話文中の下線部 **a** について，ビーカーⅡを60℃に加熱してミョウバンをすべてとかした水溶液を**D**，**D**を40℃まで冷やした水溶液を**E**，**E**をさらに20℃まで冷やした水溶液を**F**とするとき，**D**～**F**の水溶液にとけているミョウバンの質量について述べたものとして最も適当なものを，次の**ア**～**エ**のうちから一つ選び，その符号を書きなさい。

ア　とけているミョウバンの質量は，**D**が最も小さく，**E**と**F**は同じである。

イ　とけているミョウバンの質量は，**D**が最も大きく，**E**と**F**は同じである。

ウ　とけているミョウバンの質量の大きいものから順に並べると，**D**，**E**，**F**になる。

エ　とけているミョウバンの質量の大きいものから順に並べると，**F**，**E**，**D**になる。

(2)　会話文中の下線部 **b** について，ミョウバンの結晶が混ざったミョウバン水溶液をろ過しているとき，ろ紙の穴（すきま）の大きさ，水の粒子の大きさ，ミョウバンの結晶の大きさの関係を模式的に表した図として最も適当なものを，次の**ア**～**エ**のうちから一つ選び，その符号を書きなさい。なお，水にとけているミョウバンの粒子は図には示していない。

ア

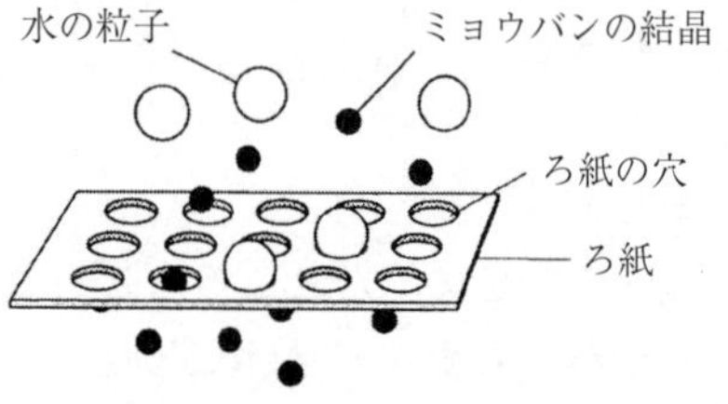

イ

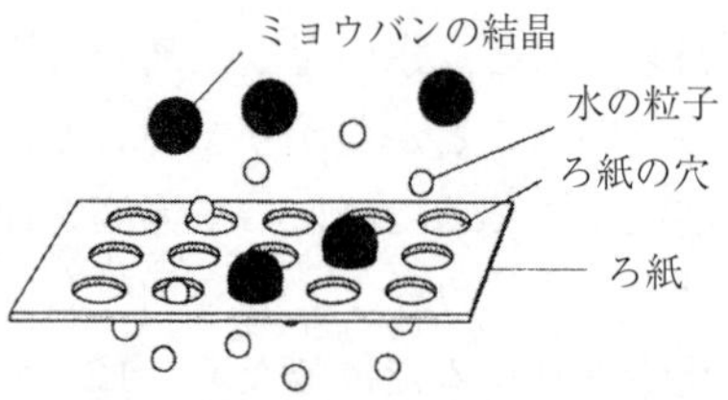

ウ

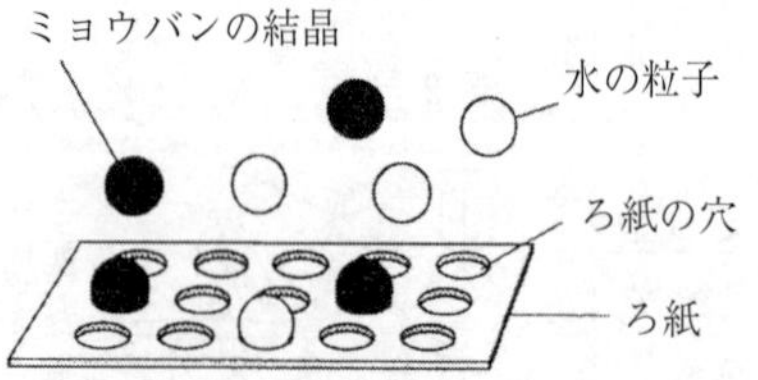

エ

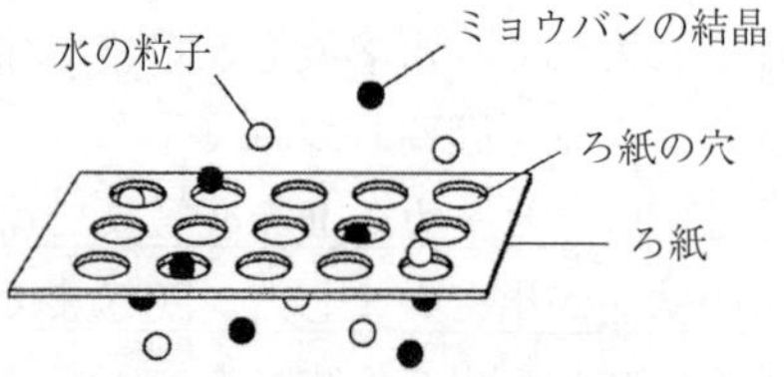

(3)　会話文中の下線部 **c** について，20℃まで冷やしたビーカーⅡの中の，ミョウバンの結晶が混ざったミョウバン水溶液をろ過したときのろ液の質量パーセント濃度として最も適当なものを，次の**ア**～**エ**のうちから一つ選び，その符号を書きなさい。ただし，実験をとおして溶媒の水は蒸発していないものとする。

ア　約10％　　**イ**　約13％　　**ウ**　約19％　　**エ**　約23％

(4) 会話文中の [x] ～ [z] について，次の①，②の問いに答えなさい。

① [x]，[z] にあてはまるものの組み合わせとして最も適当なものを，次の**ア**～**エ**のうちから一つ選び，その符号を書きなさい。

ア　**x**：蒸留　　**z**：10℃まで冷やす　　**イ**　**x**：蒸留　　**z**：蒸発皿上で加熱する

ウ　**x**：再結晶　**z**：10℃まで冷やす　　**エ**　**x**：再結晶　**z**：蒸発皿上で加熱する

② [y] にあてはまる理由を，**資料**を参考に，ミョウバンと塩化ナトリウムのそれぞれの溶解度の変化にふれて，「**水の温度**」ということばを用いて書きなさい。

6　Sさんたちは，ある年の2月2日の0時から2月5日の0時まで，千葉県内の地点**W**で気象観測を2時間ごとに行い，**図1**のようにまとめました。**図2**の**A**～**D**は，2月2日の21時，2月3日の9時，2月3日の21時，2月4日の9時のいずれかの日時の天気図です。これに関して，あとの(1)～(4)の問いに答えなさい。

図1

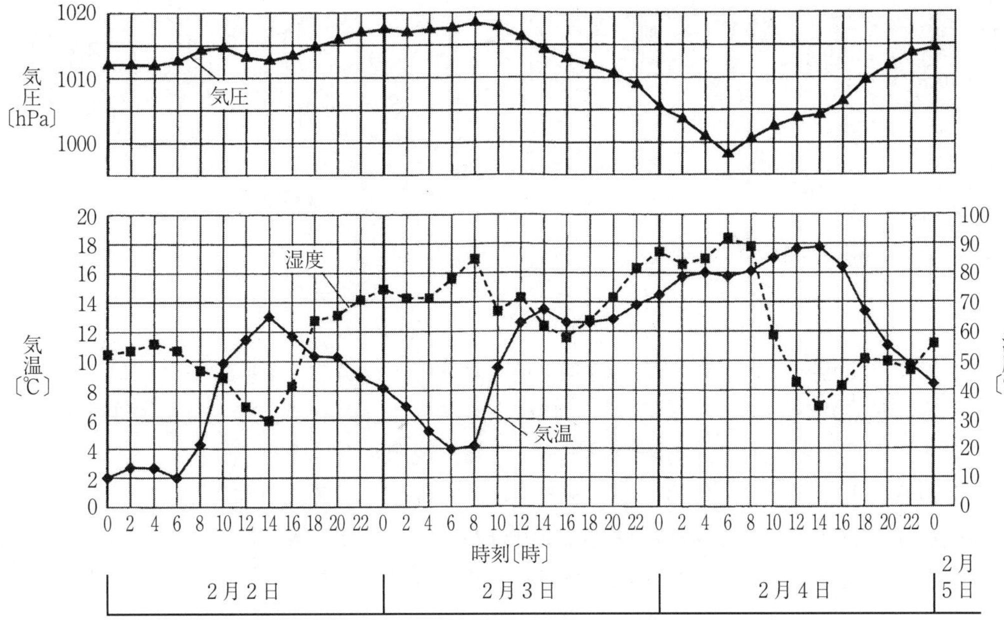

図2

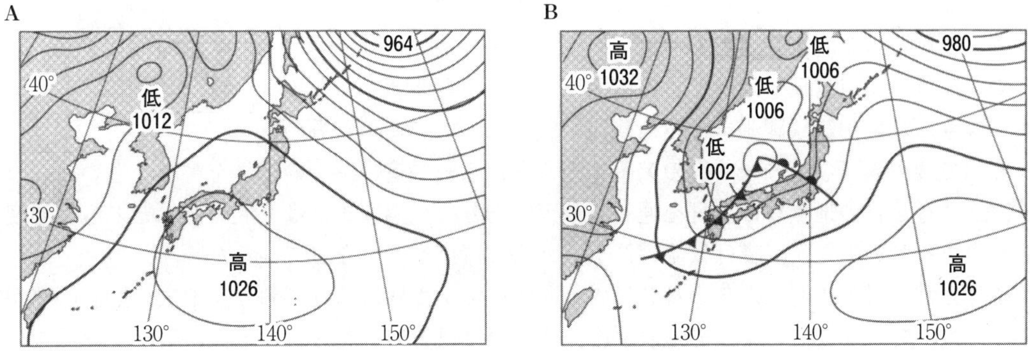

C

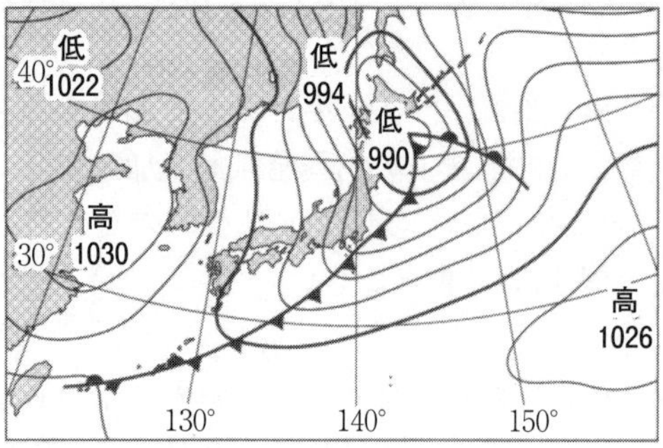

D

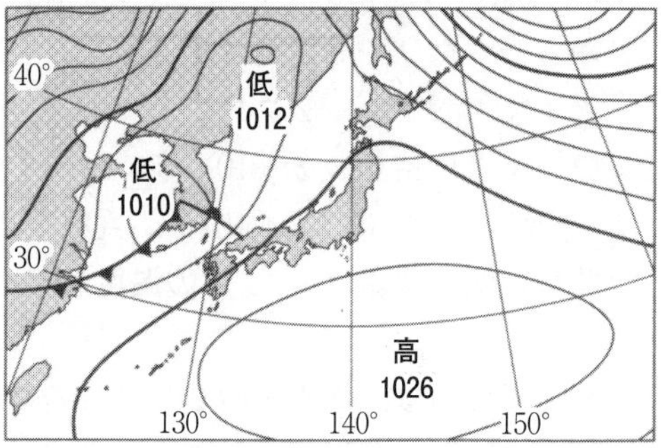

(1)　**図2**の**A**～**D**の天気図を，2月2日の21時から時間の経過にしたがって左から順に並べ，その符号を書きなさい。なお，**図3**は2月2日の9時の天気図であり，**図4**は2月4日の21時の天気図である。

図3

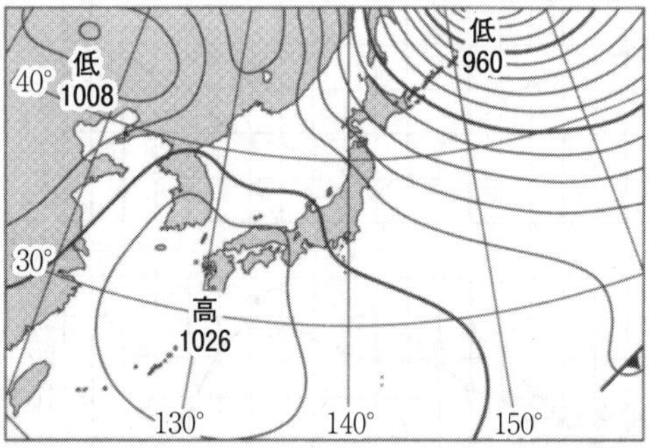

図4

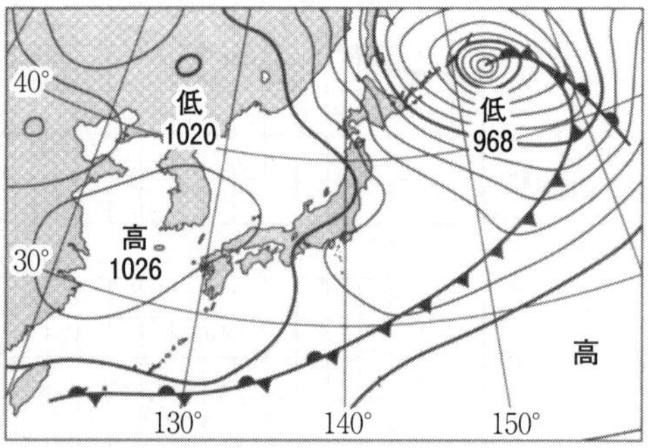

(2)　**図1**で，2月3日の地点**W**の気温の変化が2月2日とは異なっていることには，前線が関係している。地点**W**における，2月3日の18時から2月4日の0時までの気温の変化を，そのように変化した理由とともに，前線の種類を示して，説明しなさい。

(3)　**図2**の**B**の天気図の日時において，**図5**に示した地点**X**～**Z**でそれぞれ観測されたと考えられる風向の組み合わせとして最も適当なものを，次の**ア**～**エ**のうちから一つ選び，その符号を書きなさい。

図5

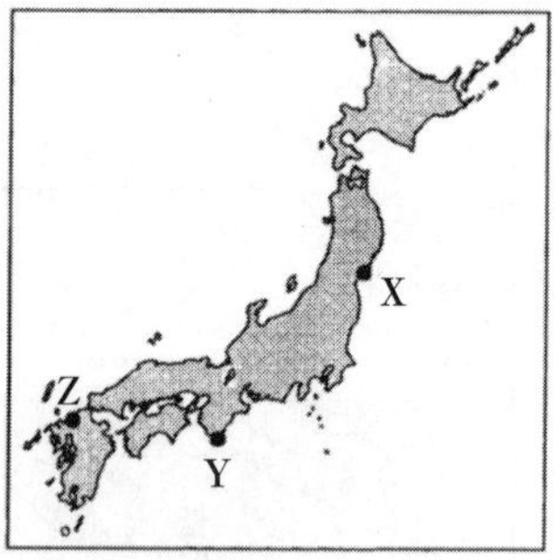

ア　地点**X**：北北西　地点**Y**：北北東　地点**Z**：東南東

イ　地点**X**：南南西　地点**Y**：西　地点**Z**：北

ウ　地点**X**：北北東　地点**Y**：東　地点**Z**：南

エ　地点**X**：南南東　地点**Y**：南南西　地点**Z**：西北西

(4)　**S**さんたちが気象観測を行った期間の気象について述べたものとして最も適当なものを，次の**ア**～**エ**のうちから一つ選び，その符号を書きなさい。

ア　2月2日の地点**W**は1日を通して晴天であり，昼過ぎまでは気温の上昇とともに湿度も高くなっていったが，夜は気温の低下とともに湿度も低くなっていった。

イ　2月2日の夜遅くから2月3日の朝にかけて地点**W**は晴れており，地表(地面)の熱が宇宙へ逃げていくことによって地表が冷えこみ，明け方に2月3日の最低の気温となった。

ウ　2月4日の朝は，発達した低気圧に向かってあたたかく湿った季節風がふきこんだことによって，地点**W**の気温や湿度が高くなった。

エ　2月2日の0時から2月5日の0時までの間で，日本付近をシベリア気団と低気圧が交互《こうご》に通り過ぎていったことによって，地点**W**の天気が周期的に変化した。

7　金属を加熱したときの変化について調べるため，次の**実験1**，**2**を行いました。これに関して，あとの(1)～(4)の問いに答えなさい。なお，ステンレスの皿は加熱による質量の変化がないものとします。

実験1

①　**図1**のように，あらかじめ質量をはかっておいたスチールウール(鉄)をピンセットではさんで火をつけ，**図2**のように，そのスチールウールをさじにのせて酸素を入れた集気びんの中に移したところ，光や熱を出しながら激しく反応した。

②　反応後の物質をよく冷ましたあと，その質量をはかると，反応後の物質の質量は，反応前のスチールウールの質量と比べて増加していた。反応後の物質は，黒色で，もろく，金属光沢は見られなかった。また，スチールウール，反応後の物質のそれぞれをうすい塩酸が入った試験管に少量入れたところ，スチールウールからは水素が発生したが，反応後の物質からは気体が発生しなかった。

図1

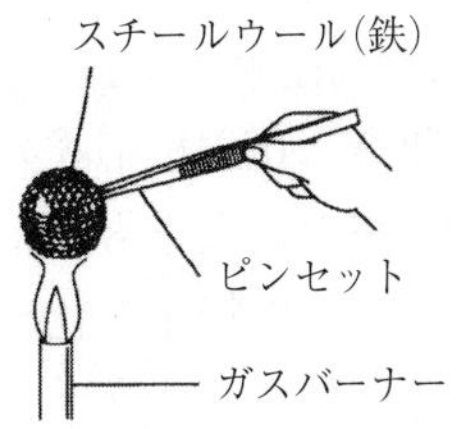

図2

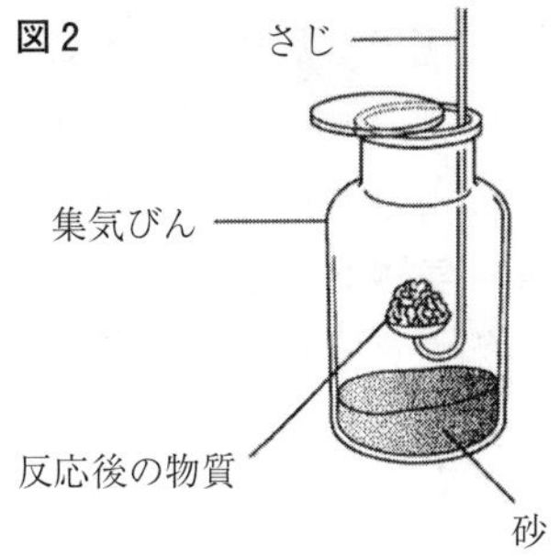

実験2

①　銅の粉末を0.40 gはかりとった。

②　**図3**のように，はかりとった銅の粉末を，質量がわかっているステンレスの皿に広げた。銅の粉末をかき混ぜながらガスバーナーで十分に加熱して反応させ，よく冷ましたあと，皿全体の質量をはかった。このような加熱と質量の測定を皿全体の質量が変化しなくなるまでくり返し，変化しなくなった皿全体の質量から皿の質量を引いて，反応後の物質の質量を求めた。

③　銅の粉末の質量を0.60 g，0.80 g，1.00 g，1.20 gとかえて，②と同様の手順でそれぞれの銅の粉末を加熱し，反応後の物質の質量を調べた。

図3

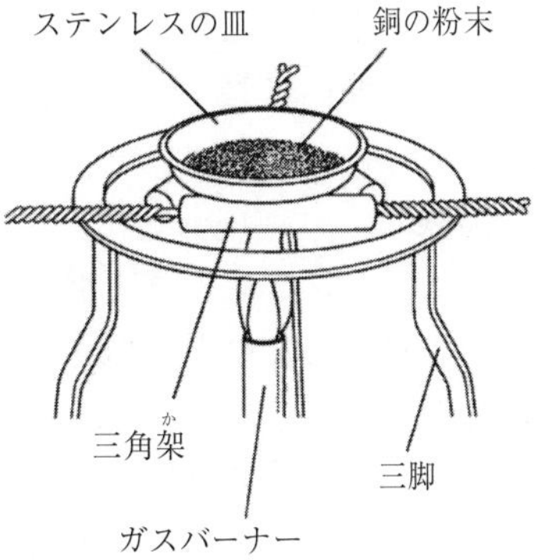

表は，**実験2**の結果をまとめたものである。

表

銅の粉末の質量〔g〕	0.40	0.60	0.80	1.00	1.20
反応後の物質の質量〔g〕	0.50	0.74	1.00	1.26	1.50

(1)　次の文章は，**実験1**について述べたものである。文章中の x ， y にあてはまることばの組み合わせとして最も適当なものを，あとの**ア**～**エ**のうちから一つ選び，その符号を書きなさい。

スチールウールは酸素を入れた集気びんの中で光や熱を出しながら激しく反応した。この反応を[x]という。**実験 1** の②で，反応後の物質が，もろく，金属光沢が見られなかったことや，スチールウールをうすい塩酸に入れた場合のみ水素が発生したことから，**実験 1** の①で起きた変化は，[y]であることがわかる。

ア　x：還元　y：化学変化　　**イ**　x：燃焼　y：化学変化
ウ　x：還元　y：状態変化　　**エ**　x：燃焼　y：状態変化

(2)　**実験 2** で，銅を空気中で加熱してできた物質は，銅と酸素が化合してできた酸化銅である。このときに起きた変化を，化学反応式で書きなさい。

(3)　**表**の結果をもとに，銅の粉末の質量と，銅の粉末と化合した酸素の質量との関係を表すグラフを完成させなさい。ただし，グラフの縦軸には目もりとして適当な数値を書くこと。なお，グラフ上の●は，銅の粉末の質量が0.40 g のときの値を示している。

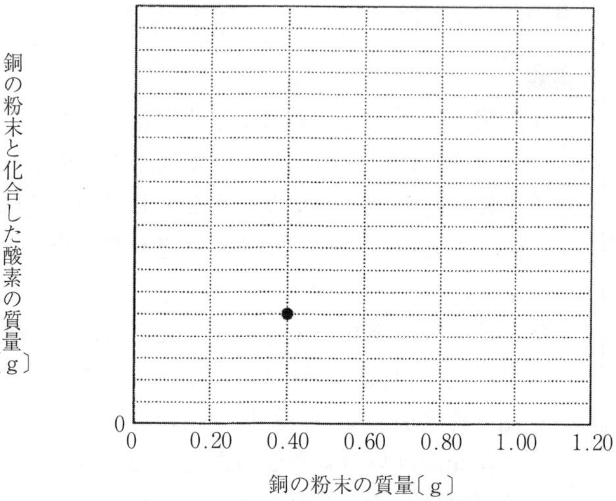

(4)　**実験 2** において，皿に入れる物質を銅からマグネシウムにかえて同様に加熱すると，マグネシウムと酸素が化合して酸化マグネシウムができた。このとき，マグネシウムの質量とマグネシウムと化合する酸素の質量の比は 3：2 であることがわかった。2.7 g のマグネシウムが酸素と完全に化合したときにできる酸化マグネシウムの質量は何 g か，書きなさい。

8　土の中の微生物のはたらきを調べるため，次の**実験**を行いました。これに関して，あとの(1)～(4)の問いに答えなさい。

実験

①　デンプンのりを混ぜた寒天を，加熱殺菌したペトリ皿**A**，**B**に入れて固めた。

②　林の落ち葉の下の土を採取し，**図 1** のように，ペトリ皿**A**にはそのままの土を，ペトリ皿**B**にはじゅうぶんに焼いて冷ました土を，デンプンのりを混ぜて固めた寒天に少量のせた。ペトリ皿**A**，**B**それぞれにふたをし，どちらも光の当たらない部屋に置いた。

③　3 日後，ペトリ皿**A**，**B**の土を洗い流して取り除き，デンプンのりを混ぜ

図 1

図 2

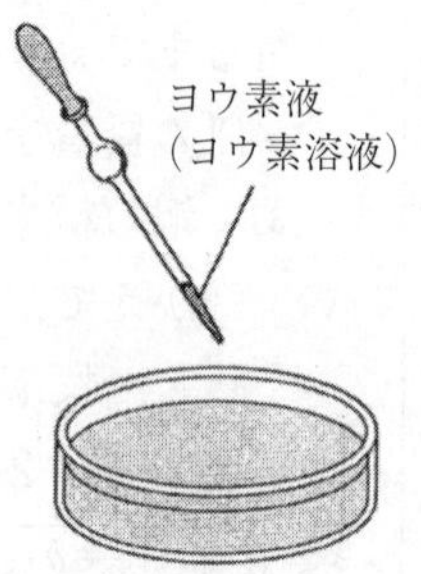

て固めた寒天の表面のようすと，**図2**のようにヨウ素液(ヨウ素溶液)を加えたときの，デンプンのりを混ぜて固めた寒天の表面の色の変化を調べ，結果を**表**にまとめた。

表

	デンプンのりを混ぜて固めた寒天の表面のようす	ヨウ素液を加えたときの，デンプンのりを混ぜて固めた寒天の表面の色の変化
ペトリ皿A	土をのせていたところの周辺では，白い粒や，表面に毛のようなものがあるかたまりがあった。	土をのせていたところの周辺では，色が変化しなかった。土をのせていなかったところでは，青《あお》紫《むらさき》色に変化した。
ペトリ皿B	変化がなかった。	表面全体が青紫色に変化した。

(1) 次の文は，**実験**について述べたものである。文中の x ， y にあてはまるものの組み合わせとして最も適当なものを，あとの**ア**～**エ**のうちから一つ選び，その符号を書きなさい。

ペトリ皿Aの土をのせていたところの周辺では，土の中にいる微生物の x によって，デンプンが y たが，ペトリ皿Bでは，じゅうぶんに焼いて冷ました土の中には生きた微生物がいなかったため，デンプンが y なかった。

ア x：光合成　y：つくられ　　**イ** x：光合成　y：分解され
ウ x：呼吸　y：つくられ　　**エ** x：呼吸　y：分解され

(2) 落ち葉や生物の死がい(遺骸《いがい》)，ふんなどの分解にかかわる生物の具体例として最も適当なものを，次の**ア**～**エ**のうちから一つ選び，その符号を書きなさい。

ア シデムシ，ミミズ，ダンゴムシ，ムカデ
イ モグラ，ヘビ，アオカビ，シイタケ
ウ アオカビ，シイタケ，シデムシ，ミミズ
エ ダンゴムシ，ムカデ，モグラ，ヘビ

(3) 菌類や細菌類のなかまについての説明として最も適当なものを，次の**ア**～**エ**のうちから一つ選び，その符号を書きなさい。

ア 菌類や細菌類のなかまは，生態系において分解者であり，落ち葉や生物の死がい，ふんなどから栄養分を得る消費者でもある。
イ 菌類や細菌類のなかまが落ち葉や生物の死がい，ふんなどを分解してできた物質は，再び光合成の材料として植物に利用されることはない。
ウ 菌類や細菌類のなかまは，土の中にのみ存在する生物であるが，納豆菌など人間に有用なはたらきをするものもいる。
エ 菌類や細菌類のなかまは，落ち葉や生物の死がい，ふんなどを水と酸素に分解することで，生活に必要なエネルギーをとり出している。

(4) **図3**は，生態系における炭素の流れ(移動)を矢印(→)で模式的に表したものであり，Cは生産者，Dは消費者(草食動物)，Eは消費者(肉食動物)，Fは分解者を表している。**図3**中の矢印のうち，おもに二酸化炭素としての炭素の流れを示した矢印をすべてかいた図として最も適当なものを，次の**ア**～**エ**のうちから一つ選び，その符号を書きなさい。

図3

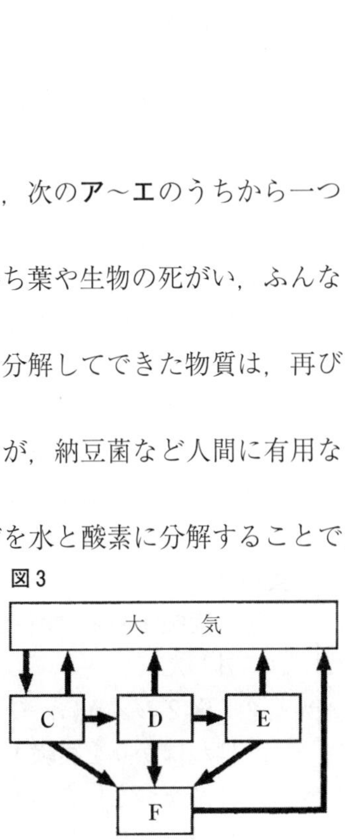

ア

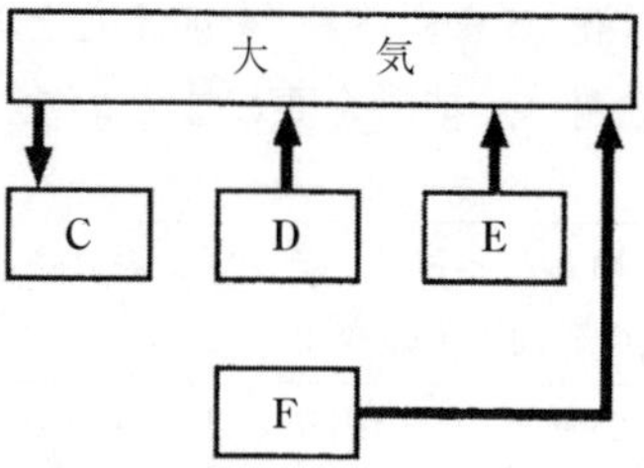

イ

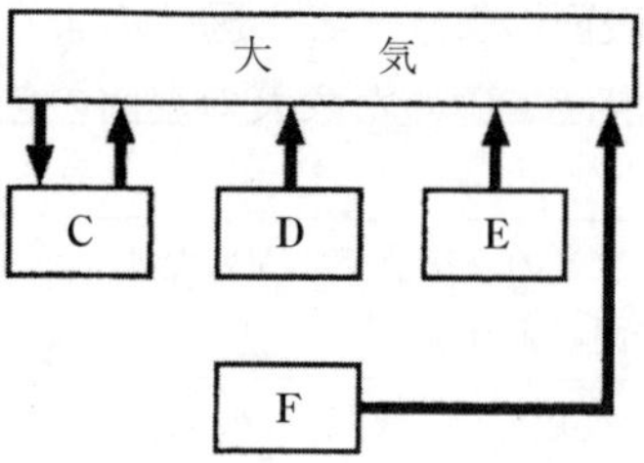

ウ

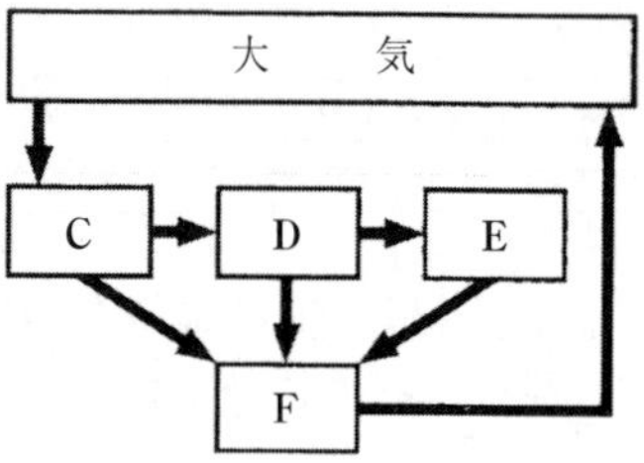

エ

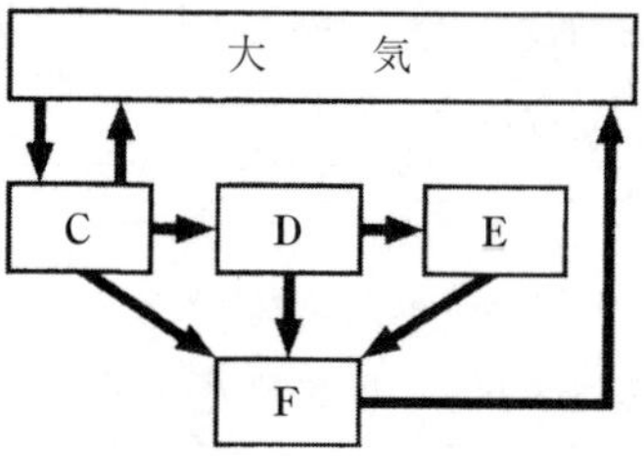

9　物体にはたらく力について調べるため，次の**実験1～3**を行いました。これに関して，あとの(1)～(4)の問いに答えなさい。ただし，ひも，糸，動滑車《どうかっしゃ》およびばねばかりの質量，ひもとそれぞれの滑車との間の摩擦《まさつ》，糸の体積は考えないものとし，おもりの変形，ひもや糸の伸び縮みはないものとします。また，質量100gの物体にはたらく重力の大きさを1Nとします。

実験1

① ひもの一端《たん》を天井にある点Aに固定し，他端を動滑車，天井に固定した定滑車**M**を通してばねばかりにつないだ装置を用意した。また，水の入った容器の底に沈《しず》んだ質量1kgのおもりを，糸がたるまないようにして，動滑車に糸でつないだ。

② **図1**のように，矢印（ ⟶ ）の向きに，手でばねばかりをゆっくりと引き，おもりを容器の底から高さ0.5mまで引き上げた。このとき，おもりは水中にあり，ばねばかりの目もりが示す力の大きさは4Nで，手でばねばかりにつないだひもを引いた長さは1mであった。

③ さらにばねばかりを同じ向きに引き，おもりが水中から完全に出たところで静止させた。このとき，ばねばかりの目もりが示す力の大きさは5Nであった。

図1

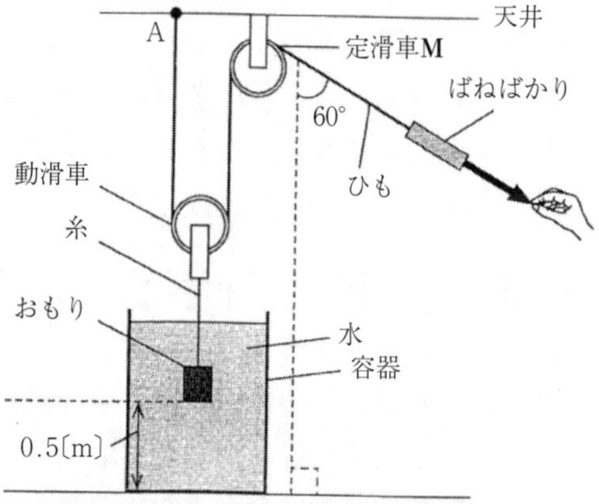

実験2

① **実験1**の装置から，動滑車，点Aに固定したひもの一端および水の入った容器を取り外した。

② **図2**のように，ひもの一端を天井の点Bに固定し，おもりをひもに糸で直接つないで，ばねばかりを**実験1**と同じ向きにゆっくり引いておもりを静止させた。このとき，ひもに糸をつないだ点を点O，ひもが定滑車**M**と接する点を点Pとすると，∠BOPの角度は120°であった。

図 2

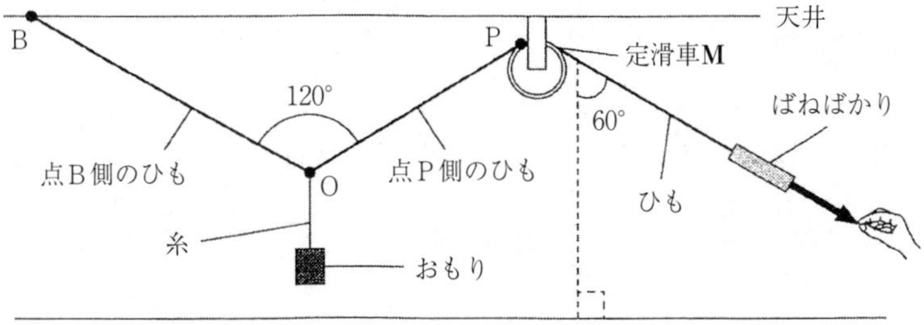

実験 3

① **実験 2** の装置の点Bに固定したひもの一端を外し，天井に固定した定滑車**N**を通して，質量600 gの分銅をつないだ。

② **図 3** のように，ばねばかりを**実験 1** と同じ向きにゆっくり引いておもりを静止させた。このとき，ひもが定滑車**M**と接する点を点Q，ひもが定滑車**N**と接する点を点Rとすると，点Rと点Qは同じ水平面上にあった。

図 3

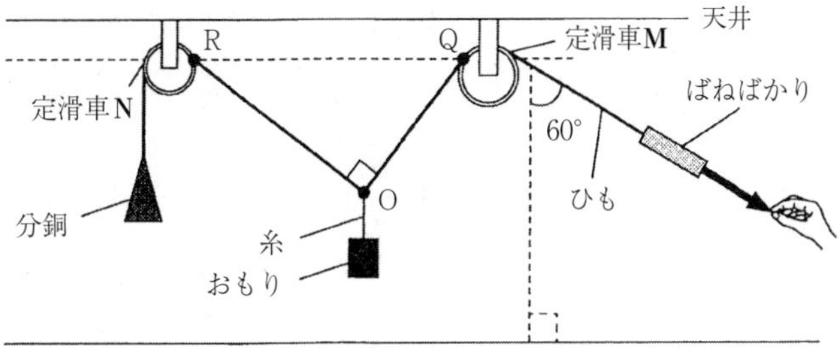

(1) 次の文章中の ☐ にあてはまる最も適当なことばを書きなさい。

> **実験 1** のように，動滑車などの道具を使うと，小さな力で物体を動かすことができるが，物体を動かす距離は長くなる。このように，同じ仕事をするのに，動滑車などの道具を使っても使わなくても仕事の大きさは変わらないことを ☐ という。

(2) **実験 1** の①で，水の入った容器の底にあるおもりにはたらく浮力は何Nか，書きなさい。

(3) **図 4** は，**実験 2** で，おもりを静止させたときのようすを模式的に表したものである。このとき，点B側のひも，点P側のひも，およびおもりをつないでいる糸が点Oを引く力を，解答用紙の図中にそれぞれ矢印でかきなさい。ただし，方眼の１目もりは１Nの力の大きさを表している。また，作用点を●で示すこと。

図 4

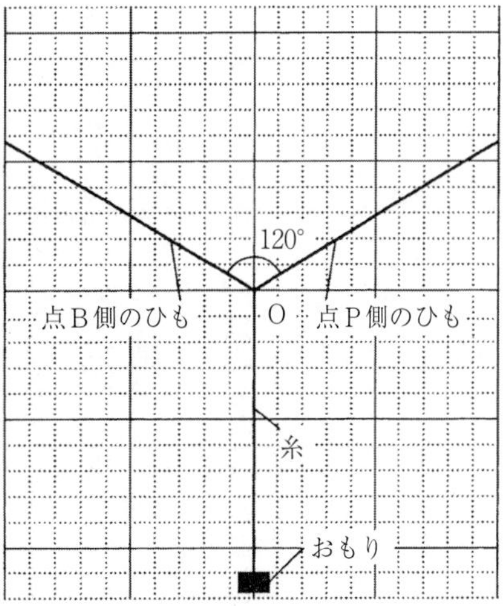

(4) **実験 3** の②で，点R，O，Qの位置と各点の間の長さは**図 5** のようになっていた。このとき，ばねばかりの目もりが示す力の大きさは何Nか，書きなさい。

図 5

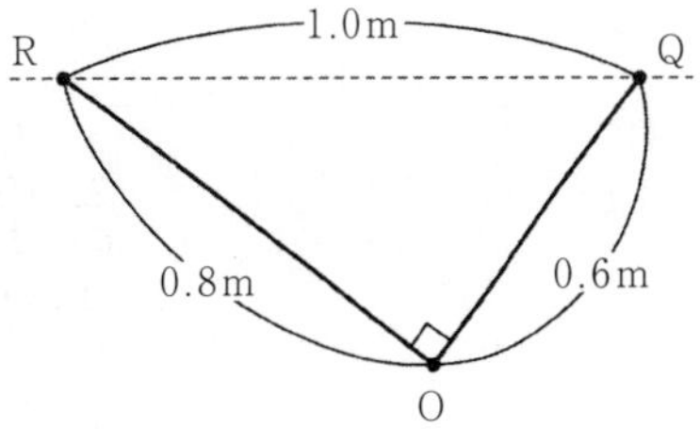

花岡　調べたいことと違ったのですね。事典の項目の中で近いものはありますか。

牧野　金魚の歴史、が私のイメージに近いかな。生き物としての特徴を調べたいのではなく、いつ頃から飼われていたのかを知りたいのです。

（合図音A）

問いの(1)　花岡さんに相談をすることで、牧野さんの調べ学習にはどのような進展がありましたか。最も適当なものを、選択肢**ア**～**エ**のうちから一つ選び、その符号を書きなさい。

（15秒空白）

（合図音B）

花岡　金魚の飼育がいつ始まったかを知りたいのですか。

牧野　最近日本の錦鯉が人気で、海外からも買い付けに来るというニュースを見ました。そこで、江戸時代にも金魚の飼育がはやったことを知って、興味を持ったんです。

花岡　なるほど。牧野さんが知りたいのは、人と金魚の関わりなのですね。

（合図音A）

問いの(2)　花岡さんのこの発言にはどのような意図がありますか。最も適当なものを、選択肢**ア**～**エ**のうちから一つ選び、その符号を書きなさい。

（15秒空白）

（合図音B）

牧野　さっき、「日本の歴史　江戸時代」という本を借りてきたのですが。

花岡　本を選ぶときには、「目次」を手がかりにするといいですよ。

牧野　この本の目次には…、「江戸幕府のしくみ」、「身分制度と武士」、などとあります。金魚とは関係なさそうですね。

花岡　人々の生活や文化に関する本を見てみたらどうでしょう。「30番」の本棚にあります。そのほか、金魚が俳句の季語になったり、浮世絵に描かれたりしていることからも、日本の人々が金魚を好んだことがよく分かるでしょうね。

（合図音A）

問いの(3)　花岡さんのアドバイスによると、牧野さんの調べたいことに関連する資料は、「30番」の本棚以外には、どのコーナーにあると考えられますか。1ページの下の〔資料2〕の㋐～㋔の中から適当なものを二つ選び、その符号を書きなさい。

（15秒空白）

（合図音B）

花岡　今回の調べ学習のきっかけは、最近のニュースでしたね。新聞記事も探してみますか。

牧野　そうでした。江戸時代には、どんな人たちが、どんなふうに金魚に親しんでいたかだけでなく、なぜ今、海外の人が錦鯉に関心を示すのか、ブームの背景を探ってみると、何か共通点が見つかるかもしれないですね。

（合図音A）

問いの(4)　花岡さんと牧野さんのやりとりからは、どのようなことが読み取れますか。最も適当なものを、選択肢**ア**～**エ**のうちから一つ選び、その符号を書きなさい。

（5秒空白）

放送は以上です。□二 以降も解答しなさい。

〈条件〉

① **二段落構成**とし、**十行以内**で書くこと。

② 前段では、A～Cの項目のうちからいずれか**一つを選び**、グラフが示す結果に対するあなたの考えを、そのように考える理由とともに書くこと。

③ 後段では、前段で選んだ項目（A～C）について、「自己評価」を高めるために、あなたが取り組みたいこと（または、現在取り組んでいること）を具体的にあげながら、なぜその取り組みが「自己評価」を高めることになると考えるのか、その理由もあわせて書くこと。

〈注意事項〉

① 氏名や題名は書かないこと。

② 原稿用紙の適切な使い方にしたがって書くこと。ただし、〰や═などの記号を用いた訂正はしないこと。

③ 【資料】に記された項目を示すとき、A～Cのアルファベットを用いてもよい。

〈国語聞き取り検査放送用台本〉

（チャイム）

これから、国語の学力検査を行います。まず、国語の問題用紙の1ページと2ページがあることを確認しますので、放送の指示に従いなさい。

（2秒空白）

では、国語の問題用紙の1ページと2ページを開きなさい。

（3秒空白）

確認が終わったら、問題用紙を閉じなさい。1ページと2ページがない人は手を挙げなさい。

（5秒空白）

次に、解答用紙を表にし、受検番号、氏名を書きなさい。

（20秒空白）

最初は聞き取り検査です。これは、放送を聞いて問いに答える検査です。国語の問題用紙の1ページと2ページを開きなさい。

（2秒空白）

一　これから、中学生の牧野さんが、町の図書館を訪れてレファレンスを利用している場面と、それに関連した問いを四問放送します。レファレンスとは、専門の職員が図書館の利用者に対し、資料の探し方など、調べものの支援をすることです。この場面で牧野さんは、調べ学習に必要な資料を探すために、職員の花岡さんと話をしています。国語の1ページの下の〔資料1〕と〔資料2〕を見ながら放送を聞き、それぞれの問いに答えなさい。

（2秒空白）

なお、やりとりの途中、（合図音A）という合図のあと、問いを放送します。また、（合図音B）という合図のあと、場面の続きを放送します。ページの余白にメモをとってもかまいません。では、始めます。

牧野　こんにちは。昨日電話をいたしました、牧野です。

花岡　こんにちは。花岡といいます。牧野さんは、「金魚」について調べたいのですね。

牧野　はい。けれども、インターネットで検索しても知りたいことにたどり着かないんです。

花岡　それは「金魚」という言葉だけで探したからだと思いますよ。試しに、この百科事典で「金魚」と引いてみましょう。（2秒空白）ほら、見出し語の下に、関連する項目が書いてあるでしょう。

牧野　金魚の品種や習性なら、魚類図鑑に載っていたのですが。

号を書きなさい。

ア　戦に巻き込まれたくないので、罰せられない保証があれば助けてもよいと判断したから。

イ　謀叛人の妻と子が現れたことに驚き、素直に届け出ることで罪をまぬかれたかったから。

ウ　頼る者のない常葉の心細さを思い、自分にできるせめてもの世話をしようと思ったから。

エ　常葉らの運命に同情はしたものの、支援を申し出れば世間から非難されると考えたから。

(4)　文章中のD高きもいやしきもが指し示すものとして最も適当なものを、次の**ア**〜**エ**のうちから一つ選び、その符号を書きなさい。

ア　評判　**イ**　身分　**ウ**　行為　**エ**　品性

(5)　追い詰められて逃げ場を失った者をたとえて「窮鳥」と言うが、関連する言い回しの一つに、「窮鳥懐《ふところ》に入《い》る時は、猟師も之《これ》を捕らず。」がある。こう読めるように、次の「窮 鳥 入ル 懐ニ 時ハ、猟 師モ 不 捕ラ 之ヲ。」に**返り点**をつけなさい。

窮 鳥 入ル 懐ニ 時ハ、猟 師モ 不 捕ラ 之ヲ。

七

次の【**資料**】は、日本の高校生に「自己評価」について質問した結果をグラフに表したものです。この【**資料**】について、あとの〈条件〉にしたがい、〈注意事項〉を守って、あなたの考えを書きなさい。

【**資料**】　日本の高校生の「自己評価」（平成二十九年度実施）

「自分自身についての評価項目とその回答」

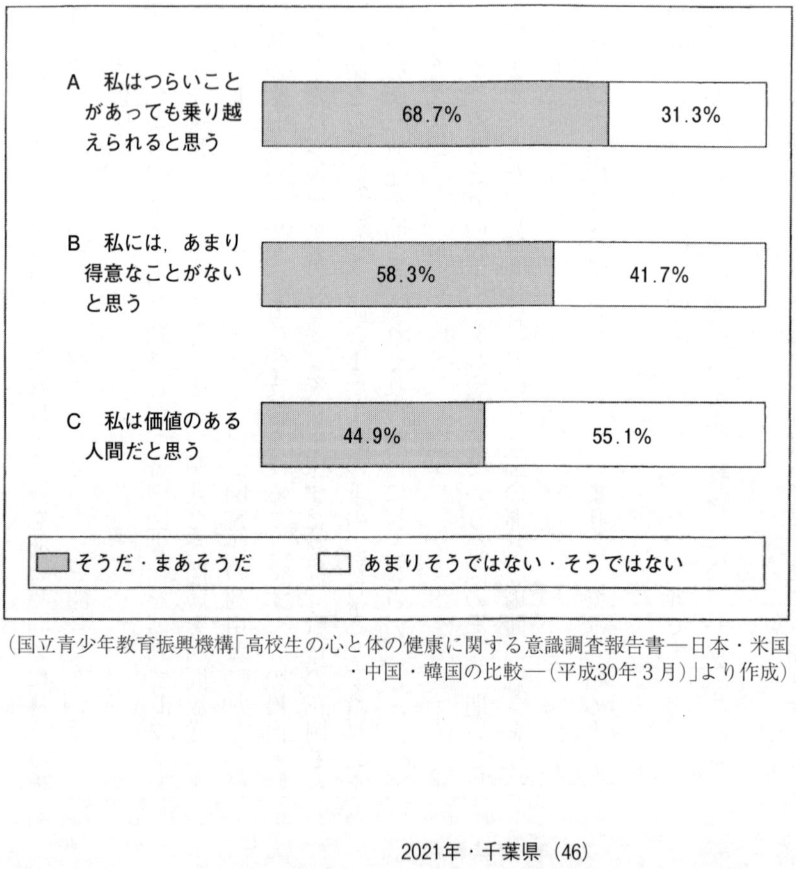

（国立青少年教育振興機構「高校生の心と体の健康に関する意識調査報告書―日本・米国・中国・韓国の比較―（平成30年３月）」より作成）

六　次の文章を読み、あとの(1)〜(5)の問いに答えなさい。

平清盛《たいらのきよもり》らの勢力に敗れた源義朝《みなもとのよしとも》には妻子がいたが、妻の常葉《ときわ》は、清盛が義朝の子どもらを捕らえようとしていると知った。次は、常葉が三人の息子を連れて、風雪の中を追手《おって》から逃れている場面である。

ある小屋に立ち寄りて、「宿申さん(宿をお借りしたい。)」といへば、主《あるじ》の男出《い》でて見て、「ただ今夜ふけて(今時、夜がふけてから)、幼い人々引き具《ぐ》して迷はせたまふは、(注1)謀叛《むほん》の人の妻子にてぞましますらん。叶《かな》ふまじ」とて、A男内へ入《い》りにけり。落《お》つる涙も降る雪も、左右《さう》の(注2)たもとに所せく(左右のそでをぐっしょりぬらし)、(注3)柴《しば》の編戸《あみど》に顔をあて、Bしぼりかねてぞ立ちたりける。C主の女出でて見ていひけるは、「我等《われら》かひがひしき(頼りになるような)身ならねば、謀叛の人に同意したりとて、とがめなどはよもあらじ(味方したからといって、責められることはまさかないだろう。)。D高きもいやしきも女はひとつ身なり。入らせたまへ(同じ女どうしです。お入りください。)」とて、常葉を内へ入れて、さまざまにもてなしければ、人心地《ひとごこち》にぞなりにける。

(『平治物語《へいじものがたり》』による。)

(注1)　謀叛＝国家や君主に背いて臣下が兵を挙げること。
(注2)　たもと＝和服の袖の下の、袋状になった部分。
(注3)　柴の編戸＝雑木の小枝を編んで作った戸。

(1)　文章中にA男内へ入《い》りにけりとあるが、男の行動を説明したものとして最も適当なものを、次の**ア**〜**エ**のうちから一つ選び、その符号を書きなさい。

ア　道に迷い宿を見つけられずに頼ってきた母子を哀れに思い、内に招き入れた。
イ　妻子といえども、逃亡は謀叛と同じく罪深いことだと教え諭して追い返した。
ウ　夜中に親子連れで訪ねてくるとはただ者でないと察し、かくまうことにした。
エ　深夜に幼い子を連れてさまよう女の身の上を怪しんで、泊めることを断った。

(2)　文章中にBしぼりかねてぞ立ちたりけるとあるが、これについて次の(a)、(b)の問いに答えなさい。

(a)　この表現の特徴として最も適当なものを、次の**ア**〜**エ**のうちから一つ選び、その符号を書きなさい。

ア　対句によって文にリズムが生まれている。
イ　係りの助詞がその前の語を強調している。
ウ　文末を体言にして文に余韻を与えている。
エ　倒置法のために文の語順が変化している。

(b)　「かねる」は、「見るに見かねて手伝う。」「その意見には賛成しかねる。」のように動詞の連用形に付いて意味を加える語である。ここでの「しぼりかねる」という表現は、誰の、どのような心情を表しているか。

(i)　誰の心情であるかを、次の**ア**〜**エ**のうちから一つ選び、その符号を書きなさい。

ア　常葉　**イ**　主の女　**ウ**　謀叛の人　**エ**　主の男

(ii)　どのような心情を表しているかを、「雪と涙にぬれた袖を」に続けて、「……くらいの……」という形を使って、**十字以上**、**二十字以内**で書きなさい。

(3)　文章中のC主の女は夫とは異なる対応をするが、その理由として最も適当なものを、次の**ア**〜**エ**のうちから一つ選び、その符号

(b) Ⅱ に入る最も適当なものを、次の**ア**～**エ**のうちから一つ選び、その符号を書きなさい。

ア 彩子が過去の自分の発言を忘れずに覚えていてくれたことに感激し、本がもたらす影響力の強大さを感じている

イ 諦めていた彩子との関係が、本の話題を通じて、またたく間に修復されていくことを実感し、驚きを感じている

ウ 仲直りがしたいと思い続けてきた彩子から話しかけられている事実に有頂天になり、夢ではないかと感じている

エ 彩子との関係を修復する努力を怠ってきた自分に気が付いて、素直に過去と向き合っていく重要性を感じている

(c) Ⅲ に入る言葉を、文章中から**十字**で**抜き出して**書きなさい。

(3) 文章中にCお互いの心臓の高鳴り とあるが、この時の二人の様子を説明したものとして最も適当なものを、次の**ア**～**エ**のうちから一つ選び、その符号を書きなさい。

ア 無愛想な言い方は羞恥心の裏返しだと互いに察知しながらも、再び関係がこじれることに対する不安を感じている。

イ 断絶の期間があまりに長かったために、互いの発言の意図をくみ取ることができない会話に緊張を強いられている。

ウ 互いの言葉に小学生の頃と変わらない優しさを感じ、友情が失われてはいなかったことに対する歓喜に浸っている。

エ 相手の反応を探りつつ、互いに歩み寄り始めたことを意識し、親密な関係に戻ることに対する期待が芽生えている。

(4) 文章中のD真新しい白い紙がぱらぱらとめくれ、辺り一面に彩子とダイアナの愛してやまなかった匂いを花びらのようにまき散らしていた という表現についての説明として最も適当なものを、次の**ア**～**エ**のうちから一つ選び、その符号を書きなさい。

ア 読書の喜びを忘れていたが、かつての友人と本について語り合ううちに、本への純粋な愛情がよみがえったさまを象徴している。

イ 大人になって気が付いた相手の長所を新鮮な気持ちで受け止めることで、心に秘めていた友情があふれ出すさまを象徴している。

ウ かつて本を仲立ちにして育んだ友情が、今また互いの心を満たし、友人としての日々を新たに歩み始めていくさまを象徴している。

エ 二人の間に存在したわだかまりが消えうせて、本を愛する者同士として、相手を尊重する気持ちが生まれるさまを象徴している。

(5) この文章についてまとめた次の文章を完成させなさい。ただし、Ⅰ に入る言葉は、自分の言葉で、「……にともなって……」という形を使って、**二十字以上、二十五字以内**で書くこと。また、Ⅱ に入る言葉は、文章中から**漢字二字**で**抜き出して**書くこと。

> 同じ本を読んでも以前と違った楽しみ方ができるのは、読み手の Ⅰ ことにより、新たな発見ができるようになるからだ。この点に着目すると、この文章において、読書の喜びと Ⅱ は、一度限りではなく何度でも呼び起こされるものとして、重ね合わせて描かれているといえる。

彩子とダイアナの愛してやまなかった匂いを花びらのようにまき散らしていた。

（柚木《ゆずき》麻子《あさこ》『本屋さんのダイアナ』による。）

（注1） 神崎さん＝ダイアナの父である「はっとりけいいち」の本を手掛けた編集者。

（注2） レジ締め＝店員が、店を閉める時に、一日の売り上げなどを確認する作業。

（注3） マフラー＝はっとり氏が帰りぎわ、寒さを心配してダイアナの首にかけてくれたもの。

（注4） リクルートスーツ＝大学生などが、会社の面接や入社式の際に着るスーツ。

（注5、6） 『アンの愛情』『アンの青春』＝いずれもカナダの小説家モンゴメリの作品で、主人公の少女時代を描いた『赤毛のアン』の続編。十代後半から二十代前半の頃のアンを描く。

(1) 文章中にAダイアナ、あの頃そう言ってたよね とあるが、この時の彩子の気持ちとして最も適当なものを、次の**ア**～**エ**のうちから一つ選び、その符号を書きなさい。

ア ダイアナ自身がつまらないと評価した本を差し出す真意がつかめず、納得できないでいる。

イ 大人である自分に子ども向けの本を提案したので、ダイアナに対する不快感を覚えている。

ウ 出版社を受ける自分の目的には適していない本が選ばれたので、ダイアナに失望している。

エ 自分の気持ちを前向きにする本であるとは思えず、ダイアナを問いただそうと思っている。

(2) 次は、この文章を読んだあとに、松田さん、竹村さん、梅野さんが、B本の話をするだけで、十年のブランクが埋まっていくのが、なんだか魔法みたいだった。ダイアナはわざと仕事用の口調を選んだ について話し合った内容の一部である。これを読み、あとの(a)～(c)の問いに答えなさい。

松田さん　二人は長年疎遠だったのに、本の話題によって十年の空白が埋まっていくなんてことがあるのですね。

竹村さん　この後にもその様子をみごとに直喩で表した箇所がありますね。「［Ⅰ］」という一文に含まれています。

梅野さん　私は「魔法みたい」という表現にも注目しています。私なら「嬉《うれ》しい」という心情を抱きます。ここは、どうして「魔法みたい」という表現になっているのでしょう。

松田さん　ダイアナの心の動きを追うと、「魔法みたい」と表現することで［Ⅱ］様子が伝わってくると思います。

竹村さん　では、「魔法みたい」と感じるダイアナが「仕事用の口調」で話し出すことは、どのように考えればよいのでしょう。

梅野さん　面白い視点ですね。「仕事」は現実的で、「魔法」と対極にある表現のような気がします。

竹村さん　ただし、彩子は出版社への就職を志しています。だから、ダイアナは同じ本の世界で働く者として、本を通して［Ⅲ］を贈る立場になります。

松田さん　なるほど。「魔法」と「仕事」は矛盾していないのですね。

(a) ［Ⅰ］に入る言葉を、文章中から**一文**を**抜き出して**、**はじめの三字**を書きなさい。

五 次の文章を読み、あとの(1)~(5)の問いに答えなさい。

モンゴメリの名作『赤毛のアン』に登場する主人公アンの親友と同じ名を持つダイアナ。書店員である彼女は、敬愛する作家であり、父でもある「はっとりけいいち」のサイン会を手掛けた。父との再会の機会を作ってくれたのは、小学生の頃に本が大好きという共通点で意気投合した親友でありながら、中学進学を前に仲違《たが》いし、音信の途絶えていた彩子《あやこ》であった。彩子に促され、ダイアナはサイン会を終えて帰る父を駅まで見送った。

店に戻ると、彩子も(注1)神崎《かんざき》さんの姿もすでになかった。やっぱり——。もう今の私達《たち》には、あれ以上話すことなんてないのだ。哀《かな》しみと失望が押し寄せてくる。けれど、サイン会の片付けに、(注2)レジ締め、明日の納品確認とやることは山積みだった。ダイアナは気を取り直すと、(注3)マフラーを外し、なくさない場所に置いておこうと休憩室へと向かう。

その時だった。ビジネス本コーナーで、さっき見たばかりの(注4)リクルートスーツを発見したのは。

何か、言わなければ、と思った。こちらが戻ってくるまで待っていてくれたことがしがみつきたいくらい、嬉《うれ》しかった。ダイアナの視線を感じたのか、スーツ姿の女の子はゆっくりとこちらに振り返った。

「夕方の書店って、小学校の図書館と同じ匂いがするのね」

今まさに自分も感じていたことを、彩子がはにかみながら言う。

「あのね、ダイアナ……。本を探してもらえないかな? 卒業まであと二ヵ月なんだけど、やっぱり……、出版社を受けたいと思って今になって本気出してるんだ。ええと、何か、息抜きっていうか、気分が前向きになるような本、探してもらえないかな」

まかせて、とつぶやき、ダイアナは児童書のコーナーに彩子を誘う。迷うことなく(注5)『アンの愛情』を見つけ出し、差し出した。彩子は怪訝《けげん》そうに首をひねる。

「『赤毛のアン』が面白いのは(注6)『アンの青春』までなんじゃなかったっけ。A ダイアナ、あの頃そう言ってたよね。恋愛や結婚がメインになって面白くないって」

B 本の話をするだけで、十年のブランクが埋まっていくのが、なんだか魔法みたいだった。ダイアナはわざと仕事用の口調を選んだ。

「本当にいい少女小説は何度でも読み返せるんですよ、お客様。小さい頃でも大人になっても。何度だって違う楽しみ方ができるんですから」

優れた少女小説は大人になって読み返しても、やっぱり面白いのだ。はっとり先生が言ったことは正しい。あの頃は共感できなかった心情が手にとるようにわかったり、気にも留めなかった脇役が俄《が》然《ぜん》魅力を持って輝き出すこともある。新しい発見を得ることができるのと同時に、自らの成長に気づかされるのだ。幼い頃はぐくまれた友情もまた、栞《しおり》を挟んだところを開けば本を閉じた時の記憶と空気が蘇《よみがえ》るように、いくつになっても取り戻せるのではないだろうか。何度でも読み返せる。何度でもやり直せる。何度でも出会える。再会と出発に世界中で一番ふさわしい場所だから、ダイアナは本屋さんが大好きなのだ。いつか必ず、たくさんの祝福と希望をお客さんに与えられるようなお店を作りたい。

『アンの愛情』に夢中になっている様子の彩子は、こちらを見ずに、しかし、しなやかな意志を感じさせる声でこう言った。

「ねえ、ダイアナ。あのさ、今日、仕事何時に終わるの?」

C お互いの心臓の高鳴りが聞こえる気がした。彩子の桜色に染まった指の中で、D 真新しい白い紙がぱらぱらとめくれ、辺り一面に

ウ　[a]―受け身　[b]―自らの意思

エ　[a]―運命的　[b]―自らの知性

(3)　【1】の文章では、「選択」におけるA誤る、B正しい　について、「数学」における「正しい」「誤る」とは異なるものとして述べている。「選択」における「正しい」「誤る」の説明として適当なものを、次の**ア**～**オ**のうちから**二つ**選び、その符号を書きなさい。

ア　「選択」における「正しい」と「誤る」は、人類の共通の真理である。

イ　「選択」における「正しい」と「誤る」の間には、境界線を明確に引けない。

ウ　「選択」における「正しい」は、人間の自由な精神のあらわれである。

エ　「選択」における「正しい」は、固定されたものではなく、流動的なものである。

オ　「選択」における「誤る」は、選択者の努力が足りないために生じる。

(4)　【2】の文章中にC「人間の根」としての教養　とあるが、この文章では「教養」のどのような面に注目しているか。その説明として最も適当なものを、次の**ア**～**エ**のうちから一つ選び、その符号を書きなさい。

ア　教養が、様々な体験を通して、年月をかけて養われていくこと。

イ　教養が、多様な分野を結びつけて、豊かな知識をもたらすこと。

ウ　教養が、平常は目立たないが、いざという時に頼りになること。

エ　教養が、心が傷つき、生きる希望を失った時に必要となること。

(5)　【2】の文章中にD日照りが続くときには、地中に深く伸びた根でなければ、水を吸い上げることはできない　とあるが、このたとえが表す内容を、具体的に書きなさい。ただし、「人間は」に続けて、**二十五字以上、四十字以内**の**一文**で書くこと。

(6)　【1】と【2】の文章から読み取れる、「選択」と「教養」の関係をまとめた次の説明文を完成させなさい。ただし、[Ⅰ]は文章中から**五字**で**抜き出して**書き、[Ⅱ]はあとの**ア**～**エ**のうちから最も適当なものを一つ選び、その符号を書くこと。

> 【1】において、「選択」とは、人間が[Ⅰ]うえで必要な営みであると位置づけられている。ゆえに【1】にあるような「選択」が「最善」のものであるためには、【2】にあるような、[Ⅱ]が必要になる。これこそが「教養」である。

ア　他の道を取り得ることも考慮しながら、状況にふさわしい対応を、時と場合に応じて柔軟に選び取る力

イ　多くのことを学び知るほど幸福感が増し、よりよい人生を実現できる可能性が高まることを自覚する力

ウ　自分の願望を実現するために、目の前に現れてくる機会を見逃さず、効率のよい方法で実行していく力

エ　自分の身を危険にさらさないために、多くの情報を的確にさばき、正しい選択肢を確実に見つけ出す力

選択の存在こそ人間が自由であることの根幹に位置しているのである。

ただ、選択が望みの結果をもたらすかどうかは、選択の時点で分かっているわけではない。わたしたちは選択を誤ることもある。この場合の「A誤る」は、数学の解答を誤るという意味ではない。正しい答えを出せなかったということではない。わたしたちは「B正しい選択」というが、これは、数学の答えのような「正しさ」ではない。選択には、「よりよい選択」と「より悪い選択」、「どちらともつかない選択」がある。よりよい選択とは、わたしたちの願望の実現をもたらす選択、いわば幸福な状況をもたらす選択であり、そうで②ない選択が誤った選択、不幸をもたらす選択が悪い選択である。

さらに、よい選択をしたと思っても、選択の状況が変化するなかで不運が生じることもある。

【2】

「飾りとしての教養」に対して、わたしは、現代の若者が身につけるべき教養は、枝葉や花としての教養ではないと思っている。それは、C「人間の根」としての教養である。これは「命綱」に通じる思想である。

人間を一本の木にたとえるならば、その根っこにあたるのが教養である。一本の木が(注1)生長してゆくとき、その生長を支えるのが太い根である。根が丈夫でしっかりしていれば、木は大きく育つことができる。幹を太くし、枝を広げ、葉を茂らせ、花を咲かせ、実をつける。地上に伸びた木を地中で支えるのが根である。

木が生長しようとすると、ときには風が吹く。強風で枝が折れることもある。雷が落ちれば、幹までが割れてしまうかもしれ③ない。D日照りが続くときには、地中に深く伸びた根でなければ、水を吸い上げることはできない。

木が倒れてしまわ④ないのは、根を大地に深く、また広く伸ばしているからである。根がしっかり大地を踏みしめているからこそ、木は大きくなることができるし、嵐にも(注2)旱魃《かんばつ》にも耐えることができる。

「教養は人間の根である」というのは、(注3)順風のなかにあるとき、その教養は、その人の幹と枝を育て、花を咲かせ、また、実をつけさせる。その人を美しく飾る。他方、人がさまざまな困難に遭遇するとき、その困難に打ち克《か》つ力となって、その人を守る。

教養ある人は、よりよい選択をすることによって身を守ることができ、よりよい人生を実現することができる。よい選択をするためには、わたしたちは、まず目の前に現れてくる選択肢を選択肢として認識できなければならない。これができなければ、わたしたちは大切な選択肢を見逃してしまう。選択肢を選択肢として認識できる能力、複数の選択肢のなかから、よりよい選択肢、さらには最善の選択肢を選択するための能力、言い換えれば、最善の選択を支えるのが教養である。

（【1】、【2】とも、桑子敏雄《くわことしお》『何のための「教養」か』による。）

(注1) 生長＝草木が生い育つこと。
(注2) 旱魃＝「干ばつ」に同じ。
(注3) 順風のなかにある＝物事が予定どおりに進むことのたとえ。

(1) 【1】、【2】の文章中の～～～①～④の**四つ**の語のうち、**品詞が異なるもの**を一つ選び、その符号を書きなさい。

(2) 【1】の文章中の a 、 b に入る言葉の組み合わせとして最も適当なものを、次の**ア**～**エ**のうちから一つ選び、その符号を書きなさい。

ア a―受け身　b―自らの権力
イ a―運命的　b―自らの技術

(2)（問いを放送します。）

［選択肢］

ア　牧野さんの話の中に事典とは関係のない話題が出てきたので、言葉の意味を確かめる質問をしている。

イ　牧野さんが勘違いしていることを指摘したうえで、どうしたらよいかの解決策を示そうとしている。

ウ　牧野さんの資料に関する理解不足を補いながら、何を調べたいのかをよく考えるように促している。

エ　牧野さんの話からくみ取った内容を聞き返すことで、相手の意図を理解できているかを確認している。

(3)（問いを放送します。）

(4)（問いを放送します。）

［選択肢］

ア　花岡さんは、牧野さんに、個人的な興味だけでなく社会現象に対しても広く関心を向けるよう促している。

イ　牧野さんは、集まった情報をどのように整理するか、調べ学習のまとめ方についての見通しを立てている。

ウ　花岡さんは、レファレンスを利用したことが牧野さんの疑問の解決につながっているかを確認している。

エ　牧野さんは、伝えたいことの説得力を増すために意見の根拠となる情報は十分であるかを検討している。

聞き取り検査終了後、三以降も解答しなさい。

※**＜国語聞き取り検査放送用台本＞**は国語の問題の終わりに付けてあります。

二　次の(1)〜(4)の——の漢字の読みを、**ひらがな**で書きなさい。

(1) 弁当を携えて牧場へ出かける。

(2) 美しい旋律が聞こえる。

(3) 直ちに事態を掌握する。

(4) 心の琴線に触れる話。

三　次の(1)〜(5)の——のカタカナの部分を**漢字**に直して、楷書で書きなさい。

(1) 草原にムれをなす馬。

(2) 大胆な作戦が功をソウする。

(3) 重要なニンムを受け持つ。

(4) 売上高が右肩上がりにスイイする。

(5) ハクラン強記の人物に教えてもらう。

四　次の文章【1】、【2】を読み、あとの(1)〜(6)の問いに答えなさい。

【1】

わたしたち人間が生きるということは、この地球上に命を与えられ、その命を維持していくということを意味している。生まれるということは、命を与えられるということである。与えられるということは［　a　］である。わたしたちは自らの誕生を選択することはでき①ないからである。

他方、わたしたちは命をつなぐために、たくさんのことを選択する。「選択する」ということは、「選択肢をもつ」ということ、さらに、「選択することができる」ということも意味している。複数の選択肢のなかから選択することができるということは、選択の自由をもつということである。選択の自由があればこそ、わたしたちは、複数の選択肢から［　b　］でどれか一つを選ぶことができる。

国語

●満点100点　●時間50分

聞き取り検査の音声は、当社ホームページで聴くことができます。（当社による録音です。）再生に必要なアクセスコードは「合格のための入試レーダー」（巻頭の黄色の紙）の1ページに掲載しています。

※注意　全ての問題について、解答する際に字数制限がある場合には、句読点や「　」などの符号も字数に数えること。

一　これから、中学生の牧野さんが、町の図書館を訪れてレファレンスを利用している場面と、それに関連した問いを四問放送します。レファレンスとは、専門の職員が図書館の利用者に対し、資料の探し方など、調べものの支援をすることです。この場面で牧野さんは、調べ学習に必要な資料を探すために、職員の花岡さんと話をしています。下の〔資料1〕と〔資料2〕を見ながら放送を聞き、それぞれの問いに答えなさい。

※放送は全て一回だけです。

（放送が流れます。）

(1)　（問いを放送します。）

〔選択肢〕

ア　対話を通して考えが整理され、調べる視点が明確になった。

イ　百科事典の活用によって情報が得られ、資料を収集できた。

ウ　具体的な資料の提案を受けて、適切なテーマを選定できた。

エ　主体的に質問を重ね、複数の具体例の共通点を確認できた。

〔資料1〕　百科事典のページの一部

キンギョ【金魚】 goldfish　フナを原種として人為的につくられた観賞用の淡水魚。飼育が容易であるため，世界中で親しまれている。原産地は中国。

〔品種〕……………

〔習性〕………

〔歴史〕…………………

〔養殖〕…………

〔金魚に関する言葉〕…………

〔資料2〕　牧野さんが訪れた図書館の本棚に付いている表示板

10 哲学 ㋓
東洋思想
心理学

70 芸術・美術 ㋐
美術史
日本画
版画

40 自然科学 ㋒
天文学
生物学

90 文学 ㋔
日本文学
詩歌
作品集

60 産業 ㋑
農業
園芸

30 社会
風俗習慣
社会・家庭生活の習俗

Memo

Memo

2020年度
千葉県公立高校　前期入試問題
英語
●満点 100点　●時間 50分

■放送問題の音声は，当社ホームページ(https://www.koenokyoikusha.co.jp)で聴くことができます。(当社による録音です)

1　英語リスニングテスト(**放送**による**指示**に従って答えなさい。)

No. 1	A. I'm sorry.　B. Let's see. C. Sounds good.　D. You're welcome.
No. 2	A. Yes, I am.　B. I think so, too. C. No, I don't.　D. See you later.
No. 3	A. I agree with you.　B. I'm glad to hear that. C. No problem.　D. That's too bad.

2　英語リスニングテスト(**放送**による**指示**に従って答えなさい。)

<table>
<tr><td>No. 1</td><td colspan="2">A </td><td>B </td><td>C </td><td>D 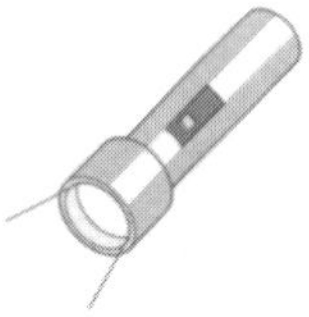</td></tr>
<tr><td rowspan="3">No. 2</td><td></td><td>A</td><td>B</td><td>C</td><td>D</td></tr>
<tr><td>Tomorrow</td><td></td><td></td><td></td><td></td></tr>
<tr><td>The Day After Tomorrow</td><td></td><td></td><td></td><td></td></tr>
</table>

3 英語リスニングテスト(**放送**による**指示**に従って答えなさい。)

No. 1	**A**. Buy a bus map. **B**. Go to the train station. **C**. See a doctor. **D**. Visit the park.
No. 2	**A**. Because there are so many people. **B**. Because many people will play music. **C**. Because Allan is excited. **D**. Because Jack is late.

4 英語リスニングテスト(**放送**による**指示**に従って答えなさい。)

No. 1	The most popular cake in Jay's cake shop is his (① b□□□□□□□□) fruit cake. He started selling a new pineapple cake in (②□□□□□□□).
No. 2	Natsume Soseki was a famous writer. He wrote many (①□□□□□□□) in his life. Before he became a writer, he (②□□□□□□) English at a few different schools.

※＜**英語リスニングテスト放送用台本**＞は英語の問題の終わりに付けてあります。

5 次の(1)～(5)のそれぞれの対話文を完成させなさい。

(1), (2)については，(　)の中の語を最も適当な形にしなさい。ただし，**1語**で答えること。

また，(3)～(5)については，それぞれの(　)の中の**ア**～**オ**を正しい語順に並べかえ，その順序を符号で示しなさい。

(1) A : Have you ever (sing) an English song ?
B : Yes, I have.

(2) A : What is the name of the (twelve) month of the year in English ?
B : It's December.

(3) A : Andy is late. What should we do ?
B : We (**ア** wait **イ** to **ウ** have **エ** for **オ** don't) him. Don't worry. He'll catch the next train.

(4) A : How about this bag ? It has a nice color.
B : It looks good, but it is (**ア** than **イ** expensive **ウ** one **エ** more **オ** that).

(5) A : Could you tell (**ア** is **イ** me **ウ** museum **エ** the **オ** where) ?
B : Sorry, I can't help you because I don't live around here.

6　コリンズさん(Ms. Collins)は，送られてきたカップ(cup)の色が白ではなく黒だったので，購入したお店に電話をしました。まず店員に名前を告げた後，コリンズさんは，この場面で，何と言うと思いますか。その言葉を英語で書きなさい。

ただし，語の数は<u>**20語以上30語以下**</u>（. , ? ! などの符号は語数に含まない。）とすること。

7　次の(1)～(3)の英文を読んで，それぞれの問いに答えなさい。

(1)　Which hand do you hold a pen with, your right hand or left hand ?　The hand you use to hold your pen is called your dominant hand.　Most people belong to one of two groups.　One is right-handed people, and the (　Ⓐ　) is left-handed people.　Some researchers say that 10% of people around the world are left-handed.　Researchers who studied cats found that they also have dominant "hands."　Many male cats are left-handed, but most female cats are right-handed.　How can you find your cat's dominant hand ?　You can find your cat's dominant hand if you watch which "hand" it (　Ⓑ　) first when it does something.

（注） dominant hand　利き手　　belong to ～　～に属する　　right-handed　右利きの
left-handed　左利きの　　researcher　研究者　　male　オス　　female　メス

本文中の(Ⓐ)，(Ⓑ)に入る最も適当な語を，それぞれ次の**ア**～**エ**のうちから一つずつ選び，その符号を書きなさい。

Ⓐ　**ア**　another　　**イ**　other　　**ウ**　people　　**エ**　two

Ⓑ　**ア**　checks　　**イ**　has　　**ウ**　studies　　**エ**　uses

(2) My name is Naoki. My parents love traveling. We have been to twenty countries around the world. Last summer, we went to the United States to see my aunt, Elizabeth. After we stayed at her house for a few days, we traveled with her to a very exciting place in South America. We stayed at a hotel called the Palace of Salt. Its walls and floors were made of salt. We were surprised to see that almost everything was made of salt, including the beds, desks, and chairs in the rooms. I enjoyed swimming in the salt water pool, my parents liked the salt sauna, and my aunt loved sleeping in the salt bed. However, the best thing of all was spending time with my family. We all had a great time on the trip.

(注) South America 南アメリカ　palace 宮殿　salt 塩
including ～ ～を含めて　sauna サウナ

① 本文の内容に関する次の質問に，英語で答えなさい。
What did Naoki like the best about his trip ?

② 本文の内容に合っているものを，次の**ア**～**エ**のうちから一つ選び，その符号を書きなさい。

ア Naoki's family traveled to South America to see his aunt.
イ Naoki stayed at his aunt's house all summer and had a great time.
ウ Naoki's family stayed at an exciting hotel in the United States.
エ Naoki was surprised that most things in the hotel were made of salt.

(3) 次は，ぶどう摘み(grape picking)のボランティアのお知らせです。

Be a Volunteer to Pick Grapes for a Day

❶ Who can be a volunteer?
We are looking for grape lovers between 14 and 65 years old.

❷ What can you take home?
To say thank you for volunteering, we will give you free grapes (2 kg) to take home.

❸ What should you do?
- Grape picking starts at 8 a.m. and finishes at 3 p.m.
- The grapes will be delicious when the branch is brown, not green.
- You should pick dark purple grapes. It is too early to pick light purple grapes.

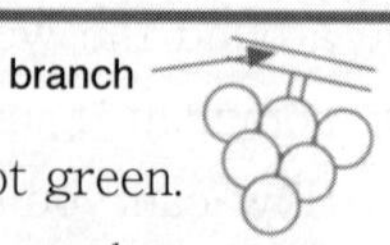

You can :
- ◆ Bring your own hat and gloves, or borrow ours.
- ◆ Only use our scissors. Please do not bring your own.
- ◆ Buy more grapes.
- ◆ Use our delivery service.

Join by calling or visiting our website!
☎ 555－987654　www.grapelovers.inc

(注) grape lover ぶどう好きな人　volunteering ボランティアをすること
branch 枝　purple 紫　light 薄い　hat 帽子　gloves 手袋
scissors はさみ　delivery service 配送サービス

① このお知らせの内容をもとに，次の質問の答えとして最も適当な絵を，あとの**ア**～**エ**のうちから一つ選び，その符号を書きなさい。

Which grapes should be delicious and be picked ?

ア

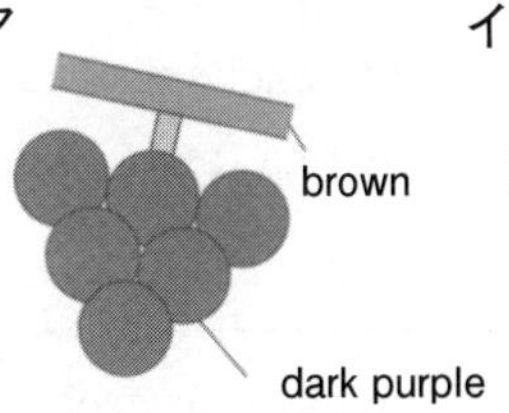

イ

ウ

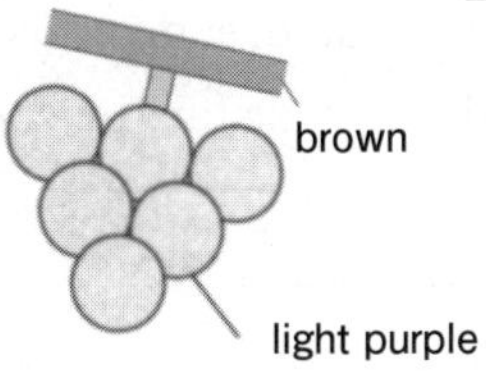

エ

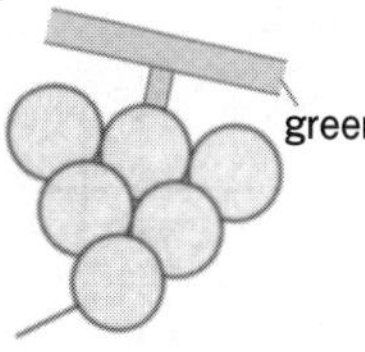

② このお知らせの内容に合っているものを，次の**ア**～**エ**のうちから一つ選び，その符号を書きなさい。

ア You can pick grapes for ten hours each day if you start picking at 8 a.m.

イ You can't be a volunteer for grape picking if you are fifteen years old or younger.

ウ You can buy 3 kg of grapes and send them home with the delivery service.

エ You can't use your own gloves and scissors which you brought from your home.

8 ストーン先生(Mr. Stone)の授業で，中学生のアンナ(Anna)，フレッド(Fred)，マドカ(Madoka)，トシオ(Toshio)が発表をしました。次の英文を読んで，あとの(1)～(4)の問いに答えなさい。

 Mr. Stone	Today, we're going to talk about some important (Ⓐ) and the people who have them. Last week, your homework was to find people who help others or who are doing something to make a better world. What do they do, and how do they help others ? I believe you have some ideas. Please share them with everyone.
 Anna	Farmers work for others every day. People need food to eat, and good food helps us to stay healthy. Farmers grow lots of rice, and most of the fruits and vegetables that people eat. Some of them raise animals so that we can have milk, meat, and eggs. We can't live without farmers.
 Fred	Scientists study many things to make the world better. They try to solve problems in many ways. For example, they study about animals, food, medicine, robots, and climate change. They invent things we need. There won't be a better world without science. So, I am studying very hard to be a scientist.

 Madoka	I think teaching helps people. Education is very important for our lives. For example, if you want to be a doctor in the future, you should study science in school. Without your teachers, I think it is hard for you to realize your dream. Also, there are many volunteer teachers around the world. My sister teaches science to people in Africa as a volunteer teacher.
 Toshio	Doctors always help people. When we are sick or have an accident, we go to the hospital. Doctors can save our lives, help us to get better, and help us to stay healthy. However, there are not enough doctors here in Japan today. There are only 2.3 doctors for every 1,000 people. In the future, I want to be a doctor to help many people.
 Mr. Stone	Thank you, everyone. I enjoyed listening to all of your ideas. There are many (Ⓐ) that people do to help others around the world. I think hard work can help to make the world better. I hope you continue to work hard in the future.

(注) stay healthy　健康を保つ　　raise ～　～を飼育する　　so that ～　～するために
climate change　気候変動　　invent ～　～を発明する　　education　教育
accident　事故

(1) 本文中の**2か所**の(Ⓐ)に共通して入る，最も適当な英単語**1語**を書きなさい。

(2) 本文の内容に関する次の質問の答えとして最も適当なものを，あとの**ア**～**エ**のうちから一つ選び，その符号を書きなさい。

Which two students talked about their own dreams for the future?

ア Anna and Madoka did.
イ Fred and Toshio did.
ウ Anna and Fred did.
エ Madoka and Toshio did.

(3) 本文の内容に合っているものを，次の**ア**～**エ**のうちから一つ選び，その符号を書きなさい。

ア Anna thinks farmers grow most of the fruits and vegetables that animals eat.
イ Fred believes robots and doctors make the world better.
ウ Madoka's sister is a volunteer teacher who teaches science abroad.
エ Toshio said that there are only 2.3 doctors for every one hundred people in Japan.

(4) 発表後，フレッドに対してアンナから質問がありました。[　]に入る最も適当な**連続する2語**を本文中から抜き出して書きなさい。

Anna : What kind of problems do scientists try to solve?
Fred : Climate change is one of the biggest problems we have today. In some places, people can't grow food well because the weather is too hot and there is not enough rain.

Anna : I see. How do scientists solve this problem ?

Fred : I think they can solve it by studying plants around the world. Scientists are trying to learn how to make stronger vegetables which grow with little water. With their [　　　　], they can help to solve a problem that climate change makes.

Anna : I understand. Thank you.

9 千葉県に住んでいるナナ(Nana)と友人のリリー(Lily)が話をしています。この対話文を読んで，[(1)]～[(4)]に入る最も適当な英文を，それぞれあとの**ア**～**エ**のうちから一つずつ選び，その符号を書きなさい。

Nana : Wow ! I can't believe this.

Lily : What happened ?

Nana : I won tickets for the World Baseball Summer Festival.

Lily : Really ? Getting those tickets is so difficult. [　(1)　] You are very lucky.

Nana : Yes. I feel I used all my luck to get these tickets. It will never happen to me again.

Lily : Hey, Nana, that's not true. By the way, [　(2)　]

Nana : They are for the opening ceremony.

Lily : That's very exciting, but it will be very hot during the festival. I believe it will be better to watch it on TV at home.

Nana : Do you really think so ? If you see it live, it will be unforgettable. Anyway, [　(3)　] But if you don't want to go, I will ask another friend.

Lily : Wait, Nana. Did you want me to come with you ? Now I can go with you !

Nana : But you want to watch it on TV, right ?

Lily : Yes. Ah . . . no. I mean I would like to see it in the stadium. [　(4)　], so I said I liked watching it on TV.

Nana : Don't worry, Lily. I really want to go with you ! Let's have fun together !

Lily : Thank you, Nana. I'm looking forward to it.

（注） by the way ところで　opening ceremony 開会式　live 現地で，生で
unforgettable 忘れられない

(1) **ア** A lot of people are happy.　**イ** A lot of people got them.
ウ A lot of people want them.　**エ** A lot of people can buy them.

(2) **ア** what are the tickets for ?　**イ** what are your plans for the festival ?
ウ where did you buy the tickets ?　**エ** where will the festival be held this year ?

(3) **ア** you could ask someone else.　**イ** I wanted to ask you to come with me.
ウ you should buy the tickets, too.　**エ** I must stay at home during the festival.

(4) **ア** I wanted you to go alone　**イ** I thought you wanted me to stay home
ウ I didn't think you wanted to go　**エ** I didn't think you wanted me to go with you

＜英語リスニングテスト放送用台本＞

(チャイム)

これから，英語の学力検査を行います。まず，問題用紙の1ページ目があることを確認しますので放送の指示に従いなさい。(間2秒)では，問題用紙の1ページ目を開きなさい。(間3秒)確認が終わったら，問題用紙を閉じなさい。1ページ目がない人は手を挙げなさい。

(間10秒)次に，解答用紙を表にし，受検番号，氏名を書きなさい。

(間20秒)それでは，問題用紙の1ページを開きなさい。(間3秒)リスニングテストの問題は，1から4の四つです。

では，1から始めます。

1は，英語の対話を聞いて，最後の文に対する受け答えを選ぶ問題です。受け答えとして最も適当なものを，問題用紙のAからDのうちから一つずつ選んで，その符号を書きなさい。なお，対話はそれぞれ2回放送します。では，始めます。

No. 1　Woman : Excuse me. Can I borrow your pen ?
Man : Of course. Here you are.
Woman : Thank you.

No. 2　Mr. Jones : Come in, please.
Emma : Hello, Mr. Jones.
Mr. Jones : Hi, Emma. Are you ready to begin your speech ?

No. 3　Amanda : Hi, Mike. How are you ?
Mike : Fine, thanks, Amanda. You look very happy today.
Amanda : Do I ? I just got a letter from my best friend in the U.S.

次は2です。

2は，英語の対話又は英語の文章を聞いて，それぞれの内容についての質問に答える問題です。質問の答えとして最も適当なものを，問題用紙のAからDのうちから一つずつ選んで，その符号を書きなさい。なお，英文と質問はそれぞれ2回放送します。では，始めます。

No. 1　Man : Hello. May I help you ?
Girl : I want to buy . . . something. I will use it in my science lesson tomorrow, but I don't know how to say it in English.
Man : I see. What can you say about it ?
Girl : Well, I can use it to make something bigger. No . . . I mean, everything looks bigger when I look through it. I can look at a flower with it in the school garden. Also, it can be put in a small bag.
Man : OK. I think I understand. I will get it for you.

Question : What does the girl want to buy ?

No. 2　(ジングル)

This is Radio Chiba. Here's the weather. Spring will come just for a day. It will be the warmest day of the month tomorrow. It's going to be sunny all day and the wind will not be strong. But the day after tomorrow, it's going to be cold again. This cold weather will continue for the next three or four days. It's not going to be rainy, but the wind will be strong the day after tomorrow.

Question : How will the weather be tomorrow and the day after tomorrow ?

次は **3** です。

3 は，英語の対話又は英語の文章を聞いて，それぞれの内容についての質問に答える問題です。質問の答えとして最も適当なものを，問題用紙の**A**から**D**のうちから一つずつ選んで，その符号を書きなさい。なお，英文と質問はそれぞれ**2**回放送します。では，始めます。

No. **1**　Man　　: Excuse me. Can you help me ? I think I'm lost. Where am I on this map ?

Woman : Let's see. You are right here, between the hospital and the bike shop.

Man　　: Where can I get a bus to the train station ?

Woman : Here. You can catch a bus in front of the park. Keep going on this street, and turn right at the next corner. Go straight down Orange Street, and you'll be there.

Man　　: Thank you so much.

Woman : I'm happy I could help. Have a nice day.

Question : What does the man want to do ?

No. **2**　(開演前の雑踏)

Welcome to our special show by Jack Williams. This evening, as you already know, Allan Gordon, another great musician of our time, will join the show. This will be the first time for Jack and Allan to play music together ! We know you are very excited, but we are sorry to tell you that the show will start a little late because there are so many people here. Please wait a little longer. Thank you.

Question : Why will the show start late ?

次は **4** です。

4 は，英語の文章を聞いて，その内容について答える問題です。問題は，No. **1**，No. **2** の二題です。問題用紙には，それぞれの英語の文章の内容に関するまとめの文が書かれています。(間３秒)それらの文を完成するために，①，②にあてはまる英単語を書きなさい。ただし，□には**1文字**ずつ入るものとします。なお，英文はそれぞれ**2**回放送します。では，始めます。

No. **1**　Jay opened a cake shop nine years ago. His shop's most popular cake is fruit cake, and everyone says it's beautiful. He always tries to make many new kinds of cake. He just started selling a new pineapple cake in January. He hopes that people will like it.

No. **2**　Natsume Soseki was a famous Japanese writer. He is best known for his books, such as *Kokoro, Botchan,* and *I Am a Cat.* He wrote many stories in his life. Before he became a writer, he was an English teacher at a few different schools.

以上で，リスニングテストを終わります。**5** 以降の問題に答えなさい。

数学

●満点 100点　●時間 50分

1　次の(1)〜(6)の問いに答えなさい。

(1)　$-2+9$　を計算しなさい。

(2)　$-5^2+18\div\frac{3}{2}$　を計算しなさい。

(3)　$2(x+4y)-3\left(\frac{1}{2}x-\frac{1}{3}y\right)$　を計算しなさい。

(4)　方程式　$x-7=\frac{4x-9}{3}$　を解きなさい。

(5)　$\sqrt{50}+6\sqrt{2}-\frac{14}{\sqrt{2}}$　を計算しなさい。

(6)　$2x^2-32$　を因数分解しなさい。

2　次の(1)〜(5)の問いに答えなさい。

(1)　関数 $y=-x^2$ について，x の変域が $a\leqq x\leqq b$ のとき，y の変域は $-9\leqq y\leqq 0$ である。このとき，a，b の値の組み合わせとして最も適当なものを，次の**ア**〜**エ**のうちから１つ選び，符号で答えなさい。

ア　$a=-1$，$b=0$　　**イ**　$a=-3$，$b=-1$　　**ウ**　$a=1$，$b=3$　　**エ**　$a=-1$，$b=3$

(2)　右の表は，あるクラスの生徒36人が夏休みに読んだ本の冊数を，度数分布表に整理したものである。

５冊以上10冊未満の階級の相対度数を求めなさい。

階級(冊)	度数(人)
以上　未満	
0 〜 5	11
5 〜 10	9
10 〜 15	7
15 〜 20	6
20 〜 25	3
計	36

(3)　下の図のように，底面が AB＝5cm，AC＝6cm，∠ABC＝90°の直角三角形で，高さが 6 cm の三角柱がある。この三角柱の体積を求めなさい。

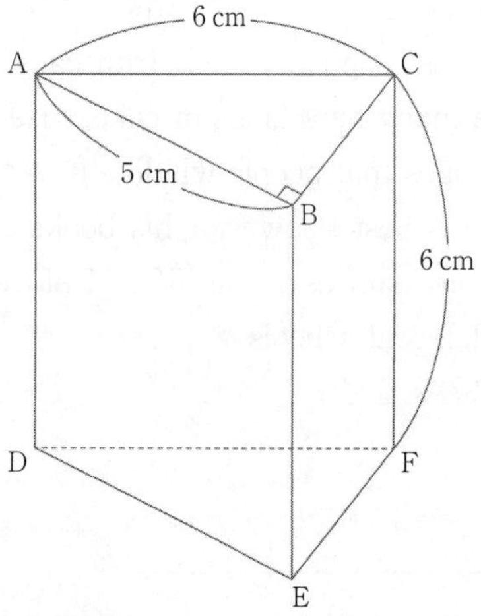

(4)　大小２つのさいころを同時に１回投げ，大きいさいころの出た目の数を a，小さいさいころの出た目の数を b とする。

このとき，$\dfrac{\sqrt{ab}}{2}$ の値が，有理数となる確率を求めなさい。

ただし，さいころを投げるとき，1から6までのどの目が出ることも同様に確からしいものとする。

(5) 右の図において，点Aは直線 l 上の点，点Bは直線 l 上にない点である。直線 l 上に点Pをとり，$\angle APB=120^\circ$ となる直線BPを作図しなさい。また，点Pの位置を示す文字Pも書きなさい。

ただし，三角定規の角を利用して直線をひくことはしないものとし，作図に用いた線は消さずに残しておくこと。

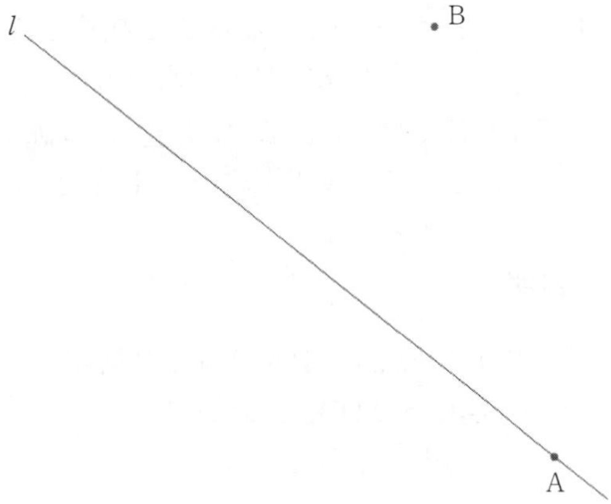

3 右の図のように，関数 $y=ax^2$ のグラフ上に点Aがあり，点Aの座標は(3, 4)である。

ただし，$a>0$ とする。

このとき，次の(1)，(2)の問いに答えなさい。

(1) a の値を求めなさい。

(2) x 軸上に点Bを，OA＝OBとなるようにとる。

ただし，点Bの x 座標は負とする。

このとき，次の①，②の問いに答えなさい。

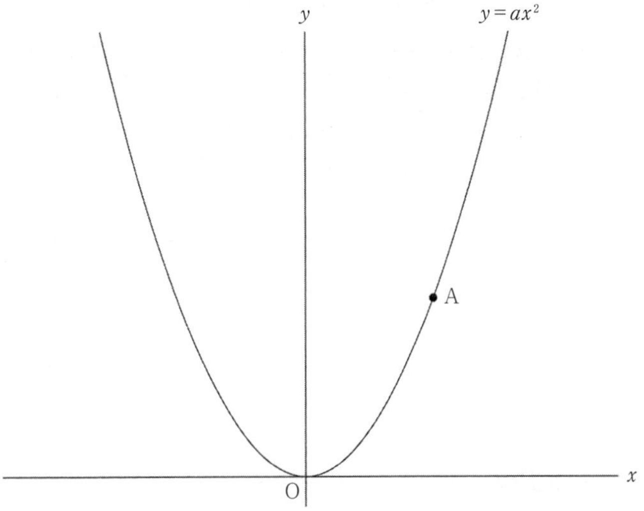

① 2点A，Bを通る直線の式を求めなさい。

② 原点Oを通り，直線ABに平行な直線を l とする。点Aから x 軸に垂線をひき，直線 l との交点をCとする。また，関数 $y=ax^2$ のグラフ上に，x 座標が3より大きい点Dをとり，点Dから x 軸に垂線をひき，直線OAとの交点をE，直線 l との交点をFとする。

△AOCと四角形ACFEの面積の比が16：9となるとき，点Dの座標を求めなさい。

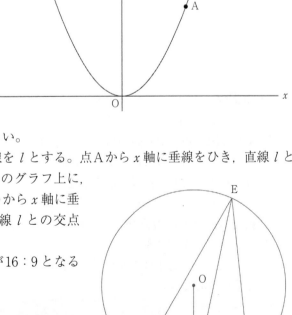

4 右の図のように，円Oの円周上に2点A，Bがある。点Oから線分ABに垂線をひき，線分ABとの交点をC，円との交点をDとし，点Aと点Dを結ぶ。また，点Dを含まない$\overset{\frown}{AB}$上に，2点A，Bとは異なる点Eをとり，

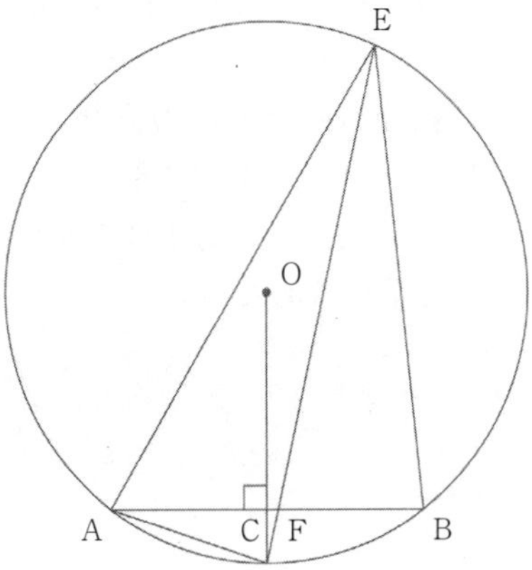

点Eと２点A，Bをそれぞれ結ぶ。線分ABと線分DEの交点をFとする。

このとき，次の(1)，(2)の問いに答えなさい。

(1)　△EAD∽△EFBとなることの証明を，次の［　　］の中に途中まで示してある。

［(a)］，［(b)］に入る最も適当なものを，下の**選択肢**の**ア**～**カ**のうちからそれぞれ１つずつ選び，符号で答えなさい。また，［(c)］には証明の続きを書き，**証明**を完成させなさい。

ただし，［　　］の中の①～④に示されている関係を使う場合，番号の①～④を用いてもかまわないものとする。

証明

点Oと２点A，Bをそれぞれ結ぶ。

△OACと△OBCにおいて，

円の半径であるから，

OA＝［(a)］　……①

仮定より，

∠OCA＝∠OCB＝90°　……②

OCは共通　……③

①，②，③より，

［(b)］がそれぞれ等しいから，

△OAC≡△OBC　……④

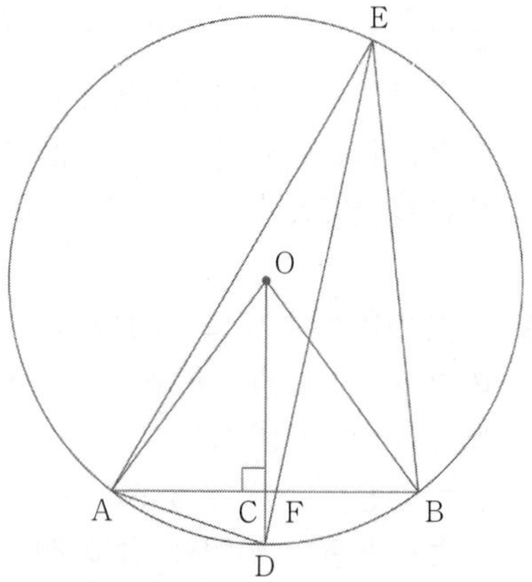

［(c)］

選択肢

ア　AE　　**イ**　BC　　**ウ**　OB

エ　２組の辺とその間の角

オ　直角三角形の斜辺と１つの鋭角

カ　直角三角形の斜辺と他の１辺

(2)　線分AEを円Oの直径とし，EB＝6cm，AD：DE＝1：3，CF：FB＝1：8とする。

線分OBと線分EDの交点をGとするとき，△GFBの面積を求めなさい。

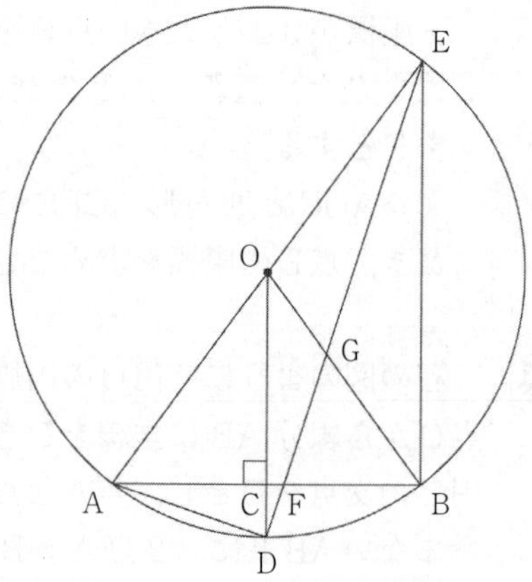

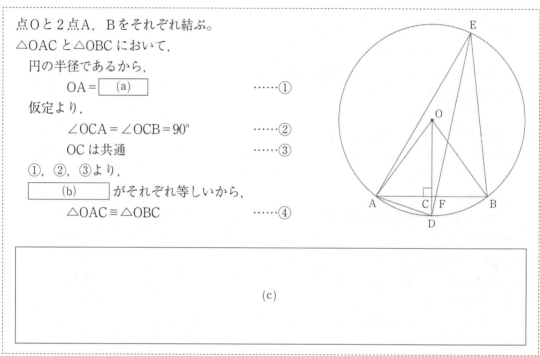

5　空《から》の箱Ａと箱Ｂが１つずつあり，それぞれの箱には，ビー玉の個数を増やすために，次のようなしかけがしてある。

箱Ａと箱Ｂのしかけ

・箱Ａにビー玉を入れると，箱の中のビー玉の個数は，入れた個数の３倍になる。
・箱Ｂにビー玉を入れると，箱の中のビー玉の個数は，入れた個数の５倍になる。

１つの箱にビー玉をすべて入れた後，箱の中のビー玉をすべて取り出すことをくり返し，ビー玉の個数を増やしていく。

例えば，はじめに10個のビー玉を用意し，箱Ａを１回使った後，箱Ｂを１回使ったときについて考える。10個のビー玉は，箱Ａを使うことによって30個になり，この30個のビー玉は，箱Ｂを使うことによって150個になるので，最後に取り出したビー玉の個数は150個である。

このとき，次の(1)～(4)の問いに答えなさい。

(1)　はじめに２個のビー玉を用意し，箱Ａを２回使った後，箱Ｂを２回使った。最後に取り出したビー玉の個数を求めなさい。

(2)　はじめにビー玉をいくつか用意し，箱Ａ，箱Ｂを合計５回使ったところ，最後に取り出したビー玉の個数は2700個であった。はじめに用意したビー玉の個数を求めなさい。

(3)　箱Ａと箱Ｂに加え，空の箱Ｘを１つ用意する。箱Ｘには，次のような**しかけ**がしてある。

箱Ｘのしかけ

・箱Ｘにビー玉を入れると，箱の中のビー玉の個数は，入れた個数の x 倍になる。
　ただし，x は自然数とする。

はじめに１個のビー玉を用意し，箱Ａを２回使った後，箱Ｂを１回使い，さらにその後，箱Ｘを２回使ったところ，最後に取り出したビー玉の個数は540x 個であった。

このとき，x の値を求めなさい。ただし，答えを求める過程が分かるように，式やことばも書きなさい。

(4)　１枚のコインを１回投げるごとに，表が出れば箱Ａを使い，裏が出れば箱Ｂを使うこととする。

はじめに４個のビー玉を用意し，１枚のコインを４回投げ，箱Ａ，箱Ｂを合計４回使うとき，最後に取り出したビー玉の個数が1000個をこえる確率を求めなさい。

ただし，コインを投げるとき，表と裏のどちらが出ることも同様に確からしいものとする。

社会　●満点 100点　●時間 50分

1　次の文章を読み，あとの(1)〜(4)の問いに答えなさい。

今年の夏に，aオリンピックとbパラリンピックが東京都とその他の８道県を会場に開催されます。c千葉県では幕張メッセ（千葉市）と釣ヶ崎《つりがさき》海岸（一宮町）を会場として８競技が行われます。d東京でオリンピックとパラリンピックが開催されるのは，1964年以来２回目です。これらの大会の成功に向けて，千葉県でも準備が進められています。

(1)　下線部**a**に関連して，次の文章は，さちさんが，オリンピック発祥《はっしょう》の地であるギリシャの気候と農業について調べたことをまとめたレポートの一部である。文章中の［　　］にあてはまることばとして最も適当なものを，あとの**ア〜エ**のうちから一つ選び，その符号を書きなさい。

> ギリシャの地中海沿岸の地域は，夏は雨が少なく乾燥し，冬は雨が多くなるのが特徴です。このような気候を生かして，地中海式農業が行われており，［　　　　］がさかんです。

ア　カカオやコーヒーなどの栽培
イ　やぎや乳牛の飼育と乳製品の生産
ウ　ライ麦などの穀物の栽培と豚や牛の飼育
エ　ぶどうやオリーブなどの栽培

(2)　下線部**b**に関連して，次の文章は，さちさんが，パラリンピックに向けた取り組みについて調べたことをまとめたレポートの一部である。文章中の［　　］に共通してあてはまる適当な語を**カタカナ**で書きなさい。

> 生活に不便な物理的・心理的な「壁」をなくすことを［　　　］といいます。多くの人が使用する公共の交通機関や建造物では，体の不自由な人や高齢者でも安心して快適に過ごせるよう，［　　　］化を進めていく必要があります。

(3)　下線部**c**に関連して，次の**ア〜ウ**の文は，それぞれ千葉県に関係するできごとについて述べたものである。**ア〜ウ**を年代の**古いものから順に**並べ，その符号を書きなさい。

ア　EUが発足した年に，谷津《やつ》干潟がラムサール条約登録湿地となった。
イ　日中平和友好条約が締結された年に，新東京国際空港（現在の成田国際空港）が開港した。
ウ　アイヌ文化振興法が制定された年に，東京湾アクアラインが開通した。

(4)　下線部**d**に関連して，次の**資料１**と**資料２**は，さちさんが，社会科の授業で「前回の東京オリンピックとパラリンピック開催前（1960年）と今回の東京オリンピックとパラリンピック開催前（2017年）の日本の状況の比較」というテーマで調べたことをまとめたレポートの一部である。**資料１**中の**A〜D**は，エンゲル係数，第１次産業の就業者割合，65歳以上人口の割合及び食料自給率のいずれかがあてはまり，**E**，**F**は1960年，2017年のいずれかがあてはまる。**資料２**は，資料1から読み取ったことをまとめたものの一部である。BとCが示すものの組み合わせとして最も適当なものを，あとのア～エのうちから一つ選び，その符号を書きなさい。

資料1　1960年と2017年の日本の状況の比較

年／項目	E	F
A	38.8(%)	23.8(%)
B	32.7(%)	3.4(%)
C	5.7(%)	27.7(%)
D	79.0(%)	38.0(%)

（注）・「エンゲル係数」とは，消費支出に占める食料費の割合のこと。
・「食料自給率」は，熱量(カロリー)ベースのものである。また，この数値は年度のものである。
（「日本国勢図会 2019/20」などより作成）

資料2　資料1から読み取ったことをまとめたものの一部

・エンゲル係数は，1960年と2017年とを比べると，3分の2程度に減少しており，暮らしが豊かになったことがわかる。
・食料自給率は，1960年と2017年とを比べると，2分の1程度に減少しており，食料の海外からの輸入が増加したことがわかる。
・第1次産業の就業者割合は，1960年と2017年とを比べると，10分の1程度に減少しており，産業構造が大きく変化したことがわかる。
・65歳以上人口の割合は，1960年と2017年とを比べると，4倍以上に増加しており，高齢化が進んだことがわかる。

ア　B：エンゲル係数　　C：食料自給率
イ　B：食料自給率　　C：第1次産業の就業者割合
ウ　B：第1次産業の就業者割合　　C：65歳以上人口の割合
エ　B：65歳以上人口の割合　　C：エンゲル係数

2　右の図を見て，次の(1)～(4)の問いに答えなさい。

(1)　図中の**あ**～**え**の県のうち，県名と県庁所在地名が異なる県が一つだけある。その県の県名を書きなさい。

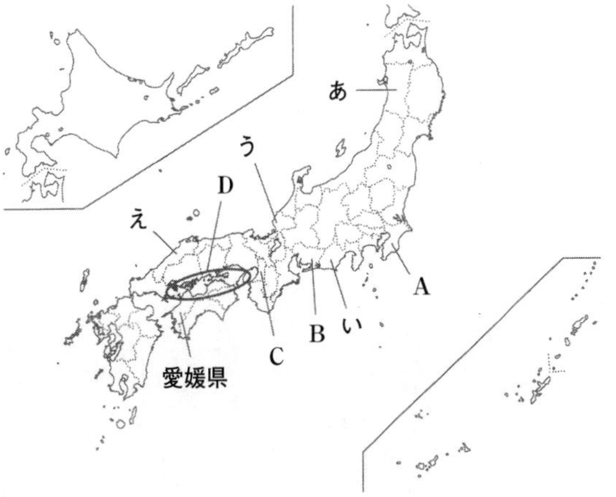

(2) 次のⅠ～Ⅲのグラフは，図中のA，B，Cの府県が含まれるそれぞれの工業地帯または工業地域の製造品出荷割合と出荷額を示したものである。Ⅰ～Ⅲのグラフがそれぞれ示している工業地帯または工業地域に含まれる府県A，B，Cと，グラフ中の a 及び b の組み合わせとして最も適当なものを，あとの**ア**～**エ**のうちから一つ選び，その符号を書きなさい。

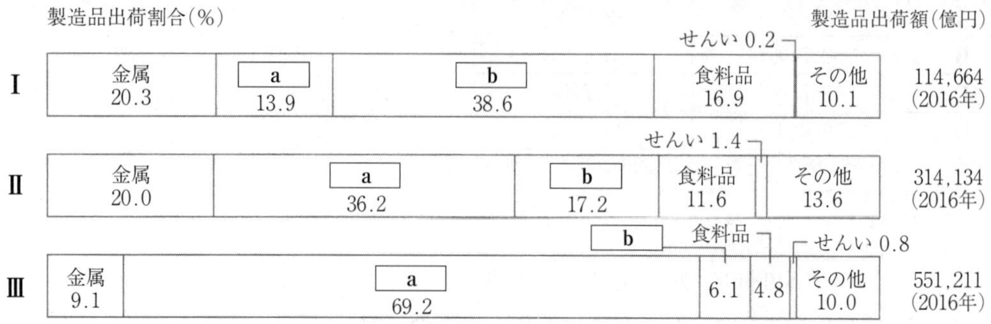

（「日本国勢図会 2019/20」より作成）

ア　Ⅰ：A　Ⅱ：B　Ⅲ：C　a：化学　b：機械
イ　Ⅰ：C　Ⅱ：A　Ⅲ：B　a：機械　b：化学
ウ　Ⅰ：A　Ⅱ：C　Ⅲ：B　a：機械　b：化学
エ　Ⅰ：B　Ⅱ：C　Ⅲ：A　a：化学　b：機械

(3) 次の文章は，わかばさんが，図中の ◯ で示したDの地域の交通についてまとめたレポートの一部である。文章中の □ にあてはまる適当なことばを，「移動時間」「活発」の二つの語を用いて**20字以内**(読点を含む。)で書きなさい。

この地域では，1988年に瀬戸大橋が完成したことで，児島・坂出ルートが開通し，本州と四国が初めて陸上交通で結ばれました。その結果，本州と四国の間はフェリーから鉄道や自動車へと主たる移動手段が変化したことで，□ になりました。一方で，フェリーの航路が廃止されたり，便数が減ったりしています。

(4)　次の**図 1** と**図 2** は，上の図中の**愛媛県**のある地域を示したものである。これらを見て，あとの①，②の問いに答えなさい。

図 1

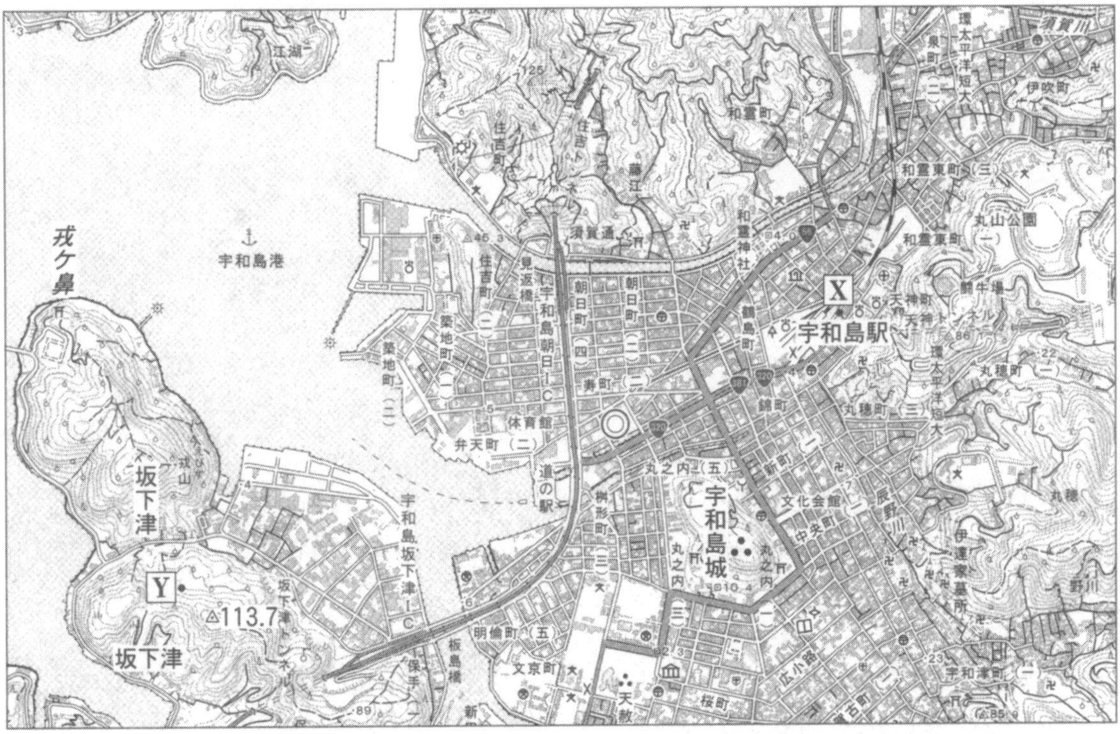

（国土地理院　平成29年発行 1：25,000地形図「宇和島」原図より作成）

めもり 0　5 cm

①　上の**図 1** を正しく読み取ったことがらとして最も適当なものを，次の**ア**～**エ**のうちから一つ選び，その符号を書きなさい。

ア　宇和島駅付近にある地点**X**から500mの範囲内に，市役所がある。

イ　宇和島城から見て図書館は，ほぼ南西の方向にある。

ウ　坂下津にある地点**Y**の標高は，50mより低い。

エ　地点**Y**から戎ケ《えびすが》鼻《はな》にかけての一帯には，果樹園が広がっている。

②　次の文章は，わかばさんが，右の**図 2** 中の ⬭ で示した**Z**の地域の海岸線の特徴をまとめたメモの一部である。文章中の □ に共通してあてはまる適当な語を**カタカナ 3 字**で書きなさい。

> この地域では，海岸線が複雑に入り組んだ □ 海岸が見られます。□ 海岸は，三陸海岸や志摩半島などでも見られます。

図 2

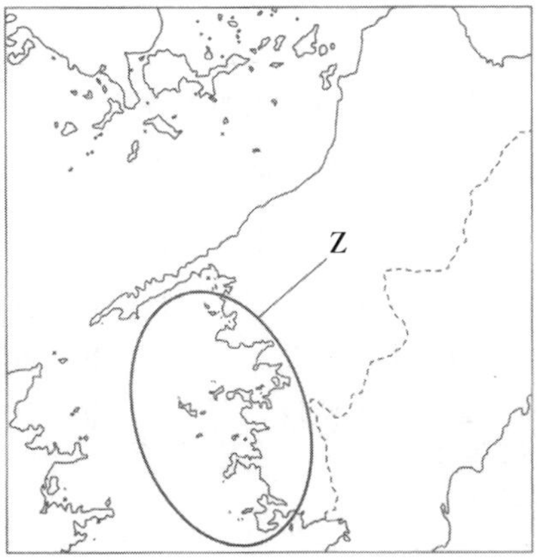

3　次の図を見て，あとの(1)～(5)の問いに答えなさい。

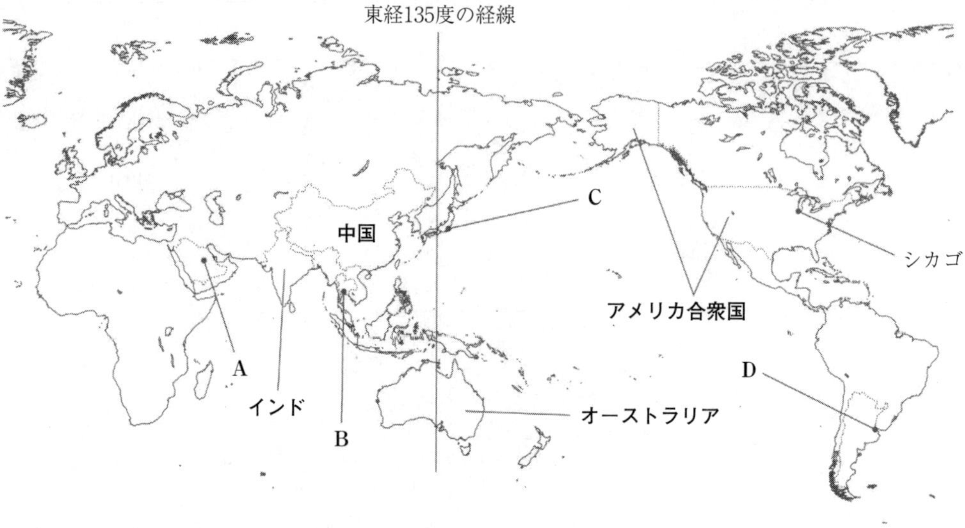

（注）　島等は省略したものもある。また，国境に一部未確定部分がある。

(1)　日本では，東経135度の経線で標準時を定めている。日本が2月15日午前8時のとき，図中のシカゴは2月14日午後5時である。シカゴの標準時を定めている経度を書きなさい。なお，東経，西経については，解答用紙の「東経」，「西経」のいずれかを ◯ で囲むこと。

(2)　次の文章は，図中の中国について述べたものである。文章中の □ に共通してあてはまる適当な語を**漢字4字**で書きなさい。

> この国では，1979年以降，特別な法律が適用される地域である □ をつくり，沿岸部のシェンチェンなどが指定された。□ を設けた目的は，税金を軽くすることなどにより，外国の高度な技術や資金を導入して経済を発展させることであった。

(3)　次の文章は，しょうたさんが，図中のインドについてまとめたレポートの一部である。文章中の Ⅰ ，Ⅱ にあてはまる語の組み合わせとして最も適当なものを，あとの**ア**～**エ**のうちから一つ選び，その符号を書きなさい。

> インドでは，最も多くの人々が Ⅰ を信仰しており，この国の社会や人々の暮らしに大きな影響をあたえています。また， Ⅰ では，水で身体をきよめる Ⅱ とよばれる儀式が重視されています。

ア　Ⅰ：ヒンドゥー教　Ⅱ：断食《だんじき》
イ　Ⅰ：ヒンドゥー教　Ⅱ：沐浴《もくよく》
ウ　Ⅰ：仏教　Ⅱ：断食
エ　Ⅰ：仏教　Ⅱ：沐浴

(4) 次の**ア**～**エ**のグラフは，上の図中の**A**～**D**の都市における月平均気温と月降水量の変化の様子を示したものである。これらのうち，**B**の都市のものはどれか。最も適当なものを一つ選び，その符号を書きなさい。

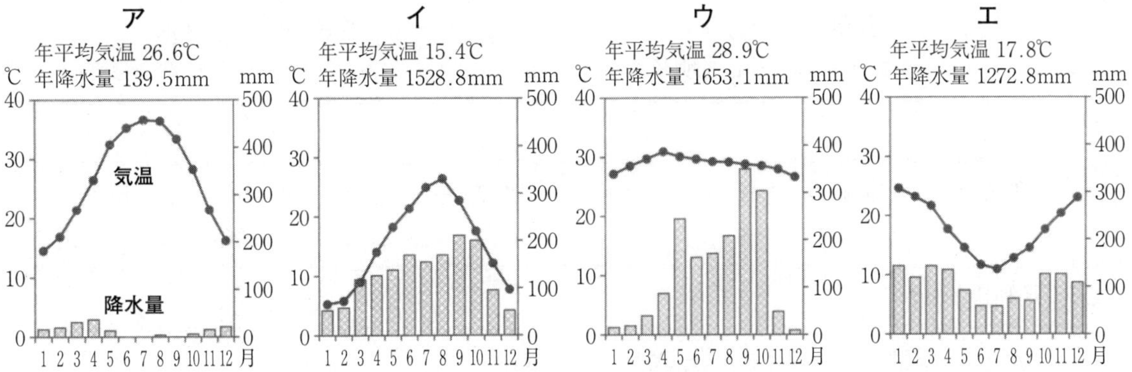

（注） **ア**～**ウ**のグラフ中のデータは1981年から2010年までの平均値を示す。**エ**のグラフ中のデータは1981年から2006年までの平均値を示す。

（「理科年表 2019」より作成）

(5) 次の**資料1**は，上の図中のアメリカ合衆国，オーストラリア及び中国の貿易上位２品目及び貿易額を，**資料2**は，これらの国の貿易相手先上位３か国・地域を示したものである。**資料1**と**資料2**から読み取れることとして最も適当なものを，あとの**ア**～**エ**のうちから一つ選び，その符号を書きなさい。

資料1　アメリカ合衆国，オーストラリア及び中国の貿易上位２品目及び貿易額（2017年）

	輸出上位２品目		輸出総額（百万ドル）	輸入上位２品目		輸入総額（百万ドル）
	１位	２位		１位	２位	
アメリカ合衆国	機械類	自動車	1,545,609	機械類	自動車	2,407,390
オーストラリア	鉄鉱石	石炭	230,163	機械類	自動車	228,442
中国	機械類	衣類	2,263,371	機械類	原油	1,843,793

資料2　アメリカ合衆国，オーストラリア及び中国の貿易相手先上位３か国・地域（2017年）

	輸出上位３か国・地域			輸入上位３か国・地域		
	１位	２位	３位	１位	２位	３位
アメリカ合衆国	カナダ	メキシコ	中国	中国	メキシコ	カナダ
オーストラリア	中国	日本	韓国	中国	アメリカ合衆国	日本
中国	アメリカ合衆国	香港	日本	韓国	日本	台湾

（**資料1**，**資料2**とも，「世界国勢図会 2019/20」より作成）

ア　アメリカ合衆国は，輸出上位２品目と輸入上位２品目が同じであり，輸入総額が輸出総額を上回っている。また，貿易相手先上位３か国・地域は，中国と北アメリカ州の国である。

イ　オーストラリアの輸出と輸入の上位２品目を見るかぎり，原料や資源を輸出して工業製品を輸入している。また，貿易相手先の上位は，輸出，輸入とも日本が２位である。

ウ　中国の輸出総額は輸入総額を大きく上回り，その差額はオーストラリアの輸出総額より大きい。また，輸出上位３か国・地域は，全てアジア州の国・地域である。

エ　アメリカ合衆国とオーストラリアの輸出総額と輸入総額を比較すると，どちらもアメリカ合衆国はオーストラリアの10倍以上である。また，両国の輸入上位１位は中国である。

4 次のA～Dのパネルは，社会科の授業で，けんじさんが日本の歴史で学んだ一族の系図の一部をまとめたものである。これらをもとに，あとの(1)～(5)の問いに答えなさい。

A ［藤原氏］

a 鎌足 ── 不比等 ┬─ 房前 ………… 兼家 ── c 道長 ── d 頼通
　　　　　　　　　└─ b 光明子

B ［源氏］

清和天皇 …… 源経基 ………… 為義 ── 義朝 ┬─ 頼朝 ┬─ 頼家
　　　　　　　　　　　　　　　　　　　　　└─ 義経 └─ e 実朝

C ［足利氏］

尊氏 ── 義詮 ── 義満 ┬─ 義持 ── 義量
　　　　　　　　　　　└─ 義教 ┬─ 義勝
　　　　　　　　　　　　　　　├─ 義政 ── 義尚
　　　　　　　　　　　　　　　├─ □ ── 義稙
　　　　　　　　　　　　　　　└─ □ ── 義澄 ┬─ 義晴 ┬─ 義輝
　　　　　　　　　　　　　　　　　　　　　　　│　　　 └─ 義昭
　　　　　　　　　　　　　　　　　　　　　　　└─ □ ── 義栄

「足利義満」

D ［徳川氏］

f 家康 ┬─ 秀忠 ── g 家光 ┬─ 家綱
　　　 │　　　　　　　　　├─ □ ── 家宣 ── 家継
　　　 │　　　　　　　　　└─ h 綱吉
　　　 ├─ □（尾張）
　　　 ├─ □（紀伊）………… i 吉宗 ┬─ 家重 ── 家治
　　　 │　　　　　　　　　　　　　 ├─ □ ── 松平定信
　　　 │　　　　　　　　　　　　　 └─ □ ─ □ ─ 家斉 ┬─ 家慶 ── 家定
　　　 │　　　　　　　　　　　　　　　　　　　　　　 └─ □ ── 家茂
　　　 └─ □（水戸）………………………………………… 慶喜

「徳川家康」

（注） 系図は左を祖先，右を子孫で表記している。──は親子関係，……は途中省略，□は人名省略を表している。

(1) Aの系図中の下線部a～dの人物やその時代について述べた文として最も適当なものを，次のア～エのうちから一つ選び，その符号を書きなさい。

ア a は，小野妹子らを遣隋使として派遣し，蘇我馬子と協力して新しい政治を行った。
イ b は，聖武天皇の皇后となったが，このころの文化は天平文化とよばれる。
ウ c は，摂政・関白を長くつとめ，宇治に平等院鳳凰《ほうおう》堂を建てた。
エ d は，平泉に本拠をおいて栄え，中尊寺金色堂を建てた。

(2) Bの系図中の下線部eの人物が暗殺された後，大きな政治的動きが起こった。その内容について述べた次の文章中の□にあてはまる適当なことばを，「隠岐」「朝廷」の二つの語を用いて**30字以内**（読点を含む。）で書きなさい。

源氏の将軍が絶えると，1221年に後鳥羽上皇は鎌倉幕府をたおそうとして兵を挙げた。

幕府は □ を京都に置いた。

(3) Cの系図中の足利氏が将軍であった時代に，絵入りの物語がさかんに読まれた。この物語について述べた文として最も適当なものを，次の**ア**～**エ**のうちから一つ選び，その符号を書きなさい。

ア 「浦島太郎」や「一寸法師」など，庶民を主人公にしたお伽草子《とぎぞうし》である。

イ 義理と人情の板ばさみのなかで生きる人々の姿を描いた，人形浄瑠璃《じょうるり》である。

ウ 武士や町人の生活を生き生きと描いた小説で，浮世草子《うきよぞうし》である。

エ 日本の自然や人物を描いて日本画のもとになった，大和絵(やまと絵)である。

(4) **D**の系図に関連して，次の文中のことがらが行われたときの江戸幕府の将軍として最も適当な人物を，系図中の下線部 **f** ～ **i** のうちから一つ選び，その符号を書きなさい。

参勤交代が制度として定められ，外交ではスペイン船やポルトガル船の来航が禁止された。

(5) 次の文章は，**D**の系図中の徳川氏が将軍であった時代に，イギリスで始まった変化について述べたものである。文章中の □ にあてはまる適当な語を**漢字4字**で書きなさい。

18世紀後半になると，イギリスで大量生産を行うための技術の改良や機械の発明が次々となされた。石炭を燃料とする蒸気機関が，新しい動力として使われるようになり，綿織物は工場で大量に生産されるようになった。さらに，製鉄，造船，鉄道などの産業も急速に発達し始めた。このような，工場での機械生産などの技術の向上による，社会と人々の生活の変化を □ という。

5 次の略年表は，社会科の授業で，明治時代以後の歴史について，二つの班がテーマを分担して調べ，まとめたものの一部である。これらを見て，あとの(1)～(5)の問いに答えなさい。

1班：国民の政治参加に関することがら

年代	主なことがら
1874	民撰議院《みんせんぎいん》設立(の)建白書
	↕ **A**
1890	第一回帝国議会
	↕ **B**
1912	護憲運動(第一次護憲運動)
1925	普通選挙法(男子普通選挙)
	↕ **E**
1946	日本国憲法の公布
	↕ **F**
1993	55年体制が終わる

2班：世界のできごと

年代	主なできごと
1882	三国同盟が結成される
1900	義和団事件が起こる
	↕ **C**
1914	第一次世界大戦が起こる
	↕ **D**
1939	第二次世界大戦が起こる
	↕ **G**
1950	朝鮮戦争が起こる
	↕ **H**
1990	東西ドイツが統一される

(1)　略年表中のAの時期に起こったことがらを，次の**ア**～**エ**のうちから**三つ**選び，年代の**古いものから順に**並べ，その符号を書きなさい。

ア　大日本帝国憲法が，天皇から国民にあたえるという形で発布された。

イ　伊藤博文を中心として，立憲政友会が結成された。

ウ　全国の自由民権運動の代表が大阪に集まり，国会期成同盟が結成された。

エ　大隈重信を党首として，立憲改進党がつくられた。

(2)　略年表中のBの時期に行われたことがらとして最も適当なものを，次の**ア**～**エ**のうちから一つ選び，その符号を書きなさい。

ア　官営模範工場(官営工場)として，群馬県に富岡製糸場が建てられた。

イ　北九州に官営の八幡《やはた》製鉄所がつくられ，鉄鋼の生産を始めた。

ウ　全国水平社が設立され，平等な社会の実現を目指した。

エ　関東大震災後の復興で，鉄筋コンクリートの建築物が増えた。

(3)　次の文章は，略年表中のCとDの時期に起こったことがらについて述べたものであり，あとの写真X，写真Yは，関連する人物である。文章中の［Ⅰ］，［Ⅱ］にあてはまる語の組み合わせとして最も適当なものを，下の**ア**～**エ**のうちから一つ選び，その符号を書きなさい。

> 略年表中のCの時期に，三民主義を唱えた写真Xを臨時大総統とする［Ⅰ］の建国が宣言された。略年表中のDの時期には，写真Yの［Ⅱ］の指導のもと，ソビエト政府が樹立され，1922年にソビエト社会主義共和国連邦(ソ連)が成立した。

X

Y

ア　Ⅰ：中華人民共和国　Ⅱ：スターリン

イ　Ⅰ：中華民国　Ⅱ：スターリン

ウ　Ⅰ：中華人民共和国　Ⅱ：レーニン

エ　Ⅰ：中華民国　Ⅱ：レーニン

(4)　次の文章は，略年表中のDの時期に起こったことがらについて述べたものである。文章中の［　　］に共通してあてはまる適当な語を**漢字4字**で書きなさい。

> パリ講和会議では，［　　］の考えがよびかけられ，東ヨーロッパの諸民族は独立を認められた。しかし，アジアやアフリカの植民地支配は続いたため，これらの地域では，それぞれの民族のことは，自分たちで決める権利があるという［　　］の主張が活発になった。

(5) 略年表中の**E**，**F**及び**G**，**H**の時期に起こったことがらについて述べたものとして最も適当なものを，次の**ア**～**エ**のうちから一つ選び，その符号を書きなさい。

ア Eの時期に，米騒動により藩閥で陸軍出身の首相が退陣し，原敬の政党内閣が成立した。

イ Fの時期に，日本の国民総生産は，資本主義国の中でアメリカにつぐ第2位となった。

ウ Gの時期に，柳条湖《リウティアオフー》《りゅうじょうこ》で南満州鉄道が爆破され，関東軍が満州の大部分を占領した。

エ Hの時期に，アメリカで同時多発テロ(同時多発テロ事件)が起こり，多くの犠牲者が出た。

6 次の文章を読み，あとの(1)～(3)の問いに答えなさい。

現代の経済において，a私企業は，主に生産を担《にな》う主体として活動し，利潤《りじゅん》(利益)の獲得を目指しています。同時に，私企業は，近年のb社会の意識の変化やc「働き方改革」の流れへの対応，積極的な社会貢献など，重要な役割が期待されています。

(1) 下線部aに関連して，次の文章は，私企業の中で代表的なものとされる株式会社について述べたものの一部である。文章中の Ⅰ ， Ⅱ にあてはまる適当な語を，それぞれ**漢字2字**で書きなさい。

> 株式会社は，株式を発行することで多くの人々から資本金を集めることができる。株式を購入した出資者は Ⅰ とよばれ，保有している株式の数に応じて，株式会社の利潤(利益)の一部を Ⅱ として受けとることができる。

(2) 下線部bに関連して，あとの**資料1**と**資料2**は，就労等に関する16歳から29歳までの若者の意識調査の結果を示したものである。**資料1**と**資料2**から読み取れることとして最も適当なものを，次の**ア**～**エ**のうちから一つ選び，その符号を書きなさい。

ア 仕事を選択する際に重要視する観点において，「とても重要」と回答した者の割合と「まあ重要」と回答した者の割合の合計が最も高かったのは，「安定していて長く続けられること」である。一方，働くことに関する不安において，「とても不安」と回答した者の割合と「どちらかといえば不安」と回答した者の割合の合計が最も高かったのは，「老後の年金はどうなるか」である。

イ 仕事を選択する際に重要視する観点において，「あまり重要でない」と回答した者の割合と「まったく重要でない」と回答した者の割合の合計が最も高かったのは，「社会的評価の高い仕事であること」である。一方，働くことに関する不安において，「あまり不安ではない」と回答した者の割合と「まったく不安ではない」と回答した者の割合の合計が最も高かったのは，「勤務先の将来はどうか」である。

ウ 仕事を選択する際に重要視する観点において，「とても重要」と回答した者の割合が最も低かったのは，「特別に指示されずに，自分の責任で決められること」である。一方，働くことに関する不安において，「とても不安」と回答した者の割合が最も低かったのは，「転勤はあるか」である。

エ 仕事を選択する際に重要視する観点において，「まったく重要でない」と回答した者の割合が最も低かったのは，「福利厚生が充実していること」である。一方，働くことに関する不安において，「まったく不安ではない」と回答した者の割合が最も低かったのは，「仕事と家庭生活の両立はどうか」である。

資料1　仕事を選択する際に重要視する観点

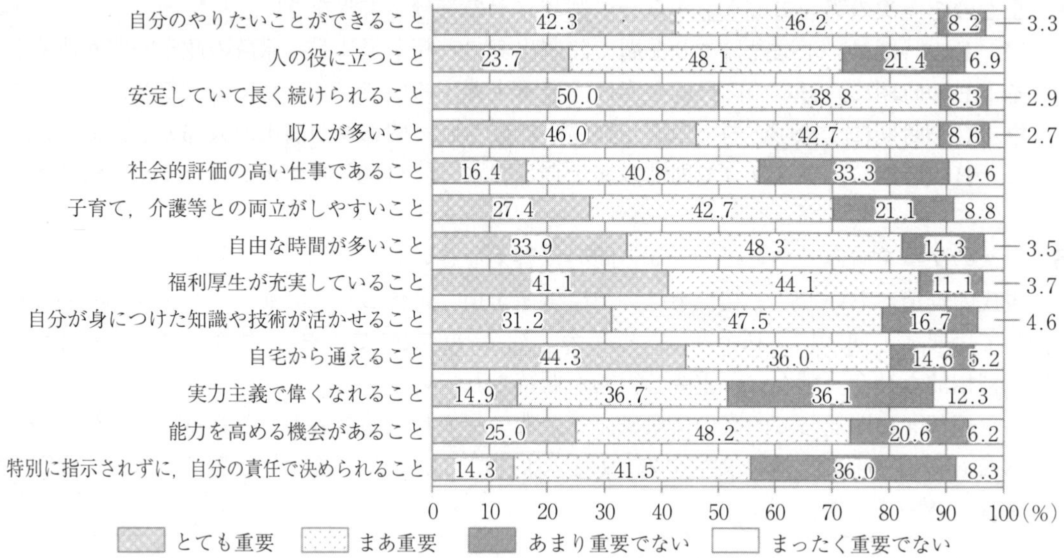

資料2　働くことに関する不安

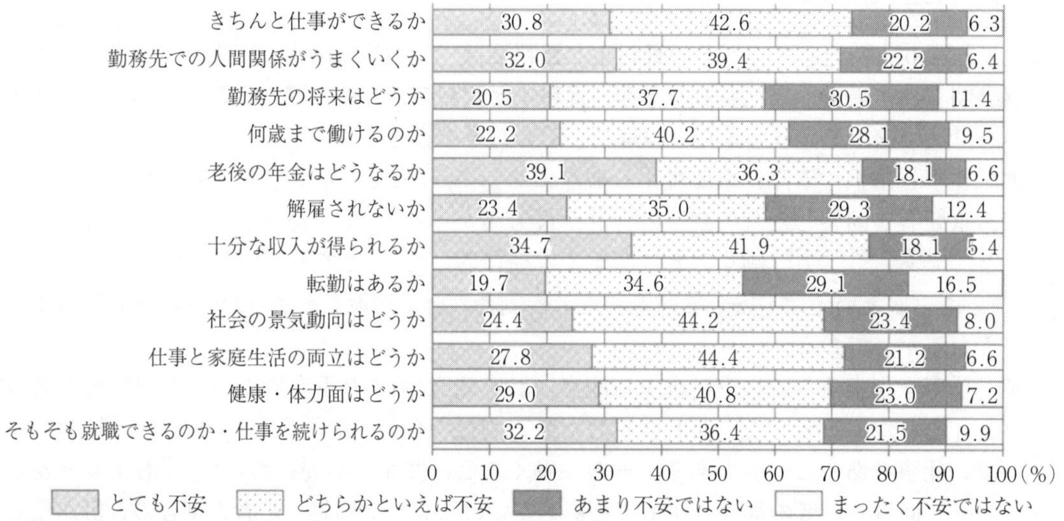

（注）　四捨五入の関係で，合計しても100％にならない場合がある。

（**資料1**，**資料2**とも，内閣府「平成30年版　子供・若者白書」より作成）

(3)　下線部**c**に関連して，次の**ア**～**エ**の文のうち，労働者の権利に関連することがらを正しく述べているものはどれか。最も適当なものを一つ選び，その符号を書きなさい。

ア　労働基準法では，労働者は，労働組合を結成して，使用者と交渉できると定められている。

イ　労働組合法では，15歳未満の児童の使用禁止や男女同一賃金が定められている。

ウ　労働関係調整法では，１週間の労働時間は40時間以内と定められている。

エ　日本国憲法では，労働三権とよばれる団結権・団体交渉権・団体行動権が定められている。

7　次の文章を読み，あとの(1)〜(3)の問いに答えなさい。

　a日本国憲法において定められているように，b天皇は，c内閣の助言と承認により，国事行為を行います。また，天皇は，国事行為以外にも，国際親善のための活動など，公的な活動を行っています。

(1)　下線部aに関連して，次の**ア**〜**エ**の文のうち，日本国憲法やその他の法律に定められている基本的人権に関連することがらを正しく述べているものはどれか。最も適当なものを一つ選び，その符号を書きなさい。

ア　参政権が保障されており，18歳以上の全ての国民が選挙権と被選挙権を有している。

イ　あらゆる裁判について，被告・被告人は国選弁護人を依頼することができる。

ウ　被疑者・被告人について，自白の強要は禁止されている。

エ　経済活動の自由が保障されており，いかなる場合でも，国による制約を受けることはない。

(2)　下線部bに関連して，次の文は，日本国憲法に定められている，天皇の地位について述べたものである。文中の□に共通してあてはまる適当な語を**漢字2字**で書きなさい。

> 第1条において，「天皇は，日本国の□であり日本国民統合の□であって，この地位は，主権の存する日本国民の総意に基《もとづ》く。」と定められている。

(3)　下線部cに関連して，次の**資料**は，こうすけさんが，社会科の授業での発表用に作成した表を活用しながら，国会における内閣総理大臣の指名についてまとめた発表原稿の一部である。**資料**中の□にあてはまる適当なことばを，「国会の議決」「内閣総理大臣」の二つの語を用いて**25字以内**(読点を含む。)で書きなさい。なお，「**X**」「**Y**」「**Z**」のいずれかの語を用いて，内閣総理大臣となる人物を示すこと。

資料　**こうすけさんの発表原稿の一部**

> 　右の表を見てください。内閣総理大臣となるのは，どの人物でしょうか。衆議院で得票数が1位となったのは**X**，参議院で得票数が1位となったのは**Y**です。このような指名投票の結果となった場合，日本国憲法第67条に定められているとおり，両院協議会を開催しても意見が一致しないときは，□として指名されることとなります。

国会における内閣総理大臣の指名投票の結果

衆議院			参議院		
順	人物	得票数	順	人物	得票数
1	**X**	235	1	**Y**	125
2	**Y**	200	2	**X**	108
3	**Z**	30	3	**Z**	15

8　次の文章を読み，あとの(1)，(2)の問いに答えなさい。

国際連合は1945年に発足しました。総会をはじめとする六つの主要機関から構成され，a様々な専門機関やその他の機関と協力して，b世界の平和と安全の維持を図るために活動しています。

(1)　下線部aに関連して，次の文中の［　　］にあてはまる国際連合の機関の略称として適当な語を**アルファベットの大文字**または**カタカナ**で書きなさい。

> 国連児童基金（［　　　］）は，発展途上国の子どもたちへの支援などに取り組んでおり，世界各地で，教育などの支援活動をしている。

(2)　下線部bに関連して，次の**資料**は，みさとさんが，安全保障理事会について調べたことをまとめたレポートの一部である。**資料**中の［ Ⅰ ］，［ Ⅱ ］にあてはまる語の組み合わせとして最も適当なものを，あとの**ア**～**エ**のうちから一つ選び，その符号を書きなさい。

資料　みさとさんのレポートの一部

> 下の写真は，国際連合の旗です。背景は青で，中央に白い紋章が描かれています。これは，世界地図のまわりを平和を意味するオリーブの枝葉で飾ったものです。国際連合の中で，世界で生じている紛争の解決を目指し，平和の維持を担当するのが安全保障理事会です。安全保障理事会は，国際連合の中でも強い権限を有しています。また，重要な問題の決定にあたっては，アメリカ合衆国，イギリス，［ Ⅰ ］，ロシア，中国の５か国の常任理事国のうち１か国でも反対すると決定できないこととなっており，常任理事国が持つこの権利を［ Ⅱ ］とよびます。

ア　Ⅰ：フランス　Ⅱ：拒否権　　**イ**　Ⅰ：ドイツ　Ⅱ：拒否権

ウ　Ⅰ：フランス　Ⅱ：請願権　　**エ**　Ⅰ：ドイツ　Ⅱ：請願権

理科

●満点 100点 ●時間 50分

1 次の(1)～(4)の問いに答えなさい。

(1) 無機物として最も適当なものを，次の**ア**～**エ**のうちから一つ選び，その符号を書きなさい。

ア エタノール **イ** 砂糖 **ウ** 食塩 **エ** プラスチック

(2) **図**は，千葉県内のある地点で観測された風向，風力，天気を天気図に使う記号で表したものである。このときの風向と天気として最も適当なものを，次の**ア**～**エ**のうちから一つ選び，その符号を書きなさい。

図

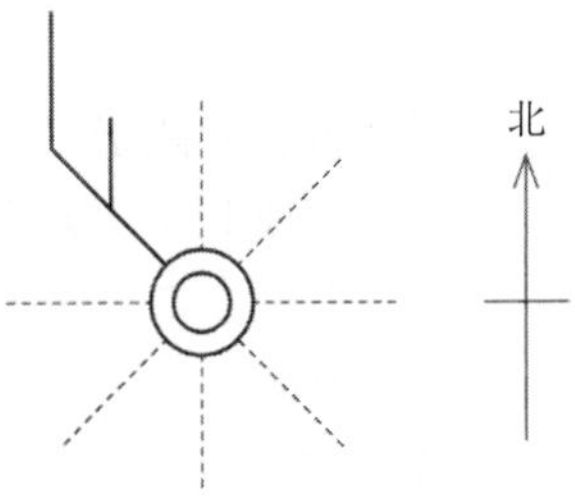

ア 風向：北西 天気：晴れ

イ 風向：北西 天気：くもり

ウ 風向：南東 天気：晴れ

エ 風向：南東 天気：くもり

(3) 光が，空気中からガラスの中に進むとき，ガラスの中に進む光が，空気とガラスの境界面(境界の面)で折れ曲がる現象を光の何というか。その名称を書きなさい。

(4) エンドウを栽培して遺伝の実験を行い，分離の法則などの遺伝の規則性を見つけた人物名として最も適当なものを，次の**ア**～**エ**のうちから一つ選び，その符号を書きなさい。

ア ダーウィン **イ** パスカル **ウ** フック **エ** メンデル

2 校庭や学校周辺の生物について調べるため，次の**観察1**，**2**を行いました。これに関して，あとの(1)～(4)の問いに答えなさい。

観察1

図1のように，校庭で摘《つ》み取ったアブラナの花のつくりを観察した。さらに，アブラナの花の各部分をくわしく調べるために，**図2**の双眼実体顕微鏡《そうがんじったいけんびきょう》で観察した。

図1

図2

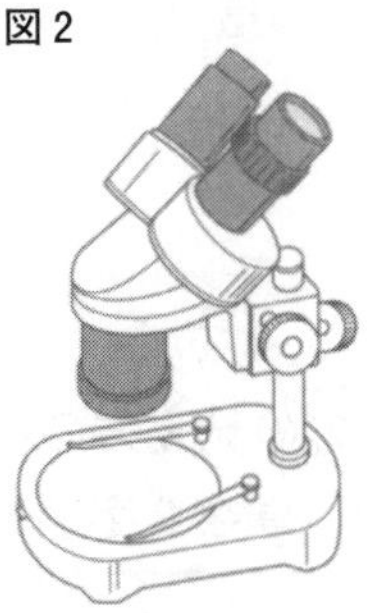

観察2

学校周辺の池で採取した水を**図3**の顕微鏡で観察し，水中で生活している微小な生物のスケッチを行った。**図4**は，スケッチした生物の一つである。また，<手順>にしたがって，接眼レンズおよび対物レンズを変え，同じ生物の，顕微鏡での見え方のちがいを調べた。

図 3

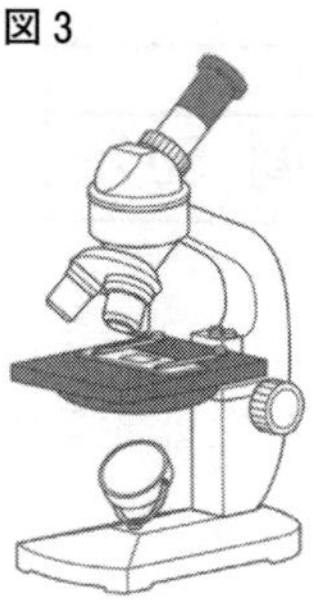

図 4

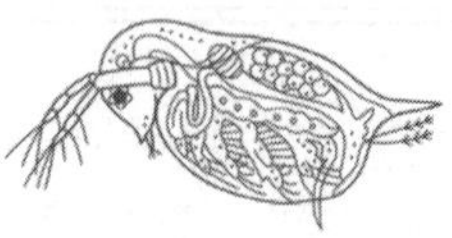

<手順>

① 最初の観察では，接眼レンズは倍率 5 倍，対物レンズは倍率 4 倍を使用した。

② 接眼レンズを倍率10倍に変え，対物レンズは①で使用した倍率 4 倍のまま変えずに観察したところ，①の観察のときに比べて，観察している生物の面積が 4 倍に拡大されて見えた。

③ 接眼レンズは②で使用した倍率10倍のまま変えずに，対物レンズを別の倍率に変えて観察したところ，①の観察のときに比べて，観察している生物の面積が25倍に拡大されて見えた。

図 5 は，①～③の観察における見え方のちがいを表したものである。

図 5

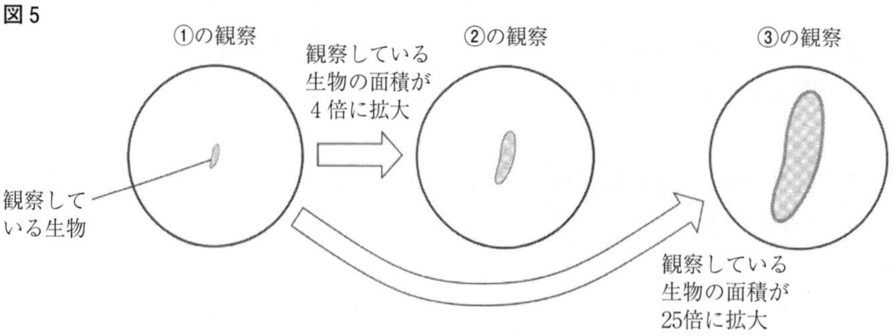

(1) **観察 1** の下線部について，アブラナの花の各部分を，外側から中心の順に並べたものとして最も適当なものを，次の**ア**～**エ**のうちから一つ選び，その符号を書きなさい。

ア 花弁，がく，めしべ，おしべ

イ 花弁，がく，おしべ，めしべ

ウ がく，花弁，めしべ，おしべ

エ がく，花弁，おしべ，めしべ

(2) 次の文は，**図 2** の双眼実体顕微鏡の，**ものの見え方の特徴《とくちょう》**について述べたものである。文中の □ にあてはまる最も適当なことばを，**漢字 2 字**で書きなさい。

> 双眼実体顕微鏡は，**図 3** のような顕微鏡とは異なり，プレパラートをつくる必要はなく，観察するものを □ 的に見ることができる。

(3) **観察 2** で，4 種類の微小な生物をスケッチしたものが，次の**ア**～**エ**である。スケッチの大きさと縮尺をもとに，次の**ア**～**エ**の生物を，実際の体の長さが長いものから短いものへ，左から順に並べて，その符号を書きなさい。

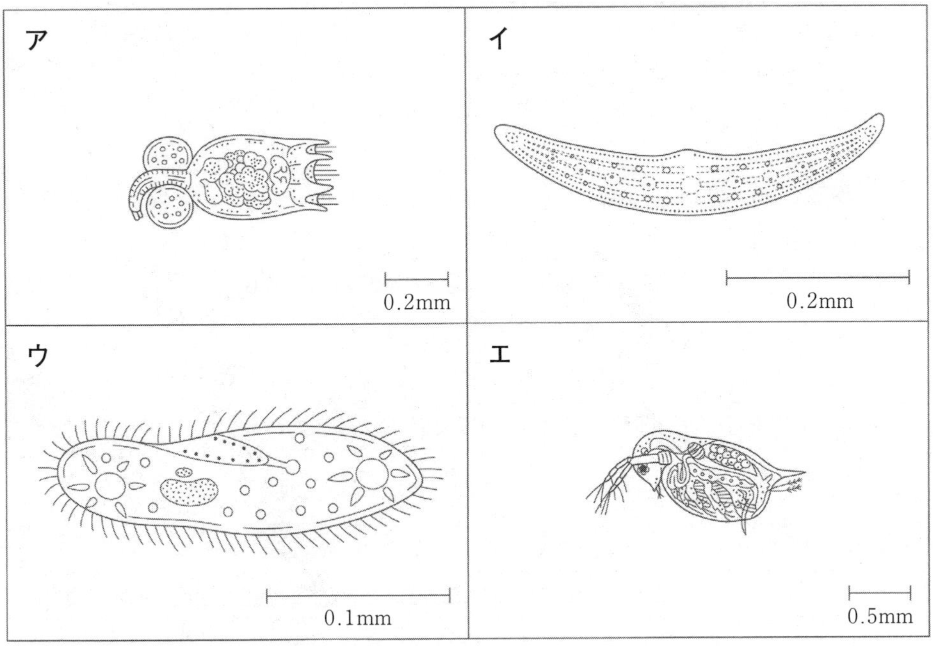

(4) **観察2**の＜手順＞の③で使用した対物レンズの倍率は何倍か，書きなさい。

3 鉄と硫黄《いおう》を混ぜて加熱したときの変化を調べるため，次の**実験1**，**2**を行いました。これに関して，あとの(1)～(4)の問いに答えなさい。

実験1

① **図1**のように，鉄粉7.0 gと硫黄4.0 gを乳《にゅう》ばちに入れてよく混ぜ合わせた。その混合物の$\frac{1}{4}$くらいを試験管**A**に，残りを試験管**B**にそれぞれ入れた。

② **図2**のように，試験管**B**に入れた混合物の上部を加熱し，混合物の上部が赤くなったところで加熱をやめた。その後も反応が進んで鉄と硫黄は完全に反応し，黒い物質ができた。

図1

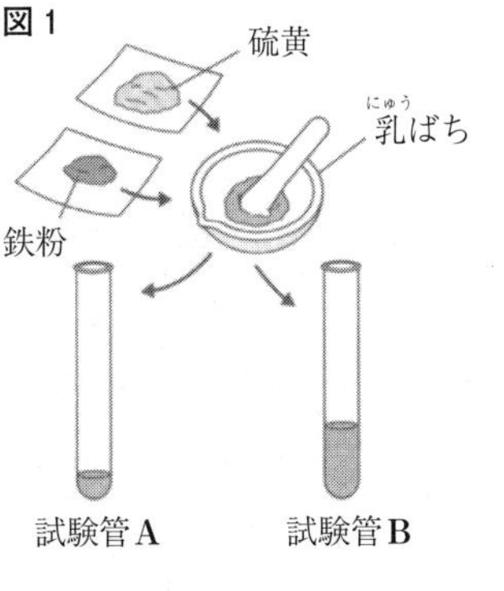

図2

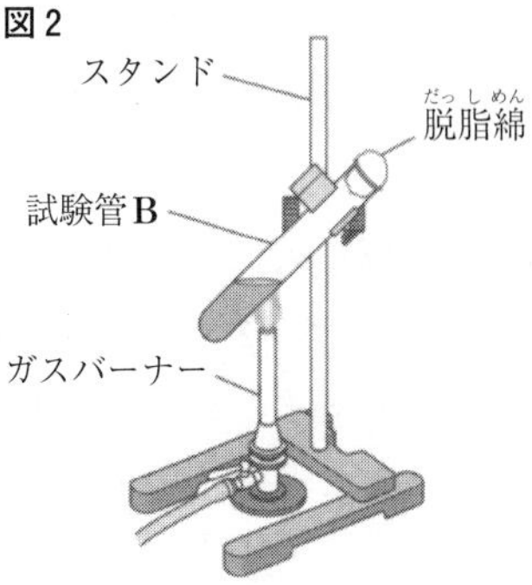

③ 試験管**B**を十分に冷ました後，試験管**A**，**B**に，**図3**のように，それぞれ磁石《じしゃく》を近づけて試験管内の物質が磁石に引きつけられるかどうかを調べた。

④ ③の試験管**A**，**B**内の物質を少量とり，それぞれ別の試験管に入れた。次に，**図4**のように，それぞれの試験管にうすい塩酸を数滴《すうてき》入れたところ，どちらも気体が発生した。$_{\mathrm{a}}$発生した気体に，においがあるかどうかを調べた。

表1は，**実験1**の③と④の結果をまとめたものである。

図3

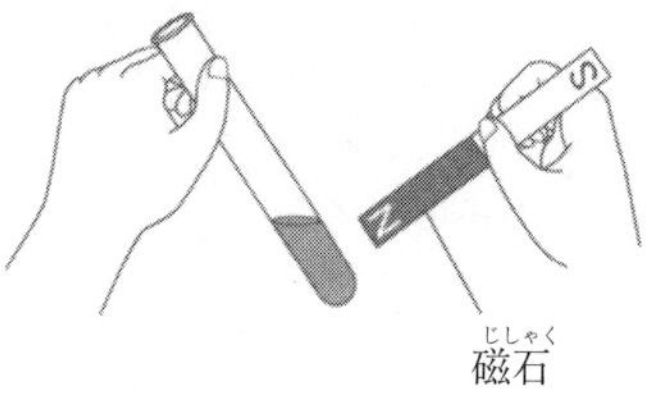

図4

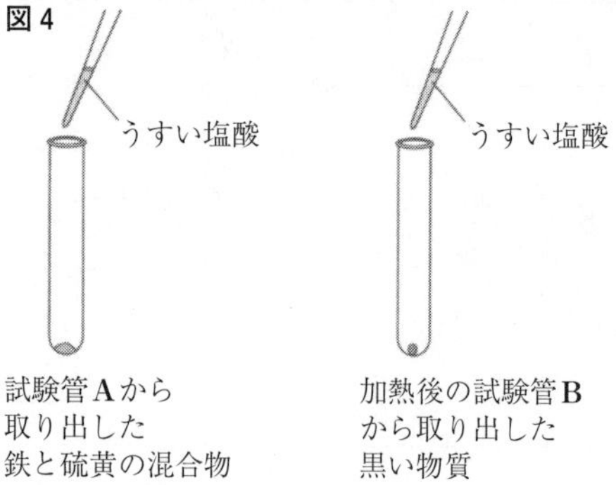

表1

	磁石を近づけたとき	うすい塩酸を数滴入れたとき
鉄と硫黄の混合物（試験管A）	磁石に引きつけられた	においのない気体が発生した
加熱後の黒い物質（試験管B）	磁石に引きつけられなかった	[x]のようなにおいの気体が発生した

実験2

試験管C～Fを用意し，**表2**に示した質量の鉄粉と硫黄をそれぞれよく混ぜ合わせて各試験管に入れた。次に，**実験1**の②の試験管Bと同様に試験管C～Fを加熱したところ，試験管C，D，Eの鉄と硫黄は完全に反応したが，b試験管Fの鉄と硫黄は，完全には反応せずにどちらか一方の物質が残った。

表2

	試験管C	試験管D	試験管E	試験管F
鉄粉の質量	2.8g	4.2g	5.6g	6.6g
硫黄の質量	1.6g	2.4g	3.2g	3.6g

(1) **実験1**の②で，鉄と硫黄の反応でできた黒い物質の名称と化学式を書きなさい。

(2) **実験1**の②で，加熱をやめた後も，そのまま反応が進んだのは，この化学変化が発熱反応のためである。次のⅠ～Ⅲの操作における化学変化は，発熱反応と吸熱反応のどちらか。その組み合わせとして最も適当なものを，次の**ア**～**エ**のうちから一つ選び，その符号を書きなさい。

	Ⅰ　酸化カルシウムに水を加える	Ⅱ　炭酸水素ナトリウムを混ぜた水に，レモン汁またはクエン酸を加える	Ⅲ　塩化アンモニウムと水酸化バリウムを混ぜる
ア	発熱反応	発熱反応	吸熱反応
イ	発熱反応	吸熱反応	吸熱反応
ウ	吸熱反応	発熱反応	発熱反応
エ	吸熱反応	吸熱反応	発熱反応

(3) **実験1**の④の下線部aについて，発生した気体のにおいをかぐ方法を簡潔に書きなさい。また，**表1**の[x]にあてはまるものとして最も適当なものを，次の**ア**～**エ**のうちから一つ選び，その符号を書きなさい。

ア　エタノール　　イ　くさった卵　　ウ　プールの消毒　　エ　こげた砂糖

(4) **実験2**の下線部**b**について，完全には反応せずに残った物質は鉄と硫黄のどちらか，物質名を書きなさい。また，反応せずに残った物質をのぞく，この反応でできた物質の質量は何gか，書きなさい。

4　Sさんは天体の動きを調べるため，千葉県内のある場所で，晴れた日には毎日，午後9時に北斗七星《ほくとしちせい》とオリオン座の位置を観測し，記録しました。これに関する先生との会話文を読んで，あとの(1)～(4)の問いに答えなさい。

Sさん：最初に観測した日の午後9時には，北斗七星は**図1**のように北の空に見えました。また，オリオン座のリゲルという恒星《こうせい》が，**図2**のように真南の空に見えました。その日以降の観測によって，北斗七星やオリオン座の午後9時の位置は，日がたつにつれて少しずつ移動していることがわかりました。最初に観測した日から2か月後の午後9時には，北斗七星は，[x]の図のように見えました。

先　生：そうですね。同じ時刻に同じ場所から，同じ方向の空を観測しても，季節が変われば見ることができる星座が異なります。なぜだと思いますか。

Sさん：それは，地球が太陽のまわりを1年かかって1周しているからだと思います。以前に，この運動を地球の[y]ということを習いました。太陽，星座，地球の位置関係を考えると，地球の[y]によって，地球から見て[z]と同じ方向に位置するようになった星座は，その季節には見ることができなくなるはずです。

先　生：そうですね。その他に，星座の動きについて何か気づいたことはありますか。

Sさん：はい。同じ日の午後9時以外の時刻に観測を行うと，北斗七星やオリオン座の位置が，午後9時とは異なって見えました。

先　生：そのとおりです。同じ日に同じ場所で観測しても，時刻が変われば，その星座が見える位置が異なるのです。しっかりと観測を続けた成果ですね。

Sさん：先生，季節や時刻だけでなく，観測地が変われば見える星座が異なると聞きました。いつか海外に行って，千葉県とは異なる星空を見てみたいです。

先　生：それはいいですね。日本からは1年中地平線の下に位置するために見ることができない星座を，ぜひ観測してみましょう。

図1

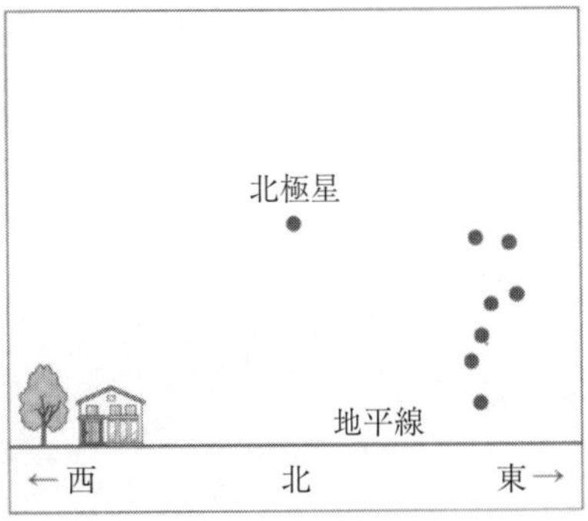

図2

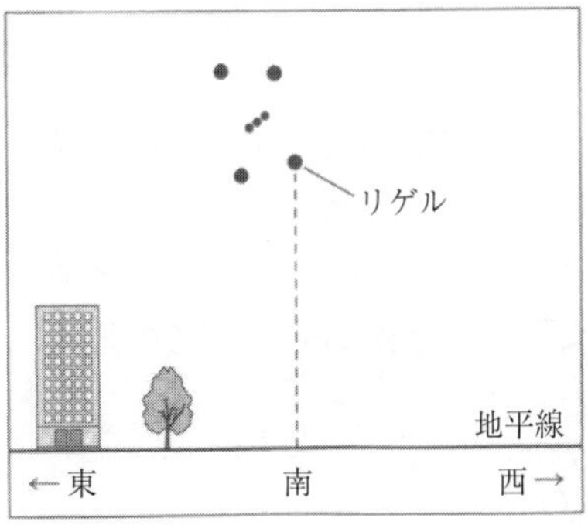

(1) 会話文中の [x] にあてはまる図として最も適当なものを，次の**ア**～**エ**のうちから一つ選び，その符号を書きなさい。

ア

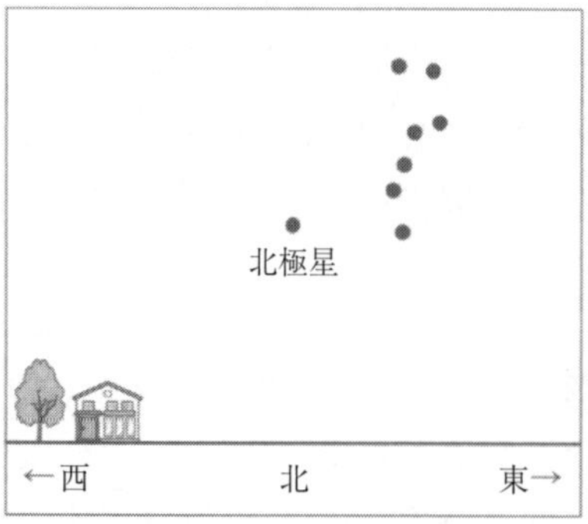

イ

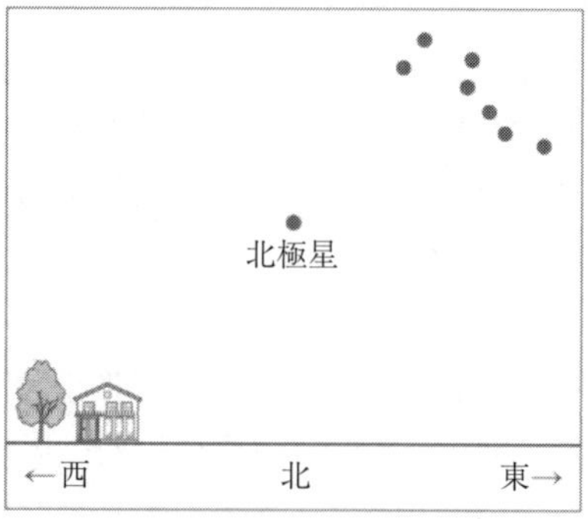

ウ

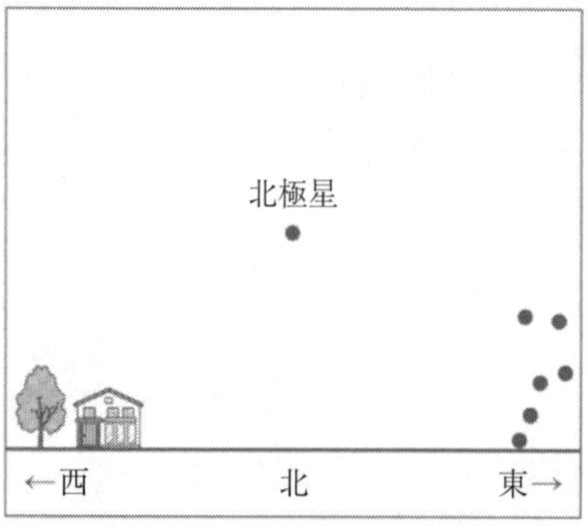

エ

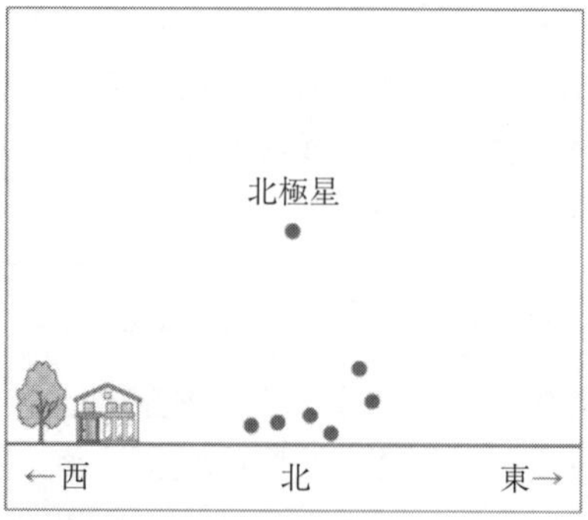

(2) 会話文中の [y]，[z] にあてはまる最も適当なことばを，それぞれ書きなさい。

(3) 最初に観測した日から1か月後および11か月後に，同じ場所から観測した場合，**図2**と同じようにリゲルを真南の空に見ることができる時刻として最も適当なものを，次の**ア**～**エ**のうちからそれぞれ一つずつ選び，その符号を書きなさい。

ア 午後7時頃　**イ** 午後8時頃　**ウ** 午後10時頃　**エ** 午後11時頃

(4) **図1**で，観測した場所での地平線から北極星までの角度を測ったところ，35°であった。また**図2**で，観測した場所でのリゲルの南中高度を測ったところ，47°であった。リゲルが1年中地平線の下に位置するために観測できない地域として最も適当なものを，次の**ア**～**エ**のうちから一つ選び，その符号を書きなさい。ただし，観測は海面からの高さが0mの場所で行うものとする。

ア 北緯82°よりも緯度が高いすべての地域

イ 北緯55°よりも緯度が高いすべての地域

ウ 南緯82°よりも緯度が高いすべての地域

エ 南緯55°よりも緯度が高いすべての地域

5　力のつり合いと，仕事とエネルギーについて調べるため，次の**実験1**，**2**を行いました。これに関して，あとの(1)～(4)の問いに答えなさい。ただし，滑車《かっしゃ》およびばねの質量，ひもの質量およびのび縮みは考えないものとし，物体と斜面《しゃめん》の間の摩擦《まさつ》，ひもと滑車の間の摩擦，空気抵《てい》抗《こう》はないものとします。また，質量100 gの物体にはたらく重力の大きさを1 Nとします。

実験1

質量が等しく，ともに2 kgの物体Aと物体Bをひもでつなぎ，そのひもを滑車にかけ，物体Aを斜面上に置いた。静かに手をはなしたところ，物体A，Bがゆっくり動きだしたので，**図1**のように，物体A，Bが床から同じ高さになるように，物体Bを手で支えた。その後，ひもを切ると同時に物体Bから手をはなし，物体A，Bの運動のようすを調べた。

図1

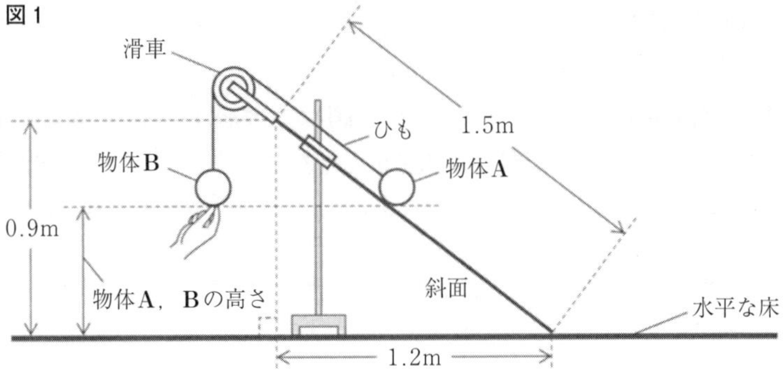

実験2

ばねの一端《たん》と物体Cをひもでつなぎ，ばねの他端を手で持ち，ばねが斜面と平行になるように，**実験1**で用いた斜面上に物体Cを置いたところ，ばねののびは6 cmであった。次に，ばねを手で引き，物体Cを斜面に沿《そ》ってゆっくり0.5m引き上げ，**図2**の位置で静止させた。物体Cが移動している間，ばねののびは，つねに6 cmであった。

使用したばねは，ばねに加えた力の大きさとばねの長さの関係が**表**のとおりである。

表

加えた力の大きさ〔N〕	0	1	2	3	4	5	6	7	8	9
ばねの長さ〔cm〕	15	16	17	18	19	20	21	22	23	24

図2

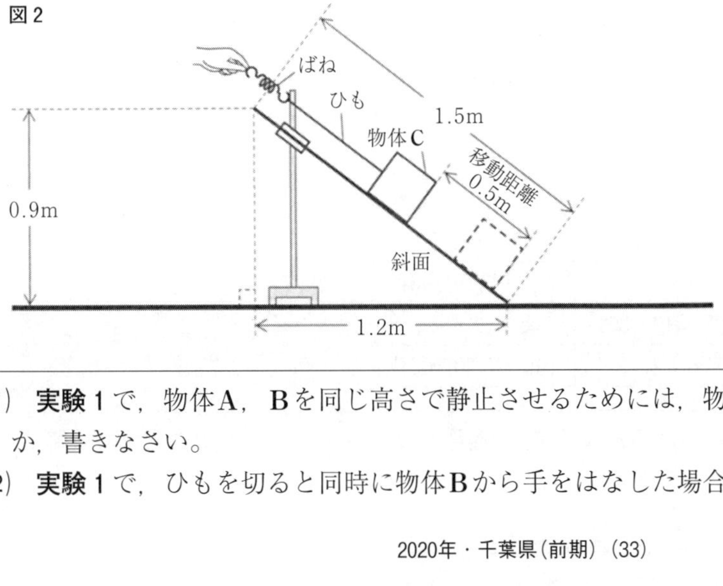

(1)　**実験1**で，物体A，Bを同じ高さで静止させるためには，物体Bを何Nの力で支えればよいか，書きなさい。

(2)　**実験1**で，ひもを切ると同時に物体Bから手をはなした場合，物体A，Bの高さが床から半分に達したときの，物体Aと物体Bの運動エネルギーの大きさの関係について，簡潔に書きなさい。

(3) **図3**は，**実験2**で，物体Cを斜面上に静止させたときのようすを模式的に表したものである。このとき，物体Cにはたらく力を，解答用紙の図中に矢印でかきなさい。ただし，力が複数ある場合は**すべて**かき，作用点を●で示すこと。また，**図3**の矢印は，**実験2**において斜面上に静止している物体Cにはたらく重力を示している。

(4) **実験2**で用いた物体Cの質量は何kgか，書きなさい。また，物体Cを斜面に沿って0.5m引き上げたとき，ばねを引いた手が物体Cにした仕事は何Jか，書きなさい。

図3

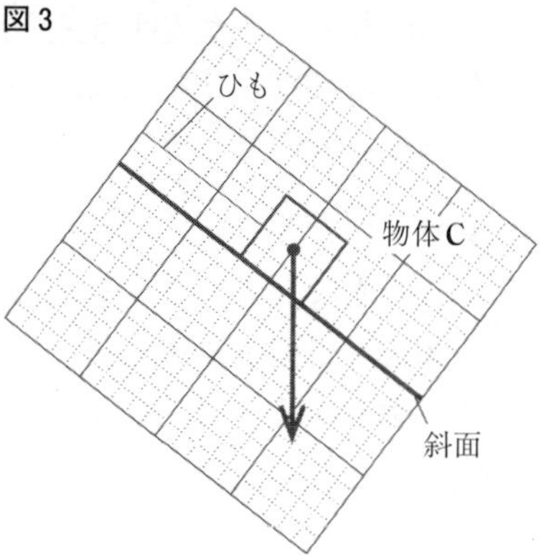

6 中国地方で発生した**地震**《じしん》**Ⅰ**と**地震Ⅱ**について調べました。**図**は，**地震Ⅰ**の震央《しんおう》**×**の位置と，各観測地点における震度を示しています。また**表**は，**地震Ⅱ**で地点**A**～**F**にP波，S波が届いた時刻を表していますが，一部のデータは不明です。これに関して，あとの(1)～(3)の問いに答えなさい。

図

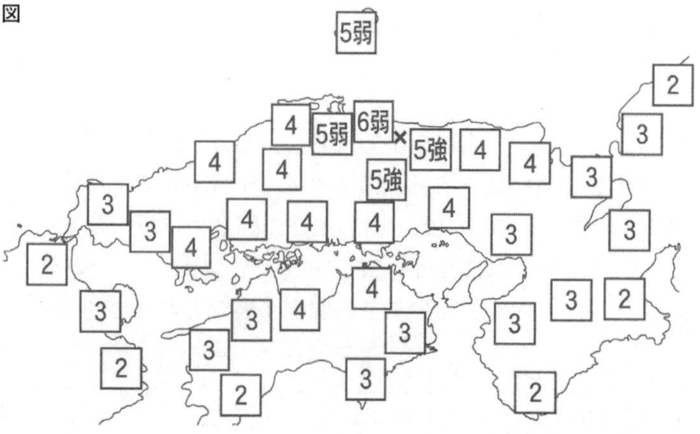

×は**地震Ⅰ**の震央の位置，□の中の数字や文字は各観測地点の震度を表している。

表

地点	**地震Ⅱ**の震源《しんげん》からの距離《きょり》	**地震Ⅱ**のP波が届いた時刻	**地震Ⅱ**のS波が届いた時刻
A	40km	午前7時19分26秒	データなし
B	56km	データなし	午前7時19分35秒
C	80km	午前7時19分31秒	データなし
D	100km	データなし	午前7時19分46秒
E	120km	午前7時19分36秒	データなし
F	164km	データなし	午前7時20分02秒

(1) **図**に示された各観測地点における震度から，**地震Ⅰ**についてどのようなことがいえるか。次の**ア**～**エ**のうちから最も適当なものを一つ選び，その符号を書きなさい。

ア　震央から観測地点の距離が遠くなるにつれて，震度が小さくなる傾向がある。
イ　観測された震度から，この地震のマグニチュードは，6.0よりも小さいことがわかる。
ウ　観測地点によって震度が異なるのは，土地のつくり(地盤《じばん》の性質)のちがいのみが原因である。
エ　震央付近の震度が大きいのは，震源が海底の浅いところにあることが原因である。

(2)　次の文章は，地震の波とゆれについて説明したものである。文章中の［ y ］，［ z ］にあてはまるものの組み合わせとして最も適当なものを，あとの**ア～エ**のうちから一つ選び，その符号を書きなさい。

> 地震が起こると［　　y　　］，P波がS波より先に伝わる。S波によるゆれを［　z　］という。

ア　y：P波が発生した後に，遅れてS波が発生するため　z：初期微動《しょきびどう》
イ　y：P波が発生した後に，遅れてS波が発生するため　z：主要動《しゅようどう》
ウ　y：P波とS波は同時に発生するが，伝わる速さがちがうため　z：初期微動
エ　y：P波とS波は同時に発生するが，伝わる速さがちがうため　z：主要動

(3)　**地震Ⅱ**について，次の①，②の問いに答えなさい。なお，P波，S波が地中を伝わる速さは，それぞれ一定であり，P波もS波もまっすぐ進むものとする。

①　**地震Ⅱ**が発生した時刻は午前何時何分何秒か，書きなさい。
②　**表**をもとに，**地震Ⅱ**の震源からの距離と，初期微動継続時間《けいぞくじかん》の関係を表すグラフを完成させなさい。また，初期微動継続時間が18秒である地点から震源までの距離として最も適当なものを，次の**ア～エ**のうちから一つ選び，その符号を書きなさい。

ア　約108km
イ　約126km
ウ　約144km
エ　約162km

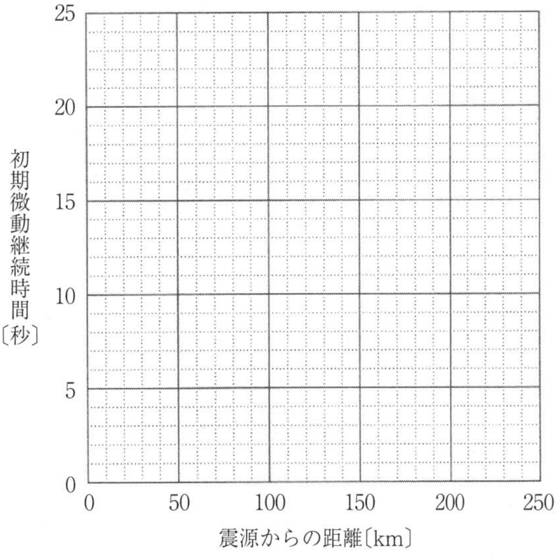

7　回路に流れる電流の大きさと，電熱線の発熱について調べるため，次の**実験１～３**を行いました。これに関して，あとの(1)～(4)の問いに答えなさい。ただし，各電熱線に流れる電流の大きさは，時間とともに変化しないものとします。

実験１
①　**図１**のように，電熱線**A**を用いて実験装置をつくり，発泡《はっぽう》ポリスチレンのコップに水120gを入れ，しばらくしてから水の温度を測ったところ，室温と同じ20.0℃だった。
②　スイッチを入れ，電熱線**A**に加える電圧を6.0Vに保って電流を流し，水をゆっくりかき混ぜながら１分ごとに５分間，水の温度を測定した。測定中，電流の大きさは1.5

Aを示していた。

③　**図1**の電熱線**A**を，発生する熱量が$\frac{1}{3}$の電熱線**B**にかえ，水の温度を室温と同じ20.0℃にした。電熱線**B**に加える電圧を6.0Vに保って電流を流し，②と同様に1分ごとに5分間，水の温度を測定した。

図2は，測定した結果をもとに，「電流を流した時間」と「水の上昇温度」の関係をグラフに表したものである。

図1

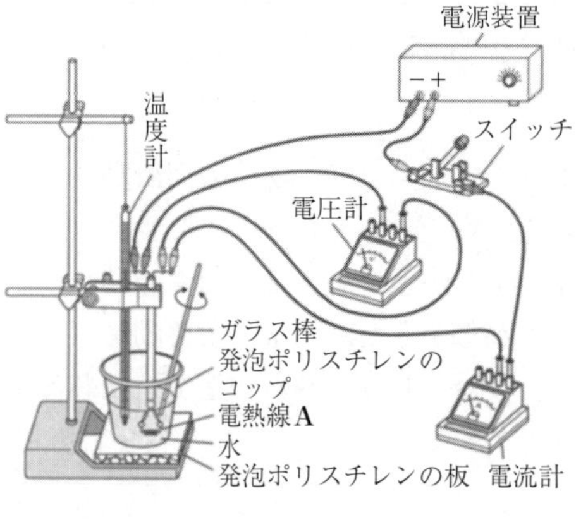

図2

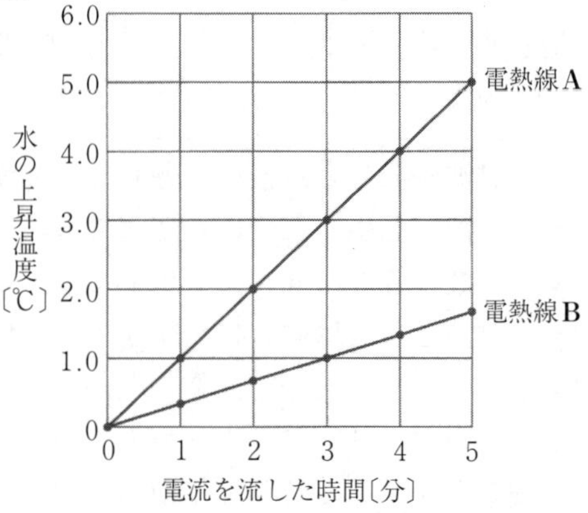

実験2

図3，**図4**のように，電熱線**A**，**B**を用いて，直列回路と並列回路をつくった。それぞれの回路全体に加える電圧を6.0Vにし，回路に流れる電流の大きさと，電熱線**A**に加わる電圧の大きさを測定した。その後，電圧計をつなぎかえ，電熱線**B**に加わる電圧の大きさをそれぞれ測定した。

図3

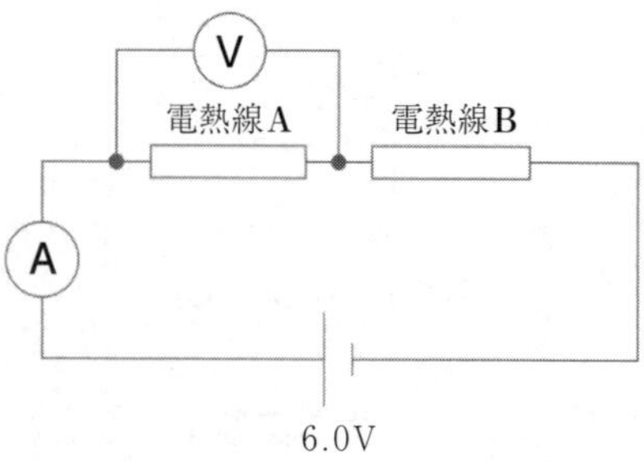

図4

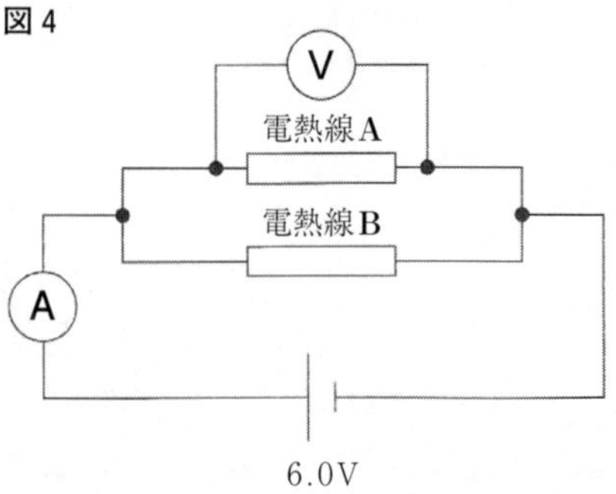

実験3

図4の回路の電熱線**B**を，抵抗《ていこう》(電気抵抗)の値《あたい》がわからない電熱線**C**にかえた。その回路全体に加える電圧を5.0Vにし，回路に流れる電流の大きさと，それぞれの電熱線に加わる電圧の大きさを測定した。そのとき，電流計の目もりが示した電流の大きさは，1.5Aであった。

(1) 電流計を用いて，大きさが予想できない電流を測定するとき，電流計の－《マイナス》端子《たんし》へのつなぎ方として最も適当なものを，次の**ア～エ**のうちから一つ選び，その符号を書きなさい。なお，用いる電流計の＋《プラス》端子は１つであり，電流計の－端子は５Ａ，500mA，50mAの３つである。

ア　はじめに，電源の－極側の導線を500mAの－端子につなぎ，針が目もり板の中央より左側にある場合は５Ａの－端子につなぎかえ，右側にある場合は50mAの－端子につなぎかえて，針が示す中央付近の目もりを正面から読んで電流の大きさを測定する。

イ　はじめに，電源の－極側の導線を50mAの－端子につなぎ，針の振《ふ》れが大きければ，500mA，５Ａの－端子の順につなぎかえて，針が示す目もりを正面から読んで電流の大きさを測定する。

ウ　はじめに，電源の－極側の導線を50mAの－端子につなぎ，針の振れが小さければ，500mA，５Ａの－端子の順につなぎかえて，針が示す目もりを正面から読んで電流の大きさを測定する。

エ　はじめに，電源の－極側の導線を５Ａの－端子につなぎ，針の振れが小さければ，500mA，50mAの－端子の順につなぎかえて，針が示す目もりを正面から読んで電流の大きさを測定する。

(2) **実験１**で，電熱線Ａに電流を５分間流したときに発生する熱量は何Ｊか，書きなさい。

(3) **実験２**で，消費電力が最大となる電熱線はどれか。また，消費電力が最小となる電熱線はどれか。次の**ア～エ**のうちから最も適当なものをそれぞれ一つずつ選び，その符号を書きなさい。

ア　**図３**の回路の電熱線Ａ

イ　**図３**の回路の電熱線Ｂ

ウ　**図４**の回路の電熱線Ａ

エ　**図４**の回路の電熱線Ｂ

(4) **実験３**で，電熱線Ｃの抵抗(電気抵抗)の値は何Ωか，書きなさい。

8　Ｓさんたちは，「動物は，生活場所や体のつくりのちがいから，なかま分けすることができる」ことを学びました。これに関する先生との会話文を読んで，あとの(1)～(4)の問いに答えなさい。

先　生：**図１**を見てください。背骨をもつ動物のカードを５枚用意しました。

図１

先　生：Ｓさん，これらのカードの動物のように，背骨をもつ動物を何といいますか。

Ｓさん：はい。［　a　］といいます。

先　生：そのとおりです。それでは，動物のいろいろな特徴《とくちょう》のちがいから，５枚のカードを分けてみましょう。

Ｔさん：私は「子は水中で生まれるか，陸上で生まれるか」というちがいから，**図２**のようにカードを分けてみました。

図2

カエル	フナ	ウサギ	ハト	ワニ

子は水中で生まれる（カエル，フナ）　子は陸上で生まれる（ウサギ，ハト，ワニ）

Sさん：私は「変温動物か，恒温《こうおん》動物か」というちがいから，カードを分けてみました。

先　生：ふたりとも，よくできました。では次に，**図3**を見てください。これは，カエルとウサギの肺の一部を模式的に表した図です。

Tさん：ウサギの肺は，カエルの肺に比べてつくりが複雑ですね。

先　生：そうですね。ウサギのなかまの肺には，肺胞《はいほう》と呼ばれる小さな袋《ふくろ》が多くあります。肺胞の数が多いと，［　**b**　］ため，肺胞のまわりの血管で酸素と二酸化炭素の交換が効率よく行えるのです。なお，カエルやイモリのなかまは，皮ふでも呼吸を行っています。

Sさん：イモリなら理科室で飼われていますね。外見はトカゲに似ていますが，他の特徴なども似ているのでしょうか。

先　生：確かに外見は似ていますね。イモリとトカゲの特徴を調べて，まとめてみましょう。

図3

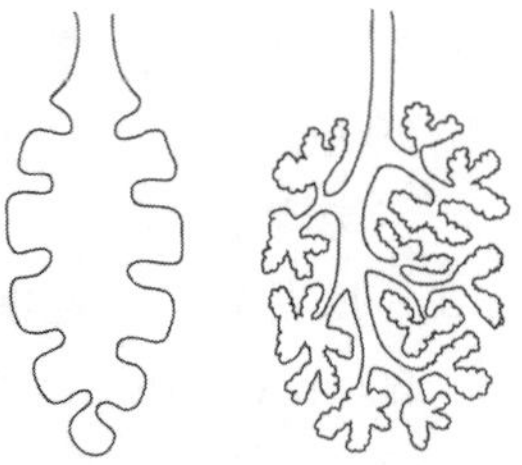

カエルの肺の一部　　ウサギの肺の一部

(1)　会話文中の［ a ］にあてはまる最も適当な名称を書きなさい。

(2)　会話文中の下線部について，恒温動物であるものを，次の**ア**～**オ**のうちから**すべて選び**，その符号を書きなさい。

ア　ウサギ　　**イ**　カエル　　**ウ**　ハト　　**エ**　フナ　　**オ**　ワニ

(3)　会話文中の［ b ］にあてはまる内容を，「**空気**」ということばを用いて，簡潔に書きなさい。

(4)　**表**は，イモリとトカゲの特徴をまとめたものである。**表**中の［ w ］，［ x ］にあてはまるものの組み合わせとして最も適当なものを，Ⅰ群の**ア**～**エ**のうちから一つ選び，その符号を書きなさい。また，［ y ］，［ z ］にあてはまるものの組み合わせとして最も適当なものを，Ⅱ群の**ア**～**エ**のうちから一つ選び，その符号を書きなさい。

表

生物の名称	イモリ	トカゲ
外　見		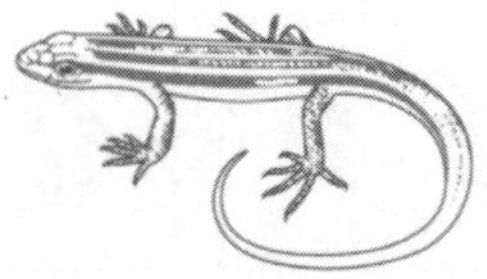
産み出された卵のようす	w	x
体表のようす	y	z
同じ分類のなかま	カエル	ワニ

Ⅰ群　**ア**　**w**：殻《から》がある　**x**：寒天のようなもので包まれている
　　　イ　**w**：寒天のようなもので包まれている　**x**：殻がある
　　　ウ　**w**：殻がある　**x**：殻がある
　　　エ　**w**：寒天のようなもので包まれている　**x**：寒天のようなもので包まれている
Ⅱ群　**ア**　**y**：しめった皮ふでおおわれている　**z**：うろこでおおわれている
　　　イ　**y**：うろこでおおわれている　**z**：しめった皮ふでおおわれている
　　　ウ　**y**：しめった皮ふでおおわれている　**z**：しめった皮ふでおおわれている
　　　エ　**y**：うろこでおおわれている　**z**：うろこでおおわれている

9　電気分解によって発生する気体を調べるため，次の**実験１**，**２**を行いました。これに関して，あとの(1)～(4)の問いに答えなさい。

実験１

①　**図１**のように，電気分解装置にうすい塩酸を満たし，一定の電圧をかけて電流を流したところ，電極**a**，電極**b**からは，それぞれ気体が発生した。

②　１分後，電極**a**側，電極**b**側に集まった気体の体積が，**図２**のようになったところで，電源を切った。

③　電極**a**側のゴム栓《せん》をとり，電極**a**側に集まった気体の性質を調べるための操作を行った。

図１

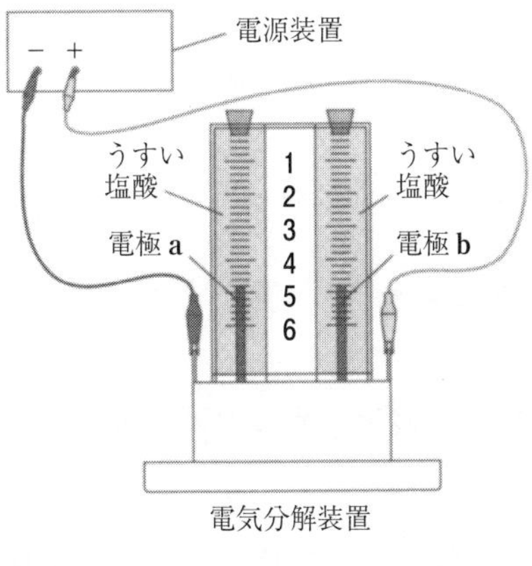

図２

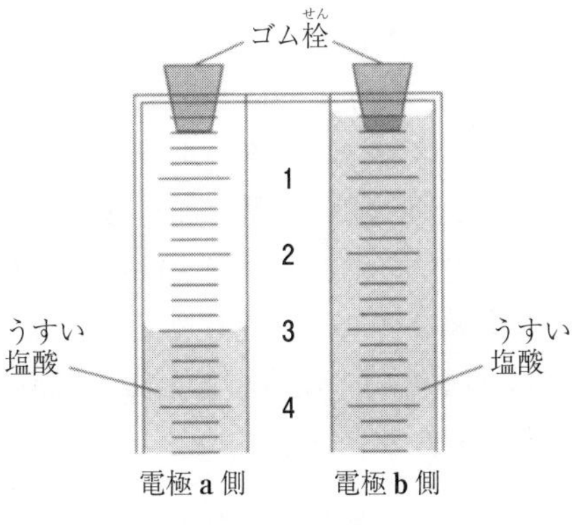

実験２

①　**図３**のように，電気分解装置に少量の水酸化ナトリウムをとかした水を満たし，一定の電圧をかけて電流を流したところ，電極**c**，電極**d**からは，それぞれ気体が発生した。

②　１分後，電極**c**側に集まった気体の体積が，**図４**のようになったところで，電源を切った。なお，電極**d**側にも気体が集まっていた。

図3

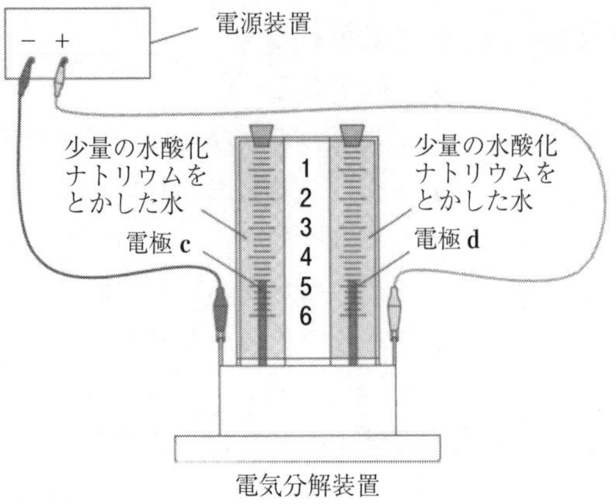

図4

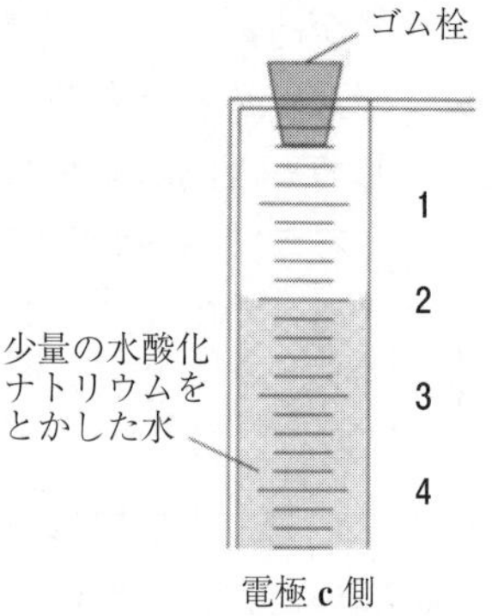

(1) **実験1**の①で，電極 **b** から発生した気体の化学式を書きなさい。

(2) **実験1**の②で，電極 **b** 側に集まった気体の体積が，電極 **a** 側に集まった気体に比べて少ないのはなぜか。その理由を簡潔に書きなさい。

(3) **実験1**の③で，下線部の操作とその結果として最も適当なものを，Ⅰ群の**ア**～**エ**のうちから一つ選び，その符号を書きなさい。また，電極 **a** 側に集まった気体と同じ気体を発生させる方法として最も適当なものを，Ⅱ群の**ア**～**エ**のうちから一つ選び，その符号を書きなさい。

Ⅰ群　**ア**　水性ペンで色をつけたろ紙を入れると，色が消えた。

　　　イ　水でぬらした赤色リトマス紙を入れると，青色になった。

　　　ウ　火のついた線香《せんこう》を入れると，炎《ほのお》を上げて燃えた。

　　　エ　マッチの炎をすばやく近づけると，ポンと音を出して燃えた。

Ⅱ群　**ア**　石灰石《せっかいせき》に，うすい塩酸を加える。

　　　イ　うすい塩酸に，うすい水酸化ナトリウム水溶液を加える。

　　　ウ　亜鉛《あえん》に，うすい塩酸を加える。

　　　エ　二酸化マンガンに，うすい過酸化水素水を加える。

(4) 次の文は，**実験2**の②で，電極から発生した気体について述べたものである。文中の［ **x** ］，［ **y** ］にあてはまるものの組み合わせとして最も適当なものを，あとの**ア**～**エ**のうちから一つ選び，その符号を書きなさい。

> ［ **x** ］からは，**実験1**の電極 **a** から発生した気体と同じ気体が発生し，電極 **d** 側に集まった気体の体積は，電極 **c** 側に集まった気体の体積の約［ **y** ］であった。

ア　**x**：電極 **c**　**y**：2倍

イ　**x**：電極 **c**　**y**：$\frac{1}{2}$倍

ウ　**x**：電極 **d**　**y**：2倍

エ　**x**：電極 **d**　**y**：$\frac{1}{2}$倍

ださい。

香川　「緑雨」は文字からすると、新緑の季節に降る雨なのかな。でも、「黒雨」は空が暗くなるイメージがわきます。そうすると、すべての雨の名前が季節を表しているのではなさそうですね。

（合図音A）

問いの(1)　佐山さんが〈プリント〉で紹介した雨の名前の中には、「季節」以外にどのようなことがらを表した呼び名があると考えられますか。最も適当なものを、選択肢**ア**～**エ**のうちから一つ選び、その符号を書きなさい。

（15秒空白）

（合図音B）

佐山　たとえば、夏に降る雨として「夕立」があげられます。種田山頭火の句と見比べてみてください。突然夕立が降ってきたとき、もし「ゆるい下駄」を履いていたら…

香川　雨宿りしたくても、脱げてしまって走れないからずぶ濡れになってしまうでしょうね。

佐山　だから「春雨」は、ほかのどんな言葉でもよいというわけではなく、そのイメージが「ゆるい下駄」を履いて「奈良」の町並みを歩く作者と結びついて、俳句の情景を表していると思うのです。

（合図音A）

問いの(2)　佐山さんたちの会話から、与謝蕪村の句において「ゆるい下駄」と「春雨」はどのような情景を表していると考えられますか。最も適当なものを、選択肢**ア**～**エ**のうちから一つ選び、その符号を書きなさい。

（15秒空白）

（合図音B）

佐山　次に紹介する句は、正岡子規の「人に貸して我に傘なし春の雨」です。

香川　雨が降っているのに、傘がないことを話題にしているのが面白いですね。

佐山　「我に傘なし」ということを、作者はどう感じているのでしょうか。ここでも「春雨」が読み解くヒントになると私は思います。

（合図音A）

問いの(3)　佐山さんは、ここまでのやりとりから、正岡子規の俳句を説明するためにどのような工夫をしていると考えられますか。最も適当なものを、選択肢**ア**～**エ**のうちから一つ選び、その符号を書きなさい。

（18秒空白）

（合図音B）

香川　ひと口に雨といっても、日本人はいろいろな呼び名をつけて、雨に対して豊かなイメージを持っているのですね。

佐山　天気予報によると、明日は天気が下り坂で、雨が降るそうです。みんなは、雨が降ると行事や部活動が中止になって残念がるけれど、天気予報では「天気が悪くなる」と言う表現を避ける傾向があります。プリントに載せた雨の呼び名の「慈雨」に注目してください。「慈雨」の「慈」は「慈愛」や「慈養」の「慈」という漢字です。つまり…

（合図音A）

問いの(4)　佐山さんが、「慈雨」という言葉を使って説明しようとしていることは何ですか。〈佐山さんの説明の続き〉の空欄に入る言葉を五字以内で書きなさい。

（5秒空白）

放送は以上です。二以降も解答しなさい。

〈条件〉

① **二段落構成**とし、**十行以内**で書くこと。
② 前段では、地元の人々に着目して**【資料1】**から読み取ったことをふまえ、方言の活用は地元の人々に対してどのような効果があると考えられるか、**【資料2】**の活用事例をもとにあなたの考えを書くこと。
③ 後段では、他の地域の人々に着目して**【資料1】**から読み取ったことをふまえ、方言の活用は他の地域の人々に対してどのような効果があると考えられるか、**【資料2】**の活用事例をもとにあなたの考えを書くこと。
④ 前段、後段とも**【資料2】**から選ぶ活用事例は同一のものとする。なお、どの事例を選んでも、そのこと自体が採点に影響することはありません。

〈注意事項〉

① 氏名や題名は書かないこと。
② 原稿用紙の適切な使い方にしたがって書くこと。
　ただし、～～や＝＝などの記号を用いた訂正はしないこと。

〈国語聞き取り検査放送用台本〉

（チャイム）
これから、国語の学力検査を行います。まず、国語の問題用紙の1ページと2ページがあることを確認しますので、放送の指示に従いなさい。
（2秒空白）
では、国語の問題用紙の1ページと2ページを開きなさい。
（3秒空白）
確認が終わったら、問題用紙を閉じなさい。1ページと2ページがない人は手を挙げなさい。
（10秒空白）
次に、解答用紙を表にし、受検番号、氏名を書きなさい。
（20秒空白）
最初は聞き取り検査です。これは、放送を聞いて問いに答える検査です。国語の問題用紙の1ページと2ページを開きなさい。
（4秒空白）

一　これから、木野《きの》中学校の国語の時間に、佐山さんが俳句について調べてきたことを発表している場面と、それに関連した問いを四問放送します。発表は、国語の1ページの〈プリント〉のように、佐山さんが調べてきたことをまとめたものを、クラス全員に配り終えたところから始まります。〈プリント〉を見ながら放送を聞き、それぞれの問いに答えなさい。
（2秒空白）
なお、やりとりの途中、（合図音A）という合図のあと、問いを放送します。また、（合図音B）という合図のあと、場面の続きを放送します。ページの余白にメモをとってもかまいません。では、始めます。

佐山　私は、雨にまつわる俳句を調べてきました。今配ったプリントを見てください。この中で私が特に好きなのは、与謝蕪村の俳句、「春雨やゆるい下駄かす奈良の宿」です。修学旅行で行った奈良の雰囲気にとても似合っていて、気に入りました。
香川　はい。感想を言っていいですか。
佐山　香川さん、どうぞ。
香川　「ゆるい下駄」というところが、ちょっとおもしろいと思ったのですが、「春雨」と何の関係があるのでしょう。
佐山　ほかの言葉だったら、私たちの感じ方は変わるでしょうか。プリントの中に、雨の呼び名も調べて載せましたので、見てく

イ　筆者の発言が自分の教え方の意図に沿うものだったから。
ウ　的外れな質問であっても誠実に対応したいと思ったから。
エ　理解してもらうためには丁寧な説明が不可欠だったから。

(5)　次の文章は、中学生の久保さんが授業でこの文章を読み、Eみなかくのごとしに共感して記したものです。空欄に入る言葉を書きなさい。ただし、［Ⅰ］はこの文章の内容に沿って**十字以内**で、［Ⅱ］はそれによって得られる効果を**十五字以上、二十字以内**で書くこと。

> この話のテーマは「教え方」ですが、ここで述べられていることは「教え方」に限らず、人と接するさまざまな場面で応用できるものだと思います。たとえば自分の意見を相手に伝える時も、相手に応じて［　Ⅰ　］ことで、［　Ⅱ　］のではないかと考えました。

八

近年、「地方創生」がうたわれ、国内の各地域がそれぞれの特色を生かして活性化を図ることに注目が集まっています。その一環として、地域によって異なる方言を広報活動等に活用する例も見られます。しかし、もともと方言は、他の地域の出身者には意味が分かりにくいものも多いはずです。その方言を広く活用することには、どのような効果があるのでしょうか。次の**【資料1】**、**【資料2】**をふまえて、あとの〈条件〉にしたがい、〈注意事項〉を守って、あなたの考えを書きなさい。

【資料1】　自分が生まれ育った地域の方言を使う場面と程度

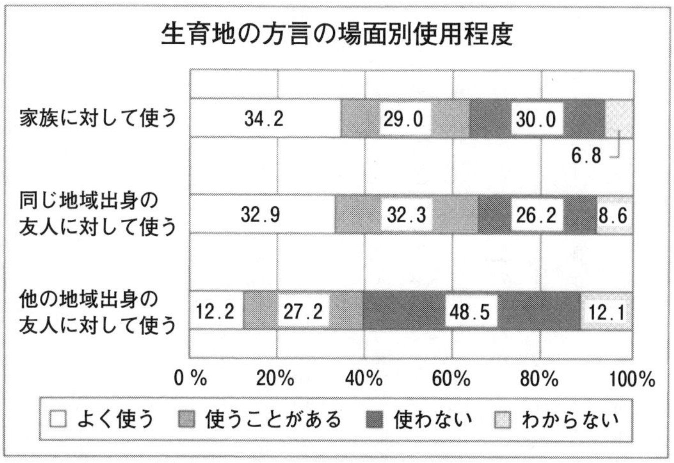

（国立国語研究所論集　田中ゆかり，林直樹，前田忠彦，相澤正夫「１万人調査からみた最新の方言・共通語意識『2015年全国方言意識Web調査』の報告」より作成）

【資料2】　方言の活用事例

・駅や空港などで観光地を紹介するポスターや看板
・地域の特産品の品名や、それらを販売する商業施設の名前
・会社やスポーツチームなどの団体名
・自分の生育地以外の方言を使うこと
　（例　「がんばれ」などのメッセージを相手の地域の方言でおくる）

きかけるためのものだったと知ったから。

イ　父の隠していた思いを知らされたことで、自分の背中を押してくれる父の真情を初めて理解したから。

ウ　長男を他家の養子に出すしかない状況に対して、父がすまないという言葉をぽつりと吐き出したから。

エ　父もまた学問を志しながら長年果たせなかった夢を、今自分に託そうとしていることが分かったから。

(4)　文章中にD鳶に生まれたことを、誇りに思いますとあるが、このときの尚七の思いを説明した次の文の［　］に入る言葉を、「……よりも……」という形を使って**十三字以内**で書きなさい。

> 自分自身は軽い身分に甘んじながら、［　　　］を大切に考え、送り出してくれる父の度量の大きさをありがたく思っている。

(5)　文章中のE泣き笑いのようにゆがんで見えたは尚七の視点から描かれているが、このときの尚七について述べた次の説明文を完成させなさい。ただし、［Ⅰ］は「場所」という言葉を使って**二十五字以内**で書き、［Ⅱ］は、あとの**ア**～**エ**のうちから最も適当なものを一つ選び、その符号を書くこと。

> 尚七が父親の表情を通して見つめているものは、自分の前に開けた将来の展望だけではない。大らかで前向きな姿の裏に、［　Ⅰ　］という負い目を抱えて生きてきた父親の［　Ⅱ　］である。

ア　人生の悲哀　　**イ**　激しい後悔
ウ　積年の恨み　　**エ**　強い喪失感

七　次の文章を読み、あとの**(1)**～**(5)**の問いに答えなさい。

むかし(注1)難波《なんば》の三位入道殿《さんみのにふだうどの》、人に、鞠《まり》をA教へ給《たま》ひしを承《うけたまは》りしに、（蹴鞠を教えなさったのを側でうかがったところ）「手持ちは如何程《いかほど》も（手の構え方はどれだけでも）開きたるがよき」と教へられき。その次の日、又Bあらぬ人にあひて、「鞠の手持ちやう、如何程もすわりたるよき（閉じているのがよい）」と仰《おほ》せられき（おっしゃった）。是《これ》はその人のC気に対して教へかへられ侍《はべ》るにや（変えなさったのでしょうか）。後日に尋ね申し侍りしかば（尋ね申しましたところ）、「Dその事侍り。さきの人は手がすわりたりしほどに、拡《ひろ》げたるが本《もと》にてある（基本である）と教へ、のちの人は手の拡ごりたれば、すわりたるが本にてあると申せしなり」。仏の(注2)衆生《しゆじやう》の気に対して万《よろづ》の法を説き給へるも、Eみなかくのごとし（このようである）。

（『筑波《つくば》問答《もんどう》』による。）

（注1）　難波の三位入道殿＝蹴鞠《けまり》の名人。
（注2）　衆生＝この世のあらゆる生き物。

(1)　文章中のA教へ給ひしを現代仮名づかいに改め、**全てひらがな**で書きなさい。

(2)　文章中のBあらぬ人と同じ人物を指す別の表現を、文章中から**四字**で**抜き出して**書きなさい。

(3)　文章中のC気の文脈上の意味を表すものとして、最も適当なものを、次の**ア**～**エ**のうちから一つ選び、その符号を書きなさい。

ア　才気　**イ**　気骨　**ウ**　活気　**エ**　気質

(4)　文章中のDその事侍りについて、難波の三位入道はなぜこのようなことを言ったのか。その理由として最も適当なものを、次の**ア**～**エ**のうちから一つ選び、その符号を書きなさい。

ア　何気ない自分の発言の矛盾点を指摘されて困惑したから。

った。（注6）鳶《とんび》が鷹《たか》を生んだというのに、とぶ場所さえ与えてやれなんだ」

父がこのように、自分の境遇を（注7）卑下《ひげ》したことは、尚七が知るかぎり一度もなかった。細かなことを気にせず、大らかで前向きな姿は、葦兵衛が長年かかって身につけた（注8）処世術であったのかもしれない。倅に対し、長いあいだそんな負い目を抱えていたのかと、Cにわかに熱いものがこみ上げた。

「父上……私は鷹なぞではありません。私は父上と同じ鳶です。ですが、D鳶に生まれたことを、誇りに思います」

そうか、と葦兵衛は顔いっぱいに笑い皺《じわ》を広げた。

陰影を落とす西日のためか、（注9）炭団《たどん》のように黒い顔は、E泣き笑いのようにゆがんで見えた。

（西條奈加《さいじょうなか》『六花《りっか》落々《ふるふる》』による。）

（注1）七人扶持＝武士の給与。一年間で七人分食べさせることができる米や金銭。

（注2）滅相もございません＝とんでもないことでございます、の意。

（注3）闊達＝心が広いさま。

（注4）勤しむ＝勉学などにはげむ。

（注5）箕輪家＝尚七が養子に入る代々医者の家。尚七は、藩主に会える身分でないので、小松家を出て、身分の高い家に養子に入る必要があった。

（注6）鳶（とんび）＝鳶（とび）の口語的表現。

（注7）卑下＝自分をあえて低い位置に引き下げてへりくだること。

（注8）処世術＝世間の人とうまくつきあいながら生活していく手段。

（注9）炭団＝炭の粉を丸めてかためた燃料。

(1) 文章中にA冷や汗だか脂汗だかわからぬが、手の平が急に汗ばんでくるとあるが、なぜ尚七はこのような状態になったのか。その理由として最も適当なものを、次の**ア**～**エ**のうちから一つ選び、その符号を書きなさい。

ア 望外の役目に驚き、人生の選択が自分たちの返答にかかっていることを自覚し緊張しているから。

イ 出世話には魅力を感じたが、今の自分にとっては役不足だと思われたので返答に窮しているから。

ウ 身分ゆえに努力を評価されなかった自分が藩に必要とされることは、とても恐れ多いことだから。

エ 自分が身につけた学問をついに江戸で試す機会が来たので、はやる気持ちを押さえきれないから。

(2) 文章中にB父の横顔が、ゆっくりと平伏したとあるが、このときの葦兵衛の様子を説明したものとして最も適当なものを、次の**ア**～**エ**のうちから一つ選び、その符号を書きなさい。

ア 尚七の才能を誰よりも信じる父親として、身分は低くとも息子が軽く扱われることのないよう、言外に忠常に念を押している様子。

イ 息子に与えられることになる手厚い待遇に感謝しつつも、幼い子らを抱えた一家の暮らし向きは良くならないことに苦悩する様子。

ウ 尚七に口を挟ませまいと態度で示すとともに、息子を手放す大きな決断をし忠常に一切を委ねた言葉の重みをかみしめている様子。

エ 頼みの綱の長男を養子に出すことは痛手であるが、尚七がこの話に惹かれていることを察したので私情を抑えようとしている様子。

(3) 文章中にCにわかに熱いものがこみ上げたとあるが、その理由として最も適当なものを、次の**ア**～**エ**のうちから一つ選び、その符号を書きなさい。

ア 父の処世術と見えたものが、実は自分が江戸に行けるよう働

六 次の文章を読み、あとの(1)～(5)の問いに答えなさい。

> 下総《しもうさ》古河《こが》藩の下級武士小松尚七《こまつなおしち》は、いつも物事の不思議について考えてばかりで『何故《なぜ》なに尚七』の異名を持っている。その学問への情熱を買われて父の葦兵衛《よしべえ》と共に江戸へ上り、古河藩重臣の鷹見十郎左衛門忠常《たかみじゅうろうざえもんただつね》から、藩主の若君、土井《どい》利位《としつら》の御学問相手《おがくもんあいて》(共に学ぶ役目)になることを持ちかけられる。

「役料は(注1)七人扶持《しちにんぶち》となる」

「七人扶持！」

親子が同じ顔でびっくりする。

「不足か？」

「(注2)滅相《めっそう》もございません」

「むろん、すべてはそなたたちの胸三寸だ。いかがであろう」

それだけ告げて、忠常は待つ姿勢をとった。

A冷や汗だか脂汗だかわからぬが、手の平が急に汗ばんでくる。拭うように、膝《ひざ》上の袴《はかま》を握りしめた。迷っているのは、忠常の申し出に、ひどく惹《ひ》かれているからだ。

この話を受ければいまの世では最高の学問を学ぶことができるのだ。身分や禄《ろく》にはこだわりはないが、新たな学問への誘惑には、抗《あらが》いがたいものがある。あの学問好きで(注3)闊達《かったつ》な利位と、そしてこの聡明《そうめい》な忠常とも、一緒に勉学に(注4)勤《いそ》しめる。友と呼ぶには身分が違い過ぎるが、それでも何より得難《えがた》いものに思えた。

だが、それは同時に、家族との別れを意味する。朗らかな母と温和な妹、元気な弟たちの顔が次々に浮かんだ。四人とも、父と自分が帰るのを、待ち焦がれているだろう。長男が他家へ行き、江戸で出仕すると言ったら、どんな顔をするだろう。

この場でこたえを出すのには、あまりにも難しい思案だった。しばしの猶予をくれまいかと、頼むつもりで顔を上げたが、一瞬早く、葦兵衛の声がした。

「そのお話、謹んでお受けいたします」

「父上……」

忠常から念を押されても、葦兵衛の横顔は変わらなかった。

「よくぞ承服してくれた。伜殿《せがれどの》の身は、この鷹見十郎左衛門が、しかとお預かり申す」

「なにとぞよろしく、お願い申し上げます」

B父の横顔が、ゆっくりと平伏した。

「父上、まことに良いのですか」

今夜は、父の旧知の勤番者が住まう長屋に、泊めてもらうことになっていた。長屋があるという下屋敷に向かいながら、尚七は気遣わしげな顔を向けた。

「良いも悪いも、七人扶持を断るいわれがあるものか。おまえの扶《ふ》持《ち》の七倍、わしの三倍近くになるのだぞ」

「……父上」

「むろん養子に行く上は、扶持米《ふちまい》も(注5)箕輪《みのわ》家《け》のものではあるが、やはり縁者に七人扶持がいるというのは、いざというとき心強い」

現金なこたえに、尚七はがっくりきたが、どうやら照れかくしであったようだ。

下屋敷は、大川《おおかわ》を越えた深川《ふかがわ》にある。ひときわ人の多い両国《りょうごく》橋を渡りながら、西日が星のように照り返す川面《かわも》を、葦兵衛はながめていた。

「おまえには、ずっとすまないと思っていた」

橋が終わると、ぽつりと言った。

「これほど学問の才に恵まれながら、生かしてやることができなか

（注3）　コミュニティ＝地域社会。共同体。

(1) 文章中にAモノローグであるおしゃべりとダイアローグとしての対話の大きな違い　とあるが、これについて次の(a)、(b)の問いに答えなさい。

(a) 「モノローグであるおしゃべり」を説明したものとして最も適当なものを、次の**ア**～**エ**のうちから一つ選び、その符号を書きなさい。

ア　感じたことをそのまま表現し、相手と感情を共有する行為。

イ　相手の反応を考慮せず、思いや考えを自分本位に語る行為。

ウ　やりとりをうまく進めるために、思いついた順に話す行為。

エ　情報を正確に理解させるため、相手の目を見て述べる行為。

(b) 「ダイアローグとしての対話」を説明した次の文の［Ⅰ］、［Ⅱ］に入る言葉を文章中から**抜き出して**それぞれ書きなさい。ただし、［Ⅰ］は**五字**、［Ⅱ］は**十二字**で抜き出すこと。

> ある話題について話すとき、相手は自分とは［　Ⅰ　］の他者であるから、話す者は相手に対して常に［　Ⅱ　］を要することばの活動のこと。

(2) 文章中にB話題に関する他者の存在の有無　とあるが、なぜ筆者はこれを重視しているのか。その理由として最も適当なものを、次の**ア**～**エ**のうちから一つ選び、その符号を書きなさい。

ア　話し手が取り上げた話題について聞き手がどの程度知っているかによって、対話の発展する度合いが大きく変化するから。

イ　思わず相手を引き込むような興味深い話題の提供が聞き手に対する礼儀であり、対話の雰囲気のよしあしを左右するから。

ウ　相手の反応を想定しながら選んだ話題である方が話し手も熱が入るので、対話が成立しているかどうかの目安になるから。

エ　主体的に関わっていける話題であることが聞き手にとって意義のあることであり、対話が進展するかいなかに関わるから。

(3) 文章中にC相互関係構築のためのことばの活動　とあるが、これを説明したものとして最も適当なものを、次の**ア**～**エ**のうちから一つ選び、その符号を書きなさい。

ア　人の関心をひく話題を持ち出してことばを交わし合うことで、日常生活や仕事上の人間関係を円滑にすること。

イ　自己満足的な語りに終始することなく、相手にも思いのままに語ることを促すことばが対話を進展させること。

ウ　ことばのやりとりを通して相手の考えとの間に共通点や相違点を見いだして、互いの理解につなげていくこと。

エ　交渉を重ねて意見の異なる相手にも納得してもらうことで、自分の話術を使い思い通りの人間関係を築くこと。

(4) 文章から読みとれる筆者の考えについてまとめた次の説明文を完成させなさい。ただし、［Ⅰ］に入る言葉を自分の言葉で**七字以内**で書き、［Ⅱ］は文章中から**十三字**で**抜き出して**書くこと。

> 対話によって相手の価値観を受け止めることとは、相手との［　Ⅰ　］ことである。さらに、対話は相手がどのようなコミュニティとかかわっているかという背景も含め、［　Ⅱ　］行為なので、対話を通じて相互の背景どうしが接点を持ち、相手の社会の複雑さを受け入れることになる。

(5) 文章中の［D］に入る言葉として最も適当なものを、次の**ア**～**エ**のうちから一つ選び、その符号を書きなさい。

ア　自分の特性を省みること

イ　自分の人生を生きること

ウ　他者を促し交渉すること

エ　他者とともに生きること

「あのことが、うれしい、悲しい、好きだ、嫌いだ」というように、自分の感覚や感情をそのままことばにして話していても、相手は、「へえー、そうですか」と相槌《あいづち》を打つだけ。今度は相手も自分の思いを語りはじめ、それぞれに感じていることや思っていることを吐き出すと、お互いなんだかすっきりして、なんとなく満足する。こういうストレス発散の点では、おしゃべりもそれなりの効果をもっていますが、その次の段階にはなかなか進めません。

　このように、いわゆるおしゃべりの多くは、かなり自己完結的な世界の話ですから、そのままでは、それ以上の発展性がないのです。その意味では、おしゃべりは、相手に向かって話しているように見えても、実際は、モノローグ(独り言)に近いわけでしょう。表面的には、ある程度、やりとりは進むように見えますが、それは、対話として成立しません。ここにAモノローグであるおしゃべりとダイアローグとしての対話の大きな違いがあるといえます。

　ちょっと余談になりますが、カルチャーセンターの講演会や大学の講義などでも、こうしたモノローグはよく見られます。本来、聴衆や学生に語りかけているはずなのだけれど、実際は、自分の関心事だけを自己満足的にとうとうと話している、これはまさにモノローグの世界ですね。

　これに対して、ダイアローグとしての対話は、常に他者としての相手を想定したものなのです。自分の言っていることが相手に伝わるか、伝わらないか、どうすれば伝わるか、なぜ伝わらないのか、そうしたことを常に考えつづけ、相手に伝えるための最大限の努力をする、その手続きの(注2)プロセスが対話にはあります。

　対話成立のポイントはむしろ、B話題に関する他者の存在の有無なのではないかとわたしは考えます。実際のやりとりに他者がいるかどうかだけではなく、話題そのものについても「他者がいる話題」と「いない話題」があるということなのです。つまり、その話題は、他者にとってどのような意味を持つかということが対話の進展には重要だということです。

　したがって、ダイアローグとしての対話行為は、モノローグのおしゃべりを超えて、他者存在としての相手の領域に大きく踏み込む行為なのです。

　言い換えれば、一つの話題をめぐって異なる立場の他者に納得してもらうために語るという行為だともいえますし、ことばによって他者を促し交渉を重ねながら少しずつ前にすすむという行為、すなわち、人間ならだれにでも日常の生活や仕事で必要なC相互関係構築のためのことばの活動だといえるでしょう。

　では、このようなダイアローグとしての対話によって人は何を得ることができるのでしょうか。あるいは、今、対話について考えることは、わたしたちにとってどのような意味を持つのでしょうか。まずあなたは対話ということばの活動によって相手との人間関係をつくっています。

　その人間関係は、あなたと相手の二人だけの関係ではなく、それぞれの背負っている背景とつながっています。

　その背景は、それぞれがかかわっている(注3)コミュニティと深い関係があります。

　相手との対話は、他者としての異なる価値観を受け止めることと同時に、コミュニティとしての社会の複数性、複雑さをともに引き受けることにつながります。

　だからこそ、このような対話の活動によって、人は社会の中で、［　D　］を学ぶのです。

（細川英雄《ほそかわひでお》『対話をデザインする
―伝わるとはどういうことか』による。）

（注1）巷＝世の中。世間。
（注2）プロセス＝事が進んできた順序。過程。

佐藤さん　わかりました。どのように解くのかを教えてください。

高橋さん　ちょっと待って。この問題を解くにはまず、前提としてその前の問いがわかっていることが必要なのだけれど…。こちらも間違っているみたいですね。

佐藤さん　そこは私が答える問題ではないのですが…。

高橋さん　だめですよ。しっかりできるようになるこつは、基礎をおろそかにAしません。「B木の長きを求むる者は、必ず其《そ》の根本を固くす。」というでしょう。

佐藤さん　なるほど。私もできれば基礎から知りたいです。

高橋さん　その姿勢は大事ですね。では、ここまで終わらせたらお茶にしましょう。お気に入りのケーキもあるのよ。

佐藤さん　先輩のお気に入りのケーキをC食べられるとはうれしいです。頑張ります。

(1)　文章中の□に入る言葉として最も適当なものを、次の**ア**～**エ**のうちから一つ選び、その符号を書きなさい。

ア　苦しまぎれ　**イ**　その場しのぎ

ウ　安うけあい　**エ**　なりゆきまかせ

(2)　文章中のAしませんを、しっかりできるようになるこつはとの関係が適切になるように書き改めなさい。

(3)　文章中にB木の長きを求むる者は、必ず其《そ》の根本を固くす。とあるが、こう読めるように、次の「求ムル木之《の》長キヲ者ハ、必ズ固クス其ノ根本ヲ。」に**返り点**をつけなさい。

求ムル木之《の》長キヲ者ハ、必ズ固クス其ノ根本ヲ。

(4)　文章中のC食べられるとはを謙譲語を用いた表現に直し、一文節で書きなさい。

五

次の文章を読み、あとの(1)～(5)の問いに答えなさい。

今、対話とは何かと考えると、どのように説明できるでしょうか。とても簡単にいえば、「相手と話すこと」ということになるでしょうか。

しかし、一方的に相手に話しかけても、その相手がこちらの言っていることに耳を傾けてくれるかどうかは、だれも保証できません。

相手の目をしっかり見て、きちんと語りかけること、(注1)巷《ちまた》の話し方講座等ではこんなアドバイスがあるかもしれません。そのとき、しばしば出るのは、「思ったことを感じるままに話してはダメだ」という意見ですね。思ったことを感じるままに話すと、お互いに感情的になってしまい、解決すべきことがなかなかうまく運ばない等々。

しかし、「思ったことを感じるままに話す」ことそれ自体が悪いことだとは、わたしは決して思いません。むしろ「思ったことを感じるままに話すべき」であるとさえ思うほどです。

ただ一つ、思ったことを感じるままに話すと、それがおしゃべりになってしまうという大きな課題があります。

ここでいう「おしゃべり」とは、相手に話しているように見えながら、実際は、相手のことを考えない活動だからです。少しむずかしくいうと、他者不在の言語活動なのです。

でも、相手があって話をしているのだから、他者不在とはいえないのではないかという質問も出そうですね。

たしかに、おしゃべりをしているときは、相手に向かって話しかけてはいますが、ほとんどの場合、何らかの答えや返事を求めて話しているのではなく、ただ自分の知っている情報を独りよがりに話しているだけではないでしょうか。そこでは、他者としての相手の存在をほぼ無視してしゃべっているわけです。だからこそ、思ったことを感じるままに話すことには注意が必要なのです。

エ　雨の日に下駄をはく自分の姿におかしみを覚えている様子。

(3)（問いを放送します。）

［選択肢］

ア　人にものを貸すという動作に注目し、同じテーマを扱った句を集めることにより自分の説明に説得力を持たせようとしている。

イ　聞き手から疑問をあげてもらい、それに対して説明を加えることで自分の調べてきたことの確かさを印象づけようとしている。

ウ　あるはずのものがないという意外性に気づいてもらうことで、聞き手が俳句にしかない独特の表現を味わえるよう導いている。

エ　ほかの句で春雨がどのようなイメージで使われているか共有した上で、子規の句の情景を聞き手にも考えさせようとしている。

(4)（問いを放送します。）

〈佐山さんの説明の続き〉

> 雨の中には、［　　　］雨と言えるものもあり、人によって捉え方が変わることがあります。ですから、天気予報では伝え方を工夫しているのです。

※**聞き取り検査終了後、二以降も解答しなさい。**

〈国語聞き取り検査放送用台本〉は国語の問題の終わりに付けてあります。

二　次の(1)～(4)の――の漢字の読みを、**ひらがな**で書きなさい。

(1) 髪飾りの映える女性。

(2) 着物に足袋の風流ないでたち。

(3) 大型楽器が貸与される。

(4) 塗料が剝落する。

三　次の(1)～(5)の――のカタカナの部分を**漢字**に直して、楷書で書きなさい。

(1) 雲が低くタれこめる。

(2) 荒れた大地をタガヤす。

(3) 模擬店のシュウエキを寄付した。

(4) 会員トウロクの手続きをする。

(5) 事件をシンショウボウダイに書き立てる。

四　次の文章は、中学生の佐藤さんが、放課後に先輩の高橋さんの家で、宿題のアドバイスをしてもらっている場面の会話です。これを読み、あとの(1)～(4)の問いに答えなさい。

佐藤さん　先輩、この問題の答えは「ア」でいいですか。

高橋さん　ちょっと見せてください。違いますね。

佐藤さん　それでは「イ」でしょうか。正解は何ですか。

高橋さん　記号だけわかっても理解したことにならないでしょう。

佐藤さん　明日の授業で私が答えることになっているので、間違えたくないのです。

高橋さん　私の好きな言葉に、「魚を与えれば一日は食べられる。魚の捕り方を教えれば一生食べていける。」があります。［　　　］ではだめということです。

国語

●満点100点　●時間50分

※注意　全ての問題について、解答する際に字数制限がある場合には、句読点や「　」などの符号も字数に数えること。

一　これから、木野中学校の国語の時間に、佐山さんが俳句について調べてきたことを発表している場面と、それに関連した問いを四問放送します。発表は、下の〈プリント〉のように、佐山さんが調べてきたことをまとめたものを、クラス全員に配り終えたところから始まります。〈プリント〉を見ながら放送を聞き、それぞれの問いに答えなさい。

※放送は全て一回だけです。

（放送が流れます。）

(1)（問いを放送します。）

［選択肢］

ア　ことわざや伝説に基づく呼び名。
イ　俳句や短歌と相性の良い呼び名。
ウ　雨の降り方を表している呼び名。
エ　降雨の領域を示している呼び名。

(2)（問いを放送します。）

［選択肢］

ア　穏やかに降る雨の中をゆったりと心地よく散策をする様子。
イ　温かな雨にぬれて歩くうちに悲しみが癒やされていく様子。
ウ　音もなく降る雨に涙を紛らわせて人知れず泣いている様子。

〈プリント〉

俳句学習　発表プリント　　3年　佐山　みどり

雨にまつわる俳句

雨にまつわる俳句を集めて紹介したいと思います。

◇　春雨やゆるい下駄かす奈良の宿　　与謝蕪村《よさぶそん》

◇　春雨や家鴨《あひる》よちよち門《かど》歩き　　小林一茶《こばやしいっさ》

◇　人に貸して我に傘なし春の雨　　正岡子規《まさおかしき》

◇　夕立つや逃げまどふ蝶《てふ》が草のなか　　種田山頭火《たねださんとうか》

♪参考資料　雨の呼び名の例

五月雨　鉄砲雨　緑雨
にわか雨　慈雨　菜種梅雨
霧雨　黒雨　夕立

Memo

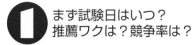

2025年度用　千葉県公立高校

4年間スーパー過去問

入試水準と傾向をさぐり、合格への展望をひらく！

公立高校過去問シリーズ

■編集者　(株)声の教育社 編集部
■発行所　(株)声 の 教 育 社
〒162−0814 東京都新宿区新小川町8−15
☎03−5261−5061㈹
御不明な点は直接本社にお問い合わせ下さい。

2024年6月　第1刷発行

2025年度用

別冊

千葉県公立高校

書き込み式

解答用紙集

※お客様へ

解答用紙は別冊になっていますので本体からていねいに抜き取ってご使用ください。

㈱声の教育社

公立高校過去問シリーズ

- ●千葉県公立高校
- ●東京都立高校
- ●神奈川県公立高校
- ●埼玉県公立高校
- ●茨城県公立高校
- ●栃木県公立高校
- ●群馬県公立高校

掲載全問に
わかりやすい解説つき
各教科の
出題傾向と**対策**

定価1100円(税込)

高校入試 合格資料集

今年の入試はどう変わる!?
入試展望と対策!

私立・国公立
高校入試日程一覧を掲載!!

公立高校の合否の決め方はこれだ！
次年度の入試展開をズバリ予想
「いったいどれくらいかかる？」
大切なお金の話…
など受験情報多数掲載

定価1430円(税込)　※表紙は昨年のものです。

高校ベスト10シリーズ

出題形式別、入試によく出る順!!

- ベスト10Neo **国語** 読解問題
- ベスト10Neo **数学** 図形問題
- **英語** 文法問題ベスト10

定価990～1100円(税込)

高校受験面接ブック

別冊がウリ!! 首都圏の各高校の面接内容

本体 質問回答例ベスト150
面接ワークシート
自己PR書の書き方とワークシート

別冊 首都圏の私国立高校などの面接方法、時間、質問具体例
推薦・一般入試の面接内容
主要校の面接会場のようす
(各校図示)

小冊子 試験場に持って行ける
チェックBOOK
など面接対策がつまった1冊

定価1320円(税込)

図解でわかる!! 作文・小論文

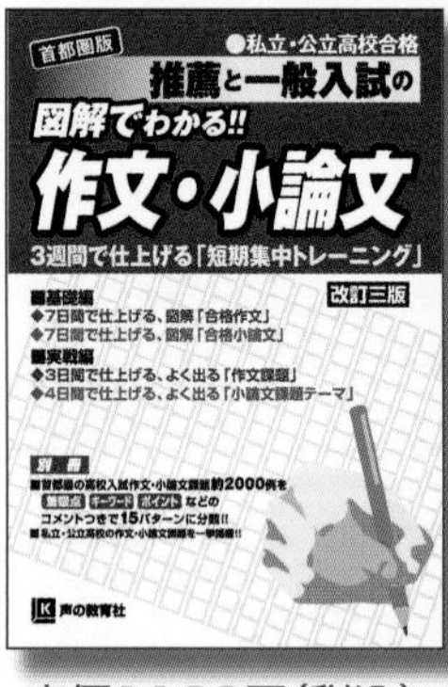

本体(88P) **合格作文の書き方**
①7日間で仕上げる基礎編
②4日間で仕上げる応用編

別冊(52P) 首都圏の各高校の作文課題、制限時間、文字数の具体例調査
①首都圏の作文課題2000例を代表的な15パターンに分類
(書き易くするため)
②着眼点、キーワード、ポイントを各パターンごとにコメント
③推薦と一般入試の作文出題校と課題例を一挙公開!!
④首都圏公立高校4年間課題調査

定価1100円(税込)

公立の漢字

公立高校の試験によく出る漢字

1. 漢字は全都道府県で出題!!
2. 公立の漢字の配点は高い!!
3. 10年間の頻度をデータ化!!
4. 最頻出漢字を5段階評価!!

定価748円(税込)

声の教育社　〒162-0814 東京都新宿区新小川町8-15
TEL.03(5261)5061　FAX.03(5261)5062

●2024年度

●誰にもよくわかる

解説と解答

英語解答

1 No.1　B　No.2　D　No.3　C

2 No.1　B　No.2　B

3 No.1　A　No.2　D

4 ①　C　②　A

5 (1)　known　(2)　fifth

(3)　イ－エ－オ－ア－ウ

(4)　エ－イ－オ－ウ－ア

(5)　オ－イ－ア－エ－ウ

6 (1)　(例) Excuse me. Please do not take pictures in this room.

(2)　(例) Let's wait in the library until the rain stops.

7 (1)　①…ア　②…イ　③　down　④…エ

(2)　①…ア　②…イ　③…ウ

8 (1)　ウ

(2)　(例) they are cheap and people feel it is easy to buy new ones

(3)　ア　(4)　ウ　(5)　イ

9 (1)　イ　(2)　ア　(3)　エ　(4)　ウ

1〔放送問題〕

No.1．女子(G)：先週末は京都に行ったんでしょ？／男子(B)：うん。おじさんを訪ねたんだ。／G：1人でそこに行ったの？／B：うん，そうだよ。

No.2．男子(B)：何してるの？／女子(G)：スピーチの練習をしてるの。日曜日にスピーチコンテストがあるのよ。／B：どこで開催されるの？／G：市の文化センターよ。

No.3．母親(M)：何を捜してるの？／男子(B)：腕時計を捜してるんだ。／M：またなくしたの？この前はベッドの下にあったわよね。／B：もうそこは確認したよ。

2〔放送問題〕

No.1．男(M)：ここで映画を見よう。／女(W)：いいわ，でも7時30分までに出ないといけないの。／M：わかった。僕は『ロボット・ワールド』に興味があるんだけど，終わるのは7時45分だね。『ラグビー・アクション』はどう？／W：うーん，今日はリラックスしたいのよね…／M：『ライフ・イン・ザ・シー』はどうかな？　きれいな海の動物が見られるよ。／W：よさそうだけど，ちょっと長すぎるわ。『セプテンバー・ウインド』は知ってる？／M：ああ。学校の吹奏楽部の実話だよ。／W：おもしろそう。それを見ましょう。『ロボット・ワールド』は次回見ればいいわよね。

Q：「彼らは今日，どの映画を見るか」―B.『セプテンバー・ウインド』

No.2．まもなく冬休みが始まる。トモコは友達とスキーに行くのを楽しみにしている。今，彼女は旅行の準備をしている。先週の土曜日，彼女はスポーツショップでスキー用品を買った。旅行バッグも買いたかったが，母親がすでにバッグを持っていたので，トモコはそれを使うつもりだ。今日，彼女は自分の古いセーターが小さすぎることに気づいたので，今週末に新しいものを買うことにした。

Q：「トモコは先週末，どこに行ったか」―B

3〔放送問題〕

No.1．先生(T)：今日は3時からコーラスの練習を始めるわ。他の部員に伝えてくれる？／生徒(S)：はい，ホワイト先生。今日，僕たちは学園祭について話し合うんですよね？　どこに行けばいいですか？／T：私たちは体育館で歌うことになってるわよね。そこで話せると思う？／S：ええと，話すときは机と椅子が必要ですよね。／T：そうよね。自分たちの教室かコンピューター室なら使えるわ。／S：コンピュータールームに集まれますか？　コンピューターが使えるし，音楽室の隣だから，その方がいいと思います。話をした後は，音楽室で練習できます。／T：ばっちりね。

Q：「彼らは今日，どこで話すか」―A.「コンピュータールームで」

No.2．ユウタは去年オーストラリアに行き，ある家族のもとに滞在した。彼らは全員彼に親切で，ユウタは彼らの家に滞在できてうれしかった。彼は料理も気に入っていたが，母親がつくった料理を全部食べることはできなかった。彼女は悲しそうだった。とうとう彼が彼女に，「料理はおいしいんですが，僕には多すぎるんです」と言うと，彼女は理解してくれた。彼は，問題があったら誰かに伝えるべきだと学んだ。

Q：「オーストラリア滞在中のユウタの問題は何だったか」―D.「母親が彼のためにあまりにも多くの料理をつくった」

4〔放送問題〕

≪全訳≫こんにちは，私はユカです。私は夏休みが２か月以上ある国もあると聞きました。私は，日本でも夏休みをもっと長くするべきだと思っています。夏休みが長ければ，学校ではできないことに挑戦する機会が増え，私たちの成長に役立ちます。でも，私の友達の中には，夏休みをもっと短くするべきだと言う人もいます。例えば，ミキは夏休みの間，いつもクラスメートや先生に会いたがっています。彼女は学校でさまざまな人と話すことが大切だと考えているのです。

夏休みは…であるべきだ
　ユカ→より長い
　　理由：学校でできないことに挑戦すること→①私たちは成長できる。
　ミキ→より短い
　　理由：学校でさまざまな人②とコミュニケーションをとること＝大切

5〔対話文完成―語形変化・整序結合〕

(1)A：この歌は有名なの？／B：うん。世界中で知られているよ。／／主語の It は，this song を指す。直前の be動詞 is に着目して，'be動詞＋過去分詞' の受け身形で「この歌は知られている」という文にする。　know－knew－known

(2)A：僕は本当に京都が好きでね。４回そこに行ったことがあって，来週また行くつもりなんだ！／B：まあ！　５回目の京都旅行になるのね。／／Aの話では，次が５回目の京都旅行になる。「５回目の」は「５番目の」ということなので，序数で表す。fifth のスペルに注意。他にスペルに注意すべき序数には，eighth，ninth，twelfth，twentieth がある。

(3)A：この動物園の全ての動物の中で何が最も人気がありますか？／B：コアラです。この国ではコアラがいる動物園は少ししかありません。／／語群から，'the＋最上級＋of ～'「～の中で最も…」の形になると判断できる。最上級の文で「～の中で」という場合，'～' に本問のように複数の名詞や数詞がくるときには of を用い，'範囲' や '場所' を表す語の場合は in を用いる。　What is the most popular of all the animals in this zoo？

(4)A：水族館に行くのにどのバスに乗ったらいいか教えてくれませんか？／B：ええ。３番のバスに乗るといいですよ。／／Bが「３番のバスに乗るといい」と答えているので，Aはどのバスに乗ったらよいのか尋ねたのだと推測できる。'tell＋人＋物事'「〈人〉に〈物事〉を伝える，教える」の形を考え Can you tell me とし，'物事' の部分は語群に which があることから '疑問詞＋主語＋動詞...' の語順の間接疑問にする。which は直後に名詞をとり 'which＋名詞'「どの～」の形で１つの疑問詞となるので，'疑問詞' を which bus「どのバス」とする。　Can you tell me which bus I should take to go to the aquarium？

(5)A：今日，君が僕に話してくれた本を買うつもりなんだ。／B：君がそれを気に入ってくれるといいな。／／be going to ～「～するつもりだ」の to の後には動詞の原形が続くので，最初に buy を置く。次に buy の目的語として the book を続ける。残りの語は you told me とまとまり，これを the book の後ろに置くと，the book you told me about という，目的格の関係代名詞が省略された '名詞＋主語＋動詞...' の形になる。ここでは，You told me about the book. の the book が前に出たため，about で文が終わる形になっている。　Today, I'm going to buy the book you told me about.

6〔条件作文〕

(1)２つのイラストに「撮影禁止」を表す絵があり，写真を撮っていた少年が②で Oh, I'm sorry.「ああ，ごめんなさい」と謝っていることから，女性は①で，写真撮影が禁止であることを少年に伝えていると考えられる。解答例の 'do not〔don't〕＋命令文.' のほか，You mustn't ～.「あなたは～

してはいけません」を使って答えることもできる。解答例の訳は「すみません。この部屋では写真を撮らないでください」。

(2)雨が降っているのに傘を持っておらず，困っている２人のイラスト。図書館を指さして何か言った少年に対し，少女が Good idea !「いい考えね！」と言っていることから，少年は，雨でぬれないようにするために図書館に入ることを提案したと考えられる。解答例の Let's ～.「～しましょう」のほか，Shall we ～？「～しませんか」や How about ～ing？「～するのはどうですか」などを使うこともできる。解答例の訳は「雨がやむまで図書館の中で待とう」。

7〔**長文読解総合**〕

(1)＜**長文読解総合―プレゼンテーション**＞

≪**全訳**≫❶こんにちは，皆さん。皆さんはみなみ市が好きですか？　私たちはこの市が大好きです。この市には多くのすばらしい場所やものがあります。スライド１を見てください。これは2000年から2020年までにみなみ市を訪れた人の数を示しています。その数は2010年から急に増え始めました。私たちは，その年に大きなショッピングモールができたことが理由だと考えています。それ以降，訪問者数は緩やかに増え続けています。エレンと私は観光センターに行き，人々がなぜ私たちの市を訪れるのか尋ねました。ショッピングモールで買い物をするためにここを訪れる人もいれば，自然を楽しみに来る人もいました。ここには美しい川があり，多くの人がそこで釣りを楽しみました。また，地元の工芸品を買ったり，地元の食べ物を食べたりするために来る人もいました。
❷しかし，私たちは１つ問題を見つけました。スライド２を見てください。これはどれくらいの人が農業に従事しているかを年齢別に示したものです。スライド３は，将来この業界で働きたいと思っている若者の数を示しています。もしこの状況が続いたら，農業を持続できなくなるかもしれないのです。これは私たちの市にとって最も大きな問題の１つです。
❸この問題を解決するには，より多くの人がこの業界を理解することが重要だと私たちは考えています。私たちの市にはさまざまな農業の職業体験プログラムがあります。私の兄もプログラムの１つに参加し，農業に興味を持ちました。今，彼は大学で農業を学び，農業の会社を立ち上げる計画を立てています。このことで，私も農業に興味を持つようになりました。今，エレンと私は，いくつかのプログラムに参加してより多くのことを学ぼうと考えています。私たちと一緒にこれらのプログラムに参加しませんか？　農業について何か新しいことを学べますよ。
❹私たちはこの市が大好きで，もっと多くの人に大好きになってほしいと思っています。だから，私たちは，この市が将来もすばらしいままでいられるような方法を見つけたいと思っています。

①＜**要旨把握**＞直後の第１段落第６～９文にスライド１の説明がある。第７文より，みなみ市を訪れる人は2010年以降急増し，第９文より，それ以降緩やかに増加していったことがわかる。

②＜**適語選択**＞直前の the situation「その状況」とは，この前で説明されている，農業に従事している若者が少なく，農業に従事したいと考えている若者も減り続けているという状況のこと。この状況がどうなると，それ(＝この産業)を持続できなくなるかを考える。

③＜**適語補充**＞≪**全訳**≫**タロウ(T)**：プレゼンテーションをありがとう。質問があります。君はプレゼンテーションの中で，「これは最も大きな問題の１つだ」と言っていました。どういうことか説明してもらえませんか？／**エレン**：ありがとう，タロウ。いい質問ですね。問題は，農業に従事したいと思っている若者の数です。スライド３をもう一度見てください。数が急速に減っているのがわかります。私は近い将来，私たちの市から農業がなくなってしまうかもしれないと思っています。／**T**：ありがとう。僕はこの状況を変えるために，君と一緒に何かしたいと思います。

＜**解説**＞スライド３からわかるのは，農業に従事したいと思っている若者の数が減っていることである。go down で「減る」という意味を表せる。

④＜**内容真偽**＞ア.「みなみ市は漁業とシーフードで有名だ」…×　このような記述はない。
イ.「みなみ市の若者は，多くの職業体験プログラムに参加しなければならない」…×　第３段落第２文参照。さまざまな農業の職業体験プログラムがあるという記述はあるが，参加が義務で

あることを示す記述はない。　ウ.「ヒカリの兄は大学に在学している間に会社を立ち上げた」…×　第３段落第４文参照。まだ計画の段階である。　エ.「ヒカリとエレンは，多くの人に農業の仕事を理解してほしいと思っている」…○　第３段落第１文の内容に一致する。

⑵＜長文読解総合―お知らせ＞

みどり町
国際春祭り
私たちの町には1000人を超えるさまざまな国出身の人たちがいます。
美しい桜の下でたくさんの友達をつくりましょう！

日付：３月30日土曜日と３月31日日曜日
時間：１日目　午前10時～午後４時
　　　２日目　午前10時～午後２時
場所：みどり公園およびみどり国際センター

みどり公園　　みどり国際センター
ステージ
駅

ステージイベント（みどり公園）

１日目　世界のダンスパフォーマンス
10時30分～11時15分　スペイン
１時30分～２時15分　ハワイ
３時～３時30分　タイ

２日目　世界の音楽
10時30分～11時　日本（和太鼓）
11時30分～12時　ブラジル
１時～１時30分　スペイン

文化イベント（みどり国際センター－101号室）

１日目　英語俳句体験 10時30分～12時
インターナショナルスクールの先生が教えてくれます

２日目　折り紙の花づくり！ 11時～12時
折り紙で美しい紙の花づくりに挑戦！

✿さまざまな国のおいしい食べ物を楽しみましょう！→みどり公園
✿さまざまな国の美しい手づくりの商品を買いましょう！→みどり公園
✿さまざまな国の伝統衣装を着てみましょう！（１日目のみ）
（日本の着物も試着できます）→みどり国際センター

食べ物：全て300円

◇ボランティアを募集しています！
このイベントのボランティアは，カレーのお店とアメリカンホットドッグのお店で100円の割引が受けられます。
ボランティアに興味があったら，
私たちのウェブサイトの情報をチェックしてください。
みどり国際センター（000-111-2222）

①＜適語句選択＞≪全訳≫❶ボブ（B）：僕は日本の着物を試着したいな。❷ヒロコ（H）：国際センターでできるわ。駅前にあるの。❸B：そうなんだね。一緒に行かない？❹H：いいよ。私は他の国の服にすごく興味があるの。あと，スペインのダンスパフォーマンスも見てみたいわ。❺B：僕もだよ。土曜日の10時に駅で待ち合わせよう。

＜解説＞スペインのダンスパフォーマンスを見たいというヒロコの発言にボブが同意し，待ち合わせの日時を提案している。お知らせより，スペインのダンスパフォーマンスは１日目，つまり土曜日の10時30分に始まるとわかる。これに間に合う待ち合わせ時間を選ぶ。

②＜内容一致＞「もしあなたがこのイベントでボランティアをするなら，あなたは（　　）べきだ」―イ.「みどり国際センターのウェブサイトを訪れる」　ボランティアについてはお知らせの最後に説明があり，check the information on our website「私たちのウェブサイトの情報をチェック」と書かれている。「私たちのウェブサイト」とは，最後に連絡先の電話番号が書かれている Midori International Center のウェブサイトである。

③＜内容真偽＞ア.「1000人を超える外国人が祭りに来る」…×　お知らせの冒頭部分参照。「1000人を超える」というのは町にいる外国人の数。　イ.「桜の木の下で紙の花をつくって楽しむことができる」…×　Culture Events「文化イベント」の欄参照。折り紙での花づくりは，みどり国際センターの101号室で行われる。　ウ.「インターナショナルスクールの先生から英語の俳句を習うことができる」…○　Culture Events「文化イベント」の１日目の内容に一致する。　エ.「ボランティアは100円でアメリカンホットドッグが食べられる」…×　一番下のボ

ランティア募集の説明書き参照。「100円」はボランティアが受ける割引の額。お知らせの下の方に「食べ物：全て300円」とあるので，ボランティアは200円でアメリカンホットドッグが食べられることになる。

8〔**長文読解総合—スピーチ・会話文**〕

≪全訳≫＜スピーチ＞❶ファストファッションを買うことが多いですか？　ファストファッションの服は安いだけでなくおしゃれなので，最近世界中で人気があります。ファストファッションの企業は，ファストフードのようにたくさんの安い商品をすばやくつくります。新しくおしゃれな商品が短い間に次々と販売されています。多くの人はファストファッションを気に入っていますが，それは環境に深刻な問題を引き起こしているのです。

❷まず，私たちはたくさんの服を捨てて，大量の廃棄物を出しています。調査によると，日本では毎年１人当たり12着の服を捨てています。このことについてどう思いますか？　実際，これは１日に約1300トンの服が捨てられているということを意味しています。人々は特にファストファッションの服をよく捨てます。

❸次に，服を生産するために大量の水が使われています。実際，たった１枚のシャツをつくるのに，約2300リットルの水が使われています。皆さんは１年間にどれくらい水を飲みますか？　調査によると，１人が１年間に飲む水の量は約440リットルです。これは，１人が2300リットルの水を飲むのに約５年かかるということを意味しています。また，工場で使われる水は川や海を汚しています。ウ世界の水質汚染の約20％は，ファッション産業に関係しているのです。

❹服づくりは大気汚染も引き起こします。企業は大量の二酸化炭素を排出しています。もちろん，二酸化炭素は服をつくる間に排出されますが，別の理由もあります。例えば，多くのファストファッションの服はアジアの国々でつくられ，トラックや船で他国へと運ばれており，これが多くの二酸化炭素を出しているのです。

❺ファストファッションの企業は，こうした問題に対する解決策を見つけようとしています。例えば，一部の企業は古着をリサイクルして新しい服をつくっています。使う水の量を減らす企業もあります。しかし，こうした問題を解決するにはまだ時間がかかるでしょう。

❻手助けをするために私たちができることはたくさんあります。あなたには今何ができますか？

＜会話文＞❶エミ(E)：私はファストファッションの服をよく買うの。ファストファッションに多くの問題があることを知ってショックだわ。どうしてみんなそんなに簡単にファストファッションの服を捨ててしまうのかしら？

❷トム(T)：A(例)それらは安くて，新しい物を買うのが簡単に感じるからだと思うよ。

❸マリ(M)：賛成よ，トム。私たちは普通，高価な物は簡単には買えないから簡単に捨てたりしない。一番大事なのは，本当に必要な服だけを買うことだと私は思うわ。

❹E：他に何ができるかしら？

❺M：いらなくなったときに，服を捨てるんじゃなくてリサイクルするべきだと思うわ。

❻T：そのとおりだけど，Bどうやってリサイクルするの？

❼M：リサイクルボックスがある服屋さんもあるから，それを使えばいいのよ。

❽T：なるほど。古着を買うのも環境にいいよね。そうすることで，C廃棄物を減らせるし。

❾E：それはいい考えね。もう服を捨てないようにするわ。

(1)＜**適所選択**＞補う文では，世界の水質汚染とファッション産業の関係が，具体的な数値を挙げて説明されている。空所ウの直前で水がファッション産業によって汚染されているという話題が挙げられ，補う文はその説明を補足する内容になっている。

(2)＜**適文補充**＞空所を含む文にある it は，なぜ人は簡単にファストファッションの服を捨てるのかという，直前のエミの疑問を指している。トムはこれに it is because ～「それはなぜなら～」と答えているので，この後にはエミの疑問に対する答えが入る。また，直後でマリが，トムに賛成したうえで，「高価な物は捨てない」と述べている。これらのことから，エミの疑問に対するトムの答えは，「値段が安いから簡単に買えるから(捨てる)」といった内容であると推測できる。

(3)＜**適文選択**＞このトムの質問に対し，直後でマリが一部の店にあるリサイクルボックスが使えると，リサイクルの方法を説明していることから，トムはリサイクルの方法を尋ねたのだとわかる。

(4)＜**適語句選択**＞空所を含む文にある doing so「そうすること」は，直前の「古着を買うこと」を指している。古着を買うことで私たちにできるのは，廃棄物を減らすことである。

(5)＜**内容真偽**＞ア．「多くの人は環境を守るためにファストファッションの服を買っている」…×　スピーチの第１段落最終文参照。ファストファッションは環境に深刻な問題を引き起こす。　イ．「シャツ１枚をつくるのに，５人分の飲料水約１年分が必要となる」…○　スピーチの第３段落第２～５文の内容に一致する。「１人が約５年間で飲む水の量」＝「５人分の飲料水約１年分」である。　ウ．「ほとんどのファストファッションの服は，他の地域からアジアの国々に送られる」…×　スピーチの第４段落第４文参照。アジアの国々でつくられて他国へ送られる。　エ．「ファストファッションの企業の中には，きれいな水をつくろうとしている企業もある」…×　スピーチの第５段落第２，３文に，ファストファッションの企業が取り組んでいる環境対策の具体例が挙げられているが，きれいな水をつくろうとしている企業についての記述はない。

9〔**長文読解―適文選択―対話文**〕

≪**全訳**≫❶**ジュディ先生(J)**：こんにちは，ケン。昨日はサッカーの試合があったそうね。どうだった？

❷**ケン(K)**：よくありませんでした。またゴールを決められなかったんです。３回もシュートを外して，チームは僕のせいで負けてしまいました。

❸**J**：元気を出して，ケン。あなたが毎日一生懸命練習していることは知ってるわ。次回はきっとうまくやれるわよ。

❹**K**：(1)そうは思いません。最近サッカーがうまくできなくて。２週間ゴールを決めてないんです。もう自分を信じられません。

❺**J**：ケン，そんなに落ち込まないで。自分を信じて。

❻**K**：どうやって自分を信じればいいんでしょう？

❼**J**：「雨が降らないと，虹を見られない」っていう言葉を知ってる？　前に聞いたことはある？

❽**K**：いいえ。それは何ですか？

❾**J**：ハワイの有名なことわざよ。私のお気に入りなの。

❿**K**：(2)どういう意味なんですか？

⓫**J**：私たちは雨が降った後に美しい虹を見ることが多いわよね。(3)苦労をした後には，いいことがやってくることが多いっていう意味なの。

⓬**K**：なるほど。僕は雨の日が多かったから，ひょっとしたらもうすぐ虹が見られるかもしれませんね。先生のおかげで気持ちが上向いてきました。ありがとうございます。

⓭**J**：どういたしまして。それを聞いてうれしいわ。

⓮**K**：次の試合に向けて，もっと一生懸命練習します。(4)一生懸命努力すれば，ゴールを決められると思います。

⓯**J**：よかった！　あなたはチームのためにそれができるわ。ベストを尽くしてね，ケン！

＜**解説**＞(1)「次回はきっとうまくやれる」と励ますジュディ先生に対するケンの返答。ケンはこの後，最近サッカーがうまくできず，自分が信じられないという発言をしていることから，ジュディ先生の言葉を素直に受け取れなかったと考えられる。　(2)直後でジュディ先生がことわざの意味を説明している。ケンはことわざの意味を尋ねたのである。　(3)前後の内容から，ことわざの a beautiful rainbow が good things を，it rains が have a difficult time「苦労する」を表していることを読み取る。　(4)ジュディ先生の言葉を聞いて気持ちが上向いてきたケンは，もっと一生懸命練習すればゴールが決められるかもしれないと，自信を取り戻したのである。

数学解答

1 (1) ① 2 ② $-3a^2$ ③ $1-\sqrt{21}$

(2) ①…ウ

② あ…－ い…1 う…6

(3) ①…イ ② え…7 お…0

(4) ①…エ

② か…3 き…1 く…0

(5) ① け…1 こ…6

② さ…2 し…9

(6) ① す…6 せ…3

② そ…8 た…8

(7) ①… 4

② (例)

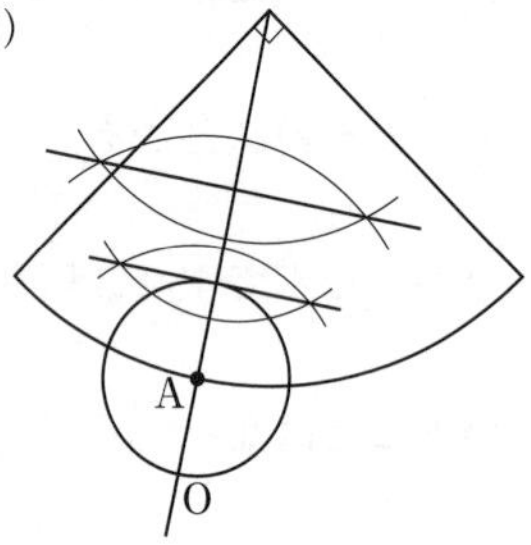

2 (1) ① つ…9 て…2

② と…3 な…2 に…9

(2) ぬ…8 ね…3

3 (1) (a)…イ (b)…ウ (c)…カ

(2) (例)△EBFと△ECAにおいて，

EB＝EC……①

∠BEF＝∠CEA＝90°……②

対頂角は等しいので，

∠EFB＝∠DFC……③

また，∠BEF＝∠CDF＝90°

三角形の内角の和は180°だから，

∠EBF＝180°－∠BEF－∠EFB

＝90°－∠EFB……④，

∠ECA＝∠DCF＝180°－∠CDF

－∠DFC＝90°－∠DFC……⑤

③，④，⑤より，

∠EBF＝∠ECA……⑥

①，②，⑥より，1組の辺とその両端の角がそれぞれ等しいので，

△EBF≡△ECA

(3) の…4 は…5

4 (1) ①…2 ② ふ…1 へ…3

③ ほ…5 ま…2

(2) (a)…$-\dfrac{2}{3}n+\dfrac{5}{3}$ (b)…$-\dfrac{3}{2}n-\dfrac{5}{2}$

(3) み…1 む…1 め…5

1〔独立小問集合題〕

(1)＜数の計算，式の計算＞①与式＝$-4+6=2$ ②与式＝$-\dfrac{a^2b\times9a}{3ab}=-3a^2$ ③与式＝$7-2\sqrt{21}+\sqrt{21}-2\times3=7-2\sqrt{21}+\sqrt{21}-6=1-\sqrt{21}$

(2)＜二次方程式の応用＞①ある数xを2乗した数はx^2，xを2倍した数は$2x$となる。これらの和が5であるから，$x^2+2x=5$が成り立ち，$x^2+2x-5=0$となる。 ②$x^2+2x-5=0$を解くと，解の公式より，$x=\dfrac{-2\pm\sqrt{2^2-4\times1\times(-5)}}{2\times1}=\dfrac{-2\pm\sqrt{24}}{2}=\dfrac{-2\pm2\sqrt{6}}{2}=-1\pm\sqrt{6}$となる。

(3)＜標本調査＞①川の水全てを検査するのは難しいので，標本調査として適しているのは，イの川の水質検査である。アの国勢調査，ウの学校で行う生徒の歯科検診，エのA中学校3年生の進路希望調査は，いずれも全数調査である。 ②初めに袋の中に入っていた白い球の個数をx個とすると，オレンジ色の球を30個入れたので，袋の中の全ての球の個数とオレンジ色の球の個数の比は$(x+30):30$となる。また，無作為に抽出した10個の球のうち，オレンジ色の球は3個含まれていたので，抽出した球の個数とその中のオレンジ色の球の個数の比は$10:3$となる。この2つの比が等しいと考え，$(x+30):30=10:3$が成り立つ。これを解くと，$(x+30)\times3=30\times10$，$3x+90=300$，$3x=210$，$x=70$となるので，初めに袋の中に入っていた白い球は，およそ70個と推定できる。

(4)＜空間図形—展開図，長さ＞①次ページの図1で，ア，イ，ウは，それぞれ破線で結んだ点が重なるようにして組み立てると，立方体となるので，立方体の展開図として正しい。エは，組み立てて立方体にならないので，立方体の展開図として正しくないのはエである。

図１

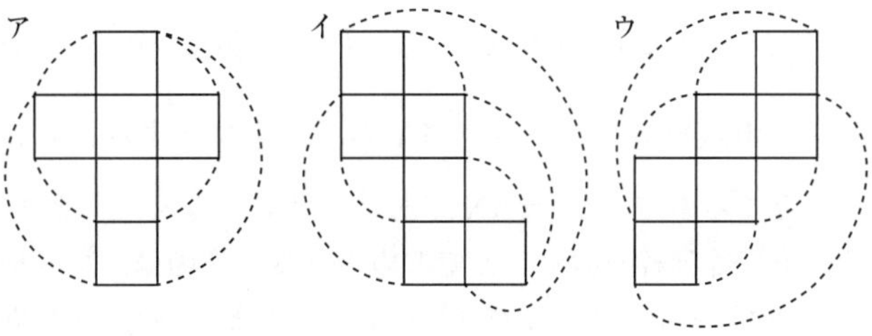

②頂点Aから頂点Hまで，辺BFと辺CGを通るようにひもをかけるので，ひもが通る面は，面AEFB，面BFGC，面CGHDである。この３つの面を右下図２のように展開すると，ひもの長さが最も短くなるとき，そのひもは線分AHと重なる。よって，このときのひもの長さは線分AHの長さである。AE＝3，EH＝EF＋FG＋GH＝3＋3＋3＝9だから，△AEHで三平方の定理より，$AH=\sqrt{AE^2+EH^2}=\sqrt{3^2+9^2}=\sqrt{90}=3\sqrt{10}$となり，求めるひもの長さは$3\sqrt{10}$cmである。

図２

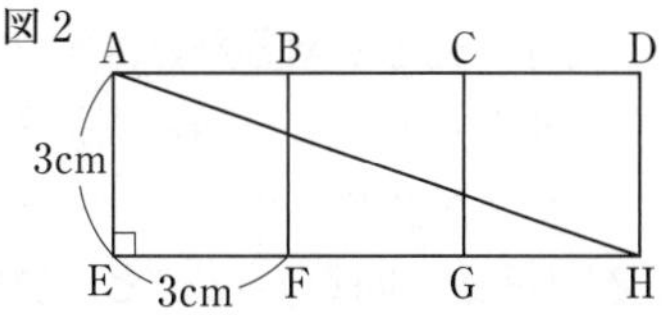

(5)＜**確率—さいころ**＞①大小２つのさいころを同時に投げるとき，それぞれ６通りの目の出方があるから，目の出方は全部で６×６＝36（通り）あり，P(a，b)も36通りある。点Pが直線$y=x$上の点となるとき，$x=a$，$y=b$を代入すると，$b=a$となるのでa，bの組は，(a，b)＝(1，1)，(2，2)，(3，3)，(4，4)，(5，5)，(6，6)の６通りある。よって，求める確率は$\frac{6}{36}=\frac{1}{6}$である。　②右図３で，点Pからx軸に垂線PHを引く。

図３

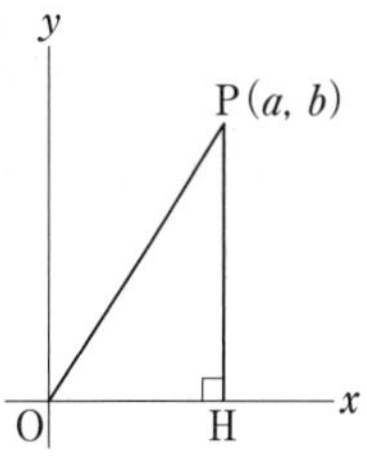

P(a，b)より，OH＝a，PH＝bとなり，∠OHP＝90°だから，△OHPで三平方の定理より，$OP=\sqrt{OH^2+PH^2}=\sqrt{a^2+b^2}$となる。線分OPの長さが４cm以下となるとき，OP≦4より，$\sqrt{a^2+b^2}\leqq 4$，$\sqrt{a^2+b^2}\leqq\sqrt{16}$，$a^2+b^2\leqq 16$となる。$a=1$のとき，$1^2+b^2\leqq 16$より，$1+b^2\leqq 16$だから，$b=1$，2，3の３通りある。$a=2$のとき，$2^2+b^2\leqq 16$より，$4+b^2\leqq 16$だから，$b=1$，2，3の３通りある。$a=3$のとき，$3^2+b^2\leqq 16$より，$9+b^2\leqq 16$だから，$b=1$，2の２通りある。$a=4$のとき，$4^2+b^2\leqq 16$より，$16+b^2\leqq 16$となり，これを満たす$b$はない。$a=5$，6のときもない。よって，線分OPの長さが４cm以下となるa，bの組は３＋３＋２＝８（通り）あるから，求める確率は$\frac{8}{36}=\frac{2}{9}$である。

(6)＜**平面図形—角度**＞①右図４で，同じ弧に対する円周角は等しいから，$\overset{\frown}{BC}$に対する円周角より，x＝∠BAC＝∠BDC＝63°である。　②図４の△EBDで内角と外角の関係より，∠ABF＝∠BDC－∠BEC＝63°－38°＝25°となる。よって，△ABFで内角と外角の関係より，y＝∠BFC＝∠BAC＋∠ABF＝63°＋25°＝88°である。

図４

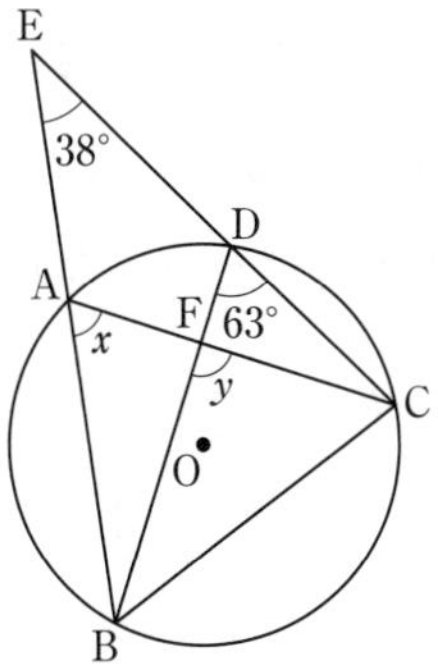

図５

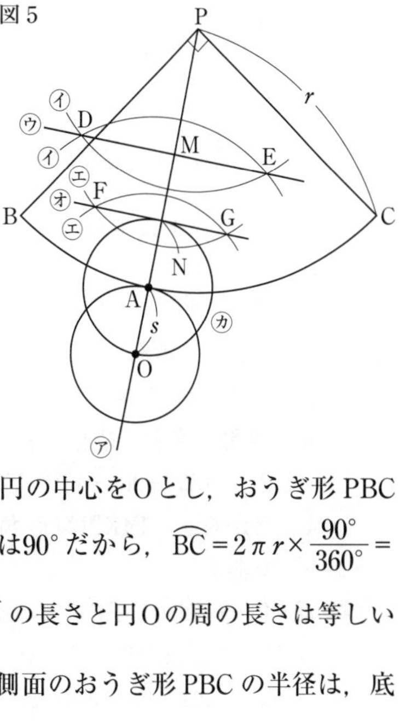

(7)＜**空間図形—長さの比，作図**＞①右図５で，円錐の側面の部分であるおうぎ形の中心をP，弧の両端の点をB，C，底面の円の中心をOとし，おうぎ形PBCの半径をr，円Oの半径をsとする。おうぎ形PBCの中心角は90°だから，$\overset{\frown}{BC}=2\pi r\times\frac{90°}{360°}=\frac{1}{2}\pi r$と表される。また，円Oの周の長さは$2\pi s$と表され，$\overset{\frown}{BC}$の長さと円Oの周の長さは等しいから，$\frac{1}{2}\pi r=2\pi s$が成り立つ。これより，$r=4s$となるので，側面のおうぎ形PBCの半径は，底

面の円Oの半径の4倍である。　②図5で，円Oは点Aを通るので，点Oは線分PAの延長上にある。①より，$r:s=4s:s=4:1$ だから，PA：AO＝4：1となり，$\mathrm{AO}=\frac{1}{4}\mathrm{PA}$ である。線分PAの中点をMとし，線分MAの中点をNとすると，$\mathrm{MA}=\frac{1}{2}\mathrm{PA}$，$\mathrm{AN}=\frac{1}{2}\mathrm{MA}=\frac{1}{2}\times\frac{1}{2}\mathrm{PA}=\frac{1}{4}\mathrm{PA}$ となるので，AO＝ANである。点M，点Nは，それぞれ線分PAの垂直二等分線，線分MAの垂直二等分線を引くことで求められる。作図は，㋐直線PAを引く。㋑2点P，Aを中心とする半径の等しい円の弧をかき(交点をD，Eとする)，㋒2点D，Eを通る直線を引く。㋐の直線と㋒の直線の交点がMとなる。㋓2点M，Aを中心とする半径の等しい円の弧をかき(交点をF，Gとする)，㋔2点F，Gを通る直線を引く。㋐の直線と㋔の直線の交点がNとなる。㋕点Aを中心とする半径がANの円をかく。㋕の円の周と直線PAの交点のうち，点Nではない方がOとなる。解答参照。

2 〔関数—関数 $y=ax^2$ と一次関数のグラフ〕

(1)＜**y 座標，傾き，切片**＞①右図で，$p=3$ のとき，点Pの x 座標は3である。点Pは関数 $y=\frac{1}{2}x^2$ のグラフ上にあるので，y 座標は $y=\frac{1}{2}\times3^2=\frac{9}{2}$ である。　②右図で，2点P，Qは関数 $y=\frac{1}{2}x^2$ のグラフ上にあり，PQ∥〔x 軸〕だから，2点P，Qは y 軸について対称である。よって，①より，$\mathrm{P}\left(3,\ \frac{9}{2}\right)$ だから，$\mathrm{Q}\left(-3,\ \frac{9}{2}\right)$ となり，$\mathrm{PQ}=3-(-3)=6$ となる。四角形PRSQは平行四辺形だから，RS＝PQ＝6となる。また，点Sは y 軸上にあり，RS∥PQより，RS∥〔x 軸〕だから，点Rの x 座標は6となる。点Rは関数 $y=\frac{1}{2}x^2$ のグラフ上にあるので，$y=\frac{1}{2}\times6^2=18$ より，R(6，18)である。2点Q，Rの座標より，直線QRの傾きは $\left(18-\frac{9}{2}\right)\div\{6-(-3)\}=\frac{3}{2}$ となる。これより，直線QRの式は $y=\frac{3}{2}x+b$ とおけ，点Rを通ることより，$18=\frac{3}{2}\times6+b$，$b=9$ となるので，切片は9である。

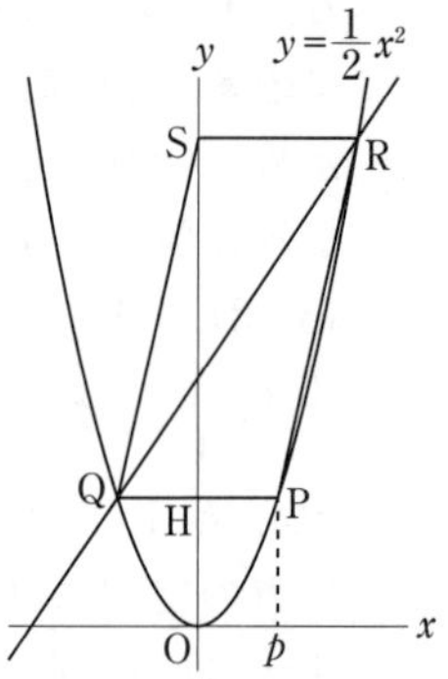

(2)＜**x 座標**＞右上図で，点Pは関数 $y=\frac{1}{2}x^2$ のグラフ上にあり，x 座標が p だから，$y=\frac{1}{2}p^2$ より，$\mathrm{P}\left(p,\ \frac{1}{2}p^2\right)$ となる。2点P，Qは y 軸について対称だから，$\mathrm{Q}\left(-p,\ \frac{1}{2}p^2\right)$ となり，$\mathrm{PQ}=p-(-p)=2p$ となる。よって，$\mathrm{RS}=\mathrm{PQ}=2p$ となり，点Rの x 座標は $2p$ となる。また，$\mathrm{SH}=2\mathrm{PQ}=2\times2p=4p$ となるので，点Rの y 座標は $\frac{1}{2}p^2+4p$ となり，$\mathrm{R}\left(2p,\ \frac{1}{2}p^2+4p\right)$ と表せる。点Rは関数 $y=\frac{1}{2}x^2$ のグラフ上にあるので，$x=2p$，$y=\frac{1}{2}p^2+4p$ を代入して，$\frac{1}{2}p^2+4p=\frac{1}{2}\times(2p)^2$，$\frac{1}{2}p^2+4p=2p^2$，$\frac{3}{2}p^2-4p=0$，$3p^2-8p=0$，$p(3p-8)=0$ となり，$p=0,\ \frac{8}{3}$ である。$p>0$ より，$p=\frac{8}{3}$ である。

3 〔平面図形—三角形〕

≪基本方針の決定≫(3)　三角形の相似を利用する。

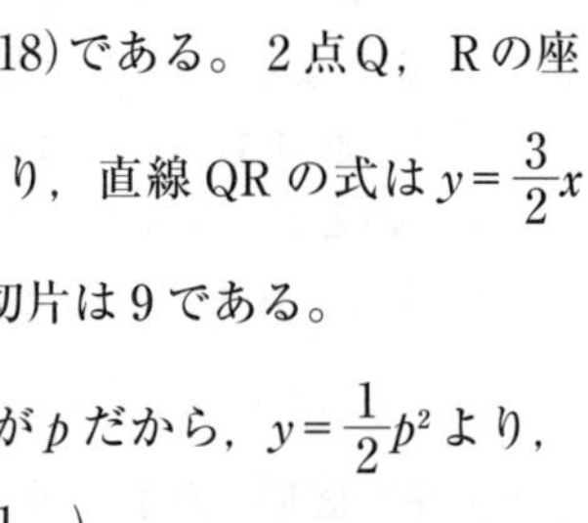

(1)＜**角，図形の名称，線分**＞右図の△EBCで，∠ECB＝180°−∠BEC−∠EBC＝180°−90°−45°＝45°となる。これより，∠EBC＝∠ECB＝45°だから，△EBCは(直角)二等辺三角形である。よって，EB＝ECである。

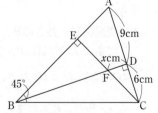

(2)＜**証明**＞右図の△EBFと△ECAで，(1)より，EB＝ECであり，∠BEF＝∠CEA＝90°である。また，△EBF，△DCFで，∠EFB＝∠DFCであり，∠EBF＝180°−∠BEF−∠EFB＝180°−90°−∠EFB＝90°−∠EFB，∠ECA＝∠DCF＝180°−∠CDF−∠DFC＝

$180°-90°-∠DFC=90°-∠DFC$ となる。解答参照。

(別解例)△EBF と△ECA において，EB＝EC……① ∠BEF＝∠CEA＝90°……② ∠BEC＝∠CDB だから，円周角の定理の逆により，４点B，C，D，Eは同じ円周上にある。$\overset{\frown}{ED}$ に対する円周角は等しいから，∠EBF＝∠ECA……③ ①，②，③より，１組の辺とその両端の角がそれぞれ等しいので，△EBF≡△ECA

(3)<**面積**>前ページの図で，(2)より，△EBF≡△ECA だから，FB＝AC＝AD＋DC＝9＋6＝15 となる。また，∠EBF＝∠ECA より，∠ABD＝∠FCD であり，∠BDA＝∠CDF＝90° なので，△DBA∽△DCF となる。これより，DB：DC＝AD：FD である。FD＝x(cm)とすると，DB＝FD＋FB＝x＋15 だから，$(x+15):6=9:x$ が成り立ち，$(x+15)\times x=6\times 9$，$x^2+15x-54=0$，$(x+18)(x-3)=0$ より，$x=-18$，3 となる。$x>0$ より，$x=3$ となるので，FD＝3 である。よって，△DCF で三平方の定理より，$FC=\sqrt{FD^2+DC^2}=\sqrt{3^2+6^2}=\sqrt{45}=3\sqrt{5}$ である。次に，∠EFB＝∠DFC，∠BEF＝∠CDF＝90° だから，△EBF∽△DCF となる。相似比は $FB:FC=15:3\sqrt{5}=5:\sqrt{5}$ だから，面積比は相似比の２乗より，$△EBF:△DCF=5^2:(\sqrt{5})^2=5:1$ となる。したがって，$△DCF=\frac{1}{2}\times FD\times DC=\frac{1}{2}\times 3\times 6=9$ より，△EBF＝5△DCF＝5×9＝45(cm²)である。

4 〔関数―座標平面と図形〕

(1)<**長さの比，*y* 座標**>①右図１で，AB∥PQ だから，OM＝MN のとき，OA＝AP となる。△OAB∽△OPQ だから，AB：PQ＝OA：OP＝1：2 となる。よって，線分 PQ の長さは線分 AB の長さの２倍である。

図１

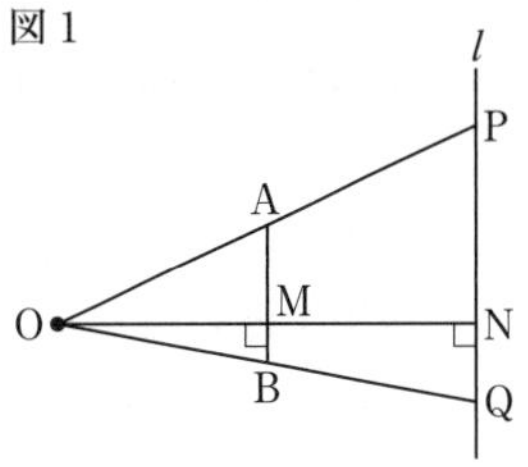

②図１で，線分 PQ の長さが線分 AB の長さの４倍になるとき，AB：PQ＝1：4 となる。△OAB∽△OPQ だから，OA：OP＝AB：PQ＝1：4 となり，OA：AP＝1：(4－1)＝1：3 である。よって，AB∥PQ より，OM：MN＝OA：AP＝1：3 である。 ③右図２で，E(4，1)より，直線 OE の傾きは$\frac{1}{4}$だから，直線 OE の式は $y=\frac{1}{4}x$ である。P(10，p)は直線 $y=\frac{1}{4}x$ 上にあるから，$p=\frac{1}{4}\times 10$ より，$p=\frac{5}{2}$ である。

図２

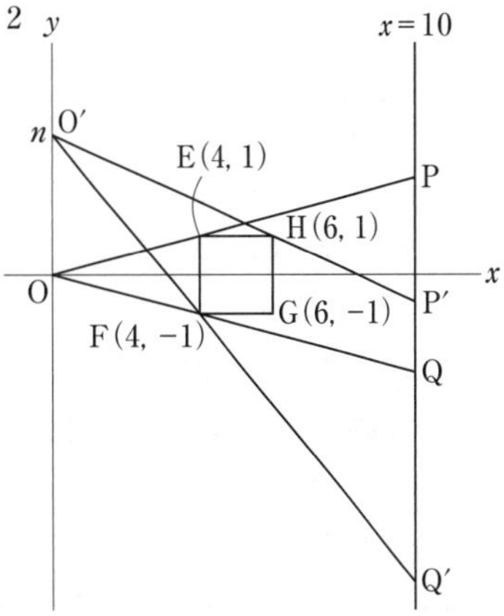

(2)<***y* 座標**>右図２で，直線 O′H，直線 O′F と直線 $x=10$ の交点をそれぞれ P′，Q′ とする。O′(0，n)，H(6，1)より，直線 O′H は，傾きが $\frac{1-n}{6-0}=\frac{1-n}{6}$，切片が n となり，直線 O′H の式は $y=\frac{1-n}{6}x+n$ となる。P′(10，p)は直線 O′H 上にあるので，$p=\frac{1-n}{6}\times 10+n$ より，$p=-\frac{2}{3}n+\frac{5}{3}$ である。F(4，−1)だから，同様にして，直線 O′F は，傾きが $\frac{-1-n}{4-0}=\frac{-1-n}{4}$，切片が n となり，直線 O′F の式は $y=\frac{-1-n}{4}x+n$ となる。Q′(10，q)は直線 O′F 上にあるから，$q=\frac{-1-n}{4}\times 10+n$ より，$q=-\frac{3}{2}n-\frac{5}{2}$ である。

(3)<***y* 座標**>右上図２で，(2)より，$P'\left(10,\ -\frac{2}{3}n+\frac{5}{3}\right)$，$Q'\left(10,\ -\frac{3}{2}n-\frac{5}{2}\right)$ だから，$P'Q'=\left(-\frac{2}{3}n+\frac{5}{3}\right)-\left(-\frac{3}{2}n-\frac{5}{2}\right)=-\frac{2}{3}n+\frac{5}{3}+\frac{3}{2}n+\frac{5}{2}=\frac{5}{6}n+\frac{25}{6}$ となる。これが100cm となるので，$\frac{5}{6}n+\frac{25}{6}=100$ が成り立ち，$5n+25=600$，$5n=575$ より，$n=115$ である。

社会解答

1 (1) エ　(2) イ，ウ
(3) ア→イ→ウ
(4) 環境アセスメント

2 (1) イ　(2) A…エ　C…ア
(3) カルデラ
(4) ①…イ，ウ　②…ア

3 (1) Ⅰ…A　Ⅱ…イ　(2) ア
(3) (例)永久凍土をとかして，建物が傾く
(4) イ　(5) エ

4 (1) ア　(2) エ　(3) ウ
(4) (例)領地は相続によって，分割され小さくなる
(5) 防人

5 (1) エ　(2) ベルサイユ　(3) ア
(4) イ→ウ→ア　(5) イ

6 (1) ア
(2) (例)公共事業への支出を減らし，増税を行う
(3) ウ

7 (1) イ　(2) 被疑者　(3) ウ

8 (1) エ　(2) エ

1 〔三分野総合―千葉県を題材とする問題〕

(1)<千葉県の沿岸>千葉県東部には，単調な海岸線が続く砂浜海岸である九十九里浜がある。また，千葉県北東部の銚子港沖には，暖流の黒潮〔日本海流〕と寒流の親潮〔千島海流〕がぶつかる潮境〔潮目〕があり，銚子港は日本最大の水揚量となっている(2022年)。

(2)<資料の読み取り>千葉港の輸入品目1位である石油の金額の割合が54.5%であるのに対し，成田国際空港の輸入品目1位から5位までの金額の合計の割合は，15.9＋13.8＋9.0＋8.0＋5.6＝52.3(%)であり，前者の方が高い(イ…○)。成田国際空港の輸出品目1位である半導体等製造装置の金額は11710億円であるのに対し，千葉港の輸出総額は7753億円であり，前者の方が多い(ウ…○)。なお，成田国際空港の輸入総額は161145億円であり，千葉港の輸入総額である34133億円と比べると，161145億÷34133億＝4.72…より，約4.7倍であり，5倍未満である(ア…×)。成田国際空港の輸入総額の161145億円と，輸出総額の128215億円との差は，161145億－128215億＝32930億，すなわち3兆2930億円であるため，3兆5千億円未満である(エ…×)。

(3)<年代整序>年代の古い順に，ア(ベトナム戦争の激化―1965年)，イ(マルタ会談―1989年)，ウ(湾岸戦争―1991年)となる。

(4)<環境アセスメント>道路やダム，発電所などについて，大規模な建設工事を行う場合，事前に環境への影響を評価することを，環境アセスメントという。

2 〔日本地理―総合〕

(1)<政令指定都市，県庁所在地>政令指定都市は，政府によって指定された人口50万人以上の市である。A～Dの県の中で，県名と県庁所在地名が異なるのは，Aの宮城県仙台市，Bの神奈川県横浜市，Cの愛知県名古屋市である。なお，Dは熊本県である。

(2)<資料の読み取り>アは，製造品出荷額等が表中で最も多いことから，中京工業地帯に属し，製造品出荷額等が全国1位となっているCの愛知県である(2021年)。イは，人口が表中で最も多いことから，人口が東京に次いで全国2位となっているBの神奈川県である(2022年)。ウは，農業産出額が表中で最も多いことから，野菜の生産や肉牛の飼育が盛んなDの熊本県である。エは，海面漁業漁獲量が表中で最も多いことから，県北東部の三陸海岸で漁業が盛んなAの宮城県である。

(3)<カルデラ>噴火による陥没などによってできた大きくくぼんだ地形を，カルデラという。カルデラは，熊本県の阿蘇山や，鹿児島湾，北海道の洞爺湖，屈斜路湖などに見られる。

(4)**＜地形図の読み取り＞**①特にことわりのないかぎり地形図上では上が北となる。「彦根駅」の近くにある市役所(◎)は，「彦根港」近くの地点Aから見てほぼ南東の方向にある(イ…○)。「佐和山」の山頂から北西の「松原町」の方向を見ると，水田(‖)の先に畑(∨)が広がっている(ウ…○)。なお，「彦根城跡」から東の「彦根駅」までの間の地域には，神社(⛩)より寺院(卍)が多く建ち並んでいる(ア…×)。地点Bのすぐそばにある標高点(・)には87mの標示，「佐和山」の山頂の三角点(◬)には232.6mの標示がそれぞれあり，標高差は232.6m－87m＝145.6mで，200m未満である(エ…×)。　②地形図の縮尺が25000分の1であるため，地形図上で1cmの実際の距離は，1cm×25000＝25000cm＝250m＝0.25kmであることがわかる。地形図中の1辺が1cmの方眼を太い実線で囲んだ部分は，縦4cm×横3cmであることから，実際の面積は，(0.25km×4)×(0.25km×3)＝0.75km^2であることがわかる(ア…○)。

3 〔世界地理―総合〕

(1)**＜世界地図＞**中心からの距離と方位が正しい地図を見ると，東京とニューヨークを結ぶ最短ルートは北アメリカ大陸のアラスカ北部を通過するため，緯線と経線が直角に交わる地図上でも，同じくアラスカ北部を通過するAが最短ルートということになる。また，ニューヨークのある北アメリカ大陸に接するXは，南アメリカ大陸である。

(2)**＜世界の気候＞**あ.の都市はヨーロッパ南部の地中海性気候に属するため，1年を通じて温暖で，夏に降水量の少ないアが当てはまる。なお，い.はアフリカ北部の砂漠気候に属するため，1年を通じて降水量の少ないウ，う.は赤道直下の熱帯雨林気候に属するため，1年を通じて気温が高く降水量の多いエ，え.は南半球に位置するため，6～8月が冬で，12～2月が夏になっているイが当てはまる。

(3)**＜シベリアの高床住宅＞**ロシア東部のシベリアでも特に寒い地域では，建物から出る熱が永久凍土をとかして，建物が傾くことを防ぐために，高床になっている住居が見られる。

(4)**＜ヨーロッパ州の言語分布＞**イギリスやノルウェー，ドイツなどのヨーロッパ北西部では，ゲルマン系言語が使用されている(イ…○)。なお，Aで示されているフランスやイタリアなどのヨーロッパ南西部ではラテン系言語，Cで示されているポーランドやロシアなどのヨーロッパ東部ではスラブ系言語が使用されている。

(5)**＜資料の読み取り＞**2000年と2019年を比べて，ロシアの一人あたりのGNI〔国民総所得〕は，11201－1738＝9463ドル増加しており，増加額は資料の6か国中で最も多い。また，2000年と2019年を比べて，中国の一人あたりのGNIは，9936÷929＝10.6…より，約11倍になっており，増加の割合は資料の6か国中で最も大きい(エ…○)。なお，2019年において，一人あたりのGNIが最も高いのは日本だが，一人あたりのCO_2排出量が最も多いのはロシアである(ア…×)。2000年と2019年を比べて，インドの発電量は，16237億÷5611億＝2.8…より，2倍以上になっているが，一人あたりのGNIは，2095÷446＝4.6…より，5倍未満である(イ…×)。日本より温室効果ガスの排出量の多い国は，2000年はロシア，中国の2か国だったが，2019年はインドを加えた3か国となって増加した(ウ…×)。

4 〔歴史―古代～近世の日本と世界〕

(1)**＜分国法，平等院鳳凰堂＞**Ⅰ．パネルA中の武田信玄は，甲斐国(現在の山梨県)などを支配した戦国大名であり，戦国大名が制定した領国統治のための法を分国法という。なお，公事方御定書は18世紀前半の江戸幕府第8代将軍のときに定められた裁判の基準となる法である。　Ⅱ．平安時代に藤原頼通が京都の宇治に造営したのは，平等院鳳凰堂である。なお，厳島神社は瀬戸内海にある神社で，平清盛の信仰を受け栄えた。

⑵＜**源氏物語**＞平安時代に紫式部が書いた長編小説は，『源氏物語』である(エ…○)。なお，『枕草子』は，平安時代に清少納言が書いた随筆(ア…×)，『古事記』は，奈良時代に編さんされた歴史書(イ…×)，『徒然草』は，鎌倉時代に兼好法師が書いた随筆である(ウ…×)。

⑶＜**19世紀の出来事**＞アメリカで南北戦争が起こったのは，19世紀の1861年(～65年)で，リンカン大統領が奴隷解放宣言を発表したのは1863年である(ウ…○)。なお，フランス革命が起こり人権宣言が出されたのは，18世紀の1789年である(ア…×)。アメリカの独立戦争が起こったのは，18世紀の1775年(～83年)である(イ…×)。イギリスの名誉革命が起こったのは，17世紀の1688年(～89年)である(エ…×)。

⑷＜**分割相続**＞資料中の「鎌倉時代の御家人が領地を相続するイメージ」を見ると，御家人の社会では，領地を相続する際に，土地が分割されて子ども３人の領地は小さくなっていることがわかる。収入源である領地が相続で小さくなったため，御家人の生活も苦しくなっていったものと考えられる。

⑸＜**防人**＞律令国家の時代，７～８世紀に九州北部の沿岸の防衛を３年交替で担ったのは，防人である。

5〔**歴史—近代～現代の日本と世界**〕

⑴＜**第一次世界大戦中の出来事**＞日本が中国に対して二十一か条の要求を示したのは，1914～18年の第一次世界大戦中の1915年である(エ…○)。なお，二・二六事件が起こったのは1936年(ア…×)，内閣制度が創設されたのは1885年(イ…×)，八幡製鉄所が操業を開始したのは1901年である(ウ…×)。

⑵＜**ベルサイユ条約**＞第一次世界大戦の結果，1919年のパリ講和会議で結ばれたドイツと連合国との間の講和条約は，ベルサイユ条約である。この条約では，ドイツの軍備縮小や巨額の賠償義務などが定められた。

⑶＜**世界恐慌への対策**＞Ⅰ．世界恐慌への対策として，アメリカのローズベルト大統領が行ったのは，ニューディール〔新規まき直し〕政策である。なお，五か年計画は世界恐慌のときにソ連が行っていた経済発展計画である。　Ⅱ．イギリスやフランスが対策として行ったのは，ブロック経済である。なお，ファシズムは民族や国家の利益を優先する軍国主義的な独裁体制で，イタリアやドイツに見られた。

⑷＜**年代整序**＞国際連盟が発足したのは，1945年に第二次世界大戦が終結するより前の1920年である。残ったア，イ，ウは，年代の古い順に，イ(朝鮮戦争の開始—1950年)，ウ(初の東京オリンピック・パラリンピック—1964年)，ア(沖縄返還—1972年)となる。

⑸＜**高度経済成長**＞Ⅰ．高度経済成長期の1960年代に「所得倍増」政策を掲げたのは，池田勇人内閣である。なお，田中角栄内閣は1972年に成立し，日中共同声明に調印し，国交正常化を果たした内閣である。　Ⅱ．三重県で発生した四大公害病の１つは，四日市ぜんそくである。なお，イタイイタイ病は富山県で発生した公害病である。

6〔**公民—経済**〕

⑴＜**需要量・供給量・価格の関係**＞資料中の需要・供給及び価格の関係の図を見ると，価格がXのときは，需要量が供給量よりも多いことがわかる。一般的に，需要量が供給量よりも多い場合は，品不足となるため，価格は上がる(ア…○)。

⑵＜**財政政策**＞好景気のとき，政府は，企業の仕事を減らし，家計などの消費を減らして景気を抑えるため，社会資本整備のための公共事業への支出を減らし，増税を行う。

⑶＜**資料の読み取り**＞年表を見ると，2001～05年においては，2002年にデフレ不況で株価が最安値を

更新したことから，経済成長率が下がっていると考えられ，2004年に輸出が増加したことから，経済成長率が上がっていると判断できる。したがって，グラフの２年目に経済成長率が０，４年目に2.2となっているカードＢが，2001～2005年に当てはまる。2006～2010年においては，2008年に世界金融危機が発生し，2009年に企業の収益が大幅に悪化したことがわかる。したがって，グラフの３年目と４年目に経済成長率が大きく下がっているカードＣが，2006～2010年に当てはまる。2011～2015年においては，2014年に消費税率が引き上げられたことがわかる。したがって，グラフの４年目に経済成長率が下がっているカードＡが，2011～2015年に当てはまる。

7〔公民―裁判〕

⑴，⑵＜**刑事裁判，被疑者**＞罪を犯した疑いのある人は，刑事裁判に起訴される前は法律上では被疑者という。検察官によって起訴されると，被疑者は被告人となる。また，刑事事件において，警察官とともに被疑者を取り調べ，起訴するかどうかを判断するのは，検察官(Ⅰ)である。刑事裁判において，被告人の利益を守るために公判に参加するのは，弁護人(Ⅱ)である。刑事裁判において，法律に基づいて被告人に有罪か無罪かの判決を言いわたすのは，裁判官(Ⅲ)である。

⑶＜**日本の司法制度**＞2009年に導入された裁判員制度では，国民の中から選ばれた６人の裁判員と３人の裁判官が，刑事裁判において合議制で有罪か無罪かの判断や量刑の決定を行う(ウ…○)。なお，裁判官は，国会の弾劾裁判所で罷免の判決が出た場合や，最高裁判所裁判官に対する国民審査で罷免が決定された場合などは，裁判官を辞めさせられる(ア…×)。被害者参加制度は，一部の重大事件の裁判で導入されている(イ…×)。最高裁判所で有罪が確定した後に，再審で無罪となったえん罪事件は，これまでに複数存在する(エ…×)。

8〔公民―国際社会〕

⑴＜**国家の領域**＞公海については，国際海洋法条約などによって，公海自由の原則が定められている(エ…○)。なお，領空は，領土と領海の上空であり，大気圏内のみである(ア…×)。領海は，沿岸から12海里までの水域を指す(イ…×)。排他的経済水域は，沿岸から200海里までの領海の外側の水域である(ウ…×)。

⑵＜**資料の読み取り**＞イギリスは，資料１の政府開発援助〔ODA〕額の内訳を見ると，国際機関への拠出・出資が70億ドルで，５か国の中で最も多い。また，資料２の二国間援助の援助先の地域別割合を見ると，他のヨーロッパ諸国であるフランス・ドイツに比べて，イギリスのアジア・オセアニアへの二国間援助の割合は23.9％で最も高い(エ…○)。なお，資料１を見ると，日本の国際機関への拠出・出資額の割合は，34億÷(102億＋34億)×100＝25(％)であり，フランスやイギリスよりも低い(ア…×)。資料２を見ると，ドイツの中南米への二国間援助の割合は8.8％で，フランスの11.9％よりも低い(イ…×)。資料２を見ると，アメリカの中南米への二国間援助の割合は9.0％で，フランスの11.9％よりも低い(ウ…×)。

理科解答

1 (1) イ　(2) 非電解質　(3) ア
(4) 寒冷前線

2 (1) イ　(2) ア　(3) ウ　(4) イ

3 (1) (例)オオカナダモを入れないで，ゴム栓でふたをする。
(2) イ→ア→ウ　(3) 葉緑体
(4) ア

4 (1) ウ　(2) エ　(3) 電磁誘導
(4) ウ

5 (1) イ　(2) エ　(3) ア
(4) 右図1

6 (1) エ
(2) ① 0.2N　② 0.8N
(3) 右図2

7 (1) ウ　(2) エ　(3) ア
(4) y…8　z…880

8 (1) $2Mg + O_2 \rightarrow 2MgO$
(2) (例)酸素の質量に限りがある
(3) イ　(4) 1.80g

9 (1) 食物網　(2) ウ
(3) エ→ウ→ア→イ　(4) ウ

図1
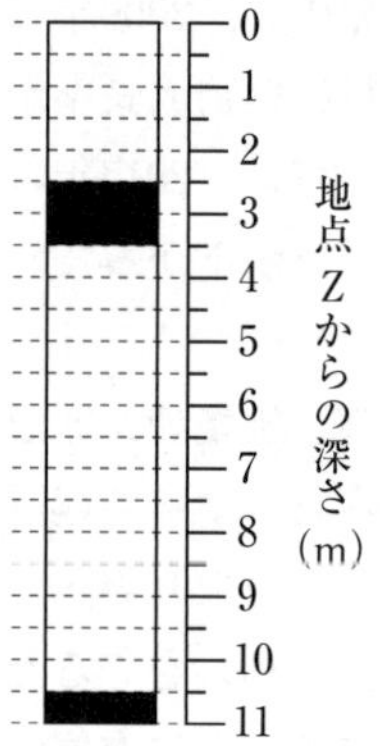

図2
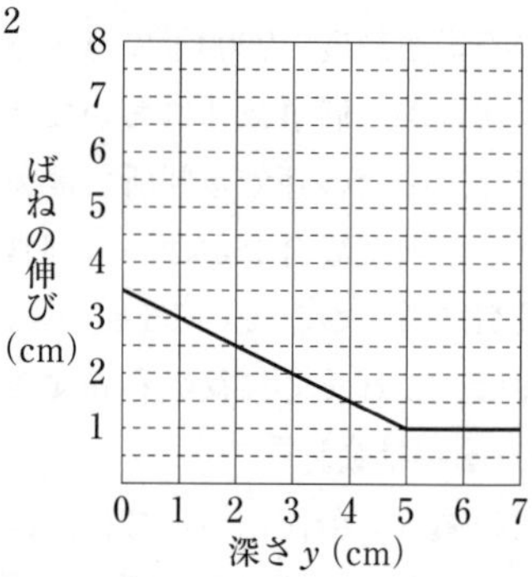

1 〔小問集合〕

(1)<**光と音**>太陽の光は，いろいろな色の光が混ざっている。そのため，太陽の光に混ざっている光のうち赤色に近い光だけを反射する物質は赤色に見え，青色に近い光だけを反射する物質は青色に見える。なお，音の速さはおよそ340m/s，光の速さはおよそ30万km/sと，光に比べて音ははるかに遅い。音は，振動数が大きい(多い)ほど高くなる。また，音は，気体だけでなく液体や固体の中も伝わるが，真空中は振動するものがないので伝わらない。

(2)<**非電解質**>水に溶かしたとき，水溶液に電流が流れない物質を非電解質という。非電解質は，水に溶かしたときにイオンに電離しないため，水溶液に電流が流れない。なお，水に溶かしたときに電離し，水溶液に電流が流れる物質を電解質という。

(3)<**無脊椎動物**>ア～エの動物のうち，無脊椎《せきつい》動物として適当でないのはメダカで，メダカは脊椎動物の魚類のなかまである。

(4)<**寒冷前線**>図の低気圧において，Aの　で示される前線を寒冷前線，　で示される前線を温暖前線という。また，寒冷前線が温暖前線に追いついたときにできる　で示される前線を閉塞前線という。

2 〔物質のすがた〕

(1)<**実験操作**>水上置換法では，気体を水と置き換えることで集めるので，水で満たした試験管に気体を集める。また，気体には有毒なものもあるため，直接においをかぐのではなく，試験管の口の部分を手であおぐようにしてにおいをかぎ，気体を深く吸い込まないようにする。

(2)<**二酸化炭素**>表より，気体Aの入った試験管では，石灰水を入れてよく振ると石灰水が白くにごったので，気体Aは二酸化炭素であることがわかる。

(3)＜**二酸化炭素の性質**＞表より，二酸化炭素と水の入ったペットボトルを振るとペットボトルが少しへこんだことから，二酸化炭素は水に少し溶けることがわかる。また，下方置換法でも集めることができるのは，空気より密度が大きく，重い気体だからである。

(4)＜**酸素の性質**＞表より，気体Bの入った試験管に，火のついた線香を入れると激しく燃えたので，気体Bは酸素であることがわかる。ア～エのうち，酸素が発生するのは，水を電気分解したときで，陽極から酸素が，陰極から水素が発生する。なお，アとエでは二酸化炭素，ウでは水素が発生する。

3 〔生物の体のつくりとはたらき〕

(1)＜**対照実験**＞対照実験とは，調べたい事柄について，１つの条件以外を全て同じ条件にして行う実験で，その条件が結果に関係するかどうかを確かめるためのものである。ここでは，オオカナダモが二酸化炭素を吸収して酸素を排出していることを調べるための対照実験だから，表の手順②の内容を，試験管にオオカナダモを入れずに，手順②と同様，ゴム栓でふたをする，とすればよい。

(2)＜**顕微鏡の操作**＞低倍率でピントが合っている状態から，観察したいものを高倍率で観察するには，プレパラートを動かして観察したいものを視野の中央に動かし，レボルバーを回して高倍率の対物レンズにかえる。その後，調整ねじを回して，ピントを合わせる。

(3)＜**葉緑体**＞光合成は葉緑体で行われ，デンプンがつくられる。よって，図３の黒っぽい小さな粒は，ヨウ素液(ヨウ素溶液)で青紫色に染まった葉緑体である。

(4)＜**光合成**＞光合成は，水と二酸化炭素を使って，光のエネルギーを利用してデンプンをつくるはたらきで，このとき酸素も発生する。よって，図４で，Bは道管を通して運ばれる水を表し，Cは気孔から取り入れられる二酸化炭素を，Eは気孔から放出される酸素を，Dは光合成によってつくられるデンプンを表している。

4 〔電流とその利用〕

(1)＜**オームの法則**＞実験１の①では，図１のように，回路内に抵抗器が１つだけつながれ，電源装置の電圧を6.0Vにしたとき，電流計が1.2Aを示している。よって，抵抗器の電気抵抗の大きさは，オームの法則〔抵抗〕=〔電圧〕÷〔電流〕より，$6.0 \div 1.2 = 5.0$(Ω)である。

(2)＜**電流が磁界から受ける力**＞図２，図３より，コイルが振れた大きさは，実験１の①では15°，②では20°なので，②では，①に比べて振れ方が大きい。コイルが振れた大きさは，コイルに流れる電流が大きいほど大きくなり，①と②で電源の電圧は変わらないので，コイルに流れる電流の大きさは，抵抗器の電気抵抗が小さいほど大きくなる。よって，②では，①に比べて抵抗器の電気抵抗は小さい。また，コイルが振れた向きは，①では図２のように左側，②では図３のように右側と逆向きである。①と②で磁界の向きは変わらないので，コイルが振れる向きは，コイルに流れる電流の向きが逆向きになると，逆向きになる。したがって，②の回路に流れる電流の向きは，①と逆向きである。

(3)＜**電磁誘導**＞磁石やコイルを動かすことによりコイルの内部の磁界が変化すると，コイルに電圧が生じて電流が流れる。この現象を電磁誘導といい，流れた電流を誘導電流という。

(4)＜**電磁誘導**＞コイルに棒磁石を近づけたり，遠ざけたりするとき，コイルに向ける棒磁石の極を変えると，流れる誘導電流の向きは逆向きになる。よって，実験２の②で，コイルに棒磁石のS極を向けて近づけたり，遠ざけたりするときに流れる誘導電流の向きは，実験２の①で，コイルに棒磁石のN極を向けて近づけたり，遠ざけたりするときに流れる誘導電流の向きと逆向きになる。したがって，表より，②では，図５のEからコイルに棒磁石のS極を近づけるとき，検流計の針は右に振れ，その後，中央に戻り，コイルからFへ棒磁石のS極を遠ざけるとき，左に振れる。そして，棒磁石をFで止めると検流計の針は中央に戻り止まる。

5〔大地の変化〕

(1)＜**堆積岩**＞化石を含む岩石は，堆積岩である。ア～エのうち，堆積岩は，生物の死がいなどが堆積してできた石灰岩である。なお，玄武岩，流紋岩，花こう岩はマグマが冷えて固まってできた火成岩で，火成岩に化石が含まれることはない。

(2)＜**示準化石**＞調べたことの②で，砂岩の層から見つかった化石から，その層が新生代に堆積した地層であることがわかったので，見つかった化石は新生代の示準化石である。ア～エのうち，新生代の示準化石はビカリアの化石である。なお，フズリナとサンヨウチュウの化石は古生代，アンモナイトの化石は中生代の示準化石である。

(3)＜**柱状図**＞調べたことの③より，この地域の地層は南北方向には水平だから，南北に位置する地点Xと地点Wで，同じ標高の地層は同じものである。図1で，地点Wの標高は10mなので，地点Wからの高さ7mの位置にある地層の標高は，10＋7＝17(m)である。図1で，地点Xの標高は20mより，図3の地点Xの柱状図において，標高17mの地層は，地表から，20－17＝3(m)の深さにある泥岩の層となる。よって，地点Wからの高さ7mの位置の地層も泥岩の層である。

(4)＜**柱状図**＞調べたことの③より，この地域の地層は東西方向に傾いていて，標高10mの地点Wと地点Yにある凝灰岩の層は同じものである。よって，図2と図3より，この凝灰岩の層の上面の標高は，地点Wでは，10＋1.5＝11.5(m)，地点Yでは，10－0.5＝9.5(m)なので，地点Wから地点Yまでの地層は，西から東に向かって，11.5－9.5＝2.0(m)下がっている。これより，東西に位置している標高20mの地点Xと地点Zの地下の地層も，西から東に向かって2.0m低くなっていると考えられる。したがって，図3の地点Xの地表から0.5～1.5mの深さと，8.5～10.5mの深さに見られる2つの凝灰岩の層は，地点Zの地下ではそれぞれ2.0m低く，地表から2.5～3.5mの深さと，10.5～12.5mの深さにある。ただし，解答欄の柱状図の地点Zからの深さは11mまでしかないので，下の凝灰岩の層は10.5～11.0mを塗りつぶせばよい。解答参照。

6〔運動とエネルギー〕

(1)＜**水圧**＞水圧は，物体のそれぞれの面を垂直に押す向きにはたらき，水面から深い所ほど大きくなる。よって，ア～エのうち最も適当なものは，水圧の大きさを表す矢印の長さが，水面から深い所ほど長くなっているエである。

(2)＜**フックの法則，浮力**＞①100gの物体にはたらく重力の大きさを1Nとするとき，質量140gの物体にはたらく重力の大きさは，140÷100×1＝1.4(N)である。よって，この物体を空気中でばねにつるすとばねに1.4Nの力が加わる。このときの状態は物体を水中に沈める前にあたり，図3では，深さxが0cmのときなので，ばねの伸びは7.0cmである。フックの法則より，ばねの伸びは加える力の大きさに比例するから，このばねを1.0cm伸ばすのに必要な力の大きさは，1.4÷7.0＝0.2(N)となる。　②図3より，深さxが4.0cmのときのばねの伸びは3.0cmである。このとき，物体がばねを引く力の大きさは，①より，このばねを1.0cm伸ばすのに必要な力の大きさが0.2Nだから，0.2×3.0＝0.6(N)となる。よって，求める物体にはたらく浮力は，〔物体にはたらく浮力〕＝〔物体にはたらく重力〕－〔物体がばねを引く力〕より，1.4－0.6＝0.8(N)である。

(3)＜**動滑車**＞図4のように，動滑車を1つ用いると，ばねに加わる力の大きさは，物体が動滑車を引く力の大きさの$\frac{1}{2}$になる。これより，深さyが0cmのときにばねに加わる力の大きさは，実験1で，深さxが0cmのときにばねに加わる力の大きさの$\frac{1}{2}$なので，ばねの伸びは，$7.0\times\frac{1}{2}=3.5$(cm)になる。また，実験1で，物体を水中に沈めていくと，物体が受ける浮力は，物体が水中に全て沈んだときに最大になり，それ以降は一定になる。つまり，物体がばねを引く力の大きさは，物体が水中に全て沈んだときに最小となり，それ以降は一定となるから，物体が水中に全て沈んだのは，図３で，深さxが5.0cmのときである。これより，実験２でも，物体を水中に沈めていくと，物体が水中に全て沈む深さyが5.0cmのとき，ばねの伸びが最小になり，それ以降は一定になる。浮力の大きさは水中に入っている物体の体積で決まるから，実験２で，深さyが5.0cmのときに物体にはたらく浮力の大きさは，実験１で，深さxが5.0cmのときと等しい。よって，このとき，実験２で，物体が動滑車を引く力の大きさは，実験１で，物体がばねを引く力の大きさに等しい。したがって，実験２で，ばねに加わる力の大きさは，実験１で，物体がばねを引く力の$\frac{1}{2}$になるので，ばねの伸びも$\frac{1}{2}$になる。図３より，深さxが5.0cmのときのばねの伸びは2.0cmだから，実験２で，深さyが5.0cmのときのばねの伸びは，$2.0 \times \frac{1}{2} = 1.0$(cm)である。解答参照。

7〔地球と宇宙〕

(1)＜**月**＞月のように，惑星の周りを公転している天体を衛星という。

(2)＜**月の満ち欠け**＞月食は満月のときに見られる現象である。よって，地球の北極側から見た右図で，皆既月食が観察された11月８日の月の位置はＡである。また，先生と会話した日が11月17日より，その前日は11月16日で，皆既月食から８日後である。よって，満月から次の満月までは約29.5日だから，満月から８日間で，月は，$360° \div 29.5 \times 8 = 97.6\cdots$より，約98°移動しているので，Ｂ付近にある。したがって，このときＢ付近の月が南の空に見えるのは，明け方で，左側が輝く下弦の月である。

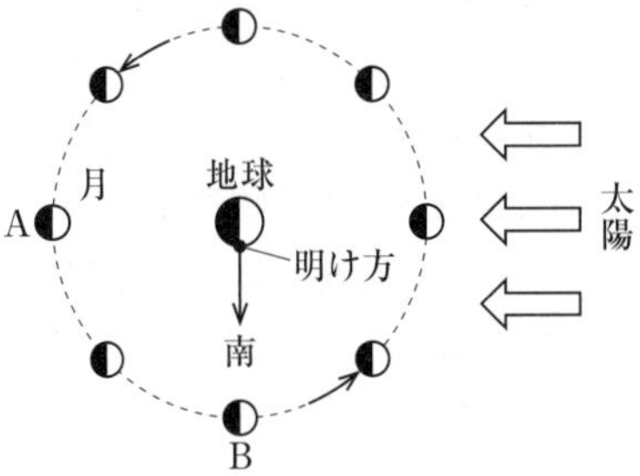

(3)＜**日食**＞皆既日食は，太陽が月によって隠され，太陽の全部が欠ける現象で，太陽，月，地球がこの順で一直線上に並んだときに起こる。また，太陽は１日で東から西へ360°移動するように見える。一方，月は，地球が自転している向きと同じ向きに公転しているため，１日で移動する角度は360°より小さくなる。そのため，月が移動する見かけの速さは，太陽が移動する見かけの速さより小さい。よって，日食は，太陽が月を追い越すときに起こるので，太陽は移動する向きである西側から欠けていくように見える。

(4)＜**月と太陽のモデル**＞太陽の直径の大きさは，月の，$1400000 \div 3500 = 400$(倍)だから，月を直径２cmの球とすると，太陽を表す球の直径は，$2 \times 400 = 800$(cm)より，８mである。また，図２より，２つの球が同じ大きさに見えるとき，球の直径の比は，$2 : 22 = 1 : 11$，観測者から２つの球の中心までの距離の比は，$5 : 55 = 1 : 11$となり，これらは等しい。よって，直径２cmの月の球の中心を観測者から220cmの距離に置いたとき，直径800cmの太陽の球の中心から観測者までの距離を$x$cmとすると，観測者から月の球の中心と太陽の球の中心までの距離の比は，$2 : 800 = 1 : 400$となるから，$220 : x = 1 : 400$が成り立つ。これを解くと，$x = 220 \times 400$より，$x = 88000$(cm)となるから，太陽の球の中心から観測者までの距離は880mである。

8〔化学変化と原子・分子〕

(1)＜**化学反応式**＞マグネシウム(Mg)を加熱すると，空気中の酸素(O_2)と結びつき，酸化マグネシウム(MgO)が生じる。化学反応式は，矢印の左側に反応前の物質の化学式，右側に反応後の物質の化学式を書き，矢印の左右で原子の種類と数が等しくなるように化学式の前に係数をつける。

(2)＜**化学変化**＞一定の質量のマグネシウムや銅と結びつく酸素の質量には限りがあるので，金属を繰り返し加熱すると，質量はやがて変化しなくなる。

(3)＜**化学変化と物質の質量**＞表１で，マグネシウムの粉末の質量が0.60gのときの加熱前の全体の質量と，質量が変化しなくなった後の全体の質量との差から，マグネシウムと反応した酸素の質量は，33.86－33.46＝0.40(g)となる。これより，反応するマグネシウムと酸素の質量の比は，0.60：0.40＝3：2である。

⑷＜**化学変化と物質の質量**＞表２で，銅の粉末の質量が0.40gのとき，反応した酸素の質量は，33.36－33.26＝0.10(g)となるから，反応する銅と酸素の質量の比は，0.40：0.10＝４：１である。また，銅5.00gを加熱し，加熱を途中で止めたときの質量が5.80gになったことから，銅と反応した酸素の質量は，5.80－5.00＝0.80(g)である。よって，酸素0.80gと反応した銅の質量は，0.80×4＝3.20(g)だから，酸素と反応していない銅の質量は，5.00－3.20＝1.80(g)となる。なお，酸化銅には，銅原子と酸素原子が１：１の数の比で結びついた黒色の酸化銅(Ⅱ)と，銅原子と酸素原子が２：１の数の比で結びついた赤色の酸化銅(Ⅰ)が存在する。

9 〔**生物・自然界のつながり**〕

⑴＜**食物網**＞植物を草食動物が食べ，草食動物を肉食動物が食べるというように，食べる・食べられるという生物どうしのつながりを食物連鎖という。食物連鎖の関係は，多くの種類の生物が複雑にからみ合っていることから，食物網という。

⑵＜**食物連鎖**＞食物連鎖において，光合成をして有機物をつくる植物などの生物を生産者，他の生物から有機物を得る動物などの生物を消費者という。よって，草食動物と肉食動物は，ともに消費者である。

⑶＜**個体数の変化**＞生態系の中で，肉食動物が増えると，肉食動物に食べられる草食動物は減る。草食動物が減ると，草食動物を食べる肉食動物は減り，草食動物に食べられる植物は増える。植物が増えると，植物を食べる草食動物は増える。草食動物が増えると，草食動物に食べられる植物が減り，草食動物を食べる肉食動物は増える。このように，それぞれの生物は，増減を繰り返しながらしだいにもとの数に戻り，生物の数量のつり合いが保たれる。

⑷＜**炭素の循環**＞植物が呼吸をすると，有機物が分解され，無機物の二酸化炭素と水が生じる。よって，呼吸による炭素の移動は，有機物に含まれる炭素の移動ではない。

国語解答

一 (1) イ　(2) ア　(3) ウ　(4) エ

二 (1) ねば　(2) せきべつ　(3) しさ
(4) はか

三 (1) 束　(2) 染　(3) 往来
(4) 千秋

四 (1) ア　(2) ウ
(3) Ⅰ…ア　Ⅱ…ア　Ⅲ…エ
(4) イ，オ
(5) (a)…エ
(b) 政治や社会に主体的に参加する自己をつくり上げ，他者に対してその姿を示す(35字)
(6) イ

五 (1) ウ　(2) イ　(3) エ　(4) ア
(5) イ
(6) (a) Ⅰ 仕事に対する誇り
Ⅱ ほどこしを
(b) 貧しい人に頼まれてもいないのに情けをかけることは，逆に相手を見下すことになる(38字)

六 (1) みえたり　(2) エ　(3) ウ
(4) ウ
(5) (a)…イ
(b) 取り上げた布施の中身は，実はろうそく二丁であり，自分の百文を失う(32字)

七 (例)私は，「知恵」とは，「知識」を活用し，生活をより便利にする力のことだと考える。／私は小学生のとき，育てていた植物が元気をなくしたので，太陽が東から昇り，西に沈むという「知識」を生かし，窓辺の植木鉢を二時間ごとに移動させた。植物を常に日光に当てるための「知恵」だ。この結果，植物は元気を取り戻した。このように「知恵」は，学んだ「知識」を生活に役立てようと意識し，進んで使うことで生まれると考える。
(198字)

一〔聞き取り〕

(1)写真を見て，鈴木さんはオムライスの大きさに注目したが，織田さんはオムライスの形に注目していた。同じ写真を見ても，目を向けるポイントは人によって違うのである。

(2)小説を「泣ける小説」と紹介した人は，自分の基準で「泣ける」と判断していて，他の人も自分と同じように感じて「泣ける」と考えたのである。織田さんは，オムライスを見て自分が驚いたポイントである，オムライスの形に鈴木さんも驚くと思ったのである。どちらも，他人が自分と同じように感じるはずだと決めているという点で共通している。

(3)鈴木さんは，「泣けない」のは「自分の読み取りが不足しているからだ」と思った。織田さんは，鈴木さんは自分の視点でその小説のおもしろさをとらえたのであり，人とは「違う言葉で紹介できる」と考えた。

(4)鈴木さんは，その小説を読んだ百人全員が同じ思いで「泣けた」と理解していたが，織田さんと話してから，百人が「それぞれ泣いた理由は，違っていたかもしれない」と考えられるようになった。

二〔漢字〕

(1)音読みは「粘着」などの「ネン」。　(2)「惜別」は，別れを惜しむこと。　(3)「示唆」は，それとなく気づかせること。　(4)音読みは「諮問」などの「シ」。

三〔漢字〕

(1)音読みは「結束」などの「ソク」。　(2)音読みは「染色」などの「セン」。　(3)「往来」は，行ったり来たりすること。　(4)「千秋」は，千年のこと。「一日千秋」は，非常に待ち遠しいこと。

四〔論説文の読解—社会学的分野—現代社会〕出典：好井裕明『「今，ここ」から考える社会学』。

≪本文の概要≫社会学者ミードのテーマは，「社会的自己」論である。人間はどのようにして「社会的な存在」になるのかという問いに対して，ミードは，他者の態度を内面化することによる社会化と「Ｉ」と「me」のダイナミクスによる自己の形成と答えた。「Ｉ」とは，私という人間が持つ創造的な側面のことである。「me」とは，「他者との出会い」を私が生きていくときに，他者の態度を引き受け，期待される役割を適切に演じるために持つ規範的な部分のことである。私たちが社会を生き，自分を生きていくためには，「社会性」を守ること以上に，私たちが「自己」をつくり上げる必要がある。そして「自己」を生きるうえで新しい何かを創造する力が大切であると，ミードは主張する。「自己」は，「社会性」をどのように受容するかという検討ができる力を持った人間存在の重要な側面である。また，「自己」は，「社会性」の持つ問題点を受容し，よりよい「社会性」を実現するために，「社会性」の中身を修正し変革して，新たな形として他者に示していける力を持つ「生きていくプロセス」にもなる。

⑴＜**品詞**＞「はっきり」と「やがて」は，自立語で活用せず用言を修飾しているので，副詞。「美しい」は，形容詞「美しい」の連体形。「ような」は，助動詞「ようだ」の連体形。「確実に」は，形容動詞「確実だ」の連用形。

⑵＜**文章内容**＞シカゴは，多様な人種や民族が集まって暮らす街なので，「語る言葉も生活習慣も文化も異なる」ことから生まれる社会問題を抱えていたが，一つの都市として成立していた。

⑶＜**文章内容**＞人間は，生まれてから死ぬまで「他者と出会うこと」を経験する（…Ｉ）。人間は，「他者との出会い」を生きていくとき，「他者の態度を引き受け」て（…Ⅱ），「期待される役割」を演じる。そして，適切に役割を演じていく中で，人間は，「社会的自己」として，つまり社会を構成する人間として（…Ⅲ），自分の期待される役割に気づき，成長していくのである。

⑷＜**文章内容**＞人間は，生まれてから死ぬまで，他者との「出会い」を経験する。両親のような最も親密な他者との出会いがあり，学校で友人や部活仲間と出会い，職場で仕事仲間と出会い，コンサートやイベント会場で居合わせる人と出会い，単にすれ違うだけの人に出会い，老いれば自らを介護してくれる人と出会う。また，生きている間に一度も出会わない多数の他者の存在もある。人間は，時間的にも精神的にも濃密さの違うさまざまな出会いを経験するのである。

⑸＜**文章内容**＞⒜私たちが，自分の考えを持って政治や社会に参加する「主体」をつくり上げるためには，「批判する力」が必要である。「批判する力」がないと，社会の中で自分の役割を受け入れるだけになってしまう。つまり，「『自己』は『社会性』を盛るためだけの器」，要するに「社会性」を守るだけのものになるのである。　⒝政治や社会に主体性を持って参加するためには，私たちは「批判する力」を持つ主体的な「自己」をつくり上げなければならない。そうすることで，私たちは，他者に対して「国家や社会のメンバーであると主張」できる。

⑹＜**表現**＞前半では，「人間はどのようにして『社会的な存在』となるのでしょうか」という問いに対して，ミードの説を示し，人間は「他者の態度を内面化すること」と「『Ｉ』と『me』のダイナミクス」によって社会的な存在になると説明されている。後半では，「Ｉ」はその人の主体であり，「Ｉ」が「自己」をつくり上げていくうえで，新しい何かを創造する力を持つと説明することで，「Ｉ」の側面が強調されている。

五〔小説の読解〕出典：山本一力『銀しゃり』。

⑴＜**文章内容**＞女は，「三年も寝たっきり」の父親に柿を何としてでも食べさせたいと思っていたので，柿なら傷物でもいいし，一個だけでもいいと言ったのである。

⑵＜**心情**＞新吉は，女には寝たきりの父親がいることを知り，女が「粗末な着物」を着ていることからも，女は貧しいのだろうと判断した。そこで，女から柿の代金を受け取っていいものかどうかと，新吉は迷ったのである。

⑶＜**文章内容**＞女から代金を受け取っていいかどうか迷っていた新吉に対して，女は，自分が柿を手

に入れるのだから，それに対する対価を支払うことは当然だと考えて，「澄んだ目」で金を「強く差し出した」のである。

(4)＜**心情**＞女は，柿と一緒に鮨を買いたいと言い出し，しかも新吉の鮨はおいしい鮨だと人から聞いたと言った。新吉は，自分の鮨を買い求めてもらったことで，鮨職人としての自分の仕事が認めてもらえたと喜んだ。

(5)＜**文章内容**＞女の差し出した「二本の差し」は，年月を経過したものだった。何か困ったことがあるときのために，日々の暮らしの中から「ずっと蓄えてきた」ものだと，新吉は思った。

(6)＜**文章内容**＞(a)Ⅰ．柿をつけて鮨を売ることは，売れ行きがよくないからしたことであって，鮨職人としてのプライドからすると，正当な仕事ではないと新吉は考えたのである。　Ⅱ．新吉は，「鮨が二折りで百四十文，柿は六十文」と考えて，女から代金を受け取ることにした。この金額は通常より安いのだと思われるが，新吉は，「ほどこしをするわけじゃねえんだ」と言うことで，女が柿と鮨を受け取りやすくなるようにした。　(b)新吉は，女の境遇に同情して柿と鮨を渡したわけではない。自分の仕事の正当な対価として受け取ったのである。新吉は，勝手に貧しい人に情けをかけてほどこしをするのは相手を見下すことになると考えたのである。

六〔**古文の読解―笑話**〕出典：『軽口露がはなし』。

≪**現代語訳**≫欲深い住職が，同宿を連れて食物をもらうという修行に出かけた。(ある家で，そこの家人が)僧の食事のために金銭を渡そうと布施を包み，子どもに持たせて，長老の前に(布施の包みを)置き，これは百文の包みだと見えた。その後で家の主人が二百文を包んだものを持って出て，同宿の前に置く。長老は，「あらよくわからないことだ，前後を間違えたのであろう」と，寺へ帰って，同宿に向かい，「先ほどの布施は，施主が取り違えたと思われる。私の分をあなたに渡し，あなたの分を私が取ろう」と言う。同宿が困って戸惑うそぶりをすると，(住職は)ますます(相手の布施を)欲しいと思い，自分の分を投げ出して，その(＝相手の)二百文の包みを取り上げて見たところ，(その包みには)ろうそくが二丁入っていた。

(1)＜**歴史的仮名遣い**＞歴史的仮名遣いの語頭以外のハ行は，原則として現代仮名遣いでは「わいうえお」になる。

(2)＜**古文の内容理解**＞長老の前に置かれた布施は，百文の包みであった。同宿の前には二百文の布施の包みが置かれたと見た長老は，住職である自分よりも，下位の同宿のもらった布施の方が多いのは「不審」だと思ったのである。

(3)＜**古文の内容理解**＞施主が布施を間違えて渡したと思っている長老が，自分の分と同宿の分とを交換しようと提案していることに対して，同宿は，どうしようかと困ってしまった。

(4)＜**古文の内容理解**＞布施の交換に同宿がすぐには応じなかったので，ますます相手の布施を欲しいと思ったのは，「長老」である。

(5)(a)＜**漢文の訓読**＞「既」→「隴」→「平」→「復」→「蜀」→「望」の順に読む。漢文では，一字下から上に返って読むときにはレ点を用いる。　(b)＜**古文の内容理解**＞自分の布施を投げ出した長老が，同宿から取り上げた布施には，二百文ではなく，ろうそく二丁が包まれていた。だから，長老はろうそく二丁を手に入れただけであり，自分の百文をなくしたということになる。

七〔**作文**〕

まず，「知恵」は，いくつもの「知識」を使いこなすものだということを押さえたうえで，前段を書いていく。後段では，学校生活をはじめとした日常生活で，これが「知恵」のある行動だと思えるようなことは何か，具体的に考えてみる。誤字や脱字に注意して，条件に合わせて書いていくこと。

解　答

1 (1)　ウ

(2)　Ⅰ　対象

Ⅱ　(例)誰もが経験している

Ⅲ　(例)個人の経験の差異で，自分と他者では意味が微妙に異なるため同じ考え方だと決めつける（40字）

(3)　(例)「友情」を知的に理解するには，自分とは意見の違う相手について，知識や事実を積み重ね，対話などを行い，その人の生活や感覚を理解することが必要だ。すると，多くの人が共有できる「友情」の意味を見つけることができる。このように，「共通了解」できる意味を見つけるという知的な理解をしておくと，相手の多様性や個別性を無視することがないので，情緒的共感をうまくはたらかせることができる。（186字）

2 (1)　9　　(2)　19通り

(3)　①　$56\pi\ \mathrm{cm}^3$　②　$y=\frac{10}{3}x$

(4)　①　$\frac{3}{8}x\mathrm{cm}^2$　②　$3\sqrt{3}-3$

3 (1)　①…エ　②…ウ

(2)　ウ　　(3)　(例) right way

4 (1)　エ　　(2)　ア

(3)　(例１) a gas that comes from apples makes kiwis sweet

(例２) a gas that came from the apple made the kiwis sweet

1〔**論説文の読解―哲学的分野―哲学**〕出典：谷川嘉浩「人は本当に対話したいのか，どうすれば対話したいと思うのか」(西條辰義・宮田晃碩・松葉類編『フューチャー・デザインと哲学』所収)／山竹伸二『共感の正体　つながりを生むのか，苦しみをもたらすのか』。

≪**本文の概要**≫【文章Ⅰ】小川氏は，多様性を尊重する社会に生きるためには，安易な想像ではなく，事実に基づく理解が必要だと主張する。感覚的に思い描ける範囲で相手を想像し，安易に共感することは，相手の多様性や個別性を無視することにつながりかねないため，危険である。だから，心情や感情ではわかりにくい人に対しては，知識や事実を積み上げて理解することが重要である。知識が増えれば意見は変化するし，根拠を提示する発言は，人の考えを変える力が強い。情緒的な共感をはたらかせるためには，知的な理解が必要なのである。

【文章Ⅱ】机やパソコンを見ただけで，「机だな」「パソコンだ」とわかるのは，その意味が直観されているからである。フッサールは，これを本質直観といった。本質直観は，実在の物だけではなく，「不安」「正義」のような対象にも成り立つ。もっとも，このような対象への本質直観は，個別性が強い面がある。物ではない言葉から直観される意味は，個人の経験に左右され，微妙に異なるからである。しかし，例えば「自由」について多様な解釈があるとしても，「自由」という言葉を使った会話は成り立つのであるから，共通する意味は必ず存在する。そして，多くの人が共通了解できる意味が見つかれば，その対象の本質を取り出すことができる。

(1)<**文章内容**>共感は，感覚的に自分が思い描ける範囲で相手を想像して生まれるものであり，「身近な人や似ていると感じる人」に対して強くはたらくものだから，どうしても偏りがある。私たちが，自分が心情や感情でわかると言いづらい人に対して，安易にわかろうとすると，相手の「多様性や個別性を無視しかねない」のである。

(2)<**文章内容**>Ⅰ．安易な想像で理解しようとすることは，自分なりに意味を直観できるが「個別性が強い面」のある「こうした対象」，すなわち「不安」や「自由」といった「対象」についての本質直観に当てはまる。〔編集部注：この設問は，「こうした対象の本質直観」を，「こうした対象の」「本質直感」ではなく，「こうした」「対象の本質直感」と解して作問されていると考えられる。〕

Ⅱ.「不安」や「自由」は，誰もが「経験して」いて，「一般的な意味を把握」しているので，人は，感覚的にわかる範囲で理解しようとする。　Ⅲ.「不安」や「自由」という言葉から直観される意味は，「個人の経験に左右され，微妙に異なっている」から，多様な解釈があるはずである。だから，皆が共通して同じ考え方をしていると思い込むのは，危険である。

(3)＜**作文**＞まず，「知的な理解」をする対象を，「不安」や「自由」以外に考える。誰もが経験するけれども，そのとらえ方には個人差があるものを想定する。日常生活の中での「具体的」な言葉を考える。そして，「知的な理解」をするためには，その言葉の意味を「知識や事実を丁寧に積み上げて『理解』」することが必要であり，その過程から，多くの人が共有し，誰もが納得できる「共通了解できる意味」を見つけ，知的に理解することで，情緒的な共感をうまくはたらかせられると，説明していくとよい。

2〔**独立小問集合題**〕

(1)＜**特殊・新傾向問題―約束記号**＞a◎$b=2a^2+2ab$ より，p◎$q=2p^2+2pq$，q◎$p=2q^2+2qp=2q^2+2pq$ だから，p◎q と q◎p の和が162となるとき，$(2p^2+2pq)+(2q^2+2pq)=162$ が成り立つ。これより，$2p^2+4pq+2q^2=162$，$p^2+2pq+q^2=81$，$(p+q)^2=81$，$p+q=\pm9$ となる。p，q が自然数より，$p+q>0$ だから，$p+q=9$ である。

(2)＜**データの活用**＞データが5個なので，中央値は，小さい方から3番目の値となる。n を除く4個のデータは，小さい順に，8，11，29，30である。ここに n が加わることを考える。$n\leqq11$ のとき，3番目は11となるから，中央値は11である。$11<n<29$ のとき，3番目は n となるから，中央値は n である。n が自然数より，$n=12$，13，……，28 だから，このとき，中央値は12，13，……，28のいずれかとなる。$n\geqq29$ のとき，3番目は29だから，中央値は29である。よって，中央値として考えられるのは，11，12，……，29であり，$29-10=19$(通り)ある。

図1

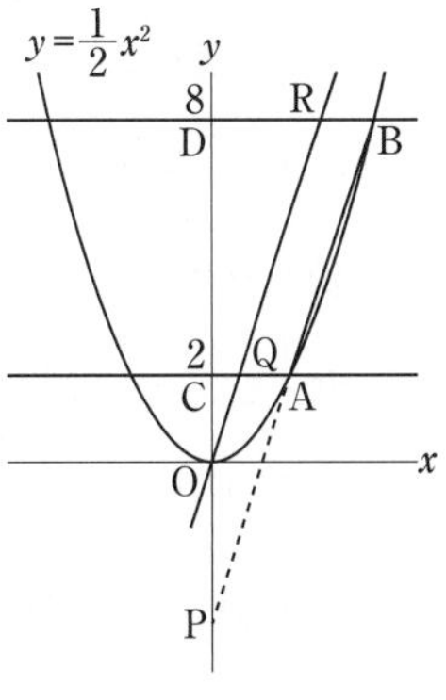

(3)＜**関数―体積，直線の式**＞①右図1で，ABをAの方に延長した直線と y 軸の交点をPとする。AC，BDが x 軸に平行であることより，$\angle ACP=\angle BDP=90^\circ$ だから，台形ABDCを y 軸を軸として1回転させてできる立体は，△BDPを1回転させてできる円錐から△ACPを1回転させてできる円錐を除いた立体となる。点Aは，関数 $y=\frac{1}{2}x^2$ のグラフ上にあり，y 座標が2だから，$2=\frac{1}{2}x^2$ より，$x^2=4$，$x=\pm2$ となり，点Aの x 座標は2である。点Bは，関数 $y=\frac{1}{2}x^2$ のグラフ上にあり，y 座標が8だから，$8=\frac{1}{2}x^2$ より，$x^2=16$，$x=\pm4$ となり，点Bの x 座標は4である。よって，A(2，2)，B(4，8)であり，AC＝2，BD＝4となる。また，直線ABの傾きは $\frac{8-2}{4-2}=3$ であり，その式は $y=3x+b$ とおける。点Aを通ることより，$2=3\times2+b$，$b=-4$ となるので，切片が-4であり，P(0，-4)である。したがって，$CP=2-(-4)=6$，$DP=8-(-4)=12$ となる。これより，△ACPを1回転させてできる円錐の体積は $\frac{1}{3}\times\pi\times AC^2\times CP=\frac{1}{3}\times\pi\times2^2\times6=8\pi$，△BDPを1回転させてできる円錐の体積は $\frac{1}{3}\times\pi\times BD^2\times DP=\frac{1}{3}\times\pi\times4^2\times12=64\pi$ となるので，求める立体の体積は，$64\pi-8\pi=56\pi$ (cm^3)である。　②図1で，原点Oを通り四

角形ABDCの面積を2等分する直線を$y=ax$とし，直線$y=ax$と線分AC，線分BDの交点をそれぞれQ，Rとする。点Qのy座標は2だから，$2=ax$より，$x=\frac{2}{a}$となり，$\mathrm{Q}\left(\frac{2}{a},\ 2\right)$である。点Rの$y$座標は8だから，$8=ax$より，$x=\frac{8}{a}$となり，$\mathrm{R}\left(\frac{8}{a},\ 8\right)$である。よって，$\mathrm{QC}=\frac{2}{a}$，$\mathrm{RD}=\frac{8}{a}$，$\mathrm{DC}=8-2=6$より，〔台形QRDC〕$=\frac{1}{2}\times(\mathrm{QC}+\mathrm{RD})\times\mathrm{DC}=\frac{1}{2}\times\left(\frac{2}{a}+\frac{8}{a}\right)\times6=\frac{30}{a}$と表せる。また，$\mathrm{AC}=2$，$\mathrm{BD}=4$だから，〔台形ABDC〕$=\frac{1}{2}\times(\mathrm{AC}+\mathrm{BD})\times\mathrm{DC}=\frac{1}{2}\times(2+4)\times6=18$である，したがって，〔台形QRDC〕$=\frac{1}{2}$〔台形ABDC〕$=\frac{1}{2}\times18=9$となるから，$\frac{30}{a}=9$が成り立つ。これを解いて，$30=9a$，$a=\frac{10}{3}$となるので，求める直線の式は，$y=\frac{10}{3}x$である。

≪②の別解≫図1で，AC∥BDより，△OQC∽△ORDとなるから，QC：RD＝CO：DO＝2：8＝1：4である。これより，$\mathrm{QC}=t$，$\mathrm{RD}=4t$とおけ，〔台形QRDC〕$=\frac{1}{2}\times(t+4t)\times6=15t$と表せる。よって，$15t=9$が成り立ち，$t=\frac{3}{5}$となるので，$\mathrm{Q}\left(\frac{3}{5},\ 2\right)$である。直線OQの傾きは$2\div\frac{3}{5}=\frac{10}{3}$となるから，求める直線の式は，$y=\frac{10}{3}x$である。

(4)**＜平面図形—面積，xの値＞**①右図2で，△ABC，△ADEが正三角形より，$\angle\mathrm{ACB}=\angle\mathrm{ADF}=60^\circ$であり，HI∥BCだから，$\angle\mathrm{AIK}=\angle\mathrm{ACB}=60^\circ$である。これより，$\angle\mathrm{AIK}=\angle\mathrm{ADF}$となり，$\angle\mathrm{IAK}=\angle\mathrm{DAF}$だから，△AKI∽△AFDとなる。また，四角形GHIJが長方形より，$\angle\mathrm{AJI}=90^\circ$であり，GJ∥HIだから，$\angle\mathrm{IAJ}=\angle\mathrm{AIK}=60^\circ$である。よって，△AIJは3辺の比が$1:2:\sqrt{3}$の直角三角形だから，$\mathrm{IJ}=\mathrm{GH}=\frac{3}{2}$より，$\mathrm{AI}=\frac{2}{\sqrt{3}}\mathrm{IJ}=\frac{2}{\sqrt{3}}\times\frac{3}{2}=\sqrt{3}$となる。したがって，△AKIと△AFDの相似比は$\mathrm{AI}:\mathrm{AD}=\sqrt{3}:2\sqrt{3}=1:2$であるから，$\mathrm{IK}:\mathrm{DF}=1:2$より，$\mathrm{IK}=\frac{1}{2}\mathrm{DF}=\frac{1}{2}x$となる。点AからHIに垂線APを引くと，$\mathrm{AP}=\mathrm{GH}=\frac{3}{2}$となるから，$\triangle\mathrm{AKI}=\frac{1}{2}\times\mathrm{IK}\times\mathrm{AP}=\frac{1}{2}\times\frac{1}{2}x\times\frac{3}{2}=\frac{3}{8}x(\mathrm{cm}^2)$と表せる。　②図2で，①より，△AKI∽△AFDであり，相似比は1：2だから，面積比は$\triangle\mathrm{AKI}:\triangle\mathrm{AFD}=1^2:2^2=1:4$となる。よって，$\triangle\mathrm{AFD}=4\triangle\mathrm{AKI}=4\times\frac{3}{8}x=\frac{3}{2}x$となるので，〔四角形KDFI〕$=\triangle\mathrm{AFD}-\triangle\mathrm{AKI}=\frac{3}{2}x-\frac{3}{8}x=\frac{9}{8}x$である。また，△LDMは正三角形なので，点LからDMに垂線LQを引くと，△LDQは3辺の比が$1:2:\sqrt{3}$の直角三角形となる。$\mathrm{DL}=\mathrm{DM}=\frac{1}{2}x$なので，$\mathrm{LQ}=\frac{\sqrt{3}}{2}\mathrm{DL}=\frac{\sqrt{3}}{2}\times\frac{1}{2}x=\frac{\sqrt{3}}{4}x$となり，$\triangle\mathrm{LDM}=\frac{1}{2}\times\mathrm{DM}\times\mathrm{LQ}=\frac{1}{2}\times\frac{1}{2}x\times\frac{\sqrt{3}}{4}x=\frac{\sqrt{3}}{16}x^2$である。したがって，〔五角形KLMFI〕＝〔四角形KDFI〕$-\triangle\mathrm{LDM}=\frac{9}{8}x-\frac{\sqrt{3}}{16}x^2$と表せる。五角形KLMFIの面積が$\frac{9\sqrt{3}}{8}\mathrm{cm}^2$となるとき，$\frac{9}{8}x-\frac{\sqrt{3}}{16}x^2=\frac{9\sqrt{3}}{8}$が成り立つ。これより，$\sqrt{3}x^2-18x+18\sqrt{3}=0$となり，両辺を$\sqrt{3}$でわって，$x^2-6\sqrt{3}x+18=0$となる。解の公式より，$x=\frac{-(-6\sqrt{3})\pm\sqrt{(-6\sqrt{3})^2-4\times1\times18}}{2\times1}=\frac{6\sqrt{3}\pm\sqrt{36}}{2}=\frac{6\sqrt{3}\pm6}{2}=3\sqrt{3}\pm3$となり，$0<x<2\sqrt{3}$だから，

図2

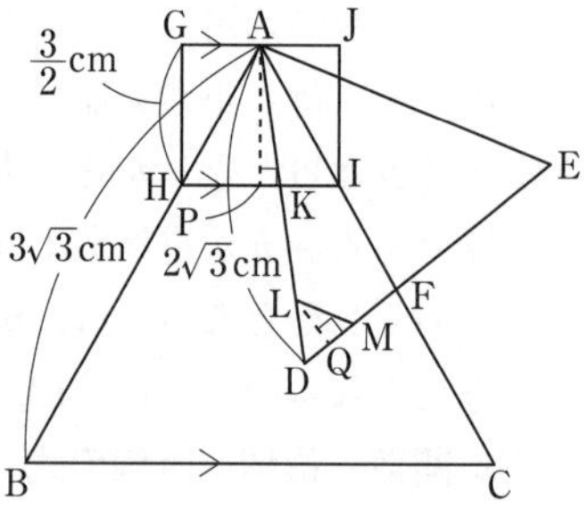

$x=3\sqrt{3}-3$(cm)である。

3 〔長文読解総合―日記〕

≪全訳≫❶2000年8月10日／昨日，私はおばの家族に会いにこの小さな島にやってきた。今朝，いとこのミキが白い砂でできた浜辺に私を連れていってくれた。私は浜辺があまりに白いのでびっくりした。私たちは泳いだり，きれいな貝を探したりして楽しんだ。その後，木の下で昼食をとった。突然，彼女はバッグから何かを取り出した。それはきれいな透き通ったびんだった。彼女は，私たちが浜辺で見つけた大きな貝でそのびんをいっぱいにした。彼女は私に「このびんはいっぱい？」と言い，私は「うん」と答えた。すると，彼女は小さな貝をびんに詰めて振った。小さな貝は大きな貝の周りのスペースに移動した。彼女はもう一度私に「このびんはいっぱい？」と言った。私はいっぱいだと同意した。しかし，彼女は砂をびんに詰め始めた。砂は大きな貝と小さな貝の間のスペースを満たした。最後に，彼女はきれいなピンクの貝と白い砂でいっぱいのびんを私に手渡し，「今日はあなたの15歳の誕生日ね！このびんのように，あなたは自分の人生をたくさんの美しいものでいっぱいにできるのよ」と言った。私はそれをずっと手元に置いておこうと思う。

❷2008年10月8日／シンガポールでの新生活を始めて1か月が過ぎた。最初は会社の人とうまくコミュニケーションがとれなかったが，今は彼らと働くのを楽しんでいる。しかし，まだ毎日自分の仕事を終えるのには長い時間がかかる。今日の夕方，会社の人が私に雑誌の記事を見せてくれた。その記事は1つの箱といくつかの大小の石，そしていくらかの砂を想像しなさいと読者に伝えていた。大きな石は健康や家族といった最も大切なものだ。次に，小さな石は家や学校といったものだ。砂は，人生における他の全てのものだ。最初に箱を砂でいっぱいにし始めると，石を入れるスペースが足りなくなる。でも，最初に大きな石を入れ，次に小さな石を入れ，最後に砂を入れれば，それら全てで箱をいっぱいにするのはそれほど難しくない。私は，若いときにミキが私にくれたびんを思い出した。

❸2023年3月27日／10年前に日本に戻って以来，私はこのオフィスにいる。石の箱の話のおかげで，私の仕事は好転した。私たちの会社は，日本の農家が世界中のスーパーマーケットやレストランにおいしい野菜や果物を売るのを手助けしている。私の夢の1つは日本と海外の架け橋になることなので，この会社で働けて私はとても幸せだ。来週から新入社員が会社で働き始め，私は彼らにスピーチをする。もちろん，砂と貝が詰まった私のびんの話をしたいと思っている。ミキ，あなたの言葉のおかげで，私は人生でさまざまなことに挑戦してきたし，これからもそうするよ。ありがとう。

(1)<**内容一致**>①「びんをユイに見せることで，ミキは『(　　)』と言いたかった」―エ.「あなたは人生において多くのすばらしい経験をする」　最初の日記の最後から2文目参照。エは，このLike this jar, you can fill your life with many beautiful thingsを言い換えている。　②「ユイが彼女の会社で新入社員にスピーチをしたとき，彼女は(　　)歳だった」―ウ.「37」　最初の日記の最後から3文目および最後の日記の第5文参照。2000年8月10日が15歳の誕生日で，スピーチは2023年3月27日の1週間後に行われる。15歳の誕生日から23年後の話だが，まだ38歳の誕生日を迎えていないので，スピーチを行った時点でのユイの年齢は37歳である。

(2)<**内容真偽**>ア.「ユイは毎年夏に，白い浜辺で泳いだり，きれいな貝を探したりして楽しんだ」…×　最初の日記の第4文に，泳いだりきれいな貝を探したりして楽しんだという記述はあるが，「毎年夏」を示す記述はない。　イ.「ミキはユイの誕生日を祝うために，透き通ったびんをきれいな石と砂でいっぱいにした」…×　最初の日記の最後から3文目参照。ミキがユイにあげたのは，きれいなピンクの貝と白い砂でいっぱいになったびんである。　ウ.「シンガポールで働き始めたとき，ユイは苦労したが，ある記事が彼女を助けてくれた」…○　2つ目の日記の内容および最後の日記の第2文の内容に一致する。ユイはシンガポールで会社の人とのコミュニケーションや仕事そのものに苦労していたが，雑誌の記事のおかげで仕事が好転した。　エ.「ユイは新入社員にミキの誕生日の思い出を話すつもりだった」…×　最初の日記および最後の日記の最後から３文目参照。ミキの誕生日ではなく，自分の誕生日にミキからもらったびんについて話すつもりだった。

(3)＜**適語句補充**＞≪**全訳**≫私たちの会社へようこそ！　私たちは皆さん全員に私たちとすばらしい時間を過ごしてほしいと思っています。このびんを見てください。きれいな貝と白い砂でいっぱいになっています。私が中学生のとき，いとこが私にこれをくれました。皆さんの人生はこのびんのようなものです。大きな貝はあなたの健康や家族です。それらはあなたの人生で最も大切なものです。びんを全ての貝や砂でいっぱいにしたいのであれば，(例)<u>正しい方法</u>でしなければなりません。まず大きな貝を入れ，それから小さなものを入れます。このびんのように，皆さんは自分にとって最も大切なものから始めなければなりません。皆さんの夢が将来かなうことを願っています。

＜**解説**＞空所直後の文でユイは，大きいもの(大切なもの)から始めて，小さなもの(ささいなもの)は後回しにするという，「正しい方法」を示している。「～な方法で」という場合には in ～ way と，in を使って表す。

4 〔長文読解総合―スピーチ〕

≪**全訳**≫❶皆さん，こんにちは。今日はある種類の果物についてお話ししたいと思います。ご存じのとおり，僕たちの周りにはリンゴ，ブドウ，イチゴ，パイナップルなど，多くの種類の果物があります。日本で最も人気がある果物を知っていますか？　それはバナナです。平均的な日本人は１年間に約８キロ食べるそうです。僕はいつでもバナナを買えますが，ここ日本でバナナの木を簡単に見つけることはできません。どうしてでしょうか？　それは，日本で売られているバナナのほとんどが外国産だからです。バナナはどこからくるのでしょうか？

❷日本で食べられているバナナのおよそ80パーセントはフィリピン産です。インドが世界で最も多くのバナナを生産していますが，インドで生産されたバナナはほとんどがインドで食べられているので，日本にはきません。インドの人々はバナナを軽食としてだけでなく，加熱した料理に入れて食べることもあるそうです。バナナの木は暖かい気候を好むので，フィリピンやインドでとてもよく育ちます。僕は，沖縄にもバナナの木があると読んだことがあります。

❸ほとんどのバナナは船で外国から日本に運ばれます。それには長い時間がかかります。どのようにしてバナナは何の問題もなく船で運ばれてくるのでしょうか？　日本へ向けて出発するとき，バナナは緑色なので，まだ甘くもおいしくもありません。日本に到着したときもバナナはまだ緑色で，特別な部屋で保管されます。その部屋はバナナを甘くておいしくする気体で満たされています。バナナを黄色く食べ頃にするため，温度や湿度なども管理されています。

❹バナナを食べるときは，茶色いはん点が現れるまで待つべきです。そのはん点はシュガースポットと呼ばれ，糖分が増えていることを示します。シュガースポットがたくさんあったら，甘いバナナを楽しむのに最適の時期です。一度にたくさんの甘いバナナが手に入ったら，バナナケーキをつくることをお勧めします。バナナはとても甘くなるので，砂糖がなくても甘くておいしいケーキがつくれます。

❺バナナの中に黒いものがあるのを見たことがありますか？　それらは種のように見えますが，バナナの木にはなれません。バナナの木を育てたければ，バナナの木の一部を切って植える必要があります。簡単そうに見えますが，大きくて元気な新しい木を育てるのは難しいです。実際，病気になって，バナナがならない木もあります。農家の人たちがバナナの木の世話をしなければ，おいしいバナナは手に入らないのです。バナナを食べるときは，バナナを育てるために一生懸命働いた全ての人たちのことを考えましょう。

(1)＜**内容一致**＞「バナナの木を育てるとき，私たちは(　　)を植える」―エ.「バナナの木の一部を切った後にそれ」　第５段落第３文参照。

⑵＜**内容真偽**＞ア.「平均的な日本人は１年間にフィリピン産のバナナを約８キロ食べる」…×　第１段落第６文および第２段落第１文参照。日本に輸入されるバナナの約80パーセントはフィリピン産だが，平均的な日本人が１年に食べる約８キロの全てがフィリピン産というわけではない。
イ.「世界で最も多くのバナナがインドで生産されている」…○　第２段落第２文の内容に一致する。　ウ.「バナナは緑色でまだ甘くないときに船で運ばれる」…○　第３段落第１，４文の内容に一致する。　エ.「茶色いはん点のあるバナナは甘くておいしい」…○　第４段落第１～３文の内容に一致する。

⑶＜**適語句補充**＞≪**全訳**≫１週間前，母がすっぱいキウイフルーツを甘いリンゴと一緒に箱に入れた。昨日の夜，僕がそのキウイフルーツをいくつか食べたら，甘くておいしかった。今日の英語の授業で，僕はレンのスピーチを聞いて，どうしてそのようなことが起こるのかについてある考えが浮かんだ。僕は(例)リンゴから出る気体がキウイフルーツを甘くする〔そのリンゴから出た気体がそのキウイフルーツを甘くした〕と考えたので，放課後，理科の先生に質問した。彼は僕の考えが正しいと言った。彼によると，それはエチレンガスと呼ばれていて，バナナに使われているのと同じ気体だそうだ。僕は試しに他の果物をキウイフルーツと一緒にして，どの果物がキウイフルーツを甘くするのか知りたいと思っている。

＜**解説**＞空所には，リンゴと一緒に箱に入れておいたキウイフルーツが甘くなったという体験をしたケンが，レンのスピーチを聞いて思い浮かんだ内容が入る。この後，ケンの考えを聞いた理科の先生はケンの考えが正しいと認め，エチレンガスという気体がバナナにも使われるという説明をしたことが述べられている。ケンは，レンのスピーチの第３段落最後から２文目で述べられた，バナナを甘くするガスを思い出し，キウイを甘くしたのはリンゴから出るガスではないかと推測したと考えられる。「～を甘くする」は‘make＋目的語＋形容詞’「～を…(の状態)にする」を使って表せる。

Memo

誰にもよくわかる 解説と解答 2023年度

千葉県　正答率

英語

1	No.1		75.0%
	No.2		72.3%
	No.3		53.0%
2	No.1		91.5%
	No.2		66.3%
3	No.1		59.6%
	No.2		40.7%
4	No.1	①	36.6%
		②	4.4%
	No.2	①	19.1%
		②	24.0%
5	(1)		34.7%
	(2)		69.8%
	(3)		46.5%
	(4)		39.4%
	(5)		72.6%
6	(1)	4点	23.4%
		1～3点	39.4%
	(2)	4点	25.3%
		1～3点	39.4%
7	(1)	①	28.6%
		②	75.2%
		③	49.7%
		④	49.2%
	(2)	①	6.7%
		②	48.9%
8	(1)		46.0%
	(2)		46.0%
	(3)	4点	14.4%
		1～3点	17.9%
	(4)		37.6%
9	(1)		69.8%
	(2)		64.3%
	(3)		59.3%
	(4)	4点	8.4%
		1～3点	17.2%

社会

1	(1)		38.5%
	(2)		79.6%
	(3)		52.0%
	(4)		26.4%
2	(1)		79.5%
	(2)		86.0%
	(3)	4点	49.1%
		1～3点	20.8%
	(4)	①	71.2%
		②	78.8%
3	(1)		35.1%
	(2)		59.2%
	(3)		83.4%
	(4)		89.9%
	(5)		77.5%
4	(1)		29.3%
	(2)		70.7%
	(3)		25.7%
	(4)		73.6%
	(5)		52.7%
5	(1)		86.4%
	(2)		24.1%
	(3)		39.3%
	(4)	4点	7.0%
		1～3点	9.9%
	(5)		69.1%
6	(1)		78.8%
	(2)		15.4%
	(3)		52.0%
7	(1)		59.3%
	(2)		66.2%
	(3)	4点	10.2%
		1～3点	6.5%
8	(1)		53.8%
	(2)		24.9%

数学

1	(1)	①		94.7%
		②		77.8%
		③		72.1%
	(2)	①		65.8%
		②		53.6%
	(3)	①		68.2%
		②		78.4%
	(4)	①		66.7%
		②		29.7%
	(5)	①		46.9%
		②		52.7%
	(6)	①		87.4%
		②		22.8%
	(7)	6点		17.0%
		3点		6.5%
2	(1)	①		89.0%
		②		27.9%
	(2)			4.4%
3	(1)			80.9%
	(2)	6点		8.7%
		3点		4.0%
	(3)			0%
4	(1)	①	(a)	83.8%
			(b)	49.2%
			(c)	53.6%
		②	(d)	27.1%
			(e)	8.6%
	(2)	6点		1.5%
		3点		1.2%

理科

1	(1)		66.5%
	(2)		86.4%
	(3)		67.3%
	(4)		61.2%
2	(1)		74.7%
	(2)	(a)	39.6%
		(b)	52.9%
		(c)	5.7%
3	(1)		64.1%
	(2)		93.6%
	(3)		54.3%
	(4)		22.5%
4	(1)		74.9%
	(2)		66.8%
	(3)		82.4%
	(4)		44.0%
5	(1)		73.5%
	(2)		40.4%
	(3)		60.6%
	(4)		41.3%
6	(1)		76.3%
	(2)		57.1%
	(3)		76.8%
	(4)		50.7%
7	(1)		84.0%
	(2)		71.4%
	(3)		65.1%
	(4)		35.0%
8	(1)		83.0%
	(2)		58.7%
	(3)		34.5%
	(4)		48.2%
9	(1)		74.2%
	(2)		82.3%
	(3)		46.2%
	(4)		65.2%

国語

一	(1)				37.9%
	(2)				76.0%
	(3)				83.9%
	(4)				91.0%
二	(1)				98.3%
	(2)				92.1%
	(3)				96.4%
	(4)				77.0%
三	(1)				90.0%
	(2)				65.2%
	(3)				69.8%
	(4)				28.2%
	(5)				57.5%
四	(1)				43.3%
	(2)				74.0%
	(3)				72.7%
	(4)	Ⅰ			45.9%
		Ⅱ			24.7%
	(5)	Ⅰ			70.1%
		Ⅱ			19.9%
		Ⅲ	4点		6.4%
			1～3点		5.3%
	(6)				56.2%
五	(1)				75.3%
	(2)	Ⅰ			7.0%
		Ⅱ			40.0%
	(3)				75.9%
	(4)				63.5%
	(5)	(a)	Ⅰ		64.8%
			Ⅱ		15.2%
		(b)			48.3%
		(c)	X	4点	2.0%
				1～3点	3.2%
			Y		10.6%
六	(1)				63.5%
	(2)				19.7%
	(3)	4点			12.7%
		1～3点			18.1%
	(4)	(a)			9.7%
		(b)			34.3%
		(c)			66.9%
七	12点				9.6%
	8～11点				18.3%
	4～7点				23.0%
	1～3点				13.3%

英語解答

1 No.1　B　No.2　C　No.3　A

2 No.1　D　No.2　A

3 No.1　C　No.2　D

4 No.1　①　things　②　enjoy
No.2　①　agree　②　favorite

5 (1)　performance　(2)　would
(3)　ウ－ア－オ－イ－エ
(4)　オ－ウ－イ－エ－ア
(5)　イ－オ－ア－エ－ウ

6 (1)　(例) Let's go to a restaurant to eat something for dinner.
(2)　(例) I've lost my key. Tell me what I should do.

7 (1)　①　bad　②…イ　③…ウ　④…ウ
(2)　①　more time　②…エ

8 (1)　イ　(2)　ウ
(3)　(例) Because it has more words than an old one.
(4)　ウ

9 (1)　エ　(2)　ア　(3)　エ
(4)　(例) If I try something first, my classmates will follow me.

1〔放送問題〕

No.1．男性(M)：この近くに大きなスーパーマーケットはある？／女性(W)：先週，新しい大きなスーパーマーケットが開店したわよ。／M：本当に？　そこへ行ったことはある？／W：いいえ，ないわ。

No.2．女子(G)：昨日買った本を持ってきた？／男子(B)：ごめん，忘れちゃった。／G：あら，明日は忘れないでね。／B：もちろん。

No.3．女性(W)：数字のゲームをしましょう！　3，5，7。次にくる数字は何？／男子(B)：9です！／W：そのとおり。じゃあ，3の前にくる数字は？／B：1です。

2〔放送問題〕

No.1．女子(G)：こんにちは！　今日はいい天気ね！／男子(B)：今週末はスカイパークに行こうと思ってるんだ。／G：いいわね。／B：君は今週末忙しい？　一緒に行かない？／G：いいわよ！あなたは何曜日にそこに行くつもりなの？　私は土曜日なら空いてるわ。／B：日曜日に行くつもりなんだ。日曜日は晴れるんだけど，土曜日は雨になりそうなんだよ。／G：うーん…。金曜日はどう？　金曜日はくもりだろうけど，雨は降らないわよ。

Q：「どれが金曜日から日曜日の天気を示しているか」—D

No.2．私は100人の生徒に「どうやって学校に来ますか」と尋ねました。自転車で来る生徒の数が最も多いとわかりました。電車を使う生徒の数は2番目でした。20人の生徒がバスで来ます。残りの生徒は歩いて学校に来ます。

Q：「どれが歩いて学校に来る生徒の数を示しているか」—A

3〔放送問題〕

No.1．男子(B)：お母さん，新しいギターが欲しいんだ。インターネットのこのギターを見てよ。すごくいいでしょう。／母親(M)：いくらなの？／B：そんなに高くないって書いてあるよ。／M：新しいのはどこに置くの？　ここには置く場所はないわよ。／B：僕の部屋がもっと広かったらなあ。

Q：「彼らはどこで話しているか」—C.「彼らの家の中」

No.2．こんにちは，皆さん。4つのチームをつくりましょう。あなたの名前がAからFで始まる場合は赤チーム，GからLは青チーム，MからRは緑チーム，SからZは黒チームになります。それでは，移動して皆さんのチームのメンバーを探しましょう。

Q：「トムはどのチームに参加するか」—D.「黒チーム」

4〔放送問題〕

No.1．ナミは先週の土曜日，とても忙しかった。まず，彼女は午前中に学校でバスケットボールをした。次に，午後，英語と数学の宿題をした。それから，彼女はピアノを２時間練習した。全てが終わって，彼女は兄〔弟〕が誕生日プレゼントにくれた本を読むことができ，楽しい時間を過ごした。

「先週の土曜日，ナミはやるべき①ことがたくさんあった。しかし最終的に，彼女は兄〔弟〕からの本を②楽しむことができた」

No.2．こんにちは，僕はマークです。僕はスクールバッグについて話します。日本では，多くの中学生が制服を着ています。また，学校名が書かれたバッグを使う必要があります。それが「スクールバッグ」です。しかし，そうしなくてもよい中学生もいます。僕たちにスクールバッグは必要でしょうか？　僕は，スクールバッグは良いと思います。スクールバッグを使うと，学校の一員であると感じますし，たくさんあるいろんな種類のバッグから選ぶ必要がありません。しかし，友人のケンタは違う考えを持っています。彼はいつも，自分が好きなバッグを使いたいと言っています。皆さんはどう思いますか？

「マーク／・スクールバッグは良いと思っている。／・自分が学校の一員であると感じられる。／ケンタ／・マークに①賛成していない。／・自分の②お気に入りのバッグを使いたがっている」

5〔対話文完成—語形変化・整序結合〕

(1)A：よくやったね！　すばらしいダンスだったよ！／B：ありがとうございます。演技は難しかったのですが，楽しめました。∥前に The があることと，文の主語になっていることから，名詞にするとわかる。　perform「演技する，演じる」　performance「演奏，演技」

(2)A：オリバーは足を骨折してサッカーの試合に出られなかったらしいね。／B：僕だったら，彼の家を訪ねて彼を元気づけるよ。∥If I were you「(もし)僕(が君)だったら」は，‘現在の事実に反する仮定’を表す仮定法の表現で，‘If＋主語＋過去形～，主語＋助動詞の過去形＋動詞の原形…’の形になる。助動詞 will の過去形は would。

(3)A：ルナのアイデアはなんてすばらしいんだ！／B：私もそう思うわ。彼女は計画を立てるのが得意ね。∥be good at ～ing「～するのが得意だ」と make a plan〔plans〕「計画を立てる」を組み合わせて英文をつくる。　She is good at making plans.

(4)A：誰かタオルを捜してる人を知ってる？／B：うん，ケビンが自分のタオルをなくしちゃったんだ。∥Do you に know を続け，一般動詞の疑問文の形にする。また，語群から，look for ～「～を捜す〔探す〕」を用いて looking for とまとめる。know と looking for に続く目的語をそれぞれ考えると，know の後に someone，looking for の後に a towel がくるとわかる。looking for a towel のまとまりは someone の後ろに置き，「～している…」という意味を表す現在分詞の形容詞的用法として用いる。　Do you know someone looking for a towel？

(5)A：君が旅行で撮った写真を見せてくれない？／B：いいよ！　その旅行にはたくさんの楽しい思い出があるんだ。∥‘依頼’を表す Will you ～？「～してくれませんか」と‘show＋人＋物’「〈人〉に〈物〉を見せる」の形を組み合わせて英文をつくる。‘物’の部分に入る the pictures の後，最後に残った you を置く。the pictures you took … は目的格の関係代名詞が省略された‘名詞＋主語＋動詞’「～が…する〈名詞〉」の形。　Will you show me the pictures you took on your trip？

6〔条件作文〕

(1)ロドリゴが That's a good idea！「それはいい考えだ！」と言っていることから，タクヤはロドリゴに何かアイデアを出したのだと推測できる。タクヤは直前で「とてもおなかがすいている」と言っているのだから，空腹を満たすためのアイデアを提案する文をつくる。解答例の訳は「夕食に何かを食べにレストランに行こう」。

⑵タクヤは③で「部屋の鍵はどこだ？」と言っている。④はホテルのフロントと考えられるので，鍵をなくしたことを伝える表現や，どうしたらいいかを尋ねる文をつくる。解答例の訳は「鍵をなくしてしまったんです。どうしたらいいか教えてください」。

7〔長文読解総合〕

⑴**＜長文読解総合―プレゼンテーション＞**

≪全訳≫案内文：グリーン市の新料理コンテスト／皆さんのアイデアを求めています！❶私たちは高校生に，市内のレストランのために新しい料理を考えていただけるようお願いしています。優勝者の料理は，10月にレストランで提供されます。新しい料理をつくる際，皆さんには以下のことをしてほしいと思います。／・私たちの市で10月に栽培される野菜や果物を使う。／・環境について考える。／・人々の健康について考える。

❷５月31日には，たくさんの料理人があなた方のプレゼンテーションを見て，コンテストの優勝者が選ばれます。このコンテストに興味がある場合は，５月10日までに012-9876-5432までお電話ください。

プレゼンテーション：❶皆さん，こんにちは！　私たちはミクとデイビッドです。私たちはグリーン高校に通っています。私たちはこの市が大好きです。私たちはフルーツジャムを添えたパンケーキをつくります。このアイデアを選んだ理由をお話しさせてください。私たちの市には多くの果物農家の方がいて，多くの果物がここで生産されています。スライド１が示しているとおり，ほぼ１年を通じてさまざまな果物が栽培されています。実は，それについて大きな問題があります。お店やスーパーでは，見た目の良い果物だけが売られているのです。見た目が悪い他の果物は売られていません。しかし，見た目が悪い果物が必ずしも味が悪いとはかぎりません。環境のことを考え，私たちは新鮮なジャムをつくるためにそれを使いたいと思っています。

❷スライド２を見てください。私たちの市は以前，たくさんのお米を生産していましたが，お米の量は2005年以降減っています。そのお米はとてもおいしいので，それが残念です。そこで，私たちは，米粉のパンケーキをつくることで，グリーン市のお米を多くの人々に紹介したいと思っています。実際，米粉でできたクッキーやパンはカロリーが低く，アレルギーのある人にも安全だと言う人もいます。私たちのパンケーキは，皆さんの健康に良いものになるでしょう。

❸パンケーキは世界中の多くの人々に愛されているので，たくさんの人が私たちの市にやってきて，ぶどうジャムを添えた米粉のパンケーキを食べてくれたらいいなと思います。

スライド１／グリーン市で栽培されている果物／いちご　２～４月／メロン　６～８月／桃　７～９月／ぶどう　８～11月

スライド２／グリーン市で生産される米の量

①**＜適語補充＞**空所を含む文の前の文で，見た目の悪い果物は売られないと述べられている。この後，空所を含む文は‘逆接’の However「しかし」で始まっているのだから，見た目は悪くても味は良いといったように，見た目の悪い果物の良い点が述べられると考えられる。　not always ～「必ずしも～とはかぎらない」　‘look＋形容詞’「～に見える」　‘taste＋形容詞’「～の味がする」

②**＜要旨把握＞**プレゼンテーションの第２段落第２文に the amount of rice has been going down since 2005「米の量は2005年以降減っています」とある。「ずっと～している」を意味す

る現在完了進行形('have/has been＋～ing')の形で，減り続けていることが表されている。

③＜**適語選択**＞案内文の第１段落後半の注意点に「私たちの市で10月に栽培される野菜や果物を使う」とある。スライド１によると，10月に栽培されるのは grapes「ぶどう」で，これを使ったジャムをつくるのだとわかる。

④＜**内容真偽**＞ア.「グリーン市の人々は，いつでも高校生によってつくられた新しい料理を食べることができる」…×　案内文の第１段落第２文参照。コンテストの優勝者の料理がレストランで出されるのは10月のみ。　イ.「コンテストに参加したい人は，５月10日までにアイデアを準備する必要がある」…×　案内文の第２段落参照。５月10日はコンテストに興味がある人が電話で連絡できる期限で，アイデアを準備する具体的な期日は書かれていない。　ウ.「グリーン市のさまざまな果物は，ほぼ１年中多くの農家によって栽培されている」…○　プレゼンテーションの第１段落第８文およびスライド１の内容に一致する。　エ.「ミクとデイビッドは，新しい料理をつくるために多くの国の食材を使うだろう」…×　案内文の第１段落およびプレゼンテーション参照。外国産ではなく，市内で生産された食材を用いる。

⑵＜**長文読解総合―ウェブページ**＞

≪**全訳**≫新サービス！／レストラン列車の旅／ニューキャッスル駅→ランチまたはディナー：ランチまたはディナー用の特別メニュー(伝統的な地元の牛肉と野菜の料理)→クイーンズスプリングパーク駅：ガイドつきの散歩で，午後には美しい桜の木が，晩には星が見られます。→ニューキャッスル駅／クイーンズスプリングパークの桜の並木道／レストラン列車の内部

	列車１	列車２
ニューキャッスル駅	午後１時発	午後６時15分発
クイーンズスプリングパーク駅	午後２時着	午後７時15分着
クイーンズスプリングパーク駅	午後３時15分発	午後８時15分発
ニューキャッスル駅	午後４時15分着	午後９時15分着

水曜日は運休です。／列車に乗る前にチケットを購入する必要があります。／チケットはオンラインのみの販売となります。／今購入する

残り座席数は？／×：売り切れ／－：運休

列車／日付	４月１日	４月２日	４月３日	４月４日	４月５日	４月６日	４月７日
1	1	×	1	－	3	2	×
2	2	1	1	－	4	3	5

①＜**内容一致**＞「列車１は列車２よりもクイーンズスプリングパークで(　　)をあなたに提供するだろう」―more time「より多くの時間」　時刻表で，クイーンズスプリングパーク駅における列車１・列車２の違いを確認すると，列車１の方が停車時間が15分長いことがわかる。つまり，列車１の方がクイーンズスプリングパークで「より多くの時間」を過ごせることになる。

②＜**適語句選択**＞≪**全訳**≫❶**エマ(E)**：チケットは手に入れた？❷**テッド(T)**：いや，まだだよ。今試してみるね。ランチの旅とディナーの旅，どちらに行きたい？❸**E**：ランチの旅に行きたいんだけど，木曜日は午後３時に書道教室があるの。❹**T**：わかった。４月６日のチケットが取れたよ。❺**E**：ありがとう。旅行を楽しみにしているわ。

＜**解説**＞会話文から，エマとテッドの２人が，ランチをとれるレストラン列車の旅に参加することがわかる。ウェブページの時刻表によると，ランチがとれるのは列車１である。表で列車１の残り座席数を確認すると，２席以上残っているのは４月５日，６日の２日間で，運休となっている４月４日は，注意書きから水曜日だと判断できる。したがって，４月５日は木曜日，４月６日は金曜日となる。第３段落でエマは，木曜日は書道教室があるので旅に参加できないと言ってい

るので，4月6日の金曜日のチケットを取ることになる。

8〔長文読解総合―説明文〕

≪全訳≫❶辞書は，知らない単語の意味を教えてくれるとても便利な道具だ。多くの人はおそらく電子辞書を使っているだろうが，言語を学ぶ人々の間ではまだ紙の辞書が人気だ。

❷辞書はときどき，改訂しなければならない。辞書が改訂されると多くの新しい単語が追加され，古い単語が削除される。たいていの場合，新しい単語の方が古い単語よりも多い。結果として，改訂された紙の辞書は古いものより厚くなる。

❸2014年，ある紙の英和辞典が改訂された際，新しい辞書には5000の新しい単語があり，200ページが追加された。しかし，驚いたことに，新しい辞書は古い辞書と同じくらいの厚さだった。新しい辞書をつくるためにどんな新技術が利用されたのだろうか。

❹本を本当に薄くしたい場合，1つの方法は，各ページの単語を小さくするか，単語間のスペースを小さくすることだ。しかし，辞書の単語のサイズや単語間のスペースが小さくなると，きれいに印刷できなかったり，読みにくくなったりする。

❺もう1つの方法は，1枚1枚の紙を薄くすることだ。学校の先生が授業中に皆さんに配る紙で辞書をつくったら，非常に厚くて使いにくいものになるだろう。しかし，より薄い紙を使った場合，単語が裏に透ける可能性がある。ウまた，そうした紙に印刷するのも大変だ。そこで，辞書をつくる企業は何度もより良い紙をつくろうとし，ついに裏に文字が透けない薄い紙を発明した。

❻辞書で単語を探すときには多くのページをめくらなければならないので，ページがかたすぎてはいけない。また，辞書のページがかたすぎると，ひとりでに閉じてしまい，それを使って勉強するとき，役に立たない。企業は，辞書を薄く軽く，勉強にも役立つようにしようと努めてきた。ある企業が新技術でその問題を解決した。今ではページをめくるとき，紙は，ページが簡単にめくれて，かつ同時に2ページ以上がめくれることがないほど十分柔らかい。

❼このように，皆さんは紙の辞書を問題なく使い，それでうまく言語を学ぶことができる。1冊の紙の辞書には，たくさんのアイデアや技術が含まれているのだ。紙の辞書を使うときには，このことを覚えておいていただきたい。

(1)＜**表題選択**＞第2段落以降では，改訂により語数が増え，結果として厚くなってしまうという紙の辞書の欠点がどのように解消されたかが示されている。よって，イ．「辞書を改善する方法」が適切。　improve「～を改善〔改良〕する」

(2)＜**適所選択**＞補う文は，「また，そんな紙に印刷するのも大変だ」という意味。紙の欠点を追加する内容なので，前でも紙の欠点を挙げているウが適する。この文の that kind of paper は，前の文の thinner paper を指している。

(3)＜**英問英答**＞「改訂された辞書がたいていの場合古いものよりも厚いのはなぜか」―「(例)それは古いものより単語が多いからだ」　第2段落第2～最終文参照。改訂による単語数の増加に伴って辞書が厚くなるとわかる。

(4)＜**内容真偽**＞ア．「言語を勉強するとき，紙の辞書は電子辞書ほど役に立たない」…×　最終段落第1文参照。紙の辞書でも問題なく学べる。また，本文中に紙の辞書と電子辞書を比較する内容もない。　イ．「紙の辞書は毎年改訂され，以前よりも薄くなっている」…×　辞書が毎年改訂されるという記述はない。また，改訂後により薄くなったという記述もない。　ウ．「紙の辞書を使うとき，かたいページは簡単にめくれない」…○　第6段落第1文に一致する。　エ．「語学を勉強する人は，ページをすばやくめくる新技術を見つけようとした」…×　このような記述はない。

9〔長文読解総合―対話文〕

≪全訳≫❶ハルナ(H)：ヒューズ先生，お時間ありますか？
❷ヒューズ先生(M)：もちろん。質問があるんですか？
❸H：はい，授業の最後で「最初のペンギンになろう」っておっしゃっていました。(1)それについてもっと教えてくれませんか？
❹M：いいですよ。ペンギンは知っていますね？　ペンギンは，飛ぶことはできませんが海を泳げる鳥です。
❺H：はい，もちろんです。水族館で見たことがあります。
❻M：ペンギンの世界にはリーダーはいないと言う人もいますが，それは正しくありません。彼らがエサを捕ったり，安全な場所に逃げたりするとき，1羽のペンギンが最初に動き，残りのペンギンは(2)最初のペンギンについていくのです。
❼H：へえ，それはとても興味深いですね。
❽M：例えば，海が危険なこともあるので，エサを捕るために海に飛び込むのは(3)ペンギンにとってとても怖いものです。でも，1羽の勇敢なペンギンが海に飛び込むと，すぐに残り全てのペンギンがそれに続きます。
❾H：なるほど。勇敢であることはペンギンだけでなく，私たちにとっても重要だと思います。
❿M：そのとおりです！　たとえ何が起こるかわからなくても，新しいことに挑戦する最初の人になることが重要です。その考えを学校生活で使うことができると思いませんか？
⓫H：はい。(4)(例)私が最初に何かをすれば，クラスメートがついてくるでしょう。
⓬M：そうできるといいですね。

(1)～(3)<適文選択>(1)ハルナの空所の発言を受けて，ヒューズ先生は「いいですよ」と答えた後，「最初のペンギン」について説明をしている。ここから，ハルナはそれについてもっと教えてほしいと頼んだと考えられる。　Can you ～?「～してくれませんか」　(2)第8段落最終文で，空所を含む文と同じ内容が繰り返されている。　follow「～についていく」　(3)空所を含む文のbecause以下が，空所を含む部分の理由となっている。海が危険なこともあるので，飛び込むのが怖いのである。　scary「恐ろしい，怖い」

(4)<適文補充>直前の「その考えを学校生活で使うことができると思いませんか？」というヒューズ先生の問いかけの「その考え」とは，「新しいことに挑戦する最初の人になることは重要だ」という考えを指す。これにハルナは「はい」と答えているのだから，ハルナは学校生活においても新しいことに挑戦する最初の人になれると考えたことがわかる。この考えを具体的な行動として表現すれば，次のヒューズ先生の「そうできるといいですね」という発言にうまくつながる。「最初のペンギン」の話のように，自分が行動することで他の人がついてくる例を，学校生活と結びつけて書くとよいだろう。

数学解答

1 (1) ① -7　② $\frac{5}{4}a-b$

③ x^2-x+1

(2) ① $5(x+y)(x-y)$　② $40\sqrt{3}$

(3) ① 0.17　② ウ

(4) ① $\sqrt{2}$ cm　② $\frac{\sqrt{2}}{3}$ cm^3

(5) ① 3通り　② $\frac{4}{5}$

(6) ① 3　② 0，1，2，3

(7) (例)

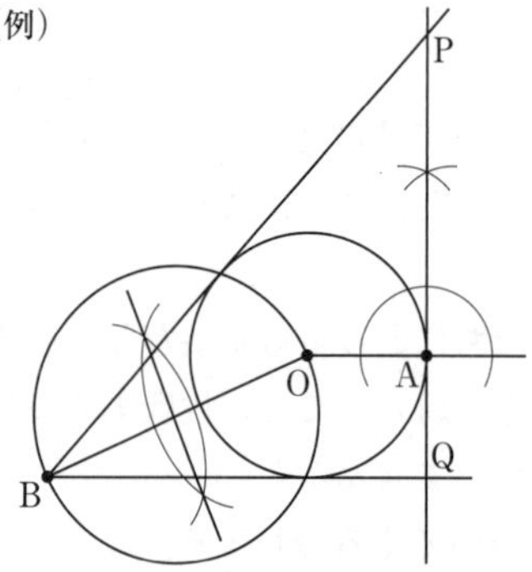

2 (1) ① 2　② $y=-x+10$

(2) (20，24)

3 (1) (a)・(b)…イ，エ　(c)…90

(2) (例)△ABE と△ADC において，
共通な角だから，
$\angle BAE=\angle DAC$……①
△BEC において，1つの外角はその隣にない2つの内角の和に等しいので，
$\angle ABE=\angle ECB+\angle BEC=\angle ECB+90^\circ$……②
また，$\angle ADC=\angle EDB+\angle BDC=\angle EDB+90^\circ$……③
ここで，∠ECB と∠EDB は $\overset{\frown}{BE}$ に対する円周角だから，
$\angle ECB=\angle EDB$……④
②，③，④より，
$\angle ABE=\angle ADC$……⑤
①，⑤より，2組の角がそれぞれ等しいので，△ABE∽△ADC

(3) $6-\sqrt{6}$ cm

4 (1) ① (a)…2　(b)…6　(c)…3

② (d)…$10-a-b$

(e)…$-5a-7b+40$

(2) $(a,\ b,\ c)=(1,\ 5,\ 4)$，$(8,\ 0,\ 2)$

1 〔独立小問集合題〕

(1)＜数・式の計算＞①与式 $=-3-4=-7$　②与式 $=a+b+\frac{1}{4}a-2b=\frac{4}{4}a+b+\frac{1}{4}a-2b=\frac{5}{4}a-b$

③与式 $=x^2-4x+4+3x-3=x^2-x+1$

(2)＜式の計算―因数分解，数の計算＞①与式 $=5(x^2-y^2)=5(x+y)(x-y)$　②①より，与式 $=5(x+y)(x-y)$ だから，この式に $x=\sqrt{3}+2$，$y=\sqrt{3}-2$ を代入して，与式 $=5\{(\sqrt{3}+2)+(\sqrt{3}-2)\}\{(\sqrt{3}+2)-(\sqrt{3}-2)\}=5(\sqrt{3}+2+\sqrt{3}-2)(\sqrt{3}+2-\sqrt{3}+2)=5\times2\sqrt{3}\times4=40\sqrt{3}$ となる。

(3)＜データの活用―相対度数，正誤問題＞①90回以上110回未満の階級の度数は40人，度数の合計は240人だから，90回以上110回未満の階級の相対度数は，$40\div240=0.166\cdots$ であり，小数第3位を四捨五入して，0.17となる。　②ア…誤。箱ひげ図より，最小値が30回，最大値が125回だから，範囲は，$125-30=95$(回)である。　イ…誤。30回以上50回未満の階級の度数が59人，50回以上70回未満の階級の度数が79人，70回以上90回未満の階級の度数が37人だから，70回以上90回未満の階級の累積度数は，$59+79+37=175$(人)である。　ウ…正。度数が最も少ない階級は25人の110回以上130回未満の階級である。この階級の階級値は，$(110+130)\div2=120$(回)である。　エ…誤。第3四分位数は，箱ひげ図の箱の部分の右端の値であるから，95回である。なお，第1四分位数が50回である。

(4)＜空間図形―長さ，体積＞①次ページの図1で，立体ABCDEF が正八面体より，四角形 BCDE は正方形となる。これより，△BCD は直角二等辺三角形となり，3辺の比が $1:1:\sqrt{2}$ だから，BD＝

$\sqrt{2}$BC$=\sqrt{2}\times1=\sqrt{2}$(cm)である。　②図1で，正八面体ABCDEFは，2つの合同な正四角錐A-BCDE，F-BCDEを合わせた立体だから，体積は，2〔正四角錐A-BCDE〕で求められる。BA＝BC＝AD＝CD，BD＝BDより，3組の辺がそれぞれ等しいから，△BAD≡△BCDとなる。①より，△BCDは直角二等辺三角形だから，△BADも直角二等辺三角形である。点Aから面BCDEに垂線AHを引くと，点Hは線分BD上の点で，その中点となり，BH＝DH＝$\frac{1}{2}$BD＝$\frac{1}{2}\times\sqrt{2}=\frac{\sqrt{2}}{2}$である。∠ABH＝45°，∠AHB＝90°より，△ABHも直角二等辺三角形となり，AH＝BH＝$\frac{\sqrt{2}}{2}$である。よって，〔正四角錐A-BCDE〕＝$\frac{1}{3}\times$〔正方形BCDE〕×AH＝$\frac{1}{3}\times1\times1\times\frac{\sqrt{2}}{2}=\frac{\sqrt{2}}{6}$となるから，正八面体ABCDEFの体積は，2〔正四角錐A-BCDE〕＝$2\times\frac{\sqrt{2}}{6}=\frac{\sqrt{2}}{3}$(cm^3)である。

図1

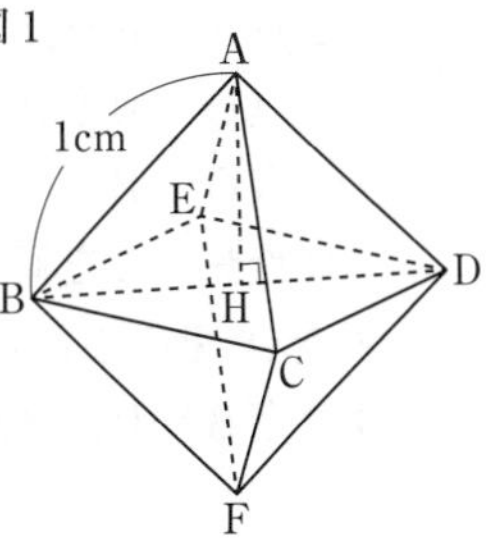

(5)＜**場合の数，確率—カード**＞①6枚のカードの中で，3の倍数のカードは，3，6，9の3枚だから，引いた2枚のカードの数がどちらも3の倍数となるのは，(3，6)，(3，9)，(6，9)の3通りある。　②6枚のカードから2枚のカードを引くとき，順番に引くとすると，その引き方は，1枚目が6通り，2枚目が5通りより，6×5＝30(通り)となるが，同時に引くときは，(1枚目，2枚目)＝(1，3)，(3，1)のように順番が逆のものも同じ引き方とするので，30通りの中には同じ引き方が2通りずつあることになり，2枚のカードを同時に引くときの引き方は30÷2＝15(通り)となる。このうち，引いた2枚のカードの数の積が3の倍数になるのは，少なくとも1枚のカードの数が3の倍数のときだから，(1，3)，(1，6)，(1，9)，(3，4)，(3，6)，(3，8)，(3，9)，(4，6)，(4，9)，(6，8)，(6，9)，(8，9)の12通りある。よって，求める確率は$\frac{12}{15}=\frac{4}{5}$である。

(6)＜**関数—y座標，aの値**＞①点Aは関数$y=\frac{1}{3}x^2$のグラフ上にあり，x座標は-3だから，y座標は$y=\frac{1}{3}\times(-3)^2=3$である。　②関数$y=\frac{1}{3}x^2$は，$x$の絶対値が大きくなると$y$の値も大きくなる関数である。$y$の変域が$0\leqq y\leqq3$より，$y$の値が最小の$y=0$となるのは，$x=0$のときである。また，最大の$y=3$となるのは，$3=\frac{1}{3}x^2$，$x^2=9$より，$x=\pm3$のときである。よって，$x$の変域$-3\leqq x\leqq a$は，$x=0$が含まれ，絶対値が最大であるのが$x=-3$か$x=3$であればよいから，整数$a$の値は，$a=0$，1，2，3である。

(7)＜**平面図形—作図**＞点Aを接点とする円Oの接線と，点Bから円Oに引いた2本の接線との交点P，Qは，AP＞AQより，右図2のようになる。OA⊥PQである。また，円OとBP，BQの接点をそれぞれH，Iとすると，∠OHB＝∠OIB＝90°となるから，点H，点Iは，線分OBを直径とする円の周上の点となる。よって，作図は，右図3で，

図2

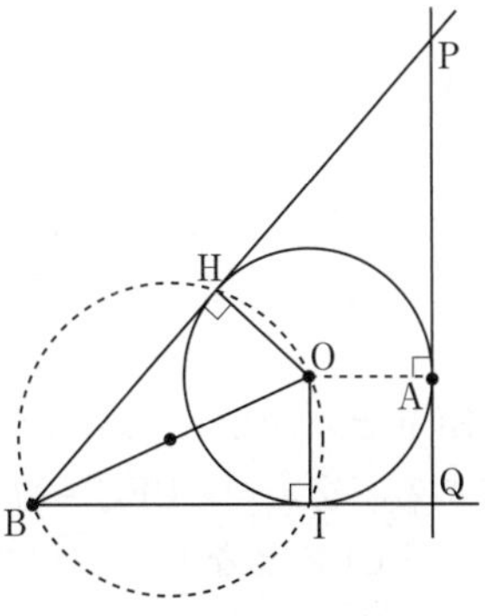

図3

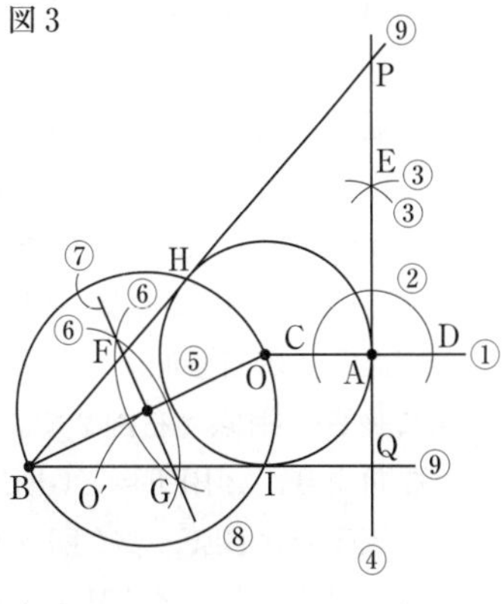

①点Oから点Aを通る半直線を引き，
②点Aを中心とする円の弧をかき(半直線OAとの2つの交点をC，Dとする)，
③2点C，Dを中心とする半径の等しい円の弧をかき(交点をEとする)，

④2点A，Eを通る直線を引く。この直線が点Aを接点とする円Oの接線である。次に，
⑤2点O，Bを結ぶ。
⑥2点O，Bを中心とする半径の等しい円の弧をかき（2つの交点をF，Gとする），
⑦2点F，Gを通る直線を引く（⑤の線分と⑦の直線の交点をO′とする）。
⑧点O′を中心とする半径O′Bの円をかき（円Oとの2つの交点がH，Iとなる），
⑨2点B，H，2点B，Iを通る直線を引く。④の直線と⑨の直線の交点がP，Qである。解答参照。

2 〔関数―一次関数のグラフ〕

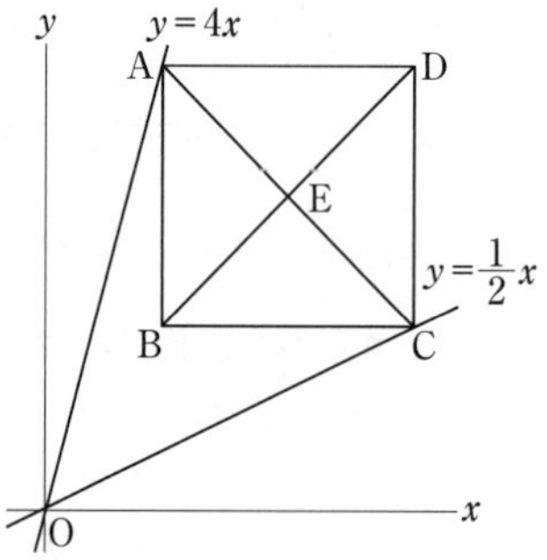

(1)＜***x*** 座標，直線の式＞①右図で，点Aは直線 $y=4x$ 上にあり，y 座標が8だから，$8=4x$ より，$x=2$ となり，点Aの x 座標は2である。②右図で，四角形ABCDは正方形であり，辺ABは y 軸と平行だから，辺BCは x 軸と平行である。また，AB＝BCだから，直線ACの傾きは，$-\frac{AB}{BC}=-1$ となり，その式は $y=-x+b$ とおける。①より，A(2, 8)を通るから，$y=-x+b$ に $x=2$，$y=8$ を代入して，$8=-2+b$ より，$b=10$ となる。よって，直線ACの式は $y=-x+10$ である。

(2)＜座標＞右上図で，点Aの x 座標を a とすると，点Aは直線 $y=4x$ 上にあるから，$y=4a$ となり，A$(a, 4a)$である。点Eは正方形ABCDの対角線AC，BDの交点だから，線分ACの中点である。よって，点Cの x 座標を c とすると，点Eの x 座標が13より，$\frac{a+c}{2}=13$ が成り立ち，$a+c=26$，$c=26-a$ となる。点Cは直線 $y=\frac{1}{2}x$ 上にあるから，$y=\frac{1}{2}(26-a)=13-\frac{1}{2}a$ となり，C$\left(26-a, 13-\frac{1}{2}a\right)$である。また，点Dの x 座標は点Cの x 座標と等しく $26-a$，y 座標は点Aの y 座標と等しく $4a$ だから，D$(26-a, 4a)$となる。これより，$AD=(26-a)-a=26-2a$，$DC=4a-\left(13-\frac{1}{2}a\right)=\frac{9}{2}a-13$ となり，AD＝DCより，$26-2a=\frac{9}{2}a-13$ が成り立つ。これを解くと，$-\frac{13}{2}a=-39$，$a=6$ となるので，$26-a=26-6=20$，$4a=4\times6=24$ より，D(20, 24)である。

3 〔平面図形―円〕

図1

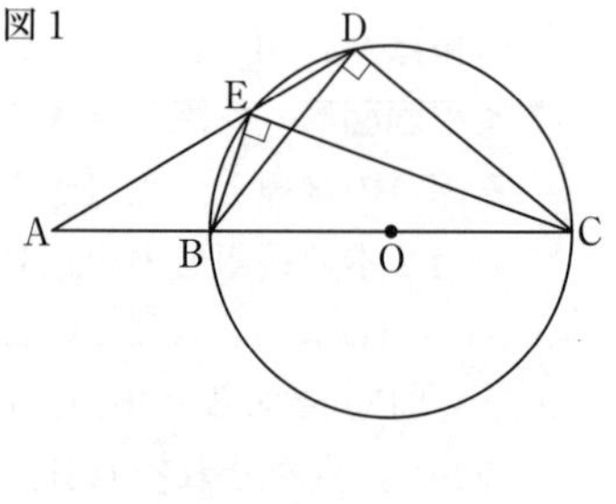

(1)＜角，角度＞右図1で，線分BCが円Oの直径だから，半円の弧に対する円周角は，∠BECと∠BDCである。よって，∠BECと∠BDCは半円の弧に対する円周角より，ともに90°となる。

(2)＜証明＞右図1の△ABEと△ADCで，共通な角より，∠BAE＝∠DACである。また，△BECで内角と外角の関係より，∠ABE＝∠ECB＋∠BEC＝∠ECB＋90°となり，∠ADC＝∠EDB＋∠BDC＝∠EDB＋90°である。$\overset{\frown}{BE}$ に対する円周角より，∠ECB＝∠EDBである。解答参照。

図2

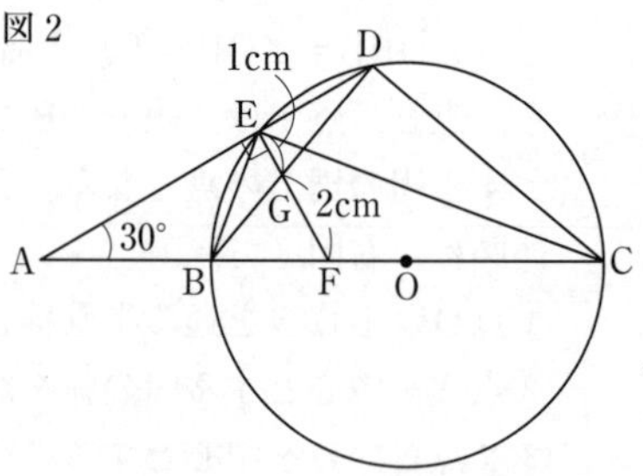

(3)＜長さ―相似＞右図2で，△BEFと△GBFにおいて，共通な角より，∠BFE＝∠GFBである。また，∠BEC＝90°より，∠BEF＝∠BEC－∠CEF＝90°－∠CEFとなる。$\overset{\frown}{CD}$ に対する円周角より，∠GBF＝∠CEDであり，∠DEF＝90°だから，∠GBF＝∠CED＝∠DEF－∠CEF＝90°－∠CEFとなる。よって，∠BEF＝∠GBFとなる。以上より，△BEF∽△GBF

となるから，BF：GF＝EF：BF である。$BF=x$(cm)とすると，$EF=EG+GF=1+2=3$ より，x：2＝3：x が成り立ち，$x^2=2\times3$，$x=\pm\sqrt{6}$ となる。$x>0$ より，$x=\sqrt{6}$ だから，$BF=\sqrt{6}$ である。$\angle A=30^\circ$，$\angle AEF=90^\circ$ より，△AEF は3辺の比が $1:2:\sqrt{3}$ の直角三角形だから，$AF=2EF=2\times3=6$ であり，$AB=AF-BF=6-\sqrt{6}$(cm)である。

4〔特殊・新傾向問題〕

(1)<**持ち点，場合の数，文字式の利用**>①Aさんは，1回目はグーで負け，2回目はチョキで勝ち，3回目はグーで勝ったので，Aさんの持ち点は $-1+2+1=2$(点)となる。勝った2回の加点の合計は，グーとグーのとき $1+1=2$(点)，グーとチョキのとき $1+2=3$(点)，グーとパーのとき $1+5=6$(点)，チョキとチョキのとき $2+2=4$(点)，チョキとパーのとき $2+5=7$(点)，パーとパーのとき $5+5=10$(点)で，6通り考えることができる。Aさんが3回じゃんけんをした結果，持ち点が9点になるのは，勝った2回の加点の合計が10点以上だから，$5\times2-1=9$ より，パーで2回勝って，グーで1回負ける場合である。よって，Bさんはグーで2回負けて，パーで1回勝つので，Bさんの持ち点は，$-1\times2+5=3$(点)となる。　②AさんとBさんは10回じゃんけんをして，どちらかがグーで勝った回数が a 回，どちらかがチョキで勝った回数が b 回，どちらかがパーで勝った回数が c 回だから，$a+b+c=10$ が成り立ち，$c=10-a-b$ である。じゃんけんを1回だけした結果，AさんとBさんの持ち点の合計は，どちらかがグーで勝った場合は−1点，どちらかがチョキで勝った場合は−3点，どちらかがパーで勝った場合は4点だから，10回じゃんけんをした結果の2人の持ち点の合計は，$M=-1\times a-3\times b+4\times c=-a-3b+4(10-a-b)=-a-3b+40-4a-4b=-5a-7b+40$(点)となる。

(2)<**回数**>(1)②より，$M=-5a-7b+40$ である。2人の持ち点の合計が0点なので，$M=0$ である。よって，$0=-5a-7b+40$ が成り立ち，これを a について解くと，$5a=40-7b$，$a=8-\frac{7}{5}b$ となる。a は0以上10以下の整数だから，$\frac{7}{5}b$ は8以下の整数であり，b も0以上10以下の整数だから，$b=0$，5である。$b=0$ のとき，$a=8-\frac{7}{5}\times0$，$a=8$ となり，$c=10-8-0=2$ となる。$b=5$ のとき，$a=8-\frac{7}{5}\times5$，$a=1$ となり，$c=10-1-5=4$ となる。よって，a，b，c の組は，$(a, b, c)=(1, 5, 4)$，$(8, 0, 2)$ である。

＝読者へのメッセージ＝

1(7)は，作図の問題でした。2点から等距離にある点の集まりが，その2点を結ぶ線分の垂直二等線となり，2直線から等距離にある点の集まりが，その2直線がつくる角の二等分線となります。では，1つの点と1本の直線から等距離にある点の集まりはどのようになると思いますか。これは，放物線となります。高校で学習します。

社会解答

1 (1) イ→ウ→ア
(2) ヒートアイランド　(3) ウ
(4) 千葉県…D　埼玉県…C

2 (1) 静岡(県)　(2) イ
(3) (例)歴史的な街並みや景観を守るために，建物の高さやデザイン(27字)
(4) ①…エ　②…ア

3 (1) Ⅰ…C　Ⅱ…ウ　(2) イ
(3) ア　(4) イギリス　(5) ウ

4 (1) イ　(2) 口分田
(3) ウ→ア→イ　(4) ア　(5) エ

5 (1) ウ　(2) エ→イ→ア
(3) Ⅰ…ワシントン　Ⅱ…エ
(4) (例)最後の皇帝を元首としたが，実権は日本
(5) イ

6 (1) エ　(2) 直接金融
(3) A…イ　B…ア　C…エ　D…ウ

7 (1) Ⅰ…ア　Ⅱ…ウ　Ⅲ…イ
(2) 情報公開
(3) (例)衆議院の解散による衆議院議員総選挙の日から30日以内に召集されているから。(37字)

8 (1) Ⅰ…エ　Ⅱ…ウ　Ⅲ…ア　Ⅳ…イ
(2) TPP

1〔三分野総合―小問集合問題〕

(1)＜**年代整序**＞年代の古い順に，イ(版籍奉還―1869年)，ウ(徴兵令―1873年)，ア(西南戦争―1877年)となる。

(2)＜**ヒートアイランド現象**＞都市部の気温が周辺部より高くなる現象を，ヒートアイランド現象という。原因として，地表がコンクリートやアスファルトで覆われていて熱をため込むこと，自動車やエアコンなどの排熱が多いことなどが挙げられ，その対策としてビルの屋上の緑化などが進められている。

(3)＜**政府の経済活動**＞政府の経済活動を，財政という。利潤を求める民間企業だけでは十分に提供されないような，道路や公園などの社会資本，教育や警察などの公共サービスを政府が税金を用いて提供することが，財政の役割の１つである。

(4)＜**関東地方**＞千葉県は，海岸線が長く海水浴場が多いこと，山地が少ないこと，都心に近く人口が増えていることからDに当てはまる。また，埼玉県は，海に面しておらず，他の内陸県と比べて山地面積が小さいこと，人口が増えていることからCに当てはまる。なお，海に面していて，人口が減少しているAは茨城県，内陸にあり山地面積も大きく，スキー場も多いBは群馬県にそれぞれ当てはまる。人口が大きく増加しているEは東京都であり，離島が多いことから海岸線が長くなっている。

2〔日本地理―総合〕

(1)＜**中部地方の県**＞中部地方に位置する静岡県では，牧ノ原などの台地で茶の栽培が盛んである。また，富士市を中心に豊富な水資源を生かした製紙・パルプ工業が発展している。

(2)＜**自然災害**＞写真は，大雨による河川の洪水のとき，洪水の一部をためることで下流の水位を下げて被害を防ぐため，地下につくられた調節池である。

(3)＜**景観保護**＞京都市では，歴史的な景観を守るために，建物の高さやデザイン，屋外広告を条例で規制するなどの取り組みを行っている。

(4)＜**地形図の読み取り**＞①２万５千分の１の縮尺の地形図では，地形図上の４cmが実際の距離の１kmを表す。地点Aと地点Bの地形図上の長さは４cmに満たない。　②２万５千分の１の縮尺

の地形図では，等高線(主曲線)は10mごとに引かれている。地形図から，地点B付近の標高は50mを下回り，そこから標高166mの地点Cまでは上り坂になっていて，2つの地点間の標高差は100m以上あることが読み取れる。

3〔**世界地理—総合**〕

(1)＜**世界地図**＞Ⅰ．赤道はアフリカ大陸のギニア湾，東南アジアのインドネシアの島々，南アメリカ大陸のエクアドルやブラジル北部を通っている。　Ⅱ．この世界地図では地球一周の経度360度が18等分されているので，細い経線は経度20度ごとに引かれているとわかる。

(2)＜**時差**＞太平洋の中央を南北に通る180度の経線にほぼ沿うように引かれている日付変更線の西側が最も1日の始まりが早く，西へ行くほど時刻は遅れていく。したがって，詩に登場する4つの場所では，カムチャツカ，ローマ，ニューヨーク，メキシコの順に早い時刻となる。カムチャツカが水曜日の夜のとき，カムチャツカより時刻が遅いメキシコは水曜日の朝となる。ニューヨークが日曜日の夜のとき，ニューヨークより時刻が早いローマは月曜日の朝となる。

(3)＜**アメリカ合衆国**＞アメリカ合衆国ではおよそ西経100度から西側の方が降水量が少ないため，肉牛の放牧が主に行われている。また，ロッキー山脈の東に広がるグレートプレーンズなどの内陸部では，地下水を利用したセンターピボットによるかんがい農業が見られる。センターピボットが行われる地域では，回転式のスプリンクラーで散水するため，写真のような円形の農地ができる。

(4)＜**オーストラリア**＞オーストラリアの国旗の左上の部分には，イギリスの国旗であるユニオンジャックが描かれている。これは，オーストラリアがかつてイギリスの植民地であったことに由来する。

(5)＜**資料の読み取り**＞フランスの2000年，インドネシアの2000年では，固定電話100人あたりの契約数よりも移動電話100人あたりの契約数の方が少ない(ア…×)。移動電話100人あたりの契約数では，いずれの年もフランスよりも多い国がある(イ…×)。2020年における国内の移動電話契約数は，人口×移動電話100人あたりの契約数÷100で求められる。概算すると，韓国は5千万×137.5÷100＝6.875千万，フランスは6千万×111.5÷100＝6.69千万，インドネシアは27千万×130.0÷100＝35.1千万，日本は13千万×154.2÷100＝20.046千万となり，移動電話契約数が最も多いのはインドネシアであるとわかる(エ…×)。

4〔**歴史—古代～近世の日本と世界**〕

(1)＜**弥生時代と世界の出来事**＞日本の弥生時代は，およそ紀元前3世紀から紀元3世紀までである。弥生時代中期の紀元前1世紀に，ヨーロッパではイタリア半島のローマが地中海一帯を支配し，ローマ帝国となった。なお，ア，ウ，エはいずれも日本が縄文時代であった頃の出来事である。

(2)＜**口分田**＞班田収授法により人々に与えられていた口分田が，人口の増加や自然災害によって不足すると，開墾をすすめるため，聖武天皇は743年に墾田永年私財法を定めた。

(3)＜**年代整序**＞年代の古い順に，ウ(承久の乱—1221年)，ア(御成敗式目の制定—1232年)，イ(元寇—1274年，1281年)となる。なお，エは平安時代の出来事である。

(4)＜**天保の改革**＞江戸時代後半の1841年から実施された天保の改革を始めたのは，老中の水野忠邦である。天保の改革では，物価の上昇を抑えるために，株仲間の解散が行われた。なお，松平定信は寛政の改革(1787～93年)を実施した人物である。座の廃止は戦国時代に織田信長や豊臣秀吉によって行われた。

(5)＜**鎖国体制**＞江戸時代，「鎖国」下において交易が行われた4つの窓口のうち，九州と朝鮮半島の間に位置する対馬藩は，日本と朝鮮との交易の仲立ちとなっていた。なお，蝦夷地は松前藩，オランダは長崎，琉球は薩摩藩がそれぞれ交易の窓口となった。

5〔**歴史—近代～現代の日本と世界**〕

(1)＜**岩倉使節団**＞明治時代の初めの1871年，不平等条約の改正を主な目的として欧米に派遣された使節団の代表は岩倉具視である。また，使節団に同行した女子留学生の中で最年少であり，その後女子英学塾(後の津田塾大学)をつくったのは，津田梅子である。

(2)＜**年代整序**＞年代の古い順に，エ(三国干渉―1895年)，イ(日英同盟の締結―1902年)，ア(韓国併合―1910年)となる。なお，ウは1915年の出来事である。

(3)＜**ワシントン会議**＞第一次世界大戦後の1921年から1922年にかけてワシントン会議が開かれ，海軍の軍縮や，中国の主権尊重・門戸開放・機会均等などが確認された。この結果，日本がドイツから継承した山東省の権益が中国に返還された。

(4)＜**満州事変**＞満州事変の翌年，日本は清の最後の皇帝の溥儀を元首とする満州国を樹立したが，満州国の実権は日本が握っていた。

(5)＜**大阪万博**＞1970年に万国博覧会が開かれ，2025年に国際博覧会の開催が予定されているのは，大阪府である。

6〔公民―経済〕

(1)＜**消費者の保護**＞2004年，消費者の権利を明記し，国や地方公共団体に消費者が自立した消費生活を送ることができるように支援する責務があるとした消費者基本法が制定された。

(2)＜**金融**＞資金に余裕のあるところから不足しているところへお金を融通することを金融という。金融のうち，銀行などの金融機関を仲立ちとして資金を調達する方法を間接金融というのに対して，株式会社が株式を発行して出資者(株主)から資金を集める場合のように，企業などの借り手が家計などの貸し手から直接資金を調達する方法を直接金融という。

(3)＜**資料の読み取り**＞資料３の４つ目の文より，資料２において「年齢階級が高くなるほど選択している割合が高い」のはＣのみであるので，エがＣに当てはまる。資料３の２つ目と４つ目の文より，エよりも割合が高いＡとＢに当てはまるのはアとイのいずれかであるとわかる。また，資料３の２つ目の文より，「40歳以上は年齢階級が高くなるほど選択される割合が下がっている」のはＡとＤであるので，イがＡ，アがＢに当てはまる。残ったウがＤに当てはまる。なお，資料３の１つ目の文の「65％以上の割合で選択されている年齢階級が４つある」のはＡとＢ，３つ目の文の「20歳以上50歳未満の年齢階級では50％以上60％未満の割合で選択されている」のはＢとＤである。

7〔公民―人権と政治〕

(1)＜**人権保障の歴史**＞市民革命であるフランス革命中に出された人権宣言によって自由権・平等権が保障されたのは18世紀の1789年，ワイマール憲法によって社会権が認められたのは20世紀前半の1919年，世界人権宣言が採択されたのは20世紀半ばの1948年のことである。

(2)＜**情報公開制度**＞日本国憲法制定後に認められるようになった新しい人権のうち，知る権利を保障するために設けられた制度は，情報公開制度である。

(3)＜**国会の種類**＞国会の種類のうち特別会〔特別国会〕は，衆議院の解散後の衆議院議員総選挙の日から30日以内に召集され，主に内閣総理大臣の指名を行う国会である。資料２の第49回衆議院議員総選挙の10日後に，資料１の特別会が召集されていることを参考にする。

8〔公民―国際社会〕

(1)＜**地域統合**＞ASEANは東南アジア諸国連合の略称，APECはアジア太平洋経済協力の略称，USMCAは米国・メキシコ・カナダ協定の略称，MERCOSURは南米南部共同市場の略称である。

(2)＜**TPP**＞文章は，TPP〔環太平洋パートナーシップ〕協定と，TPPから発展させて結ばれたTPP11協定〔環太平洋パートナーシップに関する包括的及び先進的な協定／CPTPP〕について説明している。

理科解答

1 (1) 溶質　(2) 葉緑体　(3) イ
(4) ウ

2 (1) 作用
(2) (a) x…3　y…500　(b)…8
(c)

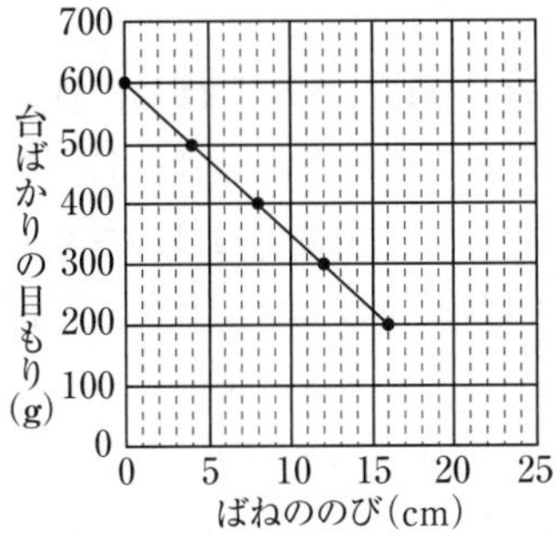

3 (1) v…オ　w…ウ　(2) エ
(3) イ
(4) (例)長い年月をかけて代〔世代〕を重ねる

4 (1) エ　(2) $Fe + S \longrightarrow FeS$
(3) ウ　(4) y…鉄　z…0.5

5 (1) 侵食〔浸食〕　(2) ア　(3) エ
(4) (例)海面の低下によってできる。

6 (1) エ
(2) x…マグネシウム　y…亜鉛
(3) イ　(4) ウ

7 (1) (例)みずから光を出している
(2) ウ　(3) イ
(4) y…西　z…ア

8 (1) イ
(2) 磁力線
(3) y…時計
z…2
(4) 右図

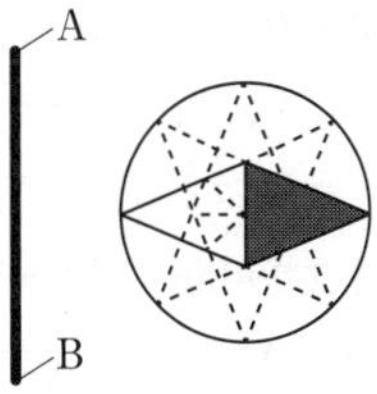

9 (1) (例)どの葉も多くの日光を受け取るのに都合がよい。
(2) ウ　(3) 花…合弁花　符号…ア
(4) x…胞子のう　y…胞子

1〔小問集合〕

(1)＜水溶液＞2種類以上の物質が均一に混ざった液体を溶液，溶液に溶けている物質を溶質，溶質を溶かしている液体を溶媒といい，溶媒が水の場合を特に水溶液という。

(2)＜葉緑体＞オオカナダモの葉の細胞内に多数見られた緑色の粒は葉緑体である。葉緑体では光合成が行われ，デンプンがつくられる。

(3)＜気団＞小笠原気団は，北太平洋の亜熱帯地域の海上で発達する太平洋高気圧によってつくられる。そのため，小笠原気団はあたたかく湿っている。なお，移動性高気圧は，春や秋に偏西風の影響でユーラシア大陸から日本へ移動してくるあたたかく乾燥した高気圧である。オホーツク海高気圧は，梅雨や秋雨の頃にオホーツク海付近の海上で発達する冷たく湿ったオホーツク海気団をつくる高気圧，シベリア高気圧は，冬にユーラシア大陸のシベリア付近で発達する冷たく乾燥したシベリア気団をつくる高気圧である。

(4)＜平均の速さ＞平均の速さは，〔速さ(km/h)〕=〔距離(km)〕÷〔時間(h)〕で求めることができる。45分は $\frac{45}{60}=\frac{3}{4}$(時間)だから，自動車が36kmの距離を $\frac{3}{4}$ 時間で移動したときの平均の速さは，$36 \div \frac{3}{4} = 48$(km/h)である。

2〔身近な物理現象〕

(1)＜力の矢印＞物体にはたらく力を表す矢印の・は，作用点(力がはたらく点)を表している。

(2)＜力のはたらき＞(a)表より，ばねに質量が100gの物体をつないだときのばねののびが4cmだから，このばねは1Nの力で4cmのびることがわかる。これより，ばねののびが4cmのとき，手はばねを上向きに1Nの力で引いているので，ばねが物体Bを引く力も1Nである。よって，質量400gの物体Ｂにはたらく重力が４Ｎより，物体Ｂが物体Ｃを押す力は，物体Ｂにはたらく重力とばねが物体Ｂを引く力の差で，4－1＝3(N)となるから，作用・反作用の法則より，物体Ｃが物体Ｂを押す力は$\underline{3}_{x}$Nである。また，質量200gの物体Ｃにはたらく重力が２Ｎより，物体Ｃが台ばかりを押す力は，物体Ｂが物体Ｃを押す力と物体Ｃにはたらく重力の和で，3＋2＝5(N)である。したがって，台ばかりの目盛りは$\underline{500}_{y}$gになる。　(b)台ばかりの目盛りが400gになるのは，物体Ｃが台ばかりを押す力が４Ｎになるときである。このとき，物体Ｂが２Ｎの物体Ｃを押す力は，4－2＝2(N)である。つまり，４Ｎの物体Ｂは，ばねによって上向きに，4－2＝2(N)の力で引かれているので，ばねを引いている力も２Ｎである。よって，求めるばねののびは，表で，ばねに質量が200gの物体をつなげて静止したときと同じ８cmとなる。　(c)ばねを一定の速さで引き上げると，ばねが物体Ｂを上向きに引く力は一定の割合で大きくなるため，台ばかりを押す力は小さくなる。そして，ばねが物体Ｂを上向きに引く力が物体Ｂにはたらく重力４Ｎと等しくなるとき，物体Ｂが物体Ｃを押す力は０Ｎになり，台ばかりを押す力は物体Ｃにはたらく重力２Ｎになって，それ以降は，台ばかりの目盛りは200gで変化しなくなる。ばねが物体Ｂを上向きに引く力が４Ｎになるのは，表で，ばねに質量が400gの物体をつなげて静止したときのばねののびと同じ16cmである。解答参照。

3〔生命・自然界のつながり，生物の体のつくりとはたらき〕

(1)**＜シソチョウ＞**シソチョウは，羽毛や翼などの鳥類が持つ特徴と，爪や歯などのハチュウ類が持つ特徴の両方を持っている。そのため，鳥類はハチュウ類から進化したと考えられている。

(2)**＜ホニュウ類の特徴＞**カモノハシの持つ特徴のうち，ホニュウ類の特徴は乳で子を育てるということである。なお，アは鳥類，イは魚類，ウはホニュウ類以外の脊椎動物の特徴である。

(3)**＜植物の進化＞**コケ植物は維管束を持たず，根，茎，葉の区別がないので，水を体の表面から吸収する。一方，シダ植物は維管束が発達し，根，茎，葉の区別があるので，水を根から吸収する。

(4)**＜進化＞**生物の形質が，長い年月をかけ，代(世代)を重ねるうちにしだいに変化することを進化という。

4〔化学変化と原子・分子〕

(1)**＜化合物＞**２種類以上の元素からできている物質を化合物といい，１種類の元素からできている物質を単体という。ア～エのうち，水は酸素と水素の２種類の元素が結びついてできた化合物である。

(2)**＜化学反応式＞**モデルより，鉄(Fe)と硫黄(S)は，それぞれの原子が１：１の数の比で結びついて，硫化鉄(FeS)ができる。化学反応式は，矢印の左側に反応前の物質の化学式，右側に反応後の物質の化学式を書き，矢印の左右で原子の種類と数が等しくなるように化学式の前に係数をつける。

(3)**＜結びつく物質の質量の割合＞**図５より，鉄2.8gと硫黄1.6gが全て反応することがわかる。よって，求める質量の比は，鉄の質量：硫黄の質量＝2.8：1.6＝７：４である。

(4)**＜化学変化と物質の質量＞**(3)より，全て反応する鉄と硫黄の質量の比は，７：４である。これより，硫黄6.0gと反応する鉄の質量は，$6.0\times\frac{7}{4}=10.5$(g)となる。よって，鉄の質量は11.0gだから，鉄が，11.0－10.5＝0.5(g)反応せずに残ることになる。

5〔大地の変化〕

(1)**＜侵食＞**川などの流水が，地層を削り取るはたらきを侵食(浸食)という。

(2)**＜地質時代＞**れきと砂，泥は，堆積物の粒の$\underline{\text{大きさ}}_{y}$によって分類される。また，チバニアンは約77万４千年前から始まる時代の地層なので，地球の歴史の時代区分では約6600万年前から始まる$\underline{\text{新生代}}_{z}$に含まれる。

(3)**＜火山灰層＞**火山灰層は，火山の噴火によって噴出した火山灰を中心とした火山噴出物が堆積してできる層である。そのため，チバニアンより古い時代の地層とチバニアンの地層の間に白尾火山灰層があることから，その時期に火山活動があったことが推測できる。なお，深い海の環境を示す化石は示相化石である。泥は粒の大きさが小さいため，れきや砂が堆積する場所よりも陸から遠い沖合に運ばれて堆積する。そして，海底に広がって層をつくり，その上にさらに堆積物の層が次々と重なり，長い年月をかけて地層ができる。地点Wで観察したチバニアンの地層はその一部なので，他の場所でも観察できる。

(4)＜**海岸段丘**＞海岸段丘は，海岸から内陸側に向かってしだいに高くなっていく階段状の地形をいう。海岸段丘は，海面の高さが陸より低くなるときにできる。海面の高さが陸より低くなるのは，土地が隆起する場合と，海面が低下する場合がある。

6〔**化学変化とイオン**〕

(1)＜**イオン**＞原子は，原子核に含まれる＋の電気を持つ陽子の数と，原子核の周りにある－の電気を持つ電子の数が等しいので，原子全体は電気を帯びていない。原子が電子を失うと，電子より陽子の数の方が多くなるため，原子全体が＋の電気を帯びて陽イオンとなる。逆に，原子が電子を受け取ると，陽子より電子の数の方が多くなるため，原子全体が－の電気を帯びて陰イオンとなる。

(2)＜**イオン化傾向**＞表より，マイクロプレートに硫酸亜鉛水溶液とマグネシウム片を入れたとき，マグネシウム片に固体が付着した。これは，マグネシウム原子が，電子を放出して，マグネシウムイオンとなって水溶液中に溶け出し，水溶液中の亜鉛イオンが電子を受け取って亜鉛原子となり，マグネシウム片に付着したためである。

(3)＜**イオン化傾向**＞マイクロプレートに水溶液と金属片を入れるとき，金属片の金属の方が水溶液中にイオンとして存在する金属よりイオンになりやすい場合，金属片の金属はイオンとなって水溶液中に溶け出し，水溶液中の金属のイオンは金属片の表面に付着する。一方，金属片の金属の方が水溶液中にイオンとして存在する金属よりイオンになりにくい場合，反応は起きない。よって，表で，反応が起きた組み合わせより，マグネシウムは銅や亜鉛，金属Aよりイオンになりやすく，亜鉛は銅や金属Aよりイオンになりやすく，金属Aは銅よりイオンになりやすいことがわかる。したがって，4種類の金属をイオンになりやすい順に並べると，マグネシウム＞亜鉛＞金属A＞銅となる。

(4)＜**イオンの反応**＞硫酸銅水溶液中で，硫酸銅($CuSO_4$)は硫酸イオン(SO_4^{2-})と銅イオン(Cu^{2+})に電離している。マイクロプレートに硫酸銅水溶液と亜鉛片を入れると，水溶液中のCu^{2+}は銅原子(Cu)になって亜鉛片に付着するため，Cu^{2+}の数は減少する。これに対して，水溶液中のSO_4^{2-}は変化しないため，SO_4^{2-}の数は変わらない。よって，グラフはウのようになる。

7〔**地球と宇宙**〕

(1)＜**恒星**＞恒星は，太陽のようにみずから光を出して光っている。

(2)＜**地球の自転**＞地球は北極側から見て地軸を中心に反時計$_{\mathrm{v}}$回りに自転$_{\mathrm{w}}$している。そのため，地球から観測すると，天体は東から西へ動くように見える。

(3)＜**星の日周運動**＞日本では，東の空から昇った星は，南の空を通過して，西の空へ沈むように見える。そのため，東の空の星は右斜め上方に，南の空の星は東から西へ弧を描いて，西の空の星は右斜め下方に動くように見える。一方，北の空の星は，北極星を中心に反時計回りに回転するように見える。よって，図3は西，図4は北の空の星の動きである。

(4)＜**星の年周運動**＞まず，地球は，1か月で，360°÷12＝30°公転するので，同時刻に見える星座の位置は西に30°動いて見える。よって，オリオン座を1か月後の同じ時刻に観察すると，西$_{\mathrm{y}}$に30°動いた位置に見える。次に，星は日周運動によって，南の空では1時間に西に15°動いて見えるので，西に30°動いて見えるベテルギウスがもとの位置に見える時刻は，30÷15＝2(時間)前である。

したがって，図1より，ベテルギウスが南中する時刻は午後9時だから，1か月後に南中する時刻は，その2時間前の午後7時z頃である。

8〔電流とその利用〕

(1)**＜交流電流＞**交流電流は，電流の流れる向きと大きさが周期的に入れかわる。交流電流の様子をオシロスコープに表示すると，イのxのような波形になる。

(2)**＜磁力線＞**磁界の向きに沿った曲線や直線に，磁界の向きを表す矢印をかき加えたものを磁力線という。

(3)**＜磁界の向き＞**方位磁針のN極は磁界の向きを指すので，問題の図1のコイルに電流を流したとき，D～Gに置いた方位磁針のN極が指す向きから，コイルの周りには，右図のような磁界が生じている。そのため，Dに置いたN極が右を指している方位磁針を，D→E→F→G→Dの順に動かすと，N極の指す向きは図のように変化する。よって，N極は，D→E→Fと移動する間に時計回りに1周し，F→G→Dと移動する間に時計回りに1周するから，もとのDの位置に戻るまでの間に，時計回りに2周することになる。

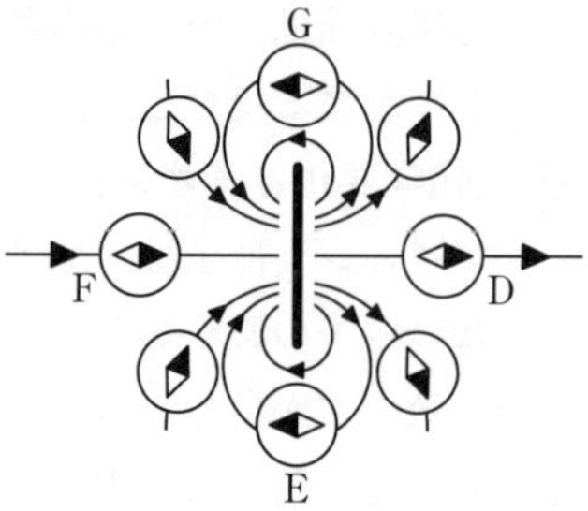

(4)**＜磁界の向き＞**回路を流れる電流を強くすると，より強い磁界が生じるが，D点での磁界の向きは変わらない。よって，N極が指す向きは，問題の図3のN極が指す向きと変わらない。

9〔生物の世界〕

(1)**＜葉のつき方＞**真上から見ると葉が互いに重ならないようについているのは，全ての葉に日光がよく当たり，光合成を効率よく行うためである。

(2)**＜ルーペの使い方＞**ルーペを使って観察するとき，観察する物が手に取って動かせる場合は，ルーペを目に近づけて持ち，植物を前後に動かしてピントの合うところを探す。なお，観察する物が動かせない場合は，ルーペを目に近づけたまま頭を前後に動かし，ピントの合うところを探す。

(3)**＜合弁花＞**被子植物のうち，子葉が2枚で，タンポポのように花弁がくっついている花を合弁花といい，花弁が1枚ずつ分かれている花を離弁花という。ア～エのうち，合弁花はツツジで，他は離弁花である。

(4)**＜シダ植物＞**イヌワラビなどのシダ植物や，ゼニゴケなどのコケ植物は，種子でなかまをふやす種子植物とは異なり，胞子でなかまをふやす。図5のイヌワラビの葉の裏についているつくりは胞子のうで，この中で胞子がつくられる。

国語解答

一 (1) エ　(2) ア　(3) ウ　(4) イ

二 (1) まね　(2) つつし
(3) あいまい　(4) しんらつ

三 (1) 浅　(2) 拝　(3) 批評
(4) 創刊　(5) 序列

四 (1) イ　(2) ア
(3) ①…ア　②…ウ　③…カ　④…イ
⑤…エ　⑥…オ
(4) Ⅰ　役割を分担
Ⅱ　意識と非意識の二重プロセス
(5) Ⅰ　システム１　Ⅱ　自分が
Ⅲ　消費される心身のエネルギーを節約する
(6) エ

五 (1) ア
(2) Ⅰ　他人と比較する
Ⅱ　何になりたいのか
(3) エ　(4) イ
(5) (a)　Ⅰ　上空を吹く
Ⅱ　地上にも降りてきている
(b)…ウ
(c)　X　フルート奏者が無理だから
オルガンビルダーを志すことは，自分の弱さから逃げている(39字)
Y　非難

六 (1) あやしゅう　(2) ア
(3) ［氷魚が］短時間のうちに，思いのほか少なくなっていたから。(24字)
(4) (a)　あわてて口に入れた
(b)…ウ　(c)　(右参照)

葷酒入ルヲ㆓山門ニ㆒

七 (例)資料では，年齢が上がるにつれて数値が高くなっている。戦後間もない頃を知る世代ほど，文化交流の意義を相互理解に求め，平和を願う傾向にあるのではないかと考える。／私は食を通じて文化交流を深めたい。例えば，日本食の特徴のほか，食器の並べ方や使い方などの独特な作法を伝えたい。万国共通して食は人が生きるうえで大切なものだから，私たち若い世代でも，食文化を伝え合うことを通して相互理解につなげられると思う。(200字)

一〔聞き取り〕

(1)ミュージック・カフェでは，お客さんが注文した料理を食べながら，生演奏を聴けるというのだから，宣伝文句の「おいでよ。聞こうよ。」は，お客さんに対しての言葉だとわかる。しかし，「歌おうよ。」は，呼びかけの対象がお店の人なのか，お客さんなのかがはっきりせず，「クラスの歌が上手なグループの生演奏を聴ける」という説明と合っていないと，川辺さんは思ったのである。

(2)川辺さんは，「リズムがよくて覚えやすいね」と言葉の響きに着目している。一方，三田さんは，「演奏はプロに負けないくらい上手」だし，「一緒に歌えるのでにぎやかで楽しい」という言葉の内容を重視している。

(3)「おいでよ。聞こうよ。歌おうよ。」は，お店の人が主体で，お客さんに誘いかける言葉だが，「行きたい。聞きたい。歌いたい。」は，お客さんが主体の言葉である。

(4)川辺さんは，宣伝文句に「食べる」という言葉を入れた方が，お客さんはお店の特徴をとらえやすいと考えている。三田さんも，にぎやかな雰囲気で食べる店なのか，静かな雰囲気で食べる店なのかがわかりやすい「お客さんの立場」に立った宣伝文句がよいと思ったのである。

二〔漢字〕

(1)音読みは「招待」などの「ショウ」。　(2)音読みは「慎重」などの「シン」。　(3)「曖昧」は，はっきりしないこと。　(4)「辛辣」は，言うことがきわめて厳しいこと。

三〔漢字〕

(1)音読みは「深浅」などの「セン」。　(2)音読みは「拝見」などの「ハイ」。　(3)「批評」は，よいところや悪いところを挙げて評価すること。　(4)「創刊」は，新聞や雑誌などの定期的な刊行物を初めて発行すること。　(5)「序列」は，一定の基準によって並べた順序のこと。

四〔論説文の読解―教育・心理学的分野―心理〕出典；鹿毛雅治『モチベーションの心理学　「やる気」と「意欲」のメカニズム』。

≪本文の概要≫我々は，意識が行動の原因だと信じているが，それは本当だろうか。意思決定(選好判断)より前に，視線が無自覚のうちに好きな方に傾くという現象は，視線のカスケード現象と呼ばれるが，こうした無意識な動きより後に，意識が生じているというのが事実である。このことは，意識が行動を決めているという常識に合わないし，我々の直観に反しているが，1980年代以降，我々の日常で非意識過程が果たす役割が，次々に明らかにされてきた。一方，我々の常識のとおり，意識が行動の原因である場合も多いことが立証されている。人は，意識，非意識両方のプロセスを時と場合に応じて使い分けている。カーネマンは，意識と非意識の性質やはたらきを二重プロセスと呼ぶ。我々は，二つのシステムを持ち，システム１は，速い思考，自分がコントロールしているという感覚がいっさいない非意識的な「自動操縦モード」を指す。システム２は，遅い思考，時間をかけて考える際に起動する「意識的で努力や自制が必要なモード」を指す。この二つのシステムが役割を分担し，問題を効率的に解決する。元来，人は生物として，心身のエネルギーを節約し，温存し，効率的に使うので，意識と非意識の二重プロセスは，最も少ない努力ですむ方法を選ぶことにつながる。

(1)**＜品詞＞**「広く」と「楽しい」は，形容詞。「ようやく」は，副詞。「あふれる」は，動詞。「静かな」は，形容動詞。

(2)**＜文章内容＞**心理学者たちも，「意識が行動を決めている」という常識を持っていたので，意識が「神経系の反応や，それに伴う無意識な動きよりも後に」生じているという事実の発見に驚いたのである。

(3)**＜文章内容＞**システム１は「速い思考」で(②…ウ)，「印象，直観，意志，感触といったものを絶えず生み出してはシステム２に供給する」というはたらきをする(①…ア)。例えば，「視線が無自覚のうちに好きなほうに傾く」というものである(③…カ)。システム２は「遅い思考」で(⑤…エ)，「無自覚な行動を監視し，制御する」というはたらきをする(④…イ)。具体的には，考えたうえで「『オレンジジュースにしよう！』という判断」をすることである(⑥…オ)。

(4)**＜文章内容＞**Ⅰ.「ハイブリッドな仕事」とは，システム１の非意識の分野とシステム２の意識の分野を「時と場合に応じて使い分けて」機能させることである。つまり，システム１とシステム２が「役割を分担することで，問題を効率的に解決する」ということである。　Ⅱ. システム１とシステム２が役割を分担し，「意識と非意識の二重プロセス」が機能するのである。

(5)**＜文章内容＞**Ⅰ・Ⅱ. 習慣とは「意識や努力の感覚なしに特定の行動を成功裏に遂行できる能力」であり，無意識のうちにやってしまうので，「システム１」に当たり(…Ⅰ)，したがって「習慣による自動化」とは，非意識的な「自分がコントロールしているという感覚が一切ない」状態である(…Ⅱ)。　Ⅲ. モチベーションは「心身のエネルギーを消費する」ものなので，モチベーションの「効率化」のために習慣を取り入れると，心身のエネルギーを浪費せず，節約することにつながる。

(6)**＜表現＞**前半では「急ごうと思ったから走りはじめる」といった「意識が行動の原因」という考えに疑問を呈し，オレンジジュースを選ぼうと意識する前に，人の視線は無意識に動いているという例を挙げることで，意識は無意識な動きより後に生じるという，常識とは異なる考えが示されている。後半では，人は意識と非意識の二重プロセスで行動していることが説明され，非意識的な行動で心身のエネルギーを節約することは，生き物としての我々には効率的であることが述べられている。

五〔小説の読解〕出典；逸木裕『風を彩る怪物』。

(1)**＜心情＞**陽菜は，自分はフルートを吹いていても個性のない演奏しかできず，オルガン制作の方が向いているのかもしれないと思うようになっていた。そして，朋子と話すうちに，一気に自分の思いがわかったような気がして，それを口にせずにはいられなかったのである。

(2)＜**文章内容**＞Ⅰ．陽菜は，入賞した三人と自分とのフルート演奏を比べて，自分の演奏には個性がないことを自覚していた。　Ⅱ．朋子は，向いているかどうかではなく，自分にはオルガンづくりしかないと思ってオルガンビルダーをしており，何になりたいかということが大切だと思っていた。

(3)＜**文章内容**＞陽菜は，コンクールで入賞した三人と自分の技量には「確かな断絶」があったと思っており，さらに「自分の演奏はこれだってものがない」ために，フルート奏者になるのは無理だと思っていた。その自信のない自分の姿を，陽菜は，朋子の前に隠すことなくさらしているのである。

(4)＜**心情**＞芦原さんは，オルガンビルダーに向いていようがいまいが，「ほとんどが志半ばで潰れ」てしまうし，芦原さんも「ずっと自分の無力さに打ちのめされて」いると言う。陽菜は，自分はオルガン制作に向いており，この道を進もうと思ったのに，芦原さんに潰れてしまう人がほとんどだと言われ，どうしたらよいかわからなくなったのである。

(5)(a)＜**表現**＞Ⅰ．陽菜が朋子に，オルガンビルダーになるつもりかと問い詰められたとき，「上空を吹く風が，ごうっとひときわ派手な音を立て」ていた。　Ⅱ．朋子が陽菜に，自分たち親子は「向いてるか向いてないか」でオルガンをつくっているのではないと告げたとき，「上空を吹き荒れている風が，地上にも降りてきて」いた。　(b)＜**文章内容**＞陽菜は，この二ヶ月間，奥瀬見の自然は「私を包み込んでくれていた」と感じていた。　(c)＜**文章内容**＞陽菜は，個性を持たない自分には無理だとしてフルート奏者になる夢を諦め，向いているようだからとオルガンビルダーになろうとすることは，子どもの頃からの夢へとぶれずに進む朋子と比べると，弱さから逃避しているように感じた（…X）。そのことを，奥瀬見の自然が激しい風によって非難しているように，陽菜は思ったのである（…Y）。

六〔**古文の読解―説話**〕出典；『宇治拾遺物語』巻第五ノ十。

≪**現代語訳**≫これも今は昔の話だが，ある僧が，（ある）人のもとに行った。（その家のあるじは）酒などを勧めたが，氷魚が初物として出回り始めたので，あるじは珍しいと思って，（氷魚を出して）もてなした。あるじは用事があって，奥へ入って，また出てきて見ると，この氷魚が予想外に少なくなっていたので，あるじは，変だなとは思ったが，言うべき事情もなかったので，雑談をしているうちに，この僧の鼻から氷魚が一つ不意に出てきたので，あるじは不思議に思って，「あなたの鼻から氷魚が出てきたのは，どうしたことです」と言ったところ，（僧が）即座に，「この頃の氷魚は目や鼻から降るのですよ」と言ったので，人々は皆，「わっ」と笑った。

(1)＜**歴史的仮名遣い**＞歴史的仮名遣いの二重母音「iu」は，原則として，現代仮名遣いでは「yuu」となる。よって，「しう」は「しゅう」となる。

(2)＜**古文の内容理解**＞ある僧が「人」のもとに行ったときに，酒などを勧めてもてなしたのは，その家の「あるじ」である。

(3)＜**古文の内容理解**＞あるじが奥に入って，また僧のもとへ出てきて見ると，短い間に出していた氷魚が予想外に少なくなっていたので，あるじは変だと思ったのである。

(4)(a)＜**古文の内容理解**＞氷魚が，短い間に予想外に少なくなっていたことから，この僧は，氷魚を慌てて口に入れたと思われる。　(b)＜**古文の内容理解**＞僧が「『氷魚』という言葉の読み方，すなわち音の響きをふまえて発言した」というのは，氷魚（ひお）という発音と空から降る雹（ひょう）という発音が似ているのを掛けたということである。　(c)＜**漢文の訓読**＞「葷酒」→「山門」→「入」の順に読む。漢文では，二字以上下から上に返って読むときには，一二点を用いる。

七〔**作文**〕

まず，「資料」を読み取り，前段で書く内容を整理する。日本と諸外国との文化交流を進めることが相互理解につながり，国際関係の安定につながると答えた人の割合が，年齢が高くなるほど増えていることがわかる。それについて自分はどう思うかを考える。後段では，自分はどのような人と，何を通して文化交流をしたいかを具体的に考えてみる。誤字脱字に注意して，条件に合わせて書いていくこと。

2023年度／千葉県公立高等学校（思考力を問う問題）

解　答

1　⑴　ア，オ

⑵　Ⅰ　現代社会で

Ⅱ　（例）新しいものの見方や感じ方を得て，自分なりに答えを探していく（29字）

⑶　（例）【Ⅰ】では，アートにふれることで，その作品に潜む現代社会で考えるべき「問い」を感じ取り，新しいものの見方を得られると述べている。【Ⅱ】では，積極的にさまざまなアートにふれて心を震わせる経験をすることによって，世界への見方を広げる「知の楽しみ」を見出していくと述べている。どちらの文章も，アート鑑賞には，自分の視野を押し広げ，多角的な見方をつちかう効果があると述べている点で共通している。

（189字）

2　⑴　$a=5,\ b=3$　⑵　ウ，エ

⑶　①　$\dfrac{7}{5}$cm　②　$\dfrac{14}{13}$cm^2

⑷　①　$y=-\dfrac{1}{2}x+\dfrac{13}{7}$　②　$3-\sqrt{3}$

3　⑴　ウ→エ→イ→ア

⑵　①…ウ　②…イ　③…ア

⑶　（例）How do you usually spend the holiday with your family

4　⑴　ウ　⑵　（例）necessary

1　〔**論説文の読解─芸術・文学・言語学的分野─芸術**〕出典；吉井仁実『〈問い〉から始めるアート思考』／山口桂『美意識を磨く』。

≪本文の概要≫【文章Ⅰ】アートにふれる意味，意義，価値，おもしろさ，楽しさ，魅力は，アーティストが投げかける「問い」を感じ取ることである。アート作品には，現代社会で考えるべき鋭い「問い」が必ず潜んでいる。鑑賞者は，その「問い」を感じ取りながら，今までになかったものの見方や感じ方，意識の壁，思考の幅を拡張していくことで，自分なりに「問い」の答えを探していく。この「問い」を感じ取って新しいものの見方や感じ方を身につけ，答えを探し出す力が，アート思考である。アートにふれればふれるほど「問い」を感じ取る力が身につき，アート以外のものからも「問い」を感じられるようになる。また，アート鑑賞を繰り返す中で，さまざまな物事に対する直感力が身につく。このアート思考は，社会の中で新しい概念が生まれるときの道筋とよく似ている。アート作品にただ向き合い，自分が感じていることに意識を向けることが「鑑賞」であり，「鑑賞」は自分の既成概念の壁を越えるための眼差しを持つことであるともいえる。

【文章Ⅱ】美は，心を揺さぶってくる何ものかであり，人の心を動かす作用がある。美の琴線は，心を震わせるものに出合えばいつでも鳴る準備をしており，思いがけないものに自分が反応するかもしれないから，積極的にいろいろなものを見に行くべきである。私は，絵は究極の「知の楽しみ」だと考える。自分の内部に別世界を取り込み，現存する自分の世界を押し広げるような経験ができるからである。

⑴＜**文章内容**＞アートにふれると，鑑賞者は，アーティストが投げかける「問い」を感じ取りながら，「同時に今までになかったものの見方や感じ方，意識の壁，思考の幅を拡張」していき，自分なりの「問い」に対する答えを探していく。この，アートにふれた経験は，その後の鑑賞者に影響を与え，その影響は「ときに鑑賞者の見方や発想，生き方」にも及ぶのである（…オ）。また，鑑賞者は，現実の社会の中で，自分の知らない物事や状況に直面しても，「それと自分の間に生じるズレや問題は何かを感じ取り，それを『問い』として受け止め」て，自分なりに「答えを見つけて行動」していくようになるのである（…ア）。

⑵＜**文章内容**＞優れたアート作品には「現代社会で考えるべき鋭い『問い』」が必ず潜んでいて（…

Ⅰ)，鑑賞者は，その「問い」を「非言語的」に感じ取りながら，「今までになかったものの見方や感じ方，意識の壁，思考の幅を拡張していくことで，自分なりに『問い』に対する答えを探して」いく(…Ⅱ)。

(3)<要旨>【文章Ⅰ】では，アート作品を鑑賞することで，鑑賞者は，アート作品に潜んでいる現代社会で考えるべき「問い」を感じ取りながら，新しいものの見方や感じ方，考え方を得られることが述べられている。【文章Ⅱ】では，絵は「知の楽しみ」であり，アート作品を鑑賞することで，鑑賞者は，自分の内部に別世界を取り込み，自分の世界を押し広げるような経験ができることが述べられている。どちらの文章でも，アート鑑賞を通して，自分のものの見方を新しくしたり，広げたりすることができると述べられている。

2〔独立小問集合題〕

(1)<連立方程式—解の利用>連立方程式Ⓐの2つの式を，$-x-5y=7$……①，$ax+by=9$……②，連立方程式Ⓑの2つの式を，$2bx+ay=8$……③，$3x+2y=5$……④とする。連立方程式Ⓐ，Ⓑの解が同じであることより，その解は①，②，③，④を全て満たすので，①，④を連立方程式として解いても得られる。①×3+④より，$-15y+2y=21+5$，$-13y=26$　$\therefore y=-2$　これを①に代入して，$-x-5\times(-2)=7$，$-x=-3$　$\therefore x=3$　よって，連立方程式Ⓐ，Ⓑの解はともに$x=3$，$y=-2$だから，解を②に代入して，$a\times3+b\times(-2)=9$より，$3a-2b=9$……⑤となり，③に代入して，$2b\times3+a\times(-2)=8$より，$-2a+6b=8$，$-a+3b=4$……⑥となる。⑤，⑥を連立方程式として解いて，⑤+⑥×3より，$-2b+9b=9+12$，$7b=21$，$b=3$となり，これを⑥に代入して，$-a+3\times3=4$，$-a=-5$，$a=5$となる。

(2)<データの活用—箱ひげ図>度数分布表より，最小値は10点以上20点未満，最大値は90点以上100点未満である。生徒20人が受けた小テストの得点だから，第2四分位数(中央値)は，得点を小さい順に並べたときの10番目と11番目の得点の平均となる。50点未満が$1+1+2+5=9$(人)，60点未満が$9+4=13$(人)より，10番目と11番目の得点はともに50点以上60点未満だから，第2四分位数は50点以上60点未満である。また，第1四分位数は小さい方の10人の得点の中央値だから，5番目と6番目の得点の平均であり，第3四分位数は大きい方の10人の得点の中央値だから，$10+5=15$(番目)と16番目の得点の平均である。40点未満が$1+1+2=4$(人)，50点未満が9人より，5番目と6番目の得点はともに40点以上50点未満だから，その平均も40点以上50点未満であり，第1四分位数は40点以上50点未満である。60点未満が13人，70点未満が$13+2=15$(人)，80点未満が$15+4=19$(人)より，15番目は60点以上70点未満，16番目は70点以上80点未満である。その平均は，$(60+70)\div2=65$，$(70+80)\div2=75$より，65点以上75点未満だから，第3四分位数は65点以上75点未満である。以上より，ウの箱ひげ図は第1四分位数，第2四分位数，第3四分位数が矛盾し，エの箱ひげ図は最小値が矛盾している。

(3)<平面図形—長さ，面積>①右図1で，△DBEは，△ABCを点Bを中心として回転させたものだから，△DBE≡△ABCである。これより，DB＝ABとなるので，△BADは二等辺三角形であり，点Bから辺DEに垂線BHを引くと，点Hは線分ADの中点となる。また，∠DBE＝∠ABC＝90°より，∠DHB＝∠DBE＝90°であり，∠BDH＝∠EDBだから，△DHB∽△DBEである。よって，DH：DB＝DB：DEである。DB＝AB＝3であり，△ABCで三平方の定理より，AC＝$\sqrt{AB^2+BC^2}=\sqrt{3^2+4^2}=\sqrt{25}=5$となるので，DE＝AC＝5である。したがって，DH：3＝3：5が成り立ち，DH×5＝3×3，DH＝$\frac{9}{5}$となるので，

図1

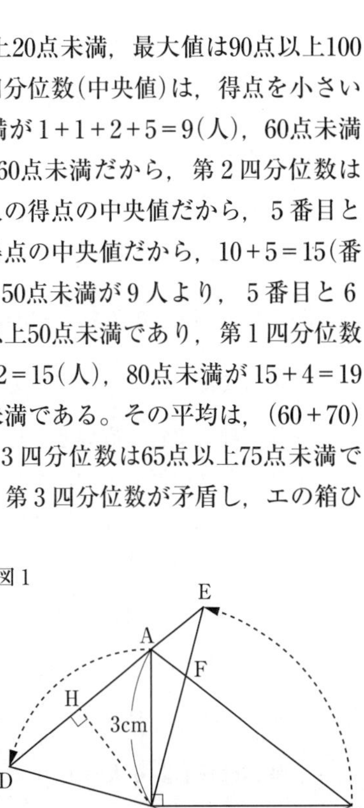

$AD=2DH=2\times\frac{9}{5}=\frac{18}{5}$ となり，$AE=DE-AD=5-\frac{18}{5}=\frac{7}{5}$(cm)となる。　②図1で，$\triangle DBE\equiv\triangle ABC$ より，$\angle AEF=\angle BCF$ であり，対頂角より，$\angle AFE=\angle BFC$ だから，$\triangle AEF\backsim\triangle BCF$ である。相似比は $AE:BC=\frac{7}{5}:4=7:20$ だから，$AF:BF=FE:FC=7:20$ となる。$AF=x$(cm)とすると，$AF:BF=7:20$ より，$BF=\frac{20}{7}AF=\frac{20}{7}x$ と表せる。$BE=BC=4$ より，$FE=BE-BF=4-\frac{20}{7}x$ となり，$FC=AC-AF=5-x$ である。よって，$FE:FC=7:20$ より，$\left(4-\frac{20}{7}x\right):(5-x)=7:20$ が成り立ち，$\left(4-\frac{20}{7}x\right)\times20=(5-x)\times7$，$80-\frac{400}{7}x=35-7x$，$-\frac{351}{7}x=-45$，$x=\frac{35}{39}$ となる。これより，$AF=\frac{35}{39}$ だから，$AF:AC=\frac{35}{39}:5=7:39$ となり，$\triangle ABF:\triangle ABC=7:39$ である。$\triangle ABC=\frac{1}{2}\times3\times4=6$ だから，$\triangle ABF=\frac{7}{39}\triangle ABC=\frac{7}{39}\times6=\frac{14}{13}$(cm²)である。

⑷**＜関数―直線の式，切片＞**①右図2で，2直線 l，m と y 軸の交点をそれぞれF，Gとして，点Gと2点A，Bを結ぶ。$l /\!/ m$ だから，$\triangle AGB$ と $\triangle ADB$ は，底辺をABと見ると高さが等しくなり，$\triangle AGB=\triangle ADB=\frac{3}{7}$ となる。また，点Aは関数 $y=\frac{1}{4}x^2$ のグラフ上にあり，x 座標が -4 だから，$y=\frac{1}{4}\times(-4)^2=4$ となり，$A(-4,\ 4)$ である。直線 l は，傾きが $-\frac{1}{2}$ より，その式は $y=-\frac{1}{2}x+b$ とおけ，点Aを通るから，$4=-\frac{1}{2}\times(-4)+b$，$b=2$ となる。切片が2だから，$F(0,\ 2)$ である。$G(0,\ t)$ とすると，$FG=2-t$ と表せる。$\triangle AGF$，$\triangle BGF$ の底辺をFGと見ると，2点A，Bの x 座標がそれぞれ -4，2より，$\triangle AGF$ の高さは4，$\triangle BGF$ の高さは2だから，$\triangle AGB=\triangle AGF+\triangle BGF=\frac{1}{2}\times(2-t)\times4+\frac{1}{2}\times(2-t)\times2=6-3t$ となる。よって，$6-3t=\frac{3}{7}$ が成り立ち，$-3t=-\frac{39}{7}$，$t=\frac{13}{7}$ となる。直線 m は，傾きが $-\frac{1}{2}$，切片が $\frac{13}{7}$ より，直線 m の式は $y=-\frac{1}{2}x+\frac{13}{7}$ である。

図2

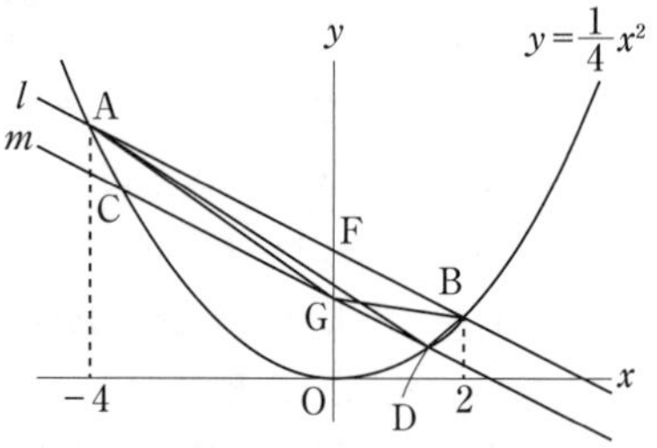

②右図3で，点Aを通り y 軸に平行な直線と点Cを通り x 軸に平行な直線の交点をH，点Bを通り y 軸に平行な直線と x 軸の交点をIとする。四角形ACEBが平行四辺形より，$AC /\!/ BE$，$AC=BE$ となり，$\triangle AHC\equiv\triangle BIE$ となるから，$AH=BI$ となる。点Bは関数 $y=\frac{1}{4}x^2$ のグラフ上にあり，x 座標が2だから，$y=\frac{1}{4}\times2^2=1$ より，$B(2,\ 1)$ である。これより，$AH=BI=1$ となる。$A(-4,\ 4)$ より，点Cの y 座標は $4-1=3$ であり，点Cは関数 $y=\frac{1}{4}x^2$ のグラフ上にあるので，$3=\frac{1}{4}x^2$，$x^2=12$，$x=\pm2\sqrt{3}$ となる。点Cの x 座標は -4 より大きく0より小さいので，$x=-2\sqrt{3}$ となり，$C(-2\sqrt{3},\ 3)$ である。直線 m の傾きは $-\frac{1}{2}$ だから，その式は $y=-\frac{1}{2}x+c$ とおけ，点Cを通ることより，$3=-\frac{1}{2}\times(-2\sqrt{3})+c$，$c=3-\sqrt{3}$ となるので，求める直線 m の切片は $3-\sqrt{3}$ である。

図3

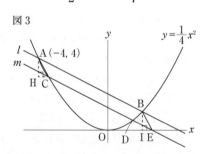

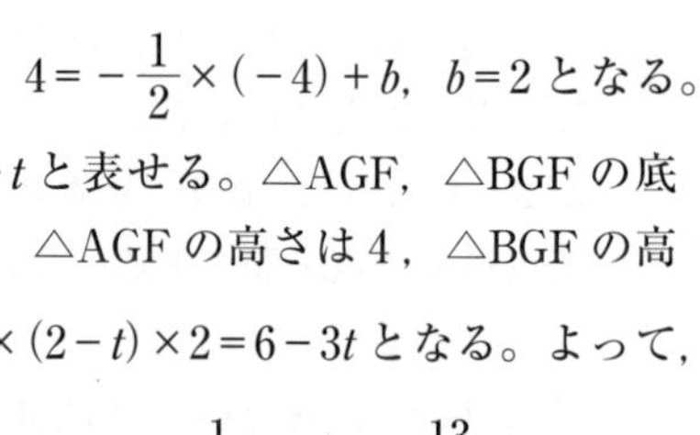

3　**〔長文読解総合―スピーチ〕**

≪**全訳**≫❶こんにちは，皆さん。皆さんにおもしろい情報をお伝えしたいと思います。昨日，僕に送られてきたこのEメールを読んでください。

「誕生日おめでとう！　このメッセージが１日遅れになってごめん。君がすばらしい１日を過ごしていたらいいな。日本では昨日が君の誕生日だったけど，アメリカでは今日が君の誕生日だ。ところで，今日はアメリカの感謝祭の日なんだ。それは伝統的な休日だよ。11月の第４木曜日には，多くの家族が集まってお互いに感謝し，特別な料理を食べる。ほとんどのアメリカ人と同様に，僕の家族も七面鳥を食べるよ。今日もすばらしい１日になるといいね。また君に会えるのを楽しみにしているよ。」

❷これはニューヨークにいる友人のマックスからのメッセージです。僕はこのメッセージを読んでとてもうれしく思いました。僕の誕生日が２日間あったように思いました。なぜだかわかりますか？　時差が僕の誕生日の日数を増やしてくれたのです。ご存じのように，ロンドンの時間が世界の標準時になっています。日本の標準時はロンドンより９時間進んでいます。千葉が午後１時のとき，ロンドンは午前４時です。ニューヨークの時間は，ロンドンより５時間遅れています。千葉で午後１時のとき，ニューヨークでは前日の午後11時です。だから，マックスは１日遅れで僕の誕生日のメッセージを送ってくれたのです！　時差を考えるのは難しいですが，おもしろいですね！

❸僕には，時差に関するマックスとの思い出がもう１つあります。もちろんご存じでしょうが，彼は留学生としてこの学校で今年の７月まで僕たちと勉強していました。彼がまだ千葉にいたとき，僕たちは家族の人たちにメッセージを送ることについて話しました。彼は，感謝祭の日の午後10時に両親に「感謝祭おめでとう！」というメッセージを送ると私に言いました。僕には，彼がなぜそうするのかがわかりました。僕の両親はロンドンに住んでいます。だから，千葉が午後11時のときに両親にメッセージを送れば，彼らは午後にそれを読むことになります。両親が今何をしているのかを考えるのはとてもおもしろいです。マックスと僕で千葉，ロンドン，ニューヨークの時差に関する表をつくったので，見てください。どう思いますか？

僕たちの両親が何をしているか		
ロンドン	ポールとマックス	ニューヨーク
テレビ	朝食	午後のコーヒー
就寝	通学	夕食
睡眠(早朝)	昼食	就寝
起床	放課後	睡眠
朝食後	夕食	睡眠(早朝)
昼食	入浴	起床

❹イギリスとアメリカの行事に関する追加の情報です。マックスはメッセージで，感謝祭の日はアメリカの人々にとって伝統的な祝日であると書いています。感謝祭はアメリカで生まれた行事です。イギリスには，そうした行事はありません。マックスによると，ほとんどのアメリカ人はこの日に七面鳥を食べますが，僕の家族はよくクリスマスに七面鳥を食べます。でも，クリスマスの日には，イギリスとアメリカの両方とも，家族の人たちが集まって食事をし，お祝いをします。

⑴<**要旨把握**>ポールとマックスの２人は，マックスが日本にいるときに両親にメッセージを送ることについて話した(第３段落第３文)。その後，マックスは帰国し(第３段落第２文)，ニューヨークからポールに誕生日のメッセージを送っている(第１段落，第２段落第１文)。ポールがマックスとの思い出について話したのは発表をした時点のことなので，これが最も新しいことがらになる。したがって，ウ．「ポールとマックスが両親へのメッセージについて話した」→エ．「マックスがアメリカに帰った」→イ．「ポールがマックスから誕生日のメッセージを受け取った」→ア．「ポールがクラスメートにマックスとの思い出を話した」の順になる。

⑵<**内容一致**>①「ポールは(　　)ので，マックスのメッセージを読んだ後，うれしく思った」―ウ．「２日間誕生日を過ごせたと感じた」　第２段落第２，３文参照。　②「ポールのスピーチでは，マックスが去ってからすでに数(　　)がたっている」―イ．「(か)月」　第１段落より，発表の日

は感謝祭の日に当たる11月の第４木曜日の翌々日である。また，第３段落第２文より，マックスが今年の７月に学校を去ったことがわかる。 ‘It is〔has been〕+時間+since ～.’「～から〈時間〉がたつ」　③「マックスはニューヨークの時間が(　　)になるので，夜遅くに両親に『感謝祭のメッセージ』を送るつもりだった」―ア．「午前中」　第２段落第７，９文参照。日本とニューヨークの時差は14(9+5)時間で，日本の方が進んでいる。マックスがメッセージを送ろうとしていた午後10時(第３段落第４文)は，ニューヨークでは午前８時になる。　plan to ～「～するつもりだ」

⑶＜**テーマ作文**＞≪**全訳**≫**ポール**：やあ，マックス。すばらしい誕生日のメッセージをありがとう！　誕生日の次の日に，もう１日「幸せな日」を過ごすことができたよ。えっと，僕は感謝祭の日に興味があるんだ。(例)君はふだん，どうやってその祝日を家族と過ごすのかな？

マックス：こんにちは，ポール！　僕は七面鳥やパンプキンパイなどの食べ物を食べて，家族とテレビで感謝祭のパレードを見るんだ。来年は，参加しにおいでよ！

＜**解説**＞マックスが返信で家族との感謝祭の日の過ごし方について答えているので，それを尋ねる疑問文をつくる。　spend「過ごす」

4〔**長文読解総合―説明文**〕

≪**全訳**≫❶私はインターネットでこの情報を読んだ。

❷カナダの国旗について

カナダの国旗は白に赤の縦じまで，中央に赤いカエデの葉があしらわれている。その国旗は「カエデの葉」とも呼ばれている。なぜカエデの葉があるのだろうか。カエデの木からとれるメープルシロップはとても甘くヘルシーなので，カナダの多くの人に食べられている食べ物だ。カナダ産のメープルシロップは世界中で特に有名だ。ウカエデの木は秋に美しく色づくので，カナダの人々に愛されている。例えば，多くの人がカエデの木の森をドライブして楽しむ。自然の中でハイキングやキャンプをしながら葉を楽しむ人もいる。秋には，世界中から多くの観光客も訪れる。

❸メープルシロップについて

メープルシロップはカエデの樹液からつくられる。それをつくるため，カエデの樹液が煮詰められる。ヘルシーで自然な甘さがあるので，世界中の人がそれを料理に使っている。日本では多くの人が，メープルシロップはパンケーキと食べるだけのものだと思っている。しかしカナダでは，フライドチキンにもメープルシロップをかけて食べる。野菜につけて食べる人さえいる。カナダの人々は，メープルシロップのない生活など想像できないのだ。

❹これは私の要約だ。

カナダの人々はカエデの木とシロップを誇りに思っている。だから，国旗にカエデの葉があしらわれているのだ。彼らにとって，メープルシロップは日本人にとってのしょう油と同じくらい必要なものなのだ。

⑴＜**適所選択**＞補う文は，「カエデの木はカナダの人々に愛されている」という内容。ウの直後のFor example「例えば」以降の内容が，カナダの人々とカエデの木の結びつきを示す具体例になっている。

⑵＜**適語補充**＞第３段落の最後に「カナダの人々は，メープルシロップのない生活など想像できない」とある。また，要約文の最後で，カナダ人にとってのメープルシロップが日本人にとってのしょう油と対比されている。ここから，カナダの人々にとってメープルシロップは「なくてはならないものだ」といった内容になると推測できる。これは，necessary「必要な」や important「重要な」などを用いて表せる。‘as ～ as …’「…と同じくらい～」の形なので，原級(形容詞・副詞のもとの形)にする。

誰にもよくわかる
解説と解答
2022年度

千葉県　正答率

英語

1	No.1		77.0%
	No.2		76.1%
	No.3		52.2%
2	No.1		83.3%
	No.2		54.1%
3	No.1		92.2%
	No.2		75.5%
4	No.1	①	50.7%
		②	42.5%
	No.2	①	51.0%
		②	50.0%
5	(1)		46.6%
	(2)		84.0%
	(3)		79.0%
	(4)		87.3%
	(5)		64.1%
6	8点		15.0%
	5〜7点		32.2%
	1〜4点		25.1%
7	(1)	①	72.9%
		②	74.9%
		③	53.6%
		④	16.8%
	(2)	①	11.7%
		②	62.4%
8	(1)		54.7%
	(2)	4点	34.9%
		1〜3点	10.8%
	(3)		71.6%
	(4)		51.8%
9	(1)		75.8%
	(2)		44.4%
	(3)		66.2%
	(4)	4点	17.1%
		1〜3点	29.6%

数学

1	(1)	①	96.6%
		②	88.9%
		③	75.2%
	(2)	①	62.5%
		②	17.9%
	(3)	①	74.1%
		②	19.1%
	(4)	①	49.3%
		②	60.3%
	(5)	a	74.1%
		b	67.1%
	(6)	①	66.1%
		②	51.4%
	(7)		48.2%
2	(1)		76.1%
	(2)		65.1%
	(3)		1.5%
3	(1)		78.6%
	(2)	6点	28.2%
		3点	8.3%
	(3)		5.5%
4	(1)	(a)	86.5%
		(b)	57.1%
	(2)		28.9%
	(3)		17.5%
	(4)		8.1%
	(5)		4.4%

社会

1	(1)		44.0%
	(2)		83.7%
	(3)		47.7%
	(4)		28.4%
2	(1)		56.0%
	(2)		73.6%
	(3)		58.7%
	(4)	①	81.9%
		②	81.4%
3	(1)		50.5%
	(2)		66.0%
	(3)		47.8%
	(4)	4点	57.4%
		1〜3点	9.3%
	(5)		81.4%
4	(1)		26.7%
	(2)		61.8%
	(3)		44.7%
	(4)		30.8%
	(5)		72.3%
5	(1)		60.0%
	(2)		67.3%
	(3)		60.7%
	(4)		36.3%
	(5)	4点	18.1%
		1〜3点	17.6%
6	(1)		80.1%
	(2)		22.8%
	(3)		69.1%
7	(1)		43.4%
	(2)		64.1%
	(3)	4点	46.6%
		1〜3点	9.7%
8	(1)		83.7%
	(2)		33.2%

理科

1	(1)		67.2%
	(2)		36.3%
	(3)		70.2%
	(4)		85.8%
2	(1)		80.2%
	(2)		94.9%
	(3)		83.6%
	(4)		75.1%
3	(1)		18.5%
	(2)		86.1%
	(3)	①	24.4%
		②	66.6%
4	(1)		73.5%
	(2)		37.7%
	(3)		12.5%
	(4)		20.1%
5	(1)		79.4%
	(2)		34.2%
	(3)	(a)	46.7%
		(b)	21.2%
6	(1)	3点	47.3%
		1〜2点	6.6%
	(2)		67.9%
	(3)		58.9%
	(4)		22.1%
7	(1)		82.1%
	(2)		66.5%
	(3)		46.0%
	(4)		15.8%
8	(1)		30.4%
	(2)		39.2%
	(3)		37.7%
	(4)		40.3%
9	(1)		50.9%
	(2)		62.9%
	(3)		58.1%
	(4)		32.6%

国語

一	(1)			93.8%
	(2)			86.8%
	(3)			68.8%
	(4)			72.8%
二	(1)			95.9%
	(2)			79.8%
	(3)			51.9%
	(4)			3.9%
三	(1)			76.4%
	(2)			20.7%
	(3)			66.4%
	(4)			50.5%
	(5)			7.1%
四	(1)			86.4%
	(2)			78.2%
	(3)	Ⅰ		52.5%
		Ⅱ	4点	17.7%
			1〜3点	2.3%
	(4)	Ⅰ	4点	12.0%
			1〜3点	2.2%
		Ⅱ、Ⅲ		19.6%
	(5)			72.8%
五	(1)			68.9%
	(2)			0.6%
	(3)			53.9%
	(4)	Ⅰ		42.8%
		Ⅱ		64.6%
		Ⅲ	4点	22.6%
			1〜3点	9.0%
	(5)	(a)		23.2%
		(b)		22.0%
		(c)	4点	1.4%
			1〜3点	1.7%
六	(1)			85.5%
	(2)			63.1%
	(3)			68.2%
	(4)			73.3%
	(5)	(a)		59.8%
		(b)	4点	15.4%
			1〜3点	8.0%
七	12点			10.7%
	8〜11点			23.5%
	4〜7点			22.7%
	1〜3点			12.7%

英語解答

1 No.1　C　　No.2　D　　No.3　A

2 No.1　B　　No.2　C

3 No.1　A　　No.2　D

4 No.1　①　welcome　②　delicious
No.2　①　famous　②　Saturday

5 (1)　useful　　(2)　bought
(3)　オ－イ－ウ－ア－エ
(4)　ア－エ－オ－ウ－イ
(5)　エ－オ－イ－ウ－ア

6 (例１) I want to go to ABC Hotel, but I don't know where I am now. Could you tell me the way to get there, please ? (25語)
(例２) May I ask you a question ? I am looking for ABC Hotel. Is it near here ? Would you show me how I can get there ? (25語)

7 (1)　①…ウ　②…イ　③…ア
④…dangerous
(2)　①…experiences　②…エ

8 (1)　ア
(2)　(例) (Because) they wanted to spend more time in beautiful nature.
(3)　エ　　(4)　ウ

9 (1)　ウ　　(2)　イ　　(3)　ア
(4)　(例) Can I go to your house to get it now ?

1〔放送問題〕

No.１．**女性(W)**：この前の日曜日はどこに行ったの？／**男性(M)**：祖母を訪ねたよ。／W：あなたの家の近くに住んでるの？／M：いや，近くには住んでないんだ。

No.２．**ボブ(B)**：どこだろう…？　ああ，やあ，メアリー。／**メアリー(M)**：こんにちは，ボブ。何してるの？／B：ノートを探してるんだけど，見つけられないんだ。／M：テーブルの上にあるわよ。

No.３．**女子(G)**：誰かが私のケーキを食べたわ！／**男子(B)**：ああ，僕じゃないよ。／G：誰が台所にいたの？／B：お父さんがいたよ。

2〔放送問題〕

No.１．**ミキ(M)**：何してるの，チャーリー？／**チャーリー(C)**：やあ，ミキ，これを壁に貼りたいんだ。／M：まあ，修学旅行中に撮った写真ね。／C：うん。クラスで写真を見られるようにしておいてくれってブラウン先生が僕に頼んだんだ。ちょうど全ての写真をまとめたところだよ。さて，写真を壁に貼らないと。／M：なるほど。これがいるわよね。はい，どうぞ。／C：ありがとう。手伝ってくれるかい？

Q：「チャーリーは何を必要としているか」—B

No.２．授業を始めましょう。私たちはすでに43，44ページを読み終えました。それから昨日，次のページの最初の３つの問題に答えました。最後の２つの問題の答えを確認して，その後に46ページに進みましょう。さあ，問題に答える準備はできていますか？

Q：「生徒たちはこの授業で何ページから始めるか」—C

3〔放送問題〕

No.１．ビクトリア・ショッピングセンターにお越しいただきありがとうございます。営業時間は毎日午前10時から午後８時までとなっております。本日は父の日の前日ですので，午後９時まで営業します。ブルースカイ・エリアの１階では，フットボールのＴシャツと野球の帽子を入手できるスペシャル・タイムがございます。グリーンマウンテン・エリアの２階では，アメリカ料理をご用意する時間もございます。お買い物を楽しんで，良い１日をお過ごしください。ありがとうございました。

Q：「フットボールのＴシャツはどこで手に入れられるか」―A

No.2．メグ(M)：こんにちは，サム。今週末，何か予定はある？／サム(S)：うん，先週末は海に行ったから，今度の日曜日は山に行くんだ。／M：それはいいわね，でも天気はいいのかしら？／S：ええと，ああ，雨が降るようだね。／M：計画を変えた方がいいわよ。私は映画を見に行くつもりなの。あなたは来たい？／S：いいね。山に行くのは今度にするよ。

Q：「サムは今週末に何をするか」―D

4〔放送問題〕

No.1．やあ，ミナ。トムだよ。僕のために歓迎パーティーを開いてくれてどうもありがとう。君のお父さんとおじいさんが歌ってくれた日本の歌を楽しんだよ。パーティーで一番気に入ったのはそれなんだ。今度は彼らと一緒に歌ってみたいな。君の家族がつくってくれた料理はどれもおいしかった。僕は特にケーキが気に入ったよ。とてもすばらしい時間だったな。

「トムはミナにメッセージを残した。彼の①歓迎パーティーでは，ミナの父と祖父が彼のために日本の歌を歌った。彼はそれをとても気に入った。彼はまた，彼女の家族がつくった②おいしい料理を楽しんだ」

No.2．デイビッド・ロンソンはアメリカのミュージシャンだ。世界中のたくさんの人が彼の音楽を愛しているので，彼をよく知っている。デイビッドは今週の金曜日に来日し，土曜日にスター・ミュージック・ホールでコンサートを行う。彼が日本に来るのは初めてだ。彼の日本のファンはとても興奮している。彼らは彼とすばらしい時間を過ごすだろう。

「デイビッド・ロンソンは①有名なアメリカのミュージシャンだ。たくさんの人が彼の音楽を愛している。彼は日本に来て，今度の②土曜日にコンサートをする」

5〔対話文完成―語形変化・整序結合〕

(1)A：それはどんな本？／B：これは僕の新しい辞書だよ。とても便利なんだ。∥very に続ける形として，形容詞の useful「便利な，役に立つ」が適切。

(2)A：君のかばんはすてきだね。／B：ありがとう！　お母さんが先週，私に買ってくれたの。∥last week「先週」という過去の出来事なので，過去形にする。　buy－bought－bought

(3)A：君のお姉さんは何歳？／B：彼女は19歳で，僕より４歳年上なんだ。∥Bの返答から，Aは年齢を尋ねたのだとわかる。年齢を尋ねる How old「何歳」で始め，疑問文を続ける。　How old is your sister？

(4)A：来週転校生が２人来るって知ってる？／B：うん，知ってるよ。そのニュースにはとても驚いたよ。∥be surprised at ～ で「～に驚く」。　I was very surprised at the news.

(5)A：彼らが誰か知ってる？／B：彼らは人気のあるダンサーだよ。∥Bは They がどんな人なのかを答えているので，Aの質問は「あなたは彼らが誰か知っていますか」という内容になると推測できる。Do you know「あなたは知っていますか」で始め，この後は‘疑問詞＋主語＋動詞…’の語順の間接疑問で who they are と続ける。　Do you know who they are？

6〔条件作文〕

①，②で，ミホがABCホテルへの行き方がわからず困っている様子が読み取れる。その後，③でミホが Excuse me.「すみません」と女性に声をかけ，④で女の子が Come with us！「私たちと一緒に来て」と案内を始めていることから，ミホは③でABCホテルへの行き方を尋ねたのだと判断できる。Excuse me. の後，自分が何をしているか，どうしたいかなどを伝え，これに続けて案内を頼む文を書く。the way to ～，how I can get to ～ など「～への行き方」を表す表現や，Could〔Would〕 you tell〔show〕 me ～？など「私に～を教えてくれませんか」と依頼する表現を使うとよい。

7 〔長文読解総合〕

⑴＜適語(句)選択・補充―プレゼンテーション＞

≪全訳≫❶皆さんは毎日どのくらい眠りますか？　誰もがほぼ同じ睡眠時間を必要とするとお思いでしょうか？　スライド1をご覧ください。それは，あなたがどのくらい眠る必要があるかを示しています。皆さんは毎日9時間くらい眠っていますか？　新生児は10時間以上眠る必要があります。大人は，1日のおよそ30％眠る必要があります。皆さんは健康のためにしっかり眠るべきなのです。
❷動物たちがどのくらい眠るかご存じでしょうか？　それでは，スライド2を見てみましょう。それは，コアラが最も長く眠るということを示しています。彼らは1日に22時間以上眠るのです！　日中は木で眠り，夜になると動きます。トラとライオンは1日の半分以上眠っています。トラはライオンより少し長く眠ります。一方で，キリンはスライドにある動物の中で最も睡眠時間が短いです。
❸なぜ彼らは異なるのでしょうか？　2つの理由をお見せしましょう。第一に，キリンやゾウのような動物は草食動物です。彼らは食べ物を見つけるのに多くの時間を必要とし，満腹になるためにたくさん食べなければなりません。第二に，草食動物は，眠っている間に他の動物が自分たちを食べようとするかもしれないので，長い時間眠ることができません。それは彼らにとって危険なのです。しかし，トラやライオンのような動物はとても強いので，キリンやゾウよりも長く眠ることができます。僕は他にもおもしろい情報を見つけました。草食動物が，例えば動物園のように安全な場所にいるときには，より長く眠ると言う科学者もいます。
❹コアラはどうでしょうか？　彼らは草食動物ですが，長い間眠ります。彼らは1日にたった2時間しか活動しません。どうしてでしょう？

＜解説＞①第1段落最後から2文目参照。1日は24時間で，その30％は，24×0.3＝7.2時間となる。　②第2段落最後の3文参照。トラとライオンは1日の半分以上眠るが，トラの方がライオンより少し長く眠る。また，キリンの睡眠時間はスライドにある動物の中で最も短い。　③「(B)になるためにたくさん食べなければならない」という部分なので，「満腹」を表す full が適切。　④空所を含む文の It は，前の文の「(草食動物が)眠っている間に他の動物が自分たちを食べようとする」ことを指している。これは草食動物にとって dangerous「危険な」ことだといえる。

⑵＜長文読解総合―案内を読んで答える問題＞

≪全訳≫中学生のための夏期英語講座／他の市の5人のALTがあなたの先生になります！／数人の大学生が1日目から3日目まであなたの手助けをします！／日付と場所：8月5日～8月8日　9:00～12:00　市立カルチャーセンター／参加方法：私たちのウェブサイトを訪れ，Eメールであなたが受けたい授業の日付を私たちに教えてください。(city_cc@cde.fg.jp)／生徒数：各授業15名／英語でアクティビティをやってみよう！／1日目：ゲーム　2日目：ダンス　3日目：読書　4日目：プレゼンテーション／1～3日目：毎日違う先生　4日目：先生全員！／先生たちからのメッセージ　グレッグ：楽しんでね！　ゲームをしよう。　ケイト：あなたのお気に入りの音楽を教えて。一緒に踊って楽しみましょう。　パティ：絵本の世界を見てみましょう。　ジェーン：私と一緒にプレゼンテーションをすることを通じて，英語の練習をしてみませんか？　スティーブン：私は多くの国に行ったことがあります。私のすばらしい世界旅行についてお話ししましょう。／市立カルチャーセンター　http://www.ccc.eng.summer

①＜内容一致＞「もしあなたがいくつかの授業を受けるなら，英語のアクティビティを通じて多くの(　　)をすることができる」―experiences「体験，経験」　1日目から4日目までそれぞれ異なるアクティビティが用意されており，いくつかの授業を受ければさまざまな体験ができる。

②＜内容真偽＞ア.「大学生が3日目と4日目の授業に参加する」…×　大学生が参加するのは1日目から3日目である。　イ.「あなたは自分が会いたいALTにEメールを送る必要がある」

…×　Eメールは，受けたい授業の日を連絡するために送る。　ウ．「パティは8月5日にあなたに絵本を見せる」…×　8月5日は1日目で，この日にはゲームが行われる。パティは読書を行う3日目の8月7日に絵本を見せると考えられる。　エ．「1日目か4日目に参加すれば，あなたはグレッグに会える」…○　グレッグは「ゲームをしよう」と言っているので，ゲームを行う1日目の担当だとわかる。また，4日目には先生全員が参加するので，この日にも会える。

8〔**長文読解総合―説明文**〕

≪**全訳**≫❶私の故郷のポートランドは，オレゴン州にあります。オレゴン州はアメリカの北西部にあります。ポートランドは最も住みやすい都市の1つで，世界で最も「環境に優しい都市」の1つでもあります。およそ65万人がそこに住んでいます。世界中の多くの人が，この都市に興味を持っています。

❷50年ほど前，市の中心部にある川に沿って高速道路を建設する計画がありました。ア<u>その当時，人々は多くの都市でたくさんの木を伐採し，道路を建設していました。</u>しかし，ポートランドの人々はそのときすでに環境について考えていました。1974年，ポートランドの人々は美しい木々や花のある公園を建設することにし，高速道路は建設しないことにしました。彼らは美しい自然の中でもっと多くの時間を過ごしたいと思ったのです。ポートランドの人々の声のおかげで，市は環境に優しくなりました。約50年前の市の地図にはいくつかの高速道路が載っていますが，それらは実際には建設されませんでした。現在，この市には300以上の公園があります。そこでは多くの花や鳥などの動物を見ることができます。散歩をしたり，ランニングをしたり，くつろいだり，さらにはお祭りをしたりして楽しむこともできます。人気のあるお祭りの1つは，ポートランド・ローズ・フェスティバルです。ポートランドはとても温暖で多くのバラを育てることができるので，「バラの街」と呼ばれています。このお祭りは1907年から続いています。今日，ポートランドには長い歴史があります。

❸市には優れた公共交通機関もあります。通勤する人の多くは，自転車か公共交通機関で会社に行きます。市の公共交通機関がどんどん良くなっているため，市内での車の使用は減っています。電車は特に便利です。市の中心部を電車で移動するのは簡単です。例えば，買い物をした後に店を出ると，駅はちょうどあなたの目の前にあります。階段を上ったり下りたりする必要はありません。たくさんのかばんを持って空港から電車に乗るときでも，市の中心部で降りることができ，簡単にホテルまで歩いていくことができます。

❹バスも市を回る簡単な方法です。バス路線がたくさんあるので，車がなくても行きたい場所に行けます。自転車を持ってバスに乗ることもできます。バスに乗る前に，自転車をバスの前部に置くことができるのです。バスを降りるときに，それを降ろせばいいのです。これは，駐輪場を探す必要がなく，自転車で市のどこにでも行けるということです。加えて，バスはバイオ燃料を使用しているので，あまり環境に影響がありません。あまり二酸化炭素を排出しないのです。近い将来，市は電力だけで走行するバスを使うことを計画しています。市は二酸化炭素の排出を1990年のレベルまで削減することに決めました。ポートランドの多くの人々がこのプロジェクトのことを知っています。

❺ポートランドは多くの人にすばらしい都市として知られています。もし，世界中の人が自分たちの都市をより良くするために何かをしてみたいのなら，ポートランドには多くの良い例があります。ポートランドから何か良いアイデアが得られるかもしれません。

(1)＜**適所選択**＞脱落文の At that time「当時」から，前に過去の内容が書かれているアかイのどちらかに入ると考えられる。次に，空所アの直後にある However「しかしながら」に着目する。脱落文の「木を伐採し，道路をつくっていた」という内容は，However の後に続く「ポートランドの人々がすでに環境について考えていた」という内容と相反するもので，'逆接'の関係が成立する。

(2)＜**英問英答**＞「ポートランドの人はなぜ市の中心部に高速道路を計画するのをやめ，そこに公園を建設したのか」―「彼らは美しい自然の中でもっと多くの時間を過ごしたいと思ったからだ」　第

2段落第4文が質問の文に当たり，続く第5文がその理由を説明する内容になっている。

(3)＜**要旨把握**＞第4段落第4文から，バスの前部に自転車を置けるとわかる。

(4)＜**内容真偽**＞ア.「買い物が終わったとき，ポートランドの駅に行くためには上ったり下りたりする必要がある」…×　第3段落最後から3，2文目参照。　イ.「公共交通機関のせいで，ポートランドのますます多くの人々が自分の車を使うようになっている」…×　第3段落第3文参照。decrease「減少する」　ウ.「約50年前のポートランドの市の地図にはいくつかの高速道路がある」…○　第2段落第7文の内容に一致する。　エ.「ポートランドの多くの人々は電気バスの数を減らす計画について知っている」…×　第4段落最後の3文参照。ポートランドの多くの人々が知っているのは二酸化炭素の排出削減計画であり，市はそのために電気バスを使うことを計画している。

9〔**長文読解総合―対話文**〕

≪**全訳**≫❶エヴァンズさん(E)：もしもし。

❷ミカ(M)：こんにちは。ミカです。昨日はケーキをありがとうございました，本当においしかったです。

❸E：それを聞いてうれしいわ。何かご用？

❹M：(1)ナンシーと話せますか？

❺E：ごめんなさいね，彼女は祖父の所に行ってるの。明日の午後には戻るわよ。

❻M：わかりました。(2)伝言を残してもいいですか？

❼E：もちろんよ。

❽M：ありがとうございます。昨日，スケジュール帳を彼女の部屋に忘れていったと思うんです。それを探すよう彼女に頼んでもらえますか？

❾E：あら，本当に？　彼女の部屋を探してみるわ。2，3分待ってね。(3)後でかけ直すわね。

❿M：どうもありがとうございます！

⓫(5分後)

⓬M：もしもし，ミカです。

⓭E：こんにちは。ナンシーの母よ。

⓮M：こんにちは，エヴァンズさん。私のスケジュール帳，ナンシーの部屋にありましたか？

⓯E：ええ。机の下にあったわよ。

⓰M：(4)(例)今からそれを受け取りにお宅に行ってもいいですか？

⓱E：もちろん。いつでも大丈夫よ。

⓲M：ありがとうございます。それではまた後で。

(1)～(3)＜**適文選択**＞(1)直後でエヴァンズさんが「彼女は祖父の所に行ってるの」と言っていることから，ミカは他の誰か(ナンシー)に用があって電話をしたことがわかる。Can I speak to ～？で「～と話せますか〔～にかわってもらえますか〕」。　(2)この後ミカはナンシーにしてほしいことをエヴァンズさんに伝えている。May I leave a message？で「伝言を残してもいいですか？」。なお，Can I take a message？は「伝言はありますか？」と尋ねる表現。　(3)5分後にエヴァンズさんは電話をかけ直している。call back「(電話を)かけ直す」

(4)＜**適文補充**＞探し物のスケジュール帳が見つかったとエヴァンズさんが伝えてくれた場面。エヴァンズさんが「いつでも大丈夫」と答えていることと，ミカが「また後で」と言っていることから，ミカがエヴァンズさんの家にスケジュール帳を取りに行ってもよいか尋ねたのだと判断できる。「～してもいいですか」は，Can〔May〕I ～？で表せる。なお，対話している相手のいる場所に行く場合，通例 go ではなく come を使うので，Can I come to your house ～？とするとなおよい。

数学解答

1 (1) ① -4 ② $3a-6b$

③ $13-4\sqrt{3}$

(2) ① $2x^2+3x\text{cm}^2$

② $\dfrac{-3+\sqrt{65}}{4}$cm

(3) ① 10回 ② 7，8，9

(4) ① 8個 ② $\dfrac{13}{36}$

(5) $a=-5$，$b=-3$

(6) ① $h=\dfrac{3V}{S}$ ② 4 cm

(7) (例)

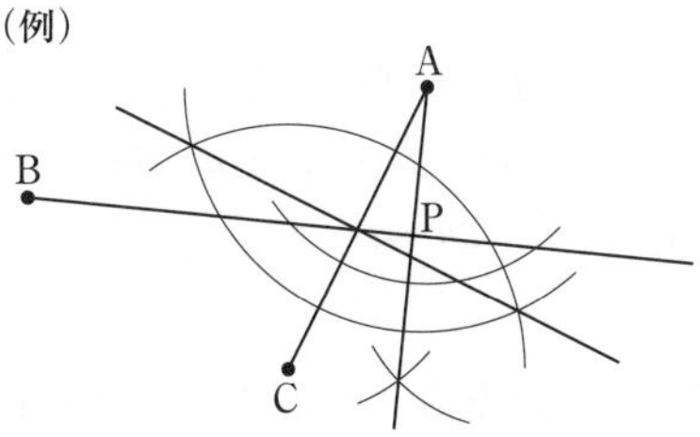

2 (1) $-\dfrac{3}{5}$ (2) $y=-2x-5$

(3) $y=-\dfrac{2}{11}x-5$

3 (1) (a)…ア (b)…エ (c)…合同

(2) (例)△AEIと△DEHにおいて，

仮定より，AE＝DE……①

対頂角は等しいので，

∠AEI＝∠DEH……②

仮定より，AC∥FDで，平行線の錯角は等しいので，

∠IAE＝∠HDE……③

①，②，③より，1組の辺とその両端の角がそれぞれ等しいので，

△AEI≡△DEH

したがって，AI＝DH

(3) 1：8

4 (1) (a)…エ

(b)…イ

(2) 右図

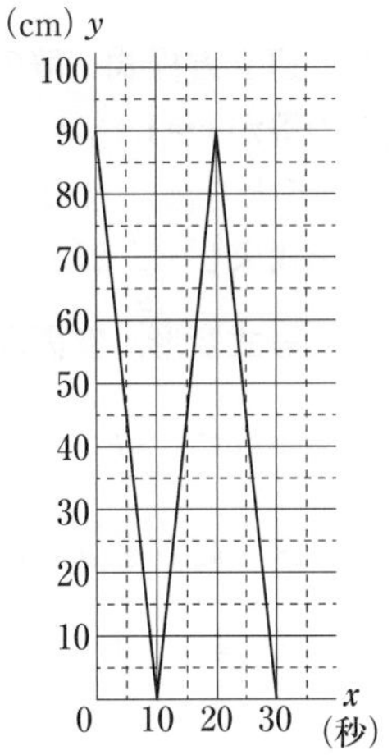

(3) 6秒後

(4) 5回

(5) 36°

1 〔独立小問集合題〕

(1)<**数・式の計算**>①与式＝$-6+2=-4$　　②与式＝$6\times\dfrac{2}{3}a-6\times\dfrac{3}{2}b-a+3b=4a-9b-a+3b=3a-6b$　　③与式＝$(2\sqrt{3})^2-2\times2\sqrt{3}\times1+1^2=12-4\sqrt{3}+1=13-4\sqrt{3}$

(2)<**二次方程式の応用**>①縦の長さが横の長さの2倍より3 cm長いので，横の長さをx cmとすると，縦の長さは$2x+3$cmとなる。よって，長方形の面積は，$(2x+3)\times x=2x^2+3x(\text{cm}^2)$と表せる。　②長方形の面積が7 cm²だから，①より，$2x^2+3x=7$が成り立つ。これを解くと，$2x^2+3x-7=0$より，解の公式を用いて，$x=\dfrac{-3\pm\sqrt{3^2-4\times2\times(-7)}}{2\times2}=\dfrac{-3\pm\sqrt{65}}{4}$となる。$x>0$だから，$x=\dfrac{-3+\sqrt{65}}{4}$であり，横の長さは$\dfrac{-3+\sqrt{65}}{4}$cmとなる。

(3)<**データの活用―中央値，9回目の記録**>①1回目から8回目までの記録は，小さい順に，3，7，7，9，11，12，14，16となる。8回の記録だから，中央値(メジアン)は，小さい方から4番目と5番目の記録の平均である。4番目は9回，5番目は11回なので，中央値は$(9+11)\div2=10$(回)である。　②1回目から9回目までの記録の第2四分位数(中央値)は9回となっているので，小さい方から5番目の記録は9回である。1回目から8回目までの記録では，4番目が9回，5番目が11回だったので，1回目から9回目までの記録で5番目が9回となるのは，9回目の記録a回が，$a\leqq9$のときである。また，$9=4+1+4$より，第1四分位数は，小さい方の1番目から4番目までの記録の中央値であるから，2番目と3番目の記録の平均となる。これが7回であり，1回目から

8回目までの記録で2番目と3番目はともに7回になっているので，$a \geqq 7$となる。以上より，$7 \leqq a \leqq 9$だから，$a=7$，8，9(回)である。

(4)＜**数の性質，確率―さいころ**＞①素数は，2以上の整数で，1とその数自身以外に約数を持たない数であるから，20以下の自然数のうち，素数は，2，3，5，7，11，13，17，19の8個ある。
②大小2個のさいころを同時に1回投げるとき，それぞれ6通りの目の出方があるから，目の出方は全部で$6\times6=36$(通り)あり，a，bの組は36通りある。このうち，$2a+b$の値が素数となるのは，$a=1$のとき，$2a+b=2\times1+b=2+b$だから，$b=1$，3，5の3通りある。$a=2$のとき，$2\times2+b=4+b$だから，$b=1$，3の2通りある。$a=3$のとき，$2\times3+b=6+b$だから，$b=1$，5の2通りある。$a=4$のとき，$2\times4+b=8+b$だから，$b=3$，5の2通りある。$a=5$のとき，$2\times5+b=10+b$だから，$b=1$，3の2通りある。$a=6$のとき，$2\times6+b=12+b$だから，$b=1$，5の2通りある。以上より，$2a+b$の値が素数となるa，bの組は$3+2+2+2+2+2=13$(通り)あるから，求める確率は$\frac{13}{36}$となる。

(5)＜**連立方程式―解の利用**＞$-ax+3y=2$……①，$2bx+ay=-1$……②とする。①，②の連立方程式の解が$x=1$，$y=-1$より，解を①に代入すると，$-a\times1+3\times(-1)=2$，$-a-3=2$，$-a=5$，$a=-5$となる。また，②に代入すると，$2b\times1+a\times(-1)=-1$，$2b-a=-1$となる。これに$a=-5$を代入して，$2b-(-5)=-1$，$2b=-6$，$b=-3$となる。

(6)＜**等式変形，空間図形―高さ**＞①$V=\frac{1}{3}Sh$より，左辺と右辺を入れかえて，$\frac{1}{3}Sh=V$，両辺に3をかけて，$Sh=3V$，両辺をSでわって，$h=\frac{3V}{S}$となる。　②①より，円錐や角錐の底面の面積をS，高さをh，体積をVとすると，高さhは$h=\frac{3V}{S}$と表せる。正方形ABCDの対角線の長さがAC＝4より，正四角錐の底面の面積は，〔正方形ABCD〕$=\frac{1}{2}\times4\times4=8$である。体積は$\frac{32}{3}\mathrm{cm}^3$なので，$S=8$，$V=\frac{32}{3}$とすると，正四角錐の高さは，$h=\frac{3V}{S}=3V\div S=\left(3\times\frac{32}{3}\right)\div8=4$(cm)となる。

(7)＜**平面図形―作図**＞右図1で，線分ACの中点をMとすると，点Pは直線BM上にあり，∠APB＝90°となる点である。点Mは，線分ACの垂直二等分線を引くことで求められる。よって，作図は，右下図2で，まず，
①2点A，Cを線分で結ぶ。
②2点A，Cを中心として半径の等しい円の弧をかき(2つの交点をD，Eとする)，
③2点D，Eを通る直線を引く。①の線分と③の直線の交点がMである。次に，
④2点B，Mを通る直線を引く。
⑤点Aを中心とする円の弧をかき(直線BMとの2つの交点をF，Gとする)，
⑥2点F，Gを中心として半径の等しい円の弧をかき(交点をHとする)，
⑦2点A，Hを通る直線を引く。④の直線と⑦の直線の交点がPとなる。解答参照。

図1
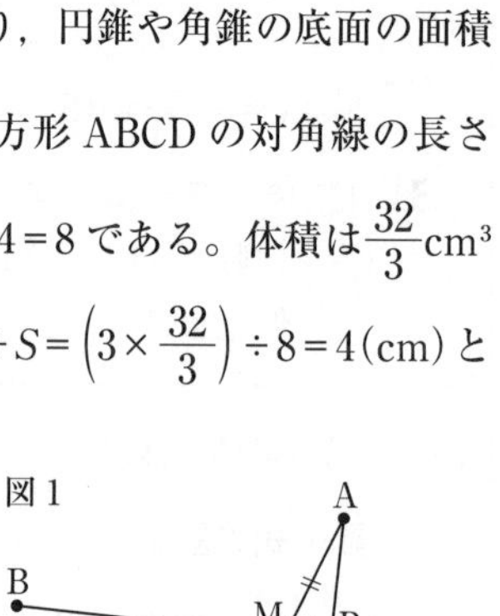

図2
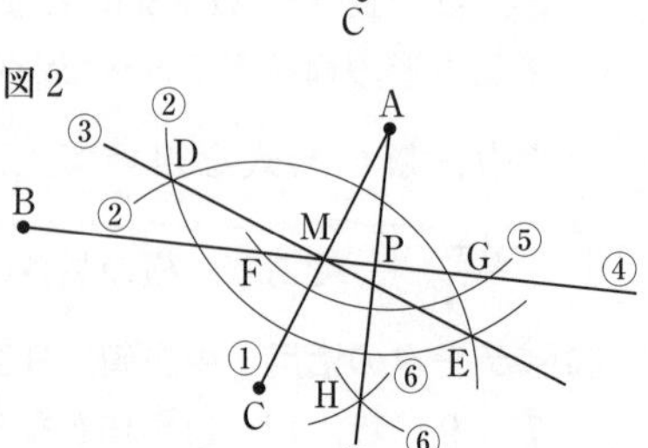

2〔**関数―関数$y=ax^2$と一次関数のグラフ**〕
(1)＜**比例定数**＞次ページの図で，点Aのx座標は5であり，ABはy軸に平行だから，点Bのx座標も5である。点Bのy座標は-15なので，B(5，-15)である。点Bは関数$y=ax^2$のグラフ上にあ

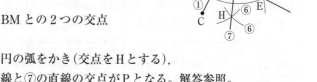

るので，$-15=a\times5^2$ より，$a=-\dfrac{3}{5}$ となる。

⑵＜**直線の式**＞右図で，点Aは関数 $y=\dfrac{1}{5}x^2$ のグラフ上にあり，x 座標が5だから，$y=\dfrac{1}{5}\times5^2=5$ より，A(5，5)である。点Aと点Cは y 軸に関して対称なので，C(−5，5)である。また，⑴より，B(5，−15)である。これより，直線BCの傾きは $\dfrac{-15-5}{5-(-5)}=-2$ となるので，その式は $y=-2x+b$ とおける。点Bを通ることから，$-15=-2\times5+b$，$b=-5$ となるので，直線BCの式は $y=-2x-5$ である。

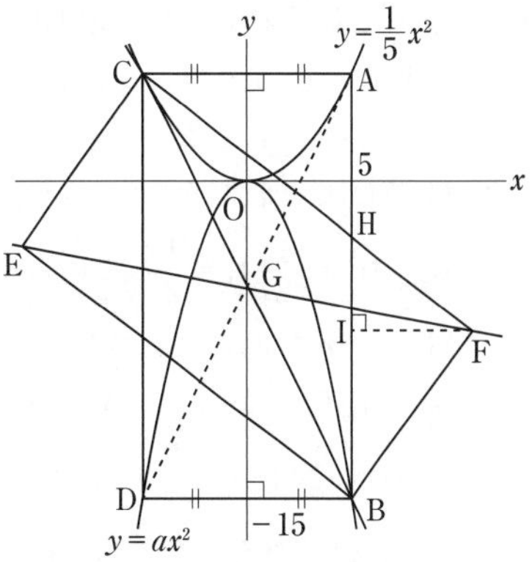

⑶＜**直線の式**＞右上図で，長方形ACDBの対角線AD，BCの交点をGとすると，点Gは線分BCの中点となる。四角形CEBFは長方形だから，対角線BC，EFの交点も線分BCの中点Gとなる。よって，直線EFは点Gを通る。2点A，C，2点B，Dがそれぞれ y 軸に関して対称であることから，長方形ACDBも y 軸に関して対称であり，点Gは y 軸上の点となる。⑵より直線BCの式が $y=-2x-5$ であり，切片は−5だから，G(0，−5)となる。これより，直線EFの切片は−5である。次に，線分ABと線分CFの交点をHとし，点Fから線分ABに垂線FIを引く。長方形ACDBと長方形CEBFが合同であることより，AC＝FBである。∠CAH＝∠BFH＝90°であり，∠AHC＝∠FHBより，∠ACH＝∠FBHとなるから，△AHC≡△FHBである。よって，AH＝FHである。AH＝FH＝k とすると，AB＝5−(−15)＝20だから，BH＝AB−AH＝$20-k$ となる。また，FB＝AC＝5−(−5)＝10である。△FHBで三平方の定理より，$FH^2+FB^2=BH^2$ だから，$k^2+10^2=(20-k)^2$ が成り立つ。これを解くと，$k^2+100=400-40k+k^2$，$40k=300$，$k=\dfrac{15}{2}$ となり，AH＝FH＝$\dfrac{15}{2}$ である。A(5，5)だから，点Hの y 座標は $5-\dfrac{15}{2}=-\dfrac{5}{2}$ となり，$\mathrm{H}\left(5,\ -\dfrac{5}{2}\right)$ である。さらに，∠AHC＝∠IHF，∠CAH＝∠FIHより，△AHC∽△IHFだから，AC：IF＝AH：IH＝CH：FHである。CH＝BH＝$20-k=20-\dfrac{15}{2}=\dfrac{25}{2}$ となるので，CH：FH＝$\dfrac{25}{2}:\dfrac{15}{2}=5:3$ となり，AC：IF＝AH：IH＝5：3である。これより，IF＝$\dfrac{3}{5}$AC＝$\dfrac{3}{5}\times10=6$，IH＝$\dfrac{3}{5}$AH＝$\dfrac{3}{5}\times\dfrac{15}{2}=\dfrac{9}{2}$ となり，点Fの x 座標は $5+6=11$，y 座標は $-\dfrac{5}{2}-\dfrac{9}{2}=-7$ となるから，F(11，−7)である。したがって，2点G，Fの座標より，直線EFの傾きは $\dfrac{-7-(-5)}{11-0}=-\dfrac{2}{11}$ となり，切片は−5だから，直線EFの式は $y=-\dfrac{2}{11}x-5$ となる。

3〔**平面図形―三角形**〕

⑴＜**証明すべき事柄**＞右図1で，AI＝DHであることを証明するには，AI，DHが合同な図形の対応する辺と考え，それぞれを辺とする△AEIと△DEHが合同であることを証明すればよい。

⑵＜**証明**＞右図1の△AEIと△DEHで，点Eが線分ADの中点より，AE＝DEであり，対頂角より，∠AEI＝∠DEHである。また，AC∥FDより，錯角は等しいので，∠IAE＝∠HDEである。解答参照。

図1

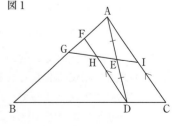

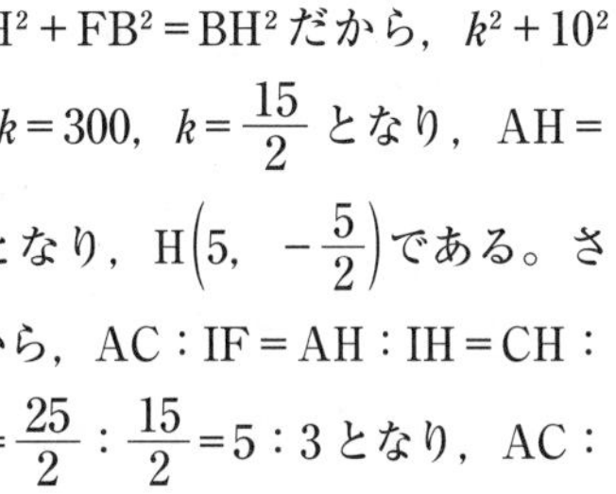

⑶＜**面積比**＞次ページの図2で，⑵より△AEI≡△DEHだから，△AEI：〔四角形BDHG〕＝△DEH：〔四角形BDHG〕である。2点G，Dを結ぶと，GI∥BCより，△DEH，△GDH，△BDGは，底

辺をそれぞれ辺HE，辺GH，辺BDと見たときの高さが等しい三角形となるので，△DEH：△GDH：△BDG＝HE：GH：BDとなる。DC＝aとおくと，GI∥BC，AC∥FDより，四角形HDCIは平行四辺形だから，HI＝DC＝aとなり，△AEI≡△DEHより，IE＝HE＝$\frac{1}{2}$HI＝$\frac{1}{2}a$である。また，BD：DC＝3：1より，BD＝3DC＝$3a$である。∠GAE＝∠BADであり，GI∥BCより∠AGE＝∠ABDだから，△AGE∽△ABDである。これより，GE：BD＝AE：AD＝1：2となり，GE＝$\frac{1}{2}$BD＝$\frac{1}{2}\times 3a=\frac{3}{2}a$，GH＝GE－HE＝$\frac{3}{2}a-\frac{1}{2}a=a$となる。よって，HE：GH：BD＝$\frac{1}{2}a$：$a$：$3a$＝1：2：6だから，△DEH：△GDH：△BDG＝1：2：6となり，△AEI：〔四角形BDHG〕＝△DEH：〔四角形BDHG〕＝1：(2＋6)＝1：8である。

図2

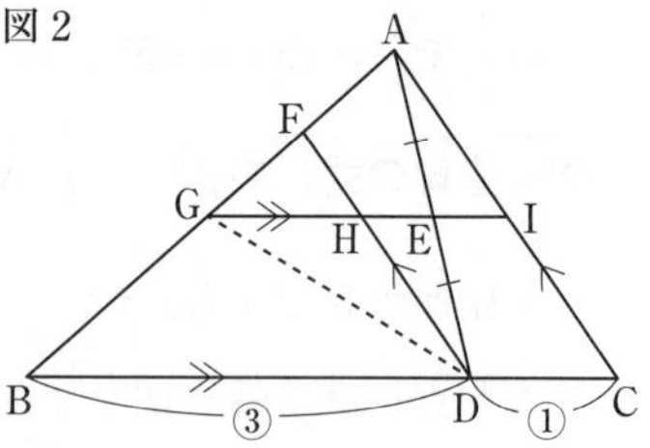

≪別解≫図2で，△ABDと△ADCの底辺をそれぞれ辺BD，辺DCと見ると，高さは等しいから，△ABD：△ADC＝BD：DC＝3：1となる。△ABCの面積をSとおくと，△ADC＝$\frac{1}{3+1}$△ABC＝$\frac{1}{4}S$と表せる。GI∥BCより，△AEI∽△ADCとなり，相似比はAE：AD＝1：2だから，△AEI：△ADC＝$1^2:2^2$＝1：4となる。よって，△AEI＝$\frac{1}{4}$△ADC＝$\frac{1}{4}\times\frac{1}{4}S=\frac{1}{16}S$と表せる。次に，FD∥ACより△FBD∽△ABCであり，相似比はBD：BC＝3：(3＋1)＝3：4だから，△FBD：△ABC＝$3^2:4^2$＝9：16となる。これより，△FBD＝$\frac{9}{16}$△ABC＝$\frac{9}{16}S$と表せる。また，FB：AB＝3：4となるので，FB＝$\frac{3}{4}$ABである。GI∥BC，AE＝EDより，AG＝GB＝$\frac{1}{2}$ABだから，FG＝FB－GB＝$\frac{3}{4}$AB－$\frac{1}{2}$AB＝$\frac{1}{4}$ABとなる。GI∥BCより，△FGH∽△FBDであり，相似比はFG：FB＝$\frac{1}{4}$AB：$\frac{3}{4}$AB＝1：3だから，△FGH：△FBD＝$1^2:3^2$＝1：9となる。したがって，〔四角形BDHG〕：△FBD＝(9－1)：9＝8：9となるから，〔四角形BDHG〕＝$\frac{8}{9}$△FBD＝$\frac{8}{9}\times\frac{9}{16}S=\frac{1}{2}S$と表せる。

以上より，△AEI：〔四角形BDHG〕＝$\frac{1}{16}S:\frac{1}{2}S$＝1：8である。

4〔特殊・新傾向問題〕

(1)**＜時間，長さ＞**$\overset{\frown}{\mathrm{CD}}$＝90で，点Qの速さが秒速9 cmだから，点QがDを出発してからCに初めて到着するのは，90÷9＝10(秒)後である。次に，右図1で，∠AOP＝∠CORより，おうぎ形OAPとおうぎ形OCRは相似である。また，線分AB，線分CDを直径とする半円は相似だから，$\overset{\frown}{\mathrm{AB}}$：$\overset{\frown}{\mathrm{CD}}$＝60：90＝2：3より，OA：OC＝2：3となる。よって，$\overset{\frown}{\mathrm{AP}}$：$\overset{\frown}{\mathrm{CR}}$＝2：3となる。これより，点Pと点Rの速さの比も2：3である。

図1

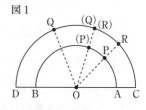

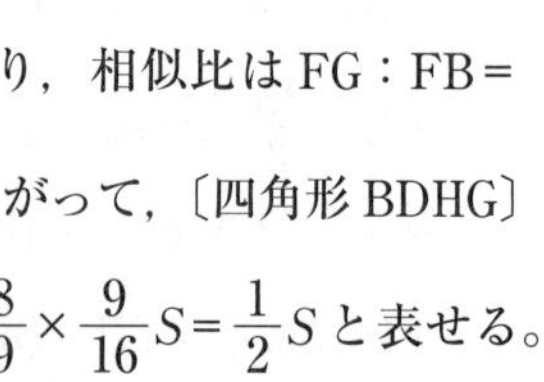

点Pの速さは秒速4 cmなので，$4\times\frac{3}{2}=6$より，点Rの速さは秒速6 cmである。

(2)**＜グラフ＞**点QがCに初めて到着するのは出発してから10秒後だから，点QがDからC，CからDの移動にかかる時間はそれぞれ10秒である。30＝10×3より，30秒後までは，点QはD→C→D→Cと移動している。よって，$x=0$のとき$y=90$，$x=10$のとき$y=0$，$x=20$のとき$y=90$，$x=30$のとき$y=0$となるので，$0\leqq x\leqq 10$におけるグラフは2点(0，90)，(10，0)を結ぶ線分，$10\leqq x\leqq 20$におけるグラフは2点(10，0)，(20，90)を結ぶ線分，$20\leqq x\leqq 30$におけるグラフは2点(20，90)，(30，0)を結ぶ線分となる。解答参照。

(3)**＜時間＞**前ページの図1で，3点O，P，Qが初めてこの順に一直線上に並ぶとき，$\overset{\frown}{\mathrm{CQ}}=\overset{\frown}{\mathrm{CR}}$ である。$\overset{\frown}{\mathrm{CQ}}=90-9x$ であり，(1)より点Rの速さは秒速6cmだから，$\overset{\frown}{\mathrm{CR}}=6x$ である。よって，$90-9x=6x$ が成り立ち，$-15x=-90$，$x=6$ となるので，3点O，P，Qが初めてこの順に一直線上に並ぶのは出発してから6秒後である。

(4)**＜回数＞**点Pは，Aを出発してBに初めて到着するのが15秒後だから，$15\times2=30$ より，点PがAに到着するのは30秒ごとである。点Qは，Dを出発してCに初めて到着するのが10秒後だから，$10\times2=20$ より，点QがDに到着するのは20秒ごとである。30と20の最小公倍数は60だから，点PがAに，点QがDに初めて同時に到着するのは出発してから60秒後である。また，点Pが15秒ごとにB，A，B，A，……の順に到着することから，点Rも15秒ごとにD，C，D，C，……の順に到着する。(2)の $\overset{\frown}{\mathrm{CQ}}$ の長さを表すグラフの続きと，$\overset{\frown}{\mathrm{CR}}$ の長さを表すグラフを，$0\leqq x\leqq60$ において記すと，右図2のようになる。3点O，P，Qがこの順に一直線上に並ぶとき，$\overset{\frown}{\mathrm{CQ}}=\overset{\frown}{\mathrm{CR}}$ だから，図2の2つのグラフが重なっている点となる。重なっている点は，E，F，G，H，Iの5個だから，$0\leqq x\leqq60$ で，3点O，P，Qがこの順に一直線上に並ぶのは5回ある。

図2
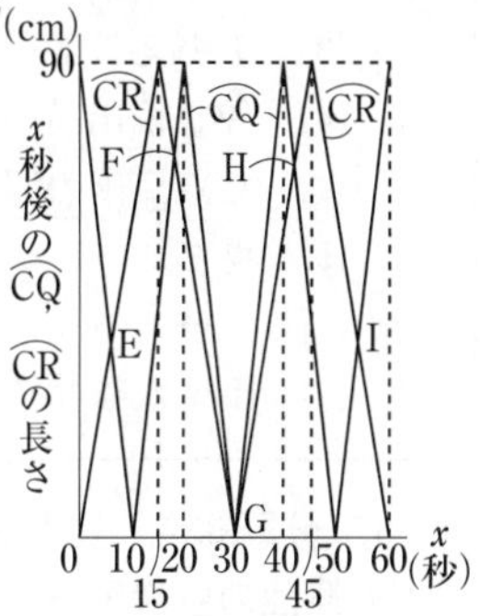

(5)**＜角度＞**点Pは15秒ごとにBまたはAに到着するので，$144\div15=\frac{48}{5}=9+\frac{3}{5}$ より，点PはBまたはAに合計9回到着し，その後，$\overset{\frown}{\mathrm{AB}}$ の長さの $\frac{3}{5}$ 移動している。9回目に到着するのはBだから，右図3で，$\overset{\frown}{\mathrm{BP}}=\frac{3}{5}\overset{\frown}{\mathrm{AB}}$ であり，$\angle\mathrm{BOP}=\frac{3}{5}\times180^\circ=108^\circ$ となる。点Qは10秒ごとにCまたはDに到着するので，$144\div10=\frac{72}{5}=14+\frac{2}{5}$ より，点QはCまたはDに合計14回到着し，その後，$\overset{\frown}{\mathrm{CD}}$ の長さの $\frac{2}{5}$ 移動している。14回目に到着するのはDだから，$\overset{\frown}{\mathrm{DQ}}=\frac{2}{5}\overset{\frown}{\mathrm{CD}}$ であり，$\angle\mathrm{DOQ}=\frac{2}{5}\times180^\circ=72^\circ$ となる。よって，$\angle\mathrm{POQ}=\angle\mathrm{BOP}-\angle\mathrm{DOQ}=108^\circ-72^\circ=36^\circ$ である。

図3
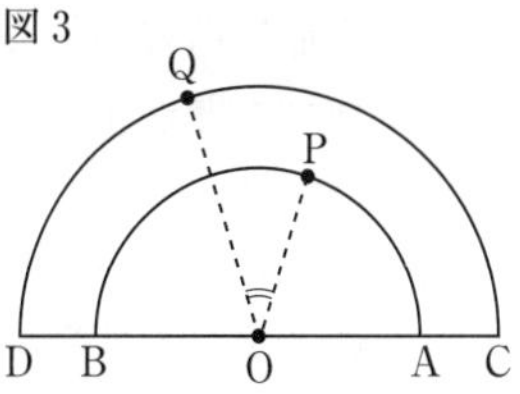

＝読者へのメッセージ＝

3(2)では，三角形の合同を証明しました。日本では合同の記号は「≡」を用いますが，多くの国では「≅」という記号を用います。「≡」は「≅」に由来しています。

2022年度／千葉県公立高等学校

社会解答

1 (1) 原油〔石油〕　(2) ウ
(3) イ→ア→ウ　(4) A…ウ　D…エ

2 (1) Ⅰ…エ　Ⅱ…前橋　(2) 地熱
(3) B…ウ　D…イ
(4) ①…エ　②…イ

3 (1) ア　(2) A
(3) Ⅰ…え　Ⅱ…アンデス
(4) (例)輸出品の価格が大きく変動するため，国の収入が安定しない(27字)
(5) ウ

4 (1) ア→エ→イ　(2) イ　(3) エ
(4) Ⅰ…武家諸法度　Ⅱ…ア
(5) 書院造

5 (1) イ　(2) イ　(3) ア
(4) ウ→ア→イ
(5) (例)サンフランシスコ平和条約により，日本は独立(21字)

6 (1) Ⅰ…イ　Ⅱ…ア　(2) CSR
(3) ウ

7 (1) 地方自治　(2) ア
(3) (例)有権者の持つ一票の価値が異なる

8 (1) 持続可能　(2) エ

1 〔三分野総合—豊かさをテーマとする問題〕

(1)**<原油の生産国>**サウジアラビアやイラクといった西アジアの国が生産量の上位に見られることから，原油〔石油〕と判断する。原油は，ペルシャ湾岸からカスピ海沿岸にかけての地域，メキシコ湾岸地域などが世界有数の産出地となっている。アメリカ合衆国は近年，技術の進歩により原油の増産に成功し，2019年に生産量世界第1位となった。

(2)**<APEC>**APEC〔アジア太平洋経済協力会議〕は，アジア・太平洋地域の経済的な結びつきを強めることを目指す組織で，1989年にオーストラリアの提唱によって設立された。オーストラリア，タイ，中国，日本，アメリカなど，太平洋に面する21の国・地域が加盟している(2022年3月現在)。なお，USMCA〔米国・メキシコ・カナダ協定〕は北アメリカの3か国が結んでいる貿易協定，AU〔アフリカ連合〕はアフリカの地域統合を目指す国際機構，MERCOSUR〔南米南部共同市場〕は南アメリカ諸国が結んでいる関税同盟である。

(3)**<年代整序>**年代の古い順に，イ(1492年—コロンブスの大西洋横断(アメリカ到達))，ア(1602年—オランダの東インド会社設立)，ウ(1840～42年—アヘン戦争)となる。

(4)**<国々の統計>**Aは，2010年頃から国民総所得が大きく減少している(資料2)ことから，この時期に経済が悪化した(資料1)ギリシアである。Bは，国土面積が5か国の中で最も小さく，また小麦や米の生産量，牧場・牧草地の面積も小さい(資料3)ことから，アラビア半島の乾燥地域に位置し(資料1)，農牧業に適した土地が少ないカタールである。Cは，米の生産量が多い(資料3)ことから，世界有数の米の生産国であるベトナムである。Dは，牧場・牧草地の面積が大きく(資料3)，羊毛の生産量が多い(資料1)ことから，ニュージーランドである。Eは，国土面積が5か国の中で最も大きく，小麦の生産量が多い(資料3)ことから，世界第9位の国土面積を持ち，肥沃な土壌が広がる(資料1)カザフスタンである。

2 〔日本地理—日本の諸地域，地形図〕

(1)**<地方区分と都道府県>**長野県と新潟県は中部地方，福島県は東北地方，群馬県は関東地方に属する。また，4つの県の県庁所在地のうち，県名と異なる県庁所在地は，群馬県の前橋市である。

(2)**<地熱発電>**地熱発電は，火山活動などにより発生する地熱を利用した発電方法である。地熱は，石油などの化石燃料を使わず，繰り返し利用することのできる再生可能エネルギーの1つである。日本の地熱発電所は，活動の活発な火山が多い九州地方や東北地方に多く分布しており，大分県には日本最大級の地熱発電所である八丁原発電所がある。

(3)**<都道府県の人口と農業>**図中のAは秋田県，Bは愛知県，Cは大阪府，Dは愛媛県である。表中で，米の産出額が北海道に次いで多いアは秋田県，果実の産出額が最も多いイはみかんなどの生産が盛んな愛媛県，人口が最も多いエは大阪府である。大阪府に次いで人口が多く，野菜や花きの産出額が多いウは，名古屋市などの周辺で近郊農業が盛んな愛知県である。

(4)＜**地形図の読み取り**＞①２万５千分の１の地形図では等高線(主曲線)は10mごとに引かれており，付近の標高点や等高線から，函館山の山頂の標高は334m，地点Ｅの標高はおよそ60mとなるため，標高差は300mより小さい(エ…×)。Ａ－Ｂ間とＣ－Ｄ間の等高線の間隔を比較すると，Ｃ－Ｄ間の方が間隔が広いことから，Ｃ－Ｄ間の方が傾斜が緩やかである(ア…○)。函館公園の敷地内には，博物館()が見られる(イ…○)。特にことわりのないかぎり地形図上では上が北となるので，函館山の山頂から見た立待岬の方位は南東となる(ウ…○)。　②地形図上に示された経路の長さは，約５cmである。この地形図の縮尺は２万５千分の１であることから，実際の距離は，５cm×25000＝125000cm＝1250mとなる。

3 〔世界地理―世界の姿と諸地域〕

(1)＜**緯度・経度と地図の特徴**＞Ⅰ．経度０度の経線は本初子午線と呼ばれ，イギリスの首都ロンドンにある旧グリニッジ天文台を通る。　Ⅱ．②と③は，どちらも緯度・経度それぞれ30度分の地域を示しており，②は北緯45～75度，東経135～165度の地域，③は緯度０度～南緯30度，西経105～135度の地域である。緯線と経線が直角に交わる地図には，高緯度になるほど緯線の幅が拡大され，面積が実際よりも大きく表されるという特徴がある。したがって，地図上では③よりも②の方が大きく表示されているが，これは実際の大きさを反映していない。②と③の南北方向と東西方向の実際の長さを比較すると，次のようになる。全ての経線は北極点と南極点を結び，同じ長さであるため，②と③の南北方向の実際の長さは等しい。また，緯線の長さは赤道(緯度０度)が最も長く，その他の緯線は高緯度になるほど短くなるため，東西方向の実際の長さは③よりも②の方が短い。以上から，②と③の実際の面積を比較すると，東西方向の長さが短い②の方が小さいということになる。

(2)＜**時差の計算**＞ゆうとさんが暮らしている都市と日本の時差は７時間であり，日本の方が時刻が進んでいる。日付変更線をまたがずに位置と時刻の関係を見た場合，東へ行くほど時刻は進むため，日本はこの都市よりも東に位置している(Ａ～Ｄの都市は全て日本よりも西に位置している)。時差は経度15度につき１時間生じるため，この都市と日本の標準時子午線の経度差は，15×７より105度である。日本の標準時子午線は東経135度であることから，この都市の標準時子午線は135－105＝30より東経30度となる。したがって，ゆうとさんが暮らしている都市はＡのカイロとなる。

(3)＜**ペルーとアンデス山脈**＞マチュピチュ遺跡は，16世紀まで栄えたインカ帝国の遺跡で，ペルーにある。この地域は，南アメリカ大陸西部を南北に走るアンデス山脈の一部に位置する。なお，地図中のあ．はスペイン，い．は南アフリカ共和国，う．はオーストラリアである。

(4)＜**モノカルチャー経済**＞特定の農産物や鉱産資源の生産や輸出に頼って成り立つ経済をモノカルチャー経済という。「エチオピアの輸出品目の割合」のグラフを見ると，コーヒー豆の割合が全体のおよそ４分の１を占めており，コーヒー豆を中心とするモノカルチャー経済となっている。また，「コーヒー豆１ポンドあたりの国際価格の推移」のグラフを見ると，価格は年による変動が大きいことがわかる。このように，農産物や鉱産資源の価格は天候や国際情勢の影響を受けて変動しやすいため，モノカルチャー経済のもとでは国の収入が安定せず，経済も不安定になりやすい。

(5)＜**資料の読み取り**＞日本の65歳以上人口の割合は４か国の中で最も高く，65歳以上人口は12571万×0.288＝3620.448万より約3620万人である(ウ…○)。(人口)÷(国土面積)で人口密度を求めると，人口密度の最も高い国はインド(約368人/km^2)，最も低い国はアメリカ合衆国(約33人/km^2)となる(ア…×)。４か国中，国土面積が最も広い国はアメリカ合衆国である(イ…×)。人口の多さ，０～14歳人口の割合の高さ，65歳以上人口の割合の低さの順位はそれぞれ一致していない(エ…×)。

4 〔歴史―古代～近世の日本〕

(1)＜**年代整序**＞年代の古い順に，ア(645年―大化の改新)，エ(663年―白村江の戦い)，イ(672年―壬申の乱)となる。なお，ウは奈良時代の出来事である。

(2)＜**平安時代の出来事**＞平安時代末期に政治を行った平清盛は，宋との貿易に力を入れ，瀬戸内海の航路や兵庫(現在の神戸市)の港を整備した。なお，アは室町時代，ウは江戸時代初期，エは戦国時代～江戸時代初期の様子である。

(3)＜**鎌倉幕府の滅亡**＞後醍醐天皇は，朝廷に政治の実権を取り戻すため，鎌倉幕府の打倒を目指して戦いを起こした。一度は失敗して隠岐(現在の島根県)に流されたが，幕府に従わない新興の武士であった楠木正成や，幕府の有力御家人であった足利尊氏などの協力を得て，1333年に幕府を滅ぼした。後醍醐天皇は，「建武の新政」を行って天皇を中心とする政治の確立を目指したが，新政は2年ほどでくずれ，その後，尊氏が室町幕府を開いた。なお，後鳥羽上皇は鎌倉幕府の打倒を目指して承久の乱(1221年)を起こした人物，足利義満は尊氏の孫で室町幕府の第3代将軍である。

(4)＜**江戸幕府の支配体制**＞Ⅰ．武家諸法度は，江戸幕府が大名を統制するために定めた法である。1615年，第2代将軍の徳川秀忠のときに初めて出され，その後は将軍の代替わりごとに出されるようになった。第3代将軍の徳川家光のときに出された武家諸法度では，大名が1年おきに領地と江戸を往復することを定めた参勤交代の制度が追加された。　Ⅱ．京都所司代は，江戸幕府が朝廷を監視するために設置した役職である。なお，問注所は鎌倉幕府で裁判，室町幕府で文書記録の保存や裁判を担当した機関である。また，宮内省は，律令制度下と明治時代以降において皇室に関わる仕事を担当した機関である。六波羅探題は，鎌倉時代の承久の乱後に朝廷や西国を監視するために置かれた役職である。

(5)＜**書院造**＞室町時代には，禅宗寺院の建築の影響を受けた書院造と呼ばれる住宅様式が見られるようになった。書院造は，たたみや障子，床の間などを備えており，現在の和風建築の原型となった。慈照寺は，もとは室町幕府第8代将軍の足利義政の別荘であり，敷地内には銀閣や東求堂などの建物がある。東求堂の一室である同仁斎は，代表的な書院造の部屋となっている。

5〔歴史―近代～現代の日本と世界〕

(1)＜**五箇条の御誓文**＞1868年，明治政府は五箇条の御誓文を出し，天皇が神に誓う形で新たな政治の基本方針を示した。資料中の「広ク会議ヲ興シ，万機公論ニ決スベシ」は1番目の条文であり，会議を開いて世論に基づいた政治を行うことを述べている。なお，王政復古の大号令は，大政奉還(1867年)後に朝廷が天皇を中心とする新たな政府の樹立を宣言したものである。また，大日本帝国憲法は1889年に発布された憲法である。民撰議院設立の建白書(1874年)は，板垣退助らが議会の開設を求めて政府に提出した文書である。

(2)＜**日清・日露戦争の間の出来事**＞官営の八幡製鉄所は，日清戦争(1894～95年)で得た賠償金の一部を使って北九州に建設され，1901年に操業を開始した。なお，アは1925年，ウは1872年，エは1906年の出来事である。

(3)＜**第一次世界大戦**＞第一次世界大戦前のヨーロッパでは，ドイツ，オーストリア，イタリアによる三国同盟と，イギリス，フランス，ロシアによる三国協商という2つの陣営が対立していた。1914年，オーストリアの皇太子夫妻がサラエボでセルビア人の青年に暗殺されると(サラエボ事件)，オーストリアがセルビアに宣戦し，第一次世界大戦が始まった。ロシアは同じスラブ民族の国であるセルビアを支援し，ヨーロッパ各国もそれぞれの陣営に参戦して，ドイツ，オーストリア，トルコ(オスマン帝国)を中心とする同盟国と，イギリス，フランス，ロシアを中心とする連合国に分かれて戦った。なお，枢軸国は，第二次世界大戦におけるドイツ，イタリア，日本などの国々を指す。

(4)＜**年代整序**＞年代の古い順に，ウ(1921～22年―ワシントン会議)，ア(1933年―ニューディール政策の開始)，イ(1940年―日独伊三国同盟)となる。なお，エは1948年の出来事である。

(5)＜**サンフランシスコ平和条約**＞1951年，アメリカのサンフランシスコで日本と連合国の講和会議が開かれた。日本はアメリカなど48か国との間にサンフランシスコ平和条約を結び，内閣総理大臣であった吉田茂が首席全権として調印した。この条約により，日本は独立を回復した。

6〔公民―経済〕

(1)＜**経済の三主体**＞国の経済は，家計，企業，政府という3つの主体が行う経済活動によって成り立っている。家計は，企業や政府に労働力を提供し，賃金を受け取る。企業は，家計や政府に財・サービスを提供し，代金を受け取る。政府は，家計や企業から税金を集め，公共サービスを提供する。図中のⅠは，家計から企業に提供されるものであり，労働力の提供であるイが当てはまる。図中のⅡは，家計から政府に提供されるものであり，税金の納付であるアが当てはまる。なお，ウは政府が家計や企業に提供する公共サービス，エは企業が家計や政府に提供する財・サービスにあたる。

⑵**＜CSR＞**CSR（Corporate Social Responsibility）は，企業の社会的責任のことである。これは，企業が利潤を得るために行う生産活動とは別に，社会の一員としての責任を果たすためにとるべき行動や役割を意味する。CSRには，法令の遵守や情報公開，消費者の安全や雇用の確保，環境への配慮や芸術・文化の支援活動などさまざまなものがある。

⑶**＜資料の読み取り＞**2012年度と比べた2018年度の食品ロス量の増減割合を算出すると，家庭系が(276－312)÷312×100＝－11.53…より約－11.5％，事業系の食品製造業が(126－141)÷141×100＝－10.63…より約－10.6％となり，ともに10％以上減少している（ウ…○）。食品ロス量の合計が最も多いのは2015年度である（ア…×）。家庭系の食品ロス量は，2014年度から2016年度にかけて，前年度よりも増加している（イ…×）。2018年度の事業系の食品ロス量の中で外食産業の食品ロス量の占める割合は116÷(600－276)×100＝35.80…より約35.8％であり，2017年度の127÷(612－284)×100＝38.71…＝約38.7％と比べて低い（エ…×）。

7〔公民―政治〕

⑴**＜地方自治＞**地方自治では，その地域に住む住民自身が参加して，地域社会の身近な問題の解決に取り組む。このような経験を通じて民主主義の精神が育つと考えられることから，地方自治は「民主主義の学校」と呼ばれている。

⑵**＜選挙制度と議席配分＞**小選挙区制は，１つの選挙区から１人の代表者を選出する選挙制度であり，最も得票数の多い候補者が当選者となり，議席を獲得する。資料２では，第１選挙区ではＣ党候補者，第２選挙区と第３選挙区ではＡ党候補者が当選者であり，小選挙区選挙による各党の当選議席数は，Ａ党が２名，Ｂ党が０名，Ｃ党が１名となる。次に，比例代表制は，政党の得票数に応じて議席を配分する選挙制度である。日本の比例代表制では，資料１のドント式と呼ばれる方法がとられている。資料３をもとに，右表のようにＡ党～Ｃ党の得票数からドント式で４議席を配分すると，各党の当選議席数は，Ａ党が２名，Ｂ党とＣ党がそれぞれ１名となる。以上から，小選挙区選挙と比例代表選挙による当選議席数の合計は，Ａ党が４名，Ｂ党が１名，Ｃ党が２名となる。

	Ａ党	Ｂ党	Ｃ党
得票数÷1	780	420	600
得票数÷2	390	210	300
得票数÷3	260	140	200

○獲得議席

⑶**＜一票の格差＞**グラフを見ると，東京10区における議員一人当たりの有権者数は，鳥取１区の２倍以上になっていることがわかる。このように，議員一人当たりの有権者数が選挙区によって大きく異なる場合，有権者が投票する一票の価値に軽重の差が生じることになる。この問題を「一票の格差」といい，日本国憲法が保障する「法の下の平等」の観点から問題があると考えられている。この問題を改善するため，近年は選挙区の区割り変更などが行われてきたが，格差の解消には至っていない。

8〔公民―SDGs〕

⑴**＜持続可能な開発目標＞**SDGs（持続可能な開発目標）は，2015年の国連サミットで採択された，国際社会が2030年までに達成することを目指した目標である。飢餓の根絶や気候変動への対策など，17の領域に分けた目標から構成される。持続可能とは，現在の世代だけでなく将来の世代まで環境や社会，経済などを維持し，発展させていくことができるという考え方である。

⑵**＜パリ協定＞**2015年，フランスのパリで開催された気候変動枠組条約第21回締約国会議（COP21）において，パリ協定が採択された。これは，2020年以降の温室効果ガスの削減について定めた協定で，1997年に定められた京都議定書に代わる新たな枠組みである。パリ協定では，世界の平均気温の上昇を産業革命前と比べて，２℃より十分低く保ち，1.5℃以内に抑える努力をすると定めている。この目標の達成に向けて，先進国だけでなく発展途上国を含む全ての加盟国が排出削減目標を設定し，実施状況を報告することになっている。

理科解答

1 (1) 0.5N　(2) ア　(3) 受精卵
(4) 震度

2 (1) (例)えものとの距離をはかる〔えものまでの距離をつかむ〕
(2) エ　(3) 相同器官
(4) 特徴Ⅱ…イ　特徴Ⅳ…ウ

3 (1) ア，ウ，エ　(2) ウ
(3) ① x…0.79　y…494　②…ア

4 (1) エ　(2) m…大陸　n…下降
(3) 右図１　(4) 40％

5 (1) オームの法則
(2) 図２…エ　図３…ア
(3) (a) 3600
(b) (例)加えた電圧の大きさが同じなので，回路を流れる電流の大きさが大きくなったと考えられるため。

6 (1) (例)流れる水のはたらきで運ばれたとき，角が削られてつくられる。
(2) 水星…惑星Ａ　土星…惑星Ｅ
(3) ウ　(4) 惑星Ｂ…イ　惑星Ｃ…オ

7 (1) イ　(2) x…大きい　y…15
(3) 右図２　(4) 18cm

8 (1) イ　(2) ア
(3) 反応…反射　符号…イ，ウ
(4) (例)刺激の信号がせきずいに伝えられると，せきずいから直接，信号が出されるため。

9 (1) エ
(2) (例)亜鉛は銅よりもイオン〔陽イオン〕になりやすい。
(3) イ　(4) $Cu^{2+}+2e^{-} \longrightarrow Cu$

図１

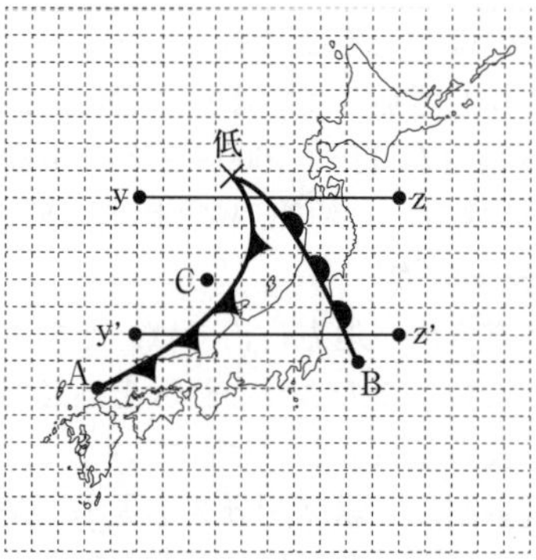

図２

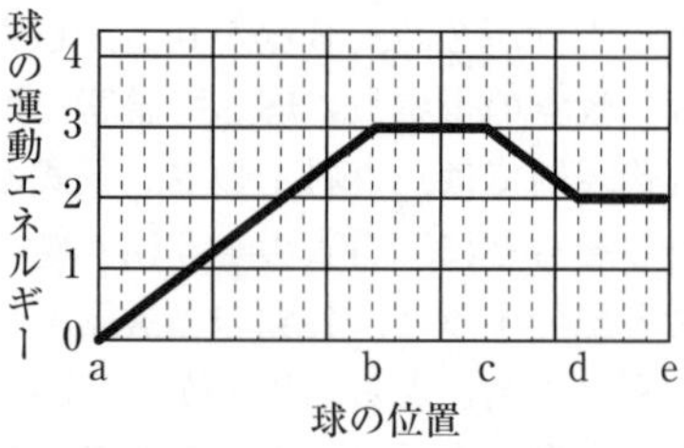

1 〔小問集合〕

(1)＜**フックの法則**＞質量100gの物体にはたらく重力を１Ｎとすると，質量150gのおもりにはたらく重力の大きさは，150÷100×1＝1.5(N)である。長さが７cmのばねに質量150gのおもりをつるしたとき，ばねの長さが10cmになったことから，このばねに1.5Nの力がはたらいたときののびは，10－7＝3(cm)である。よって，このばねを１cmのばすのに必要な力の大きさは，1.5÷3＝0.5(N)である。

(2)＜**化学反応式**＞化学反応式の左辺にある$2H_2O$は，水素原子(H)２個と酸素原子(O)１個が結びついた水分子(H_2O)が２個あることを表している。

(3)＜**受精卵**＞動物では，雄のつくった精子の核と雌のつくった卵の核が合体することを受精といい，受精してできた新しい１つの細胞を受精卵という。

(4)＜**震度**＞地震のとき，観測地点の揺れの程度を表したものを震度といい，震度は，０～４，５弱，５強，６弱，６強，７の10段階で表す。なお，生じた地震の規模(エネルギーの大きさ)はマグニチュードで表し，数値が１大きくなると地震のエネルギーは約32倍になる。

2 〔生物の世界〕

(1)＜**肉食動物**＞ライオンなどの肉食動物のように目が前向きについていると，両目で同時に見える範囲が広くなり，前方の物体を立体的に見ることができる範囲が広くなる。そのため，えものまでの距離をつかみやすく，えものを捕らえるのに有利になる。なお，シマウマなどの草食動物のように目が横向きについていると，視野が広くなるので，天敵を見つけやすく，逃げるのに有利になる。

(2)＜**草食動物**＞シマウマなどの草食動物は，草をすりつぶすのに適した臼歯が発達している。なお，肉食動物は，えものをしとめるのに適した犬歯が発達している。

(3)＜**進化**＞ヒトの腕とクジラの胸びれは，骨格の構造がとても似ていて，もとは同じ器官だったものが生物の進化の過程ではたらきが変化したと考えられている。このような器官を相同器官という。

(4)＜**セキツイ動物の特徴**＞表中の動物はセキツイ動物のなかまで，メダカは魚類，イモリは両生類，カメはは虫類，ペンギンは鳥類，クジラは哺乳類である。特徴Ⅱは，は虫類と鳥類に共通するので，ア～オのうち，雌は殻のある卵を産むが当てはまる。また，特徴Ⅳは，両生類の親，は虫類，鳥類，哺乳類に共通するので，肺で呼吸するが当てはまる。なお，特徴Ⅰは胎生である，特徴Ⅲは体の表面のほとんどはうろこでおおわれている，特徴Ⅴは背骨(セキツイ)をもつが当てはまる。

3 〔物質のすがた〕

(1)＜**分子**＞物質は，それ以上分けられない小さな粒子である原子からできている。また，いくつかの原子が結びついてその物質の性質を示す最小の単位の粒子をつくっているものがあり，その粒子を分子という。ア～オのうち，分子からできている物質は窒素と二酸化炭素，アンモニアである。なお，塩化ナトリウムは，ナトリウム原子と塩素原子が1：1の個数の比で結びついていて，銀は銀原子が集まっていて，ともに分子をつくらない。

(2)＜**分子モデル**＞エタノールの入ったポリエチレンの袋に熱い湯をかけると，エタノールが液体から気体に状態変化する。気体では粒子が空間を自由に動き回り，粒子と粒子の距離が大きくなるため，体積が大きくなる。

(3)＜**密度と質量**＞①資料より，液体のエタノールの密度は0.79g/cm^{3}だから，液体のエタノール1cm^{3}の質量は0.79gである。また，エタノールが気体に変化してもその質量は変わらないから，液体のエタノール1cm^{3}が全て気体に変化したときの質量は0.79gである。よって，気体のエタノールの密度は0.0016g/cm^{3}なので，〔体積(cm^3)〕=〔質量(g)〕÷〔密度(g/cm^3)〕より，気体のエタノール0.79gの体積は，0.79÷0.0016＝493.75となり，約494cm^{3}となる。これより，液体のエタノール1cm^{3}が全て気体に変化すると494cm^{3}になるので，体積は494倍になる。　②資料より，エタノールの融点は－115℃だから，温度が－115℃以下になると固体に変化する。よって，液体窒素を入れたビーカーの中にエタノールの入った試験管を入れると，エタノールが液体から固体に状態変化したことから，液体窒素の温度は－115℃よりも低いことがわかる。

4 〔気象と天気の変化〕

(1)＜**冬の気象**＞ユーラシア大陸では，冬に寒冷で乾燥したシベリア気団が発達し，シベリア気団から冷たく乾燥した空気がふき出す。この空気は，暖流(対馬海流)が流れる日本海の上を通過するときに，温かい日本海から蒸発した水蒸気を含み，湿った空気に変化する。

(2)＜**冬の季節風**＞太陽から受け取る光の量が少ない冬には，大陸の方が海洋より低温になるため，大陸上にシベリア気団が発達し，シベリア高気圧が生じる。高気圧の中心部では下降気流が生じるので，地表付近では中心部から周囲に風がふき出す。そのため，日本列島に北西の季節風がふく。

(3)＜**低気圧と前線**＞日本付近を通過する温帯低気圧には，低気圧の中心から南西の方向に寒冷前線(─▲─▲─▲─)が，南東の方向に温暖前線(─●─●─●─)ができる。図4で，寒気と暖気が接している前線面が地表と交わる所に前線ができるので，図3中のy－zでは，寒冷前線が地点yから東へ

400kmの地点を，温暖前線が地点zから西へ500kmの地点を通る。また，y'－z'では，寒冷前線が地点y'から東へ200kmの地点を，温暖前線が地点z'から西へ200kmの地点を通る。さらに，図3の地点Cで，数時間前に気温の急な低下が見られたのは，寒冷前線が通過したためと考えられる。よって，寒冷前線は地点Cの東側を通る。したがって，図3で方眼の1目盛りは100kmの長さを表しているから，寒冷前線は，低気圧の中心×から地点Aまで，地点yから東へ4目盛りの点，地点Cの東側，地点y'から東へ2目盛りの点を通り，温暖前線は，低気圧の中心×から地点Bまで，地点zから西へ5目盛りの点と地点z'から西へ2目盛りの点を通る。解答参照。

(4)<**空気中の水蒸気量**>太平洋側の平野にあった気温17℃，湿度80％の空気1 m^3中に含まれていた水蒸気量は，表で気温17℃の飽和水蒸気量が14.5g/m^3より，$14.5\times\frac{80}{100}=11.6$(g)であり，日本海側の平野に下りたときの気温25℃，湿度30％の空気1 m^3中に含まれていた水蒸気量は，25℃の飽和水蒸気量が23.1g/m^3より，$23.1\times\frac{30}{100}=6.93$(g)である。よって，山を越えたときに失った水蒸気の量は，11.6－6.93＝4.67(g)である。したがって，失った水蒸気の量は，初めに含んでいた水蒸気の量の，4.67÷11.6×100＝40.2…より，約40％である。

5〔電流とその利用〕

(1)<**オームの法則**>電熱線を流れる電流の大きさは，電熱線に加える電圧の大きさに比例する。これをオームの法則という。

(2)<**回路と全抵抗**>電熱線Aの抵抗の大きさは3.0Ωだから，図2のように，電熱線Aと同じ抵抗の大きさの電熱線Bと電熱線Cを直列につなぐと，回路全体の抵抗の大きさはそれぞれの電熱線の抵抗の和になり，3.0＋3.0＝6.0(Ω)である。これより，電源の電圧を6.0Vにしたとき，回路を流れる電流の大きさは，オームの法則〔電流〕＝〔電圧〕÷〔抵抗〕より，6.0÷6.0＝1.0(A)になる。よって，図6で，図2の回路における結果を示したグラフは，点(6.0，1.0)を通るエである。また，図3のように，電熱線Aと同じ抵抗の大きさの電熱線Dと電熱線Eを並列につなぎ，電源の電圧を6.0Vにすると，並列回路では各電熱線に電源と同じ大きさの電圧が加わるから，表より，それぞれの電熱線に2.0Aの電流が流れ，回路全体では2.0＋2.0＝4.0(A)の電流が流れる。したがって，図6で，図3の回路における結果を示したグラフは，点(6.0，4.0)を通るアである。

(3)<**発熱量**>(a)実験3の①で3.0Ωの電熱線Aに6.0Vの電圧を加えたとき流れる電流は，実験1の表より2.0Aである。電熱線に電流を流したときに発生する熱量は，〔熱量(J)〕＝〔電力(W)〕×〔時間(s)〕で求められる。よって，電熱線Aが消費する電力は，〔電力(W)〕＝〔電圧(V)〕×〔電流(A)〕より，6.0×2.0＝12.0(W)，時間は，60×5＝300(s)なので，求める熱量は，12.0×300＝3600(J)である。　(b)図5より，水の質量も加えた電圧も同じ実験3の①，②で，電流を流した時間が同じときの水の上昇温度は，電熱線Fを用いた実験3の②の方が電熱線Aを用いた実験3の①より大きい。これより，同じ時間内での発熱量は電熱線Fの方が大きいから，同じ時間内で消費する電力は電熱線Fの方が大きい。よって，同じ大きさの電圧を加えたときに流れる電流も電熱線Fの方が大きいので，抵抗の大きさは電熱線Fの方が電熱線Aより小さいと考えることができる。

6〔地球と宇宙〕

(1)<**流水のはたらき**>現在の地球において，れきの角がとれて丸みを帯びるのは，れきが川の流れによって運ばれる間に，他の岩や川底などにぶつかって角が削られるためである。

(2)<**惑星の特徴**>太陽系の8個の惑星は，太陽からの距離が小さい順に，水星，金星，地球，火星，木星，土星，天王星，海王星となっている。よって，図2と図3で，惑星A～Gの太陽からの距離より，距離が最も小さい水星が惑星Aで，順に金星が惑星B，火星が惑星C，木星が惑星D，土星が惑星Ｅ，天王星が惑星Ｆ，海王星が惑星Ｇである。

(3)<**惑星の観察**>図４で，地球上の地点Ｐから惑星Ｂを観察すると，太陽が昇る前の明け方に東の空に，太陽の光が当たった部分が見える。このとき，太陽は惑星Ｂの左側にあるから，惑星Ｂの左側に太陽の光が当たっている。また，地球から見える光が当たっている部分は，半分より大きいから，ウのように右側の端が欠けた形に見える。

(4)<**惑星の観測**>図２より，惑星Ｂ，地球，惑星Ｃの公転周期はそれぞれ0.6年，1.0年，1.86年だから，半年，つまり，0.5年で，惑星Ｂは360°÷0.6×0.5＝300°，地球は360°÷1×0.5＝180°，惑星Ｃは360°÷1.86×0.5＝96.7…より，約97°動く。よって，問題の図４から半年後のそれぞれの惑星の位置は，右図のようになる。したがって，半年後の地球の位置から惑星Ｂを観察すると夕方に西の空に見え，惑星Ｃを観察するとほぼ一晩中見ることができ，真夜中には南の空に見える。

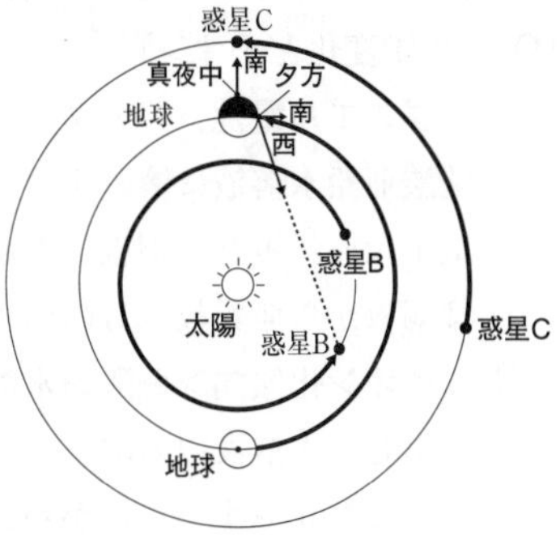

7〔運動とエネルギー〕

(1)<**重力**>重力は，地球がその中心に向かって物体を引く力である。よって，イのように，常に下向きにはたらいている。

(2)<**木片の移動距離**>図３で，どの質量の球のグラフでも，原点を通る直線になっている。よって，木片の移動距離は球を置く高さに比例する。また，球を置く高さが20cmのとき，木片の移動距離は，質量30gの球では６cm，質量60gの球では12cm，質量120gの球では24cmとなり，球の質量が２倍，４倍になると，木片の移動距離も２倍，４倍となるので，木片の移動距離は球の質量に比例する。よって，質量60gの球を20cmの高さに置いたときの木片の移動距離は12cmだから，同じ60gの球を25cmの高さに置いたときの木片の移動距離を$m$cmとすると，25：m＝20：12が成り立つ。これを解くと，m×20＝25×12より，m＝15(cm)となる。

(3)<**力学的エネルギーの保存**>球とレールの間に摩擦や空気による抵抗はないものとするから，力学的エネルギーの保存が成り立ち，球の持つ位置エネルギーと運動エネルギーの和は一定になる。よって，球の持つ力学的エネルギーは，球を置いたＡの位置で球が持つ位置エネルギーの大きさに等しいから，球の位置がどこでも位置エネルギーと運動エネルギーの和は３になる。つまり，球の持つ運動エネルギーの大きさは，３からその位置での位置エネルギーの大きさをひいた値となる。

(4)<**木片の移動距離**>木片は衝突の直前に球の持っていた運動エネルギーによって仕事をされてレール上を移動する。よって，実験２の②で，球は床から30cmの高さから下り，10cmの高さの水平面２上で木片に衝突したことから，木片が移動した距離は，球を30－10＝20(cm)の高さから木片に衝突させたときの移動距離に等しい。また，(2)より，木片の移動距離は球の質量に比例する。したがって，図３より，球を置く高さが20cmのとき，質量30gの球では，木片の移動距離が６cmなので，質量が30gの３倍の90gの球では，木片は６×３＝18(cm)移動する。

8〔生物の体のつくりとはたらき〕

(1)<**刺激の伝わり方**>目で受け取った刺激による信号は，直接脳に送られる。その信号は脳で判断されて，反応の信号が出され，せきずいから運動神経を通って運動器官(筋肉)に伝えられ，反応が起こる。

(2)<**けん**>筋肉の両端のけんは，関節をへだてて，異なる骨についている。図３で，右腕を曲げるとき，縮む筋肉の両端のけんは骨のアの部分についていて，右腕をのばすとき，縮む筋肉の両端のけんは骨のエの部分についている。

(3)＜**反射**＞刺激に対して無意識に起こる反応を反射という。ア～オのうち，イとウの反応も反射である。

(4)＜**反射**＞反射は，体のはたらきを維持したり危険を回避したりするために，生まれつき備わっている反応である。反射では，刺激の信号がせきずいに伝わると，直接せきずいが刺激に対する反応の信号を出すため，刺激を受けてから反応するまでの時間が短い。

9 〔**化学変化とイオン**〕

(1)＜**ダニエル電池**＞図のダニエル電池では，亜鉛板で亜鉛原子が電子を放出して亜鉛イオンとなって硫酸亜鉛水溶液に溶け出す。放出された電子は，導線を通って銅板に移動する。よって，図中で，電子は亜鉛板から銅板へAの向きに移動し，電流の向きと電子の流れる向きは逆向きなので，電流は銅板から亜鉛板へBの向きに流れる。このとき，銅板が＋極，亜鉛板が－極となる。

(2)＜**イオン化傾向**＞硫酸銅水溶液に亜鉛板を入れると，亜鉛原子が水溶液中に亜鉛イオンとなって溶け出し，水溶液中の銅イオンは銅原子となって亜鉛板に付着する。よって，亜鉛の方が銅よりもイオンになりやすいことがわかる。

(3)＜**－極での反応**＞亜鉛板では，亜鉛原子が電子を２個失って亜鉛イオンとなって硫酸亜鉛水溶液に溶け出す。よって，水溶液中の陽イオンが増加する。

(4)＜**＋極での反応**＞亜鉛板で亜鉛原子が放出した電子(e^-)は，導線を通って銅板に移動する。その電子を硫酸銅水溶液中の銅イオン(Cu^{2+})が受け取って，銅原子(Cu)となって銅板に付着する。このとき，Cu^{2+}はe^-を２個受け取るから，化学反応式は，$Cu^{2+}+2e^- \longrightarrow Cu$となる。

国語解答

一 (1) イ　(2) エ　(3) イ　(4) ア

二 (1) すす　(2) ろうえい
(3) えいびん　(4) とうや

三 (1) 告　(2) 延　(3) 寒暖
(4) 破格　(5) 旧態

四 (1) ウ　(2) エ
(3) Ⅰ ほんとうに大事なもの
Ⅱ 負担に感じない
(4) Ⅰ 商品のメリットを知りたい
Ⅱ 求めること
Ⅲ 話を聞かなかった
(5) イ

五 (1) エ　(2) 悠人，おま　(3) ア
(4) Ⅰ 立ち向かう　Ⅱ 逃げる
Ⅲ 愛情を持っている
(5) (a) 甘えるように　(b) 正浩が力を
(c) 三人の兄弟と水樹とは，強いきずなで結ばれている(23字)

六 (1) えさせて　(2) ウ　(3) ア
(4) ウ
(5) (a) (右参照)
(b) 自分の言動を棚に上げて，地頭の行動に腹を立てる
(23字)

見《テハ》㆓不賢《ヲ》㆒而内《ニ》自《ラ》省《ミル》也。

七 (例)森さんは人の振る舞いや考え方を「大人」の条件にするが，沢木さんは法律で決められた年齢が人を「大人」にすると考えている。／私は森さんの考え方に同感だ。なぜなら，私にも「大人」だと思う同級生がいるからだ。私が駅で財布を落としたとき，友人はすぐに落とし物センターや警察に連絡してくれた。私は慌てることしかできなかった。この体験から，今必要な行動は何かを判断できる人が「大人」だと考える。
(191字)

一〔聞き取り〕

(1)鈴木さんが「すごい映像」と言ったのは，あまりにきれいな映像だったからだが，高橋さんは，「すごい映像」を「迫力ある映像」だととらえた。「すごい」という言葉だけでは，鈴木さんは自分の伝えたいことを十分に伝えられなかったのである。

(2)鈴木さんは，高橋さんに自分の思いを伝えるために，部活帰りに見た満天の星を例に挙げた。高橋さんは，具体的な映像を思い浮かべることで，鈴木さんの思いを理解できたのである。

(3)鈴木さんが「驚いた」のは「きれいな光景」だったからだと高橋さんは確認した。そして，高橋さんは，「きれいな」と「複雑な気持ち」とは直接結びつかないので，複雑な気持ちになった理由を説明してほしいと鈴木さんに伝えようとした。

(4)鈴木さんは，蛍の飛び交う光景は自分たちの周りにはすでにないけれど，祖母の時代には身近で見られたことに気づいた。鈴木さんが単なる感動で終わらせず，環境の変化にまで視野を広げていたので，高橋さんは感心したのである。

二〔漢字〕

(1)音読みは「勧誘」などの「カン」。　(2)「朗詠」は，詩歌を声高く歌い上げること。　(3)「鋭敏」は，感覚が非常に優れていること。　(4)「陶冶」は，才能や性質を練り上げてつくっていくこと。

三〔漢字〕

(1)音読みは「告白」などの「コク」。　(2)音読みは「延長」などの「エン」。　(3)「寒暖」は，寒さと暖かさのこと。　(4)「破格」は，しきたりを破って特別なこと。　(5)「旧態」は，昔のままの姿や状態のこと。

四〔論説文の読解―文化人類学的分野―日本文化〕出典；枡野俊明『人生は凸凹だからおもしろい』。

≪本文の概要≫「おもてなし」は世界語になったが，欧米流のおもてなしと日本流のおもてなしに

は顕著な違いがある。日本流のおもてなしは，禅の美の一つである「簡素」を大切な要素としている。千利休のわび茶は，おもてなしが凝縮された世界である。茶の湯では，余計なことをせず，やるべきことだけを心を込めてやりなさいと教えるが，余計なものを捨て去り，本当に大事なものを自覚するのが禅の考え方であり，これがおもてなしにつながる。相手におもてなしの思いが自然に伝わればいいのであり，思いを伝えるためにあれこれと行動するのはおもてなしではない。つまり，おもてなしは，余計なことをせず，過剰になってはいけない。相手に負担を感じさせない，さりげなさがおもてなしの重要なキーワードである。禅の言葉「同事」は，相手と同じ立場に立ち，何が相手にとって一番いいことかを掘り下げていこうとすることであるが，いろいろなものを捨て去り，残った思いを形にすることが，相手に自然に伝わるおもてなしである。

(1)＜**品詞**＞「見直してみる」と「味わってみる」の「みる」は，補助動詞。「みるからに」と「白い目でみる」の「みる」は，動詞の「見る」，「こころみる」の「みる」は，「試みる」という動詞の一部である。

(2)＜**文章内容**＞欧米流のおもてなしでは，花を飾る際に「ボリューム感と色彩」が重視される。それに対して日本流のおもてなしでは，「季節の花が控えめに活けて」ある。禅の美の一つである「簡素」という考え方は，日本のおもてなしを語るうえで大事な要素なのである。

(3)＜**文章内容**＞Ⅰ．やるべきことだけをするというのは，禅の考え方の根底にあるもので，余計なものをそぎ落とし，捨てて，拭い去ることによって「ほんとうに大事なもの」が見えてくるのである。Ⅱ．相手のことを思って「ここまでしてあげている」というような過剰な行為は，相手が「負担に感じてしまう」危険性もあるので，さりげなく行動するのがよいのである。

(4)＜**文章内容**＞Ⅰ．話術の巧みな営業マンは，顧客が「扱っている商品のメリット」を知りたいに違いないと思い込み，商品のメリットばかり言い募ることになる。　Ⅱ．顧客は，話術の巧みな営業マンはいいことしか言わないし，自分たちの求めていることを理解していないと考える。　Ⅲ．顧客は，話術の巧みな営業マンは調子がよすぎて，顧客の「話を聞いてくれない」と考える。

(5)＜**表現**＞おもてなしの相手と同じ立場に立つということは，誰にでも当てはまるような画一的なやり方ではなく，相手次第で自分が考えることも行動することも変えていくということなので，「その人」と表現されている。

五〔**小説の読解**〕出典；藤岡陽子『手のひらの音符』。

(1)＜**心情**＞信也は，悠人にドッジボールの受け方を教えていたが，悠人は恐さが先に立って，練習しても受けることができなかった。正浩が悠人の性格を見抜いて，ボールを受けることより，逃げることを教えてやれと提案したので，信也は，悠人に対する自分の考え方が間違っていたと言われたように感じて，不満なのであった。

(2)＜**文章内容**＞正浩は，悠人に「相手の顔を見ながら逃げる」ようにしろと指導した。悠人は，だんだん目を開けて逃げるようになり，視線もボールが飛んでくる方向に向けられるようになった。そして正浩に「悠人，おまえ今お兄ちゃんを睨みつけながら，えらい素早く走ってた」と言われるまでになったのである。

(3)＜**心情**＞正浩は，悠人の性格を見抜き，ボールから逃げることを教えた。人はそれぞれ違うから，自分に合ったやり方でやればよいということを伝えるために，悠人に合わせた練習を工夫している正浩のことを，水樹は，頼れる大人のように思ったのである。

(4)＜**文章内容**＞Ⅰ．信也は，悠人にボールを受けられるようになって，相手に「立ち向かえ」と教えた。　Ⅱ．正浩は，悠人の思い込みが強い性格を見抜き，一度「恐い」と思ったら，ボールを受けることはできないと考えたので，相手の顔を見ながら「逃げる」ことを教えようとした。　Ⅲ．信也は，信也のやり方で悠人がドッジボールに自信を持てるように指導しているし，正浩は，悠人の性格を見抜いたうえで，悠人ができる方法を教えている。どちらも，悠人を大切に思っている。

(5)＜**表現**＞(a)悠人は，正浩が自分のことをいつも大切にしてくれることがわかっているから，「甘えるように」逃げることはかっこ悪くないのかときいたのである。「直喩」は，「ようだ」や「みたいだ」などの，比喩を表す言葉を使った表現技法。　(b)逃げることはかっこ悪いことではないと自分を励ましてくれる正浩を，悠人は信頼しているので，「正浩が力を込めたぶんだけ，悠人の目に力が漲っていく」のであった。　(c)正浩，信也，悠人の兄弟はお互いに信頼し合っていて，兄弟として強く結ばれている。また，「ミはみずきのミ」で，水樹がいるとがんばれるという兄弟たちと，水樹も，深いきずなで結ばれているのである。

六〔**古文の読解―御伽草子**〕出典；『ものくさ太郎』。

≪**現代語訳**≫そのとき，ものくさ太郎が，(通りを)見渡して思うことには，(餅を)取りに行って帰るのも面倒だ，いつになったとしても，人が通らないことはないだろうと，竹の竿をささげ持って，犬やカラスが近寄るのを追い払って，三日間待つが，人は見えない。三日目と申すときに，普通の人ではない，その所の地頭で，あたらしの左衛門尉のぶよりという人が，小鷹狩りをするというわけで，目白の鷹をとまらせて，五，六十騎の武士の勢力でお通りになる。

ものくさ太郎は，これを見て，頭だけ持ち上げて，「もしもし申し上げましょう，そこに餅がございます，取ってください」と申し上げるけれども，(地頭は)耳にもとめずに通っていった。ものくさ太郎は，これを見て，世間にあれほどの面倒がる人が，どのようにして領地を治めるのだろう，あの餅を，馬からちょっと下りて，取って渡すくらいのことは，大変容易にできることなのに，世の中に面倒がる者は，私一人だと思ったところ，(他にも)たくさんいるのだなあと，「ああ情けない殿だなあ」と言って，一通りではない腹の立て方であった。

(1)＜**歴史的仮名遣い**＞歴史的仮名遣いの「ゐ」「ゑ」は，現代仮名遣いでは「い」「え」となる。「据う」は，「すう」と読み，置く，という意味。

(2)＜**古文の内容理解**＞ものくさ太郎は，通りまで転がってしまった餅を自分で取りに行くのは面倒だから，誰かが通りかかったときに，その人に餅を拾ってもらおうと思ったのである。

(3)＜**古文の内容理解**＞ものくさ太郎は，地頭が家来たちを引き連れて通りかかったので，餅を拾ってくださいと言ったけれども，地頭は，耳にもとめずに通っていったのである。

(4)＜**現代語訳**＞「伝ふ」は，渡す，という意味。「いと」は，とても，非常に，という意味。「やすし」は，「易し」と書き，簡単だ，という意味。

(5)(a)＜**漢文の訓読**＞「不賢」→「見」→「内」→「自」→「省」→「也」の順に読む。漢文では，二字以上下から上に返って読むときには，一二点を用いる。また，「而」は，接続を表し，直接読まない置き字。　(b)＜**古文の内容理解**＞「不賢を見ては内に自ら省みるなり」は，賢明でないものを見たら，心の中で自分自身を反省するものだ，という意味。地頭が餅を拾ってくれないので，ものくさ太郎は，自分の「ものくさ」なことを反省もせずに「あらうたての殿や」と地頭を非難している。「棚に上げる」は，不都合なことをわざと取り上げない，という意味。「ごまをする」は，自分が得をするために他人の機嫌を取る，という意味。「骨が折れる」は，面倒である，という意味。

七〔**作文**〕

まず，前段で書く内容を整理する。森さんは，「大人」とは相手の立場に立って物事を考えることのできる人であると，精神的な要素から定義づけている。沢木さんは，選挙権を持つという社会的な要素から「大人」を定義づけている。後段では，あなたがどのように「大人」をとらえるのかを書いていくとよい。自分の体験や知識もふまえて，誰のことをどんなときに「大人」だと思ったのか，具体的に考えてみる。誤字脱字に注意して，条件に合わせて書いていくこと。

2022年度／千葉県公立高等学校(思考力を問う問題)

解答

1 (1) 時速$\frac{40}{9}$km　(2) $\frac{5}{12}$

(3) ① 135°　② $9-3\sqrt{3}$cm

(4) ① $y=3x+\frac{27}{4}$　② $\left(\frac{1}{2},\ \frac{3}{2}\right)$

2 (1) エ→ア→イ→ウ　(2) farmers

(3) ①…ウ　②…ア

(4) (例) When and where will we meet?　Do I need anything?

(10語)

3 (1) イ　(2) (例) taking care of

4 (1) Ⅰ (例) (僕に) 君のことはわからない。

Ⅱ (例) 君は魚でない。

Ⅲ (例) 君には魚の楽しみがわからない。

(2) ①…イ　②…ア　③…ア

(3) (例) 恵子は「実証されていない物事は一切，信じない」という科学の伝統的立場に，荘子は「存在しないことが実証されていないものは，どれも排除しない」という考え方にそれぞれ近く，二つは両極端にある。科学では，思考や実験の過程で可能性の大多数の排除が必要である一方で，常識の枠を破った考え方が科学の発展へつながることもある。科学者は，両者のどちらに近くても，あらゆる可能性をどこまで排除するかを考える姿勢が大切だ。

誰にもよくわかる

解説と解答

2021年度

千葉県　正答率

英語

1	No.1		94.5%
	No.2		87.9%
	No.3		68.3%
2	No.1		87.7%
	No.2		74.5%
3	No.1		57.9%
	No.2		54.3%
4	No.1	①	72.6%
		②	73.0%
	No.2	①	51.1%
		②	47.7%
5	(1)		59.1%
	(2)		67.6%
	(3)		60.1%
	(4)		62.9%
	(5)		52.1%
6	8点		6.7%
	5〜7点		24.4%
	1〜4点		33.4%
7	(1)	Ⓐ	69.2%
		Ⓑ	71.0%
	(2)	①	44.8%
		②	74.4%
	(3)	①	86.2%
		②	57.6%
8	(1)		88.0%
	(2)	4点	13.8%
		1〜3点	33.3%
	(3)		59.5%
	(4)		33.8%
9	(1)		74.6%
	(2)		58.4%
	(3)		72.7%
	(4)	4点	20.4%
		1〜3点	25.7%

社会

1	(1)		46.4%
	(2)	①	67.3%
		②	21.3%
	(3)		77.4%
2	(1)		76.3%
	(2)		52.1%
	(3)		60.9%
	(4)	①	75.2%
		②	69.0%
3	(1)		45.2%
	(2)		61.3%
	(3)		76.7%
	(4)	4点	53.1%
		1〜3点	13.8%
	(5)		42.1%
4	(1)		81.1%
	(2)		62.3%
	(3)	4点	24.2%
		1〜3点	19.7%
	(4)		64.6%
	(5)		93.8%
5	(1)		36.7%
	(2)		92.5%
	(3)		54.8%
	(4)		73.2%
	(5)		5.9%
6	(1)		72.1%
	(2)		65.9%
	(3)	4点	24.3%
		1〜3点	9.7%
	(4)		87.5%
7	(1)		39.8%
	(2)		50.6%
	(3)		69.1%
	(4)		13.3%

数学

1	(1)			98.0%
	(2)			90.7%
	(3)			92.9%
	(4)			87.7%
	(5)			89.1%
	(6)			88.0%
2	(1)			78.9%
	(2)			47.0%
	(3)			52.7%
	(4)			60.7%
	(5)			39.2%
3	(1)			76.9%
	(2)	①		29.5%
		②		2.5%
4	(1)	(a)		88.7%
		(b)		88.6%
		(c)	6点	37.2%
			3点	3.9%
	(2)			3.4%
5	(1)	(ア)		88.5%
		(イ)		74.4%
	(2)	4点		20.0%
		2点		15.3%
	(3)			6.5%

理科

1	(1)		90.4%
	(2)		75.2%
	(3)		92.5%
	(4)		74.0%
2	(1)		82.6%
	(2)		23.0%
	(3)		35.6%
	(4)		28.0%
3	(1)		68.2%
	(2)		21.9%
	(3)		35.3%
	(4)		61.3%
4	(1)		82.6%
	(2)		68.8%
	(3)		81.4%
	(4)		80.0%
5	(1)		71.6%
	(2)		84.6%
	(3)		42.4%
	(4)	①	79.8%
		②	23.3%
6	(1)		68.8%
	(2)		34.1%
	(3)		31.3%
	(4)		30.2%
7	(1)		80.4%
	(2)		59.4%
	(3)	3点	27.7%
		1〜2点	4.8%
	(4)		55.6%
8	(1)		71.7%
	(2)		47.5%
	(3)		50.0%
	(4)		56.3%
9	(1)		65.4%
	(2)		16.3%
	(3)		5.3%
	(4)		4.0%

国語

一	(1)				52.5%
	(2)				83.7%
	(3)				78.0%
	(4)				27.4%
二	(1)				67.3%
	(2)				90.4%
	(3)				47.4%
	(4)				61.4%
三	(1)				85.6%
	(2)				28.1%
	(3)				75.3%
	(4)				43.4%
	(5)				26.2%
四	(1)				35.8%
	(2)				79.9%
	(3)	6点			54.8%
		3点	イのみ正答		16.4%
			エのみ正答		17.8%
	(4)				36.2%
	(5)	4点			11.9%
		1〜3点			11.2%
	(6)	Ⅰ			59.7%
		Ⅱ			30.3%
五	(1)				80.6%
	(2)	(a)			48.4%
		(b)			68.2%
		(c)			79.6%
	(3)				64.7%
	(4)				64.0%
	(5)	Ⅰ	4点		17.2%
			1〜3点		13.7%
		Ⅱ			26.2%
六	(1)				37.0%
	(2)	(a)			65.3%
		(b)	(ⅰ)		50.8%
			(ⅱ)	4点	5.8%
				1〜3点	8.2%
	(3)				72.7%
	(4)				74.0%
	(5)				62.0%
七	12点				12.4%
	8〜11点				23.1%
	4〜7点				25.4%
	1〜3点				12.7%

2021年度／千葉県公立高等学校

英語解答

1 No.1　C　　No.2　D　　No.3　A

2 No.1　B　　No.2　A

3 No.1　B　　No.2　C

4 No.1　①　future　②　popular

No.2　①　February　②　birthday

5 (1)　were　　(2)　hottest

(3)　オ－エ－ア－ウ－イ

(4)　エ－ア－オ－イ－ウ

(5)　ア－ウ－イ－エ－オ

6 (例1)I'm sorry. When we were playing soccer in my yard, our soccer ball went into your yard. Will you get and bring it for us?

(25語)

(例2)Our ball flew into your yard when we were playing soccer in my yard. It's in the tree. Can I come in and get it?(25語)

7 (1)　Ⓐ…イ　Ⓑ…ア

(2)　①…hungry　②…エ

(3)　①…ウ　②…エ

8 (1)　ア

(2)　(例)(She used it because) she wanted to remember the time with Tomomi.

(3)　イ　　(4)　English books

9 (1)　ア　　(2)　エ　　(3)　ウ

(4)　(例)a person who takes care of people at a hospital

1〔放送問題〕

No.1．女子(G)：昨夜は何をしてたの？／男子(B)：やらなきゃいけない宿題がたくさんあったんだ。／G：終わったの？／B：うん，終わったよ。

No.2．男性(M)：すみません，駅はどこですか？／女性(W)：はい。この通りをまっすぐ行くと，左側に見えますよ。／M：ここからだとどのくらい時間がかかりますか？／W：2，3分かかります。

No.3．男子(B)：お母さん，僕の英語のノートどこかな？　テーブルの上に置いといたんだけど。／母(M)：ああ，晩ご飯の前に私が移動させたわ。テレビのそばに置いたわよ。／B：テレビのそば？　…ああ，ここにあった。窓のそばにあったよ。／M：たぶん誰かが移動させたのね。

2〔放送問題〕

No.1．ナナミ(N)：もしもし。／ケン(K)：やあ，ナナミ。気分はどう？　今日，学校に来なかったよね。明日の授業について教えようと思って電話したんだ。／N：まあ，ありがとう，ケン。今はよくなってきてるわ。／K：よかった。午後にみんなで写真を撮ることになってるんだ。雨の場合は，英語と音楽の授業があるよ。／N：わかったわ。教えてくれてどうもありがとう。／K：どういたしまして。明日は学校に来られるといいね。

Q：「天気がよかったら，明日の午後彼らは何をするか」―B

No.2．昨日私はロンドンから来た友人とこの町を散歩して楽しみました。まず，私たちは山へ行ってナンソウ寺を訪れました。友人は日本の伝統的なものが大好きなのです。そこで昼食をとりました。それから，ナノハナ公園へ行ってきれいな花を見ました。その後，駅へ戻りました。来週はスタジアムでサッカーの試合を観戦する予定です。

Q：「彼らはどこで昼食をとったか」―A

3〔放送問題〕

No.1．新しい，あるいはおもしろいものをお探しですか？　当公園はそんな方にぴったりです。現在，当公園には美術館，歴史博物館，スポーツ博物館がございます。次の金曜日には，新たな博物館がオープンします。それはコンピュータ博物館で，市内最大の博物館となります。数多くの種類のコンピュータを所蔵しています。中には，皆さんがこれまでに見たことのないものもあることでしょう。

当公園はアオゾラ駅の正面にあり，駅から５分しかかかりません。すぐにご来園いただけるのを心待ちにしております！

　Q：「次の週末にはこの公園にいくつの博物館があるか」―B.「４つ」

No.２．メグ(M)：こんにちは，サム。週末はどうだった？／サム(S)：楽しかったよ。おじいちゃんに会いに行って，彼の家に泊まったんだ。／M：いいわね。誰かと一緒に行ったの？／S：家族と一緒に行ったよ。／M：楽しかったでしょうね！　おじいちゃんはあなたに会えて喜んでいたでしょう？／S：うん，でも姉さん〔妹〕は日曜日にダンスの練習があったから，姉さん〔妹〕と父さんは母さんと僕よりも先に家に帰らなければならなかったんだ。

　Q：「サムの祖父の家から先に家に帰ったのは誰か」―C.「サムの父と姉〔妹〕」

4〔放送問題〕

No.１．エミは将来，父親のレストランで働きたいと思っている。彼女の父はすばらしい料理をつくり，それはとても人気がある。大勢の人が彼の料理を食べに彼のレストランにやってくるので，彼はいつも大変忙しい。だから，エミは彼を手伝いたいと思っている。

「エミの夢は，①将来父親のレストランで働いて彼を手伝うことだ。彼の料理はすばらしくて②人気がある。大勢の人が彼のレストランに料理を味わいにくる」　in the future「将来」

No.２．２月はトムの一番好きな月だ。彼は寒い気候が好きで，雪の中で友達と楽しく遊んでいる。また，彼は５月も好きで，それは彼がその月に生まれ，家族からプレゼントをもらえるからである。

「トムの好きな月は①２月だ。彼は友達と雪の中で遊ぶことができる。彼は５月も好きで，それは彼の②誕生日がその月にあり，家族が彼にプレゼントをくれるからである」

5〔対話文完成―語形変化・整序結合〕

⑴A：20年前にはこの辺に木がたくさんあったんだよ。／B：ほんと？　今は高い建物しか見えないね。∥20 years ago「20年前」から過去の文とわかる。There is/are ～「～がある〔いる〕」の文では，‘～’の部分の名詞に動詞を合わせる。ここでは many trees という複数名詞なので，were にする。

⑵A：明日は今月で１番暑くなるんだって。／B：ええ！　暑い日は嫌いだなあ。∥直前に the があることや，Bが暑い日は嫌だと言っていることから，最上級の hottest にして「今月で１番暑い日」とする。　hot－hotter－hottest

⑶A：このケーキ好きだな。どこで買ったの？／B：私が自分でつくったのよ。シェフになるのが私の夢の１つなの。∥To be a chef「シェフになること」(to不定詞の名詞的用法)が主語になる。動詞に is を置き，残りは‘one of the＋複数名詞’「～のうちの１つ」の形で one of my dreams とまとめる。　To be a chef is one of my dreams.

⑷A：テレビで何のスポーツを見るのが好き？／B：僕はよく野球を見るよ。∥Bの返答から，「何のスポーツを～」と尋ねていると推測できる。「何のスポーツ」は What sports。この後に‘do/does＋主語＋動詞の原形…?’の疑問文の語順で do you like と続け，to は like の後に置いて like to ～「～するのが好き」の形にする。　What sports do you like to watch on TV？

⑸A：誰がこの本を君に紹介してくれたの？／B：ロイだよ。この本のおかげでリサイクルに興味が出てきたんだ。∥‘make＋目的語＋形容詞’「～を…(の状態)にする」の形にする。It made の後の‘目的語’には me,‘形容詞’の部分には interested が入る。(be) interested in ～で「～に興味がある」という意味になるので，interested の後は in recycling とする。　It made me interested in recycling.

6〔条件作文〕

①～③より，ケンタとマサトがサッカーをしていたところ，ボールがアレンさんの家の木の枝に引っかかってしまい，それを取りに２人がアレンさんの家を訪れたという場面だとわかる。④でアレン

さんは「こんにちは，ケンタ。何かあったのかい？」と尋ねているので，ケンタは「こんにちは，アレンさん」に続けて，状況を説明したうえでボールを取ってほしい，あるいは取らせてほしいと頼むと考えられる。‘依頼’を表す Will you ～？「～してくれませんか？」や‘許可’を求める Can I ～？「～してもいいですか」といった表現はまとめて覚えておくとよい。

7〔長文読解総合〕

⑴＜適語選択―説明文＞

≪全訳≫私たちは１日に約１万5000回まばたきをする。１回のまばたきの長さはわずか0.3秒だ。つまり，私たちは毎日起きている間に75分間目を閉じていることになる。ほとんどの人は１分間に約15回まばたきをするが，集中しているときにはそれほど頻繁にまばたきをしない。例えば，友達とおしゃべりをしているときには１分間に約15回まばたきするが，読書をしているときは１分間に約10回だ。ということは，あなたはこの文章を読むのに集中しているので，今はあまりまばたきをしていないのかもしれない。

＜解説＞Ⓐまばたきをしている間は瞬間的に目を閉じるのだから，0.3秒のまばたきを１万5000回行えば，合計で4500秒(＝75分間)目を閉じていることになる。　close「～を閉じる，閉める」

Ⓑ集中しているとまばたきの回数が減るということの例を挙げた部分。リラックスして会話しているときに比べ，集中して読書しているときの方がまばたきの回数は少ないはずである。

⑵＜長文読解総合―説明文＞

≪全訳≫トマトは好きだろうか。トマトはアンデス山脈原産だ。トマトは，16世紀に初めてヨーロッパにもたらされた。トマトは観賞用植物として利用されていたので，人々は初めトマトを食べなかった。最初にトマトを食べた人はイタリア出身だった。彼は非常に貧しく，食べる物がなかった。何か食べたいと思い，彼はトマトを食べることにした。そのとき，トマトが非常においしくて甘いことがわかった。その後，トマトは17世紀に日本にもたらされた。今日，トマトは世界中で売られ，食べられており，サラダに入れられることが多い。毎日トマトを食べると長生きできると言う人もいる。私たちの暮らしがよりよいものとなったのだから，そのイタリア人に「ありがとう」と言ってもいいだろう。

①＜内容一致―適語補充＞「イタリア出身の男が初めてトマトを食べたのは，彼がとても貧しくて(　　)だったからである」―hungry「空腹」　第５～７文参照。食べる物がなく，何かを食べたいという状態は，hungry「空腹の，おなかがすいた」で表せる。

②＜内容真偽＞ア.「トマトはヨーロッパ原産で，アンデス山脈にもたらされた」…×　第２，３文参照。　イ.「16世紀より前にヨーロッパの人々はトマトを食べて楽しんでいた」…×　第３文参照。16世紀になって初めてヨーロッパにもたらされた。　ウ.「16世紀に，トマトは日本に初めてもたらされた」…×　第９文参照。17世紀のことである。　エ.「毎日トマトを食べることによって寿命が延びると言う人もいる」…○　最後から２文目に一致する。

⑶＜長文読解総合―お知らせを読んで答える問題＞

≪全訳≫水族館ですばらしい夜を／夜に海の動物を見たことはありますか？　動物たちは何をしているのでしょう？　エサを食べているのかな？　眠っているのかな？　お風呂に入っているのかな？　その答えを一緒に探してみましょう！／４月10日土曜日，午後６時～午後９時／このツアーの中から１つをお選びください！／♠魚にエサをあげよう／♡アザラシと遊ぼう／♣ペンギンと歩こう／◇イルカと写真を撮ろう／☆午後７時30分からは水中レストランでおいしいディナー料理をお楽しみください。そこでは魚を見て楽しめます！／４月９日金曜日までに，どのツアーに参加したいかをお知らせください。メッセージはこちらへお送りください。／☞http://www.aqua.enjoy

①＜内容一致＞「もしアザラシと遊びたいなら，(　　)を選ぶべきではない」―ウ.「ツアーC」
表中のツアーCのみ，「アザラシと遊ぼう」を示す♡が含まれていない。

②＜**内容真偽**＞ア.「この水族館でのイベントは6時間楽しむことができる」…×　開催時間は午後6時～午後9時の3時間である。　イ.「このイベントを楽しんでいる間は何も食べることができない」…×　午後7時30分以降，水中レストランで魚を見ながら食事ができる。　ウ.「水族館に着いてから，どのツアーに参加するか決めることができる」…×　前日の4月9日金曜日までに連絡する必要がある。　エ.「1つのツアーで4種類の海の生き物全てと過ごすことはできない」…○　表より，どのツアーでも3種類の生き物との触れ合いしかできない。

8〔**長文読解総合―Eメール**〕

《**全訳**》送信者：tomomi-17@abc.jp／宛先：fusako-smile@abc.jp／7月10日，日曜日／おばあちゃんへ

❶こんにちは。もう6年もお会いしていませんね。お元気ですか？　私は元気ですが，最近はとても忙しいです。次の土曜日にピアノのコンサートがあるので，全力でがんばります！

❷ところで，おばあちゃんがパソコンを買ったと聞いたので，おばあちゃんにEメールを送ることにしました！　お互いにとてもすばやくやり取りができるから，Eメールはとても便利なツールですね。おばあちゃんはずっと前，アメリカで働いていたんでしょう。おばあちゃんは英語を使うのがとても上手なので，私はこのEメールを英語で書いています！　英語は私の大好きな科目の1つで，就職したら英語を使いたいと思っています。これは，私にとっては英語で文を書く練習をするいい機会なんです。

❸私が小学生の頃，お母さんと一緒に4時間かけて電車でおばあちゃんの家まで行ったのを覚えています。窓からきれいな海を眺めるのが楽しかったです。おばあちゃんの家で，お部屋に英語で書かれた本がたくさんあるのを見てびっくりしました。そのときは英語がわからなかったけど，今なら少し多く読めると思います。私は小さい頃から，アメリカのお話を読むのが好きでした。そういうお話を日本語で読んできました。今度おばあちゃんの家に行ったら，そういう本を英語で読みたいと思います。

❹また今度おばあちゃんに会えるのを楽しみにしています。／トモミより。

7月11日，月曜日／トモミちゃんへ

❺Eメールをどうもありがとう。英語であなたのEメールを読めて，本当にうれしかったわ！

❻英語は世界中の人たちとコミュニケーションするためのすばらしいツールね。あなたが英語を使って本当にしてみたいことって何かしら？　その答えがあなたにアイデアを与えてくれるわ。勉強を続けて，英語で書いたり話したり読んだりすることを楽しんでね。

❼トモミちゃんは，Eメールはとても便利だっていっていたけれど，私は今この手紙を手で書いているの。手紙には，Eメールにはできないことができるのよ。第一に，手紙を書いたり送ったりするには時間がかかるから，手紙を通じて自分の気持ちをあなたとよりよく分かち合える。第二に，私は今，6年前にあなたからもらったペンを使ってる，というのも，あなたと過ごしたときのことを思い出したいからよ。第三に，封筒に押し花を入れることができる。読書をするとき，しおりとして使えるわよ。このお花はガーベラ。花言葉で，ガーベラには「希望」という意味があるのよ。だから，トモミちゃんがすてきなピアノのコンサートができますようにっていう願いを込めたわ。

❽私も早くあなたに会いたいわ。私の部屋では，私と一緒にたくさんの英語の本があなたを待ってるわよ。今はトモミちゃんは前よりもうまく英語を使えるようになっているから，英語の本を楽しめるわね！／愛を込めて，フサコ

(1)＜**要旨把握―絵を見て答える問題**＞第3段落第1，2文参照。電車で海の景色を眺めながら旅をしたことがわかる。

(2)＜**英問英答**＞「なぜフサコはこの手紙を書くのにトモミがあげたペンを使ったのか」―「トモミと一緒に過ごした時間を思い出したかったから」　第7段落第4文のbecause以下を使って答える。質問文に合わせてwantは過去形のwantedにする。主語のIはsheに，最後のyouはTomomiに変える。

(3)＜**内容真偽**＞ア．「トモミはパソコンを買って，それをフサコに送った」…×　第２段落第１文参照。フサコが自分で買った。　イ．「フサコはずっと前，外国で働いていた」…○　第２段落第３文に一致する。　ウ．「トモミは小学生の頃，英語をよく理解できた」…×　第３段落第１～４文参照。　エ．「フサコは，トモミがＥメールを送るときにしおりが役に立つと思っている」…×　第７段落最後から４文目参照。読書をするときである。

(4)＜**適語句補充**＞第３段落でトモミが，小さい頃は読めなかったフサコの部屋にあった英語の本を，いつかフサコの家を訪問した際に読んでみたいと述べていること，また，第８段落ではフサコが，今ではトモミは英語を理解できるので，きっとそれらを読めるはずだと述べていることから判断できる。

9 〔長文読解総合─対話文〕

≪全訳≫❶タカシ（T）：こんにちは，スミス先生。１つ質問があります。

❷スミス先生（S）：どうお役に立てばいいかな，タカシ？

❸T：僕は英単語を覚えるのが不得意なんです。英単語の覚え方を教えてください。

❹S：(1)君はふだんはどうやって英単語を覚えようとしているんだい？

❺T：難しい英単語を見つけたら，たいていいつも英和辞典で調べて，ノートに日本語の意味を書くようにしています。

❻S：わかった。じゃあ，以前にこれを使ったことはあるかな？　さあどうぞ。

❼T：いいえ，ありません。全部英語で書かれてて，日本語が見当たりません。(2)これは僕の辞書とは違いますね！

❽S：君の英和辞典だと，英単語を調べると日本語の表現が見つかるよね。だけどこの辞書だと，別の英語表現を読むことで英単語を理解できるんだ。

❾T：なるほど，でもすごく難しそうですね。

❿S：心配ないさ！　例えば，この辞書で(3)「student」という単語を見つけてごらん。

⓫T：わかりました。ちょっと待ってください…ありました。「学校で学んでいる人」って書いてあります。うん，これはわかりやすいですね。

⓬S：「nurse」はどうかな？

⓭T：わかりました。調べてみます。

⓮S：ちょっと待って。調べる前に，何て書いてあるか予想してごらん。

⓯T：そうですね…(4)「病院で人々の世話をする人」って書いてあると思います。

⓰S：おお，いい推測だね！

(1)＜**適語句選択**＞この後，タカシは自分が英単語を覚えるときの方法を説明しているので，‘方法’を尋ねるHowを用いて，ふだんどうやって英単語を覚えているかを尋ねたのだとわかる。

(2)＜**適文選択**＞第８段落から，タカシがふだん使っているのは英和辞典で，スミス先生が手渡したのは，英単語の意味を英語で説明した英英辞典だとわかる。これを見たときのタカシの感想として，自分の辞書との違いに驚くエが適切。　the same as ～「～と同じ」

(3)＜**適語句選択**＞この後，タカシが「学校で学んでいる人」という説明が書かれている（このsayは「（本などに）～と書いてある」という意味）と言っていることから，student「生徒」という単語を調べてみるようにと言ったことがわかる。

(4)＜**適語句補充**＞nurse「看護師」という単語を英語で説明した表現を書く。studentの説明として挙げられたa person who ～「～している人」という表現を参考にし，take care of ～≒look after ～「～の世話をする，面倒をみる」やhospital「病院」，sick「病気の」といった語句を使って説明するとよいだろう。

数学解答

1 (1) 40　(2) -11　(3) $6a-2b$

(4) $x=-4,\ y=5$　(5) $3\sqrt{6}$

(6) $x=\dfrac{-9\pm\sqrt{53}}{2}$

2 (1) ウ　(2) $a-3b\leqq 5$

(3) $96\pi\,\mathrm{cm}^2$　(4) $\dfrac{5}{36}$

(5) (例)

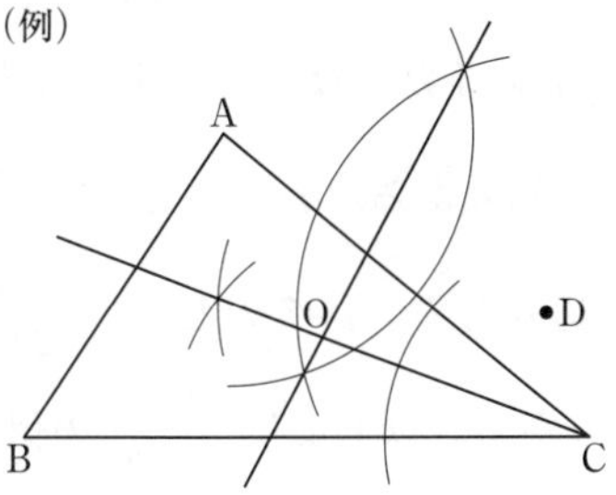

3 (1) $y=x+4$

(2) ① $24\mathrm{cm}^2$　② $-\dfrac{3}{2},\ -\dfrac{11}{2}$

4 (1)

(a)…ウ　(b)…エ

(c) (例)$\overset{\frown}{\mathrm{AC}}$に対する円周角は等しいから，$\angle\mathrm{ADC}=\angle\mathrm{ABC}$……③
②，③より，$\angle\mathrm{ADC}=\angle\mathrm{DOB}$……④
①，④より，２組の角がそれぞれ等しいので，$\triangle\mathrm{ACD}\backsim\triangle\mathrm{DBO}$

(2) $\sqrt{2}\,\mathrm{cm}$

5 (1) (ア)…$4n$　(イ)…$4n-3$

(2) (例)m段目の最小の数は$4m-3$，n段目の２番目に大きい数は$4n-1$と表される。この２数の和は，
$(4m-3)+(4n-1)=4m+4n-4=4(m+n-1)$
$m+n-1$は整数であるから，$4(m+n-1)$は４の倍数である。
したがって，m段目の最小の数と，n段目の２番目に大きい数の和は，４の倍数となる。

(3) ７組

1 〔独立小問集合題〕

(1)＜数の計算＞与式$=+(5\times8)=40$

(2)＜数の計算＞与式$=-9+(-8)\times\dfrac{1}{4}=-9+(-2)=-9-2=-11$

(3)＜式の計算＞与式$=8a-5b-2a+3b=6a-2b$

(4)＜連立方程式＞$2x+3y=7$……①，$3x-y=-17$……②とする。②×３より，$9x-3y=-51$……②′
①＋②′より，$2x+9x=7+(-51)$，$11x=-44$　$\therefore x=-4$　これを①に代入して，$2\times(-4)+3y=7$，$-8+3y=7$，$3y=15$　$\therefore y=5$

(5)＜平方根の計算＞与式$=\dfrac{12\times\sqrt{6}}{\sqrt{6}\times\sqrt{6}}+\sqrt{42\div7}=\dfrac{12\sqrt{6}}{6}+\sqrt{6}=2\sqrt{6}+\sqrt{6}=3\sqrt{6}$

(6)＜二次方程式＞解の公式より，$x=\dfrac{-9\pm\sqrt{9^2-4\times1\times7}}{2\times1}=\dfrac{-9\pm\sqrt{53}}{2}$である。

2 〔独立小問集合題〕

(1)＜資料の活用＞ア…誤。生徒20人が借りた本の冊数の合計は，$0\times3+1\times5+2\times6+3\times3+4\times2+5\times1=39$(冊)である。　イ…誤。人数が最も多いのは２冊の６人だから，最頻値(モード)は２冊である。　ウ…正。人数の合計は20人だから，中央値(メジアン)は，冊数を小さい順に並べたときの10番目と11番目の平均値となる。１冊以下が$3+5=8$(人)，２冊以下が$8+6=14$(人)より，10番目，11番目はともに２冊だから，中央値は２冊である。　エ…誤。生徒20人が借りた本の冊数の合計は39冊だから，平均値は$39\div20=1.95$(冊)である。平均値より多く借りた生徒は２冊以上の生徒だから，$6+3+2+1=12$(人)である。

(2)＜文字式の利用―不等式＞長さamのリボンから長さbmのリボンを３本切り取るので，切り取る長さは$b\times3=3b$(m)である。これより，残りの長さは$a-3b$mとなる。これが５m以下だから，$a-3b\leqq5$が成り立つ。

(3)<**図形―面積**>円柱を展開すると，右図1のようになる。底面の円の直径が8cmより，半径は$8\div2=4$だから，底面積は$\pi\times4^2=16\pi$となる。また，円柱の高さが8cmより，側面を展開した長方形の縦の長さは8cmである。横の長さは，底面の円の周の長さと等しいから，8πcmである。よって，長方形の面積は$8\times8\pi=64\pi$である。以上より，円柱の表面積は，$16\pi\times2+64\pi=96\pi$(cm²)となる。

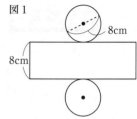

図1

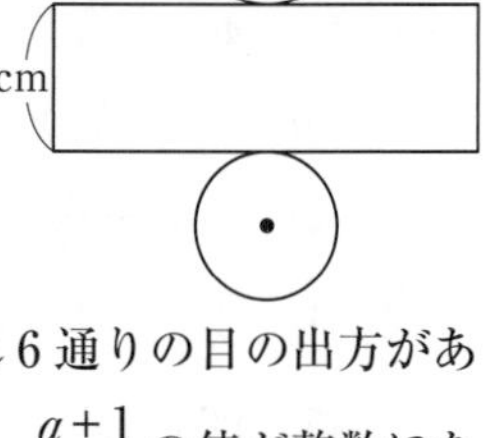

(4)<**確率―さいころ**>大小2つのさいころを同時に1回投げるとき，それぞれ6通りの目の出方があるから，目の出方は全部で$6\times6=36$(通り)あり，a，bの組は36通りある。$\frac{a+1}{2b}$の値が整数になるとき，$2b$が偶数より，$a+1$は偶数となる。つまり，aは奇数となる。$a=1$のとき，$\frac{a+1}{2b}=\frac{1+1}{2b}=\frac{2}{2b}=\frac{1}{b}$だから，これが整数となる$b$は$b=1$の1通りある。$a=3$のとき，$\frac{a+1}{2b}=\frac{3+1}{2b}=\frac{4}{2b}=\frac{2}{b}$だから，これが整数となる$b$は$b=1$，2の2通りある。$a=5$のとき，$\frac{a+1}{2b}=\frac{5+1}{2b}=\frac{6}{2b}=\frac{3}{b}$だから，これが整数となる$b$は$b=1$，3の2通りある。以上より，$\frac{a+1}{2b}$の値が整数となる$a$，$b$の組は$1+2+2=5$(通り)あるから，求める確率は$\frac{5}{36}$である。

(5)<**図形―作図**>右図2で，点Oは2点A，Dから等しい距離にあるから，OA＝ODである。よって，2点A，Dを結ぶと△OADは二等辺三角形になるから，線分ADの中点をMとすると，直線OMは線分ADの垂直二等分線となる。また，円Oと辺AC，辺BCの接点をそれぞれE，Fとし，点Oと3点C，E，Fを結ぶと，∠OEC＝∠OFC＝90°，OC＝OC，OE＝OFだから，△OCE≡△OCFとなる。これより，∠OCE＝∠OCFだから，直線COは∠ACBの二等分線である。以上より，求める点Oは，線分ADの垂直二等分線と，∠ACBの二等分線の交点となる。作図は，

図2

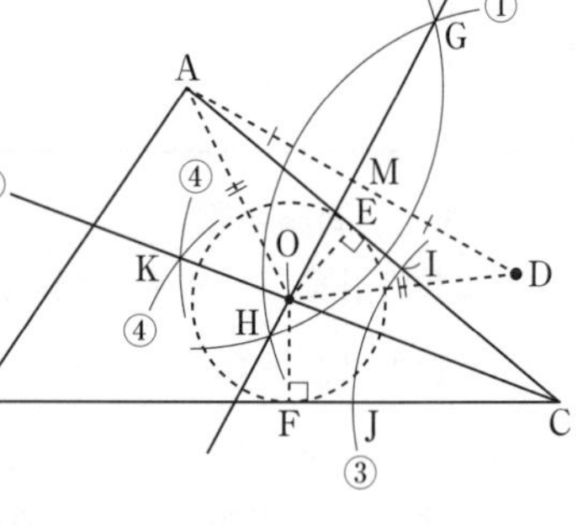

①2点A，Dを中心とする半径の等しい円の弧をかき(2つの交点をG，Hとする)，
②2点G，Hを通る直線を引く。
③点Cを中心とする円の弧をかき(辺AC，辺BCとの交点をそれぞれI，Jとする)，
④点I，点Jを中心とする半径の等しい円の弧をかき(交点をKとする)，
⑤2点C，Kを通る直線を引く。
直線GHと直線CKの交点が点Oである。解答参照。

3 〔関数―関数$y=ax^2$と直線〕

(1)<**直線の式**>右図1で，2点A，Bは関数$y=\frac{1}{2}x^2$のグラフ上にあり，x座標がそれぞれ-2，4だから，点Aのy座標は$y=\frac{1}{2}\times(-2)^2=2$，点Bの$y$座標は$y=\frac{1}{2}\times4^2=8$となり，A$(-2,\ 2)$，B$(4,\ 8)$である。直線$l$は2点A，Bを通るから，傾きは$\frac{8-2}{4-(-2)}=1$となる。直線$l$の式を$y=x+b$とおくと，点Aを通ることより，$2=-2+b$，$b=4$となり，直線$l$の式は$y=x+4$である。

図1

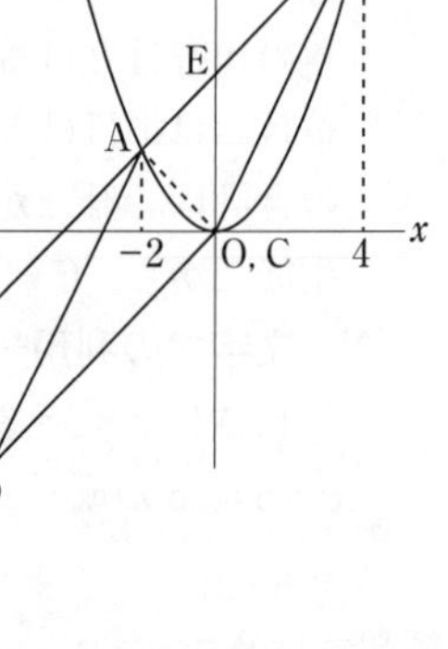

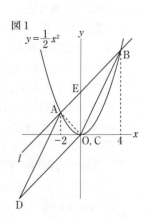

(2)<面積，y座標>①前ページの図1で，点Aと点Cを結ぶと，四角形ABCDは平行四辺形だから，△ABC≡△CDAであり，▱ABCD＝2△ABCである。直線 l と y 軸の交点をEとすると，(1)より切片が4だから，CE＝OE＝4となる。これを底辺と見ると，点Aの x 座標が−2，点Bの x 座標が4より，△ACEの高さは2，△BCEの高さは4となるから，△ABC＝△ACE＋△BCE＝$\frac{1}{2}\times4\times2+\frac{1}{2}\times4\times4=12$ となり，▱ABCD＝2×12＝24(cm²)となる。

②右図2で，▱ABCD＝15より，△ABC＝$\frac{1}{2}$▱ABCD＝$\frac{1}{2}\times15=\frac{15}{2}$ である。点Cを通り y 軸に平行な直線と直線 $y=x+4$ の交点をFとし，点Cの x 座標を t，CF＝m とする。CFを底辺と見ると，△ACFの高さは $t-(-2)=t+2$，△BCFの高さは $4-t$ となるので，△ABC＝△ACF＋△BCF＝$\frac{1}{2}\times m\times(t+2)+\frac{1}{2}\times m\times(4-t)=3m$ となる。よって，$3m=\frac{15}{2}$ が成り立つので，$m=\frac{5}{2}$ となり，CF＝$\frac{5}{2}$ である。また，点Cは関数 $y=\frac{1}{2}x^2$ のグラフ上にあるから，$y=\frac{1}{2}t^2$ となり，$C\left(t,\ \frac{1}{2}t^2\right)$ である。点Fは直線 $y=x+4$ 上にあり x 座標が t だから，$y=t+4$ となり，F$(t,\ t+4)$ である。これより，CF＝$t+4-\frac{1}{2}t^2$ と表せるから，$t+4-\frac{1}{2}t^2=\frac{5}{2}$ が成り立つ。これを解くと，$t^2-2t-3=0$，$(t-3)(t+1)=0$ より，$t=3$，-1 となり，ともに $-2<t<4$ を満たすので，適する。$t=3$ のとき，点Cの y 座標は $\frac{1}{2}t^2=\frac{1}{2}\times3^2=\frac{9}{2}$ である。四角形ABCDは平行四辺形だから，2点B，Aの y 座標の差が8−2＝6より，2点C，Dの y 座標の差も6であり，このときの点Dの y 座標は $\frac{9}{2}-6=-\frac{3}{2}$ となる。同様にして，$t=-1$ のとき，点Cの y 座標は $\frac{1}{2}t^2=\frac{1}{2}\times(-1)^2=\frac{1}{2}$ となるから，点Dの y 座標は $\frac{1}{2}-6=-\frac{11}{2}$ となる。以上より，求める点Dの y 座標は，$-\frac{3}{2}$，$-\frac{11}{2}$ である。

図2

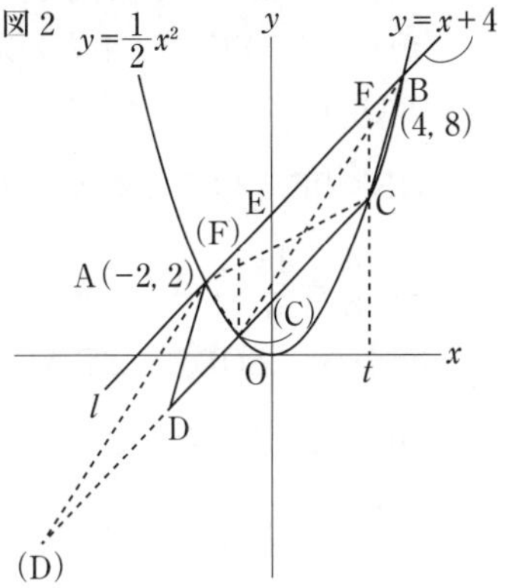

4〔平面図形―円〕

(1)<論証>右図で，証明の①は，$\overset{\frown}{AD}$ に対する円周角が等しいことから導いているので，∠ACD＝∠DBOである。②の∠ABC＝∠DOBは，CB∥ODの平行線の性質から導いている。∠ABC，∠DOBの位置関係は平行線の錯角に当たる。△ACDと△DBOにおいて，∠ACD＝∠DBOを示しているので，あと1組の角が等しいことを導く。∠ABC＝∠DOBだから，∠ADC＝∠ABCがいえると，∠ADC＝∠DOBを導け，2組の角がそれぞれ等しくなり，△ACD∽△DBOとなる。(c)は解答参照。

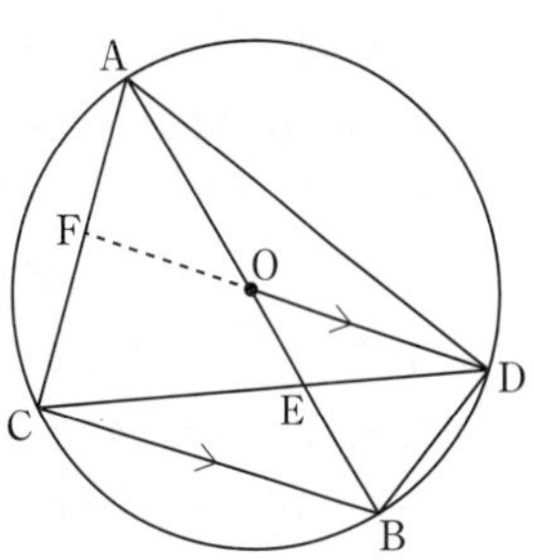

(2)<長さ>右上図で，(1)より，△ACD∽△DBOだから，CA：BD＝AD：DOである。線分ABが円Oの直径より，∠ACB＝90°である。AB＝2AO＝2×2＝4だから，△ABCで三平方の定理より，CA＝$\sqrt{AB^2-CB^2}=\sqrt{4^2-3^2}=\sqrt{7}$ となる。また，DO＝AO＝2である。DOの延長と線分ACの交点をFとすると，FD∥CBだから，∠AFO＝∠ACB＝90°となり，AO＝BOより，AF＝CFとなる。これより，AF＝$\frac{1}{2}$CA＝$\frac{1}{2}\times\sqrt{7}=\frac{\sqrt{7}}{2}$ となる。さらに，△AOF∽△ABCとなるから，FO：CB＝

AO：AB＝1：2より，FO＝$\frac{1}{2}$CB＝$\frac{1}{2}\times3=\frac{3}{2}$となり，FD＝FO＋DO＝$\frac{3}{2}+2=\frac{7}{2}$となる。△AFDで三平方の定理より，AD＝$\sqrt{\mathrm{AF}^2+\mathrm{FD}^2}=\sqrt{\left(\frac{\sqrt{7}}{2}\right)^2+\left(\frac{7}{2}\right)^2}=\sqrt{14}$となる。以上より，$\sqrt{7}$：BD＝$\sqrt{14}$：2が成り立ち，BD×$\sqrt{14}=\sqrt{7}\times2$より，BD＝$\sqrt{2}$(cm)である。

≪別解≫前ページの図で，線分ABが円Oの直径より∠ACB＝90°であり，AB＝2AO＝2×2＝4だから，△ABCで三平方の定理より，CA＝$\sqrt{\mathrm{AB}^2-\mathrm{CB}^2}=\sqrt{4^2-3^2}=\sqrt{7}$である。次に，OD∥CBより，△ODE∽△BCEとなり，OE：BE＝DO：CBである。DO＝AO＝2だから，DO：CB＝2：3となり，OE：BE＝2：3である。BO＝AO＝2より，OE＝$\frac{2}{2+3}$BO＝$\frac{2}{5}\times2=\frac{4}{5}$となり，AE＝AO＋OE＝$2+\frac{4}{5}=\frac{14}{5}$となる。また，OD∥CBより∠ODE＝∠BCD，$\overset{\frown}{\mathrm{BD}}$に対する円周角より∠BCD＝∠DAEだから，∠ODE＝∠DAEである。∠OED＝∠DEAだから，△OED∽△DEAとなり，OE：DE＝DE：AEである。よって，$\frac{4}{5}$：DE＝DE：$\frac{14}{5}$が成り立つ。これを解くと，$\mathrm{DE}^2=\frac{4}{5}\times\frac{14}{5}$，DE＝$\pm\frac{2\sqrt{14}}{5}$となり，DE＞0より，DE＝$\frac{2\sqrt{14}}{5}$となる。$\overset{\frown}{\mathrm{CB}}$に対する円周角より∠CAE＝∠BDE，$\overset{\frown}{\mathrm{AD}}$に対する円周角より∠ACE＝∠DBEだから，△ACE∽△DBEとなり，CA：BD＝AE：DEである。したがって，$\sqrt{7}$：BD＝$\frac{14}{5}$：$\frac{2\sqrt{14}}{5}$が成り立ち，BD×$\frac{14}{5}=\sqrt{7}\times\frac{2\sqrt{14}}{5}$，BD＝$\sqrt{2}$(cm)である。

5〔特殊・新傾向問題〕

(1)＜**文字式の利用**＞各段の最大の数は，1段目が4(＝4×1)，2段目が8(＝4×2)，3段目が12(＝4×3)，4段目が16(＝4×4)となっているので，n段目の最大の数は$4n$と表される。どの段も連続する4個の数が並んでいるので，各段の最小の数は同じ段の最大の数より3小さい数となる。n段目の最大の数が$4n$だから，n段目の最小の数は$4n-3$となる。

(2)＜**文字式の利用―論証**＞(1)と同様に考えて，m段目の最大の数は$4m$だから，m段目の最小の数は$4m-3$と表される。また，n段目の最大の数は$4n$であり，2番目に大きい数は最大の数より1小さい数だから，n段目の2番目に大きい数は$4n-1$と表される。この2数の和が4の倍数になることを示せばよい。解答参照。

(3)＜**m，nの値の組**＞自然数は，1段目はA列→B列→C列→D列，2段目はD列→A列→B列→C列，3段目はC列→D列→A列→B列，4段目はB列→C列→D列→A列，5段目はA列→B列→C列→D列，……のように並び，4段ごとに繰り返されるので，19段目までで最小の数がB列にある段は4段目，8段目，12段目，16段目，2番目に大きい数がB列にある段は2段目，6段目，10段目，14段目，18段目である。よって，$m=4$，8，12，16であり，$n=2$，6，10，14，18である。(2)より，m段目の最小の数は$4m-3$，n段目の2番目に大きい数は$4n-1$であり，この2数の和が$4(m+n-1)$と表せるから，これが12の倍数になるとき，12＝4×3より，$m+n-1$は3の倍数である。$m=4$のとき，$m+n-1=4+n-1=n+3$だから，$n=6$，18である。$m=8$のとき，$m+n-1=8+n-1=n+7$だから，$n=2$，14である。$m=12$のとき，$m+n-1=12+n-1=n+11$だから，$n=10$である。$m=16$のとき，$m+n-1=16+n-1=n+15$だから，$n=6$，18である。以上より，求めるm，nの組は$(m,\ n)=(4,\ 6)$，$(4,\ 18)$，$(8,\ 2)$，$(8,\ 14)$，$(12,\ 10)$，$(16,\ 6)$，$(16,\ 18)$の7組となる。

2021年度／千葉県公立高等学校

社会解答

1 (1) アパルトヘイト
(2) ①…イ　②…ウ→イ→ア　(3) エ

2 (1) ア　(2) 知床　(3) イ
(4) ①…エ　②…ウ

3 (1) え
(2) 符号…A
州名…オセアニア〔大洋〕
(3) プランテーション
(4) (例)森林を焼いてできた灰を肥料として活用
(5) エ

4 (1) 渡来人　(2) ア
(3) (例)足利義昭を京都から追放して，室町幕府を滅亡させ(23字)
(4) Ⅰ…オ　Ⅱ…イ　(5) ウ

5 (1) ウ　(2) シベリア　(3) イ
(4) エ　(5) エ→ア→イ→ウ

6 (1) ア　(2) 保険
(3) (例)国債などを売買することによって通貨の量
(4) イ

7 (1) エ　(2) 代表者　(3) ウ
(4) X…3037　Y…首長〔市長〕

1 〔三分野総合─民主主義を題材とする問題〕

(1)<アパルトヘイト>アパルトヘイトは，かつて南アフリカ共和国でとられていた人種隔離政策である。人口の少数を占める白人による政権が国を支配する中，黒人などの有色人種は参政権がなく，居住地なども制限されていた。人々による反対運動や国際社会からの批判の結果，1990年代初めにアパルトヘイトは廃止され，1994年にはネルソン=マンデラが初の黒人大統領となった。

(2)<南北戦争とリンカン，年代整序>①アメリカ合衆国では，奴隷制の存続や自由貿易を求める南部と，奴隷制の廃止や保護貿易を求める北部との間で対立が深まり，1861年に南北戦争が始まった。大統領であったリンカンは北部を率い，ゲティスバーグで「人民の，人民による，人民のための政治」を訴える演説を行って民主政治の理念を示した。戦争は北部の勝利によって1865年に終結した。なお，名誉革命(1688〜89年)はイギリス議会が専制的な国王を追放して新たな国王を迎えた出来事であり，ワシントンはアメリカ独立戦争(1775〜83年)を指導して初代大統領となった人物である。②年代の古い順に，ウ(1925年)，イ(1946年)，ア(1947年)となる。

(3)<資料の読み取り>資料2の1つ目の文より，質問1で「そう思う」「どちらかといえばそう思う」の割合の合計が80.6%で最も高い国はBであることから，Bが韓国となる。2つ目の文より，質問2で「そう思う」「どちらかといえばそう思う」の割合の合計が75.5%で最も高い国はDであることから，Dがドイツとなる。3つ目の文より，質問1と質問2で「そう思う」の割合がそれぞれ45.1%，43.9%で最も高い国はCであることから，Cはアメリカ合衆国であり，最も低い国はAであることから，Aは日本である。3つ目の文の後半より，質問1と質問2で「どちらかといえばそう思わない」の割合がそれぞれ14.1%，25.9%で最も高い国はEであることから，Eはスウェーデンである。

2 〔日本地理─日本の諸地域，地形図〕

(1)<東北地方の様子>東北地方の太平洋側には，寒流の親潮〔千島海流〕が北から南に向かって流れている。夏にその上空を通ってやませと呼ばれる冷たい北東風が長期間吹くと，稲などの農作物が十分に育たない冷害が起こることがある。また，東北地方の中心都市は，宮城県の県庁所在地である仙台市である。仙台市では，毎年8月上旬に仙台七夕まつりが行われ，多くの観光客が訪れる。なお，黒潮〔日本海流〕は，太平洋を北上して親潮とぶつかる暖流である。

(2)<知床>北海道東部の知床半島は，多くの野生動物や植物が生息する貴重な自然環境が残されていることから，沿岸地域とともに世界自然遺産に登録されている。写真の木道は，地面から離れた高い位置に設置されており，観光客によって貴重な植物が踏み荒らされるのを防ぎ，環境保全と観光を両立させるためのものである。

(3)＜**日本の気候**＞新潟県上越市(高田)を表しているあ．は日本海側の気候に属することから，冬の降水量が多いエである。群馬県前橋市を表しているい．は太平洋側の気候に属していながらも内陸部に位置することから，年降水量が比較的少ないウである。高知県高知市を表しているう．は太平洋側の気候に属し，沿岸部に位置することから，夏の降水量が多いイである。沖縄県那覇市を表しているえ．は南西諸島の気候に属することから，年間を通して気温が高いアである。

(4)＜**地形図の読み取り**＞①三角点や標高点の数値から，大島で最も標高が高い地点は175.9m，鳥島で最も標高が高い地点は34mとなり，大島の方が141.9m高い(エ…○)。なお，この地形図の縮尺は2万5千分の1であることから，実際の距離が250mである場合の地形図上での長さは，250m÷25000＝0.01m＝1cmとなる。地点Aから1cmの範囲内に寺院(卍)は1か所しかない(ア…×)。特にことわりのないかぎり，地形図上では上が北となる。海上技術学校から見た鳥島の方位は，ほぼ南東である(イ…×)。地点Bから見て西の方向にあるのは，発電所(☼)ではなく工場(☼)である(ウ…×)。　②地点Cから東(南東)に向かい，かもめ橋を通る→突き当たりを右折し，南(南西)に進む→郵便局(〶)のある突き当たりを左折し，南(南東)に2cm(500m)進む→左手に「にしからつ」駅がある場所に到着する。

3〔**世界地理―世界の姿と諸地域**〕

(1)＜**緯度・経度と対蹠点**＞地図中の緯線と経線は20度ごとに引かれている。X地点の緯度と経度は，北緯20度，東経120度である。次に，地球上でX地点の正反対となる地点(対蹠点《たいせきてん》)の緯度と経度を考える。北緯20度の正反対となる緯度は，南緯20度である。東経120度の正反対となる経度は，180－120＝60より，西経60度である。南緯20度，西経60度にあたる地点は，地図中のえ(パラグアイ北部)となる。

(2)＜**オーストラリア**＞地図中のAはオーストラリア，Bはインド，Cはフランス，Dはカナダである。内陸部に乾燥地域が広がっていること，海岸部の都市に人口が集中していることなどから，オーストラリアと判断する。写真は，南東部に位置するオーストラリア最大の都市シドニーにあるオペラハウスである。

(3)＜**プランテーション**＞プランテーションは，主に東南アジアやアフリカなどの熱帯地域で見られる大農園で，輸出用の商品作物を大規模に栽培している。かつては，植民地支配を行っていたヨーロッパ人が現地の住民の労働力を使って運営していたが，現在は現地の人が経営する農園が多い。マレーシアでは，プランテーションで天然ゴムや油やしなどの栽培が行われている。

(4)＜**焼畑農業**＞焼畑農業は，森林や草原を焼き，その灰を肥料として活用しながら耕作する農業である。アフリカ大陸の熱帯地域やアマゾン川流域では，自給用の作物を栽培する伝統的な焼畑農業が行われてきた。

(5)＜**資料の読み取り**＞ノルウェーは，全ての項目の数値が4か国中で最も小さいが，(電気自動車の保有台数)÷(人口)で求められる2017年の一人あたりの「電気自動車の保有台数」は約0.033台で，他の3か国(アメリカ合衆国約0.0023台，中国約0.00087台，日本約0.0016台)の10倍以上となっている(エ…○)。なお，2017年の中国の電気自動車の保有台数は1228千台で，2010年の649千台の2倍未満である(ア…×)。(自動車の保有台数)÷(人口)によって2017年の一人あたりの「自動車の保有台数」を求めると，アメリカ合衆国は4か国中で最も多い(イ…×)。日本の「人口」は，2010年に比べて2017年は減少している(ウ…×)。

4〔**歴史―古代～近世の日本と世界**〕

(1)＜**渡来人**＞大陸との交流が盛んになった古墳時代には，朝鮮半島などから一族で日本列島に移住する人々が増えた。このような人々は渡来人と呼ばれ，須恵器などの土器や鉄器，絹織物などをつくる技術，儒教や漢字，仏教などを日本に伝えた。

(2)＜**平城京**＞710年，奈良の平城京に都が移された。平城京は，唐の都である長安にならってつくられ，直線の道路によって碁盤の目のように区画されていた。平城京を中心に政治が行われた奈良時代は約80年間続いたが，784年には長岡京(京都府)に，次いで794年には平安京(京都府)に都が移された。

(3)**＜室町幕府の滅亡＞**尾張(愛知県)の戦国大名である織田信長は，敵対する今川氏などの戦国大名を破って勢力を強め，足利義昭を助けて室町幕府の第15代将軍とし，権力を握った。その後，義昭と対立するようになった信長は，1573年に義昭を京都から追放し，室町幕府を滅ぼした。

(4)**＜幕末の出来事＞**ペリーが浦賀に来航したのは1853年，日米修好通商条約が結ばれたのは1858年，桜田門外の変が起こったのは1860年である。ペリー来航の翌1854年，日米和親条約が結ばれ，日本は開国した(Ⅰ…オ)。日米修好通商条約の締結後，幕府への批判から尊王攘夷運動が高まる中，1859年，江戸幕府の大老であった井伊直弼は反対派の武士などを処罰したが(安政の大獄)，これに反発した水戸藩の元藩士らによって桜田門外の変で暗殺された(Ⅱ…イ)。なお，アヘン戦争が起こったのは1840年，天保の改革が行われたのは1841～43年，大政奉還が行われたのは1867年である。

(5)**＜調査のテーマ＞**先生とさちよさんの写真に関する会話から，A，C，Dについては外国との貿易，Bについては国内での品物の流通や売買という観点から調べていることがわかる。したがって，調査テーマとして適当なのは「交易の歴史」となる。

5〔歴史―近代～現代の日本と世界〕

(1)**＜大日本帝国憲法下の政治の仕組み＞**X．大日本帝国憲法のもとで設置された帝国議会は，皇族や華族，天皇が任命した議員などで構成される貴族院と，国民の選挙で選出された議員で構成される衆議院による二院制であった。なお，参議院は日本国憲法のもとで置かれた院であり，現在は衆議院と参議院の二院制がとられている。　Y．枢密院は，大日本帝国憲法の草案を審議するために設置された機関で，憲法制定後も天皇の相談や質問に応じる機関と位置づけられ，国の重要事項に関する審議を行った。なお，内閣は天皇の政治を補佐する機関とされた。

(2)**＜シベリア出兵＞**1917年にロシア革命が起こると，社会主義の影響を恐れた欧米諸国や日本は，革命に干渉するためシベリアへの出兵を行った。日本国内では，このシベリア出兵を見越して米の買い占めや売り惜しみが行われたため，米の価格が急激に上昇した。このような中，1918年に富山県で米の安売りを求める運動が起こったのを発端に，全国各地で民衆が米屋などを襲う米騒動が広がった。

(3)**＜立憲政友会＞**1918年，米騒動への対応の責任を問われた寺内正毅内閣が退陣すると，代わって原敬内閣が成立した。原内閣は，陸軍，海軍，外務の3大臣以外は全て，自らが総裁を務める立憲政友会の党員で構成された，初の本格的な政党内閣であった。立憲政友会は，当時の衆議院で最も多くの議席を占めていた政党である。なお，自由党は1881年に板垣退助を党首として結成された政党，立志社は板垣退助が民撰議院設立の建白書(1874年)を提出した後に高知でつくった政治結社，立憲改進党は1882年に大隈重信を党首として結成された政党である。

(4)**＜満州事変と国際連盟脱退＞**1931年，日本の関東軍は，奉天郊外で南満州鉄道の線路を爆破し(柳条湖事件)，これを中国軍の行動であるとして軍事行動を開始した。これが満州事変の始まりである。満州(中国東北部)の大部分を占領した関東軍は，翌年「満州国」の建国を宣言した。これに対し，中国の訴えを受けた国際連盟は，写真のリットン調査団を現地に派遣した。調査団による報告の結果，1933年の国際連盟総会では，満州国を認めず，日本軍の撤兵を求める勧告が採択された。日本はこの勧告に従わず，同年に国際連盟を脱退した。なお，盧溝橋事件は，1937年に日中戦争が始まるきっかけとなった武力衝突事件である。

(5)**＜年代整序＞**年代の古い順に，エ(1955年)，ア(1965年)，イ(1990年)，ウ(1997年)となる。

6〔公民―経済〕

(1)**＜金融＞**金融とは，資金に余裕のあるところから不足しているところへお金を融通することである。金融のうち，銀行などの金融機関を仲立ちとして資金を調達する方法を間接金融という。これに対し，企業が株式を発行して出資者から資金を集める場合のように，借り手が貸し手から直接資金を調達する方法を直接金融という。なお，利子はお金の借り手が貸し手に支払う報酬のことである。

(2)＜**保険会社**＞保険とは，加入者が一定の保険料(掛け金)を支払い，財産が損害を受けたり予期せぬ事故などによって死亡したりした場合に，それを補償するための給付を受ける仕組みである。主に財産や商品などの損害に備える保険が損害保険，死亡時などに備える保険が生命保険である。損害保険や生命保険を運営する保険会社は，金融機関の１種であり，加入者から預かった保険料を株式の売買などで運用して利益を得ている。

(3)＜**公開市場操作**＞日本銀行は，景気や物価を安定させるため，市場に出回る通貨の量を調整する金融政策を行っている。金融政策の中心となるのは，公開市場操作と呼ばれる国債などの売買である。不景気のとき，日本銀行は一般の銀行から国債などを買い入れ，市場の通貨量を増やす。反対に好景気のとき，一般の銀行に国債などを売り，市場の通貨量を減らす。

(4)＜**資料の読み取り**＞資料１の「電子マネー利用世帯の利用金額」と「電子マネー利用世帯の割合」は，2015年から2019年にかけて毎年増加し続けており，資料２の「電子マネー利用世帯の利用金額」は，「40歳未満」の年齢階級が最も少ない(ア…×)。資料１の「電子マネー利用世帯の割合」は毎年増加し続けており，資料２の「電子マネー利用世帯の割合」は，「40～49歳」と「50～59歳」の年齢階級が最も高い(ウ…×)。資料１の「電子マネー利用世帯の利用金額」は毎年増加し続けており，資料２の「電子マネー利用世帯の割合」は，「40～49歳」と「50～59歳」の年齢階級が最も高い(エ…×)。

7〔**公民―総合**〕

(1)＜**新しい人権**＞Ⅰ.「新しい人権」は，日本国憲法には直接規定されていないものの，社会の変化とともに主張され，認められるようになってきた人権である。日本国憲法第13条では，幸福追求権(「生命，自由及び幸福追求に対する国民の権利」)が定められており，新しい人権の主張はこの条文などが根拠となっている。なお，生存権は，憲法第25条に定められた「健康で文化的な最低限度の生活を営む権利」である。　Ⅱ.「新しい人権」の１つであるプライバシーの権利は，個人の私生活に関わる情報を公開されない権利である。プライバシーの権利を守るため，個人情報の適正な管理を国や地方公共団体，企業などに義務づけた個人情報保護制度が整備されている。なお，知る権利は，国や地方公共団体が持つ情報を国民が入手する権利である。

(2)＜**間接民主制と代表者**＞間接民主制〔議会制民主主義〕は，国民が選挙で代表者を選び，代表者が議会での話し合いを通じて物事を決定する仕組みである。現代のような大規模な社会では，人々が１か所に集まって政治に直接参加する直接民主制を行うのは困難であるため，大多数の国や地域で間接民主制による政治が行われている。日本国憲法の前文では，主権者である国民の信託(信用して任せること)により，国民の代表者が国政を行うことがうたわれている。

(3)＜**国民審査，選挙制度**＞A，B．最高裁判所の裁判官は，その任命が適切であるかどうかについて，投票による国民審査を受ける。国民審査は，任命後初めて行われる衆議院議員総選挙のときと，前回の審査から10年経過した後の総選挙のたびに実施される。国民審査で投票者の過半数が適切な任命ではないと判断した場合，その裁判官は辞めさせられる。　C．衆議院議員総選挙は，１つの選挙区から１人の議員を選出する小選挙区制と，政党の得票に応じて議席数を決める比例代表制を組み合わせた小選挙区比例代表並立制によって行われる。有権者は，小選挙区選出議員選挙の投票用紙には候補者の氏名を記入し，比例代表選出議員選挙の投票用紙には政党名を記入する。また，衆議院議員総選挙と同時に国民審査が実施される場合，その投票用紙には図のように裁判官の氏名が印刷されており，有権者は辞めさせた方がよいと思う裁判官の氏名の上の欄に×を記入する。

(4)＜**直接請求権**＞直接請求権に基づいて条例の制定・改廃の請求を行うには，有権者の50分の１以上の署名を集め，首長に提出する。W市で直接請求を行う場合，有権者数は151820人であるので，151820÷50＝3036.4より3037人以上の署名を集め，首長である市長に請求する。

理科解答

1 (1) 細胞壁　(2) 銀河　(3) エ
(4) イ

2 (1) ウ　(2) ウ　(3) エ
(4) g…地点X　h…上　i…10

3 (1) ウ　(2) 右図1　(3) ア
(4) 動く向き…変化なし
振れる幅…小さくなった

4 (1) (例)水の蒸発を防ぐため。
(2) ウ　(3) エ
(4) x…気孔　y…道管

5 (1) ウ　(2) イ　(3) ア
(4) ①…エ
② (例)水の温度が下がると，ミョウバンの溶解度は小さくなるが，塩化ナトリウムの溶解度はあまり変化しない

6 (1) A→D→B→C
(2) (例)温暖前線が通過したため，気温が上がった。
(3) エ　(4) イ

7 (1) イ　(2) $2Cu + O_2 \longrightarrow 2CuO$
(3) 右上図2　(4) 4.5g

8 (1) エ　(2) ウ　(3) ア　(4) イ

9 (1) 仕事の原理　(2) 2N
(3) 右図3　(4) 8N

図1

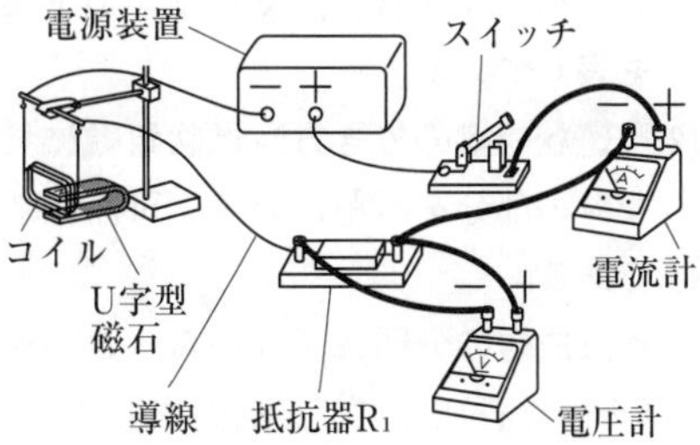

図2

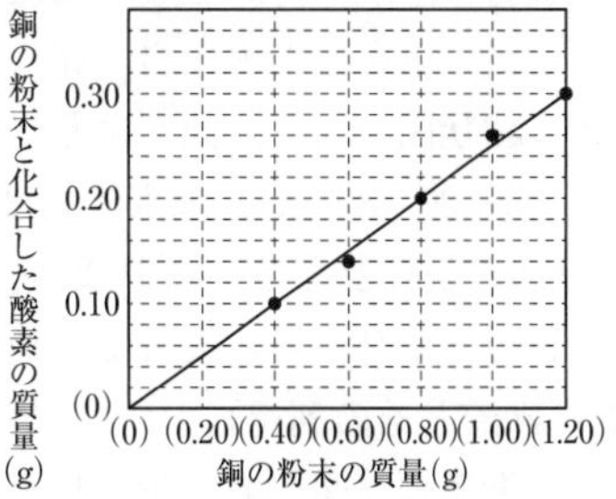

図3

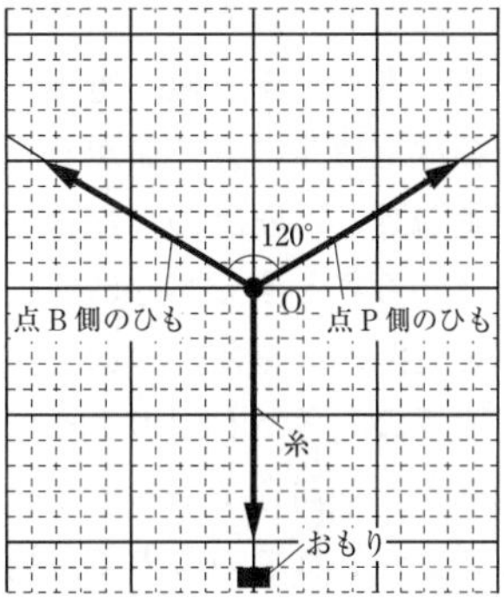

1 〔小問集合〕

(1)＜**植物の細胞**＞図1のAのつくりを細胞壁という。細胞壁は，植物の細胞だけに見られる丈夫なつくりである。

(2)＜**銀河系**＞地球は太陽系に属していて，さらに，太陽系は数千億個の恒星などの集まりである銀河系の中にある。太陽系は，銀河系の中心から約3万光年離れた所にある。

(3)＜**非電解質**＞水に溶かしてもイオンに分かれない物質を非電解質という。ア～エのうち，非電解質は砂糖(ショ糖)である。なお，水に溶けて陽イオンと陰イオンに分かれる物質を電解質という。

(4)＜**圧力**＞〔圧力(Pa)〕$=\dfrac{\text{〔面に垂直にはたらく力の大きさ(N)〕}}{\text{〔力がはたらく面積(m}^2\text{)〕}}$より，圧力は力の大きさが同じとき，力がはたらく面積に反比例する。つまり，圧力は，力がはたらく面積が小さいほど大きくなる。図2の物体は，B～Dのどの面を下にして床に置いても，床に加える力は物体にはたらく重力の大きさと同じである。また，それぞれの面の面積は，面Bが$2\times6=12$(cm^2)，面Cが$2\times4=8$(cm^2)，面Dが$6\times4=24$(cm^2)である。よって，床にはたらく圧力が最大となるのは，面積が最も小さい面Cを下にして置いたときである。

2 〔大地のつくりと変化〕

⑴＜**火成岩のつくり**＞実験①で，ペトリ皿Ａのように急速に冷やすとミョウバンの結晶は大きくなることができないが，ペトリ皿Ｂのようにゆっくり冷やすとミョウバンの結晶は大きくなる。よって，ペトリ皿Ａは，マグマが地表や地表付近で急速に冷え固まった斑状組織を持つ火山岩のでき方を表し，ペトリ皿Ｂは，マグマが地下深い所でゆっくり冷え固まった等粒状組織を持つ深成岩のでき方を表している。

⑵＜**斑状組織のでき方**＞斑状組織に見られる比較的大きな鉱物の結晶を斑晶，斑晶の周囲を囲む小さな粒の部分を石基という。斑晶は地下の深い所でマグマがゆっくりと冷やされたときにできたものである。

⑶＜**火成岩の分類**＞図３から，この火成岩は等粒状組織を持つので，深成岩である。また，無色鉱物(チョウ石)と，有色鉱物(キ石やカンラン石)が同じくらいの割合で含まれていることから，この深成岩は，黒っぽい色をした斑れい岩である。なお，玄武岩は黒っぽい色をした火山岩，流紋岩は白っぽい色をした火山岩，花こう岩は白っぽい色をした深成岩である。

⑷＜**柱状図**＞図４，図５より，地点Ｗ～地点Ｚでの火山灰の層の上面の標高を求めると，地点Ｗでは，105－20＝85(m)，地点Ｘでは，110－15＝95(m)，地点Ｙでは，95－10＝85(m)，地点Ｚでは，90－5＝85(m)となる。これより，地点Ｘの火山灰の層の標高だけが，他の地点より95－85＝10(m)高いことがわかる。よって，地点Ｘの火山灰の層は，断層によって上方向に10mずれたと考えられる。

3〔電流とその利用〕

⑴＜**電子線**＞図１で，蛍光板上に見えた明るい線を電子線(陰極線)という。電子線は，－極から飛び出した電子が蛍光板の蛍光物質にぶつかって光を発したものである。電子は－の電気を持っているため，電極Ｘを＋極，電極Ｙを－極として電圧を加えると，＋極の電極Ｘに引かれる。よって，電子線は電極Ｘの方に曲がる。

⑵＜**電流計と電圧計のつなぎ方**＞電流計は電流をはかろうとする部分に直列につなぎ，電圧計は電圧をはかろうとする部分に並列につなぐ。また，電流計も電圧計も，＋端子を電源の＋極側に，－端子を電源の－極側につなぐ。解答参照。

⑶＜**磁界の向き**＞右図のように，Ｕ字型磁石の磁界の向きは，Ｎ極からＳ極へ向かう下向きである。また，コイルには，図の手前側から奥側へ向かって電流が流れているので，周りに時計回りの磁界ができている。よって，図４中の点のうち，電流によってできる磁界の向きが，Ｕ字型磁石の磁界の向きと逆になっているのはＡである。

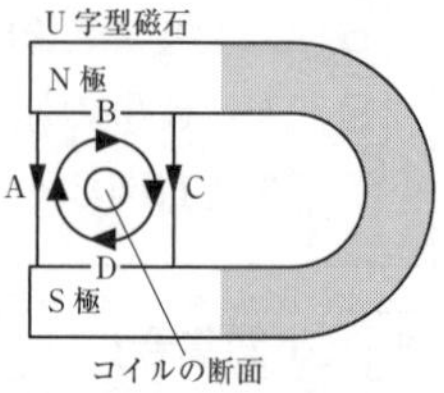

⑷＜**電流が磁界から受ける力**＞実験２の①より，抵抗器R_1に6.0Ｖの電圧を加えると2.0Ａの電流が流れたことから，抵抗器R_1の抵抗値は，オームの法則〔抵抗〕＝$\frac{〔電圧〕}{〔電流〕}$より，$\frac{6.0}{2.0}=3.0(\Omega)$となる。よって，実験２の②で，抵抗器$R_1$より抵抗値の大きい5.0Ωの抵抗器$R_2$にかえて，①と同じ6.0Ｖの電圧を加えると，電流の向きは変わらず，コイルに流れる電流は小さくなる。磁界の中で導線が受ける力の向きは電流の向きと磁界の向きで決まり，導線が受ける力の強さは導線に流れる電流が小さいほど弱くなる。よって，実験２の②では，実験２の①と比べて，コイルの動く向きは変化しないが，コイルの振れる幅は小さくなる。

4〔植物の生活と種類〕

⑴＜**実験操作**＞この実験で，それぞれの試験管の水面に油を注ぐのは，水面からの水の蒸発を防ぐためである。水面から水が蒸発すると，蒸散による水の減少量を正確に測定することができない。

⑵＜**蒸散量**＞蒸散は葉の表側と裏側，茎で行われている。実験で，全ての葉の表側にワセリンをぬった装置Ａでは葉の裏側と茎で蒸散が行われ，全ての葉の表側と裏側にワセリンをぬった装置Ｃでは茎で蒸散が行われた。また，装置Ｂ，Ｄのツユクサの葉は裏側にワセリンをぬっているため，裏側

から蒸散が行われているのは装置Aのツユクサのみである。よって，表より，蒸散による水の減少量は，装置Aでは1.2g，装置Cでは0.2gだから，葉の裏側から蒸散によって出ていった水蒸気の合計は，1.2－0.2＝1.0(g)である。

(3)＜**蒸散量**＞(2)より，蒸散は葉以外の茎でも行われていて，葉の裏側から蒸散によって出ていった水蒸気の合計は1.0gである。また，実験で，全ての葉の裏側にワセリンをぬった装置Bでは葉の表側と茎で蒸散が行われ，表より，水の減少量が0.5gであることから，葉の表側から蒸散によって出ていった水蒸気の合計は，0.5－0.2＝0.3(g)である。よって，葉の表側よりも裏側で蒸散が盛んに行われていることがわかる。

(4)＜**蒸散**＞図2で，一対の三日月形の細胞(孔辺細胞)にはさまれた穴(すきま)は，気孔である。また，維管束には道管と師管が集まっていて，このうち，茎の切り口から吸い上げられた水が通るのは道管である。なお，師管は，葉でつくられた養分が水に溶けやすい物質に変わって通る管である。

5〔身の回りの物質〕

(1)＜**溶解度**＞まず，60℃に加熱した水溶液Dでは，ミョウバン15.0gは全て溶けている。次に，40℃まで冷やした水溶液Eでは，溶けきれなくなったミョウバンが結晶になって出てきて，20℃まで冷やした水溶液Fでは，さらに結晶が多く出てきている。よって，D～Fの水溶液を，溶けているミョウバンの質量の大きいものから順に並べると，D＞E＞Fとなる。

(2)＜**ろ過**＞ろ紙には目には見えない無数の穴があいていて，その穴より小さな粒子は穴を通り抜け，大きな結晶は穴を通り抜けられず，ろ紙上に残る。よって，ろ紙の穴を通った水の粒子の大きさはろ紙の穴より小さく，ろ紙上に残ったミョウバンの結晶の大きさはろ紙の穴より大きい。

(3)＜**質量パーセント濃度**＞資料より，20℃の水100gに，ミョウバンは11.4gまで溶ける。これより，100gの$\frac{1}{2}$の50gの水に，ミョウバンは，$11.4\times\frac{1}{2}=5.7$(g)まで溶ける。よって，20℃でろ過したろ液は，水50gにミョウバンが5.7g溶けている水溶液である。したがって，このろ液の質量パーセント濃度は，5.7÷(5.7＋50)×100＝10.2…より，約10％である。

(4)＜**再結晶**＞固体を溶かした水溶液の温度を下げると，溶解度が小さくなるため，溶けていた固体の一部は溶けきれなくなり，結晶となって出てくる。このように，水溶液から結晶を取り出す方法を再結晶という。水溶液の温度を下げて結晶を取り出すことができるのは，温度によって溶解度が大きく変化する物質である。一方，塩化ナトリウムのように，温度によって溶解度がほとんど変化しない物質は，水溶液を蒸発皿にとって加熱して水を蒸発させることで結晶を取り出すことができる。

6〔気象とその変化〕

(1)＜**天気図の変化**＞日本列島の上空には偏西風と呼ばれる強い西風が吹いているため，日本上空を通過する低気圧や移動性の高気圧は，この偏西風の影響を受けて西から東に移動する。よって，図3の2月2日9時の天気図で，日本列島の西にある高気圧は，その後，東へ移動し，2日21時の天気図は図2のAのようになる。次に，前線を伴う低気圧に注目すると，この低気圧は発達しながら西から東へ移動したと考えられるから，時間の経過にしたがって天気図を並べると，D→B→C→図4となる。以上より，天気図を時間の経過にしたがって並べると，図3→A→D→B→C→図4となる。

(2)＜**温暖前線の通過**＞図1で，2月3日の18時から2月4日の4時まで，夜にもかかわらず，気温が上昇している。(1)より，2月3日21時の天気図がB，4日9時の天気図がCであることから，これは，千葉県内の地点Wを温暖前線が通過したためと考えられる。温暖前線が通過すると，観測地は寒気から暖気の中に入るので，気温が上がる。

(3)＜**風向**＞日本付近を通過する低気圧の地表付近では，中心に向かって反時計回りに風が吹き込む。そのため，次ページの図のように，Bの天気図の地点Xでは南南東，地点Yでは南南西，地点Zでは西北西の風が吹いたと考えられる。

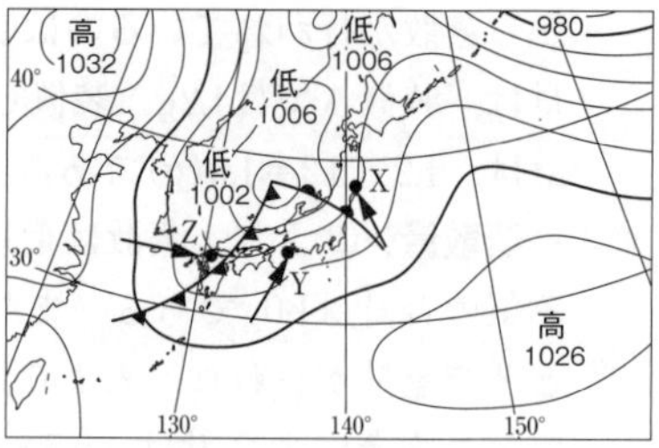

(4)<**気象観測**>図1より，地点Wでは，2月2日の夜から2月3日の朝にかけて，気温が大きく下がっている。これは，夜間に晴れていたため，地表(地面)の熱が宇宙へ逃げていく放射冷却が起こり，地表が冷え込んだためと考えられる。なお，アは，昼過ぎまでは気温の上昇とともに湿度が低くなり，夜は気温の低下とともに湿度が高くなっていったため，誤りである。ウは，低気圧に向かって吹き込んだのは季節風ではないので，誤りである。エは，日本付近を交互に通り過ぎるのは移動性高気圧と低気圧であり，シベリア気団が発達すると，西高東低の気圧配置になるので，誤りである。

7 〔化学変化と原子・分子〕

(1)<**酸化**>酸素を入れた集気びんの中に火をつけたスチールウール(鉄)を入れると，酸素と激しく反応して酸化鉄が生じる。このように，物質が酸素と結びつく(化合する)ことを酸化といい，激しく光や熱を出しながら酸化することを燃焼という。また，鉄が酸化して酸化鉄が生じるように，物質そのものが変化して，異なる物質ができる変化を化学変化という。なお，状態変化は，温度の変化によって，物質の状態が固体，液体，気体と変化することで，物質そのものは変化しない。

(2)<**化学反応式**>銅(Cu)を加熱すると，空気中の酸素(O_2)と結びついて酸化銅(CuO)が生じる。化学反応式は，矢印の左側に反応前の物質の化学式，右側に反応後の物質の化学式を書き，矢印の左右で原子の種類と数が等しくなるように化学式の前に係数をつける。

(3)<**グラフ作成**>銅の粉末と化合した酸素の質量は，銅の粉末の質量と反応後の物質の質量の差として求められる。よって，表より，銅の粉末の質量が0.40gのときの，銅の粉末と化合した酸素の質量は，$0.50-0.40=0.10$(g)である。よって，グラフ上の•より，グラフの縦軸は5目盛りが0.10gを表しているので，1目盛りは$0.10\div5=0.02$(g)を表している。また，銅の粉末の質量が0.60g，0.80g，1.00g，1.20gのときの化合した酸素の質量は，それぞれ$0.74-0.60=0.14$(g)，$1.00-0.80=0.20$(g)，$1.26-1.00=0.26$(g)，$1.50-1.20=0.30$(g)となる。したがって，グラフは，点(0.40，0.10)，(0.60，0.14)，(0.80，0.20)，(1.00，0.26)，(1.20，0.30)の近くを通る直線となり，原点を通る比例のグラフとなる。

(4)<**マグネシウムの酸化**>マグネシウムの質量と化合する酸素の質量の比が3：2より，反応したマグネシウムの質量と生じる酸化マグネシウムの質量の比は，$3:(3+2)=3:5$である。よって，2.7gのマグネシウムが酸素と完全に化合したときにできる酸化マグネシウムの質量をxgとすると，$2.7:x=3:5$が成り立つ。これを解くと，$x\times3=2.7\times5$より，$x=4.5$(g)となる。

8 〔自然と人間〕

(1)<**分解者**>ペトリ皿Aの土をのせていた所の周辺で，ヨウ素液を加えても変化が見られなかったのは，土の中の微生物が呼吸によって寒天に含まれるデンプンを分解したためである。これに対し，焼いた土では土の中の微生物が死滅しているため，ペトリ皿Bの寒天に含まれるデンプンは分解されず，ヨウ素液に反応して青紫色になった。

(2)<**分解者**>落ち葉や生物の死がい，ふんなどの分解にかかわる生物を，そのはたらきから分解者という。ア～エの生物のうち，シデムシは小動物の死がいを，ミミズは枯れ葉を食べ，アオカビやシイタケなどの菌類は，死がいや枯れ葉に含まれる有機物を無機物に分解する。よって，これらの生物は分解者にあたる。なお，ムカデやモグラ，ヘビは，生きている小動物をエサとしているので，落ち葉や生物の死がいなどを分解する役割をしていない。

(3)<**菌類・細菌類**>アオカビやシイタケなどの菌類のなかまは，死がいや枯れ葉に含まれる有機物を無機物に分解するので，生態系における分解者であり，有機物から生活するためのエネルギーを得ているので消費者でもある。なお，イは，分解してできた物質は，再び光合成の材料として植物に利用されるため，誤りである。ウは，菌類や細菌類のなかまは，土の中だけでなく，動物や植物の体内や空気中・水中にも存在するため，誤りである。エは，水と酸素ではなく，水と二酸化炭素に分解するため，誤りである。

(4)**<炭素の循環>**生態系における炭素は，有機物か，二酸化炭素として，生態系を循環している。図で，二酸化炭素としての炭素の流れを示した矢印は，全ての生物が呼吸によって大気中に二酸化炭素を放出する流れを示す矢印と，Cの生産者である植物が光合成によって大気中から二酸化炭素を吸収する流れを示す矢印である。よって，最も適当な図はイである。

9〔運動とエネルギー〕

(1)**<仕事の原理>**同じ仕事をするとき，道具を使っても使わなくても仕事の大きさは変わらないことを仕事の原理という。

(2)**<動滑車と浮力>**動滑車を用いると，手がひもを引く力は，おもりを下げた糸が動滑車を引く力の$\frac{1}{2}$，つまり，おもりの重さの$\frac{1}{2}$になる。実験１の②で，おもりが水中にあるときに手が引いた力は４Nだから，水中でのおもりの重さは，4×2＝8(N)である。また，実験１の③で，おもりの質量は１kgだから，空気中でのおもりの重さは，1×1000÷100＝10(N)である。おもりにはたらく浮力は，空気中でのおもりの重さと，水中でのおもりの重さの差として求めることができる。よって，おもりが全て水中に沈んでいるとき，おもりにはたらく浮力は一定だから，水の入った容器の底にあるおもりにはたらく浮力は，10－8＝2(N)である。

(3)**<力の作図>**右図１で，おもりが静止しているとき，糸が点Oを引く力，点B側のひもが点Oを引く力，点P側のひもが点Oを引く力は，点Oを作用点としてつり合っている。このとき，糸が点Oを引く力と，点B側のひもと点P側のひもがそれぞれ点Oを引く力の合力はつり合っている。糸が点Oを引く力はおもりの重さに等しく10Nだから，図１で，この力は，点Oから下向きに長さが10目盛りの矢印OFで表され，点B側のひもと点P側のひもがそれぞれ点Oを引く力の合力は，力OFと向きが逆で長さは等しいから，矢印OF′で表される。よって，点B側のひもが点Oを引く方向と点P側のひもが点Oを引く方向を２辺とし，矢印OF′を対角線とする平行四辺形OP′F′B′を作図すると，点B側のひもが点Oを引く力は矢印OB′で，点P側のひもが点Oを引く力は矢印OP′で表される。

図１

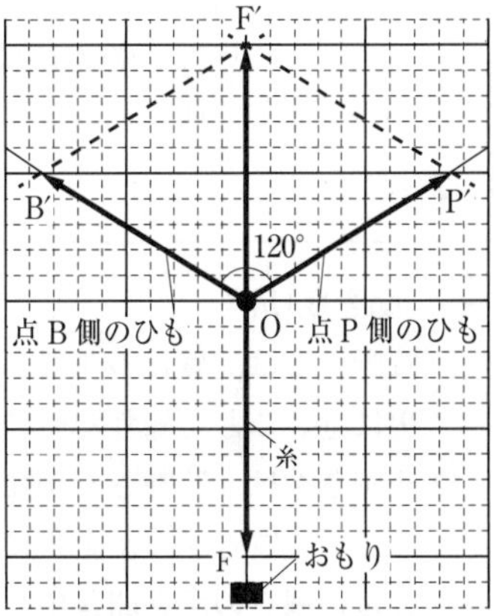

(4)**<力の大きさ>**(3)と同様に，右図２で，糸が点Oを引く力を矢印OFで表し，この力とつり合う力を矢印OF′で表す。このとき，OR，OQの向きを２辺とし，矢印OF′を対角線とする平行四辺形OQ′F′R′を作図すると，矢印OR′が点R側のひもが点Oを引く力を，矢印OQ′が点Q側のひもが点Oを引く力を表す。また，このとき，△OF′R′∽△QROとなるから，OR′：R′F′＝QO：OR＝0.6：0.8＝３：４となり，R′F′＝OQ′より，OR′：OQ′＝３：４である。ここで，点R側のひもが点Oを引く力の大きさは，質量600gの分銅の重さ600÷100×1＝6(N)であることから，点Q側のひもが点Oを引く力の大きさをxNとすると，6：x＝３：４が成り立ち，これを解くと，x×3＝6×4より，x＝8(N)となる。したがって，ばねばかりの目もりが示す力の大きさは，点Q側のひもが点Oを引く力に等しいので，８Nである。

図２

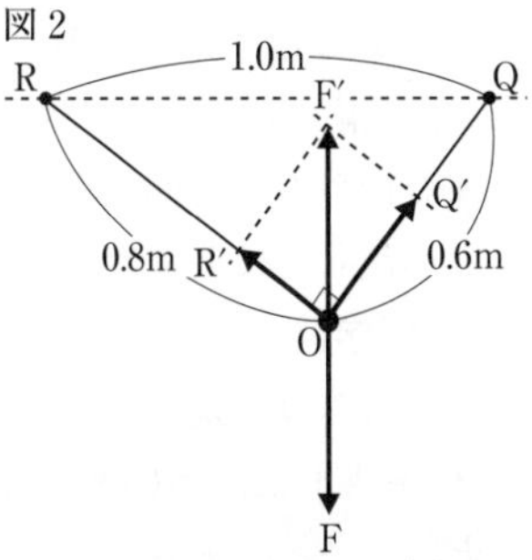

国語解答

一 (1) ア　(2) エ　(3) ㋐，㋔
(4) イ

二 (1) たずさ　(2) せんりつ
(3) しょうあく　(4) きんせん

三 (1) 群　(2) 奏　(3) 任務
(4) 推移　(5) 博覧

四 (1) ②　(2) ウ　(3) イ，エ
(4) ウ
(5) ［人間は］豊かな教養を備えておかなければ，困難に立ち向かう力を得ることができない。(36字)
(6) Ⅰ　命をつなぐ　Ⅱ…ア

五 (1) ア
(2) (a) 幼い頃　(b)…イ
(c) たくさんの祝福と希望
(3) エ　(4) ウ
(5) Ⅰ　内面の成長にともなってものの見方や感じ方が変化する
Ⅱ　友情

六 (1) エ
(2) (a)…イ
(b) (i)…ア
(ii) ［雪と涙にぬれた袖を］しぼることもできないくらいの深い悲しみ
(3) ウ　(4) イ
(5) (右参照)

窮鳥入ルレ懐ニ時ハ、猟師モ不レ捕ラレ之ヲ。

七 (例) Bで「そうだ・まあそうだ」と回答した人の割合は約六割である。これは，謙虚さの表れだと考える。私も他人と比較して，自分の技能は得意なこととして取り上げるほどではないと思い，口には出さないからだ。／自己評価を高めるには，他人との比較ではなく，過去の自分より前進することを目指せばよい。私は英語での会話がなかなか上達しないが，少しでも以前より自分の英語が通じた体験をすると，成長を実感できるからだ。(200字)

一〔聞き取り〕

(1)牧野さんは，職員の花岡さんとの対話を通して，金魚が「いつ頃から飼われていたのか」という歴史に近いことを知りたいのだとわかり，調べる視点が明確になった。

(2)花岡さんは，牧野さんが知りたいのは「金魚の飼育がいつ始まったか」ということかと問いかけることで，牧野さんが金魚について調べたいと思うきっかけとなったニュースのことや，江戸時代の金魚の飼育の話を聞き出し，牧野さんが知りたいのは「人と金魚の関わり」だと確認している。

(3)花岡さんは，「金魚が俳句の季語になったり」すると言っているので，90番の「文学」の棚に資料があると考えられる。また，金魚が「浮世絵に描かれたりしている」と言っているので，70番の「芸術・美術」に資料があると考えられる。

(4)花岡さんに新聞記事も探すかときかれた牧野さんは，海外の錦鯉のブームと江戸時代の金魚の飼育の流行とに共通点があるかを考えて，調べたことをまとめていこうとしている。

二〔漢字〕

(1)音読みは「携帯」などの「ケイ」。　(2)「旋律」は，音楽的なまとまりを持った音の連なりのこと。　(3)「掌握」は，手に入れて支配すること。　(4)「琴線」は，心の奥に秘められた感じやすい心情のこと。

三〔漢字〕

(1)音読みは「群衆」などの「グン」。　(2)音読みは「演奏」などの「ソウ」。　(3)「任務」は，自分の責任として行わなければならないつとめのこと。　(4)「推移」は，うつりかわること。　(5)「博覧」は，広く書物を読んだり見聞したりして，物事をよく知っていること。

四〔論説文の読解─哲学的分野─人生〕出典；桑子敏雄『何のための「教養」か』。

≪**本文の概要**≫人間が生きるということは，受け身的に与えられた命を維持していくために，自分の意思でたくさんのことを選択していくことである。複数の選択肢から選んでいけるのは，人間が自由であることによる。ただ，選択するときに，どの選択肢が自分の望みをかなえるものかどうかは，明確にわかっているわけではない。選択の状況は変化するものであり，よい選択をしたと思っても，不運に通じることもある。だから，最善の選択ができるようにするためには，「人間の根」としての教養を身につけなければならない。教養があれば，人は成長することができるし，困難に遭遇しても，その困難に打ち勝つ力となって自分を守ることができる。教養ある人は，よりよい選択ができるし，よりよい人生を実現できる。

⑴＜**品詞**＞「できない」「しれない」「しまわない」の「ない」は，打ち消しを表す助動詞の「ない」。「そうでない」の「ない」は，形容詞の「ない」。

⑵＜**文章内容**＞ａ．命の誕生は，自分で選択できることではなく「与えられる」ものであり，受動的なものである。　ｂ．人は，自分の命をつなぐためにたくさんのことを選択するが，選択できるということは，選択する自由があるということである。選択の自由があるので，人は，複数の選択肢の中から，自分の考えや思いによってどれか一つを選択することができるのである。

⑶＜**文章内容**＞選択するときに，選択した結果が自分の希望につながるとわかっているわけではないので，「正しい」選択とは何かを明確にすることはできず，また，選択を「誤る」というのも，正しい答えが出せなかったという意味ではなく，選択には「よりよい選択」「より悪い選択」「どちらともつかない選択」の区別があるだけである(イ…○)。さらに，「よい選択をした」と思っていても，選択の状況は変化するので，選択の結果が不運につながることもある(エ…○)。

⑷＜**文章内容**＞「『人間の根』としての教養」は，「命綱」という考え方につながるものである。教養は，物事が予定どおりに進むときにはその人を大きく育てていくものであるし，困難に遭遇したときには「困難に打ち克つ力」になってその人を守るものである。

⑸＜**表現**＞「『人間の根』としての教養」は，困難な状況に置かれても，「命綱」としてその人を守ってくれる。言い換えれば，しっかりとした根のような深い教養がないと，日照りのときに短い根では水を吸い上げられないように，困難を解決する力を持つことができないのである。

⑹＜**要旨**＞Ⅰ．人は，自分の「命をつなぐ」ために，いろいろなことを選択していくのである。
Ⅱ．よりよい選択をするためには，「目の前に現れてくる選択肢を選択肢として認識」する必要がある。そして，複数の選択肢から，現在の自分にとって何がよりよい選択肢かを考え見極めていく必要がある。つまり，最善のものを選び取れる力が必要であり，それが「教養」である。

五〔小説の読解〕出典；柚木麻子『本屋さんのダイアナ』。

⑴＜**心情**＞小学生のとき，ダイアナ自身がそれほどおもしろくないと言っていた『アンの愛情』を，お薦めの本としてダイアナが差し出したので，彩子は，その理由がわからず，ダイアナの意図をつかみかねているのである。

⑵ⓐ＜**文章内容**＞ダイアナは，十年間，疎遠であった彩子と本の話をすることで，時間を飛び越えて親友としての思いが蘇ってきた。それはまるで，「栞を挟んだところを開けば本を閉じた時の記憶と空気が蘇るよう」な感覚だったのである。　ⓑ＜**表現**＞音信の途絶えていた彩子と本の話をすることで，何のわだかまりもなく時間を飛び越えて，二人の関係が，あっという間にもとのように修復されていった。この驚きが「魔法みたい」という表現になったのである。　ⓒ＜**文章内容**＞ダイアナは，「再会と出発に世界中で一番ふさわしい」書店での仕事を通して彩子と再会した。ダイアナは，「たくさんの祝福と希望」を与えられるような店をつくりたいと考えていて，出版社を受けたいと本気で思っている彩子に，一人の書店員としてエールを贈りたいと思ったのである。

(3)＜**心情**＞彩子は，『アンの愛情』に夢中になりながらも，この後二人で話したいという気持ちを込めてダイアナに「今日，仕事何時に終わるの」ときいた。きかれたダイアナも，彩子と二人で話すことを期待し，お互いに親しみの情を取り戻しているのである。

(4)＜**表現**＞「真新しい白い紙」は，かつて彩子とダイアナが本を通して友情を育み，今また新しく二人の関係を築こうとしていることを表している。また，「彩子とダイアナの愛してやまなかった匂い」は，二人が同じ場所で同じ匂いの中で深めた友情を象徴している。

(5)＜**文章内容**＞Ⅰ．同じ本を読んでも，読み手が成長していると，読み手のものの見方や考え方が変わるから，幼い頃は共感できなかった気持ちがわかるようになったり，幼い頃は気づかなかった新しい発見ができたりするのである。　Ⅱ．同じ本を読み返すことでその当時の記憶が蘇るように，彩子とダイアナは，幼い頃に育まれた「友情」を再び取り戻そうとしている。

六〔**古文の読解―物語**〕出典；『平治物語』。

≪**現代語訳**≫ある小屋に立ち寄って，「宿をお借りしたい」と(常葉が)言うと，(宿の)主人の男が出て見て，「今どき，夜が更けてから，幼い人々を引き連れてさまよっていらっしゃるのは，謀反人の妻子でいらっしゃるのだろう。(あなたの望みを)叶えることはできないだろう」と言って，男は家の中に入ってしまった。(常葉は)落ちる涙でも降る雪でも，左右の袖をぐっしょりぬらし，柴の編戸に顔をあて，(袖を)絞りかねて立っていた。(宿の)主人の妻が出て見て言ったことには，「私たちは頼りになるような身ではないので，謀反人に味方したからといって，責められることはまさかないだろう。身分の高い人も低い人も同じ女どうしです。お入りください」と言って，常葉を家の中に入れて，いろいろと世話をしたので，(常葉は)人心地がついた。

(1)＜**古文の内容理解**＞宿の主人の男は，夜が更けているのに，幼い子どもたちを連れてさまよっているのは，謀反人の妻だろうと思い，宿に泊めることを断り，家の中に入った。

(2)(a)＜**古典文法**＞「しぼりかねてぞ」の「ぞ」は，「しぼりかねて」の意味を強調する係助詞である。

(b)＜**古文の内容理解**＞(i)宿の主人の男に泊まることを断られて，常葉は，涙と降る雪でぬらした着物の袖を絞りかねたのである。　(ii)常葉は，幼い子どもを引き連れ，追手から逃れようとする中，宿を借りて身を休めることもできず，悲しみにくれていたのである。

(3)＜**古文の内容理解**＞宿の主人の妻は，謀反人の味方をしたからといって自分たちは責められるような立場ではないうえ，身分とは関係なく女は女どうしであり，子どもを連れた常葉の気持ちが理解できるので，できるだけの世話をしようと思ったのである。

(4)＜**古語**＞「いやし」は，身分が低い，という意味。

(5)＜**漢文の訓読**＞「窮鳥」→「懐」→「入」→「時」→「猟師」→「之」→「捕」→「不」の順に読む。漢文では，一字下から上に返って読むときには，レ点を用いる。

七〔**作文**〕

資料のAからは，つらいことがあっても乗り越えられると思っている人は，七割近くいることがわかる。資料のBからは，自分に得意なことがないと思っている人は，六割近くいることがわかる。資料のCからは，自分を価値のある人間だと思わない人の方が，自分が価値のある人間だと思っている人よりも一割近く多いということがわかる。これらのことから，A～Cのうちの一つを選んで，自分の考えをまとめる。次に，自分が行っていることの中で，「自己評価」を高めることにつながることは何か，あるいは取り組むことで自己評価を高められると思うことは何かを考えてみる。その取り組みを具体的に説明するとともに，どうして自己評価を高めることになるのかの理由も書く。誤字脱字に注意して，条件に合わせて書いていくこと。

千葉県＜前期＞
正答率

英　語

1	No.1			90.2%
	No.2			83.1%
	No.3			82.1%
2	No.1			88.8%
	No.2			48.3%
3	No.1			67.0%
	No.2			70.1%
4	No.1	①		64.2%
		②		67.1%
	No.2	①		65.7%
		②		30.6%
5	(1)			50.5%
	(2)			34.3%
	(3)			78.3%
	(4)			51.5%
	(5)			29.9%
6	8 点			5.4%
	5〜7 点			19.0%
	1〜4 点			29.2%
7	(1)	Ⓐ		45.2%
		Ⓑ		62.3%
	(2)	①	4 点	11.6%
			1〜3点	22.4%
		②		63.5%
	(3)	①		79.4%
		②		32.8%
8	(1)			10.3%
	(2)			61.0%
	(3)			67.8%
	(4)			4.7%
9	(1)			77.2%
	(2)			58.4%
	(3)			64.1%
	(4)			54.7%

数　学

1	(1)			98.4%
	(2)			82.2%
	(3)			77.5%
	(4)			72.1%
	(5)			89.6%
	(6)			69.9%
2	(1)			57.7%
	(2)			74.9%
	(3)			61.7%
	(4)			28.3%
	(5)			7.7%
3	(1)			82.5%
	(2)	①		36.7%
		②		3.9%
4	(1)	(a)		97.6%
		(b)		68.6%
		(c)	6点	11.0%
			3点	5.4%
	(2)			0.8%
5	(1)			72.6%
	(2)			42.0%
	(3)	4 点		12.4%
		2 点		10.6%
	(4)			17.5%

社　会

1	(1)		78.6%
	(2)		76.2%
	(3)		45.8%
	(4)		84.3%
2	(1)		57.3%
	(2)		54.0%
	(3)	4 点	44.1%
		1〜3 点	34.0%
	(4)	①	93.4%
		②	93.7%
3	(1)		52.5%
	(2)		67.1%
	(3)		89.3%
	(4)		74.7%
	(5)		71.0%
4	(1)		35.5%
	(2)	4 点	14.4%
		1〜3 点	12.6%
	(3)		50.7%
	(4)		73.9%
	(5)		64.2%
5	(1)		17.7%
	(2)		51.3%
	(3)		56.8%
	(4)		44.6%
	(5)		43.8%
6	(1)		55.1%
	(2)		76.6%
	(3)		63.2%
7	(1)		53.9%
	(2)		72.2%
	(3)	4 点	32.7%
		1〜3 点	10.1%
8	(1)		61.8%
	(2)		77.7%

理　科

1	(1)		50.2%
	(2)		78.3%
	(3)		88.4%
	(4)		89.7%
2	(1)		79.3%
	(2)		73.8%
	(3)		66.0%
	(4)		7.7%
3	(1)		66.3%
	(2)		41.3%
	(3)	方法	95.7%
		x	82.5%
	(4)		24.4%
4	(1)		47.0%
	(2)		54.2%
	(3)		33.3%
	(4)		27.6%
5	(1)		4.8%
	(2)		27.1%
	(3)	3 点	1.4%
		1〜2 点	2.0%
	(4)		4.1%
6	(1)		92.2%
	(2)		59.3%
	(3)	①	64.7%
		②	31.2%
7	(1)		69.3%
	(2)		46.0%
	(3)		6.6%
	(4)		13.4%
8	(1)		86.3%
	(2)		69.7%
	(3)		44.4%
	(4)		62.6%
9	(1)		30.2%
	(2)		47.4%
	(3)		47.3%
	(4)		49.4%

国　語

一	(1)			76.5%
	(2)			71.4%
	(3)			76.2%
	(4)			13.3%
二	(1)			82.1%
	(2)			72.7%
	(3)			21.7%
	(4)			43.2%
三	(1)			65.7%
	(2)			79.1%
	(3)			45.5%
	(4)			65.0%
	(5)			26.2%
四	(1)			90.3%
	(2)			64.1%
	(3)			55.6%
	(4)			38.6%
五	(1)	(a)		86.4%
		(b)	Ⅰ	50.0%
			Ⅱ	51.2%
	(2)			58.8%
	(3)			47.3%
	(4)	Ⅰ		6.0%
		Ⅱ		32.8%
	(5)			77.9%
六	(1)			59.5%
	(2)			59.1%
	(3)			76.4%
	(4)	4点		13.8%
		1〜3点		12.1%
	(5)	Ⅰ	4 点	11.5%
			1〜3 点	8.1%
		Ⅱ		40.9%
七	(1)			68.2%
	(2)			26.3%
	(3)			45.1%
	(4)			29.2%
	(5)	Ⅰ	2 点	32.6%
			1 点	3.1%
		Ⅱ	2 点	17.8%
			1 点	3.7%
八	12 点			4.0%
	8〜11 点			11.9%
	4〜7 点			17.7%
	1〜3 点			14.3%

英語解答

1 No.1　D　No.2　A　No.3　B

2 No.1　C　No.2　D

3 No.1　B　No.2　A

4 No.1　①　beautiful　②　January
No.2　①　stories　②　taught

5 (1)　sung　(2)　twelfth
(3)　オーウーイーアーエ
(4)　エーイーアーオーウ
(5)　イーオーエーウーア

6 (例１)I bought a white cup yesterday, but you sent me a black one. Can you send me a white cup ?
（20語）
(例２)I bought a white cup with a star on it from your Internet shop on June 4. I was sad to find the cup was black. What should I do ?
（30語）

7 (1)　Ⓐ…イ　Ⓑ…エ
(2)　①　(例)He liked spending time with his family (the best about his trip).
②…エ
(3)　①…ア　②…ウ

8 (1)　jobs　(2)　イ　(3)　ウ
(4)　hard work

9 (1)　ウ　(2)　ア　(3)　イ　(4)　エ

1〔放送問題〕

No.1．女性(W)：すみません。ペンを借りられますか？／男性(M)：もちろんです。どうぞ。／W：ありがとうございます。／M：どういたしまして。

No.2．ジョーンズ先生(J)：どうぞお入りください。／エマ(E)：こんにちは，ジョーンズ先生。／J：こんにちは，エマ。スピーチを始める用意はできているかい？／E：はい，できています。

No.3．アマンダ(A)：こんにちは，マイク。元気？／マイク(M)：元気さ，ありがとう，アマンダ。今日はとてもうれしそうだね。／A：そう？　ちょうどアメリカにいる親友から手紙を受け取ったところなの。／M：それはよかったね。

2〔放送問題〕

No.1．男性(M)：こんにちは。いらっしゃいませ。／少女(G)：買いたいものがあるんです…。明日の理科の授業で使うのですが，英語で何ていうのかわからなくて。／M：そうですか。それはどういったものでしょうか？／G：えっと，何かを大きくするのに使えます。いえ…，それを通して見ると，何でも大きく見えるということです。学校の花壇で，それを使って花を見られます。それと，小さなバッグに入ります。／M：なるほど。わかったと思います。お持ちしましょう。

Q：「少女が買いたいものは何か」—C

No.2．こちらはラジオ千葉です。それではお天気です。１日だけですが春がきます。明日は今月で一番暖かい日になるでしょう。１日中晴れで，風は強くないでしょう。しかし，あさってはまた寒くなります。この寒い天気は次の３，４日続きます。あさっては，雨は降りませんが，風が強いでしょう。

Q：「明日とあさっての天気はどうか？」—D

3〔放送問題〕

No.1．男性(M)：すみませんが，手伝っていただけますか？　道に迷ってしまったようです。この地図でここはどこでしょう？／女性(W)：ちょっと待ってくださいね。あなたはちょうどここ，病院と自転車屋さんの間にいます。／M：駅に行くバスにはどこで乗れますか？／W：ここです。公園の

前でバスに乗れます。この通りをずっと行って，次の角を右に曲がってくださ
っすぐ行くと，そこに着きますよ。／M：本当にありがとうございます。／W：お
いです。よい1日を。

Q：「男性は何をしたいのか」―B

No.2．ジャック・ウィリアムズのスペシャルショーへようこそ。もうご存じのとおり，今夜は
1人の偉大な現代のミュージシャン，アラン・ゴードンがショーに参加します。ジャックとアラン
一緒に曲を演奏するのはこれが初めてです！　とても楽しみにしていらっしゃると思いますが，ここにはとても多くの方々がいらっしゃるので，申し訳ございませんがショーの始まりが少し遅れることをお伝えします。もう少々お待ちください。ありがとうございます。

Q：「なぜショーは遅れて始まるのか」―A

4〔放送問題〕

No.1．ジェイは9年前にケーキ屋を開いた。彼の店で最も人気があるケーキはフルーツケーキで，誰もがそれを美しいと言う。彼はいつもたくさんの新しい種類のケーキをつくろうとしている。1月に新しいパイナップルケーキを売り始めたばかりだ。彼はみんながそれを気に入ってくれることを望んでいる。

「ジェイの店で最も人気があるのは，彼の①美しいフルーツケーキだ。彼は②1月に新しいパイナップルケーキを売り始めた」

No.2．夏目漱石は有名な日本人作家だ。彼は『こころ』『坊っちゃん』『吾輩は猫である』といった作品で最もよく知られている。彼は生涯で多くの小説を書いた。彼は作家になる前，いくつかの違う学校で英語教師をしていた。

「夏目漱石は有名な作家だ。彼は生涯で多くの①小説を書いた。彼は作家になる前，いくつか違う学校で英語を②教えた」

5〔対話文完成―語形変化・整序結合〕

(1)A：今までに英語の歌を歌ったことはありますか？／B：はい，あります。／/'have/has＋過去分詞' という現在完了の疑問文である。ここは，ever「今までに」を用いた '経験' 用法である。
sing－sang－sung

(2)A：1年の12番目の月は英語で何て言うの？／B：December だよ。／/「～番目の」は主に，数字に th をつけることで表せるが，twelve のように ve で終わる語の場合，ve を f にして th をつける。

(3)A：アンディ，遅いね。どうしよう？／B：彼を待つ必要はないよ。大丈夫。彼は次の電車に乗るさ。／/don't have to ～ で「～する必要がない，～しなくてよい」。これに wait for ～「～を待つ」を続ければよい。　We don't have to wait for him.

(4)A：このバッグはどう？　すてきな色じゃない。／B：いいけど，あのバッグより高いわね。／/語群から，'比較級＋than ～' の形になると判断できる。語群中で比較級にできる語は expensive だけなので，これを more expensive という比較級にして than を続け，この後に that one を置く。この one は，前にある bag の代わりをしている。　… it is more expensive than that one.

(5)A：博物館がどこにあるか教えてもらえますか？／B：すみません。私はこの辺に住んでいるわけではないので，お役に立てません。／/'tell＋人＋物事'「〈人〉に〈物事〉を伝える」の形をつくる。'人' には me が入り，where「どこに〔で，を〕」があることから，'物事' には '疑問詞＋主語＋動詞' という間接疑問の形が当てはまるとわかる。'疑問詞' は where，'主語' は the museum「博物館」，'動詞' は is である。　Could you tell me where the museum is？

〔条件作文〕

店員は「こんにちは，コリンズさん。何かお手伝いできますか？」と言っている。また，イラストから，コリンズさんは6月4日に白いカップをインターネットで買ったが，6月5日に届いたのは黒いカップだったので，困っていることがわかる。したがって，白いカップを買ったのに黒いカップが送られてきたことを説明し，店員にどうしてほしいかを伝えるという内容が考えられる。あるいは，どうすればよいかを尋ねてもよいだろう。

7〔長文読解総合〕

⑴＜適語選択―説明文＞

≪全訳≫あなたは右手と左手，どちらの手でペンを持つだろうか。ペンを持つのに使う手は利き手と呼ばれる。ほとんどの人は，2つのグループのうちの1つに属している。1つは右利きの人々，残りの1つは左利きの人々だ。世界中の人々の10%が左利きだという研究者もいる。ネコを研究した科学者たちは，ネコにも利き「手」があることを発見した。多くのオスネコは左利きだが，ほとんどのメスネコは右利きだ。どうしたらあなたのネコの利き手がわかるだろうか。ネコが何かをするときにまずどちらの「手」を使うかを観察すれば，あなたのネコの利き手がわかる。

Ⓐ2つあるものの1つを one とした場合，残りの1つは the other と表す。　Ⓑ「ネコが何かをするときにまずどちらの手を(　　)か」という文脈なので，use「使う」が適する。

⑵＜長文読解総合―エッセー＞

≪全訳≫僕の名前はナオキだ。僕の両親は旅が大好きだ。僕たちは世界中の20か国に行ったことがある。昨年の夏，僕たちはおばのエリザベスに会いにアメリカ(合衆国)に行った。2，3日彼女の家に泊まった後，彼女と一緒に南アメリカのとてもおもしろい場所を旅した。僕たちは塩の宮殿と呼ばれるホテルに泊まった。ホテルの壁と床は塩でできていた。部屋の中のベッド，机，椅子を含むほぼ全てのものが塩でできているのを見て，僕たちは驚いた。僕は塩水のプールで泳いで楽しみ，両親は塩のサウナを気に入り，おばは塩のベッドで寝るのが大好きだった。でも，最高だったのは家族とともに過ごしたことだ。僕たちは皆，その旅でとても楽しい時間を過ごした。

①＜英問英答＞「ナオキがその旅で最も気に入ったことは何か」―「彼は家族とともに過ごしたことが(その旅で最も)気に入った」　最後から2文目参照。　like ～ the best「～が一番好きだ」

②＜内容真偽＞ア．「ナオキの家族は彼のおばに会うために南アメリカを旅した」…×　第4文参照。おばはアメリカ(合衆国)にいた。　イ．「ナオキは夏の間ずっとおばの家に泊まり，楽しい時間を過ごした」…×　第5文参照。南アメリカに行った。　ウ．「ナオキの家族はアメリカ(合衆国)のとてもおもしろいホテルに泊まった」…×　第5，6文参照。南アメリカのホテルである。　エ．「ナオキはそのホテルのほとんどのものが塩でできていることに驚いた」…○　最後から4文目参照。

⑶＜長文読解総合―お知らせを読んで答える問題＞

≪全訳≫ブドウ狩りの1日ボランティアになろう／❶誰がボランティアになれますか？／14歳から65歳までのブドウが好きな人を探しています。／❷何を家に持ち帰れますか？／ボランティア活動への感謝をお伝えするため，無料のブドウ(2kg)をお持ち帰り用に差し上げます。／❸何をすればいいのですか？／●ブドウ狩りは午前8時に始まり，午後3時に終わります。／●ブドウは枝が緑ではなく，茶色になっているものがおいしいです。／●濃い紫色のブドウを摘むとよいでしょう。薄紫色のブドウは摘むにはまだ早いです。／◆ご自分の帽子と手袋を持ってきても，こちらのものを借りてもかまいません。／◆こちらのはさみのみ使えます。ご自分のはさみは持ってこないでください。／◆ブドウを買いたすこともできます。／◆こちらの配達サービスを利用できます。／電話でもウェブサ

イトでも参加できます！／電話　555－987654／ウェブサイト　www.grapelovers.inc

①＜**要旨把握**＞「おいしくて摘むべきブドウはどれか」―ア　項目❸の２，３番目の●参照。

②＜**内容真偽**＞ア．「午前８時に摘み始めると，１日10時間ブドウ狩りができる」…×　項目❸の１番目の●参照。午前８時から午後３時までの最大７時間である。　イ．「15歳以下だと，ブドウ狩りのボランティアになれない」…×　項目❶参照。14歳から参加できる。　ウ．「ブドウを３kg 買って配達サービスで家に送ることができる」…○　３，４番目の◆参照。　エ．「家から持ってきた自分の手袋とはさみは使えない」…×　１，２番目の◆参照。手袋は使える。

8 〔長文読解総合―会話文〕

≪**全訳**≫**1ストーン先生（Ｓ）**：今日はみんなで，重要な仕事とその仕事をしている人たちについて話します。先週の皆さんの宿題は，他の人々を助けている人たちやより良い世界をつくるために何かをしている人たちを見つけることでした。彼らは何をして，どのように他の人々を助けているのでしょうか？　皆さんには考えがあると思います。ぜひみんなに教えてあげてください。

2アンナ：農家の方たちは，他の人々のために毎日働いています。人々には食べ物が必要で，いい食べ物は私たちが健康を保つのに役立ちます。農家の方たちは人々が食べるたくさんのお米，そしてほとんどの果物や野菜を育てています。私たちが牛乳や肉，卵を食べられるよう動物を育てる農家もあります。農家の方たちがいないと，私たちは生きていけません。

3フレッド：科学者は，世界をより良くするために多くのことを研究しています。彼らはいろいろな方法で問題を解決しようとしているのです。例えば，動物，食べ物，薬，ロボット，そして気候変動を研究しています。彼らは僕たちが必要なものを発明します。科学なしでは，より良い世界はありえないでしょう。だから，僕は科学者になるために一生懸命勉強しています。

4マドカ：私は教えることが人々に役立つと思います。教育は私たちの人生にとても大切です。例えば，もし将来医者になりたければ，学校で理科を学ぶ必要があります。教師がいなければ，皆さんが夢を実現するのは難しいと思います。それに，世界には多くのボランティアの教師がいます。私の姉はボランティアの教師として，アフリカの人たちに理科を教えています。

5トシオ：医師はいつも人々を助けています。病気になったり事故に遭ったりしたとき，僕たちは病院に行きます。医師は僕たちの命を救うことができたり，病気から回復する手助けができたり，僕たちが健康でいる手助けができたりします。でも，今の日本には十分な数の医師がいません。1000人当たり2.3人の医師しかいないのです。将来，僕は医師になってたくさんの人たちを助けたいです。

6Ｓ：皆さんありがとう。あなたたちの考えを全部楽しく聞かせてもらいました。世界中で他の人々を助けるために人がしている仕事はたくさんあります。一生懸命働くことは，世界をより良くするのに役立つと思います。皆さんが将来，一生懸命働き続けてくれることを望んでいます。

⑴＜**適語補充**＞生徒たちの発表は，農家，科学者，教師，医師といった重要な job「仕事」についてのもので，ストーン先生は発表を聞いた後，job「仕事」がたくさんあるとまとめている。

⑵＜**英問英答**＞「将来の夢を語ったのはどの２人の生徒か」―イ．「フレッドとトシオ」　第３段落および第５段落の最終文参照。

⑶＜**内容真偽**＞ア．「アンナは，動物が食べる果物と野菜のほとんどを農家の人たちが育てると思っている」…×　第２段落第３文参照。動物ではなく人が食べる果物や野菜である。　イ．「フレッドはロボットと医者が世界をより良くすると信じている」…×　第３段落参照。このような内容の発言はない。　ウ．「マドカの姉は海外で理科を教えるボランティアの教師だ」…○　第４段落最終文参照。　abroad「海外で」　エ．「トシオは，日本には100人当たり2.3人の医者しかいないと言った」…×　第５段落最後から２文目参照。100人ではなく1000人当たりである。

⑷＜**適語句補充**＞≪**全訳**≫❶**アンナ(A)**：科学者はどんな問題を解決しようとしているの？

❷**フレッド(F)**：気候変動が，今の僕たちが抱えている最大の問題の1つさ。気候が暑すぎて十分な雨がないので，食べ物があまり育たない場所があるんだ。

❸**A**：なるほど。科学者はどうやってそれを解決するの？

❹**F**：科学者が世界中の植物を研究することで，それを解決できると思うよ。科学者は，水がほとんどなくても育つもっと強い野菜の育て方を知ろうとしてる。一生懸命働くことで，彼らは気候変動が引き起こす問題を解決する助けになれるんだ。

❺**A**：わかったわ。ありがとう。

＜**解説**＞本文第6段落最後の2文参照。気候変動が引き起こす問題を解決することはストーン先生が言う「世界をより良くすること」にあたり，それには hard work「一生懸命働くこと」が役立つと言っている。

9 〔**長文読解—適文選択—対話文**〕

≪**全訳**≫❶**ナナ(N)**：わあ！　こんなの信じられない。

❷**リリー(L)**：何があったの？

❸**N**：ワールドベースボールサマーフェスティバルのチケットが当たったのよ。

❹**L**：本当に？　そのチケットを手に入れるのはすごく大変なのよ。(1)たくさんの人たちが欲しがってるの。あなたは運がいいわね。

❺**N**：そうね。このチケットを手に入れるのに運を全部使ってしまったような気がするわ。こんなことはもう2度と私に起こらないでしょうね。

❻**L**：ねえ，ナナ，そんなことないわよ。ところで，(2)そのチケットは何用なの？

❼**N**：開会式用よ。

❽**L**：それはとても楽しみだけど，フェスティバルの間はすごく暑いわ。私は家にいてテレビで見た方がいいと思うな。

❾**N**：本当にそう思う？　もし生で見たら，忘れられないものになるわ。それはそうと，(3)私はあなたに一緒に来てって頼もうと思っていたのよ。でも，もしあなたが行きたくないなら，別の友達を誘うわ。

❿**L**：待って，ナナ。私に一緒に来てほしいと思ってたの？　じゃあ，一緒に行けるわ！

⓫**N**：でも，あなたはテレビで見たいのよね？

⓬**L**：うん。あっ…，違う。つまり，球場で見たいのよ。(4)あなたが私に一緒に来てほしがるなんて思わなかったから，テレビで見るのがいいって言っちゃったの。

⓭**N**：大丈夫よ，リリー。私は本当にあなたと一緒に行きたいの！　一緒に楽しみましょう！

⓮**L**：ありがとう，ナナ。楽しみにしてるわね。

⑴チケットを手に入れるのは大変で，手に入れることができたナナはラッキーだと言っているのだから，多くの人がチケットを欲しがっているのだとわかる。　⑵リリーが何のためのチケットかと尋ねたので，ナナは開会式用だと答えたのである。この for は「～のための」という‘目的’を表している。　⑶次の文が‘逆接’の But「でも，しかし」に続けて「もしあなた(リリー)が行きたくないなら」となっていることから，ナナはリリーと一緒に行きたいと思っていたことがわかる。‘ask＋人＋to ～’「〈人〉に～するように頼む」　⑷直後でリリーは，‘結果’を表す so「だから」に続けて，テレビで見たいと言ってしまったと言っているので，リリーがテレビで見たいと言った理由が入る。第10段落にあるとおり，リリーはナナが自分を誘うとは思っておらず，自分は球場には行けないと思っていたため，テレビで見た方がいいと言ってしまったのである。

数学解答

1 (1) 7　(2) -13　(3) $\frac{1}{2}x+9y$

(4) $x=-12$　(5) $4\sqrt{2}$

(6) $2(x+4)(x-4)$

2 (1) エ　(2) 0.25　(3) $15\sqrt{11}\,\text{cm}^3$

(4) $\frac{2}{9}$　(5) 下図

(例)

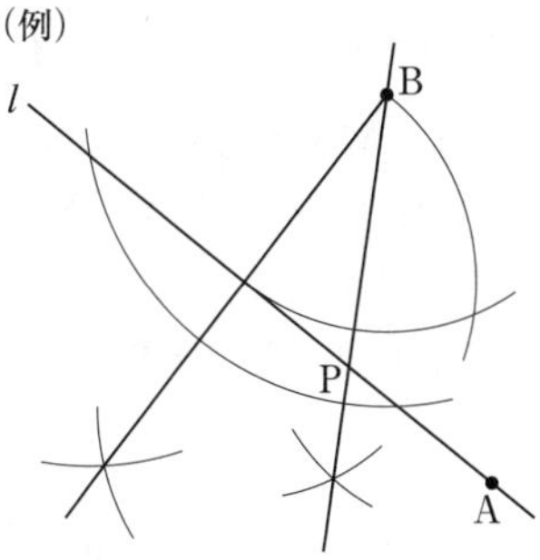

3 (1) $\frac{4}{9}$

(2) ① $y=\frac{1}{2}x+\frac{5}{2}$

② $\left(\frac{15}{4},\ \frac{25}{4}\right)$

4 (1)

(a)…ウ　(b)…カ

(c) (例)△EADと△EFBにおいて，

④より，∠AOD＝∠BOD……⑤

1つの弧に対する円周角は，その弧に対する中心角の半分であるから，

∠AED＝$\frac{1}{2}$∠AOD……⑥，

∠FEB＝$\frac{1}{2}$∠BOD……⑦

⑤，⑥，⑦より，

∠AED＝∠FEB……⑧

また，$\overset{\frown}{AE}$に対する円周角は等しいので，

∠ADE＝∠FBE……⑨

⑧，⑨より，2組の角がそれぞれ等しいので，

△EAD∽△EFB

(2) $\frac{24}{13}\text{cm}^2$

5 (1) 450個　(2) 4個　(3) 12

(4) $\frac{5}{16}$

1〔独立小問集合題〕

(1)＜数の計算＞$-2+9=7$

(2)＜数の計算＞与式＝$-25+18\times\frac{2}{3}=-25+12=-13$

(3)＜式の計算＞与式＝$2x+8y-\frac{3}{2}x+y=\frac{4}{2}x+8y-\frac{3}{2}x+y=\frac{1}{2}x+9y$

(4)＜一次方程式＞両辺に3をかけて，$3x-21=4x-9$，$3x-4x=-9+21$，$-x=12$　$\therefore x=-12$

(5)＜平方根の計算＞$\sqrt{50}=\sqrt{5^2\times2}=5\sqrt{2}$，$\frac{14}{\sqrt{2}}=\frac{14\times\sqrt{2}}{\sqrt{2}\times\sqrt{2}}=\frac{14\sqrt{2}}{2}=7\sqrt{2}$だから，与式＝$5\sqrt{2}+6\sqrt{2}-7\sqrt{2}=4\sqrt{2}$となる。

(6)＜因数分解＞与式＝$2(x^2-16)=2(x^2-4^2)=2(x+4)(x-4)$

2〔独立小問集合題〕

(1)＜関数―***a***，***b***の値＞関数$y=-x^2$は，xの絶対値が大きくなるほどyの値は小さくなるので，yの変域が$-9\leqq y\leqq0$より，xの絶対値が最大のとき$y=-9$であり，xの絶対値が最小のとき$y=0$となる。$y=-9$となるのは，$-9=-x^2$，$x^2=9$より，$x=\pm3$のときだから，xの絶対値の最大値は3である。また，$y=0$となるのは，$x=0$のときだから，xの変域には$x=0$が含まれる。xの変域$a\leqq x\leqq b$において，これらを満たすのは，エの$a=-1$，$b=3$である。

(2)＜資料の活用―相対度数＞度数の合計が36人で，このうち，5冊以上10冊未満の階級の度数は9人だから，この階級の相対度数は，$9\div36=0.25$となる。

(3)＜**図形―体積**＞右図1で，△ABCは∠ABC＝90°の直角三角形だから，三平方の定理より，$BC=\sqrt{AC^2-AB^2}=\sqrt{6^2-5^2}=\sqrt{11}$となる。よって，$\triangle ABC=\frac{1}{2}\times AB\times BC=\frac{1}{2}\times 5\times\sqrt{11}=\frac{5\sqrt{11}}{2}$だから，三角柱ABC-DEFの体積は，$\triangle ABC\times CF=\frac{5\sqrt{11}}{2}\times 6=15\sqrt{11}$(cm³)となる。

図1

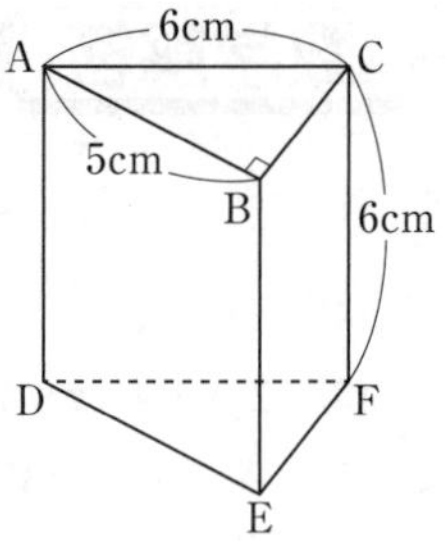

(4)＜**確率―さいころ**＞大小2つのさいころを同時に1回投げるとき，それぞれ6通りの目の出方があるから，目の出方は全部で6×6＝36(通り)あり，a，bの組も36通りある。a，bは1から6の整数だから，36通りのa，bの組のうち，$\frac{\sqrt{ab}}{2}$の値が有理数となるのは，$\sqrt{ab}$の値が整数になるときである。abは最小が1×1＝1，最大が6×6＝36だから，ab＝1，4，9，16，25，36である。ab＝1のとき(a，b)＝(1，1)の1通り，ab＝4のとき(1，4)，(2，2)，(4，1)の3通り，ab＝9のとき(3，3)の1通り，ab＝16のとき(4，4)の1通り，ab＝25のとき(5，5)の1通り，ab＝36のとき(6，6)の1通りより，a，bの組は1＋3＋1＋1＋1＋1＝8(通り)ある。よって，求める確率は$\frac{8}{36}=\frac{2}{9}$である。

(5)＜**図形―作図**＞右図2で，点Bから直線lに垂線BCを引くと，∠BPC＝180°－∠APB＝180°－120°＝60°となるから，△BPCで，∠CBP＝180°－∠BCP－∠BPC＝180°－90°－60°＝30°となる。$30°=\frac{1}{2}\times 60°$だから，線分BCを1辺とする正三角形BCDを考えると，∠CBD＝60°より，$\angle CBP=\frac{1}{2}\angle CBD$となり，点Pは∠CBDの二等分線上の点となる。作図は，右下図3で，
①点Bを中心として円の弧をかき(直線lとの2つの交点をE，Fとする)，
②2点E，Fを中心として半径の等しい円の弧をかき(交点をGとする)，
③2点B，Gを通る直線を引く(直線lとの交点がCである)。次に，
④2点B，Cを中心として半径がBCの円の弧をかき(交点がDである)，
⑤2点C，Dを中心とする半径の等しい円の弧をかく(交点をHとする)。最後に，
⑥2点B，Hを通る直線を引く。⑥の直線と直線lとの交点が点Pとなる。解答参照。

図2

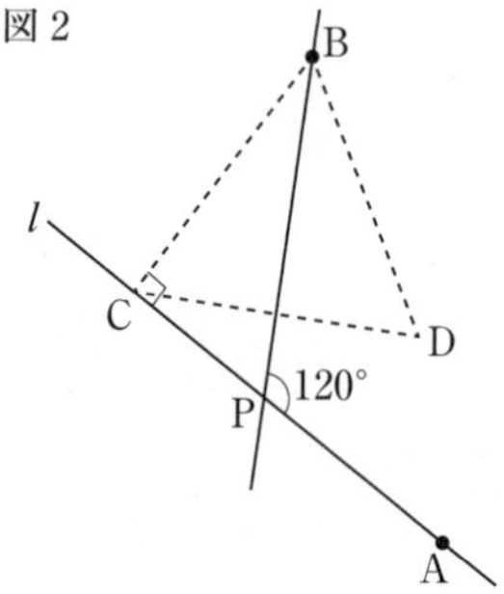

図3

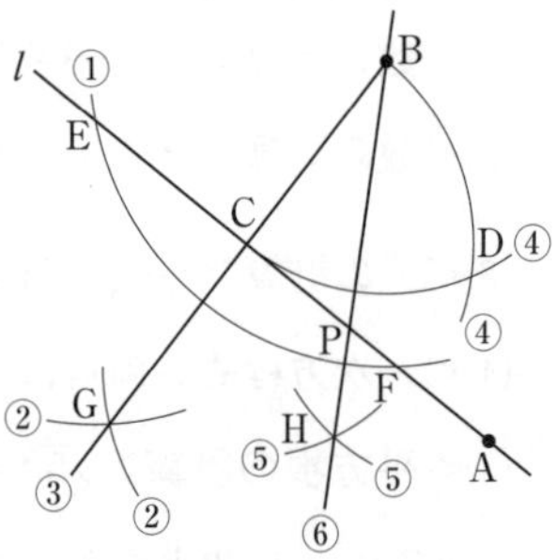

3 〔**関数―関数$y=ax^2$と直線**〕

(1)＜**比例定数**＞関数$y=ax^2$のグラフ上にA(3，4)があるので，$y=ax^2$にx＝3，y＝4を代入して，$4=a\times 3^2$より，$a=\frac{4}{9}$となる。

(2)＜**直線の式，座標**＞①右図で，点Aからx軸に垂線AHを引く。A(3，4)より，OH＝3，AH＝4だから，△AOHで三平方の定理を用いて，$OA=\sqrt{OH^2+AH^2}=\sqrt{3^2+4^2}=\sqrt{25}=5$となる。よって，OB＝OA＝5である。点Bは$x$軸上にあり$x$座標は負だから，B(－5，0)である。したがって，直線ABの傾きは

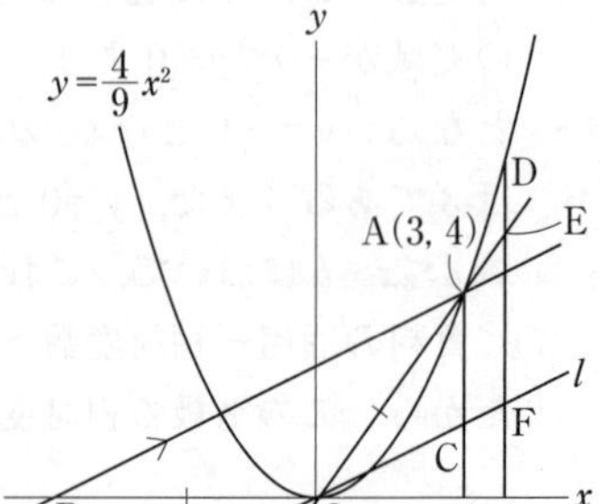

$\frac{4-0}{3-(-5)}=\frac{1}{2}$ であり，その式は $y=\frac{1}{2}x+b$ とおける。点Bを通るから，

$0=\frac{1}{2}\times(-5)+b$，$b=\frac{5}{2}$ となり，直線ABの式は $y=\frac{1}{2}x+\frac{5}{2}$ である。

②前ページの図で，点Dから x 軸に引いた垂線と x 軸の交点をＩとする。AH∥DIより，△AOC∽△EOFである。また，△AOC：〔四角形ACFE〕＝16：9より，△AOC：△EOF＝16：(16＋9)＝16：25＝4^2：5^2 となるから，△AOCと△EOFの相似比は4：5であり，OC：OF＝4：5である。これより，OH：OI＝OC：OF＝4：5だから，$\mathrm{OI}=\frac{5}{4}\mathrm{OH}=\frac{5}{4}\times3=\frac{15}{4}$ となり，点Dの x 座標は $\frac{15}{4}$ である。(1)より，点Dは関数 $y=\frac{4}{9}x^2$ のグラフ上の点であるから，$y=\frac{4}{9}\times\left(\frac{15}{4}\right)^2=\frac{25}{4}$ となり，$\mathrm{D}\left(\frac{15}{4},\ \frac{25}{4}\right)$ である。

4〔平面図形―円〕

(1)<**論証**>右図1の△OACと△OBCで，証明の①は，円の半径であることから導いているので，OA＝OBである((a)…ウ)。①のOA＝OB，②の∠OCA＝∠OCB＝90°，③のOCは共通より，直角三角形の斜辺と他の1辺がそれぞれ等しいことがいえる((b)…カ)。(c)は，△EADと△EFBにおいて，2組の角がそれぞれ等しいことを示せばよい。△OAC≡△OBCより，∠AOD＝∠BODである。$\overset{\frown}{\mathrm{AD}}$，$\overset{\frown}{\mathrm{DB}}$ に対する円周角と中心角の関係を用いると，∠AED＝∠FEBが導ける。解答参照。

図1

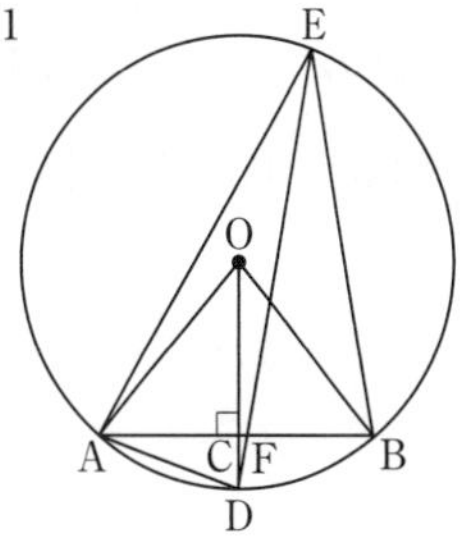

(2)<**面積**>右図2で，(1)より△EAD∽△EFBであり，AD：DE＝1：3だから，FB：BE＝1：3となる。これより，$\mathrm{FB}=\frac{1}{3}\mathrm{BE}=\frac{1}{3}\times6=2$ となる。また，△OAC≡△OBCよりAC＝BCであり，AO＝EOだから，△ABEで中点連結定理より，$\mathrm{OC}=\frac{1}{2}\mathrm{EB}=\frac{1}{2}\times6=3$ となる。よって，$\triangle\mathrm{OFB}=\frac{1}{2}\times\mathrm{FB}\times\mathrm{OC}=\frac{1}{2}\times2\times3=3$ となる。

図2

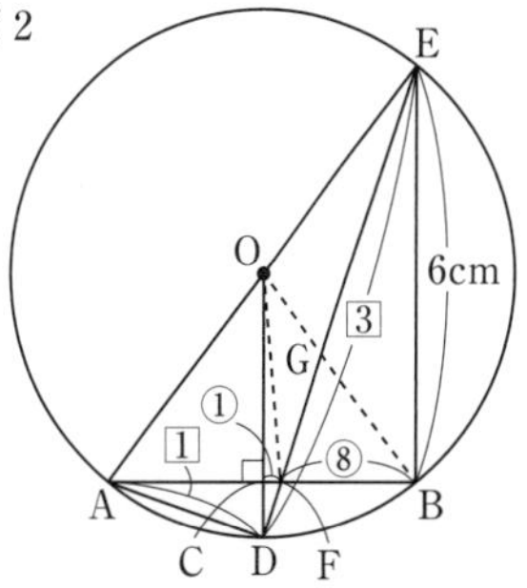

次に，線分AEが円Oの直径より，∠EBA＝90°だから，∠OCA＝∠EBA＝90°となり，OD∥EBとなる。これより，△DFC∽△EFBとなる。相似比はCF：BF＝1：8だから，CD：BE＝1：8より，$\mathrm{CD}=\frac{1}{8}\mathrm{BE}=\frac{1}{8}\times6=\frac{3}{4}$ となり，$\mathrm{OD}=\mathrm{OC}+\mathrm{CD}=3+\frac{3}{4}=\frac{15}{4}$ となる。さらに，△ODG∽△BEGとなるから，OG：BG＝OD：BE＝$\frac{15}{4}$：6＝5：8となる。したがって，△OFG：△GFB＝5：8となるから，$\triangle\mathrm{GFB}=\frac{8}{5+8}\triangle\mathrm{OFB}=\frac{8}{13}\times3=\frac{24}{13}(\mathrm{cm}^2)$ となる。

5〔特殊・新傾向問題〕

(1)<**ビー玉の個数**>箱Aを使うとビー玉の個数は3倍，箱Bを使うとビー玉の個数は5倍になるので，はじめに2個のビー玉を用意して，箱Aを2回使った後，箱Bを2回使うと，ビー玉の個数は，2×3×3×5×5＝450(個)となる。

(2)<**ビー玉の個数**>2700＝2×2×3×3×3×5×5より，箱を5回使って最後に取り出したビー玉の個数が2700個になるとき，ビー玉の個数が3倍になったのが3回，5倍になったのが2回である。つまり，箱Aを3回，箱Bを2回使っている。よって，はじめに用意したビー玉の個数は，2700÷(3×3×3×5×5)＝4(個)である。

(3)＜**xの値—二次方程式の応用**＞はじめに1個のビー玉を用意して，箱Aを2回使った後，箱Bを1回使い，さらにその後，箱Xを2回使っているので，最後に取り出したビー玉の個数は，$1\times3\times3\times5\times x\times x=45x^2$(個)と表せる。これが540$x$個となるので，$45x^2=540x$が成り立つ。これを解くと，$x^2-12x=0$，$x(x-12)=0$より，$x=0$，12となる。$x$は自然数だから，$x=12$である。

(4)＜**確率**＞1枚のコインを4回投げるとき，表，裏の出方は全部で$2\times2\times2\times2=16$(通り)ある。また，はじめに4個のビー玉を用意し，箱A，箱Bを合計4回使うと，最後に取り出すビー玉の個数は，箱Aを4回使うとき$4\times3\times3\times3\times3=324$(個)，箱Aを3回，箱Bを1回使うとき$4\times3\times3\times3\times5=540$(個)，箱Aを2回，箱Bを2回使うとき$4\times3\times3\times5\times5=900$(個)，箱Aを1回，箱Bを3回使うとき$4\times3\times5\times5\times5=1500$(個)，箱Bを4回使うとき$4\times5\times5\times5\times5=2500$(個)となる。よって，16通りの表，裏の出方のうち，最後に取り出すビー玉の個数が1000個を超えるのは，箱Aを1回，箱Bを3回使うときか，箱Bを4回使うときである。箱Aを1回，箱Bを3回使うのは(1回目，2回目，3回目，4回目)＝(表，裏，裏，裏)，(裏，表，裏，裏)，(裏，裏，表，裏)，(裏，裏，裏，表)の4通り，箱Bを4回使うのは(裏，裏，裏，裏)の1通りだから，最後に取り出したビー玉の個数が1000個を超える場合は$4+1=5$(通り)であり，求める確率は$\frac{5}{16}$となる。

社会解答

1 (1) エ　(2) バリアフリー
(3) イ→ア→ウ　(4) ウ

2 (1) 島根　(2) ウ
(3) (例)移動時間が短縮され，人や物の流れが活発
(4) ①…エ　②…リアス

3 (1) 西経90　(2) 経済特区　(3) イ
(4) ウ　(5) ア

4 (1) イ
(2) (例)後鳥羽上皇を破って隠岐に流し，朝廷を監視するため六波羅探題(29字)
(3) ア　(4) g　(5) 産業革命

5 (1) ウ→エ→ア　(2) イ　(3) エ
(4) 民族自決　(5) イ

6 (1) Ⅰ…株主　Ⅱ…配当　(2) ウ
(3) エ

7 (1) ウ　(2) 象徴
(3) (例)衆議院の議決が国会の議決となり，Xが内閣総理大臣(24字)

8 (1) UNICEF〔ユニセフ〕　(2) ア

1 **〔三分野総合—東京オリンピックを題材とする問題〕**

(1)**＜地中海式農業＞**ギリシャやイタリア，スペインなどの地中海沿岸地域は，夏は高温で乾燥し，冬は比較的降水量が多い温帯の地中海性気候に属している。この気候を生かして，夏にぶどうやオリーブなどを栽培し，冬に小麦などを栽培する地中海式農業が盛んに行われている。なお，カカオやコーヒーの栽培は主に熱帯で，やぎや乳牛の飼育と乳製品の生産は主に冷涼な地域で行われている。ライ麦などの穀物の栽培と豚や牛の飼育を組み合わせる混合農業は，フランスやドイツなどで見られる。

(2)**＜バリアフリー＞**体の不自由な人や高齢者などが社会生活をするうえで妨げとなるような障壁(バリア)をなくそうとする考え方をバリアフリーという。これを実現するための取り組みがバリアフリー化で，公共の交通機関や建造物では，段差の除去やエレベーターの設置，音声案内の整備などが進められている。

(3)**＜年代整序＞**年代の古い順に，イ(1978年)，ア(1993年)，ウ(1997年)となる。

(4)**＜資料の読み取り＞**資料2で1960年から2017年にかけて10分の1程度に減少しているとある第1次産業の就業者割合に注目すると，EとFの数値を比べて約10倍の差があるのはBだけであることから，Bが第1次産業の就業者割合，Eが1960年，Fが2017年であると判断できる。これに従って他の項目を見ると，エンゲル係数は2017年が1960年の3分の2程度とあることからA，食料自給率は2017年が1960年の2分の1程度とあることからD，65歳以上人口の割合は2017年が1960年の4倍以上とあることからCとなる。

2 **〔日本地理—日本の諸地域，地形図〕**

(1)**＜都道府県と県庁所在地＞**あ.は秋田県，い.は静岡県，う.は福井県，え.は島根県を指している。このうち，県名と県庁所在地名が異なるのは，松江市を県庁所在地とする島根県である。

(2)**＜工業地帯・地域の製造品出荷額割合＞**Aの千葉県が含まれるのは京葉工業地域，Bの愛知県が含まれるのは中京工業地帯，Cの大阪府が含まれるのは阪神工業地帯である。中京工業地帯は製造品出荷額が全国の工業地帯・工業地域の中で最も多く，自動車を中心とする機械工業が製造品出荷額の約7割を占める。一方，京葉工業地域には石油化学コンビナートが複数立地しており，製造品出荷額に占める化学工業の割合が最も多い。阪神工業地帯は中京工業地帯に次いで2016年の製造品出荷額が多く，金属工業の割合が比較的高いことなどが特徴となっている。

(3)<**瀬戸大橋と交通の変化**>交通手段がフェリーから鉄道や自動車へと変化することで，移動時間は短くなると判断できる。また，時間の短縮などによって移動が便利になれば，それまで以上に人や物の流れが活発になる。なお，本州と四国を結ぶ本州四国連絡橋は３ルートあり，瀬戸内海をまたいだ本州と四国の間の人や物の流れは活発になったが，一方で島々を結んでいたフェリーの航路や便数が縮小され，生活が不便になった地域や人々も見られる。

(4)<**地形図の読み取り，リアス海岸**>①地点Ｙから戎ケ鼻にかけての地域には，果樹園(ó)が見られる。なお，地形図上の長さは，実際の距離を地形図の縮尺でわれば求められる。示された地形図の縮尺は２万５千分の１なので，実際の距離が500ｍである場合の地形図上での長さは，500ｍ÷25000＝0.02ｍ＝2cmとなる。しかし，地点Ｘから２cmの範囲内に市役所(◎)は見られない(ア…×)。特にことわりのないかぎり，地形図上では北が上となる。宇和島城から見て図書館(🕮)は右下にあるので，ほぼ南東にあたる(イ…×)。２万５千分の１の地形図では，主曲線(等高線の細い線)は10ｍごと，計曲線(等高線の太い線)は50ｍごとに引かれている。地点Ｙの南東にある山頂の三角点(△)の標高は113.7ｍで，そこから等高線を数えていくと，地点Ｙは60ｍの等高線上に位置しているとわかる(ウ…×)。　②リアス海岸は，山地が沈み込み，谷だった所に海水が入り込んでできた出入りの複雑な海岸地形である。日本では，図２中のＺで示された愛媛県西部の宇和海沿岸のほか，東北地方の太平洋側に伸びる三陸海岸，三重県東部の志摩半島，福井県から京都府北部にかけて伸びる若狭湾などで見られる。

3 〔世界地理―世界の姿と諸地域〕

(1)<**時差と経度**>日本が２月15日午前８時のとき，シカゴは２月14日午後５時なのだから，両地点の時差は15時間になる。地球は24時間で１周360度を回るので，360÷24＝15より，経度15度につき１時間の時差が生じることになる。ここから，日本とシカゴの標準時の経度差は，15(度)×15(時間)＝225度と求められる。日本の標準時子午線は東経135度なので，225－135＝90となり，シカゴは太平洋の中央付近を通る日付変更線(おおむね180度の経線)を越えた右側，つまり西経で表される地域に位置することから，西経90度となる。

(2)<**経済特区**>社会主義国の中国では，原則として利潤を追求する資本主義経済の導入は認められなかった。しかし中国政府は，外国企業の持つ高度な技術や資金の導入によって自国の経済を発展させるため，1979年から沿岸部のシェンチェン，アモイなど５か所を経済特区に指定し，外国企業を誘致した。経済特区には特別な法律が適用され，外国企業は税金の軽減や土地利用において優遇措置を受けることができる。

(3)<**ヒンドゥー教**>インドでは紀元前５世紀頃に仏教がおこったが，その後，古くからの信仰をもとに成立した多神教のヒンドゥー教が広まり，現在はヒンドゥー教徒が国民の大多数を占めている。ヒンドゥー教では，水で身体を洗い清める沐浴《もくよく》の儀式が重視されており，聖なる川とされるガンジス川には多くの人が沐浴に訪れる。なお，仏教を信仰する人が多数を占めるのは，東南アジアのタイやカンボジアなどの国々である。また，断食は一定の間食事を断つことで，イスラム教の戒律などで定められている。

(4)<**世界の気候**>Ｂはタイの首都バンコクで，一年中気温が高く，雨季と乾季のある熱帯のサバナ気候に属している。なお，Ａはサウジアラビアの首都リヤドで，年間を通して雨がほとんど降らない乾燥帯の砂漠気候に属しているので，アのグラフが当てはまる。Ｃは東京，Ｄはアルゼンチンの首都ブエノスアイレスで，いずれも温暖で夏に雨が多い温帯の温帯〔温暖〕湿潤気候に属している。２つのうち，北半球に位置するため８月が最も暑くなる東京にはイのグラフ，南半球に位置するため１月が最も暑くなるブエノスアイレスにはエのグラフが当てはまる。

(5)**＜資料の読み取り＞**オーストラリアの貿易相手先において，輸入の第２位は日本ではなくアメリカ合衆国である(イ…×)。中国の貿易相手先において，輸出の第１位は北アメリカ州のアメリカ合衆国である(ウ…×)。アメリカ合衆国の輸出総額は1545609百万ドルで，オーストラリアの輸出総額230163百万ドルの10倍に満たない(エ…×)。

4〔歴史―古代～近世の日本と世界〕

(1)**＜藤原氏一族＞**遣隋使を派遣し，蘇我馬子と協力して政治を行ったのは聖徳太子〔厩戸皇子〕で，藤原〔中臣〕鎌足は中大兄皇子とともに大化の改新を行うなどした人物である(ア…×)。平等院鳳凰堂を建てたのは，藤原道長の子の頼通である(ウ…×)。岩手県平泉を本拠地とし，中尊寺金色堂を建てたのは，奥州藤原氏初代の清衡である(エ…×)。

(2)**＜承久の乱＞**鎌倉幕府第３代将軍源実朝が暗殺されて源氏の将軍が絶えると，後鳥羽上皇は幕府を倒して政権を朝廷に取り戻そうと考え，1221年に承久の乱を起こした。しかし上皇の軍は幕府軍に敗れ，上皇は隠岐(島根県)に流された。また，幕府は朝廷の監視や西国の御家人の統制のため，京都に六波羅探題を設置した。これ以降，西国における幕府の支配力が強化された。

(3)**＜お伽草子＞**足利氏が将軍を務めた室町時代には，お伽草子と呼ばれる絵入りの短編物語がつくられ，『浦島太郎』や『一寸法師』などが庶民に親しまれた。なお，人形浄瑠璃や浮世草子は江戸時代，大和絵は平安時代の文化である。

(4)**＜徳川家光の政治＞**江戸幕府第３代将軍徳川家光は1635年に武家諸法度を改定し，参勤交代を制度化した。これによって，大名は１年おきに領地と江戸を往復し，大名の妻子は江戸に住むことが義務づけられた。また，家光はキリスト教禁教を徹底し，長崎貿易の利益を独占することなどを目的として，1624年にスペイン船，1639年にポルトガル船の来航を禁止し，鎖国体制を確立した。

(5)**＜産業革命＞**18世紀後半のイギリスでは，石炭を燃料とする蒸気機関の改良と実用化が進み，工業が手工業から機械工業へと移行した。これによって綿織物は大量生産されるようになり，世界中に輸出された。また，製鉄や造船，鉄道などの重工業も急速に発展し，労働環境や生活環境の悪化といった新たな問題も発生した。こうした技術革新と，それに伴う社会や人々の生活の変化を産業革命という。なお，日本では，明治時代に産業革命が起こった。

5〔歴史―近代～現代の日本と世界〕

(1)**＜年代整序＞**年代の古い順に，ウ(1880年)，エ(1882年)，ア(1889年)となる。なお，立憲政友会が結成されたのは1900年である。

(2)**＜1890～1912年の出来事＞**官営八幡製鉄所は，日清戦争(1894～95年)で得た賠償金の一部と政府資金を使って北九州に建設され，1901年に操業を開始した。なお，富岡製糸場が建てられたのは1872年，全国水平社が設立されたのは1922年，関東大震災が起こったのは1923年である。

(3)**＜中華民国，レーニン＞**1911年，中国では民族の独立(民族)，政治的な民主化(民権)，民衆の生活の安定(民生)の三民主義を唱えた孫文を中心とする革命運動が起こり，翌1912年には孫文を臨時大総統とする中華民国の建国が宣言された。これを辛亥革命という。また，第一次世界大戦中の1917年，ロシアでは戦争の長期化と皇帝の専制政治への不満が高まり，レーニンの指導のもとでロシア革命が起こった。これにより，史上初の社会主義政府であるソビエト政府がつくられ，1922年にはソビエト社会主義共和国連邦〔ソ連〕が成立した。なお，中華人民共和国は第二次世界大戦後の1949年に建国された。スターリンはレーニンの後にソ連の指導者となり，1950年代まで独裁政治を行った人物である。

(4)**＜民族自決＞**民族自決とは，それぞれの民族が他の民族の干渉を受けることなく，自分たちの政治的運命を決める権利を持つとする考え方である。第一次世界大戦後の1919～20年に開かれたパリ講和会議では，民族自決の原則に基づいて東ヨーロッパの国々の独立が認められたが，アジアやアフリカでは植民地支配が続けられたため，これらの地域では民族の独立を目指す運動が高まった。

(5)＜**近代の出来事と時期**＞1950年代後半から1970年代前半にかけ，日本は高度経済成長と呼ばれる経済成長を遂げた。この間の1968年，日本の国民総生産は資本主義国の中でアメリカに次いで第2位となった(イ…○)。なお，米騒動によって寺内正毅内閣が退陣し，原敬内閣が成立したのは1918年である(ア…×)。柳条湖事件をきっかけに満州事変が始まったのは1931年である(ウ…×)。アメリカのニューヨークなどで同時多発テロが起こったのは2001年である(エ…×)。

6 〔公民―経済〕

(1)＜**株式会社の仕組み**＞株式会社は，株式を発行することで経営に必要な資金〔資本金〕を多くの人から集めることができる。株式を購入した出資者は株主と呼ばれ，保有している株式数に応じて，会社が得た利潤の一部を配当として受け取ることができる。また，株主総会に出席し，役員の選出や経営方針の決定などに関する議決に参加することもできる。

(2)＜**資料の読み取り**＞働くことに関する不安において「とても不安」と「どちらかといえば不安」の割合の合計が最も高いのは，「十分な収入が得られるか」(76.6%)である(ア…×)。仕事を選択する際に重要視する観点において「あまり重要でない」と「まったく重要でない」の割合の合計が最も高いのは，「実力主義で偉くなれること」(48.4%)で，働くことに関する不安において「あまり不安ではない」と「まったく不安ではない」の割合の合計が最も高いのは，「転勤はあるか」(45.6%)である(イ…×)。仕事を選択する際に重要視する観点において「まったく重要でない」の割合が最も低いのは，「収入が多いこと」(2.7%)で，働くことに関する不安において「まったく不安でない」の割合が最も低いのは，「十分な収入が得られるか」(5.4%)である(エ…×)。

(3)＜**労働者の権利**＞労働組合を結成する権利である団結権，使用者と交渉できる権利である団体交渉権，ストライキなどを行う権利である団体行動権を合わせて労働三権と呼び，これらは日本国憲法で保障されている(エ…○，ア…×)。なお，労働基準法は，労働時間を1日8時間，週40時間以内とすることや週1日以上の休日を与えること，児童の使用禁止や男女同一賃金など，労働条件の最低基準を規定した法律である(イ，ウ…×)。また，労働組合法は労働三権を具体的に保障する法律，労働関係調整法は労働者と使用者の対立を予防・解決するための法律である。

7 〔公民―政治〕

(1)＜**日本国憲法と基本的人権**＞選挙権は18歳以上の全ての国民が持つが，被選挙権については，衆議院議員，市(区)町村長，地方議会議員が25歳以上，参議院議員と都道府県知事が30歳以上で認められる(ア…×)。国選弁護人は，刑事裁判において，被疑者や被告人が経済的な理由などで弁護人を依頼できない場合にのみ選任される(イ…×)。人権の行使が他人の人権を侵害するような場合には，公共の福祉の観点から人権が制約を受けることがあり，経済活動の自由もこれによって制限される場合がある(エ…×)。

(2)＜**天皇の地位**＞日本国憲法第1条で，天皇は「日本国の象徴であり日本国民統合の象徴」と位置づけられている。そのため，天皇は政治についての権限をいっさい持たず，形式的・儀礼的な国事行為のみを行うことが定められている。

(3)＜**内閣総理大臣の指名と衆議院の優越**＞内閣総理大臣は，国会によって国会議員の中から指名される。内閣総理大臣の指名において衆議院と参議院の議決が異なった場合には，日本国憲法第67条の規定に基づき，両院協議会が開かれる。それでも意見が一致しない，あるいは衆議院の指名後，国会の休会期間を除く10日以内に参議院が議決しなかったときには衆議院の議決が国会の議決となるため，衆議院で指名された人物が内閣総理大臣となる。

8〔公民―国際社会〕

(1)＜**UNICEF**＞UNICEF〔ユニセフ〕は国連児童基金の略称で，世界の人々の募金や各国の拠出金をもとに，発展途上国の子どもたちへの食料援助や予防接種，教育の普及などの支援を行う国際連合〔国連〕の機関である。

(2)＜**安全保障理事会**＞国際連合の安全保障理事会は，アメリカ，イギリス，フランス，ロシア，中国という５か国の常任理事国と，任期を２年とする10か国の非常任理事国で構成されている。このうち，常任理事国には拒否権が認められており，重要な問題については常任理事国のうち１か国でも反対すれば決定できない。なお，請願権は日本国憲法に定められた権利の１つで，国や地方の機関に要望を伝える権利である。

理科解答

1 (1) ウ　(2) イ　(3) 屈折
(4) エ

2 (1) エ　(2) 立体
(3) エ→ア→イ→ウ　(4) 10倍

3 (1) 名称…硫化鉄　化学式…FeS
(2) イ
(3) 方法…(例)手であおいでかぐ。
x…イ
(4) 物質名…鉄　質量…9.9g

4 (1) イ　(2) y…公転　z…太陽
(3) 1か月後…ア　11か月後…エ
(4) ア

5 (1) 8N　(2) (例)同じである。
(3) 右図1
(4) 質量…1kg　仕事…3J

6 (1) ア　(2) エ
(3) ①　午前7時19分21秒
②　グラフ…右図2　符号…ウ

7 (1) エ　(2) 2700J
(3) 最大…ウ　最小…ア　(4) 20Ω

8 (1) セキツイ動物　(2) ア，ウ
(3) (例)空気とふれる表面積が大きくなる
(4) Ⅰ群…イ　Ⅱ群…ア

9 (1) Cl_2
(2) (例)発生した気体は水に溶けやすいため。
(3) Ⅰ群…エ　Ⅱ群…ウ　(4) イ

図1

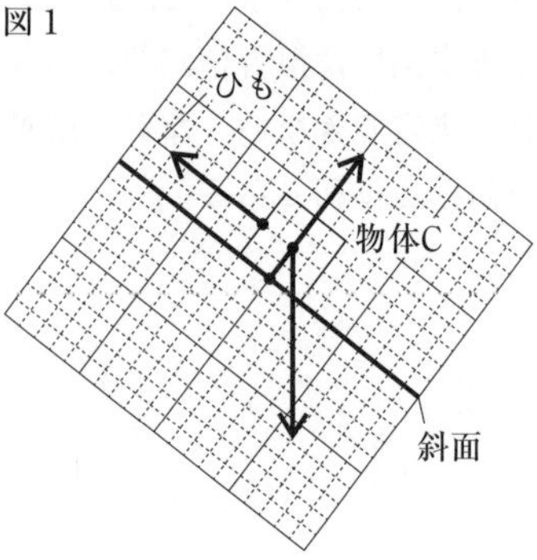

図2

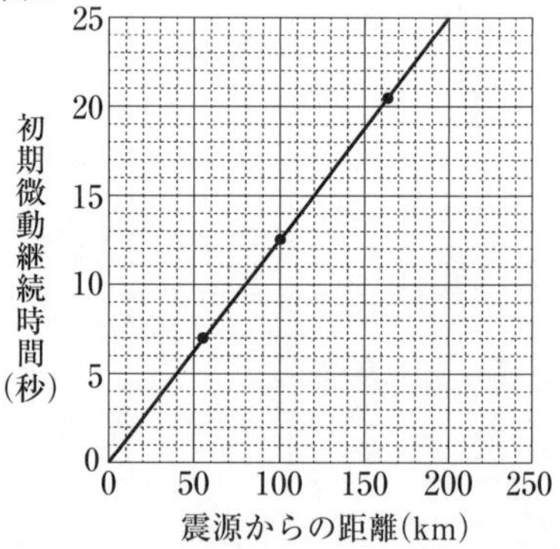

1 〔小問集合〕

(1)<無機物>炭素を含み，加熱するとこげて炭(炭素)が残ったり，二酸化炭素が発生したりする物質を有機物といい，有機物以外の物質を無機物という。ア～エのうち，無機物は食塩である。なお，エタノールと砂糖，プラスチックは有機物である。

(2)<天気図記号>図で，風向は風が吹いてくる方位で，矢羽根がかかれている北西である。また，◎はくもりを表す天気図記号である。なお，晴れを表す天気図記号は⦶である。

(3)<屈折>光が空気中からガラスの中に進むとき，あるいは，ガラスの中から空気中に進むとき，光は空気とガラスの境界面で折れ曲がる。この現象を光の屈折という。

(4)<遺伝>エンドウを栽培して遺伝の実験を行い，分離の法則などの遺伝の規則性を見つけたのは19世紀のオーストリアの生物学者メンデルである。なお，ダーウィンは進化論を提唱した科学者である。パスカルは圧力に関する法則を発見した科学者で，名前が圧力の単位として使われている。また，フックはフックの法則を発見した科学者である。

2 〔植物の生活と種類〕

(1)<花のつくり>被子植物の花のつくりは，花の外側から，がく→花弁→おしべ→めしべの順についている。

(2)<双眼実体顕微鏡>双眼実体顕微鏡は，両目で観察することで，観察する物を立体的に見ることができる。

(3)<生物の大きさ>図より，それぞれの生物の大きさは，アのワムシが約0.7mm，イのミカヅキモが

約0.4mm，ウのゾウリムシが約0.2mm，エのミジンコが約1.8mmである。よって，実際の体の長さが長いものから短いものへ左から順に並べると，エ→ア→イ→ウとなる。

(4)＜**顕微鏡の倍率**＞顕微鏡の倍率と観察した生物の面積の大きさの比は，相似な図形の長さと面積の比に等しい。よって，③で，観察している生物の面積が①の25倍になるとき，顕微鏡の倍率は$25=5^2$より，①の5倍になる。これより，①の顕微鏡の倍率が$5\times4=20$(倍)なので，③の顕微鏡の倍率は$20\times5=100$(倍)である。したがって，③で使用した接眼レンズの倍率が10倍だから，求める対物レンズの倍率は$100\div10=10$(倍)である。

3 〔化学変化と原子・分子〕

(1)＜**鉄と硫黄の化合**＞鉄粉(Fe)と硫黄(S)を混合して加熱すると，鉄と硫黄が化合して硫化鉄(FeS)が生じる。

(2)＜**化学変化と熱**＞Ⅰの化学変化では温度が上がり，ⅡとⅢの化学変化では温度が下がる。よって，Ⅰは発熱反応，ⅡとⅢは吸熱反応である。

(3)＜**気体の性質**＞気体には有毒なものもあるため，気体のにおいをかぐときは，手であおぐようにしてかぐ。また，実験1の④のように，②で生じた硫化鉄にうすい塩酸を加えると硫化水素が発生する。硫化水素は，くさった卵のようなにおいのする気体である。

(4)＜**化学変化と質量**＞表2より，完全に反応した試験管C～Eでの鉄粉と硫黄の質量の比は，全て鉄粉：硫黄＝7：4である。よって，鉄と硫黄は7：4の質量の比で完全に反応する。試験管Fでは，鉄粉と硫黄の質量の比が，$6.6:3.6=22:12=\frac{22}{3}:4=7\frac{1}{3}:4$となるから，完全に反応するときの7：4に比べて鉄粉の割合が多いことがわかる。よって，反応せずに残った物質は鉄である。また，硫黄3.6gと反応した鉄粉の質量をmgとおくと，$m:3.6=7:4$が成り立つ。これを解くと，$m\times4=3.6\times7$より，$m=6.3$(g)となる。したがって，試験管Fでできた硫化鉄の質量は$6.3+3.6=9.9$(g)である。

4 〔地球と宇宙〕

(1)＜**星の年周運動**＞北の空では，同じ時刻に見える星座の位置は，北極星を中心に反時計回りに回って，1年(12か月)でもとの位置に戻るように見える。よって，2か月後の同じ午後9時に，北斗七星は，反時計回りに$360°\div12\times2=60°$回った位置に見える。

(2)＜**地球の公転**＞地球が太陽の周りを1年かけて1周する運動を地球の公転という。また，公転により，地球から見て太陽と同じ方向に位置するようになった星座は，太陽が明るいため，見ることはできない。

(3)＜**星の年周運動**＞南の空では，同時刻に見える星の位置は西へ移動し，1年(12か月)でもとの位置に戻るように見える。よって，1か月後の同じ午後9時に，リゲルは，真南から西へ$360°\div12=30°$移動した位置に見える。また，星は1日(24時間)で東から西へ1回転するように見えるから，1時間では$360°\div24=15°$西へ移動するように見える。これより，リゲルが真南の空に見えてから，西へ30°移動した位置に見えるまでにかかる時間は，$30\div15=2$(時間)である。したがって，1か月後にリゲルを真南に見ることができる時刻は，午後9時の2時間前の午後7時頃である。同様に，11か月後の午後9時に，リゲルは真南から西へ$30°\times11=330°$移動した位置，つまり，真南から東へ$360°-330°=30°$移動した位置に見える。リゲルが，この位置から真南の位置に移動するまでに2時間かかるので，11か月後のリゲルを真南に見ることができる時刻は，午後9時の2時間後の午後11時頃である。

(4)＜**星の見え方**＞次ページの図は，冬至の頃の地球を横から見た模式図で，Oは地球の中心，Pは図1で観測した場所，Qはリゲルが1年中地平線の下に位置するために観測できない地域のうち，最も北緯が低い場所を示している。また，北極星やリゲルは非常に遠くにあるため，地点P，Qから見える北極星の方向l_2，l_3は，地軸の延長線l_1に平行であり，地点P，Qから見えるリゲルの方向m_1，m_2も平行である。さらに，地点P，Qでの円の接線が地平線を表し，地平線から北極星までの角度は，それぞれの地点の北緯となる。これより，地点Pでの北緯は35°となり，地点Qでの∠aの大きさが，地点Qの北緯となる。図で，$m_1 /\!/ m_2$より，同位角が等しいから，地点Pでの地平線と直線m_1がつくる角も47°である。よって，三角形の内角と外角の関係から，∠b＝35°＋47°＝82°となり，$l_2 /\!/ l_3$より，同位角が等しいから，∠a＝∠b＝82°である。したがって，リゲルが1年中地平線の下に位置するために観測できないのは，北緯82°より緯度が高い全ての地域である。

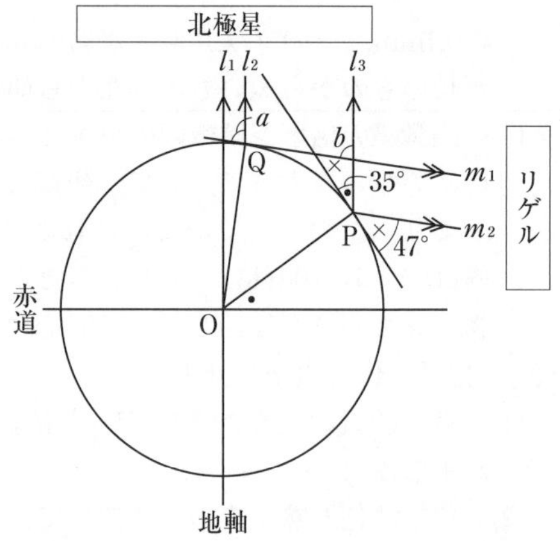

5 〔運動とエネルギー〕

⑴＜**力のつり合い**＞図1の物体Bには，下向きに重力，上向きに物体Aによって引かれる力と手が物体Bを支える力がはたらいている。物体Bが静止しているとき，物体Bにはたらく上向きの力と下向きの力がつり合っている。まず，質量2kgの物体A，Bにはたらく重力の大きさは，2×1000÷100＝20(N)である。次に，右図のように，斜面上に置かれた物体Aにはたらく重力は，斜面に沿う分力Fと斜面に垂直な分力に分解され，このうち，分力Fの大きさは，物体Bが物体Aによって引かれる力の大きさに等しい。分力Fと重力の大きさの比は，図1の斜面の高さ0.9mと斜面の長さ1.5mの比に等しいので，F：20＝0.9：1.5＝3：5が成り立つ。これを解くと，F×5＝20×3より，F＝12(N)となるから，物体Bが物体Aによって上向きに引かれる力の大きさは12Nである。よって，求める手が物体Bを支える力の大きさと，物体Aによって上向きに引かれる力の大きさ12Nの和が，下向きの力の重力20Nとつり合っている，つまり，等しいことから，求める力の大きさは20－12＝8(N)である。

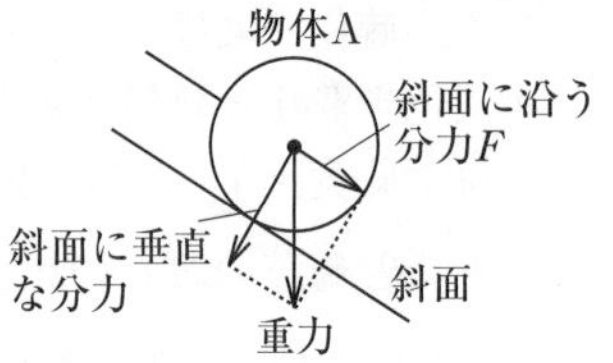

⑵＜**運動エネルギー**＞実験1で，物体A，Bの高さが床から半分に達したとき，それぞれの物体の持つ運動エネルギーは，力学的エネルギーの保存より，それぞれの物体が失った位置エネルギーの大きさに等しい。また，物体の持つ位置エネルギーの大きさは，物体の重さと高さによって決まる。まず，質量の等しい物体A，Bにはたらく重力の大きさは等しく，ひもを切る前の物体A，Bの高さは等しいから，このとき，物体A，Bが持つ位置エネルギーの大きさは等しい。次に，物体A，Bの高さが床から半分に達したとき，高さは等しいから，それぞれの物体が持つ位置エネルギーは等しい。よって，物体が失った位置エネルギーは，ひもを切る前の物体が持つ位置エネルギーと，高さが床から半分に達した物体が持つ位置エネルギーの差だから，それぞれの高さでの物体A，Bの位置エネルギーが等しいとき，物体が失った位置エネルギーも等しい。よって，床から半分の高さに達したときの，物体A，Bの持つ運動エネルギーの大きさも等しいことになる。

⑶＜**物体にはたらく力**＞実験2で，斜面上で静止した物体Cには，重力と斜面の垂直抗力，ひもが引く力の3力がはたらいている。また，物体Cにはたらく重力は，上図の物体Aと同じように，斜面に垂直な分力と斜面に沿う分力に分解され，垂直抗力と斜面に垂直な分力がつり合い，ひもが引く力と斜面に沿う分力がつり合っている。作図は，まず，物体Cにはたらく重力を斜面に垂直な分力と斜面に沿う分力に分解する。次に，垂直抗力を，物体Cと斜面の接する点を作用点として，斜面に垂直な分力と反対の向きで長さが等しい矢印でかき，ひもが引く力を，物体Cと糸の接する点を作用点として，斜面に沿う分力と反対の向きで長さが等しい矢印でかく。解答参照。

⑷＜**仕事**＞表より，加えた力の大きさが0Nのときのばねの長さは15cmだから，ばねが6cmのびたときのばねの長さは15＋6＝21(cm)である。よって，図2で，ばねに加わった力は6Nで，これは，物体Cにはたらく重力の斜面に沿う分力の大きさである。ここで，斜面に沿う分力と重力の大きさの比は，図2の斜面の高さ0.9mと斜面の長さ1.5mの比に等しいので，物体Cにはたらく重力の大

きさをxNとすると，6：x＝0.9：1.5＝3：5が成り立つ。これを解くと，x×3＝6×5より，x＝10(N)となるから，物体Cの質量は，10×100÷1000＝1(kg)である。また，物体Cを斜面に沿って0.5m引き上げたとき，手が物体Cにした仕事は，〔仕事(J)〕＝〔力の大きさ(N)〕×〔力の向きに動かした距離(m)〕で求められる。したがって，物体Cを斜面に沿って0.5m引き上げたとき，手がばねを引いた力の大きさは6Nだから，求める仕事は，6×0.5＝3(J)である。

6 〔大地のつくりと変化〕

(1)＜**震度**＞図からいえることは，震央から遠くなるにつれて，震度が小さくなる傾向があることである。なお，観測地点の震度からマグニチュードを求めることはできない。また，図の地震の震央は陸上なので，震源はその真下で，海底ではない。

(2)＜**地震波**＞地震が起こると，速さの異なる2種類の波が同時に発生する。2種類の波のうち，P波は伝わる速さが速く，初めの小さなゆれ(初期微動)を起こし，S波は伝わる速さが遅く，後からくる大きなゆれ(主要動)を起こす。

(3)＜**地震の発生時刻**＞①表より，地震ⅡのP波が届いた時刻は，震源から40km離れた地点Aでは午前7時19分26秒で，震源から80km離れた地点Cでは午前7時19分31秒である。これより，P波は，80－40＝40(km)を，31－26＝5(s)で伝わったことになる。よって，地震Ⅱが発生して震源から40km離れた地点AにP波が届くのにかかった時間は5秒だから，地震Ⅱが発生した時刻は，地点AにP波が届いた午前7時19分26秒の5秒前で，午前7時19分21秒である。　②①より，P波は40kmの距離を5秒で伝わったので，その速さは40÷5＝8(km/s)である。これより，地震が発生してから地点BにP波が届くのにかかった時間は56÷8＝7(秒)だから，P波が届いた時刻は，午前7時19分21秒＋7秒＝午前7時19分28秒である。よって，初期微動継続時間は，午前7時19分35秒－午前7時19分28秒＝7秒である。同様に，地点D，FにP波が届いた時刻を求め，初期微動継続時間を求めると，地点Dでは100÷8＝12.5(秒)より，午前7時19分46秒－(午前7時19分21秒＋12.5秒)＝12.5秒，地点Fでは164÷8＝20.5(秒)より，午前7時20分02秒－(午前7時19分21秒＋20.5秒)＝20.5秒となる。以上より，グラフは，点(0，0)，(56，7)，(100，12.5)，(164，20.5)を通る直線となる。また，グラフより，初期微動継続時間が18秒の地点の震源からの距離を読み取ると，約144kmである。

7 〔電流とその利用〕

(1)＜**電流計**＞電流計を用いて，大きさが予想できない電流を測定するときは，まず，電源の－極側の導線を最も大きい電流を測定することができる5Aの－端子につなぐ。針の振れが小さければ，順に500mA，50mAの－端子につなぎかえる。

(2)＜**電流による発熱**＞実験1で，電熱線Aに6.0Vの電圧を加えたとき，流れた電流は1.5Aである。電流による発熱量は，〔発熱量(J)〕＝〔電力(W)〕×〔時間(s)〕で求められ，電力は，〔電力(W)〕＝〔電圧(V)〕×〔電流(A)〕で求められる。よって，5分は60×5＝300(s)より，求める発熱量は，6.0×1.5×300＝2700(J)となる。

(3)＜**消費電力**＞電熱線Bが発生する熱量は電熱線Aの$\frac{1}{3}$より，消費電力も$\frac{1}{3}$になるから，同じ電圧を加えたとき，電熱線Bに流れる電流は，電熱線Aの$\frac{1}{3}$である。よって，オームの法則〔抵抗〕＝$\frac{\text{〔電圧〕}}{\text{〔電流〕}}$より，電熱線Bの抵抗は電熱線Aの3倍である。電熱線A，Bを図3のように直列につなぐと，それぞれの電熱線に加わる電圧の和が電源の電圧に等しくなるので，それぞれの電熱線に加わる電圧は6Vより小さくなる。これに対し，電熱線A，Bを図4のように並列につなぐと，それぞれの電熱線に加わる電圧は電源の電圧に等しいので，どちらの電熱線にも6Vの電圧が加わる。電熱線に加わる電圧が大きいほど消費電力は大きくなるから，電熱線A，Bはどちらも，図3より図4の方が消費電力は大きい。また，図4の並列回路では，抵抗の小さい電熱線Aの方が電熱線Bより電流が多く流れるから，消費電力は電熱線Aの方が大きい。よって，消費電力が最大となるのは図４の電熱線Ａである。さらに，図３の直列回路では，電熱線を流れる電流は等しいので，抵抗の小さい電熱線Ａの方が加わる電圧は小さい。したがって，電熱線Ａの方が消費電力は小さいから，消費電力が最小となるのは，図３の電熱線Ａである。

⑷＜**オームの法則**＞電熱線Ａに6.0Ｖの電圧を加えると，電流が1.5Ａ流れたことから，オームの法則より，抵抗の値は，$6.0 \div 1.5 = 4.0(\Omega)$である。よって，実験３で，電熱線Ａと電熱線Ｃを並列につないで回路全体に5.0Ｖの電圧を加えると，電熱線Ａに流れる電流は，$5.0 \div 4.0 = 1.25(\mathrm{A})$である。このとき，電流計が示した電流の大きさ1.5Ａは，回路全体を流れる電流を示しているから，電熱線Ｃに流れた電流は$1.5 - 1.25 = 0.25(\mathrm{A})$である。したがって，電熱線Ｃに加わる電圧が5.0Ｖより，求める抵抗の値は，$5.0 \div 0.25 = 20(\Omega)$となる。

8 〔動物の生活と生物の変遷〕

⑴＜**セキツイ動物**＞動物の中で，背骨がある動物をセキツイ動物，背骨がない動物を無セキツイ動物という。

⑵＜**恒温動物**＞恒温動物は，外界の温度が変化しても体温をほぼ一定に保つことのできる動物である。ア～オのうち，恒温動物なのは，ホニュウ類のウサギと，鳥類のハトである。

⑶＜**肺のしくみ**＞ウサギのように肺胞の数が多いと，空気とふれる表面積が大きくなるので，肺胞の周りの血管で酸素と二酸化炭素の交換を効率よく行うことができる。

⑷＜**両生類とハチュウ類の違い**＞イモリは両生類，トカゲはハチュウ類である。両生類であるイモリの卵には殻がなく，寒天のようなもので包まれているが，ハチュウ類であるトカゲの卵には殻がある。また，イモリの体表はしめっていてうろこはなく，トカゲの体表はかたいうろこでおおわれている。

9 〔化学変化と原子・分子〕

⑴＜**塩酸の電気分解**＞うすい塩酸を電気分解すると，陰極から水素，陽極から塩素が発生する。図１で，電極ｂは陽極だから，発生する気体は塩素で，化学式はCl_2である。

⑵＜**塩素の性質**＞電極ｂから発生した塩素は，水にとても溶けやすい。そのため，電気分解で発生した塩素は，水に溶けてしまいほとんど集まらない。これに対し，電極ａから発生した水素は水に溶けにくいので，発生した分だけ集まる。

⑶＜**水素の性質**＞電極ａ側に集まった気体は水素である。水素は，マッチの炎を近づけると，ポンと音を出して燃える。また，亜鉛にうすい塩酸を加えると水素が発生する。なお，Ⅰ群のアは塩素などの脱色作用を持つ気体，イはアンモニアなどの水に溶けてアルカリ性を示す気体，ウは酸素の性質を調べるための操作とその結果である。また，Ⅱ群のアでは二酸化炭素が発生し，イでは気体は発生しない。エでは酸素が発生する。

⑷＜**水の電気分解**＞うすい水酸化ナトリウム水溶液に電圧をかけると，水が電気分解されて，陰極に水素，陽極に酸素が発生する。実験１の電極ａから発生したのは水素だから，水素は，図３では陰極である電極ｃから発生する。また，水の電気分解を化学反応式で表すと，$2H_2O \longrightarrow 2H_2 + O_2$となり，発生する水素と酸素の体積比は，化学反応式の気体の化学式についた係数の比に等しいから，水素：酸素＝２：１になる。よって，酸素も水素と同じく水に溶けにくい気体だから，電極ｄ側に集まった酸素の体積は，電極ｃ側に集まった水素の体積の約$\frac{1}{2}$倍である。

国語解答

一 (1) ウ　(2) ア　(3) エ
(4) めぐみの

二 (1) は　(2) たび
(3) たいよ　(4) はくらく

三 (1) 垂　(2) 耕　(3) 収益
(4) 登録　(5) 針小棒大

四 (1) イ　(2) しないことです
(3) (右参照)
(4) いただけるとは

五 (1) (a)…イ
(b) Ⅰ 異なる立場
Ⅱ 伝えるための最大限の努力
(2) エ　(3) ウ
(4) Ⅰ 違いを認める
Ⅱ 相手の領域に大きく踏み込む
(5) エ

六 (1) ア　(2) ウ　(3) イ
(4) 家のことよりも尚七の将来
(5) Ⅰ 息子に学問の才を生かせる場所を与えてやれなかった
Ⅱ…ア

求ムル二木之の長キヲ一者ハ、必ズ固クス二其ノ根本ヲ一。

七 (1) おしえたまいし　(2) のちの人
(3) エ　(4) イ
(5) Ⅰ 伝え方を変える
Ⅱ 自分の意見を相手にわかってもらいやすい

八 (例)資料Ⅰから，家族や同じ地域出身の友人など身近な人々の間で方言を使うことが多いとわかる。だから地域の特産品や商業施設の名前が方言であると，地元の人々が産物を誇りに思い，郷土愛を深める効果があると思う。／一方，他の地域の人々に方言を使うことは少ないとわかる。だが，特産品や施設の名前に方言を使い，その意味に興味を持ってもらうことで，他の地域の人々にもその土地や人々への親近感を抱かせる効果が期待できる。

一〔聞き取り〕

(1)「鉄砲雨」は，鉄砲玉のように強く降る大粒の雨のこと。「にわか雨」は，突然降り出してすぐやむ雨のこと。「慈雨」は，作物をうるおすように降るめぐみの雨のこと。「霧雨」は，霧のように降る細かい雨のこと。「黒雨」は，空を暗くするような大雨のこと。季節以外に，雨の降り方によって名前がつけられている。なお，「五月雨」は梅雨のこと。「緑雨」は，新緑の頃に降る雨のこと。「菜種梅雨」は，菜の花が盛りの頃に降り続く長雨のこと。「夕立」は，夏の夕方，突然激しく降る雨のこと。

(2)静かに降る細かな雨の中を，緩い下駄を履きながら，ゆっくり歩く作者の姿を，読み手は思い描くことができる。

(3)佐山さんは，与謝蕪村の「春雨や」の俳句を先に紹介し，春雨の持つ穏やかなイメージをみんなに感じさせたうえで，正岡子規の「人に貸して」の俳句を挙げ，その句の情景をみんなに考えてもらおうとしているのである。

(4)雨は嫌なもの，雨が降ると残念だという思いを抱きがちではあるが，「慈雨」のように，作物にとって生育を助けるめぐみの雨もある。

二〔漢字〕

(1)音読みは「反映」などの「エイ」。　(2)「足袋」は，足首から下に履く袋の形の履き物のこと。
(3)「貸与」は，貸し与えること。　(4)「剝落」は，はがれ落ちること。

三〔漢字〕

(1)音読みは「垂直」などの「スイ」。　(2)音読みは「耕作」などの「コウ」。　(3)「収益」は，利益を得ること。　(4)「登録」は，正式に帳簿に記載すること。　(5)「針小棒大」は，物事を大げさにいうこと。

四〔国語の知識〕

(1)＜**慣用句**＞魚そのものをもらうよりも，魚の捕り方を教えてもらうことが大切だということは，目の前のことだけではなく，その物事の本質をとらえることの大切さを述べている。「その場しのぎ」は，目の前のことをとりつくろって切り抜けること。「苦しまぎれ」は，苦しさのあまりに無理をすること。「安うけあい」は，何も考えず，軽々しく引き受けること。「なりゆきまかせ」は，物事が移っていく流れに合わせること。

(2)＜**文の組み立て**＞主語が「(しっかりできるようになる)こつは」であるので，それに合わせて述語の部分は「(基礎をおろそかに)しないことです」となる。

(3)＜**漢文の訓読**＞「木之長」→「求」→「者」→「必」→「其根本」→「固」の順に読む。漢文では，下から上に二字以上返って読むときには一二点を用いる。

(4)＜**敬語**＞「食べる」の謙譲語は，「いただく」。「食べられる」の「られる」は，可能の助動詞。よって「食べられるとは」は，謙譲語を用いると，「いただけるとは」となる。

五〔論説文の読解―芸術・文学・言語学的分野―言語〕出典；細川英雄『対話をデザインする―伝わるとはどういうことか』。

≪**本文の概要**≫簡単にいえば，対話とは，相手と話すことである。おしゃべりは，相手に話しているように見えるけれども，相手のことを考えて話しているのではなく，他者不在の言語活動である。おしゃべりは，自分の知っている情報を独りよがりに話しているだけであり，ストレス発散の効果はあっても，その次の段階には進めず，自己完結的で発展性がない。この意味でおしゃべりは，モノローグである。これに対して，ダイアローグとしての対話は，常に他者としての相手を想定したものであり，自分の言っていることを相手に伝えるための最大限の努力をするという手続きの過程がある。対話成立のポイントは，その話題が他者にとってどのような意味を持つかということである。それゆえ，対話は，相手の領域に踏み込む行為であり，日常生活や仕事で必要な相互関係構築のための言葉の活動である。対話は，他者の異なる価値観を受けとめることでもあり，コミュニティとしての社会の複数性，複雑さを引き受けることでもある。だから，対話を通して，人は，他者と生きることを学ぶのである。

(1)＜**文章内容**＞(a)「モノローグであるおしゃべり」は，相手のことを考えず，自分の思ったことを感じるままに話すことであり，相手の存在を意識することなく自分の関心事を話すだけの，自己完結的な行為である。　(b)「ダイアローグとしての対話」とは，いつも自分と「異なる立場」にいる相手の存在を想定して(…Ⅰ)，自分の言いたいことを相手に「伝えるための最大限の努力」を必要とする行為である(…Ⅱ)。

(2)＜**文章内容**＞話題そのものが，話す人だけではなく，相手にとっても意味のあることなら，お互いにいろいろな意見を出し合うことができる。そうすれば，対話によって話が進展していくのである。

(3)＜**文章内容**＞対話を通して，相手の価値観を知ることができれば，自分の価値観と共通しているところも異なるところもわかってくる。そうすることで，自分の考えを相手に理解してもらうこともできるし，相手の考えを理解することも可能になるのである。

(4)＜**文章内容**＞Ⅰ．対話を通して相手の価値観を受けとめるということは，自分と相手との違いに気づき，その違いを認めるということである。　Ⅱ．対話は，相手にとっても意味のあることを話題にして，互いの価値観を認める行為であり，対話する相手の属するコミュニティなどの背景も含め，「相手の領域に大きく踏み込む」行為である。

(5)＜**文章内容**＞対話は，自分とは異なる相手の価値観を受けとめることであり，相手の背景の社会の複雑さも引き受けることであるから，対話は，他者を認め，社会の中で他者とともに生きていくことにつながる行為である。

六〔**小説の読解**〕出典；西條奈加『六花落々』。

⑴＜**心情**＞藩主の若君の御学問相手に選ばれたことは，尚七にとっては予想外のことで驚きであり，どう答えたらいいのかすぐには決められなかった。そして，この決断が自分の人生や家族にとっての分かれ道になるのだと感じて，尚七は緊張し，手が汗ばんできた。

⑵＜**文章内容**＞父は，忠常の申し出を「謹んでお受けいたします」と返答した。尚七は「父上……」と言いかけたが，父は尚七を見なかった。父は，尚七を自分の手元に置いておくことはできないが，忠常が尚七のことを預かると言った言葉を信じて，尚七のことを託したいと思った。

⑶＜**文章内容**＞父は，尚七の学問の才能を生かしてやりたいと思いながらも，自分の力ではどうしようもなく，尚七にすまなく思っていたが，今回他家に養子に出すことで，尚七の未来を切り開く可能性が出てきた。尚七は，自分を思ってくれる父の気持ちを知り，涙があふれそうになった。

⑷＜**文章内容**＞尚七は，長男であるのに他家の養子となる。父は，家のことよりも，学問好きの尚七自身の将来を考えて，学問をさせようと思った。

⑸＜**文章内容**＞Ⅰ．父は，尚七の学問の才能を認め，その才能を生かしてやりたいと考えてはいたが，自分の身分の低さから，尚七に学問の才能を生かす「場所」を与えてやれず，尚七にすまないと思ってきた。　Ⅱ．父は「細かなことを気にせず，大らかで前向きな姿」を尚七に見せてきたが，それは，父が世の中を生きていくための手段であったのかもしれないと，尚七は気づいた。尚七は，その父の姿をとおして，生きていくということの悲しみを感じたのである。

七〔**古文の読解―評論**〕出典；二条良基『筑波問答』。

≪**現代語訳**≫昔，難波の三位入道殿が，人に蹴鞠を教えなさったのをそばでうかがったところ，「手の構え方はどれだけでも開いているのがよい」と教えなさった。その次の日，また別の人に会って，「蹴鞠の手の構え方は，どれだけでも閉じているのがよい」とおっしゃった。これはその人の気質に対して教え方を変えなさったのでしょうか。後日に尋ね申しましたところ，「そのとおりでございます。最初の人は手が閉じていたので，広げていることが基本であると教え，後の人は手が広がっていたので閉じていることが基本であると申したのである」。仏がこの世のあらゆる生き物の気質に対してあらゆる仏の法をお説きになっているのも，皆このようである。

⑴＜**歴史的仮名遣い**＞歴史的仮名遣いの語頭以外のハ行は，現代仮名遣いでは，原則として「わいうえお」となる。

⑵＜**古文の内容理解**＞「あらぬ人」は，別の人，という意味。蹴鞠のときの手の構え方は開いた方がよいと教えられたのとは別の人で，手を閉じている方がよいと教えられた「のちの人」のことである。

⑶＜**古文の内容理解**＞蹴鞠のときの手の構え方に現れた，その人の気質で教え方が違ったのである。

⑷＜**古文の内容理解**＞作者が難波の三位入道に，蹴鞠の教え方は教える人の気質によって変えるものなのかと質問したところ，難波の三位入道は，そのとおりだと返答したのである。

⑸＜**古文の内容理解**＞Ⅰ．相手の気質によって教え方を変えるのと同じように，何かを伝えるときも相手の気質によって伝え方を変えるとよいと考えられる。　Ⅱ．相手の気質によって伝え方を変えると，自分の伝えたいことや意見を，相手は受け入れやすくなる。その結果，自分の言いたいことを相手にわかってもらえる可能性が高くなるのである。

八〔**作文**〕

【資料１】から読み取れるのは，方言は，家族や同じ地域の出身者に対して使うことが多いということである。【資料２】から選ぶ活用事例は前段と後段で同一という指示をふまえ，条件に合わせて二段落構成で書いていく。方言を使ったポスターや特産品などから，自分はどのようなことを感じるかを考えてまとめていくとよい。

Memo

解答用紙編

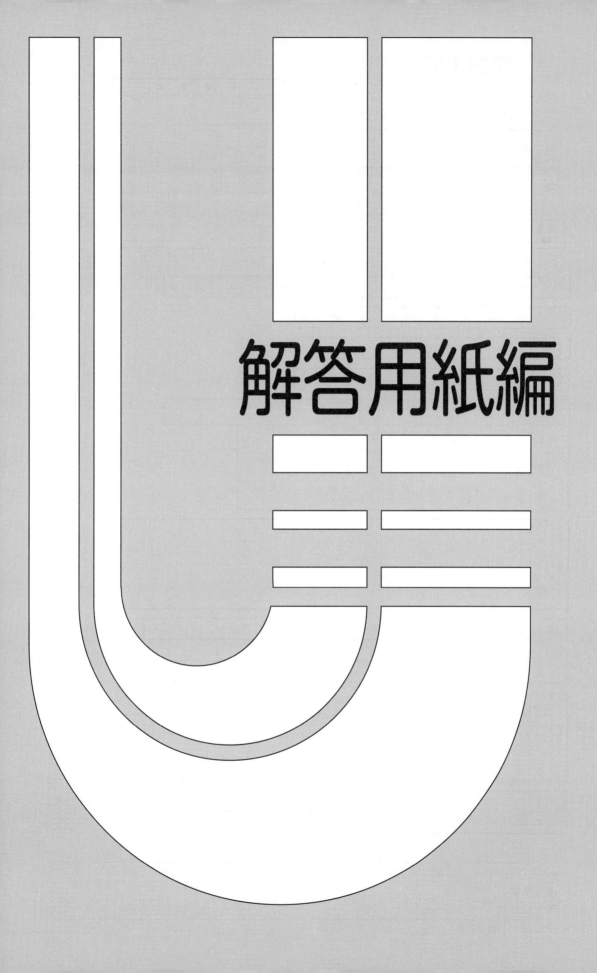

2024年度

本検査　学力検査

英　語　解答用紙

氏　名	

受検番号			
⓪	⓪	⓪	⓪
①	①	①	①
②	②	②	②
③	③	③	③
④	④	④	④
⑤	⑤	⑤	⑤
⑥	⑥	⑥	⑥
⑦	⑦	⑦	⑦
⑧	⑧	⑧	⑧
⑨	⑨	⑨	⑨

解答上の注意事項

1　マーク式で解答する問題は，◯の中を正確に塗りつぶすこと。
2　記述式で解答する問題は，解答欄からはみ出さないように書くこと。
3　答えを直すときは，きれいに消して，消しくずを残さないこと。

良い例	悪い例
●	線　小さい　はみ出し　丸囲み　レ点　うすい

1	No. 1	Ⓐ Ⓑ Ⓒ Ⓓ	No. 2	Ⓐ Ⓑ Ⓒ Ⓓ	No. 3	Ⓐ Ⓑ Ⓒ Ⓓ

2	No. 1	Ⓐ Ⓑ Ⓒ Ⓓ	No. 2	Ⓐ Ⓑ Ⓒ Ⓓ

3	No. 1	Ⓐ Ⓑ Ⓒ Ⓓ	No. 2	Ⓐ Ⓑ Ⓒ Ⓓ

4	①	Ⓐ Ⓑ Ⓒ Ⓓ	②	Ⓐ Ⓑ Ⓒ Ⓓ

5		
	(1)	(2)
	(3)	㋐㋑㋒㋓㋔ → ㋐㋑㋒㋓㋔ → ㋐㋑㋒㋓㋔ → ㋐㋑㋒㋓㋔ → ㋐㋑㋒㋓㋔
	(4)	㋐㋑㋒㋓㋔ → ㋐㋑㋒㋓㋔ → ㋐㋑㋒㋓㋔ → ㋐㋑㋒㋓㋔ → ㋐㋑㋒㋓㋔
	(5)	㋐㋑㋒㋓㋔ → ㋐㋑㋒㋓㋔ → ㋐㋑㋒㋓㋔ → ㋐㋑㋒㋓㋔ → ㋐㋑㋒㋓㋔

6	
	(1)
	(2)

7							
(1)	①	㋐ ㋑ ㋒ ㋓	②	㋐ ㋑ ㋒ ㋓	③	
	④	㋐ ㋑ ㋒ ㋓				
(2)	①	㋐ ㋑ ㋒ ㋓	②	㋐ ㋑ ㋒ ㋓	③	㋐ ㋑ ㋒ ㋓

8					
(1)	㋐ ㋑ ㋒ ㋓				
(2)					
(3)	㋐ ㋑ ㋒ ㋓	(4)	㋐ ㋑ ㋒ ㋓	(5)	㋐ ㋑ ㋒ ㋓

9					
(1)	㋐ ㋑ ㋒ ㋓	(2)	㋐ ㋑ ㋒ ㋓	(3)	㋐ ㋑ ㋒ ㋓
(4)	㋐ ㋑ ㋒ ㋓				

（注）この解答用紙は実物を縮小してあります。A3用紙に161％拡大コピーするとほぼ実物大で使用できます。（タイトルと配点表は含みません）

配点表

	1	2	3	4	5	6	7	8	9	合計
英語	3点×3	3点×2	3点×2	3点×2	3点×5	4点×2	3点×7	(1)(3)～(5)－3点×4 (2)－5点	3点×4	100点

5(3)～(5)順序がすべてそろって3点。

2024年度

本検査 学力検査

数 学 解 答 用 紙

氏 名	

＊受検番号欄は次頁にもあります。

受 検 番 号			
⓪	⓪	⓪	⓪
①	①	①	①
②	②	②	②
③	③	③	③
④	④	④	④
⑤	⑤	⑤	⑤
⑥	⑥	⑥	⑥
⑦	⑦	⑦	⑦
⑧	⑧	⑧	⑧
⑨	⑨	⑨	⑨

解答上の注意事項

1 マーク式で解答する問題は，◯の中を正確に塗りつぶすこと。

2 記述式で解答する問題は，解答欄からはみ出さないように書くこと。

3 答えを直すときは，きれいに消して，消しくずを残さないこと。

良い例	悪い例
●	線　小さい　はみ出し　丸囲み　レ点　うすい

大問	小問		記号	解答欄
1	(1)	①		※解答欄は次頁
		②		※解答欄は次頁
		③		※解答欄は次頁
	(2)	①		㋐ ㋑ ㋒ ㋓
		②	あ	⊖ ⓪ ① ② ③ ④ ⑤ ⑥ ⑦ ⑧ ⑨
			い	⊖ ⓪ ① ② ③ ④ ⑤ ⑥ ⑦ ⑧ ⑨
			う	⊖ ⓪ ① ② ③ ④ ⑤ ⑥ ⑦ ⑧ ⑨
	(3)	①		㋐ ㋑ ㋒ ㋓
		②	え	⊖ ⓪ ① ② ③ ④ ⑤ ⑥ ⑦ ⑧ ⑨
			お	⊖ ⓪ ① ② ③ ④ ⑤ ⑥ ⑦ ⑧ ⑨
	(4)	①		㋐ ㋑ ㋒ ㋓
		②	か	⊖ ⓪ ① ② ③ ④ ⑤ ⑥ ⑦ ⑧ ⑨
			き	⊖ ⓪ ① ② ③ ④ ⑤ ⑥ ⑦ ⑧ ⑨
			く	⊖ ⓪ ① ② ③ ④ ⑤ ⑥ ⑦ ⑧ ⑨
	(5)	①	け	⊖ ⓪ ① ② ③ ④ ⑤ ⑥ ⑦ ⑧ ⑨
			こ	⊖ ⓪ ① ② ③ ④ ⑤ ⑥ ⑦ ⑧ ⑨
		②	さ	⊖ ⓪ ① ② ③ ④ ⑤ ⑥ ⑦ ⑧ ⑨
			し	⊖ ⓪ ① ② ③ ④ ⑤ ⑥ ⑦ ⑧ ⑨
	(6)	①	す	⊖ ⓪ ① ② ③ ④ ⑤ ⑥ ⑦ ⑧ ⑨
			せ	⊖ ⓪ ① ② ③ ④ ⑤ ⑥ ⑦ ⑧ ⑨
		②	そ	⊖ ⓪ ① ② ③ ④ ⑤ ⑥ ⑦ ⑧ ⑨
			た	⊖ ⓪ ① ② ③ ④ ⑤ ⑥ ⑦ ⑧ ⑨
	(7)	①	ち	⊖ ⓪ ① ② ③ ④ ⑤ ⑥ ⑦ ⑧ ⑨
		②		※解答欄は次頁

大問	小問		記号	解答欄
2	(1)	①	つ	⊖ ⓪ ① ② ③ ④ ⑤ ⑥ ⑦ ⑧ ⑨
			て	⊖ ⓪ ① ② ③ ④ ⑤ ⑥ ⑦ ⑧ ⑨
		②	と	⊖ ⓪ ① ② ③ ④ ⑤ ⑥ ⑦ ⑧ ⑨
			な	⊖ ⓪ ① ② ③ ④ ⑤ ⑥ ⑦ ⑧ ⑨
			に	⊖ ⓪ ① ② ③ ④ ⑤ ⑥ ⑦ ⑧ ⑨
	(2)		ぬ	⊖ ⓪ ① ② ③ ④ ⑤ ⑥ ⑦ ⑧ ⑨
			ね	⊖ ⓪ ① ② ③ ④ ⑤ ⑥ ⑦ ⑧ ⑨

大問	小問		記号	解答欄
3	(1)	(a)		㋐ ㋑ ㋒ ㋓ ㋔ ㋕
		(b)		㋐ ㋑ ㋒ ㋓ ㋔ ㋕
		(c)		㋐ ㋑ ㋒ ㋓ ㋔ ㋕
	(2)			※解答欄は次頁
	(3)		の	⊖ ⓪ ① ② ③ ④ ⑤ ⑥ ⑦ ⑧ ⑨
			は	⊖ ⓪ ① ② ③ ④ ⑤ ⑥ ⑦ ⑧ ⑨

大問	小問		記号	解答欄
4	(1)	①	ひ	⊖ ⓪ ① ② ③ ④ ⑤ ⑥ ⑦ ⑧ ⑨
		②	ふ	⊖ ⓪ ① ② ③ ④ ⑤ ⑥ ⑦ ⑧ ⑨
			へ	⊖ ⓪ ① ② ③ ④ ⑤ ⑥ ⑦ ⑧ ⑨
		③	ほ	⊖ ⓪ ① ② ③ ④ ⑤ ⑥ ⑦ ⑧ ⑨
			ま	⊖ ⓪ ① ② ③ ④ ⑤ ⑥ ⑦ ⑧ ⑨
	(2)	(a)		※解答欄は次頁
		(b)		※解答欄は次頁
	(3)		み	⊖ ⓪ ① ② ③ ④ ⑤ ⑥ ⑦ ⑧ ⑨
			む	⊖ ⓪ ① ② ③ ④ ⑤ ⑥ ⑦ ⑧ ⑨
			め	⊖ ⓪ ① ② ③ ④ ⑤ ⑥ ⑦ ⑧ ⑨

(注) この解答用紙は実物を縮小してあります。Ｂ４用紙に141％拡大コピーすると、ほぼ実物大で使用できます。(タイトルと配点表は含みません)

2024年度

受検番号			

1	(1)	①	
		②	
		③	

1	(7)	②	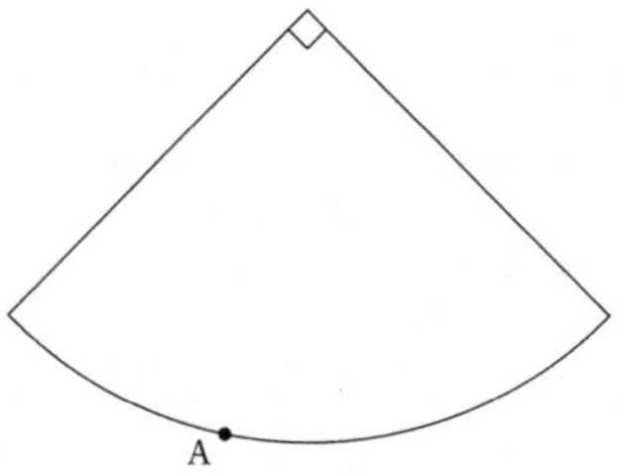

3	(2)	

4	(2)	(a)	$p=$
		(b)	$q=$

（注）この解答用紙は実物を縮小してあります。A3用紙に159％拡大コピーすると、ほぼ実物大で使用できます。（タイトルと配点表は含みません）

配点表

	1	2	3	4	合計
数学	(1)－5点×3 (2)～(7)－3点×12	5点×3	(1)(3)－5点×2 (2)－6点	3点×6	100点

1(7)②異なる作図の方法でも，正しければ3点を与える。3(1)完答とする。3(2)異なる証明でも，正しければ6点を与える。部分点を与えるときは3点とする。

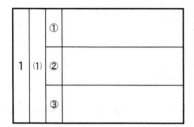

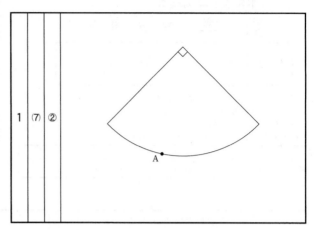

2024年度

本検査　学力検査

社　会　解答用紙

氏　名	

受　検　番　号			
⓪	⓪	⓪	⓪
①	①	①	①
②	②	②	②
③	③	③	③
④	④	④	④
⑤	⑤	⑤	⑤
⑥	⑥	⑥	⑥
⑦	⑦	⑦	⑦
⑧	⑧	⑧	⑧
⑨	⑨	⑨	⑨

解答上の注意事項

1　マーク式で解答する問題は，◯の中を正確に塗りつぶすこと。
2　記述式で解答する問題は，解答欄からはみ出さないように書くこと。
3　答えを直すときは，きれいに消して，消しくずを残さないこと。

良い例	悪い例
●	線　小さい　はみ出し　丸囲み　レ点　うすい

1		
	(1)	㋐　㋑　㋒　㋓
	(2)	㋐　㋑　㋒　㋓
	(3)	㋐㋑㋒ → ㋐㋑㋒ → ㋐㋑㋒
	(4)	

2		
	(1)	㋐　㋑　㋒　㋓
	(2) A	㋐　㋑　㋒　㋓
	(2) C	㋐　㋑　㋒　㋓
	(3)	
	(4) ①	㋐　㋑　㋒　㋓
	(4) ②	㋐　㋑　㋒　㋓

3		
	(1) Ⅰ	Ⓐ　Ⓑ　Ⓒ　Ⓓ
	(1) Ⅱ	㋐　㋑　㋒　㋓
	(2)	㋐　㋑　㋒　㋓
	(3)	
	(4)	㋐　㋑　㋒　㋓
	(5)	㋐　㋑　㋒　㋓

4		
	(1)	㋐　㋑　㋒　㋓
	(2)	㋐　㋑　㋒　㋓
	(3)	㋐　㋑　㋒　㋓
	(4)	
	(5)	

5		
	(1)	㋐　㋑　㋒　㋓
	(2)	
	(3)	㋐　㋑　㋒　㋓
	(4)	㋐㋑㋒㋓ → ㋐㋑㋒㋓ → ㋐㋑㋒㋓
	(5)	㋐　㋑　㋒　㋓

6		
	(1)	㋐　㋑　㋒　㋓
	(2)	
	(3)	㋐　㋑　㋒　㋓

7		
	(1)	㋐　㋑　㋒　㋓　㋔　㋕
	(2)	
	(3)	㋐　㋑　㋒　㋓

8		
	(1)	㋐　㋑　㋒　㋓
	(2)	㋐　㋑　㋒　㋓

（注）この解答用紙は実物を縮小してあります。A３用紙に161％拡大コピーすると，ほぼ実物大で使用できます。（タイトルと配点表は含みません）

配点表

	1	2	3	4	5	6	7	8	合　計
社　会	3点×4	3点×5	(1)(2)(4)(5)－3点×4 (3)－4点	(1)～(3)(5)－3点×4 (4)－4点	3点×5	(1)(3)－3点×2 (2)－4点	(1)(3)－3点×2 (2)－4点	3点×2	100点

1(2)，(3)，2(4)①，5(4)すべて正しいとき点を与える。2(2)，3(1)両方とも正しいとき点を与える。
3(3)，4(4)，6(2)正解文の趣旨にそっていればよい。部分点を与えてもよい。

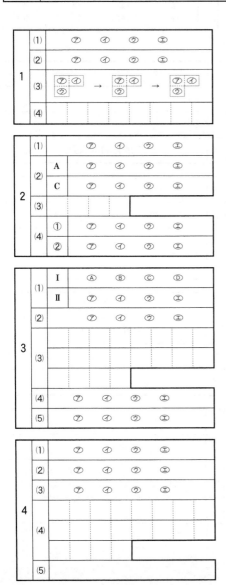

2024年度

本検査　学力検査

理　科　解答用紙

氏　名	

＊受検番号欄は次頁にもあります。

受	検	番	号
⓪	⓪	⓪	⓪
①	①	①	①
②	②	②	②
③	③	③	③
④	④	④	④
⑤	⑤	⑤	⑤
⑥	⑥	⑥	⑥
⑦	⑦	⑦	⑦
⑧	⑧	⑧	⑧
⑨	⑨	⑨	⑨

解答上の注意事項

1　マーク式で解答する問題は，◯の中を正確に塗りつぶすこと。
2　記述式で解答する問題は，解答欄からはみ出さないように書くこと。
3　答えを直すときは，きれいに消して，消しくずを残さないこと。

良い例	悪い例
●	線　小さい　はみ出し　丸囲み　レ点　うすい

1		
	(1)	㋐　㋑　㋒　㋓
	(2)	
	(3)	㋐　㋑　㋒　㋓
	(4)	前線

2		
	(1)	㋐　㋑　㋒　㋓
	(2)	㋐　㋑　㋒　㋓
	(3)	㋐　㋑　㋒　㋓
	(4)	㋐　㋑　㋒　㋓

3		
	(1)	※解答欄は次頁
	(2)	㋐㋑／㋒ → ㋐㋑／㋒ → ㋐㋑／㋒
	(3)	
	(4)	㋐　㋑　㋒　㋓

4		
	(1)	㋐　㋑　㋒　㋓
	(2)	㋐　㋑　㋒　㋓
	(3)	
	(4)	㋐　㋑　㋒　㋓

5		
	(1)	㋐　㋑　㋒　㋓
	(2)	㋐　㋑　㋒　㋓
	(3)	㋐　㋑　㋒　㋓
	(4)	※解答欄は次頁

6			
	(1)		㋐　㋑　㋒　㋓
	(2)	①	N
		②	N
	(3)		※解答欄は次頁

7					
	(1)	㋐　㋑　㋒　㋓			
	(2)	㋐　㋑　㋒　㋓			
	(3)	㋐　㋑　㋒　㋓			
	(4)	y	m	z	m

8		
	(1)	※解答欄は次頁
	(2)	※解答欄は次頁
	(3)	㋐　㋑　㋒　㋓
	(4)	g

9		
	(1)	
	(2)	㋐　㋑　㋒　㋓
	(3)	㋐㋑／㋒㋓ → ㋐㋑／㋒㋓ → ㋐㋑／㋒㋓ → ㋐㋑／㋒㋓
	(4)	㋐　㋑　㋒　㋓

(注) この解答用紙は実物を縮小してあります。Ｂ４用紙に141%拡大コピーすると、ほぼ実物大で使用できます。(タイトルと配点表は含みません)

2024年度

受検番号

3	(1)	

5 (4)

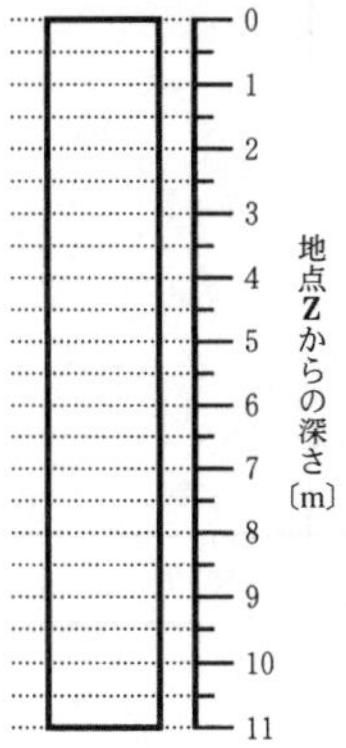

6 (3)

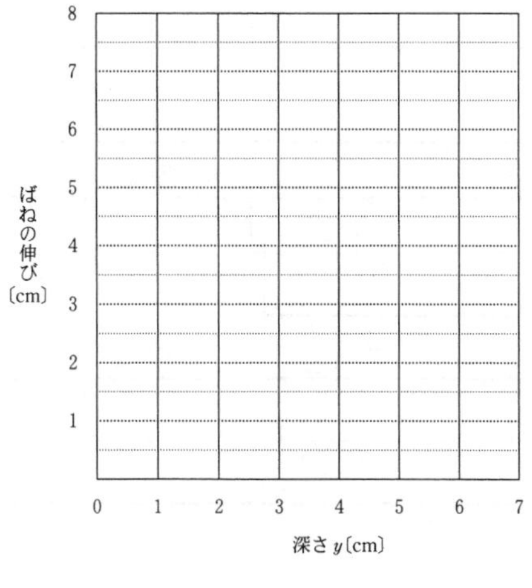

8	(1)	
	(2)	

（注）この解答用紙は実物を縮小してあります。B4用紙に139%拡大コピーすると、ほぼ実物大で使用できます。（タイトルと配点表は含みません）

配点表

	1	2	3	4	5	6	7	8	9	合計
理科	3点×4	(1)(2)－2点×2 (3)(4)－3点×2	(1)(4)－3点×2 (2)(3)－2点×2	(1)(3)－2点×2 (2)(4)－3点×2	(1)(2)－2点×2 (3)(4)－3点×2	(1)－2点 (2)－3点×2 (3)－4点	3点×4	3点×4	3点×4	100点

7(4)両方とも正しいとき点を与える。

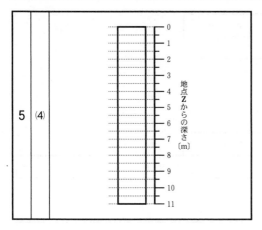

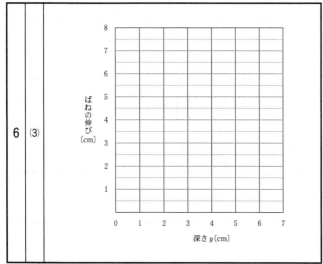

二〇二四年度

本検査　学力検査

国　語
解　答　用　紙

＊受検番号欄は次頁にもあります。

受検番号			
⓪ ① ② ③ ④ ⑤ ⑥ ⑦ ⑧ ⑨	⓪ ① ② ③ ④ ⑤ ⑥ ⑦ ⑧ ⑨	⓪ ① ② ③ ④ ⑤ ⑥ ⑦ ⑧ ⑨	⓪ ① ② ③ ④ ⑤ ⑥ ⑦ ⑧ ⑨

氏名	

解答上の注意事項

1　マーク式で解答する問題は，◯の中を正確に塗りつぶすこと。
2　記述式で解答する問題は，解答欄からはみ出さないように書くこと。
3　答えを直すときは，きれいに消して，消しくずを残さないこと。

良い例	悪い例
●	線　小さい　はみ出し　丸囲み　レ点　うすい

一
- (1) ㋐ ㋑ ㋒ ㋓
- (2) ㋐ ㋑ ㋒ ㋓
- (3) ㋐ ㋑ ㋒ ㋓
- (4) ㋐ ㋑ ㋒ ㋓

二　※解答欄は次頁

三　※解答欄は次頁

四
- (1) ㋐ ㋑ ㋒ ㋓
- (2) ㋐ ㋑ ㋒ ㋓
- (3) Ⅰ ㋐ ㋑ ㋒ ㋓ ㋔　Ⅱ ㋐ ㋑ ㋒ ㋓ ㋔　Ⅲ ㋐ ㋑ ㋒ ㋓ ㋔
- (4) ㋐ ㋑ ㋒ ㋓ ㋔
- (5) (a) ㋐ ㋑ ㋒ ㋓
- (5) (b) （30〜35字）
- (6) ㋐ ㋑ ㋒ ㋓

五
- (1) ㋐ ㋑ ㋒ ㋓
- (2) ㋐ ㋑ ㋒ ㋓
- (3) ㋐ ㋑ ㋒ ㋓
- (4) ㋐ ㋑ ㋒ ㋓
- (5) ㋐ ㋑ ㋒ ㋓
- (6) (a) Ⅰ （10字）　Ⅱ （5字）
- (6) (b) （30〜40字）

六
- (1)
- (2) ㋐ ㋑ ㋒ ㋓
- (3) ㋐ ㋑ ㋒ ㋓
- (4) ㋐ ㋑ ㋒ ㋓
- (5) (a) ㋐ ㋑ ㋒ ㋓
- (5) (b) （30〜35字）

七　※解答欄は次頁

（注）この解答用紙は実物を縮小してあります。Ａ３用紙に154%拡大コピーすると、ほぼ実物大で使用できます。（タイトルと配点表は含みません）

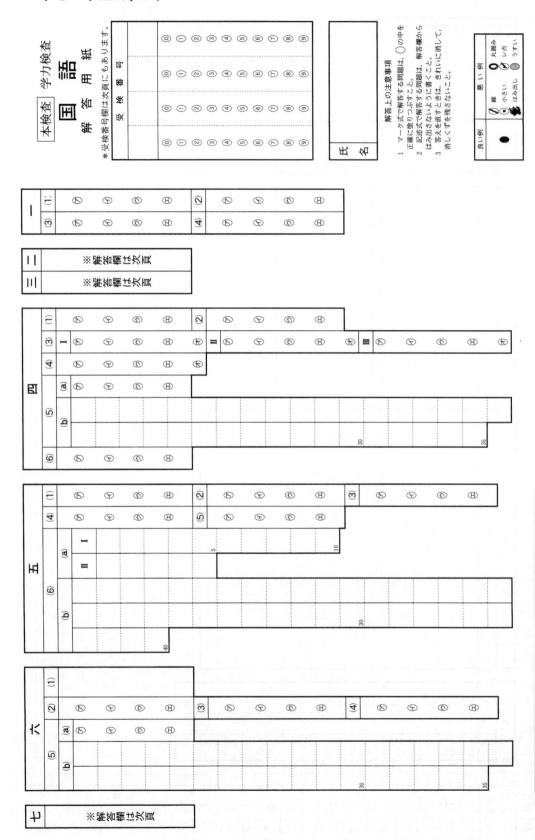

二〇二四年度

受検番号

二 (1) （り） (2) (3) (4) （る）

三 (1) （ねる） (2) （まる） (3) (4)

七

1行
2行
3行
4行
5行
6行
7行
8行
9行
10行

（注）この解答用紙は実物を縮小してあります。A３用紙に159%拡大コピーすると、ほぼ実物大で使用できます。（タイトルと配点表は含みません）

配点表

	一	二	三	四	五	六	七	合計
国語	2点×4	2点×4	2点×4	(1)－2点 (2)～(4)(5)(a)(6)－3点×5 (5)(b)－6点	(1)～(5)－3点×5 (6)(a)－2点×2 (6)(b)－4点	(1)－2点 (2)～(4)(5)(a)－3点×4 (5)(b)－4点	12点	100点

四(3), (4)完答とする。四(5)(b), 五(6)(b), 六(5)(b)同趣旨ならば点を与える。部分点を与えてもよい。
五(6)(a) I 同趣旨ならば点を与える。

2024年度

本検査

思考力を問う問題 解答用紙

氏名	

受検番号

0 1 2 3 4 5 6 7 8 9

解答上の注意事項

1 マーク式で解答する問題は，◯ の中を正確に塗りつぶすこと。
2 記述式で解答する問題は，解答欄からはみ出さないように書くこと。
3 答えを直すときは，きれいに消して，消しくずを残さないこと。

良い例	悪い例
●	線　小さい　はみ出し　丸囲み　レ点　うすい

1

(1) ㋐ ㋑ ㋒ ㋓

(2) Ⅰ　Ⅱ　Ⅲ　30　40

(3) 150　200

2

(1) $p+q=$

(2) 通り

(3) ① cm^3　②

(4) ①　② $x=$

3

(1) ① ㋐ ㋑ ㋒ ㋓　② ㋐ ㋑ ㋒ ㋓

(2) ㋐ ㋑ ㋒ ㋓

(3)

4

(1) ㋐ ㋑ ㋒ ㋓

(2) ㋐ ㋑ ㋒ ㋓

(3)

（注）この解答用紙は実物を縮小してあります。A３用紙に167％拡大コピーすると，ほぼ実物大で使用できます。（タイトルと配点表は含みません）

配点表

1	2	3	4	合計
(1)(2)Ⅲ－6点×2 (2)ⅠⅡ－3点×2 (3)－15点	(1)(3)①(4)①－6点×3 (2)(3)②(4)②－5点×3	4点×4	(1)(2)－4点×2 (3)－10点	100点

1(2)Ⅱ，Ⅲ同趣旨ならば点を与える。Ⅲは部分点を与えてもよい。
3(3)問題の主旨に合っていれば点を与える。

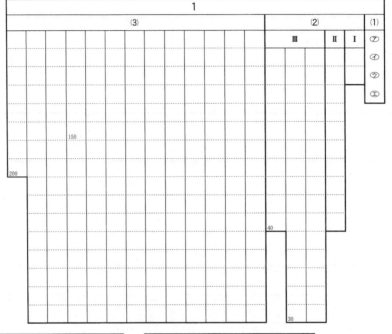

配点表

英語	1	2	3	4	5	6	7	8	9	合計
	3点×3	3点×2	3点×2	3点×4	3点×5	4点×2	3点×6	⑴⑵⑷－3点×3 ⑶－4点	⑴～⑶－3点×3 ⑷－4点	100点

5⑶～⑸順序がすべてそろって3点。7⑴①，⑵①問題の主旨に合っていれば点を与える。

2023年度 本検査 学力検査 英語 解答用紙

答えは，全てこの解答用紙に書き，解答用紙だけ提出しなさい。

1	No. 1		No. 2		No. 3	
2	No. 1		No. 2			
3	No. 1		No. 2			

4	No. 1	①	t
		②	
	No. 2	①	
		②	

5	⑴	
	⑵	
	⑶	
	⑷	
	⑸	

6	⑴	
	⑵	

7	⑴	①	
		②	
		③	
		④	
	⑵	①	
		②	

8	⑴	
	⑵	
	⑶	
	⑷	

9	⑴		⑵		⑶	
	⑷					

（注）この解答用紙は実物を縮小してあります。Ａ３用紙に167%拡大コピーすると、ほぼ実物大で使用できます。（配点表は含みません）

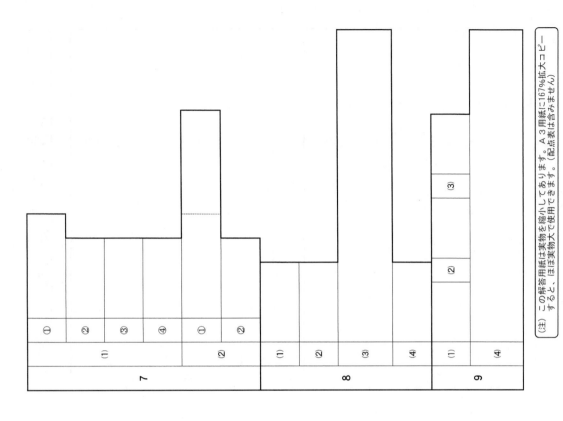

2023年度 本検査 学力検査 数学 解答用紙

答えは，全てこの解答用紙に書き，解答用紙だけ提出しなさい。

1	(1)	①		②		③	
	(2)	①		②			
	(3)	①		②			
	(4)	①	cm	②	cm^3		
	(5)	①	通り	②			
	(6)	①		②	$a =$		
	(7)						

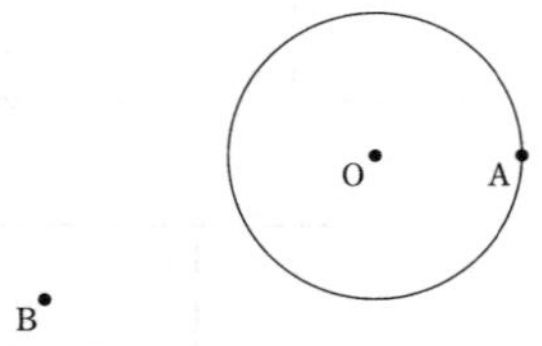

2	(1)	①		②	
	(2)	(,)			

3	(1)	(a)	(b)	(c) 度
	(2)			
	(3)	cm		

4	(1)	①	(a) 点	(b) 通り	(c) 点		
		②	(d) $c =$	(e) M =			
	(2)						

（注）この解答用紙は実物を縮小してあります。Ａ３用紙に167%拡大コピーすると、ほぼ実物大で使用できます。（配点表は含みません）

配点表

	1	2	3	4	合計
数学	(1)－5点×3 (2)〜(6)－3点×10 (7)－6点	5点×3	(1)(3)－5点×2 (2)－6点	(1)①－2点×3 (1)②(2)－4点×3	100点

1(7)異なる作図の方法でも，正しければ6点を与える。部分点を与えるときは3点とする。3(2)異なる証明でも，正しければ6点を与える。部分点を与えるときは3点とする。4(2)異なる説明でも，正しければ4点を与える。部分点を与えるときは2点とする。

2023年度 本検査 学力検査 社 会 解答用紙

答えは，全てこの解答用紙に書き，解答用紙だけ提出しなさい。

1	(1)	年代の古い順	1	2	3
		符　　号			
	(2)				
	(3)				
	(4)	千葉県		埼玉県	
2	(1)	県			
	(2)				
	(3)				
	(4)	①			
		②			
3	(1)	I		II	
	(2)				
	(3)				
	(4)				
	(5)				
4	(1)				
	(2)				
	(3)	年代の古い順	1	2	3
		符　　号			
	(4)				
	(5)				

5	(1)								
	(2)	年代の古い順	1	2	3				
		符　　号							
	(3)	I		II					
	(4)								
	(5)								
6	(1)								
	(2)								
	(3)	A		B		C		D	
7	(1)	I		II		III			
	(2)								
	(3)								
8	(1)	I		II		III		IV	
	(2)								

（注）この解答用紙は実物を縮小してあります。Ａ３用紙に167％拡大コピーすると，ほぼ実物大で使用できます。（配点表は含みません）

配点表

	1	2	3	4	5	6	7	8	合計
社会	3点×4	(1)(2)(4)－3点×4 (3)－4点	3点×5	3点×5	(1)～(3)(5)－3点×4 (4)－4点	(1)(2)－3点×2 (3)－4点	(1)(2)－3点×2 (3)－4点	3点×2	100点

1(1)，4(3)，5(2)，6(3)，7(1)，8(1)すべて正しいとき点を与える。1(4)，3(1)，5(3)両方とも正しいとき点を与える。2(3)，5(4)，7(3)正解文の趣旨にそっていればよい。部分点を与えてもよい。

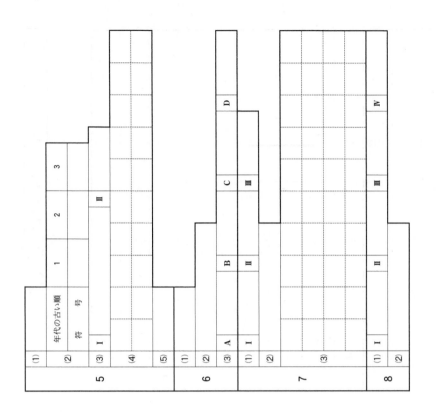

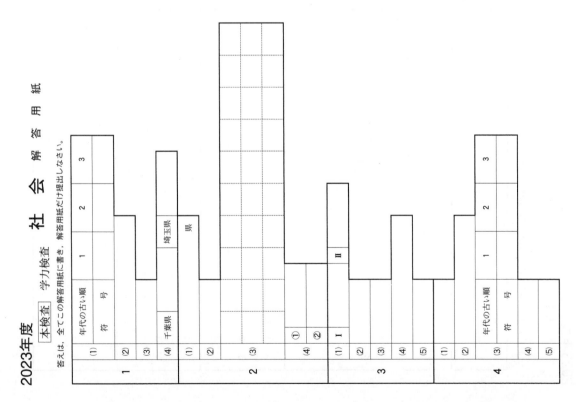

2023年度

本検査　学力検査　**理　科**　解　答　用　紙

答えは，全てこの解答用紙に書き，解答用紙だけ提出しなさい。

1	(1)		(2)	
	(3)		(4)	
2	(1)	点		
	(2) (a) x	N	(c)	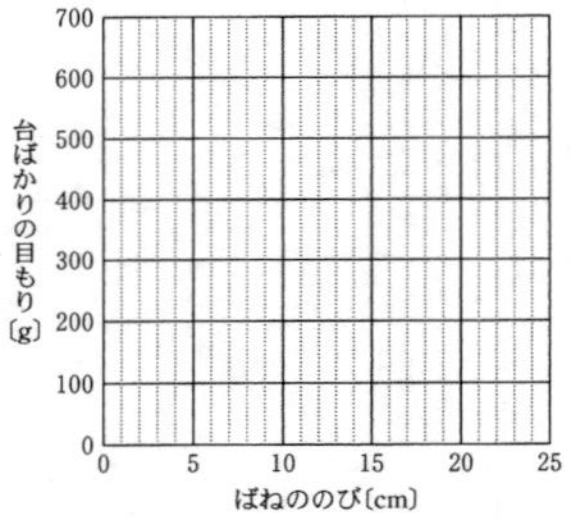
	(2) (a) y	g		
	(2) (b)	cm		
3	(1) v		w	
	(2)		(3)	
	(4)			
4	(1)			
	(2)		(3)	
	(4) y		z	g
5	(1)		(2)	
	(3)			
	(4)			

6	(1)			
	(2) x		y	
	(3)		(4)	
7	(1)			
	(2)		(3)	
	(4) y		z	
8	(1)		(2)	
	(3) y		(4)	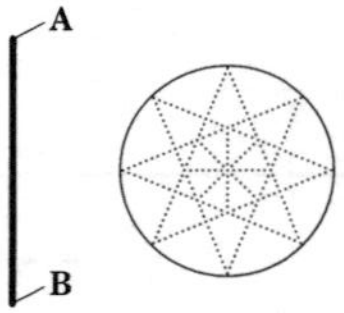
	(3) z			
9	(1)			
	(2)			
	(3) 花		符号	
	(4) x		y	

(注)　この解答用紙は実物を縮小してあります。Ａ３用紙に167%拡大コピーすると、ほぼ実物大で使用できます。(配点表は含みません)

配点表

	1	2	3	4	5	6	7	8	9	合計
理科	3点×4	3点×4	(1)(3)－2点×2 (2)(4)－3点×2	(1)(3)－2点×2 (2)(4)－3点×2	(1)(2)－2点×2 (3)(4)－3点×2	3点×4	3点×4	(1)(4)－2点×2 (2)(3)－3点×2	3点×4	100点

2(2)(a)，3(1)，4(4)，6(2)，7(4)，8(3)，9(3)，(4)両方とも正しいとき点を与える。

二〇二三年度 本検査 学力検査 国語 解答用紙

答えは、全てこの解答用紙に書き、解答用紙だけ提出しなさい。
解答する際に字数制限がある場合には、句読点や「 」などの符号も字数に数えること。

一 (1) (2) (3) (4)

二 (1) (いて) (2) (む) (3) (な) (4) (な)

三 (1) (い) (2) (む) (3) (4) (5)

四 (1) (2)
(3) ① ② ③ ④ ⑤ ⑥
(4) Ⅰ Ⅱ
(5) Ⅰ Ⅱ Ⅲ
(6)

五 (1) (2) Ⅰ Ⅱ
(3) (4)
(5) (a) Ⅰ Ⅱ (b)
(c) X Y

六 (1) (2)
(3) 氷魚が
(4) (a) (b)
(c) 葷酒入ルヲ山門ニ

七 1行 2行 3行 4行 5行 6行 7行 8行 9行 10行

（注）この解答用紙は実物を縮小してあります。Ａ３用紙に167％拡大コピーすると、ほぼ実物大で使用できます。（配点表は含みません）

配点表

	一	二	三	四	五	六	七	合計
国語	2点×4	2点×4	2点×5	(1)(2)(4)(5)ⅠⅡ－2点×6 (3)(6)－3点×2 (5)Ⅲ－4点	(1)〜(4)(5)(a)(b)－2点×8 (5)(c)X－4点 (5)(c)Y－3点	(1)(2)－2点×2 (3)－4点 (4)－3点×3	12点	100点

四(3)完答とする。四(5)Ⅲ，五(5)(c)X，六(3)同趣旨ならば点を与える。部分点を与えてもよい。
五(2)，(5)(c)Y，六(4)(a)同趣旨ならば点を与える。

2023年度

本検査

思考力を問う問題　解答用紙

解答する際に字数制限がある場合には，句読点や「　」などの符号も字数に数えること。

1			
(1)			
(2)	I		
	II		20　30
(3)			150　200

2			
(1)		$a =$	
		$b =$	
(2)			
(3)	①		cm
	②		cm^2
(4)	①		
	②		

3		
(1)	→ → →	
(2)	①	②	③
(3)		

4	
(1)	
(2)	

（注）この解答用紙は実物を縮小してあります。Ａ３用紙に167%拡大コピーすると、ほぼ実物大で使用できます。（配点表は含みません）

配点表

1	2	3	4	合計
⑴⑵－６点×３ ⑶－15点	⑴－３点×２ ⑵⑶②⑷②－５点×３ ⑶①⑷①－６点×２	⑴⑵－４点×４ ⑶－10点	４点×２	100点

1⑴，2⑵完答とする。1⑵Ⅱ同趣旨ならば点を与える。3⑴順序がすべてそろって４点。
4⑵問題の主旨に合っていれば点を与える。

2022年度

本検査　学力検査　**英　語**　解　答　用　紙

答えは，全てこの解答用紙に書き，解答用紙だけ提出しなさい。

1	No. 1		No. 2		No. 3	
2	No. 1		No. 2			
3	No. 1		No. 2			

4	No. 1	①	
		②	d
	No. 2	①	
		②	

5	(1)	
	(2)	
	(3)	
	(4)	
	(5)	

6	

7	(1)	①	
		②	
		③	
		④	
	(2)	①	
		②	

8	(1)	
	(2)	
	(3)	
	(4)	

9	(1)		(2)		(3)	
	(4)					

(注)　この解答用紙は実物を縮小してあります。Ａ３用紙に167%拡大コピーすると、ほぼ実物大で使用できます。（配点表は含みません）

配点表

	1	2	3	4	5	6	7	8	9	合計
英語	3点×3	3点×2	3点×2	3点×4	3点×5	8点	3点×6	(1)(3)(4)－3点×3 (2)－4点	(1)〜(3)－3点×3 (4)－4点	100点

5(3)〜(5)順序がすべてそろって3点。7(1)④，(2)①問題の主旨に合っていれば点を与える。

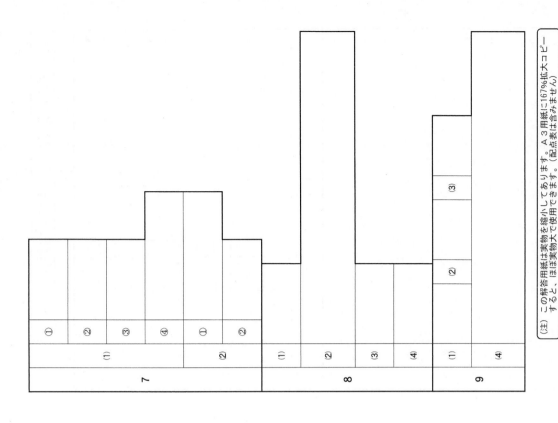

2022年度

本検査　学力検査　**数　学　解答用紙**

答えは，全てこの解答用紙に書き，解答用紙だけ提出しなさい。

1	(1)	①	②	③
	(2)	① cm²	② cm	
	(3)	① 回	② $a=$	
	(4)	① 個	②	
	(5)	$a=$	$b=$	
	(6)	①	② cm	
	(7)	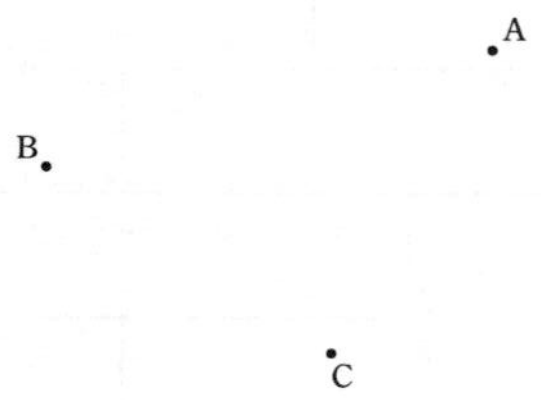		
2	(1)	$a=$	(2)	
	(3)			

3	(1)	(a)	(b)	(c)
	(2)			
	(3)			
4	(1)	(a)	(b)	
	(2)	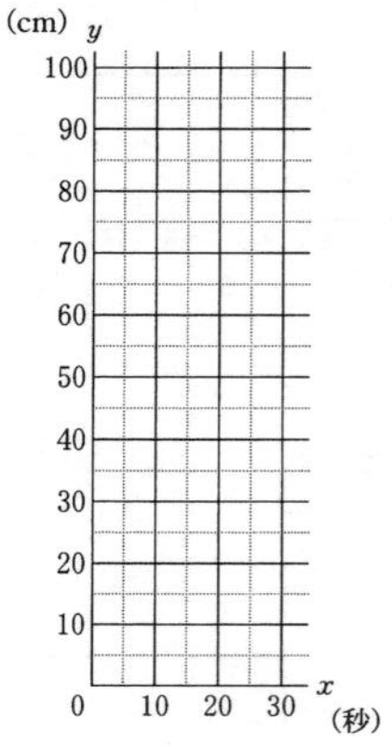		
	(3)	秒後		
	(4)	回		
	(5)	度		

（注）この解答用紙は実物を縮小してあります。Ａ３用紙に167％拡大コピーすると、ほぼ実物大で使用できます。（配点表は含みません）

配点表

	1	2	3	4	合計
数学	(1)－5点×3 (2)〜(6)－3点×10 (7)－6点	5点×3	(1)，(3)－5点×2 (2)－6点	3点×6	100点

1(7)作図の方法が異なっていても，正しければ，6点を与える。3(2)証明の方法が異なっていても，正しければ，6点を与える。部分点を与えるときは，3点とする。

2022年度

本検査　学力検査　**社　会**　解答用紙

答えは，全てこの解答用紙に書き，解答用紙だけ提出しなさい。

1	(1)				
	(2)				
	(3)	年代の古い順	1	2	3
		符　号			
	(4)	A		D	
2	(1)	Ⅰ		Ⅱ	市
	(2)				
	(3)	B		D	
	(4)	①		②	
3	(1)				
	(2)				
	(3)	Ⅰ		Ⅱ	山脈
	(4)				
	(5)				
4	(1)	年代の古い順	1	2	3
		符　号			
	(2)				
	(3)				
	(4)	Ⅰ		Ⅱ	
	(5)				
5	(1)				
	(2)				
	(3)				
	(4)	年代の古い順	1	2	3
		符　号			
	(5)				
6	(1)	Ⅰ		Ⅱ	
	(2)				
	(3)				
7	(1)				
	(2)				
	(3)				
8	(1)				
	(2)				

（注）この解答用紙は実物を縮小してあります。Ａ３用紙に167%拡大コピーすると，ほぼ実物大で使用できます。（配点表は含みません）

配点表

	1	2	3	4	5	6	7	8	合　計
社　会	3点×4	3点×5	(1)～(3)(5)－3点×4 (4)－4点	3点×5	(1)～(4)－3点×4 (5)－4点	(1)(2)－3点×2 (3)－4点	(1)(2)－3点×2 (3)－4点	3点×2	100点

1(3)，4(1)，5(4)全部できた場合点を与える。1(4)，2(1)，(3)，3(3)，4(4)，6(1)両方できた場合点を与える。
3(4)，5(5)，7(3)正解文の趣旨にそっていればよい。部分点を与えてもよい。

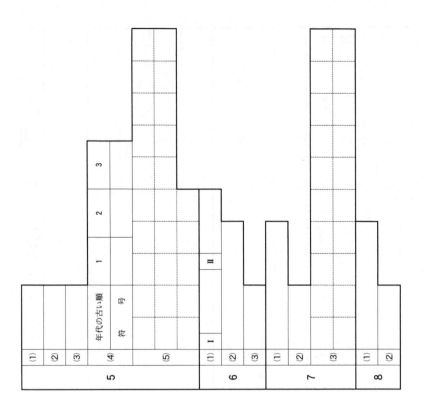

2022年度

本検査　学力検査　**理　科**　解　答　用　紙

答えは，全てこの解答用紙に書き，解答用紙だけ提出しなさい。

1	(1)	N	(2)	
	(3)		(4)	
2	(1)			
	(2)		(3)	
	(4)	特徴Ⅱ	特徴Ⅳ	
3	(1)		(2)	
	(3)	① x　　g	y	倍
		②		
4	(1)		(3)	
	(2)	m		
		n		
	(4)	%		
5	(1)	の法則	(2)	図2　図3
	(3)	(a)　　J		
		(b)		

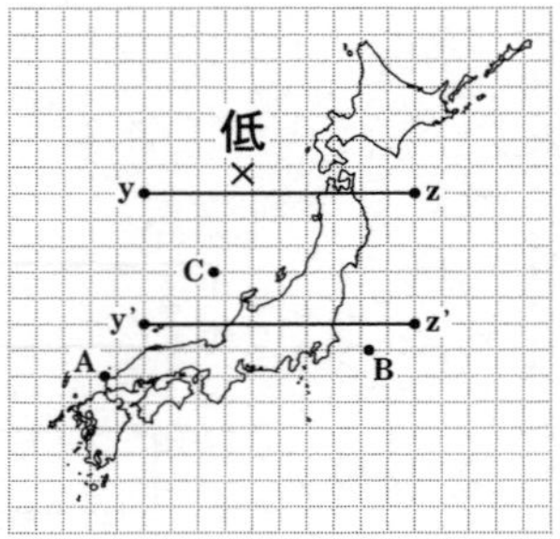

6	(1)			
	(2)	水星	土星	
	(3)		(4)	惑星B　惑星C
7	(1)		(3)	
	(2)	x		
		y　　cm		
	(4)	cm		
8	(1)		(2)	
	(3)	反応	符号	
	(4)			
9	(1)			
	(2)			
	(3)			
	(4)			

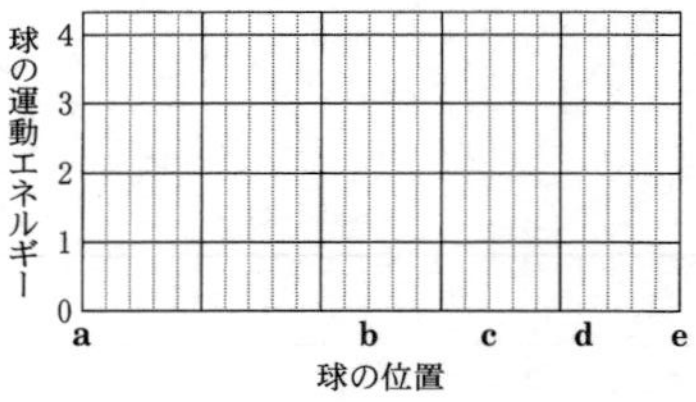

（注）この解答用紙は実物を縮小してあります。Ａ３用紙に167%拡大コピーすると、ほぼ実物大で使用できます。（配点表は含みません）

配点表

理科	1	2	3	4	5	6	7	8	9	合計
	3点×4	3点×4	(1)(2)－2点×2 (3)－3点×2	(1)(2)－2点×2 (3)(4)－3点×2	(1)(2)－2点×2 (3)－3点×2	3点×4	3点×4	(1)(2)－2点×2 (3)(4)－3点×2	3点×4	100点

2(4)，3(3)①，4(2)，5(2)，6(2)，(4)，7(2)両方とも正しいとき点を与える。3(1)，8(3)すべて正しいとき点を与える。6(1)部分点を与えてもよい。

二〇二二年度 本検査 学力検査 国語 解答用紙

答えは、全てこの解答用紙に書き、解答用紙だけ提出しなさい。
解答する際に字数制限がある場合には、句読点や「　」などの符号も字数に数えること。

一 (1) (2) (3) (4)

二 (1)（める） (2) (3)（な） (4)

三 (1)（げる） (2)（べ） (3) (4) (5)

四 (1) (2) (3) Ⅰ Ⅱ (4) Ⅰ Ⅱ Ⅲ (5)

五 (1) (2) (3) (4) Ⅰ Ⅱ Ⅲ (5) (a) (b) (c)

六 (1)（据） (2) (3) (4) (5) (a) 見《テハ》不賢《ヲ》而内《ニ》自《ラ》省《ミル》也。 (b)

七 1行 2行 3行 4行 5行 6行 7行 8行 9行 10行

（注）この解答用紙は実物を縮小してあります。Ａ３用紙に167%拡大コピーすると、ほぼ実物大で使用できます。（配点表は含みません）

配点表

	一	二	三	四	五	六	七	合計
国語	2点×4	2点×4	2点×5	(1)(2)(3)Ⅰ－2点×3 (3)Ⅱ(4)(5)－4点×4	(1)～(3)(4)ⅠⅡ(5)(a)(b)－2点×7 (4)Ⅲ(5)(c)－4点×2	(1)－2点 (2)～(4)(5)(a)－3点×4 (5)(b)－4点	12点	100点

四(3)Ⅱ，(4)Ⅰ，五(4)Ⅲ，(5)(C)，六(5)(b)同趣旨ならば点を与える。部分点を与えてもよい。四(4)Ⅱ・Ⅲは完答とし，同趣旨ならば点を与える。五(4)Ⅰ同趣旨ならば点を与える。

2022年度 本検査

思考力を問う問題　解答用紙

1	(1)	時速　　　km		②	
	(3)	①	度	②	cm
	(4)	①		②	(　　,　　)

2	(1)	→　→　→	
	(2)		
	(3)	①	②
	(4)		

3	(1)	
	(2)	

4						
(1)	I					15
	II					10
	III					
(2)	①		②		③	
(3)						

（注）この解答用紙は原本未入手のため、縮小率を掲載していません。

配点表

1	2	3	4	合計
(1)(2)－5点×2 (3)(4)－6点×4	(1)～(3)－4点×4 (4)－9点	4点×2	(1)－3点×3 (2)－6点 (3)－18点	100点

2(1)順序がすべてそろって4点。2(2)，3(2)問題の主旨に合っていれば点を与える。
4(1)同趣旨ならば点を与える。4(2)完答とする。

2021年度

本検査　学力検査　**英　語**　解 答 用 紙

答えは，全てこの解答用紙に書き，解答用紙だけ提出しなさい。

1	No. 1		No. 2		No. 3	
2	No. 1		No. 2			
3	No. 1		No. 2			

4	No. 1	①	
		②	
	No. 2	①	
		②	

5	(1)	
	(2)	
	(3)	
	(4)	
	(5)	

6	

7	(1)	Ⓐ		Ⓑ	
	(2)	①			
		②			
	(3)	①			
		②			

8	(1)	
	(2)	
	(3)	
	(4)	

9	(1)		(2)		(3)	
	(4)					

（注）この解答用紙は実物を縮小してあります。Ａ３用紙に167％拡大コピーすると、ほぼ実物大で使用できます。（配点表は含みません）

配点表

英語	1	2	3	4	5	6	7	8	9	合計
	3点×3	3点×2	3点×2	3点×4	3点×5	8点	3点×6	(1)(3)(4)－3点×3 (2)－4点	(1)～(3)－3点×3 (4)－4点	100点

5(3)～(5)順序がすべてそろって3点。7(2)①，8(4)問題の主旨に合っていれば点を与える。

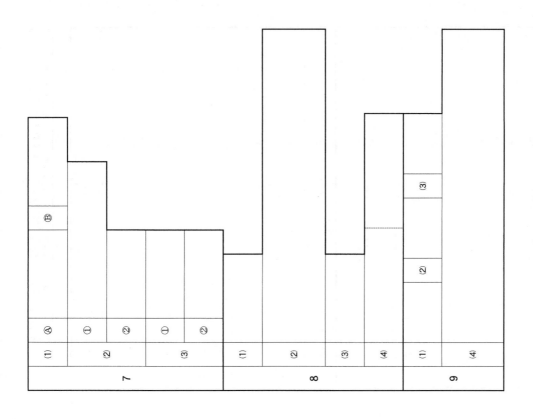

2021年度

本検査　学力検査　**数　学**　解　答　用　紙

答えは，全てこの解答用紙に書き，解答用紙だけ提出しなさい。

1	(1)		(2)	
	(3)		(4)	$x =$　　　，$y =$
	(5)		(6)	$x =$
2	(1)		(2)	
	(3)	cm^2	(4)	
	(5)	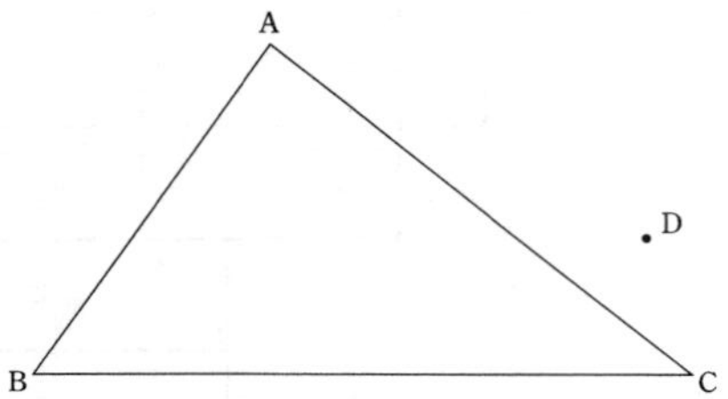		
3	(1)			
	(2)	① cm^2	②	

4	(1)	(a)	(b)
		(c)	
	(2)	cm	
5	(1)	(ア)	(イ)
	(2)		
	(3)	組	

（注）この解答用紙は実物を縮小してあります。A３用紙に167%拡大コピーすると，ほぼ実物大で使用できます。（配点表は含みません）

配点表

	1	2	3	4	5	合計
数学	5点×6	5点×5	5点×3	(1)(a)(b)－2点×2 (1)(c)－6点 (2)－5点	(1)－3点×2 (2)－4点 (3)－5点	100点

2(5)作図の方法が異なっていても，正しければ，5点を与える。4(1)(c)証明の方法が異なっていても，正しければ，6点を与える。部分点を与えるときは，3点とする。5(2)説明が異なっていても，正しければ，4点を与える。部分点を与えるときは，2点とする。

2021年度 本検査 学力検査 社 会 解 答 用 紙

答えは，全てこの解答用紙に書き，解答用紙だけ提出しなさい。

1	(1)					
	(2)	①				
		②	年代の古い順	1	2	3
			符号			
	(3)					
2	(1)					
	(2)					
	(3)					
	(4)	①		②		
3	(1)					
	(2)	符号		州名	州	
	(3)					
	(4)					
	(5)					
4	(1)					
	(2)					
	(3)					
	(4)	I		II		
	(5)					

5	(1)					
	(2)					
	(3)					
	(4)					
	(5)	年代の古い順	1	2	3	4
		符号				
6	(1)					
	(2)					
	(3)					
	(4)					
7	(1)					
	(2)					
	(3)					
	(4)	X		Y		

（注）この解答用紙は実物を縮小してあります。Ａ３用紙に167%拡大コピーすると、ほぼ実物大で使用できます。（配点表は含みません）

配点表

	1	2	3	4	5	6	7	合計
社会	3点×4	3点×5	(1)～(3)(5)－3点×4 (4)－4点	(1)(2)(4)(5)－3点×4 (3)－4点	3点×5	(1)(2)(4)－3点×3 (3)－4点	(1)～(3)－3点×3 (4)－4点	100点

1(2)②，5(5)全部できた場合点を与える。3(2)，4(4)，7(4)両方できた場合点を与える。3(4)，4(3)，6(3)正解文の趣旨にそっていればよい。部分点を与えてもよい。

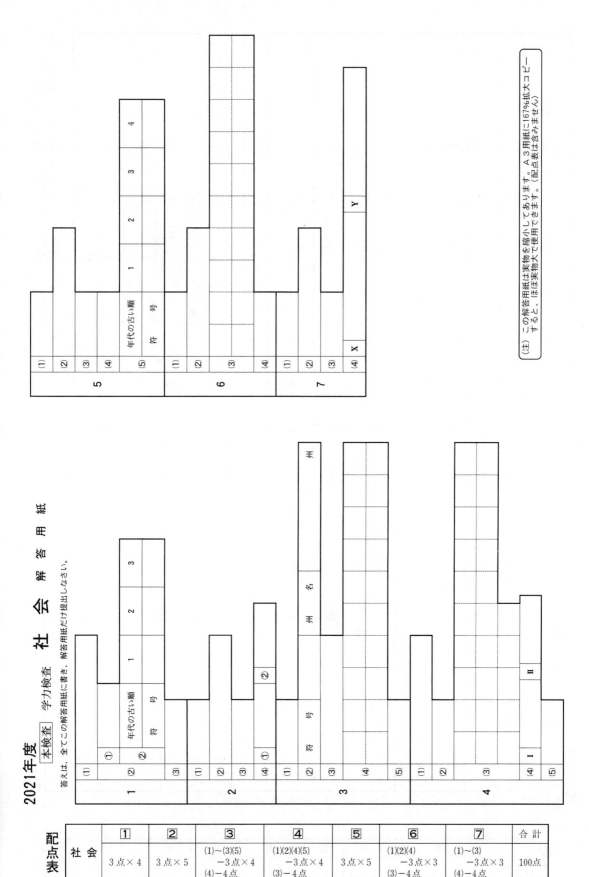

2021年度

本検査　学力検査　**理　科　解答用紙**

答えは，全てこの解答用紙に書き，解答用紙だけ提出しなさい。

1	(1)		(2)	系
	(3)		(4)	
2	(1)		(2)	
	(3)			
	(4)	g　　h　　i　　m		
3	(1)		(2)	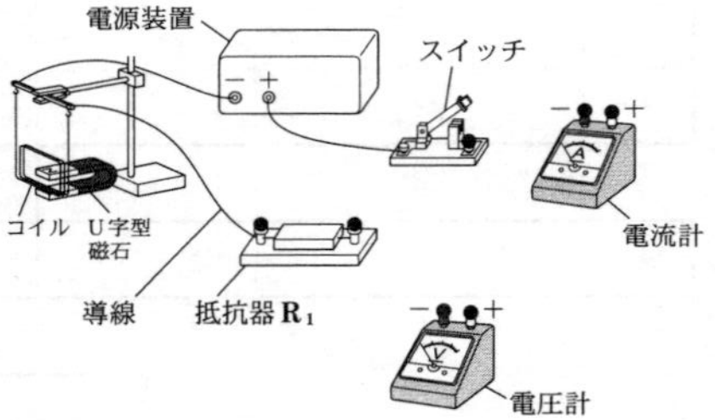
	(3)			
	(4)	動く向き	振れる幅	
4	(1)			
	(2)		(3)	
	(4)	x	y	
5	(1)		(2)	
	(3)			
	(4)	①		
		②		

6	(1)	→　→　→		
	(2)			
	(3)		(4)	
7	(1)		(2)	
	(3)	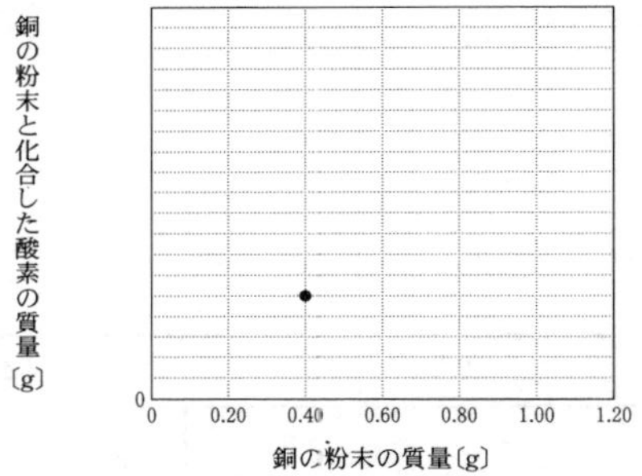	(4)	g
8	(1)		(2)	
	(3)		(4)	
9	(1)		(2)	N
	(3)	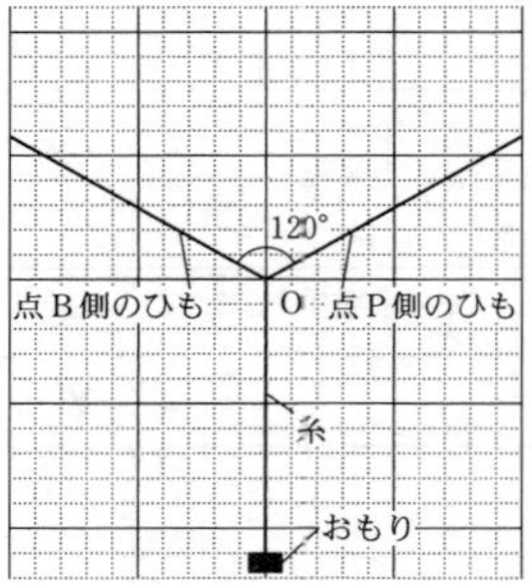	(4)	N

（注）この解答用紙は実物を縮小してあります。Ａ３用紙に167%拡大コピーすると、ほぼ実物大で使用できます。（配点表は含みません）

配点表

	1	2	3	4	5	6	7	8	9	合計
理科	3点×4	3点×4	3点×4	3点×4	2点×5	(1)(2)−2点×2 (3)(4)−3点×2	3点×4	(1)(2)−2点×2 (3)(4)−3点×2	(1)(2)−2点×2 (3)(4)−3点×2	100点

2(4)，6(1)すべて正しいとき点を与える。3(4)，4(4)両方とも正しいとき点を与える。7(3)部分点を与えてもよい。

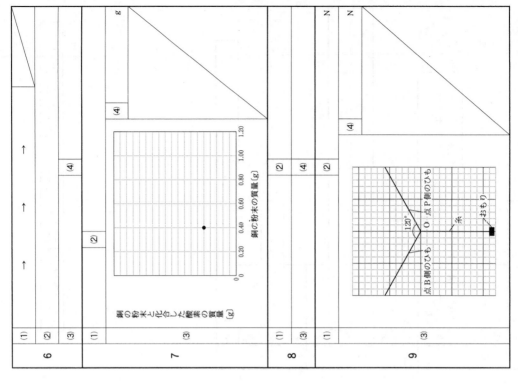

二〇二一年度 本検査 学力検査 国語 解答用紙

答えは、全てこの解答用紙に書き、解答用紙だけ提出しなさい。
解答する際に字数制限がある場合には、句読点や「 」などの符号も字数に数えること。

(注) この解答用紙は実物を縮小してあります。A３用紙に167%拡大コピーすると、ほぼ実物大で使用できます。(配点表は含みません)

一 (1) (2) (3) (4)

二 (1) （えて） (2) (3) (4)

三 (1) （れ） (2) （する） (3) (4) (5)

四 (1) (2) (3) (4) (5) 人間は (6) Ⅰ Ⅱ

五 (1) (2) (a) (b) (c) (3) (4) (5) Ⅰ Ⅱ

六 (1) (2) (a) (b) (i) (ii) 雪と涙にぬれた袖を (3) (4) (5) 鶉鳥入ル懐ニ時ハ、猟師モ不捕ラ之ヲ。

七 1行 2行 3行 4行 5行 6行 7行 8行 9行 10行

配点表

国語	一	二	三	四	五	六	七	合計
	2点×4	2点×4	2点×5	(1)(2)−2点×2 (3)(4)(6)−3点×5 (5)−4点	(1)(2)(a)(b)(5)Ⅱ−2点×4 (2)(c)(3)(4)−3点×3 (5)Ⅰ−4点	(1)(2)(a)(b)(i)(5)−2点×4 (2)(b)(ii)−4点 (3)(4)−3点×2	12点	100点

四(5)，五(5)Ⅰ，六(2)(b)(ii)同趣旨ならば点を与える。部分点を与えてもよい。

2020年度

前期選抜　学力検査　**英　語**　解答用紙

答えは，全てこの解答用紙に書き，解答用紙だけ提出しなさい。

1	No. 1		No. 2		No. 3	
2	No. 1		No. 2			
3	No. 1		No. 2			

4	No. 1	①	b
		②	
	No. 2	①	
		②	

5	(1)	
	(2)	
	(3)	
	(4)	
	(5)	

6	

7	(1)	Ⓐ		Ⓑ	
	(2)	①			
		②			
	(3)	①			
		②			

8	(1)	
	(2)	
	(3)	
	(4)	

9	(1)		(2)		(3)		(4)	

(注)　この解答用紙は実物を縮小してあります。Ａ３用紙に167%拡大コピーすると、ほぼ実物大で使用できます。(配点表は含みません)

配点表

	1	2	3	4	5	6	7	8	9	合計
英語	3点×3	3点×2	3点×2	3点×4	3点×5	8点	(1)(2)②(3)－3点×5 (2)①－4点	(1)－4点 (2)～(4)－3点×3	3点×4	100点

5(3)～(5)順序がすべてそろって３点。8(1)問題の主旨に合っていれば点を与える。

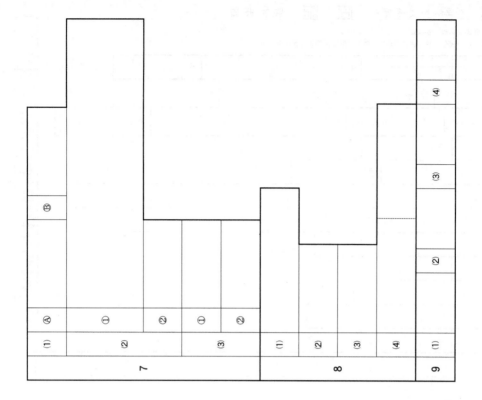

2020年度
前期選抜　学力検査　**数　学**　解　答　用　紙

答えは，全てこの解答用紙に書き，解答用紙だけ提出しなさい。

1	(1)		(2)	
	(3)		(4)	$x =$
	(5)		(6)	
2	(1)		(2)	
	(3)	cm^3	(4)	
	(5)	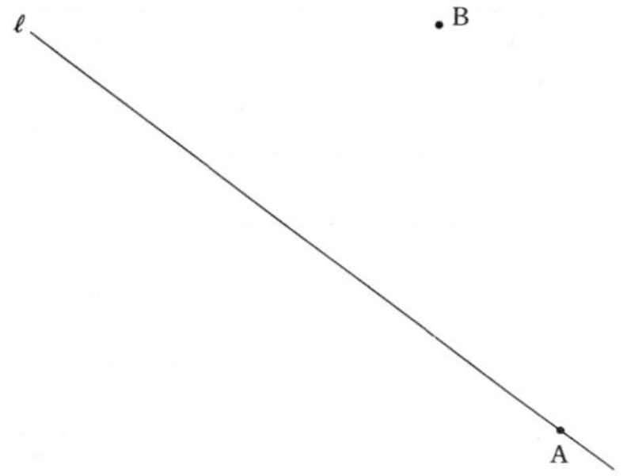		
3	(1)	$a =$		
	(2)	①	②	（　　，　　）

4	(1)	(a)	(b)	
		(c) 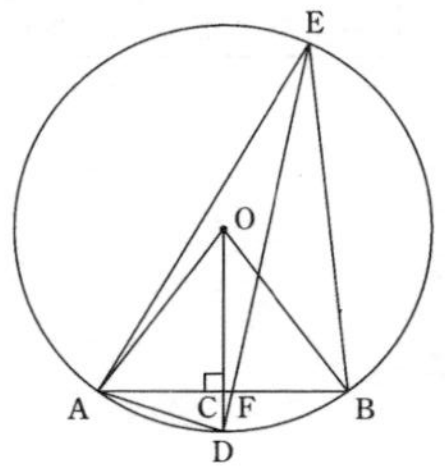		
	(2)	cm^2		
5	(1)	個	(2)	個
	(3)			
	(4)			

（注）この解答用紙は実物を縮小してあります。Ａ３用紙に167％拡大コピーすると，ほぼ実物大で使用できます。（配点表は含みません）

配点表

数学	①	②	③	④	⑤	合計
	5点×6	5点×5	5点×3	(1)(a)(b)－2点×2 (1)(c)－6点 (2)－5点	(1)(2)－3点×2 (3)－4点 (4)－5点	100点

②(5)作図の方法が異なっていても，正しければ，5点を与える。④(1)(c)証明の方法が異なっていても，正しければ，6点を与える。部分点を与えるときは，3点とする。⑤(3)過程が異なっていても，正しければ，4点を与える。部分点を与えるときは，2点とする。

2020年度

前期選抜　学力検査　**社　会**　解答用紙

答えは，全てこの解答用紙に書き，解答用紙だけ提出しなさい。

1	(1)	
	(2)	
	(3)	年代の古い順 1 2 3 / 符号
	(4)	
2	(1)	県
	(2)	
	(3)	
	(4)	① ②
3	(1)	東経 ・ 西経　度
	(2)	
	(3)	
	(4)	
	(5)	
4	(1)	
	(2)	
	(3)	
	(4)	
	(5)	
5	(1)	年代の古い順 1 2 3 / 符号
	(2)	
	(3)	
	(4)	
	(5)	
6	(1)	Ⅰ Ⅱ
	(2)	
	(3)	
7	(1)	
	(2)	
	(3)	
8	(1)	
	(2)	

（注）この解答用紙は実物を縮小してあります。Ａ３用紙に167%拡大コピーすると、ほぼ実物大で使用できます。（配点表は含みません）

配点表

	1	2	3	4	5	6	7	8	合計
社会	3点×4	(1)(2)(4)−3点×4 (3)−4点	3点×5	(1)(3)〜(5)−3点×4 (2)−4点	3点×5	(1)−4点 (2)(3)−3点×2	(1)(2)−3点×2 (3)−4点	3点×2	100点

1(3), 5(1)全部できた場合点を与える。2(3), 4(2), 7(3)正解文の趣旨にそっていればよい。部分点を与えてもよい。
6(1)両方できた場合点を与える。

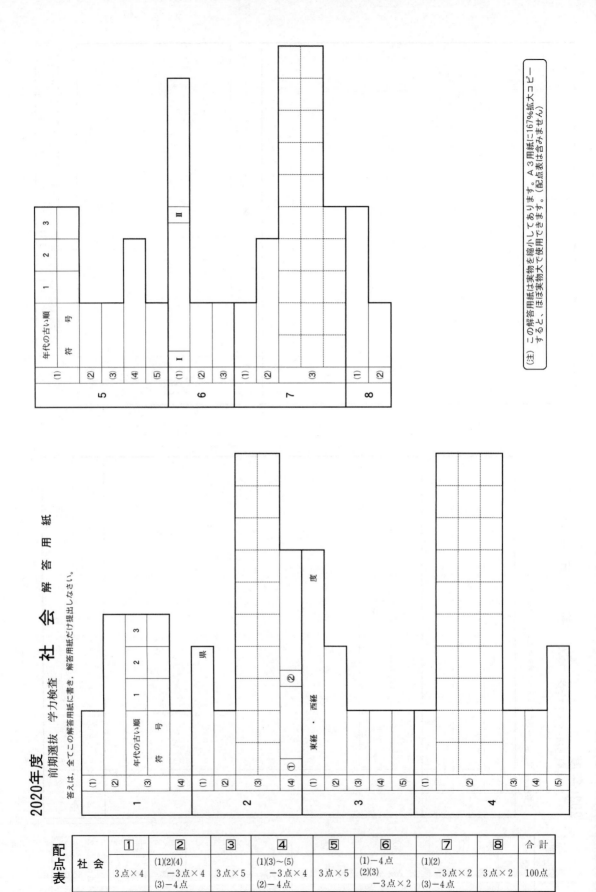

2020年度
前期選抜　学力検査　**理　科**　解 答 用 紙

答えは，全てこの解答用紙に書き，解答用紙だけ提出しなさい。

1	(1)		(2)	
	(3)		(4)	
2	(1)		(2)	的
	(3)	→ → →	(4)	倍
3	(1)	名称	化学式	
	(2)			
	(3)	方法	x	
	(4)	物質名	質量	g
4	(1)			
	(2)	y	z	
	(3)	1か月後　11か月後	(4)	
5	(1)	N		
	(2)			
	(3)	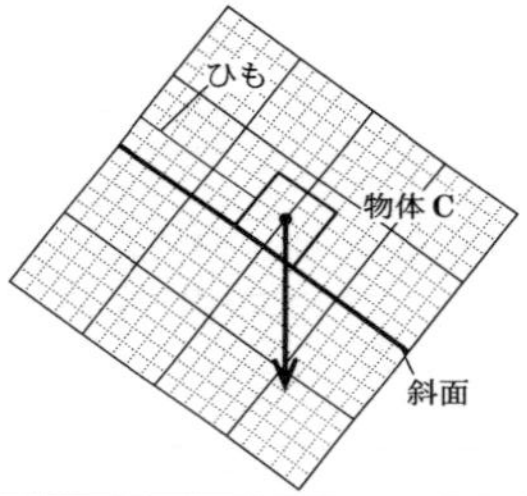	(4)	質量 kg 仕事 J

6	(1)		(2)	
	(3)	① 午前　時　分　秒		
		② グラフ 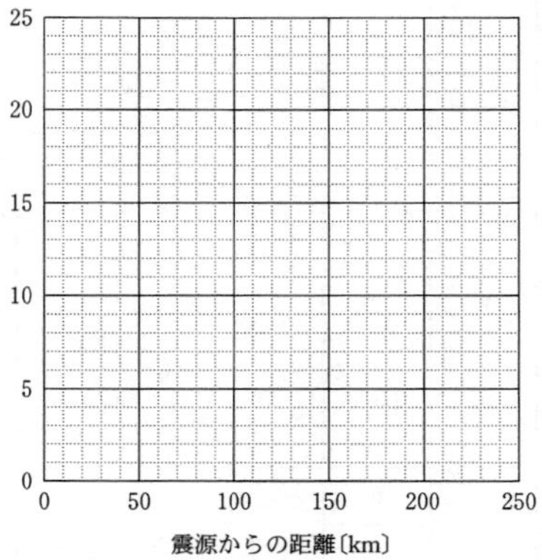	符号	
7	(1)		(2)	J
	(3)	最大　最小	(4)	Ω
8	(1)		(2)	
	(3)			
	(4)	Ⅰ群	Ⅱ群	
9	(1)			
	(2)			
	(3)	Ⅰ群	Ⅱ群	
	(4)			

（注）この解答用紙は実物を縮小してあります。Ａ３用紙に167%拡大コピーすると、ほぼ実物大で使用できます。（配点表は含みません）

配点表

	1	2	3	4	5	6	7	8	9	合計
理科	3点×4	3点×4	(1)(3)−2点×3 (2)(4)−3点×2	3点×4	3点×4	(1)(2)−2点×2 (3)−3点×2	(1)(2)−2点×2 (3)(4)−3点×2	(1)(2)−2点×2 (3)(4)−3点×2	(1)(2)−2点×2 (3)(4)−3点×2	100点

2(3), 8(2)すべて正しいとき点を与える。3(1), (4), 4(2), (3), 5(4), 6(3)②, 7(3), 8(4), 9(3)両方とも正しいとき点を与える。5(3)部分点を与えてもよい。

二〇二〇年度 前期選抜 学力検査 国語 解答用紙

答えは、全てこの解答用紙に書き、解答用紙だけ提出しなさい。
解答する際に字数制限がある場合には、句読点や「 」などの符号も字数に数えること。

一 (1) (2) (3) (4)

二 (1) （える） (2) (3) (4)

三 (1) （れ） (2) （す） (3) (4) (5)

四 (1) (2)
(3) 求ムル木之《の》長キヲ者ハ必ズ固クス其ノ根本ヲ。
(4)

五 (1) (a) (b) Ⅰ Ⅱ
(2) (3)
(4) Ⅰ Ⅱ
(5)

六 (1) (2) (3)
(4) 13
(5) Ⅰ 25 Ⅱ

七 (1) (2) (3) (4)
(5) Ⅰ 10 Ⅱ 15 20

八 1行 2行 3行 4行 5行 6行 7行 8行 9行 10行

（注）この解答用紙は実物を縮小してあります。A３用紙に167%拡大コピーするとほぼ実物大で使用できます。（配点表は含みません）

配点表

国語	一	二	三	四	五	六	七	八	合計
	(1)～(3)－2点×3 (4)－4点	2点×4	2点×5	2点×4	(1)(a)(2)(3)(5)－2点×4 (1)(b)(4)－3点×4	(1)～(3)(5)Ⅱ－3点×4 (4)(5)Ⅰ－4点×2	2点×6	12点	100点

一(4), 四(2), 五(4)Ⅰ同趣旨ならば点を与える。六(4), (5)Ⅰ, 七(5)同趣旨ならば点を与える。部分点を与えてもよい。

Memo

Memo